Antonina Werthmann
Kasusmarkierung im Russischen und Deutschen

Reihe
Germanistische
Linguistik

Herausgegeben von
Mechthild Habermann und Heiko Hausendorf

Wissenschaftlicher Beirat
Karin Donhauser (Berlin), Stephan Elspaß (Salzburg),
Helmuth Feilke (Gießen), Jürg Fleischer (Marburg),
Stephan Habscheid (Siegen), Rüdiger Harnisch (Passau)

321

Antonina Werthmann

Kasusmarkierung im Russischen und Deutschen

—

Eine Untersuchung bei bilingualen Vorschulkindern mit und ohne auffällige Sprachentwicklung

DE GRUYTER

Reihe Germanistische Linguistik
Begründet und fortgeführt von Helmut Henne, Horst Sitta und Herbert Ernst Wiegand

ISBN 978-3-11-077749-9
e-ISBN (PDF) 978-3-11-064574-3
e-ISBN (EPUB) 978-3-11-064604-7
ISSN 0344-6778

Library of Congress Control Number: 2019955292

Bibliografische Information der Deutschen Nationalbibliothek
Die Deutsche Nationalbibliothek verzeichnet diese Publikation in der Deutschen Nationalbibliografie; detaillierte bibliografische Daten sind im Internet über http://dnb.dnb.de abrufbar.

© 2021 Walter de Gruyter GmbH, Berlin/Boston
Dieser Band ist text- und seitenidentisch mit der 2020 erschienenen gebundenen Ausgabe.
Druck und Bindung: CPI books GmbH, Leck

www.degruyter.com

Danksagung

Die vorliegende Arbeit ist als Inauguraldissertation an der Ludwig-Maximilians-Universität (LMU) München entstanden und wurde für die Drucklegung geringfügig überarbeitet. Daher möchte ich mich allen voran bei meiner Betreuerin PD Dr. Katrin Lindner bedanken, die mich zur Durchführung einer Promotion inspirierte und für die Forschungsarbeit begeisterte. Dank ihrer Begleitung war meine Promotion an der LMU München neben meiner beruflichen Tätigkeit in Heidelberg/Mannheim möglich. Die gemeinsame und arbeitsintensive Zeit während meiner Aufenthalte in München war für mich immer sehr lehrreich und wertvoll; ich werde sie in sehr positiver Erinnerung behalten.

Mein besonderer Dank gilt PD Dr. Natalia Gagarina vom Leibniz-Zentrum Allgemeine Sprachwissenschaft (ZAS), die mich als zweite Betreuerin fachlich unterstützt hat. Auch hier war die Entfernung – in diesem Fall zu Berlin – nicht zu merken. Ihre Bereitschaft, unsere Besprechungen stets telefonisch zu führen und alle Fragen und Probleme schnellstmöglich per E-Mail zu klären, weiß ich sehr zu schätzen.

Ein weiterer Dank gilt den Mitarbeiterinnen des von der Deutschen Forschungsgemeinschaft geförderten Projekts *Verbale und nonverbale Indikatoren zur Identifizierung von umschriebenen Sprachentwicklungsstörungen bei sukzessiv bilingualen Kindergartenkindern*, die für das Projekt die Sprachdaten erhoben und mir die Erstellung dieser Arbeit ermöglicht haben. An dieser Stelle möchte ich die Mitarbeiterinnen des Projekts Theresa Schmid und Anna Reger hervorheben, die Zeit gefunden haben, die transkribierten Daten noch einmal mit muttersprachlicher Kompetenz gegenzuprüfen. Weiterhin bedanke ich mich bei allen Kindern und ihren Eltern, die an der Studie teilgenommen haben.

Des Weiteren möchte ich mich bei Jean-Stéphane Morin bedanken, der nicht nur unendlich viel Geduld während der letzten Jahre aufbrachte, Verständnis, persönliche Unterstützung zeigte und mir immer wieder Mut machte, auch für seine fachlich-technische Unterstützung, indem er für die Zwecke meiner Datenauswertung die *WAS*-Applikation implementiert hat, mit der ich verschriftlichte Sprachendaten mit Annotationen versehen, erfassen und mit verschachtelten Suchabfragen durchsuchen konnte.

Herzlicher Dank gilt auch Jens Ströe für das zeitaufwendige und intensive Korrekturlesen meiner Arbeit. Durch seine kritischen Anmerkungen und ausführlichen Erklärungen konnte ich meine Schriftsprache verbessern.

Ich bedanke mich auch bei allen Mitgliedern der *Graduiertenschule Sprache und Literatur München (Klasse für Sprache)* an der LMU München für das Interesse, die wertvollen Hinweise und die Kritik während meiner Vorträge bei Doktorandenkolloquien. Danken möchte ich auch dem Leibniz-Institut für Deutsche Sprache (IDS) in Mannheim, an dem ich über die Jahre meiner Promotion arbeiten durfte und sie so mit einer wissenschaftlichen Tätigkeit kombinieren konnte.

Abschließend möchte ich mich bei meiner Familie – meinen Eltern und meiner Schwester – bedanken, die mich immer seelisch und moralisch unterstützten und mir den Rücken stärkten. Nur dank ihnen und allem, was sie für mich getan haben, konnte ich mich verwirklichen und meine Ziele erreichen.

Inhalt

Danksagung — V

Abbildungsverzeichnis — XIII

Tabellenverzeichnis — XIX

Abkürzungsverzeichnis — XXI

1 Einleitung — **1**
1.1 Problemstellung und Motivation — 1
1.2 Zielsetzung — 3
1.3 Aufbau der Arbeit — 4

Teil 1: Theoretische Grundlagen

2 Theoretische Grundlagen des bilingualen Spracherwerbs — **9**
2.1 Zum Begriff des Bilingualismus — 9
2.2 Typen des bilingualen Spracherwerbs — 11
2.2.1 Doppelter Erstspracherwerb — 13
2.2.2 Zweitspracherwerb im Kindesalter — 15
2.3 Einflussfaktoren auf den (Zweit-)Spracherwerb — 17
2.3.1 Lernerbezogene Faktoren — 18
2.3.2 Sprachspezifische Faktoren — 21
2.3.3 Umweltspezifische Faktoren — 23
2.4 Ausprägung der Sprachdominanz und -erosion im Kontext des Bilingualismus — 28
2.4.1 Sprachdominanz — 28
2.4.2 Spracherosion — 31

3 Sprachspezifische Sprachentwicklungsstörung — **40**
3.1 Allgemeine Charakteristika der sprachspezifischen Sprachentwicklungsstörung — 40
3.2 Erklärungsansätze zur SSES — 45
3.2.1 Einfluss genetischer und biologischer Faktoren — 45
3.2.2 Linguistisch orientierte Erklärungsansätze — 47
3.2.3 Kognitionsorientierte Erklärungsansätze — 51

3.2.3.1	Erklärungsansätze zur Wahrnehmung und Verarbeitung der Informationen —— 52	
3.2.3.2	Erklärungsansätze zu den Prozessen sprachlicher Informationsverarbeitung im Arbeitsgedächtnismodell nach Baddeley —— 56	
3.2.3.3	Erklärungsansatz zur Geschwindigkeit der Informationsverarbeitung —— 63	
3.2.3.4	Erklärungsansätze zur Kapazität der Informationsverarbeitung —— 64	
3.3	Klinische Marker für SSES im Russischen und Deutschen als Erstsprache —— 71	
3.3.1	Morphosyntaktische Charakteristika der SSES im Russischen als Erstsprache —— 72	
3.3.2	Morphosyntaktische Charakteristika der SSES im Deutschen als Erstsprache —— 76	
3.4	SSES bei Mehrsprachigkeit und Abgrenzung mehrsprachiger TE-Kinder von mehrsprachigen Kindern mit einer SSES —— 79	
3.4.1	Ausprägung einer SSES bei Mehrsprachigkeit —— 79	
3.4.2	Abgrenzung der Mehrsprachigkeit und der SSES —— 85	
4	**Kasus —— 93**	
4.1	Definition von *Kasus* —— 93	
4.2	Funktionen der grammatischen Kategorie *Kasus* —— 96	
4.2.1	Syntaktische Funktionen —— 96	
4.2.2	Semantische Funktionen —— 98	
4.3	Das russische Kasussystem —— 100	
4.4	Das deutsche Kasussystem —— 106	
5	**Erwerb der Kasusmarkierungen im Russischen und im Deutschen —— 110**	
5.1	Der Kasuserwerb aus der Sicht unterschiedlicher theoretischer Ansätze —— 110	
5.1.1	Generativ orientierte Ansätze —— 110	
5.1.2	Kognitiv-funktional orientierte Ansätze —— 113	
5.2	Sprachübergreifende Einflussfaktoren beim Kasuserwerb —— 115	
5.3	Der Erwerb der Kasusmarkierungen im Russischen —— 117	
5.3.1	Erwerb der Kasusmarkierungen im Russischen bei monolingualen Kindern —— 118	

5.3.2	Erwerb der Kasusmarkierungen im Russischen bei bilingualen Kindern —— 127	
5.4	Der Erwerb der Kasusmarkierungen im Deutschen —— 135	
5.4.1	Im monolingualen Erwerbskontext —— 136	
5.4.2	Im bilingualen Erwerbskontext —— 144	
6	**Forschungsfragen** —— 155	

Teil 2: Empirische Untersuchung

7	**Methode** —— 163	
7.1	Probanden und Vergleichsgruppen —— 163	
7.1.1	Bilinguale Kinder mit unauffälliger Sprachentwicklung —— 170	
7.1.1.1	Simultan bilinguale Kinder —— 170	
7.1.1.2	Sukzessiv bilinguale Kinder —— 172	
7.1.2	Bilinguale Kinder mit auffälliger Sprachentwicklung —— 175	
7.1.2.1	Sukzessiv bilinguale Kinder mit Auffälligkeiten in einer der Sprachen —— 175	
7.1.2.2	Sukzessiv bilinguale Kinder mit auffälliger Sprachentwicklung in beiden Sprachen —— 176	
7.2	Design und Durchführung des Kasustests —— 177	
7.2.1	Kasustest für das Russische —— 183	
7.2.2	Kasustest für das Deutsche —— 186	
7.3	Datenaufbereitung —— 189	
7.4	Datencodierung —— 190	
8	**Ergebnisse** —— 194	
8.1	Daten —— 195	
8.1.1	Datenauswahl —— 195	
8.1.2	Statistische Interpretation der Ergebnisse —— 197	
8.2	DATENANALYSE 1: Realisierung und Kasusmarkierung der NPn und PPn im Russischen und im Deutschen bei simultan und sukzessiv bilingualen Kindern mit einer unauffälligen Sprachentwicklung —— 198	
8.2.1	TEILANALYSE 1: Strategien zur Realisierung der elizitierten NPn und PPn und ihre Kasusmarkierung —— 198	
8.2.1.1	Im Russischen —— 199	
8.2.1.2	Im Deutschen —— 209	
8.2.1.3	Zusammenfassung zur TEILANALYSE 1 (DATENANLYSE 1, *FF1*) —— 214	

8.2.2	Teilanalyse 2: Verwendung der Kasusmarkierungen —— 215	
8.2.2.1	Im Russischen —— 216	
8.2.2.2	Im Deutschen —— 244	
8.2.2.3	Zusammenfassung zur Teilanalyse 2 (Datenanalyse 1, *FF2*) —— 261	
8.2.3	Teilanalyse 3: Markierung der Kasusobjekte —— 263	
8.2.3.1	Im Russischen —— 263	
8.2.3.2	Im Deutschen —— 267	
8.2.3.3	Zusammenfassung zur Teilanalyse 3 (Datenanalyse 1, *FF3*) —— 270	
8.2.4	Teilanalyse 4: Markierung des Kasus nach Präpositionen mit fester und doppelter Kasusrektion —— 271	
8.2.4.1	Im Russischen —— 271	
8.2.4.2	Im Deutschen —— 274	
8.2.4.3	Zusammenfassung zur Teilanalyse 4 (Datenanalyse 1, *FF4*) —— 278	
8.2.5	Teilanalyse 5: Markierung des Kasus bei verschiedenen Elizitierungsmethoden —— 279	
8.2.5.1	Im Russischen —— 279	
8.2.5.2	Im Deutschen —— 281	
8.2.5.3	Zusammenfassung zur Teilanalyse 5 (Datenanalyse 1, *FF5*) —— 283	
8.2.6	Zusammenfassung zur Datenanalyse 1 —— 284	
8.3	Datenanalyse 2: Realisierung und Kasusmarkierung der NPn und PPn im Russischen und im Deutschen bei sukzessiv bilingualen Kindern mit einer auffälligen Sprachentwicklung —— 286	
8.3.1	Teilanalyse 1: Strategien zur Realisierung der elizitierten NPn und PPn und ihre Kasusmarkierung —— 286	
8.3.1.1	Im Russischen —— 287	
8.3.1.2	Im Deutschen —— 289	
8.3.1.3	Zusammenfassung zur Teilanalyse 1 (Datenanalyse 2, *FF2*) —— 291	
8.3.2	Teilanalyse 2: Verwendung der Kasusmarkierungen —— 291	
8.3.2.1	Im Russischen —— 292	
8.3.2.2	Im Deutschen —— 300	
8.3.2.3	Zusammenfassung zur Teilanalyse 2 (Datenanalyse 2, *FF2*) —— 306	
8.3.3	Teilanalyse 3: Markierung der Kasusobjekte —— 307	
8.3.3.1	Im Russischen —— 307	
8.3.3.2	Im Deutschen —— 308	
8.3.3.3	Zusammenfassung zur Teilanalyse 3 (Datenanalyse 2, *FF3*) —— 310	
8.3.4	Teilanalyse 4: Markierung der Kasus nach Präpositionen mit fester und doppelter Kasusrektion —— 310	
8.3.4.1	Im Russischen —— 310	
8.3.4.2	Im Deutschen —— 311	

8.3.5	TEILANALYSE 5: Markierung der Kasus bei verschiedenen Elizitierungsmethoden —— 313	
8.3.5.1	Im Russischen —— 313	
8.3.5.2	Im Deutschen —— 314	
8.3.5.3	Zusammenfassung zur TEILANALYSE 5 (DATENANALYSE 2, *FF5*) —— 315	
8.3.6	Zusammenfassung zur DATENANALYSE 2 —— 315	

Teil 3: Zusammenfassung und Diskussion der Ergebnisse

9	Diskussion und Ausblick —— 321	
9.1	Untersuchungsgruppen und durchgeführte Datenanalysen —— 321	
9.2	Diskussion der Ergebnisse —— 323	
9.2.1	Erkenntnisse zu *FF1* bezüglich der Realisierung der Phrasenstrukturen und ihrer Kasusmarkierungen —— 323	
9.2.2	Erkenntnisse zu *FF2* bezüglich der Verwendung der Kasusmarkierungen in den NPn und PPn —— 328	
9.2.2.1	Zur Zielsprachlichkeit der realisierten Kasusmarkierungen —— 328	
9.2.2.2	Zum Einfluss der strukturellen vs. lexikalischen Kasuszuweisung —— 332	
9.2.3	Erkenntnisse zu *FF3* bezüglich der Markierung der Kasus bei den direkten und indirekten Objekten —— 337	
9.2.4	Erkenntnisse zu *FF4* bezüglich der Markierung des Kasus in den PPn mit Präpositionen fester und doppelter Kasusrektion —— 340	
9.2.5	Erkenntnisse zu *FF5* bezüglich der Markierung des Kasus bei verschiedenen Elizitierungsmethoden —— 343	
9.3	Ausblick auf weitere Forschungsthemen —— 345	
10	Schlussbetrachtung —— 350	

Literaturverzeichnis —— 355

Anhang

Anhang A:	Sprachentwicklungstest zum Kasus bei den bilingualen Vorschulkindern: Sprachstand Russisch (KT-RUS) —— 391
Anhang B:	Sprachentwicklungstest zum Kasus bei den bilingualen Vorschulkindern: Sprachstand Deutsch (KT-DEU) —— 403
Anhang C:	Probandeninformationen (Online)

Anhang D: Tabellen zur Auswertung der Datensätze KT-RUS (Online)
Anhang E: Tabellen zur Auswertung der Datensätze KT-DEU (Online)

Register —— 415

Abbildungsverzeichnis

Abb. 1: Übersicht über die Typen des bilingualen Spracherwerbs (angelehnt an Rothweiler & Kroffke 2006; Ruberg 2013b) —— 13
Abb. 2: Aufteilung der Stichprobe nach den Ergebnissen aus den NWRTs —— 169
Abb. 3: Boxplots für die Merkmale Alter, AoO, LoE, IQ und SES in der Gruppe sim-TE und suk-TE —— 174
Abb. 4: Realisierung der syntaktischen Strukturen im Akkusativ sowie Dativ und Zielsprachlichkeit ihrer Kasusmarkierung bei sim-TE (Mittelwert, KT-RUS) —— 202
Abb. 5: Realisierung der syntaktischen Strukturen im Genitiv sowie Instrumental und Zielsprachlichkeit ihrer Kasusmarkierung bei sim-TE (Mittelwert, KT-RUS) —— 203
Abb. 6: Realisierung der syntaktischen Strukturen im Präpositiv sowie Kasus gesamt und Zielsprachlichkeit ihrer Kasusmarkierung bei sim-TE (Mittelwert, KT-RUS) —— 204
Abb. 7: Realisierung der syntaktischen Strukturen im Akkusativ sowie Dativ und Zielsprachlichkeit ihrer Kasusmarkierung bei suk-TE (Mittelwert, KT-RUS) —— 206
Abb. 8: Realisierung der syntaktischen Strukturen im Genitiv sowie Instrumental und Zielsprachlichkeit ihrer Kasusmarkierung bei suk-TE (Mittelwert, KT-RUS) —— 207
Abb. 9: Realisierung der syntaktischen Strukturen im Präpositiv sowie Kasus gesamt und Zielsprachlichkeit ihrer Kasusmarkierung bei suk-TE (Mittelwert, KT-RUS) —— 208
Abb. 10: Realisierung der syntaktischen Strukturen und Zielsprachlichkeit ihrer Kasusmarkierung bei sim-TE (Mittelwert, KT-DEU) —— 211
Abb. 11: Realisierung der syntaktischen Strukturen und Zielsprachlichkeit ihrer Kasusmarkierung bei suk-TE (Mittelwert, KT-DEU) —— 213
Abb. 12: Morphologische Realisierung der Akkusativmarkierungen in NPn bei sim-TE zum T1 und T2 (Mittelwerte, KT-RUS) —— 221
Abb. 13: Morphologische Realisierung der Akkusativmarkierungen in PPn bei sim-TE zum T1 und T2 (Mittelwerte, KT-RUS) —— 222
Abb. 14: Morphologische Realisierung der Akkusativmarkierungen (NPn und PPn gesamt) bei sim-TE zum T1 und T2 (Mittelwerte, KT-RUS) —— 222
Abb. 15: Verteilung der zielsprachlichen Realisierung des Akkusativs (NPn und PPn gesamt) bei sim-TE zum T1 und T2 (Mittelwerte, KT-RUS) —— 222
Abb. 16: Morphologische Realisierung der Dativmarkierungen in NPn bei sim-TE zum T1 und T2 (Mittelwerte, KT-RUS) —— 223
Abb. 17: Morphologische Realisierung der Genitivmarkierungen in NPn bei sim-TE zum T1 und T2 (Mittelwerte, KT-RUS) —— 224
Abb. 18: Morphologische Realisierung der Genitivmarkierungen in PPn bei sim-TE zum T1 und T2 (Mittelwerte, KT-RUS) —— 225
Abb. 19: Morphologische Realisierung der Genitivmarkierungen (NPn und PPn gesamt) bei sim-TE zum T1 und T2 (Mittelwerte, KT-RUS) —— 226
Abb. 20: Verteilung der zielsprachlichen Realisierung des Genitivs (NPn und PPn gesamt) bei sim-TE zum T1 und T2 (Mittelwerte, KT-RUS) —— 226
Abb. 21: Morphologische Realisierung der Instrumentalmarkierungen in NPn bei sim-TE zum T1 und T2 (Mittelwerte, KT-RUS) —— 226
Abb. 22: Morphologische Realisierung der Instrumentalmarkierungen in PPn bei sim-TE zum T1 und T2 (Mittelwerte, KT-RUS) —— 227

Abb. 23: Morphologische Realisierung der Instrumentalmarkierungen (NPn und PPn gesamt) bei sim-TE zum T1 und T2 (Mittelwerte, KT-RUS) —— 228
Abb. 24: Verteilung der zielsprachlichen Realisierung des Instrumentals (NPn und PPn gesamt) bei sim-TE zum T1 und T2 (Mittelwerte, KT-RUS) —— 228
Abb. 25: Morphologische Realisierung der Präpositivmarkierungen bei sim-TE zum T1 und T2 (Mittelwerte, KT-RUS) —— 229
Abb. 26: Verteilung der zielsprachlichen Realisierung des Präpositivs bei sim-TE zum T1 und T2 (Mittelwerte, KT-RUS) —— 229
Abb. 27: Morphologische Realisierung der Akkusativmarkierungen in NPn bei suk-TE zum T1 und T2 (Mittelwerte, KT-RUS) —— 230
Abb. 28: Morphologische Realisierung der Akkusativmarkierungen in PPn bei suk-TE zum T1 und T2 (Mittelwerte, KT-RUS) —— 230
Abb. 29: Morphologische Realisierung der Akkusativmarkierungen (NPn und PPn gesamt) bei suk-TE zum T1 und T2 (Mittelwerte, KT-RUS) —— 231
Abb. 30: Verteilung der zielsprachlichen Realisierung des Akkusativs (NPn und PPn gesamt) bei suk-TE zum T1 und T2 (Mittelwerte, KT-RUS) —— 231
Abb. 31: Morphologische Realisierung der Dativmarkierungen in NPn bei suk-TE zum T1 und T2 (Mittelwerte, KT-RUS) —— 232
Abb. 32: Morphologische Realisierung der Dativmarkierungen (NPn und PPn gesamt) bei suk-TE zum T1 und T2 (Mittelwerte, KT-RUS) —— 233
Abb. 33: Verteilung der zielsprachlichen Realisierung des Dativs (NPn und PPn gesamt) bei suk-TE zum T1 und T2 (Mittelwerte, KT-RUS) —— 233
Abb. 34: Morphologische Realisierung der Genitivmarkierungen in NPn bei suk-TE zum T1 und T2 (Mittelwerte, KT-RUS) —— 234
Abb. 35: Morphologische Realisierung der Genitivmarkierungen in PPn bei suk-TE zum T1 und T2 (Mittelwerte, KT-RUS) —— 234
Abb. 36: Morphologische Realisierung der Genitivmarkierungen (NPn und PPn gesamt) bei suk-TE zum T1 und T2 (Mittelwerte, KT-RUS) —— 235
Abb. 37: Verteilung der zielsprachlichen Realisierung des Dativs (NPn und PPn gesamt) bei suk-TE zum T1 und T2 (Mittelwerte, KT-RUS) —— 235
Abb. 38: Morphologische Realisierung der Instrumentalmarkierungen in PPn bei suk-TE zum T1 und T2 (Mittelwerte, KT-RUS) —— 236
Abb. 39: Morphologische Realisierung der Instrumentalmarkierungen (NPn und PPn gesamt) bei suk-TE zum T1 und T2 (Mittelwerte, KT-RUS) —— 236
Abb. 40: Verteilung der zielsprachlichen Realisierung des Instrumentals (NPn und PPn gesamt) bei suk-TE zum T1 und T2 (Mittelwerte, KT-RUS) —— 236
Abb. 41: Morphologische Realisierung der Präpositivmarkierungen bei suk-TE zum T1 und T2 (Mittelwerte, KT-RUS) —— 237
Abb. 42: Verteilung der zielsprachlichen Realisierung des Präpositivs bei suk-TE zum T1 und T2 (Mittelwerte, KT-RUS) —— 237
Abb. 43: Zielsprachlichkeit der Kasusrealisierungen in NPn und PPn (Kasus gesamt) bei sim-TE und suk-TE (Mittelwerte, KT-RUS) —— 238
Abb. 44: Fehlermuster bei der morphologischen Realisierung der Kasus in NPn und PPn bei sim-TE und suk-TE zum T1 und T2 (kumulierte Mittelwerte, KT-RUS) —— 239
Abb. 45: Substitutionen zwischen zwei Deklinationstypen —— 242
Abb. 46: Morphologische Realisierung der Akkusativmarkierungen in NPn bei sim-TE zum T1 und T2 (Mittelwerte, KT-DEU) —— 247

Abb. 47: Morphologische Realisierung der Akkusativmarkierungen in PPn bei sim-TE-Kindern zum T1 und T2 (Mittelwerte, KT-DEU) —— 248
Abb. 48: Morphologische Realisierung der Akkusativmarkierungen (NPn und PPn gesamt) bei sim-TE zum T1 und T2 (Mittelwerte, KT-DEU) —— 249
Abb. 49: Verteilung der zielsprachlichen Realisierung des Akkusativs (NPn und PPn gesamt) bei sim-TE zum T1 und T2 (Mittelwerte, KT-DEU) —— 249
Abb. 50: Morphologische Realisierung der Dativmarkierungen in NPn bei sim-TE zum T1 und T2 (Mittelwerte, KT-DEU) —— 250
Abb. 51: Morphologische Realisierung der Dativmarkierungen in PPn bei sim-TE zum T1 und T2 (Mittelwerte, KT-DEU) —— 251
Abb. 52: Morphologische Realisierung der Dativmarkierungen (NPn und PPn gesamt) bei sim-TE zum T1 und T2 (Mittelwerte, KT-DEU) —— 252
Abb. 53: Verteilung der zielsprachlichen Realisierung des Dativs (NPn und PPn gesamt) bei sim-TE zum T1 und T2 (Mittelwerte, KT-DEU) —— 252
Abb. 54: Morphologische Realisierung der Akkusativmarkierungen in NPn bei suk-TE zum T1 und T2 (Mittelwerte, KT-DEU) —— 254
Abb. 55: Morphologische Realisierung der Akkusativmarkierungen in PPn bei suk-TE zum T1 und T2 (Mittelwerte, KT-DEU) —— 254
Abb. 56: Morphologische Realisierung der Akkusativmarkierungen (NPn und PPn gesamt) bei suk-TE zum T1 und T2 (Mittelwerte, KT-DEU) —— 255
Abb. 57: Verteilung der zielsprachlichen Realisierung des Akkusativs (NPn und PPn gesamt) bei suk-TE zum T1 und T2 (Mittelwerte, KT-DEU) —— 255
Abb. 58: Morphologische Realisierung der Dativmarkierungen in NPn bei suk-TE zum T1 und T2 (Mittelwerte, KT-DEU) —— 256
Abb. 59: Morphologische Realisierung der Dativmarkierungen in PPn bei suk-TE zum T1 und T2 (Mittelwerte, KT-DEU) —— 257
Abb. 60: Morphologische Realisierung der Dativmarkierungen (NPn und PPn gesamt) bei suk-TE zum T1 und T2 (Mittelwerte, KT-DEU) —— 258
Abb. 61: Verteilung der zielsprachlichen Realisierung des Dativs (NPn und PPn gesamt) bei suk-TE zum T1 und T2 (Mittelwerte, KT-DEU) —— 258
Abb. 62: Markierungsmuster für die morphologische Realisierung der Kasus in NPn bei sim-TE- und suk-TE zum T1 und T2 (Mittelwerte, KT-DEU) —— 259
Abb. 63: Markierungsmuster für die morphologische Realisierung der Kasus in PPn bei sim-TE und suk-TE zum T1 und T2 (Mittelwerte, KT-DEU) —— 260
Abb. 64: Realisierung und Markierung der Objekte in den transitiven (tr.), intransitiven (intr.) und ditransitiven (ditr.) Verbkontexten bei sim-TE (Mittelwerte, KT-RUS) —— 265
Abb. 65: Realisierung und Markierung der Objekte in den transitiven (tr.), intransitiven (intr.) und ditransitiven (ditr.) Verbkontexten bei suk-TE (Mittelwerte, KT-RUS) —— 266
Abb. 66: Realisierung und Markierung der Objekte in den transitiven (tr.), intransitiven (intr.) und ditransitiven (ditr.) Verbkontexten bei sim-TE (Mittelwerte, KT-DEU) —— 268
Abb. 67: Realisierung und Markierung der Objekte in den transitiven (tr.), intransitiven (intr.) und ditransitiven (ditr.) Verbkontexten bei suk-TE (Mittelwerte, KT-DEU) —— 269
Abb. 68: Realisierung und Kasusmarkierung der elizitierten PPn mit Präpositionen verschiedener Rektionstypen bei sim-TE (Mittelwerte, KT-RUS) —— 273
Abb. 69: Realisierung und Kasusmarkierung der elizitierten PPn mit Präpositionen verschiedener Rektionstypen bei suk-TE (Mittelwerte, KT-RUS) —— 274

Abb. 70: Realisierung und Kasusmarkierung der elizitierten PPn mit Präpositionen verschiedener Rektionstypen bei bei sim-TE (Mittelwerte, KT-DEU) —— 275
Abb. 71: Realisierung und Kasusmarkierung der elizitierten PPn mit Präpositionen verschiedener Rektionstypen bei suk-TE (Mittelwerte, KT-DEU) —— 278
Abb. 72: Zielsprachlichkeit der Kasusmarkierungen bei verschiedenen Elizitierungsmethoden bei sim-TE (Mittelwerte, KT-RUS) —— 280
Abb. 73: Zielsprachlichkeit der Kasusmarkierungen bei verschiedenen Elizitierungsmethoden bei suk-TE (Mittelwerte, KT-RUS) —— 281
Abb. 74: Zielsprachlichkeit der Kasusmarkierungen bei verschiedenen Elizitierungsmethoden bei sim-TE (Mittelwerte, KT-DEU) —— 281
Abb. 75: Zielsprachlichkeit der Kasusmarkierungen bei verschiedenen Elizitierungsmethoden bei suk-TE (Mittelwerte, KT-DEU) —— 282
Abb. 76: Realisierung der syntaktischen Strukturen (Kasus gesamt) und ihre Kasusmarkierung bei den Kindern mit auffälliger Sprachentwicklung (Mittelwerte, KT-RUS) —— 287
Abb. 77: Realisierung der syntaktischen Strukturen (Kasus gesamt) und ihre Kasusmarkierung bei den Kindern mit auffälliger Sprachentwicklung (Mittelwerte, KT-DEU) —— 289
Abb. 78: Markierungsmuster für morphologische Realisierungen der Kasusmarkierungen in NPn bei den Kindern mit auffälliger Sprachentwicklung zum T1 und T2 (durchschnittliche Anzahl, KT-RUS) —— 297
Abb. 79: Markierungsmuster für morphologische Realisierungen der Kasusmarkierungen in PPn bei den Kindern mit auffälliger Sprachentwicklung zum T1 und T2 (durchschnittliche Anzahl, KT-RUS) —— 298
Abb. 80: Zielsprachlichkeit der Kasusmarkierungen (gesamt) bei den Kindern mit auffälliger Sprach-entwicklung zum T1 und T2 (Mittelwerte, KT-RUS) —— 299
Abb. 81: Morphologische Realisierung der Akkusativmarkierungen in NPn bei den Kindern mit auffälliger Sprachentwicklung zum T1 und T2 (absolute Häufigkeiten, KT-DEU) —— 300
Abb. 82: Morphologische Realisierung der Akkusativmarkierungen in PPn bei den Kindern mit auffälliger Sprachentwicklung zum T1 und T2 (absolute Häufigkeiten, KT-DEU) —— 301
Abb. 83: Morphologische Realisierung der Dativmarkierungen in NPn bei den Kindern mit auffälliger Sprachentwicklung zum T1 und T2 (absolute Häufigkeiten, KT-DEU) —— 303
Abb. 84: Morphologische Realisierung der Dativmarkierungen in PPn bei den Kindern mit auffälliger Sprachentwicklung zum T1 und T2 (absolute Häufigkeiten, KT-DEU) —— 303
Abb. 85: Markierungsmuster für die morphologische Realisierung der Kasusmarkierungen in NPn und PPn bei den Kindern mit auffälliger Sprachentwicklung zum T1 und T2 (durchschnittliche Anzahl, DEU-RUS) —— 305
Abb. 86: Zielsprachlichkeit der Markierung des direkten Objekts in den transitiven Verbkontexten bei den Kindern mit auffälliger Sprachentwicklung (Mittelwerte, KT-RUS) —— 308
Abb. 87: Realisierung und Markierung der Objekte in den transitiven (tr.), intransitiven (intr.) und ditransitiven (ditr.) Verbkontexten bei den Kindern mit auffälliger Sprachentwicklung (Mittelwerte, KT-DEU) —— 309
Abb. 88: Realisierung und Kasusmarkierung der elizitierten PPn mit Präpositionen verschiedener Rektionstypen bei Kindern mit auffälliger Sprachentwicklung (Mittelwerte, KT-DEU) —— 312
Abb. 89: Zielsprachlichkeit der Kasusmarkierungen bei verschiedenen Elizitierungsmethoden bei den Kindern mit auffälliger Sprachentwicklung (Mittelwert, KT-RUS) —— 313

Abb. 90: Zielsprachlichkeit der Kasusmarkierungen bei verschiedenen Elizitierungsmethoden bei den Kindern mit auffälliger Sprachentwicklung (Mittelwerte, KT-DEU) —— 314

Abb. 91: Zielsprachlichkeit der Kasusmarkierungen im Russischen und Deutschen bei sim-TE, suk-TE, suk-AED, suk-AER, suk-SSES zum T1 und T2 (Mittelwerte, Kasus gesamt, NPn und PPn gesamt) —— 329

Abb. 92: Markierung des Nominativs bei sim-TE, suk-TE, suk-AED, suk-AER, suk-SSES zum T1 und T2 (Mittelwerte, KT-DEU) —— 335

Abb. 93: Verteilung der zielsprachlichen Realisierung des Nominativs bei sim-TE und suk-TE zum T1 und T2 (Mittelwerte, KT-DEU) —— 336

Tabellenverzeichnis

Tab. 1: Die primären syntaktischen Funktionen und ihre Kodierung —— 97
Tab. 2: Typische Realisierungen der semantischen Rollen —— 99
Tab. 3: Überblick über die semantischen Rollen —— 100
Tab. 4: Flexionsparadigmen des Russischen für jeden Kasus im Singular und Plural —— 103
Tab. 5: Kasusmarkierung bei belebten Substantiven im Singular —— 104
Tab. 6: Kasusmarkierung bei belebten Substantiven im Plural —— 104
Tab. 7: Kasusmarkierung bei unbelebten Substantiven im Singular —— 104
Tab. 8: Kasusmarkierung unbelebter Substantive im Plural —— 105
Tab. 9: Beispiele für die Präpositionen, die nur einen oder mehrere Kasus regieren können —— 106
Tab. 10: Kasusmarkierung des Deutschen im Singular —— 107
Tab. 11: Kasusmarkierung des Deutschen im Plural —— 107
Tab. 12: Zielsprachlichkeitsrate (in Prozent) für die Verwendung von Kasusmarkierungen (im Singular und Plural) in gleichaltrigen Gruppen mit drei verschiedenen Erwerbstypen nach Schwartz & Minkov 2014: 71 f.) —— 131
Tab. 13: Überblick über die Anzahl der Probanden der Querschnittstudie in Scherger (2015b: 204 ff.) —— 145
Tab. 14: Überblick über die Forschungsfragen und die dazugehörigen Teilanalysen —— 160
Tab. 15: Übersicht über die im Projekt verwendeten Testverfahren —— 164
Tab. 16: NWRT-Werte für die simultan bilingualen Kinder mit **unauffälliger** Sprachentwicklung zu T2 —— 166
Tab. 17: NWRT-Werte für die sukzessiv bilingualen Kinder mit **unauffälliger** Sprachentwicklung zu T2 —— 167
Tab. 18: NWRT-Werte für die sukzessiv bilingualen Kinder mit **auffälliger** Sprachentwicklung **im Deutschen** zu T2 —— 168
Tab. 19: NWRT-Werte für die sukzessiv bilingualen Kinder mit **auffälliger** Sprachentwicklung **im Russischen** zu T2 —— 168
Tab. 20: NWRT-Werte für die sukzessiv bilingualen Kinder mit **auffälliger** Sprachentwicklung **im Russischen und im Deutschen** zu T2 (mit Risiko für SSES) —— 169
Tab. 21: Untersuchungsgruppe *sim-TE* —— 172
Tab. 22: Untersuchungsgruppe *suk-TE* —— 173
Tab. 23: Untersuchungsgruppe *suk-AED* —— 175
Tab. 24: Untersuchungsgruppe *suk-AER* —— 176
Tab. 25: Untersuchungsgruppe *suk-RSSES* —— 177
Tab. 26: Überblick über den Aufbau des Kasustests für das Russische und Deutsche —— 182
Tab. 27: Überblick über die elizitierten Kasuskontexte im KT-RUS *Teil 1* —— 184
Tab. 28: Überblick über die elizitierten Kasuskontexte im KT-RUS *Teil 2* —— 185
Tab. 29: Überblick über die elizitierten Kasuskontexte im KT-DEU *Teil 1* —— 187
Tab. 30: Übersicht über die elizitierten Kasuskontexte im KT-DEU *Teil 2* —— 188
Tab. 31: Fehlertypen in den nicht zielsprachlich realisierten PPn bei der Gruppe sim-TE (Mittelwerte, KT-RUS) —— 204
Tab. 32: Fehlertypen in den nicht zielsprachlich realisierten PPn in der Gruppe suk-TE (Mittelwerte, KT-RUS) —— 208

Tab. 33: Fehlertypen in den nicht zielsprachlich realisierten PPn bei der Gruppe sim-TE (Mittelwerte, KT-DEU) —— 212
Tab. 34: Fehlertypen in den nicht zielsprachlich realisierten PPn in der Gruppe suk-TE (Mittelwerte, KT-DEU) —— 214
Tab. 35: Fehlertypen in den nicht zielsprachlich realisierten PPn für alle Kasus bei den Kindern mit auffälliger Sprachentwicklung (absolute Häufigkeitsverteilung, KT-RUS) —— 288
Tab. 36: Fehlertypen in den nicht zielsprachlich realisierten PPn im Akkusativ und Dativ bei den Kindern mit auffälliger Sprachentwicklung (absolute Häufigkeitsverteilung, KT-DEU) —— 290
Tab. 37: Zielsprachlichkeit der Akkusativmarkierungen (NPn und PPn) bei den Kindern mit auffälliger Sprachentwicklung zum T1 und T2 (absolute Häufigkeiten, KT-RUS) —— 293
Tab. 38: Zielsprachlichkeit der Dativmarkierungen (NPn und PPn) bei den Kindern mit auffälliger Sprachentwicklung zum T1 und zum T2 (absolute Häufigkeiten, KT-RUS) —— 294
Tab. 39: Zielsprachlichkeit der Genitivmarkierungen (NPn und PPn) bei den Kindern mit auffälliger Sprachentwicklung zum T1 und T2 (absolute Häufigkeiten, KT-RUS) —— 295
Tab. 40: Zielsprachlichkeit der Instrumentalmarkierungen (NPn und PPn) bei den Kindern mit auffälliger Sprachentwicklung zum T1 und zum T2 (absolute Häufigkeiten, KT-RUS) —— 295
Tab. 41: Zielsprachlichkeit der Präpositivmarkierungen bei den Kindern mit auffälliger Sprachentwicklung zum T1 und T2 (absolute Häufigkeiten, KT-RUS) —— 296
Tab. 42: Beobachtete Markierungsstrategien bei der Realisierung der Kasusmarkierungen in den NPn und PPn bei den Kindern mit auffälliger Sprachentwicklung —— 298
Tab. 43: Zielsprachlichkeit der Akkusativmarkierungen (NPn und PPn) bei den Kindern mit auffälliger Sprachentwicklung zum T1 und T2 (absolute Häufigkeiten, KT-DEU) —— 302
Tab. 44: Zielsprachlichkeit der Dativmarkierungen (NPn und PPn) bei den Kindern mit auffälliger Sprachentwicklung zum T1 und T2 (absolute Häufigkeiten, KT-DEU) —— 304
Tab. 45: Markierung des Genus in NPn und PPn (KT-DEU) —— 347
Tab. 46: Zielsprachlichkeit bei der Kasusmarkierung der belebten und unbelebten maskulinen und neutralen Substantive im Genitiv und Akkusativ, Singular, I. Deklination (Prozent, Anzahl korrekt und absolut, KT-RUS) —— 347

Abkürzungsverzeichnis

1P/2P/3P	1./2./3. Person	IMP	Imperativ
2L1	simultan bilingualer Spracherwerb/doppelter Erstspracherwerb	Inf./INF	Infinitiv
		Instr./INSTR	Instrumental
		intr.	intransitiv
AdvGr	Adverbialgruppe	IO/IOe	indirektes Objekt (Sg.), indirekte Objekte (Pl.)
Akk./AKK	Akkusativ		
aL2	erwachsener Zweitspracherwerb (engl. *adult second language*)	IQ	Intelligenzquotient
		ISEI	internationales sozioökonomisches Maß des beruflichen Status (engl. *international socio-economic index of occuational status*)
AMB	ambig		
AoO	Zeitpunkt des Erwerbsbeginns (engl. *age of onset*)		
ATTR	Attribut	KT-DEU	Kasustest für das Deutsche
ausgl.	ausgelassen		
CHAT	Transkriptionsformat (engl. *Codes for the Human Analysis of Transkripts*)	KT-RUS	Kasustest für das Russische
		L1	Erstsprache (engl. *first language*)
CHILDES	Datenbanksystem (engl. *Child Language Data Exchange System*)	L2	Zweitsprache (engl. *second language*)
		LoE	Kontaktdauer zu L2 (engl. *length of exposure*)
cL2	kindlicher Zweitspracherwerb (engl. *child second language*)		
		M/Mask.	Maskulinum
CLAN	Analyseprogramm (engl. *Computerized Language Analysis*)	MLU	durchschnittliche Äußerungslänge (engl. *mean length of utterance*)
Dat./DAT	Dativ		
deikt.	deiktisch, deiktischer Ausdruck	N	Anzahl (in Verbindung mit Zahlen)
deu/DEU	deutsch/Deutsch	N/Neutr.	Neutrum
ditr.	ditransitiv	NP/NPn	Nominalphrase (Sg.), Nominalphrasen (Pl.)
DO/DOe	direktes Objekt (Sg.), direkte Objekte (Pl.)		
		NWRT/NWRTs	Test(s) zum Nachsprechen von Nicht-Wörtern (engl. *nonword repetition test*)
DP	Determinansphrase (engl. *determiner phrase*)		
EOI	Extended Optional Infinitive	Ø	nicht realisiert, nicht markiert
F/Fem.	Femininum	OF/OFn	offene Frage (Sg.), offene Fragen (Pl.)
FF	Forschungsfrage		
FUT	Futur	OSV	Abfolge: Objekt-Subjekt-Verb
Gen./GEN	Genitiv		

OVS	Abfolge: Objekt-Verb-Subjekt	suk-AER	Gruppe der sukzessiv bilingualen Kinder mit auffälliger Sprachentwicklung im Russischen
Pl./PL	Plural		
PLI	engl. *Primary Language Impairment* (= SSES)	suk-RSSES	Gruppe der sukzessiv bilingualen Kinder mit auffälliger Sprachentwicklung im Russischen und im Deutschen, Kinder mit Risiko für SSES
PP/PPn	Präpositionsphrase (Sg.), Präpositionsphrasen (Pl.)		
PPO	Präpositionalobjekt		
Präp./PRÄP	Präpositiv		
Prp	Präposition		
PRS	Präsens	suk-TE	Gruppe der sukzessiv bilingualen Kinder mit unauffälliger Sprachentwicklung
PRT	Präteritum		
RNC	Russisches Nationalkorpus (engl. *Russian National Corpus*)		
		SVO	Abfolge: Subjekt-Verb-Objekt
rus/RUS	russisch/Russisch		
SD	Standardabweichung (engl. *standard deviation*)	T1	Testzeitpunkt zum Untersuchungsbeginn
		T2	Testzeitpunkt zum Untersuchungsende
SE/SEen	Satzergänzung (Sg.), Satzergänzungen (Pl.)	TE-Kind/-Kinder	typisch/sprachunauffällig entwickelte(s) Kind/Kinder
SES	sozioökonomischer Status (engl. *socio-economic status*)		
		tr.	transitiv
		überw.	überwiegend
SES^{ISEI}	sozioökonomischer Status nach dem ISEI-Wert	UG	Universalgrammatik
		USES	umschriebene Sprachentwicklungsstörung (= SSES)
SES^{SB}	sozioökonomischer Status nach dem Mittelwert der Schulbesuchsdauer		
		VOS	Abfolge: Verb-Objekt-Subjekt
Sg./SG	Singular	VSO	Abfolge: Verb-Subjekt-Objekt
sim-TE	Gruppe der simultan bilingualen Kinder mit unauffälliger Sprachentwicklung		
		WAS	Applikation zur Wortanalyse (engl. *Word Analysis System*)
SLI	engl. *Specific Language Impairment* (= SSES)		
		WF/WFn	W-Frage (Sg.), W-Fragen (Pl.)
SOV	Abfolge: Subjekt-Objekt-Verb	x̄	Median
		XVSO	Abfolge: VSO, wo X = beliebige Konstituente (z. B. Adverb oder Fragewort)
SSES	spezifische Sprachentwicklungsstörung		
suk-AED	Gruppe der sukzessiv bilingualen Kinder mit auffälliger Sprachentwicklung im Deutschen		
		zielspr.	zielsprachlich

1 Einleitung

1.1 Problemstellung und Motivation

Die Tendenz, dass immer mehr Kinder in der heutigen Gesellschaft in Kontakt mit mehreren Sprachen aufwachsen, wird weltweit beobachtet. Die Gründe dafür sind sowohl die Globalisierung als auch die Migration. In Deutschland liegt der Anteil der fünf- bis zehnjährigen Kinder mit Migrationshintergrund[1] aktuell bei 40,0 % (Zahlen des Statistischen Bundesamtes für 2018, vgl. Statistisches Bundesamt 2019: 36). Daher ist es nicht verwunderlich, dass das Thema der Sprachentwicklung bei mehrsprachigen Kindern nicht nur zum Gegenstand der Forschung, sondern auch immer öfter einer breiten gesellschaftlichen und politischen Diskussion wird.

Einerseits lassen sich Forschungsergebnisse finden, die zeigen, dass die Mehrsprachigkeit grundsätzlich keine Belastung darstellt, sofern die zu erwerbenden Sprachen im Alltag des Kindes genutzt und gefördert werden. Eine Reihe von wissenschaftlichen Untersuchungen konnte vielmehr gute Evidenz für einen positiven Einfluss des frühen Kontakts mit zwei Sprachen auf die kognitiven Fähigkeiten wie Informationsverarbeitung[2], Konzentration und Aufmerksamkeit zeigen (vgl. Marian & Shook 2012; Kroll & Bialystok 2013). Andererseits wird aber auch häufig davon berichtet, dass mehrsprachige Vor- und Grundschulkinder größere Sprachauffälligkeiten in ihrer Entwicklung zeigen (vgl. Hessisches Sozialministerium 2012; Lindemann 2014; Dux & Sievert 2015).

Aber was bedeutet in diesem Zusammenhang *sprachauffällig*? Nach Holler-Zittlau et al. (2004: 25) ist eine Sprachentwicklung *auffällig*, wenn die sprachlichen Kompetenzen eines Kindes nicht altersentsprechend sind und bei seinem Spracherwerb deutliche Probleme beobachtet werden. Dabei gelten bei Holler-Zittlau et al. (2004: 26) für die Überprüfung der sprachlichen Kompetenzen der mehrsprachigen Kinder im Deutschen die gleichen Beurteilungskriterien wie für deutsche monolinguale Kinder. Wie Grosjean (1989) jedoch zu Recht anmerkte,

---

[1] Nach der Definition des Statistischen Bundesamtes hat eine Person einen Migrationshintergrund, „wenn sie selbst oder mindestens ein Elternteil die deutsche Staatsangehörigkeit nicht durch Geburt besitzt" (Statistisches Bundesamt 2019: 4).
[2] Wenn im Folgenden der Begriff *Informationsverarbeitung* verwendet wird, bezieht er sich immer auf kognitive Prozesse zur Informationsaufnahme, -verarbeitung und -speicherung und nicht auf maschinelle bzw. computergestützte Informationsverarbeitung.

ist ein Bilingualer[3] nicht als zwei Monolinguale in einer Person zu verstehen. Im Unterschied zu monolingualen Kindern ist die Gesamtmenge des sprachlichen Inputs bei den mehrsprachig aufwachsenden Kindern auf zwei (oder mehr) zu erwerbende Sprachen verteilt. Diese Verteilung variiert je nach dem Erwerbstyp, der Kontaktdauer, der Kontaktintensität und dem sozialen und familiären Umfeld. Ist das Sprachangebot in einer oder mehreren Sprachen qualitativ und quantitativ nicht ausreichend, kann für die Kinder der Erwerb mancher Sprachstrukturen und -formen eine Herausforderung darstellen, insbesondere, wenn sie im sprachlichen Input insgesamt selten vorkommen, irregulär und/oder synkretisch sind.

Zeigen Kinder, unabhängig davon, ob sie ein- oder mehrsprachig aufwachsen, sehr geringe Sprachkenntnisse oder deutliche Probleme, so müssten die Ursachen dafür näher untersucht werden, denn ein verzögerter Erwerb kann auf eine *spezifische Sprachentwicklungsstörung* (im Folgenden als *SSES* abgekürzt) zurückgeführt werden. Von einer SSES wird ausgegangen, wenn ein Kind Probleme in der Rezeption und Produktion sprachlicher Strukturen hat und dieses sprachliche Verhalten weder durch eine sensorische noch eine neurologische, sozial-emotionale Störung oder einen nonverbalen IQ unterhalb der Norm erklärt werden kann (vgl. Grimm 2003; Leonard 2009). Die Schwierigkeiten können in verschiedenen sprachlichen Bereichen wie in der Morphologie, der Syntax, der Phonologie, der Semantik oder der Pragmatik auftreten, die jedoch nicht alle im gleichen Maße betroffen sein müssen. Der Verdacht auf eine SSES kann bei mehrsprachigen Kindern fälschlicherweise häufiger ausgesprochen werden als bei monolingualen Kindern, weil die Formen und Strukturen von mehrsprachigen typisch entwickelten Kindern den monolingualen Kindern mit SSES ähnlich sind (vgl. Håkansson et al. 2003; Paradis et al. 2003; Paradis 2005; Motsch 2013a). Bestimmte Fehler werden jedoch bei den Kindern mit einer SSES in der Regel häufiger sowie über einen längeren Zeitraum hinweg beobachtet (vgl. Schulz et al. 2017). Grundlegend gilt hier, dass mehrsprachige Kinder von einer SSES nicht häufiger betroffen sind als monolinguale Kinder, und dass die Mehrsprachigkeit keine Erwerbserschwernis bei einer SSES darstellt (vgl. Paradis et al. 2003; Rothweiler 2013).

Wie lange die Sprachauffälligkeiten bei mehrsprachigen Kindern toleriert werden können, ohne sie als Defizit zu interpretieren, lässt sich nicht einfach beantworten. Zur Entwicklung der einzelnen Sprachbereiche liegt bisher keine

---

3 Aus Gründen der besseren Lesbarkeit wird auf eine explizite Ausschreibung männlicher und weiblicher Sprachformen verzichtet. Sämtliche Personenbezeichnungen beziehen sich jedoch, falls dies nicht speziell erwähnt wird, sowohl auf weibliche als auch auf männliche Personen.

ausreichende Anzahl von Studien vor, die methodisch miteinander vergleichbar sind und verschiedene Sprachkombinationen mit verschiedenen Spracherwerbstypen abdecken. Mit der vorliegenden Arbeit wird ein Beitrag dazu geleistet, die kindliche Sprachentwicklung von mehrsprachigen Kindern und die damit verbundenen Schwierigkeiten besser zu verstehen.

1.2 Zielsetzung

Sowohl im Russischen als auch im Deutschen ist die Markierung von Kasus durch Synkretismus geprägt. Ist die Kasusmarkierung in der jeweiligen Sprache bei Mehrsprachigkeit noch nicht erworben, ausreichend gefördert oder geübt, kann dies dazu führen, dass abweichende und anhaltende Fehlermuster häufiger beobachtet werden. Die vorliegende Arbeit befasst sich mit der Untersuchung der Kasusmarkierung im Russischen und im Deutschen bei mehrsprachigen Vorschulkindern, die zum Untersuchungsbeginn vier Jahre alt waren und Russisch von Geburt an als Erstsprache und Deutsch als zweite Sprache simultan (N = 20) oder sukzessiv bilingual (N = 24) erwarben (vgl. Abbildung 1). Der Erwerbsbeginn des Deutschen liegt bei den simultan bilingualen Kindern durchschnittlich bei zwölf und bei den sukzessiv bilingualen Kindern bei 35 Monaten. Die Kasusmarkierungen werden in Nominal- und Präpositionalphrasen in elizitierten Daten aus einer Längsschnittstudie mit zwei Testzeitpunkten im Abstand von zwölf Monaten untersucht. Leitend sind fünf Forschungsfragen (siehe Kapitel 6).

Bei der vorliegenden Arbeit geht es nicht darum, die Phasen des Kasuserwerbs in beiden Sprachen zu beschreiben oder die sprachliche Entwicklung von mehrsprachigen Kindern im Vergleich zu der von einsprachigen Kindern zu untersuchen, sondern den Entwicklungsstand bei der Verwendung der Kasusmarkierungen bei zwei bilingualen Erwerbstypen zu erfassen und die Strategien für die morphologische Realisierung der Kasusmarkierungen in beiden Sprachen aufzuzeichnen. Weiterhin sollen die potenziellen Einflussfaktoren auf die Realisierung der Kasusmarkierungen in den Phrasenstrukturen für die beiden untersuchten Sprachen ermittelt und näher untersucht werden. Dabei wird der Frage nachgegangen, ob die gleichaltrigen simultan und sukzessiv bilingualen Kinder in Bezug auf die Verwendung der Kasusmarkierungen einander eher ähneln oder ob es zwischen ihnen mehr Unterschiede als Gemeinsamkeiten gibt. Um eine maximale Vergleichbarkeit der Leistung bei beiden Erwerbsgruppen zu gewährleisten, wurden die Kinder mit einer auffälligen Sprachentwicklung (N = 7) in einer oder in beiden Sprachen getrennt von den Kindern mit unauffälliger Sprachentwicklung analysiert.

Die Untersuchung der Kasusmarkierungen im mehrsprachigen Erwerbskontext ist auch deshalb von besonderem Interesse, da dieser Bereich wenig erforscht ist. Zum Russischen gibt es bisher eine Studie von Schwartz & Minkov (2014), die die Markierungen der fünf obliquen Kasus bei simultan bilingualen (N = 3) im Vergleich zu sukzessiv bilingualen Vorschulkindern (N = 6) mit der Sprachkombination Russisch-Hebräisch auswertete. Zum Deutschen gibt es einige Studien, die Kasusmarkierungen bei simultan bilingualen oder sukzessiv bilingualen Kindern im Vergleich zum monolingualen Erwerb untersuchen. Bislang liegen allerdings keine Studien vor, die die Verwendung der Markierungen einzelner Kasus im Russischen und im Deutschen bei simultan bilingualen im Vergleich zu sukzessiv bilingualen Kindern betrachten. Die Untersuchung dieser Sprachkombination zeichnet sich dadurch aus, dass sich die beiden Sprachen in der Typologie der Kasusmarkierungen voneinander unterscheiden. Das hat zur Folge, dass ihr Erwerb unterschiedlich verläuft. Es gilt daher, die typologischen Effekte bei der Verwendung der Kasusmarkierungen in beiden Sprachen und gegebenenfalls gegenseitige Einflüsse zu erfassen.

1.3 Aufbau der Arbeit

Die vorliegende Arbeit gliedert sich in drei Hauptteile: Kapitel 2 bis 6 sind dem Forschungsstand und der Theorie, Kapitel 7 und 8 der empirischen Studie und Kapitel 9 und 10 der Diskussion der Ergebnisse gewidmet.

Der theoretische Teil (Teil I) beginnt in Kapitel 2 mit der Darstellung der Grundlagen des bilingualen Spracherwerbs, indem der Begriff *Bilingualismus*, die Typen und die Einflussfaktoren des bilingualen Spracherwerbs herausgearbeitet werden. Anschließend richtet sich das Augenmerk auf die Phänomene Sprachdominanz und Spracherosion. Dabei wird der Frage nachgegangen, inwieweit bei einer bilingualen Person eine Sprache die andere beeinflusst und welche Auswirkungen dieser Einfluss hat. Kapitel 3 liefert den theoretischen Hintergrund für eines der Untersuchungsobjekte der vorliegenden Arbeit und befasst sich mit der theoretischen Grundlage der auffälligen Sprachentwicklung, einem Spezialfall der *spezifischen Sprachentwicklungsstörung*. Nach einem Überblick über die theoretischen Erklärungsversuche dieses spezifischen Defizits werden seine klinischen Marker im Russischen und im Deutschen erläutert und die Kriterien seiner Abgrenzung von Auffälligkeiten des bilingualen Spracherwerbs vorgestellt. Kapitel 4 beschäftigt sich mit der Darstellung des Begriffs *Kasus* und seinen Funktionen. Darüber hinaus gibt es einen kurzen Überblick über die Markierung des Kasus im Russischen und im Deutschen. In Kapitel 5 werden dann die Theorieansätze zum Kasuserwerb vorgestellt sowie sprachübergreifende Einflussfaktoren und der Verlauf des Kasuserwerbs im Russischen und im Deutschen beim monolingualen und bilingualen Erwerbskontext mit und ohne spezifische Sprachentwicklungsstörung erläutert. Vor diesem theoretischen Hintergrund werden in Kapitel 6 die Forschungsfragen definiert. Damit schließt der theoretische Teil der Arbeit ab.

Der empirische Teil (Teil II) beginnt mit Kapitel 7 und erläutert die Methodik der empirischen Untersuchung. Hier werden die Kriterien für die Gruppenbildung und die Gruppen beschrieben, verglichen und einander gegenübergestellt. Anschließend wird das Design der Studie für das Russische und das Deutsche, ihre Durchführung sowie die erhobenen Daten und ihre Aufbereitung vorgestellt. In Kapitel 8 werden die Ergebnisse der Untersuchung im Rahmen von zwei Datenanalysen in Bezug auf die Forschungsfragen mit jeweils fünf Teilanalysen gezeigt. Im Rahmen der ersten Datenanalyse werden die Kasusmarkierungen bei den simultan bilingualen und sukzessiv bilingualen Kindern mit unauffälliger Sprachentwicklung untersucht. Im Rahmen der zweiten Datenanalyse werden die sukzessiv bilingualen Kinder mit auffälliger Sprachentwicklung untersucht.

Der abschließende Teil (Teil III) umfasst zwei Kapitel: Kapitel 9 enthält die Gesamtzusammenfassung und gibt einen Ausblick auf weiterführende Forschungsfragen, die sich aus den Befunden der Untersuchung der Kasusmarkierungen im Russischen und im Deutschen bei den simultan bilingualen und sukzessiv bilingualen Kindern mit und ohne auffällige Sprachentwicklung ergeben. Die Arbeit endet mit einer Schlussbetrachtung in Kapitel 10, in dem die wesentlichen Ergebnisse der vorliegenden Arbeit zusammengefasst und die Haupterkenntnisse formuliert werden.

Die in Kapitel 7 beschriebenen Testmaterialien und die der Ergebnisdarstellung zugrunde liegenden Berechnungstabellen zu den Kapiteln 7–9 (siehe elektronische Anhänge C–E) sind auf der Website des Verlags zugänglich: https://www.degruyter.com/view/product/543073.

Teil 1: **Theoretische Grundlagen**

Im vorliegenden Teil werden der theoretische Rahmen und der Forschungsstand zum Spracherwerb mit dem Fokus auf den Erwerb der Kasusmarkierungen bei monolingualen und bilingualen Kindern mit und ohne SSES im Russischen und Deutschen dargestellt und die daraus abgeleiteten Forschungsfragen formuliert.

2 Theoretische Grundlagen des bilingualen Spracherwerbs

Im folgenden Kapitel wird über die theoretischen Grundlagen zum Bilingualismus im Kontext der unauffälligen kindlichen Sprachentwicklung berichtet. Als Erstes wird der Begriff *Bilingualismus* erläutert. Danach werden die Typen des bilingualen Spracherwerbs und die Erwerbsfaktoren dargestellt. Anschließend wird die wechselseitige Beeinflussung von Erst- und Zweitsprache verdeutlicht.

2.1 Zum Begriff des Bilingualismus

Bei der Literaturdurchsicht lässt sich eine Vielfalt von Definitionen für *Bilingualismus* feststellen. Diese unterscheiden sich je nach dem Gesichtspunkt, unter dem das Phänomen Bilingualismus betrachtet wird, in Bezug auf die Kompetenz – also den Grad der Kenntnis und der Beherrschung von zwei Sprachen – oder auf die Funktion der verwendeten Sprachen für das Individuum. Tracy & Gawlitzek-Maiwald (2000) veranschaulichen zwei polarisierte Ansichten bezüglich des Begriffs *Bilingualismus*: Während Bloomfield (2001: 86) davon ausgeht, dass eine Person nur dann bilingual sei, wenn diese zwei ausbalanciert entwickelte Sprachen auf muttersprachlichem Niveau beherrscht, bezeichnet Macnamara (1969: 82) eine Person auch dann als bilingual, wenn sie über die Grenzen der Muttersprache hinaus in einer weiteren Sprache minimale Kompetenzen in den vier Sprachfertigkeiten – Sprechen, Verstehen, Schreiben und Lesen – aufweist, d. h. es genügt, Grundkenntnisse in einer zweiten Sprache anwenden zu können, um bilingual zu sein. Bloomfields Ansicht in Bezug auf den Bilingualismus wird von Grosjean als problematisch angesehen: In der Realität lassen sich solche Personen nur selten finden, die in zwei (oder mehr) Sprachen über gleich hohe Sprachkompetenzen auf muttersprachlichem Niveau verfügen und sie in jeder Domäne ihres sozialen Umfeldes gleich häufig verwenden. Eher werden die Sprachen je nach Kommunikationszweck, Empfänger und individuellen Bedürfnissen unterschiedlich eingesetzt. Aufgrund verschiedener Gebrauchsmöglichkeiten entwickeln sich die Sprachkenntnisse der bilingualen Personen normalerweise nicht gleich (vgl. Grosjean 1989: 6). Demzufolge ist nach Grosjean diejenige Person als bilingual zu bezeichnen, die in ihrem alltäglichen Leben notwendigerweise in zwei (oder mehr) Sprachen kommuniziert (vgl. Grosjean 1989: 4), unabhängig von zeitlichen Aspekten des Erwerbs, wie Zeitpunkt des Erwerbsbeginns und die Erwerbsdauer der zweiten Sprache (vgl. Grosjean 2010).

Basierend auf der Annahme von Grosjean (1982, 2001) zum monolingualen und bilingualen Sprachmodus, nach der bei dem bilingualen Sprecher der Aktivierungsgrad der beiden Sprachen in Abhängigkeit von dem monolingualen bzw. bilingualen Gesprächskontext variiert, definieren Tracy & Gawlitzek-Maiwald (2000: 497) eine bilinguale Person wie folgt:

> Ein bilinguales Individuum beherrscht zwei sprachliche Kenntnissysteme in einem Ausmaß, das es ihm gestattet, mit monolingualen Sprechern der einen oder anderen Sprache in einem ‚monolingualen Modus', d. h. in der Sprache des Gesprächspartners zu kommunizieren. Bei Bedarf, d. h. im Umgang mit mehrsprachigen Kommunikationspartnern, kann sich ein bilinguales Individuum der Ressourcen des ‚bilingualen' Modus bedienen, d. h. ein beide Sprachen umfassendes Repertoire ausschöpfen, wobei es zu intensiven Formen des Mischens oder Code-switching kommen kann.

Ich schließe mich der Fassung von Tracy & Gawlitzek-Maiwald an, nach der einerseits eine bilinguale Person die beiden Sprachen nicht auf dem Niveau eines Monolingualen beherrschen muss, und andererseits die kommunikative Funktion und der Grad der Verständigung zwischen monolingualen und bilingualen Gesprächspartnern im Vordergrund stehen.

Manche Autoren erweitern den Begriff *bilingual* auch auf die Personen, die neben der Standardsprache einen Dialekt beherrschen, z. B. Bayrisch, Pfälzisch oder die alemannischen Dialekte des Schweizerdeutschen (vgl. Häcki Buhofer & Burger 1998: 89; Berthele 2004). Bei Grosjean (2008: 10) lässt sich ebenfalls in Bezug auf Dialekte eine erweiterte Definition des Begriffs *Bilingualismus* finden, die wie folgt lautet: „Bilingualism is the regular use of two or more languages (or dialects), and the bilinguals are those people who use two or more languages (or dialects) in their everyday lives." Da im Rahmen der vorliegenden Arbeit die Untersuchung von bilingualen Kindern mit zwei eigenständigen Sprachsystemen – Russisch und Deutsch – zentral ist, wird auf die Kontrastierung von Sprachen mit Dialekten bei der Zweisprachigkeit nicht näher eingegangen.

Tracy & Gawlitzek-Maiwald (2000) nutzen den Begriff *Bilingualismus* für die *Mehrsprachigkeit* und *Zweisprachigkeit* gleichermaßen (vgl. Kracht 2000; Rothweiler 2007a; Tracy 2014). Kracht (2000: 133) und Rothweiler (2007a: 103) gehen von der Annahme aus, dass grundsätzlich kein Unterschied zwischen dem Erlernen und dem Gebrauch von zwei oder mehr Sprachen bestehe. Der Erwerb jeder weiteren Sprache verlaufe im Prinzip wie der Erwerb der zweiten Sprache. Es seien eher die Faktoren, unter denen die Sprachen erworben werden, wie z. B. Alter, Art des Spracherwerbs, Ausmaß und Systematik des Kontakts mit der jeweiligen Sprache, die für den Verlauf und das Resultat des Spracherwerbs entscheidend sind. Im Rahmen der vorliegenden Arbeit werden die Begriffe

Bilingualismus, *Zweisprachigkeit* und *Mehrsprachigkeit* sowie die entsprechenden Adjektive *bilingual*, *zweisprachig* und *mehrsprachig* ebenfalls gleichgesetzt.

Weiter ist anzumerken, dass im Folgenden die Grundlagen der Erstsprache und Erstsprachentwicklung nicht gesondert dargestellt werden. Sie werden jedoch im Kontext der mehrsprachigen Entwicklung mitbeschrieben. Bevor die einzelnen Typen des bilingualen Spracherwerbs besprochen werden, sollte jedoch eine Definition für die *Erstsprache* (L1) im Migrationskontext gegeben werden: So wird nach Gagarina (2014b: 20) unter der Erstsprache bei bilingualen Personen eine andere Sprache als die Umgebungssprache verstanden, mit der das Kind zuerst oder auch parallel zur Umgebungssprache im familiären Umfeld in Kontakt kommt. In Bezug darauf, ab wann und in welchem Umfang der Kontakt zu der Umgebungssprache bzw. Zweitsprache begonnen hat, werden verschiedene Typen des bilingualen Spracherwerbs unterschieden, die im folgenden Abschnitt dargestellt werden.

2.2 Typen des bilingualen Spracherwerbs

Eine der bereits häufig berücksichtigten Variablen zur Differenzierung verschiedener Erwerbstypen bei einer zweiten Sprache ist das Alter, in dem der Erwerb der zweiten Sprache beginnt.[4] Je nachdem, in welchem Alter der Erwerb einer zweiten Sprache einsetzt, wird grundsätzlich zwischen zwei verschiedenen Typen des Erwerbs unterschieden: dem *simultanen* und dem *sukzessiven* (oder *sequenziellen*) *Spracherwerb*. Eine zweite Variable zur Differenzierung der Erwerbstypen ist, ob die zweite Sprache gesteuert oder ungesteuert erworben wird. Wenn bilinguale Kinder von Geburt an oder kurz danach – nach Ruberg (2013b) im ersten oder zweiten Lebensjahr – zweisprachig aufwachsen, dann spricht man grundsätzlich von *simultan bilingualem Spracherwerb* oder *doppeltem Erstspracherwerb* (2L1). Dieser Erwerb vollzieht sich immer ungesteuert, d. h. er wird bestimmt durch die alltägliche Interaktion mit Bezugspersonen. Am häufigsten kommt der simultan bilinguale Erwerbstyp beim Erwerbsmodell *eine Person – eine Sprache* (engl. *one person – one language*) vor, bei dem die Elternteile unterschiedliche Muttersprachen haben und sie im familiären Kontext mit dem Kind verwenden (vgl. Anstatt & Dieser 2007: 141).

---

4 Neben dem Begriff *Zeitpunkt des Erwerbsbeginns* ist in der deutschsprachigen Literatur auch die Abkürzung *AoO* des englischen Begriffs *age of onset* gebräuchlich. Im Rahmen dieser Arbeit wird die Abkürzung *AoO* vor allem in Tabellen und Abbildungen verwendet.

Von einem sukzessiven Spracherwerb oder *Zweitspracherwerb* (*L2*, steht für engl. *second language acquisition*) wird grundsätzlich dann gesprochen, wenn eine Person zunächst nur ihre Muttersprache als Erstsprache erlernt und mit dem Erwerb einer zweiten (oder weiteren) Sprache(n) erst zu einem späteren Zeitpunkt – nach Ruberg (2013b) ab dem dritten Lebensjahr – regelmäßig in Kontakt kommt. Ähnlich wie der simultan bilinguale Spracherwerb verläuft der Zweitspracherwerb ungesteuert. Er kommt vor allem in der Erwerbssituation vor, wenn die Familiensprache und die Umgebungssprache unterschiedlich sind (engl. *home language – environment language*, vgl. Anstatt & Dieser 2007: 141). Beispielsweise kommt ein Kind erst durch den Eintritt in den Kindergarten oder die Schule in engen Kontakt mit der Umgebungssprache. Der Zweitspracherwerb bei den Kindern wird nach Rothweiler & Kroffke (2006) und Ruberg (2013b) weiterhin in zwei Typen eingeteilt: *sukzessiv bilingualer Spracherwerb* und *kindlicher Zweitspracherwerb* (*cL2*, steht für engl. *child second language acquisition*). Mit dem sukzessiv bilingualen Spracherwerb wird der Erwerb der zweiten (oder weiteren) Sprache beschrieben, der zwischen dem dritten und vierten Lebensjahr einsetzt. Von einem kindlichen Zweitspracherwerb wird gesprochen, wenn die zweite Sprache zwischen dem fünften und zehnten Lebensjahr erworben wird. Setzt der Erwerb einer zweiten (oder weiteren) Sprache erst nach dem zehnten Lebensjahr ein, wird er als *erwachsener Zweitspracherwerb* (*aL2*, steht für engl. *adult second language acquisition*) bezeichnet (vgl. Ruberg 2013b). Wird eine zweite Sprache gesteuert – durch die Vermittlung im Fremdsprachenunterricht – erlernt, wird von einem *gesteuerten* Erwerb oder *Fremdspracherwerb* gesprochen. Aufgrund dessen, dass in der vorliegenden Arbeit nur die bilingualen Kinder im Vorschulalter untersucht werden, die die Sprachen ungesteuert erwerben, werden der erwachsene Zweitspracherwerb und der Fremdspracherwerb im Folgenden nicht näher betrachtet. Abbildung 1 stellt die wesentlichen Unterschiede zwischen den einzelnen Erwerbstypen übersichtlich dar.

In der Forschungsliteratur gibt es bisher keine Einigkeit über eine eindeutige Abgrenzung zwischen einzelnen Typen des simultanen und sukzessiven Erwerbs bei Kindern. Daher variiert unter anderem auch die Begrifflichkeit von Studie zu Studie. Die in dieser Arbeit verwendeten Begriffe zu Erwerbstypen stammen von Rothweiler & Kroffke (2006) und Ruberg (2013b). Um sie für die vorgelegte Untersuchung zu verdeutlichen, wird unter simultan bilingualem Spracherwerb der Erwerb von zwei oder mehr Sprachen verstanden, der bis zum

Alter von 1;11[5] Jahren stattfindet und ungesteuert erfolgt. Von sukzessiv bilingualem Spracherwerb wird dann gesprochen, wenn der ungesteuerte Erwerb der zweiten (oder weiteren) Sprache im Alter von 2;0 bis 3;11 Jahren einsetzt (vgl. Ruberg 2013b).

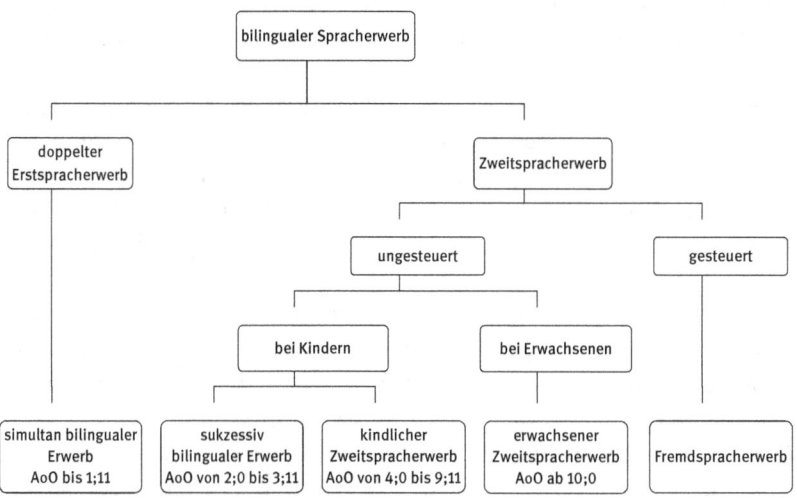

Abb. 1: Übersicht über die Typen des bilingualen Spracherwerbs (angelehnt an Rothweiler & Kroffke 2006; Ruberg 2013b)

2.2.1 Doppelter Erstspracherwerb

Wie schon im vorigen Abschnitt erwähnt, ist derzeit noch umstritten, bis zu welchem Alter genau ein simultan bilingualer Erwerb stattfindet: De Houwer (1996: Kap. 3) spricht über einen doppelten Erstspracherwerb nur dann, wenn das Kind innerhalb des ersten Monats nach der Geburt Kontakt mit zu erwerbenden Sprachen hat, d. h. alle Sprachen sollen von Anfang an täglich und möglichst gleichwertig verwendet werden. Bei de Houwer (2009: 2 ff.) wird der Toleranzraum, zu dem der Eintritt der zweiten Sprache beginnen soll, um noch als simultan zu gelten, bis zu einem Alter von 1;6 erweitert. Bei Berücksichti-

---

[5] Bei der Altersangabe steht die Zahl vor dem Semikolon für die Anzahl der Jahre und die Zahl nach dem Semikolon für die Anzahl der Monate, z. B. die Altersangabe 1;11 bedeutet ein Jahr und elf Monate.

gung der Entwicklung von Sprachstrukturen, die von simultan bilingualen und monolingualen Kindern durchlaufen werden, sprechen Tracy & Gawlitzek-Maiwald (2000: 503) von simultan bilingualem Spracherwerb auch dann, wenn der Erwerb der zweiten Sprache innerhalb der ersten zwei Lebensjahre eintritt. Ebenso begrenzen Anstatt & Dieser (2007) das Einstiegsalter für die zweite Sprache bis zu einem Alter von unter drei Jahren, Rothweiler & Kroffke (2006) innerhalb der ersten drei Jahre. Paradis (2010b) legt die Grenze bis zu einem Alter von 3;0 Jahren fest, bis zu dem der Spracherwerb bei Kindern wirklich simultan stattfinden kann. Meisel (2007, 2008, 2009) sieht die Grenze zwischen dem simultanen und dem sukzessiven Spracherwerb bei den Kindern erst ab einem Alter von 3;0 bis 4;0 Jahren. Seinen Untersuchungen nach werden erst in diesem Alterszeitraum die Veränderungen der Erwerbsmechanismen und Prozesse im Erwerb der Morphologie und Syntax bei den zweisprachigen Kindern erkennbar. Die unterschiedlichen Festlegungen der Altersgrenze, ab der der simultane Bilingualismus endet und der sukzessive beginnt, begründen Thoma & Tracy (2007: 76): „Zum gegenwärtigen Zeitpunkt wissen wir noch nicht, wo die Grenze zwischen dem bilingualen oder doppelten Erstspracherwerb und dem sukzessiven Zweitspracherwerb verläuft."

Angelehnt an die Untersuchungen zur Entwicklung der Morphologie und Syntax in der Erstsprache geht man einerseits davon aus, dass der simultan bilinguale Spracherwerb von zwei oder mehr Sprachen ähnliche Meilensteine durchläuft und den vergleichbaren Erwerbsmechanismen folgt wie der monolinguale Erwerb, zumindest in den dominanten Sprachen[6] (vgl. Tracy & Gawlitzek-Maiwald 2000). Zwar lassen sich minimale Unterschiede im Erwerb der spezifischen Teilsysteme – wie Satzstruktur, Verbmorphologie, Genus – zwischen dem monolingualen und dem simultan bilingualen Erwerb beobachten, der Sprachentwicklungsverlauf ähnelt jedoch dem des monolingualen Spracherwerbs (vgl. Meisel 2001, 2007; Rothweiler & Kroffke 2006; Chilla 2011; Ruberg 2013b) und weist je nach Untersuchungsbereich mehr Ähnlichkeiten als Unterschiede auf (vgl. Tracy & Gawlitzek-Maiwald 2000; Haberzettl 2007). Andererseits gibt es empirische Evidenz dafür, dass der simultan bilinguale Spracherwerb je nach der Komplexität des zu erwerbenden Phänomens sowohl die Züge des monolingualen als auch des sukzessiv bilingualen Erwerbs aufweisen kann: So fanden Grimm & Schulz (2016) in einer Studie mit monolingualen, simultan bilingualen und sukzessiv bilingualen Kindern heraus, dass der Erwerb von kernsyntaktischen Phänomenen wie die Verbstellung im Hauptsatz, die beim Monolingualismus früh erworben werden, bei den simultan bilingualen Kindern

---

6 Zum Begriff *dominante Sprache* siehe Abschnitt 2.4.1.

dem Erwerb von monolingualen Kindern gleicht. Der simultan bilinguale Erwerb von sprachlichen Phänomenen hingegen, die beim Monolingualismus spät erlernt werden (z. B. Kasus oder Verstehen von Negation), ähnelt eher dem des sukzessiv bilingualen. Somit erweist sich nicht nur das Alter des Erwerbsbeginns einer weiteren Sprache als ein wichtiger Aspekt beim Spracherwerb, sondern auch das Erwerbsalter, in dem sprachliche Phänomene im monolingualen Erwerb stattfinden.

Gawlitzek-Maiwald & Tracy (1996) vertreten die Ansicht, dass sich der Unterschied zwischen dem monolingualen und dem simultan bilingualen Spracherwerb vor allem in mehr oder weniger intensiver Nutzung der *Bootstrapping Strategie* beim Bilingualismus zeige. Zwar werden beim Bilingualismus die zu erwerbenden Sprachsysteme getrennt voneinander aufgebaut (vgl. Meisel 2007), es können jedoch die bereits erworbenen Sprachstrukturen aus einer Sprache in eine andere Sprache zumindest temporär übernommen werden und somit ihre Entwicklung beeinflussen, z. B. füllen die bilingualen Kinder lexikalische und/oder grammatische Lücken in einer Sprache durch die Strukturen der weiterentwickelten Sprache (z. B. Paradis & Genesee 1996; Tracy & Gawlitzek-Maiwald 2000; Dieser 2008; Müller et al. 2011: Kap. 5; Tracy 2014). Solche temporär begrenzten Entlehnungen prägen sich unterschiedlich stark aus und führen zu Mischäußerungen, die jedoch nicht als Defizit in der Sprachentwicklung interpretiert werden dürfen.

2.2.2 Zweitspracherwerb im Kindesalter

Eine Reihe von Studien zur deutschen Syntax im Bereich der Verbstellung und der Finitheitsmarkierung konnte belegen, dass bei dem sukzessiv bilingualen Spracherwerbstyp der Erwerbsverlauf der zweiten Sprache in der Regel schnell und problemlos erfolgt (vgl. Kaltenbacher & Klages 2006: 83) und im Wesentlichen sehr dem der Erstsprache ähnelt (vgl. Rothweiler 2006b; Tracy 2007; Montrul 2008). Daneben gibt es jedoch einzelne Grammatikbereiche, bei deren Erwerb die sukzessiv bilingualen Kinder größere Schwierigkeiten als die monolingualen oder simultan bilingualen Kinder haben. Dazu gehört beispielsweise der Erwerb der deutschen Nominalflexion wie Kasus (vgl. Kaltenbacher & Klages 2006; Schönenberger et al. 2012) und Genus (vgl. Ruberg 2013a). Vor allem sind die Realisierung des Artikels und die Flexionsmorphologie an Artikeln und attributiven Adjektiven davon betroffen (vgl. Meisel 2007; Ruberg 2013a, 2013b). Auch der Erwerb der räumlichen Präpositionen scheint beim deutschen sukzessiv bilingualen Spracherwerb ein besonderes Problem darzustellen (vgl. Kaltenbacher & Klages 2006: 88 f.). Sopata (2009) fand allerdings anhand der Fallstudien heraus, dass bei einem sukzessiv bilingualen Kind mit dem AoO von 2;6 Jahren die Sprachentwicklung sowohl im morphologischen als auch im syntaktischen Bereich einem monolingualen Erwerb ähnelte, hingegen wies sie bei einem anderen sukzessiv bilingualen Kind mit dem AoO der zweiten Sprache im Alter von 3;8 Jahren die Merkmale eines erwachsenen Zweitspracherwerbs auf. D. h., dass auch beim sukzessiv bilingualen Spracherwerbstyp die individuellen Erwerbsvariationen vorliegen.

Im Gegensatz zum sukzessiv bilingualen Spracherwerb nimmt der kindliche Zweitspracherwerb zunehmend die Charakteristika des erwachsenen Zweitspracherwerbs an: Beobachtet werden finite Verben in Endstellung, Verben in Drittstellung oder nicht kongruente Verben in Zweitstellung (vgl. Rothweiler 2006b; Meisel 2007, 2009; Thoma & Tracy 2007). Außerdem findet sich beim kindlichen Zweitspracherwerb der Transfer sprachlicher Strukturen aus der Erstsprache in die Zweitsprache (z. B. im Bereich der Aussprache, Grammatik oder des Lexikons) deutlich häufiger als beim sukzessiv bilingualen Spracherwerb.

Im Allgemeinen gilt nach Rothweiler (2007a: 122): „Je später der Erwerbsbeginn liegt, umso mehr gleicht der Zweitspracherwerb dem Zweitspracherwerb Erwachsener." Ob die Kinder dieses sukzessiven Erwerbstyps kompetente Sprecher in der Zweitsprache werden, hängt allerdings von verschiedenen Faktoren ab, etwa von der Intensität des Sprachkontakts, der Motivation und der Einstellung zur Sprache (vgl. Klein 2007). Der entscheidende Unterschied zwischen dem simultan bilingualen Erwerb und dem Zweitspracherwerb bei den Kindern besteht darin, dass der Zweitspracherwerb erst dann beginnt, wenn „die wesentlichen Grundzüge" der ersten Sprache(n) bereits erworben sind (vgl. z. B. Rothweiler & Kroffke 2006; Frigerio Sayilir 2007: 18 f.; Meisel 2009). Das bereits verfügbare sprachliche Wissen der Erstsprache – auch wenn dieses noch unvollständig ist – und die fortgeschrittenen kognitiven Fähigkeiten bewirken, dass die Lerner andere Strategien und Möglichkeiten nutzen, ihre Zweitsprache zu lernen (vgl. Klein 2007; Meisel 2007). Im Allgemeinen ist anzunehmen, dass, je mehr Wissen und Erfahrung zum Zeitpunkt des Erwerbsbeginns der Zweitsprache der Lerner aus der Erstsprache mitbringt, sie umso größeren Einfluss auf den Spracherwerbsverlauf und die erreichbare sprachliche Kompetenz der Zweitsprache haben.

2.3 Einflussfaktoren auf den (Zweit-)Spracherwerb

Unabhängig davon, ob es sich um einen Erst- oder Zweitspracherwerb handelt, ist der Sprachlernprozess ein langjähriger Prozess, der individuellen Variationen unterliegt. Viele Prozesse zum Erwerb von phonologischen, morphologischen, syntaktischen, lexikalischen und pragmatischen Strukturen finden nicht kontinuierlich und linear statt, sondern laufen je nach Komplexität, kommunikativer Wichtigkeit, kognitivem Verarbeitungsaufwand und anderen Erwerbsfaktoren in einer gewissen Abfolge ab (vgl. Klein 2000; Klein & Dimroth 2003). Nach Angaben von Klein (2007: 140) braucht ein Kind mehr als zehn Jahre, bis es „zumindest eine Sprache perfekt beherrscht". Welche Faktoren den Erwerbsverlauf der Zweitsprache prägen können, wird in der Forschung häufig thematisiert (vgl. z. B. Schumann 1986; Klein 1992: Kap. 2; Rothweiler & Ruberg 2011). Dabei variiert sowohl die Art als auch die Anzahl der Faktoren: Nach Klein (2000) müssen beispielsweise bei dem Zweitspracherwerb vor allem drei Faktoren vorhanden sein – Sprachvermögen, Zugang und Antrieb –, damit der Spracherwerb stattfindet. Es ist unumstritten, dass ein Individuum vor allem über biologische Anlagen (Artikulations- und Gehörapparat) und kognitives Vermögen (wie Wahrnehmung und Gedächtnis) verfügen muss, um eine Sprache erwerben zu können (siehe auch Klein 1992). Auf diese, als eine Voraussetzung für einen ungestörten Spracherwerb, wird im Kapitel 3 bei den Ansätzen zur kognitiven Sprachverarbeitung näher eingegangen. Rothweiler & Ruberg (2011) fassen die Faktoren in drei großen Gruppen zusammen: Zu der ersten Gruppe gehören die Faktoren, die in der individuellen Entwicklung des Lerners liegen, wie Weltwissen, Alter bei Erwerbsbeginn und Kontaktdauer zu der Zweitsprache. Zu der zweiten Gruppe gehören die sprachspezifischen Faktoren wie sprachlicher Transfer, Sprachwechsel und Sprachmischungen. Die dritte Gruppe fasst die umweltspezifischen Faktoren zusammen wie Qualität und Quantität des sprachlichen Angebots, Motivation und Bildungshintergrund der Eltern. Diese Erwerbsfaktoren finden sich bereits bei Schumann (1986), der sie jedoch unter anderen Begriffen referiert. Er listet eine größere Anzahl der Erwerbsfaktoren auf, unter denen auch solche sind, die den Einfluss der sozialen Aspekte beim Zweitspracherwerb in den Vordergrund stellen, z. B. Dominanz der Sprache, Bewahrung der ethnischen und kulturellen Identität oder Grad der Offenheit und Größe der Gemeinschaft. Im Folgenden werden diejenigen individuell entwicklungs-, sprach- und umweltspezifischen Faktoren angelehnt an Rothweiler & Ruberg (2011) erläutert, die aufgrund der Annahme ihres großen Einflusses auf den Erwerb der Kompetenzen in der Zweitsprache im Mittelpunkt der Forschung stehen (vgl. z. B. Bast 2003; Klein 2007; Jeuk 2015).

2.3.1 Lernerbezogene Faktoren

Alter zum Erwerbsbeginn der zweiten Sprache

Dass das Alter zum Erwerbsbeginn der Zweitsprache ein wichtiger Einflussfaktor im Spracherwerb ist, wurde in Abschnitt 2.2 bereits angesprochen und liegt der Abgrenzung verschiedener Typen des bilingualen Spracherwerbs zugrunde. Mit der Frage, warum das Alter so eine große Auswirkung auf die Sprachentwicklung hat, beschäftigt sich eine Reihe von Forschern. Einer der oft diskutierten Erklärungsansätze dazu ist die Hypothese der *kritischen Periode* beim Spracherwerb (engl.: *Critical Period Hypothesis*). Die Annahme einer kritischen Periode beim Zweitspracherwerb geht auf die Arbeiten von Lenneberg zurück (z. B. Lenneberg 1967) und besagt, dass es im Zweitspracherwerb, ähnlich wie im Erstspracherwerb, nur einen begrenzten Entwicklungszeitraum gibt, der nach Lenneberg (1967: 176) ungefähr bis zum Beginn der Pubertät dauere, währenddessen der Erwerb einer weiteren Sprache mit dem Endergebnis der nativen Sprachkompetenz möglich sei. Wird dieses Zeitfenster für den Erwerb einer weiteren Sprache nicht ausreichend genutzt, geht die Fähigkeit, jede weitere Sprache zu erlernen, zwar nicht komplett verloren, sie ist jedoch wesentlich eingeschränkt. Aus diesem Grund kann – so die Annahme – die Zweitsprache nur unvollständig erlernt werden.

Das Konzept der kritischen Periode wurde im Laufe der Jahre immer wieder aufgegriffen und auch weiterentwickelt. In den aktuellen Forschungsarbeiten zum Zweitspracherwerb wird neben dem Begriff *kritische Periode,* der einen relativ fest definierten Anfangs- und abrupten Endpunkt definiert, der Begriff *sensible Phase* benutzt. Dieser beschreibt einen Sprachentwicklungsverlauf mit einem raschen Anstieg in einem relativ kurzen Zeitraum, in dem die Sprachentwicklungsfähigkeit ihren Höhepunkt erreicht, und einer längeren Zeitspanne, in der diese Fähigkeit langsam ausklingt (vgl. z. B. Meisel 2007: 103). Verbreitet ist die Auffassung, dass gerade zum Höhepunkt – im Alter zwischen drei und vier Jahren – die Speicherungsmöglichkeiten des Gedächtnisses ansteigen. Vor allem können Informationen im Langzeitgedächtnis systematisch abgespeichert und von dort abgerufen werden (vgl. Textor 2011: 19 f.). Das eröffnet dem Individuum neue Möglichkeiten zur Informationsverarbeitung, sodass eine Sprache bei günstigen Erwerbsbedingungen leicht erlernt werden kann. Insgesamt umfasst die sensible Phase den Altersbereich zwischen drei und vier bis sieben Jahren (vgl. z. B. Meisel 2007). Bereits vor dem fünften Geburtstag soll es zu einem langsamen Abnehmen der Spracherwerbsfähigkeit kommen. Zwischen dem 7. und 10. Lebensjahr endet dann die sensible Phase für den Spracherwerb. Dies wird mit der Umstrukturierung und Optimierung des Gehirns in Zusammenhang gebracht: Die Verknüpfung der häufig gebrauchten Synapsen wird gestärkt; hingegen werden die nicht benötigten Synapsen abgebaut (vgl. Thompson & Nelson 2001; Klatte 2007; Berk 2011: 158 ff.; Textor 2011: 19 f.).

Interessant ist die Beobachtung von Meisel (2007: 108) im Rahmen seiner neuronalen Reifungshypothese, dass bestimmte sprachliche Bereiche durch die Reifungsprozesse nicht im gleichen Ausmaß und in gleichen Zeiträumen beeinträchtigt seien. Als hochsensibel sieht er den Erwerb der Flexionsmorphologie an, deren Lernmechanismen von diesen Prozessen bereits mit 4;0 oder sogar etwas früher beeinflusst werden, z. B. die Markierung der Finitheit und die Verwendung nicht finiter Verbformen in finiten Kontexten (Meisel 2007: 107 f.). Der Erwerb der Wortstellung ist vom Altersfaktor weniger betroffen. Bei diesem werden erst nach dem sechsten oder siebten Lebensjahr die Veränderungen des Erwerbsverlaufs beobachtet (vgl. Meisel 2007, 2008, 2013).

Klein (2007) merkt zu Recht an, dass das Konzept der kritischen Periode im Zweitspracherwerb bedenklich sei und bislang noch zu wenig durch entsprechende Befunde aus der Hirnforschung unterstützt wird. Die Lernfähigkeit des Menschen wird seiner Ansicht nach oft unterschätzt: Es finden sich im Zweitspracherwerb durchaus Fälle, bei denen die Erwachsenen selbst nach dem Ende der kritischen Phase die Zweitsprache „perfekt" beherrschen (vgl. auch Long 2003; Birdsong 2005; Dimroth 2007). Zwar schließt Klein nicht aus, dass bestimmte biologische Veränderungen über die Lebensspanne des Menschen hinweg stattfinden, diese sind jedoch sehr komplex und interagieren mit vielen anderen Faktoren, wie die soziale und kognitive Entwicklung, sodass diese Veränderungen nicht allein als verantwortlich für die Abnahme der Erwerbsfähigkeit angesehen werden dürfen (vgl. Klein 2000: 543 f., 2007: 141).

Kontaktdauer zu der zweiten Sprache
Ein weiterer Faktor, von dem der Verlauf des sukzessiven Spracherwerbs und das Erreichen der Zweitsprachkompetenz stark abhängig sind, ist die Dauer des Sprachkontakts mit der Zweitsprache.[7] Grundsätzlich wird hierbei angenommen: Je früher (vgl. Abschnitt 2.2) und intensiver, umso besser. Unter Berücksichtigung dieses Faktors wurden auch die Normwerte in LiSe-DaZ® (vgl. Schulz & Tracy 2011) für die Ermittlung der sprachlichen Kompetenzen von Kindern mit Deutsch als Zweitsprache entwickelt.

---

7 Im Folgenden wird in Tabellen und Abbildungen für den Begriff *Dauer der Kontaktzeit mit der Zweitsprache* die englische Abkürzung LoE (engl. *length of exposure*) verwendet.

Je nach Komplexität und Gebräuchlichkeit erfordern die Erwerbsprozesse verschiedener Elemente und Strukturen unterschiedlich viel Aufwand und Zeit. Manche werden relativ schnell und scheinbar mühelos, andere hingegen nur langsam und mit Schwierigkeiten erworben. Anhand der Längsschnittstudie mit sukzessiv bilingualen Kindern, die bis zum Alter von ungefähr vier Jahren mit dem Erwerb des Deutschen beginnen, stellen Rothweiler (2006b, N = 3, Alter: zwischen 3;1 und 5;7 Jahren) und Thoma & Tracy (2007, N = 4; Alter: zwischen 3;0 und 5;1 Jahren) fest, dass die Kinder je nach der Satzstruktur – z. B. Haupt- oder Nebensatzstrukturen – zwischen 8 bis 18 Monate der Kontaktzeit zur Zweitsprache benötigen, um die Verbzweitstellung und die Subjekt-Verb-Kongruenz im Deutschen zu erwerben. Hingegen erfordert der Erwerb der Genus- und Kasusmorphologie deutlich mehr Kontaktzeit zur Zweitsprache. Nach Kaltenbacher & Klages (2006) weisen viele Kinder, die den Sprachkontakt zum Deutschen erst im Kindergarten mit einem Alter zwischen drei und vier Jahren hatten, vor der Einschulung immer noch ein unvollständiges Kasussystem auf. Die Genusfehler begleiten solche Kinder bis zum fortgeschrittenen Grundschulalter (vgl. Turgay 2011b).

Einfluss des vorhandenen Wissens auf den Spracherwerb
Nach Klein & Dimroth (2003) ist der Spracherwerb ein kumulativer Prozess, im Laufe dessen das neue Wissen auf bereits vorhandenem Wissen des Individuums aufgebaut wird. Jedes Individuum, das die Sprache sukzessiv erwirbt, bringt somit sowohl sprachliches als auch nicht sprachliches Wissen aus seiner Erstsprache mit. Das Wissen über die Welt – über verschiedenste Objekte und Ereignisse – wird durch bestimmte sprachliche Kategorien zum Ausdruck gebracht. Dabei können typologische Differenzen zwischen den Sprachen zu unterschiedlichen sprachlichen Konzeptkodierungen der außersprachlichen Realität führen. So zeigte Bychenko (2015) bei Versprachlichungen der räumlichen Relationen in Bezug auf Raumkonzepte, dass vier- und sechsjährige bilinguale Kinder[8] mit dem Russischen als Erstsprache bei der Verwendung der Präpositionen wie *unter, hinter, in, auf* keine Schwierigkeiten mit der lokalen statischen Raumkonzeptualisierung im Deutschen haben, jedoch mit der Präposition *an*, die oft durch die Präposition *auf* ersetzt wurde (vgl. auch Bowerman 1989, am Beispiel des Niederländischen und Deutschen). Dieser Fehlertyp kam in den Untersuchungsdaten der gleichaltrigen monolingualen Kinder äußerst selten

---

8 Unter den untersuchten Kindern waren Kinder sowohl mit simultan als auch mit sukzessiv bilingualem Spracherwerb.

vor (vgl. Bychenko 2015). Bei näherer Betrachtung der beiden Sprachen ließ sich zeigen, dass eine Übergeneralisierung der Präposition *auf* bei den untersuchten bilingualen Kindern zum großen Teil durch den konzeptuellen Transfer aus dem Russischen erklärt werden kann: Die beiden deutschen Präpositionen *an* und *auf* werden im Russischen nur durch eine Präposition *na* realisiert. Dabei wird keine sprachliche Spezifizierung zwischen vertikalen bzw. horizontalen Perspektiven auf das Objekt im Raum getroffen, d. h. das Wissen über die Differenzierung der Vertikalität und Horizontalität in Bezug auf die Verwendung der lokalen Präpositionen ist für die Kinder mit dem Russischen als Erstsprache nicht vorhanden, was zu Schwierigkeiten beim Erwerb des Deutschen führt. Auf diese Weise stellt die Lerner mit dem Russischen als Erstsprache nicht die Verwendung der lokalen Kategorien an sich vor Probleme, sondern die unterschiedliche sprachliche Kodierung derselben Kategorien mit verschiedenen Lokalisierungskonzepten in beiden Sprachen.

Somit spielt die Verfügbarkeit des bereits erworbenen Wissens aus der Erstsprache zum Zeitpunkt des Erwerbsbeginns der Zweitsprache eine wichtige Rolle und kann zu unterschiedlichen Erwerbsverläufen führen. Diese Unterschiede können bereits in frühen Erwerbsphasen und auf allen Sprachebenen (z. B. bei der Aussprache, der Grammatik, dem Lexikon oder auch bei der sprachlichen Repräsentation) auftreten und diese beeinflussen. Das Ausmaß der Beeinflussung hängt vom Alter beim Erwerbsbeginn der Zweitsprache sowie von der Dauer der Erfahrung mit der Erstsprache ab (vgl. Dimroth 2007: 121).

2.3.2 Sprachspezifische Faktoren

Einfluss des Transfers auf den Spracherwerb
Wie aus dem vorherigen Abschnitt hervorgeht, wird die Zweitsprache durch das Prisma der Erfahrung und des erreichten Wissens der bereits vorhandenen Sprache(n) wahrgenommen und interpretiert, infolgedessen können sowohl die Wörter als auch die Regeln und Strukturen von der Erst- auf die Zweitsprache übertragen bzw. transferiert werden. Dieser Transfer kann sowohl eine *positive* als auch eine *negative* Auswirkung auf den Erwerb der Zweitsprache haben (vgl. Müller et al. 2011: 22 ff.): Eine positive Auswirkung des Transfers kommt dann vor, wenn sich die Struktur der neuen Sprache aufgrund einer gewissen typologischen Ähnlichkeit zu der Erstsprache in Bezug auf bestimmte Strukturen leichter und schneller erlernen lässt. Beispielsweise erwerben die Kinder mit slawischen Sprachen, bei denen das Genus in der Erstsprache vorhanden ist (wie Russisch, Polnisch), das deutsche Genussystem schneller im Vergleich zu

den Kindern mit Türkisch als Erstsprache, in dem es kein Genussystem gibt (vgl. Wegener 1995a; Dieser 2009: 2). Wenn durch eine relative Ähnlichkeit der Strukturen der beiden Sprachen die feinen Unterschiede nicht wahrgenommen werden oder bestimmte sprachliche Gewohnheiten aus der Erstsprache in die Zweitsprache übertragen werden und so eine nicht zielsprachliche Sprachverwendung entsteht, handelt es sich um einen negativen Transfer, der den Erwerb der Zweitsprache verzögern kann (vgl. Klein & Dimroth 2003; Rothweiler & Ruberg 2011). So konnte bei Kindern mit slawischen Sprachen beobachtet werden, dass sie das sprachspezifische Genus aus der Muttersprache auf die Zweitsprache übertragen und damit – etwa im Deutschen – nicht zielsprachliche Formen entstehen. Hingegen erwerben die Kinder mit dem Türkischen als Erstsprache das deutsche Genussystem in Bezug auf die Zuordnung der Nomen zu den einzelnen Genera ähnlich wie die monolingualen deutschsprachigen Kinder, da es in diesem Fall keinen Transfer aus dem Türkischen geben kann (vgl. Dieser 2009: 28 f.).

Beim sukzessiv bilingualen Spracherwerb werden die grammatischen Formen und Satzstrukturen wie Kasus-, Genus-, Numerus-, Tempussysteme und Wortstellung, Gebrauch von Präpositionen und Artikeln von der Erstsprache auf die Zweitsprache seltener als beim kindlichen Zweitspracherwerb transferiert (vgl. Dieser 2009: 28 f.; Rothweiler & Ruberg 2011). Entwickelt sich die Zweitsprache zur dominanten Sprache, nimmt der Einfluss der Erstsprache auf die Zweitsprache ab und der Transfer ist nur selten zu beobachten (Jeuk 2015: 45). Hingegen kann bei einer dominanten Zweitsprache der Transfer aus der Zweit- auf die Erstsprache erfolgen (siehe Abschnitt 2.4.2).

Sprachwechsel und Sprachmischungen
Bei der Untersuchung der simultan bilingualen Kinder wurden Hinweise dafür gefunden, dass bereits zum Zeitpunkt der ersten Wortkombinationen die Inputsprachen voneinander getrennt werden (vgl. Tracy & Gawlitzek-Maiwald 2000). Im Kontext der Mehrsprachigkeit – insbesondere mit der Sprachkonstellation des *one-person-one-language*-Typs – wird jede Sprache klar an bestimmte Personen und Situationen gebunden. In der Regel werden die Sprachen bei simultanem Erwerbstyp voneinander getrennt und eine Vermischung zwischen den Sprachen wird vermieden bzw. gering gehalten (vgl. Genesee 1989; de Houwer 1996). Die dabei auftretenden Sprachwechsel (engl. *code-switching*) oder Sprachmischungen (engl. *code-mixing*), bei denen bestimmte sprachliche Mittel in einer Sprache durch die aus einer anderen Sprache ersetzt werden, sind in vielen Kommunikationssituationen kein Problem und dienen manchmal sogar als Symbol für eine eigene soziokulturelle Identität (vgl. Lüttenberg 2010).

In der Forschungsliteratur wird angenommen, dass der Sprachwechsel vor allem dann auftritt, wenn Sprecher mehrere Sprachen beherrschen und in Abhängigkeit von dem Interaktionspartner innerhalb einer sprachlichen Äußerung oder Interaktion bewusst zwischen den verschiedenen Sprachen wechseln. Die Wahl der Sprache hängt in diesem Fall von der Situation, dem Gesprächspartner und dem Gegenstand des Gesprächs ab. Der Sprachwechsel ist eine wichtige kommunikative Fähigkeit der bilingualen Personen und wird keineswegs als Hinweis auf mangelnde Sprachtrennung oder Inkompetenz angesehen (vgl. Rothweiler 2007a; Müller et al. 2011; Rothweiler & Ruberg 2011; Kauschke 2012; Jeuk 2015).

Bei der Sprachmischung werden Sprachelemente – einzelne Wörter oder Regeln – aus einer Sprache in die andere innerhalb einer Äußerung oder Interaktion nicht regelhaft und nicht bewusst eingesetzt. Die Sprachmischung kann auf jeder Sprachebene vorkommen. Oft lässt sich dies beobachten, wenn bilinguale Personen auf eine lexikalische oder strukturelle Lücke in einer Sprache stoßen und diese durch die Entlehnung aus der anderen füllen (vgl. Müller et al. 2011; Jeuk 2015).

Problematisch können die Sprachwechsel und -mischungen nur dann werden, wenn eine stark ausgeprägte Mischsprache von der Seite der Bezugspersonen im Umgang mit den Kindern benutzt wird. Ist der Input des Kindes durch eine hohe Anzahl von Sprachwechseln und -mischungen überladen, führt dies dazu, dass das Kind dies als sprachliche Varietät erwirbt und keine klare Trennung zwischen den Sprachen wahrnehmen kann (vgl. Rothweiler 2007a).

2.3.3 Umweltspezifische Faktoren

Quantität und Qualität des sprachlichen Angebots
Die Qualität und Quantität des sprachlichen Angebots bzw. des Zugangs zur Zweitsprache werden nach Klein (1992, 2000) als externe, von der Umgebung abhängige Spracherwerbsfaktoren aufgeführt. Im Prinzip kann ein Kind mit einer unauffälligen Sprachentwicklung mehrere Sprachen zur gleichen Zeit zielsprachlich erwerben, sofern ihm im unmittelbaren Umfeld ein umfangreicher und regelmäßiger Sprachinput in den jeweiligen Sprachen angeboten wird. Unter dem sprachlichen Input wird das gesamte Sprachangebot verstanden, das ein Kind in seiner Umwelt bekommt und aus dem es die Sprache erlernt (vgl. Szagun 2013: 227). Beim Bilingualismus wird dieser Input zwischen den einzelnen zu erwerbenden Sprachen in Abhängigkeit von dem Erwerbstyp sowie der -situation und den Bezugspersonen entweder als *ausbalanciert* oder *nicht aus-*

balanciert gesehen. In der Realität werden die Sprachen jedoch sehr selten im täglichen Gebrauch ausbalanciert verwendet (vgl. Grosjean 1982: 235). Grundsätzlich gilt hier: Je mehr das Kind einer Sprache ausgesetzt wird, desto mehr kann es von ihr profitieren. Bekommt das bilinguale Kind aus seiner Umgebung kaum Sprachanregung, ist es ihm nicht möglich, aus dem begrenzten Sprachangebot das zielsprachliche Regelsystem zu bilden und die Sprachkompetenz vollständig zu entwickeln. Beim simultan bilingualen Spracherwerb kann sich eine der Sprachen wegen des mangelnden Inputs als *schwache* Sprache entwickeln. Die Annahme, dass eine *schwache* Sprache im ungünstigen Fall wie eine Zweitsprache erworben wird (vgl. Rothweiler 2007a: 127), ist umstritten (für eine ausführlichere Diskussion zu den Unterschieden und Gemeinsamkeiten zwischen einer *schwachen* Erstsprache und einer Zweitsprache vgl. Müller et al. 2011: Kap. 4.1.3).

Außerdem kommt beim sukzessiven Bilingualismus noch erschwerend hinzu, dass das sprachliche Angebot des Kindes nicht nur – wie beim simultanen Bilingualismus – auf zwei Sprachen verteilt wird, sondern auch der Erwerb der zweiten Sprache später beginnt. Umso wichtiger ist es, dass das Kind ab dieser Zeit regelmäßigen und intensiven Input in der Zweitsprache bekommt. Bei günstigen Erwerbsbedingungen erreicht der Erwerb bestimmter sprachlicher Bereiche wie Satzstrukturen (vgl. Thoma & Tracy 2007; Chilla 2008a) ein Niveau, das dem beim Erstspracherwerb ähnelt. Hingegen bereitet der Erwerb einzelner Bereiche (wie Genus-, Kasussystem und Wortschatz) den sukzessiven Kindern mehr Schwierigkeiten, die noch bis zur Einschulung auftreten können. Erst im Schulalter holen diese Kinder in der Regel das Niveau einsprachiger Kinder auf (vgl. Rothweiler 2007a; Chilla et al. 2010: 39; Rothweiler & Ruberg 2011).

Welche Menge an sprachlichem Input bei zweisprachigen Kindern zum zielsprachlichen Erwerb der Sprache führt, lässt sich nicht generell beantworten. Hoff et al. (2012: 22) berichten am Beispiel der Entwicklung des Wortschatzes und der Grammatik bei englisch-spanischen Kleinkindern, dass etwa 20 % des Inputs in einer Sprache notwendig sind, damit die Kinder die Grundlagen der jeweiligen Sprache erlernen können. Wird dieser Grenzwert nicht erreicht, zögern die Kinder, die Sprache aktiv anzuwenden. Beim Erwerb des Deutschen als Zweitsprache gehen Rothweiler & Ruberg (2011) davon aus, dass bereits der regelmäßige Besuch einer Kindertagesstätte zu einer vollständigen Kompetenz führen kann. Nach Chilla et al. (2010: 79) können mehrsprachige Kinder bei einem täglichen vierstündigen Besuch einer Kindertagesstätte wesentliche grammatische Schritte des Deutschen unter der Bedingung erwerben, dass in der Bezugsgruppe des jeweiligen Kindes nicht mehr als 60 % Kinder dieselbe

Erstsprache sprechen. Diese Aussage wird durch die Untersuchungsergebnisse von Demirkaya et al. (2010: 151 f.) unterstützt, dass ein größerer Anteil an deutschsprachigen Kindern innerhalb der Kindergartengruppe einen positiven Einfluss auf den Verlauf der Sprachentwicklung von Vorschulkindern mit Migrationshintergrund hat. Diese Zielvorstellung über die Verteilung der bilingualen Kinder in den Kindergärten trifft jedoch nicht immer zu, da der Anteil der Personen mit Migrationshintergrund und somit die Verteilung der bilingualen Kinder über die Kindergärten sowohl regional als auch lokal variiert (vgl. Statistische Ämter des Bundes und der Länder 2013; Statistisches Bundesamt 2019). Außerdem garantiert die ausgeglichene Verteilung, die die sprachliche Aktivität solcher Kinder im Deutschen steigern soll, keinen Erfolg im Deutscherwerb, wenn die allgemeine Situation der Kinderbetreuung und -förderung in Kindertagesstätten Mängel aufweist (vgl. die Ergebnisse der Studie NUBBEK in: Tietze et al. 2012 und eine Reihe von Artikeln in der Zeit Online wie Spiewak 2012; Geisler & Polke-Majewski 2016).

Weiterhin finden sich Hinweise darauf, dass kindliche Sprachkompetenz nicht nur von der Menge allein, sondern auch von der Art des Inputs in der jeweiligen Sprache abhängig ist. So fand Patterson (2002), dass das Vorlesen von Büchern einen signifikant positiven Effekt bei der kindlichen Wortschatzentwicklung erzielt, Fernsehkonsum hingegen hat darauf keinen starken Einfluss.

Neben der ausreichenden Inputmenge ist für die Sprachentwicklung die Qualität des sprachlichen Angebots zu Hause, im Kindergarten und in der Gemeinschaft entscheidend. Bei der Untersuchung von 45 sukzessiv bilingualen russisch-deutschen Kindern im Alter zwischen 4;0 und 6;0 Jahren stellten Klassert & Gagarina (2010) fest, dass für die Entwicklung der Zweitsprache die Quantität und Qualität des Inputs in den Einrichtungen und in der Bezugsgruppe des Kindes – insbesondere mit Freunden und Gleichaltrigen – entscheidend ist. Weiterhin untersuchten die Autorinnen, inwieweit sich der elterliche Input im Russischen als Erstsprache und im Deutschen als Zweitsprache auf die Entwicklung der jeweiligen Sprachen auswirkt. Interessanterweise zeigte sich, dass die Menge an Input durch die Eltern in der Zweitsprache auf die Entwicklung der sprachlichen Fähigkeiten des Kindes im Deutschen keinen signifikanten Einfluss hat. Zudem erzielt eine fehlerbehaftete Umgangssprache der Eltern oder ein qualitativ niedriger Input nicht die gewünschte Wirksamkeit bei der Sprachentwicklung und kann zur mangelnden Kompetenz in der Zweitsprache führen (vgl. Klassert & Gagarina 2010; Rothweiler & Ruberg 2011).

Während Klassert & Gagarina (2010) bei einer erhöhten Menge des elterlichen Inputs in der Zweitsprache keinen signifikanten Effekt auf die sprachliche

Entwicklung der untersuchten Migrantenkinder feststellten, fanden sie heraus, dass die Erstsprachentwicklung hingegen sehr stark vom Input zu Hause abhängt. Generell zeigt sich in Migrantenfamilien, dass mit dem Eintritt in den Kindergarten und der Erweiterung des sozialen Umfelds des Kindes der sprachliche Input in der Zweitsprache signifikant steigt, in der Erstsprache dagegen abnimmt. Ohne zusätzliche Bemühungen der Eltern werden die bereits erworbenen Kompetenzen in der Erstsprache gefährdet, weil sie nicht nur langsamer erlernt, sondern auch mit der Zeit abgebaut werden. Bereits nach einem Jahr im Kindergarten konnten in der Studie von Klassert & Gagarina (2009) bedeutende Abbauprozesse in erster Linie im Bereich der Flexionsmarkierungen beobachtet werden. Dieser Abbauprozess kann im Extremfall zu einem *serial monolingualism* führen (vgl. Gagarina 2013b), bei dem die Erstsprache durch die Zweitsprache mit der Zeit vollständig ersetzt wird und das Kind nicht mehr zweisprachig, sondern einsprachig aufwächst (vgl. Pearson 2009). Der Verlust der Erstsprache kann allerdings negative Auswirkungen auf die Eltern-Kind-Beziehung auslösen. Dies ist vor allem dann der Fall, wenn die Erstsprache eine besondere emotionale Bindung für einen Elternteil oder beide Elternteile hat, oder sich nur ein Elternteil in der Erstsprache adäquat ausdrücken kann (vgl. Rothweiler & Ruberg 2011).

Motivation und Sprachprestige
Unter *Motivation* werden alle Faktoren zusammengefasst, die das Individuum dazu antreiben, die zweite Sprache zu erlernen und diese in seinem Umfeld anzuwenden. Dazu zählt sowohl der eigene Wunsch bzw. die Notwendigkeit der kommunikativen Bedürfnisse als auch das Streben nach sozialer Integration (vgl. Klein 2000).

Im Allgemeinen wird davon ausgegangen, dass das Bedürfnis, sich zu verständigen, das im Erstspracherwerb von Geburt an vorhanden ist, beim Zweitspracherwerb durch die Existenz der Erstsprache abgeschwächt wird. Im Vergleich zu den Erwachsenen haben die Kinder allerdings das größere Bedürfnis sowie die Notwendigkeit, sich in das soziale Umfeld zu integrieren und Anerkennung innerhalb ihrer sozialen Gruppe zu bekommen (vgl. Klein 2000).

Ein weiterer wichtiger Einflussfaktor, der die Motivation zum Erwerb einer Sprache sowohl bei Kindern als auch bei Erwachsenen bewirkt, ist das Prestige der Sprache in der Gesellschaft und ihre Relevanz im Alltag des Individuums (vgl. Tracy 2007: 79 oder zur Rolle des Antriebs vgl. Klein 1992: 45, 2000). Findet eine Sprache im unmittelbaren Umfeld des Lerners nur eine negative Resonanz, kann das dazu führen, dass sich der Sprecher von ihr zunehmend distanziert. Das kann wiederum zur Folge haben, dass sich einerseits die negativ geprägte

Sprache nur verzögert entwickelt oder dass sie vollständig stagniert, was auf Dauer zu einem Sprachverlust führt (vgl. Baumgartner 2010; Scharff Rethfeldt 2013: 123).

Bildungshintergrund der Eltern
Wie Weinert et al. (2008: 93) betonen, findet der Erwerb einer Sprache nur auf der Basis des konkreten sprachlichen Angebots und der Interaktion statt. Die ersten Jahre seines Lebens verbringt ein Kind die meiste Zeit in der Familie, wo sich die kindliche Sprache durch die Interaktion zwischen den Eltern und dem Kind entwickelt. Dass der *sozioökonomische Status* (SES) und das Bildungsniveau der Eltern einen signifikanten Einfluss auf die Sprachentwicklung der Kinder haben, wurde bereits in mehreren Studien beschrieben (vgl. Mierau et al. 2008; Weinert et al. 2008; Kiziak et al. 2012).

Zum einen ist dies dadurch bedingt, dass Eltern mit einem höheren Bildungsniveau in der Regel einen größeren Wortschatz[9] und eine höhere Sprachkompetenz im Bereich der Grammatik mitbringen, als Eltern mit mittlerem oder niedrigem Sozialstatus (vgl. Weinert et al. 2008). Zum anderen zeigen sich die Unterschiede zwischen diesen Familien in der Art der Kommunikation zwischen den Eltern und dem Kind: Während die Mütter mit höherem SES mehr Interesse an der Konversation mit den Kindern zeigen und ihre Kinder häufiger zu eigenen Sprachproduktionen anregen, wird die Konversation zwischen den Müttern und Kindern mit niedrigem SES häufiger auf steuernde bzw. zurechtweisende Funktionen eingegrenzt (vgl. Weinert et al. 2008). Kiziak et al. (2012) zeigen ebenfalls, dass den Kindern innerhalb der Familien mit einem niedrigen SES zu wenige sprachliche Anregungen angeboten werden. Sie fanden auch heraus, dass die Eltern aus diesen Familien durchschnittlich weniger Interesse an Gesprächen mit den Kindern zeigten. Stattdessen lassen sie die Kinder fernsehen, was jedoch die zwischenmenschliche Kommunikation nicht ersetzen kann.

Weiterhin wurde beobachtet, dass Eltern mit einem höheren SES bzw. Bildungsniveau mit ihren Kindern sprachbezogene Aktivitäten wie Geschichten erzählen bzw. vorlesen, Ratespiele, Reime, Gedichte, Lieder vortragen insgesamt häufiger unternehmen, als jene aus Familien mit niedrigem SES. Dies hat nach der Untersuchung von Demirkaya et al. (2010) jedoch einen signifikanten Effekt auf die sprachliche Entwicklung des Kindes.

---

[9] Die Korrelation zwischen dem Bildungsabschluss der Eltern und dem Wortschatzumfang zeigt sich nicht nur in der Erstsprache, sondern auch in der Zweitsprache der Eltern (vgl. Rothweiler & Ruberg 2011, in Bezug auf Golberg et al. 2008).

Aus diesem Abschnitt lässt sich festhalten, dass alle hier aufgelisteten Faktoren eine große Rolle für die Entwicklung der Sprache spielen. Trotz vieler Untersuchungen in der linguistischen und psycholinguistischen Forschung ist es immer noch schwierig abzuschätzen, welche der Erwerbsfaktoren auf den Zweitspracherwerb den größten Einfluss haben. Außerdem gibt es bisher keine klaren Antworten auf die Fragen, welche Wechselwirkungen die einzelnen Faktoren untereinander haben und welche Auswirkung sie auf die Entwicklung der Sprache bei der Berücksichtigung der individuellen Erwerbssituation und die persönlichen Charakter- sowie Kognitionseigenschaften des angegebenen Individuums haben. Dies soll weiter qualitativ und quantitativ untersucht werden.

2.4 Ausprägung der Sprachdominanz und -erosion im Kontext des Bilingualismus

Wie Grosjean (1996) bemerkte, kommt es beim Bilingualismus selten vor, dass sich alle zu erwerbenden Sprachen gleichmäßig und ausbalanciert entwickeln. Das liegt einerseits daran, dass vielfältige Erwerbsfaktoren (siehe Abschnitt 2.3), die untereinander und miteinander in Wechselbeziehung stehen, Einfluss auf die Entwicklung einer Sprache haben. Hinzu kommt andererseits, dass beim Bilingualismus die Sprachen in verschiedenen Funktionen und Situationen eingesetzt werden, d. h. sie werden unterschiedlich oft und intensiv gebraucht und daher auch unterschiedlich gut beherrscht. Die unterschiedliche Entwicklung der Sprachen bewirkt, dass über die Jahre die Dominanz einer Sprache oder auch der Verlust bzw. Abbau einer anderen entstehen kann.

2.4.1 Sprachdominanz

Wie Paradis & Genesee (1996) anmerken, wird die Gesamtheit des sprachlichen Inputs, der bei den monolingualen Kindern in einer Sprache angeboten wird, bei den bilingualen Kindern auf zwei oder mehrere erworbene Sprachen verteilt. Verläuft die Verteilung des Sprachangebots nicht ausgeglichen, kann eine der Sprachen ab einem bestimmten Zeitpunkt schneller, besser bzw. dominanter erworben werden als die andere. Nach Grosjean (1982: 189) entwickelt sich eine der Sprachen vor allem dann dominant, wenn die bilinguale Person zu einer der Sprachen mehr Kontakt hat und diese in ihrem unmittelbaren Umfeld öfter zu Zwecken der Kommunikation mit anderen Menschen anwendet.

In der Forschungsliteratur wurde das Konzept der Sprachdominanz bisher noch nicht hinreichend präzise formuliert (vgl. Rothweiler 2007a: 119; Müller et al. 2011: 68). Im Allgemeinen wird als *dominante Sprache*[10] diejenige Sprache bezeichnet, die stärker ausgeprägt ist, die besser beherrscht wird, von der ein größerer Wortschatz vorhanden ist und in der das Kind einen höheren Entwicklungsstand aufweist (vgl. auch Grosjean 1982: 189 f.; Tracy & Gawlitzek-Maiwald 2000: 497; Rothweiler 2007a: 119 f.; Kauschke 2012: 124). Müller et al. (2011: 65 ff.) fassen mehrere Studien zur Sprachdominanz zusammen, laut denen sich die starke bzw. dominante Sprache bei simultan bilingualen Kindern wie bei den monolingualen entwickelt. Die schwächere Sprache bildet sich hingegen geringer aus. Entwickeln sich die beiden Erwerbssprachen des Kindes gleich schnell und gut, wird von einem *ausbalancierten* oder *ausgeglichenen* Bilingualismus gesprochen (vgl. Tracy & Gawlitzek-Maiwald 2000: 497; Müller et al. 2011: 245). Perfekt ausbalancierte Kompetenzen in allen zu erwerbenden Sprachen kommen eher selten vor. In der Regel wird je nach Gebrauch, familiärer Situation, Umgebung und Präferenzen die eine oder andere Sprache früher erlernt, die öfter oder besser verwendet wird (vgl. Tracy 2014: 19; Jeuk 2015: 16).

Beim sukzessiven Spracherwerb entwickelt sich in den ersten Lebensjahren die Erstsprache als dominante Sprache, die jedoch als solche über die Jahre nicht permanent bestehen bleibt. Ändern sich die Sprachgebrauchssituation oder/und die persönlichen Lebensumstände und die kommunikativen Bedürfnisse, kann dies eine Verschiebung der Sprachdominanz von der einen zu der anderen Sprache auslösen, die im Erwerbsverlauf nicht nur einmal, sondern mehrmals vorkommen kann (vgl. z. B. Tracy 2008: 51; Pearson 2009). Vor allem mit dem Eintritt in den Kindergarten oder die Schule wird in der Regel der Input in die Erstsprache geringer, dafür nimmt der Input in die Zweitsprache zu und diese kann sich zur dominanten Sprache entwickeln (vgl. Rothweiler 2007a: 120 f.). Diese Veränderung des Inputs kann die weitere Entwicklung der Erstsprache verlangsamen. Wird die Erstsprache weiterhin als Familiensprache unterstützt und gefördert, können sich die Erst- und Zweitsprache nebeneinander entwickeln.

Zu erkennen, ob sich die Sprachen ausbalanciert entwickeln oder nicht, bzw. welche der Sprachen beim bilingualen Erwerb dominant ist, lässt sich nicht so leicht bestimmen, wie es auf den ersten Blick scheinen könnte. Die Schwierigkeit besteht nicht nur darin, dass die Dominanz von der Erstsprache auf die Zweitsprache übergehen kann, sondern auch darin, dass die Verwendung einer Sprache als dominant in Abhängigkeit von der sprachlichen Situation und dem thematischen Kontext variieren kann. Sogar bei einer relativ gut

---

10 Bei Müller et al. (2011) werden die Begriffe *stärkere* vs. *schwächere* Sprache, bei Kielhöfer & Jonekeit (1984) *starke* vs. *schwache* Sprache verwendet.

ausbalancierten Entwicklung der Sprachen kann man emotionsbezogene Situationen bzw. thematische Bereiche finden, in denen eine der Sprachen vom Kind präferiert wird. Oder ein bilinguales Kind kann hohe Kompetenzen beim Sprechen, aber kaum eine oder gar keine Schreibkompetenz besitzen (vgl. Kielhöfer & Jonekeit 1984: 12 f.). Ferner können typologische Unterschiede dazu führen, dass die Strukturen einer Sprache früher und schneller als die der anderen erworben werden können, weil sie z. B. transparenter sind. Somit ist der schnellere Erwerb bestimmter Strukturen in einer Sprache, verglichen mit der anderen, kein zwingender Hinweis auf eine Sprachdominanz.

In der Forschungsliteratur findet sich eine Zusammenstellung von verschiedenen messbaren qualitativen und quantitativen Kriterien, mit denen der Sprachstand der zu erwerbenden Sprachen gemessen werden kann. Dabei werden unter den qualitativen Kriterien solche aufgeführt, die die Sprachkompetenz erfassen (durchschnittliche Äußerungslänge, längste Äußerung pro Aufnahme, Anzahl der Verbtypen), und unter den quantitativen Kriterien (absolute Äußerungsanzahl, Anteil der Sprachmischungen) solche, die den Sprachgebrauch und die Abrufbarkeit beschreiben (vgl. Müller & Kupisch 2003; Müller et al. 2011). Müller et al. (2011) merken allerdings an, dass eine eindeutige Abgrenzung der beiden Kriterienarten voneinander nicht immer möglich sei: So nutzen Bernardini & Schlyter (2004) das MLU-Kriterium (durchschnittliche Äußerungslänge, engl. *mean length of utterance*, Abk. MLU) – das am häufigsten verwendete Kriterium zur Ermittlung der Sprachdominanz – als quantitatives Kriterium, Müller & Kupisch (2003) hingegen als qualitatives.

Müller et al. (2011: 75 ff.) fassen die Liste von Kriterien zusammen, die in der Forschungsliteratur zum Bilingualismus zur Bestimmung der Sprachdominanz am häufigsten erwähnt werden: MLU in Wörtern, Morphemen oder Silben, längste Äußerung in einer Aufnahme in Worten, Morphemen oder Silben, Anzahl der aus mehr als einem Morphem bestehenden Äußerungen, Standardabweichung der MLU, Lexikongröße, absolute Äußerungsanzahl, Anteil der grammatischen Äußerungen, Anzahl von beobachteten Mischungen, bevorzugte Sprache im Umgang mit anderen Kindern.

Wichtig ist bei der Auswahl der geeigneten Erfassungskriterien zur Ermittlung der Sprachdominanz, dass sie für jede der zu untersuchenden Sprachen anwendbar und auch in den gewonnenen Ergebnissen vergleichbar sind. Wird beispielsweise die MLU in Morphemen als Kriterium für die Sprachdominanz angewendet, sollte das Flexionssystem der kontrastierten Sprachen vergleichbar stark ausgeprägt sein; hingegen wäre der Vergleich einer flexionsarmen Sprache wie Englisch mit einer flexionsstarken Sprache wie Kasachisch nach dem MLU-Wert für die Bestimmung der Sprachdominanz eine kritische Größe;

z. B. besteht der Satz *We go home.* im Englischen aus drei Morphemen, im Kasachischen aber besteht der gleiche Satz *Bíz üjge bara žatyrmyz.* aus acht Morphemen, z. B.:

(1) *Bíz üjge bara žatyrmyz.*[11]
 Bíz-Ø   üj-ge   bar-a   žat-yr-myz
 wir-NOM Haus-DAT geh-PRS KONV-PTZP-1P.PL
 ‚Wir gehen nach Hause.'

Da die Sprachdominanz einen entscheidenden Faktor bei der Untersuchung des sprachlichen Verhaltens bilingualer Kinder darstellt, wurde in den letzten Jahren ein weiterer Ansatz entwickelt. Er richtet sich auf die Verwendung von monolingualen Verfahren zur Überprüfung sprachlicher Leistung simultan bilingualer Kinder (bis zum Alter von fünf Jahren). Dazu werden monolinguale Normwerte unter Berücksichtigung der Sprachdominanz angepasst. So schlagen Thordardottir (2015) und Tuller (2015) vor, eine Sprache als dominant einzuschätzen, wenn bei der sprachlichen Leistung des Kindes die Standardabweichung zwischen -1,5 und -1,75 SD unter der monolingualen Altersnorm liegt. Bei einer ausbalancierten Sprachentwicklung liegt dieser Wert zwischen -1,75 SD und -2,0 SD und bei einer schwächeren Sprache zwischen -2,25 SD und -2,5 SD. Thordardottir (2015) weist allerdings darauf hin, dass bei diesem Verfahren weder die Zugehörigkeit einer Sprache zu Minderheitensprache noch das Alter beim Erwerbsbeginn berücksichtigt wird, die die Ausprägung der Sprachdominanz erheblich beeinflussen können.

Es lässt sich festhalten, dass der Spracherwerbsforschung noch keine klaren Aussagen darüber vorliegen, wie die Sprachdominanz bei mehrsprachigen Kindern unabhängig von dem Erwerbstyp sicher ermittelt werden kann. Die Vielzahl von unterschiedlichen Kriterien und Faktoren zur Erfassung von Sprachdominanz variiert je nach Studien und Untersuchungsmethoden.

2.4.2 Spracherosion

Auch wenn das Kind die Zweitsprache sukzessiv erwirbt, ist nicht garantiert, dass es seine Erstsprache immer beherrschen wird. Gewinnt die Zweitsprache in

---

[11] Im Kasachischen wird das zeitlich begrenzte Andauern einer Tätigkeit oder eines Zustandes durch ein Vollverb wie *baru* ‚(hin)gehen' mit einem Hilfsverb in Konverbform wie *žatyr* (gebildet aus dem Konverb *žatu* und einem Partizipsuffix) ausgedrückt (vgl. Landmann 2012).

einem mehrsprachigen Kontext an Einfluss und entwickelt sich zur dominanten Sprache, während der Input in der Erstsprache abnimmt, sie ihre Funktionalität verliert und nicht mehr kontinuierlich gebraucht wird, besteht die Gefahr, dass die Erstsprache nicht nur verlangsamt und über einen längeren Zeitraum erworben, sondern auch mit zunehmendem Alter abgebaut bzw. vergessen wird. Im letzten Fall wird von Spracherosion (engl. *language attrition*) gesprochen. Es handelt sich dabei um einen Prozess, bei dem der Sprachverlust schrittweise erfolgt, jedoch nicht auf pathologische oder physische Defizite zurückzuführen ist. Dieser nicht pathologische Sprachverlust findet in der Regel im Kontext der Mehrsprachigkeit unter dem Einfluss der dominanten Umgebungssprache statt (vgl. z. B. Polinsky 1997; Köpke 2004; Köpke & Schmid 2004; Schmid 2008, 2011: 3) und kann grundsätzlich alle Sprachen des Individuums in verschiedenen Konstellationen betreffen (vgl. de Bot & Weltens 1991a: 87):

i. Verlust der Erstsprache in der Umgebung der Erstsprache, z. B. bei Verlust des Dialekts
ii. Verlust der Erstsprache in einer Umgebung der Zweitsprache, z. B. im Migrationskontext
iii. Verlust der (weiteren) Zweitsprache in einer Umgebung der Erstsprache, z. B. Verlust der sprachlichen Fertigkeiten in einer Fremdsprache
iv. Verlust der Zweitsprache in der Umgebung der Zweitsprache, z. B. Verlust der Zweitsprache bei den älteren Emigranten im Umfeld der Zweitsprache.

Im Folgenden wird nur der Fall der Spracherosion näher betrachtet, bei dem der Verlust der Erstsprache aus dem Zuwachs der Kompetenzen in der Zweitsprache als dominanter Umgebungssprache (siehe Konstellation ii.) und beim gleichlaufenden Rückgang des Sprachgebrauchs, der Sprachflüssigkeit und der Sprachentwicklung der Erstsprache resultiert. Die anderen Konstellationen der Spracherosion werden nicht näher betrachtet.

Die Untersuchung der Spracherosion gewann erst in den 80er-Jahren an Beachtung. Zuerst war sie vorwiegend auf die Erforschung des Verlusts der Zweitsprache bzw. der Fremdsprache in der Umgebung der Erstsprache gerichtet (siehe hierzu den Überblick in: Köpke et al. 2007). Erst in der Folgezeit – im Zuge zunehmender Globalisierung und massiver Migrationsströme –, als sich zeigte, dass scheinbar robustes sprachliches Wissen der Erstsprache unter bestimmten Bedingungen anfällig für Abbauprozesse ist, gewann die Erforschung des Phänomens der Spracherosion der Erstsprache in der Umgebung der Zweitsprache zunehmend an Bedeutung (vgl. Polinsky 1997, 2005, 2006a; Köpke 2007; Köpke et al. 2007; Anstatt 2009; Schmid 2013; Boikanyego 2014; Ribes & Llanes 2015; Slavkov 2015).

Eine Definition, die das vielseitige Phänomen der Spracherosion beschreibt, findet sich in Pavlenko (2004: 54):

> [...], L1 attrition involves a more or less permanent restructuring, convergence, or loss of previously available phonological and morphosyntactic rules, lexical items, concepts, classification schemas, categorial distinctions, and conversational and narrative conventions, exhibited not only in the L2 but also in a monolingual L1 context, and not only in production but also in perception and comprehension.

Dementsprechend handelt es sich bei der Spracherosion nicht nur um einen voranschreitenden Prozess des Verlusts der sprachlichen Fertigkeiten, bei dem alle erlernten Sprachen auf allen sprachlichen Ebenen und Domänen wie Lexikon, Morphologie, Syntax und Pragmatik betroffen sein können, sondern auch um einen Restrukturierungsprozess der Sprache (vgl. auch Gagarina & Klassert 2018). Die Restrukturierung kommt häufig in der Morphosyntax vor, wenn z. B. bestimmte grammatische Elemente der Erstsprache reduziert/unifiziert oder aus der zweiten Sprache in die Erstsprache aufgenommen werden (vgl. Montrul 2008: 66 f.). Beispielsweise beschrieben sowohl Gagarina (2017) bei den russisch-deutschen simultan bilingualen Kindern als auch Meir & Polinsky (2019) bei russisch-hebräischsprachigen erwachsenen *Heritage Speakers*[12] (AoO vor dem 5. Lebensjahr) Merkmale von Reduktionen und Unifikationen von Kasusformen.

Als wichtiger Punkt bei der Untersuchung der Spracherosion wird die Abgrenzung des Phänomens der Spracherosion von dem des unvollständigen Spracherwerbs gesehen (vgl. Anstatt 2011; Schmid 2013). Der wesentliche Unterschied zwischen beiden Phänomenen besteht darin, dass bei der Spracherosion die Sprachfertigkeiten, die vorher bereits erworben waren, aufgrund des Einflusses der dominanten Umgebungssprache oder anderer Einflussfaktoren – z. B. sinkende Häufigkeit und Intensität der Kontakte zur Erstsprache, negative Spracheinstellung, fehlende Motivation (vgl. Köpke 2004) – „vergessen" bzw. verlernt werden und nicht mehr mit der gleichen Kompetenz wie früher beherrscht werden können. Nach Schmid (2013) betrifft die Spracherosion in erster Linie diejenigen Personen, die bis zum Alter von zehn bis zwölf Jahren aus dem Heimatland ausgewandert sind, seitdem ihre Erstsprache nicht mehr aktiv praktizieren und der anderen, dominanten Umgebungssprache permanent ausge-

---

[12] Unter dem Begriff *Heritage Speakers* werden die Migranten, die als Kinder ihr Herkunftsland verlassen haben, und die Migranten der zweiten Generation erfasst. Das sind die Sprecher, für die ihre Herkunftssprache zwar L1, jedoch nicht Primärsprache ist (vgl. Polinsky 2000; Scontras et al. 2015).

setzt sind. Bereits nach kurzer Zeit zeigen sich bei diesen Personen die ersten Merkmale des Sprachabbaus, infolge dessen unvollständige bzw. nicht zielsprachliche Formen und Strukturen in der Erstsprache gehäuft vorkommen. Verlieren die Sprecher den Kontakt zu ihrer Erstsprache erst nach der Pubertät – zu einer Zeit, in der der Spracherwerb bereits abgeschlossen und in der Regel weitgehend gefestigt ist –, werden die sprachlichen Fähigkeiten in ihrer Erstsprache als stabil angesehen, da deren Abbau nicht so leicht bzw. schnell geschieht.

Von einem unvollständigen Spracherwerb spricht Schmid (2013) dann, wenn die Kinder im Migrationskontext mit der Zweitsprache als Umgebungssprache aufwachsen und ihr bereits vor der Einschulung ausgesetzt werden. Für solche Kinder bietet sich in aller Regel keine Möglichkeit, ihre Erstsprache im schulischen Bereich explizit zu lernen, und sie können aus diesem Grund nicht die gleichen sprachlichen und schriftlichen Fertigkeiten erreichen wie gleichaltrige monolinguale Kinder. Der unvollständige Spracherwerb kann auch dadurch bedingt sein, dass Kinder im Migrationskontext nicht den ausreichenden Input bekommen, um das Sprachsystem vollständig zu erwerben, oder auch dadurch, dass die Inputsprache der Eltern- und Großelterngeneration, von denen die Sprache unterwiesen wird, bereits selbst die Merkmale der Spracherosion aufweist. Die Sprecher mit unvollständigem Erwerb zeigen von Anfang an ein im Vergleich zu den Monolingualen ein etwas abweichendes und vereinfachtes grammatisches Sprachsystem (vgl. auch Montrul 2008: 163 ff. und Riehl 2014: 94).

Im Unterschied zum unvollständigen Erwerb ist für die Spracherosion charakteristisch, dass, sofern das sprachliche Wissen noch nicht vollständig abgebaut ist, es schnell wieder reaktiviert werden kann, z. B. durch Reisen ins Land der Erstsprache oder durch das Versetzen des Sprechers in ein monolinguales Umfeld der Erstsprache (vgl. Pavlenko 2004; Protasova 2007: 301 f.; Gagarina 2011; Slavkov 2015). Problematisch wird es dann, wenn jeglicher Kontakt zu der Erstsprache noch vor der Pubertät abgebrochen wird; das kann zum vollständigen Verlust der sprachlichen Fähigkeiten führen. Es handelt sich in diesem Fall nicht mehr um die Spracherosion, sondern um den Sprachtod. Die Adoptionsstudien mit koreanischen Probanden, die im Alter von drei bis zehn Jahren nach Frankreich adoptiert wurden und seitdem keinen Kontakt mit der Erstsprache hatten, zeigten, dass im Alter von 20 bis 22 Jahren die Zweitsprache die Erstsprache vollständig ersetzt hatte. Die Probanden zeigten in den Aufgaben zur Wiedererkennung und Übersetzung von koreanischen Wörtern ins Französische, zur Erkennung des Koreanischen unter anderen präsentierten Sprachen und zur Erkennung der einzelnen sprachlichen Segmente im koreanischen Redefluss eine ähnliche sprachliche Leistung und eine vergleichbare Gehirnaktivität wie die französische monolinguale Kontrollgruppe ohne jeglichen Kontakt zum Koreanischen (vgl. Pallier 2007).

Wie lässt sich aber das Phänomen der Spracherosion erklären und warum kann die Erstsprache vergessen werden? Dazu gibt es mehrere Erklärungsversuche, die sich auf unterschiedliche theoretische Voraussetzungen stützen (siehe Überblick in Montrul 2008: 69 ff.). Drei sehr bekannte und miteinander in Konkurrenz stehende Hypothesen sind die Regressionshypothese von Jakobson (1969), die Aktivierungsschwellenhypothese von Paradis (2004) und die Hypothese des Sprachverlustes im Sinne der generativen Grammatik z. B. von Sharwood Smith & Van Buren (1991) oder Tsimpli (2007).

Die **Regressionshypothese** ist eine der ersten Hypothesen in der Erforschung der Spracherosion, die von Jakobson für den pathologischen Sprachverlust durch Aphasie postuliert worden war und später für die Spracherosionsforschung (vgl. z. B. de Bot & Weltens 1991b) adaptiert und weiterentwickelt wurde (vgl. Schmid 2002; Montrul 2008: 69 ff.; Keijzer 2010). Nach der Regressionshypothese ist die Spracherosion ein einfacher kognitiver Prozess des Vergessens des mental repräsentierten Wissens. Unabhängig davon, ob es sich um die Erstsprache oder die Zweitsprache handelt, verläuft der Prozess der Spracherosion sprachlicher Strukturen spiegelbildlich zu ihrem Erwerb. Der Hypothese zufolge wird das zuletzt Erlernte als Erstes, nach dem sog. *Last-in-first-out*-Prinzip, abgebaut (vgl. Schmid 2002: 12 ff.). Ausgehend von der Annahme der Regressionshypothese stellte Schmid (2002) bei der Untersuchung von englischdeutschen Jugendlichen fest, dass im Deutschen die Merkmale der Spracherosion in der Pluralflexion früher als im Genus auftreten. Diese Reihenfolge des Abbaus der deutschen Flexionsmorphologie lässt sich laut dieser Hypothese einfach erklären: Die Genusmarkierungen werden früher als die Pluralmarkierungen erworben und sind deshalb stabiler gegenüber den Prozessen der Spracherosion.

Die zweite Hypothese ist die **Aktivierungsschwellenhypothese** (engl. *Activation Threshold Hypothesis*) nach Paradis (2004: 28). Sie besagt, dass, bevor auf ein Element für die Sprachproduktion oder -rezeption zugegriffen werden kann, es durch eine bestimmte Anzahl von neurologischen Impulsen aktiviert werden muss. In der Summe bilden sie einen gewissen Aktivierungsschwellenwert. Die regelmäßig benutzten und oft aktivierten Elemente haben einen niedrigen Schwellenwert und können sehr schnell und leicht abgerufen werden. Existieren zwei konkurrierende Elemente, z. B. bei Wörtern in zwei verschiedenen Sprachen, wird bei der Aktivierung des einen Elements das andere, konkurrierende Element gehemmt. Wird das sprachliche Element einer Sprache im

Vergleich zu der anderen nur selten aktiviert, hat es eine höhere Aktivierungsschwelle. Verursacht der Abruf des sprachlichen Elements der einen Sprache einen zu großen Aufwand, wird dieser gehemmt und durch das äquivalente Element aus der anderen Sprache mit einer niedrigeren Hemmschwelle bzw. höherer Aktivierungsschwelle ersetzt, sodass es dem Sprecher nicht mehr möglich ist, das Element der ersten Sprache zu aktivieren. Paradis (2004: 28) postuliert: „Attrition is the result of long-term lack of stimulation." Demzufolge handelt es sich bei der Spracherosion um ein Ergebnis des dauerhaft mangelnden Gebrauchs sprachlicher Elemente.

Die dritte **Hypothese zur Spracherosion** wurde im Rahmen der generativen Grammatik entwickelt (vgl. z. B. Seliger & Vago 1991). Die Hypothese basiert auf der Annahme, dass einmal festgelegte Parameterwerte der zu erwerbenden Sprache nicht mehr abgebaut, gelöscht oder erneut fixiert werden. Der Prozess des Spracherwerbs, während dessen die Sprachkompetenzen erworben, gefestigt und stabilisiert werden, dauert mehrere Jahre. Werden entweder der Erwerbsprozess oder die Festigung der Sprachkompetenzen unterbrochen bzw. nicht abgeschlossen, sind sie instabil und können durch andere Sprachkompetenzen leicht ersetzt werden, die gut erworben sind und öfter benutzt werden. Somit sind viele sprachspezifische Merkmale von Spracherosion auf die unvollständig erworbenen Sprachkompetenzen und den sprachübergreifenden Einfluss der einen Sprache auf die andere Sprache zurückzuführen (vgl. z. B. Köpke & Schmid 2004: 20; Montrul 2008: 75 ff.). Ist die Sprache vollständig erworben und ausreichend gefestigt worden, z. B. im Erwachsenenalter, zeige sich die Spracherosion vorwiegend in der Performanz (z. B. Wortabruf und Wortabrufgeschwindigkeit, Flüssigkeit und Schnelligkeit bei der Produktion gesprochener Sprache), die zugrunde liegenden Sprachkompetenzen änderten sich nur wenig (vgl. Stolberg & Tracy 2008).

Unabhängig davon, ob der Sprachverlust bewusst oder unbewusst verläuft, geht das sprachliche Wissen bei der Spracherosion nicht schlagartig, chaotisch oder arbiträr verloren. Im Laufe der Zeit lassen sich auf verschiedenen sprachlichen Ebenen und Domänen spezifische Erosionsmuster identifizieren (vgl. Stolberg & Tracy 2008). In erster Linie sind die lexikalischen und morphologischen Formen und Strukturen von den Abbauprozessen betroffen (vgl. Protasova 2007; Klassert & Gagarina 2009; Anstatt 2011; Gagarina 2011; Riehl 2014: 95 f.): Im Wortschatz lassen sich lexikosemantische Fehler und Lücken beobachten, die öfter durch Entlehnungen aus der dominanten Sprache und wortwörtliche Übersetzungen kompensiert werden; es entstehen Schwierigkeiten bei der Bildung der neuen Wörter; der Redefluss wird durch Wortfindungsschwierigkeiten markiert, die sich durch gefüllte und nicht gefüllte Pausen und Wiederholungen äußern (vgl. Protasova 2007; Riehl 2014: 95 ff.). In der Morphologie sind von der Spracherosion in erster Linie Flexionsformen (z. B. Kasus-, Genus-, Kongruenz- und Tempusmarkierungen) betroffen, die irregulär und intransparent sind (vgl. Gagarina 2013b). Sowohl im Deutschen als auch im Russischen sind die Kasusformen gegenüber dem Spracherosionsprozess besonders anfällig: Im Deutschen wird als Erstes die Verwendung des Dativs abgebaut, der schrittweise durch den Akkusativ ersetzt wird (vgl. Stolberg & Tracy 2008). Im Russischen zeigen sich die ersten Abweichungen im Instrumental und Genitiv (vgl. Gagarina 2011; Yastrebova 2013). In der Studie von Klassert & Gagarina (2009) zeigte sich, dass auch in dem Fall, wenn das Russische zum Zeitpunkt des Beginns des Zweitspracherwerbs die dominante Erstsprache war, bereits nach einem Jahr des Kontakts mit dem Deutschen im Kindergarten erste Erosionseffekte bei den Vorschulkindern beobachtet werden konnten (siehe hierzu auch Abschnitt 5.3.2).

In der Spracherosionsforschung lassen sich zahlreiche außersprachliche Faktoren finden, die für den Verlauf und das Tempo des Sprachabbaus verantwortlich sind, z. B. das Alter zum Zeitpunkt des Zweitspracherwerbs, das Prestige der Erstsprache, die kommunikative Funktion bzw. alltägliche Relevanz der Erstsprache im unmittelbaren Umfeld des Sprechers, Lebensumstände, Motivation, Zugang zur geschriebenen Form der Erstsprache, Kontaktmenge zur Erstsprache (vgl. Köpke & Schmid 2004; Pavlenko 2004; Stolberg & Tracy 2008; Anstatt 2011: 10 f.). Der Gebrauch der Erstsprache mit den Geschwistern, Freunden und Gleichaltrigen sowie bei außerschulischen Aktivitäten wirkt positiv auf den Erstspracherhalt. Weiterhin ist der Spracherosionsprozess in erheblichem Maße davon abhängig, welche Qualität und Quantität des sprachlichen Inputs dem Sprecher zur Verfügung gestellt werden. In einer variantenreichen und motivierenden erstsprachlichen Umwelt können Kinder ihr sprachlich-kommunikatives Wissen optimal entwickeln. Am Beispiel des Russischen zeigten Klassert & Gagarina (2010), dass der Gebrauch und die bewusste Förderung der Erstsprache innerhalb der Familie für eine bessere Sprachkompetenz der Kinder in ihrer Erstsprache eine tragende Rolle spielen. Als wichtig für den Erhalt und die Stabilisierung der Erstsprache wird die Möglichkeit angesehen, die jeweilige Sprache im schulischen Bereich weiter zu lernen und das kognitive Training in der Sprache zu erhalten (vgl. Anstatt 2011: 10). In der Forschungsliteratur zur Spracherosion werden noch weitere Faktoren genannt, welche den Spracherhalt in der Erstsprache beeinflussen können, z. B. das Bildungsniveau im Elternhaus (vgl. Anstatt 2011) und die Dauer der Spracherosion (vgl. Hutz 2004). Welche dieser Faktoren einen größeren Einfluss auf die Spracherosion haben, ist schwer zu bestimmen. Vielmehr stehen sie alle in einer Wechselbeziehung mit den sozialen Bedingungen und Verhaltensweisen des Individuums.

Der letzte Aspekt im Zusammenhang mit der Spracherosion, der hier angesprochen werden soll, ist die Beobachtung, dass die Merkmale der Spracherosion in der Erstsprache oberflächliche Ähnlichkeiten zur monolingualen spezifischen Sprachentwicklungsstörung haben, z. B. Wortschatzlücken oder Schwierigkeiten in der Verwendung von Deklinationsmarkierungen am Nomen (vgl. Gagarina 2013b, 2014b: 22). Wie kann man in diesem Fall bei der Untersuchung der Erstsprache die beiden Phänomene voneinander abgrenzen? Ein eindeutiges Anzeichen für die Spracherosion und ihre Abgrenzung von einer Sprachstörung ist, wenn bilinguale Kinder mit zunehmendem Alter mehr Fehler oder andere Arten von Fehlern machen, die in früheren Stadien ihrer Sprachentwicklung nicht gemacht worden sind. Beispielsweise erwerben bilinguale Kinder im Russischen als Erstsprache die Kasusmarkierung bei den belebten Substantiven bereits im dritten Lebensjahr, diese werden jedoch nach einem Jahr unter dem zunehmenden Einfluss der deutschen Sprache abgebaut und nicht mehr zielsprachlich verwendet (Gagarina 2011: 151, 2013b).

Zusammenfassung
Im Mittelpunkt der vorliegenden Arbeit steht die Untersuchung des ungesteuerten Spracherwerbs bei sprachunauffälligen, bilingual aufwachsenden Kindern. Dabei wird von bilingualen Personen auch dann gesprochen, wenn diese

> eine mündliche Kompetenz in einer Sprache haben und eine schriftliche Kompetenz in einer anderen, Personen, die zwei Sprachen mit unterschiedlicher Kompetenz sprechen (und die weder in der einen noch in der anderen schreiben oder lesen können) ebenso wie den eher seltenen Fall von Personen, die zwei (oder mehrere) Sprachen perfekt beherrschen (Grosjean 1996: 162).

Der Verlauf und der Erfolg eines Spracherwerbs hängen von vielen unterschiedlichen Faktoren ab, die sich gegenseitig beeinflussen können: Einer der bedeutendsten ist das Alter, in dem der Erwerb der zweiten Sprache beginnt. Für die im Folgenden beschriebene Untersuchung wird nach Ruberg (2013b) angenommen, dass Kinder, die bis zu einem Alter von zwei Jahren (von 0 bis 23 Lebensmonaten) zwei Sprachen erwerben, den simultanen Spracherwerb durchlaufen. Dabei wird davon ausgegangen, dass beim monolingualen und simultan bilingualen Spracherwerb dieselben Meilensteine durchlaufen werden, weshalb sich die beiden Erwerbstypen qualitativ nicht voneinander unterscheiden. Liegt der Erwerbsbeginn der zweiten Sprache erst im dritten oder vierten Lebensjahr (zwischen 24. und 47. Lebensmonaten) wird vom sukzessiv bilingualen Spracherwerb ausgegangen. Dieser Erwerbstyp zeigt sowohl einige Ähnlichkeiten als auch Unterschiede zum monolingualen Spracherwerb. Der Erwerb der Satzstruktur ähnelt dem Erwerb bei den einsprachigen Kindern. Der Erwerb der nominalen Flexion hingegen durchläuft zwar ähnliche Meilensteine wie im monolingualen Erwerb, zieht sich jedoch über einen deutlich längeren Zeitraum und bereitet bis zur Einschulung Schwierigkeiten.

Alle von einer Person erworbenen Sprachen werden in der Regel je nach Situation unterschiedlich verwendet und können sich deswegen in einem unterschiedlichen Erwerbstempo entwickeln. Die Unterschiede im Spracherwerb können wiederum durch sprachstrukturelle Gründe gekennzeichnet sein. Es bilden sich die Kompetenzen in den jeweiligen Sprachen nicht gleich aus, sondern auf unterschiedliche Weise. Dabei entwickelt sich eine der Sprachen zur dominanten bzw. starken Sprache. Der Zuwachs an Kompetenz in der einen Sprache, beispielsweise der Umgebungssprache, wird oft von Spracherosion in der anderen Sprache begleitet. Dieser Sprachabbau ist je nach Gebräuchlichkeit, Transparenz und Komplexität der sprachlichen Strukturen unterschiedlich stark ausgeprägt. Wenn sich beide Sprachen des Kindes schwach entwickeln, kann das daran liegen, dass die Sprachen nicht ausreichend gefördert werden, z. B. bekommt das Kind einen mangelnden qualitativen und quantitativen Input. In diesem Fall kann dem Kind mit einem erhöhten Sprachangebot geholfen werden. Wenn sich jedoch sprachliche Auffälligkeiten nicht auf schlechte Inputbedingungen zurückführen lassen, können sie möglicherweise eine medizinische Ursache haben, z. B. aufgrund einer Schwerhörigkeit oder einer Sprachstörung. In diesem Fall muss dem Kind gezielt, möglichst frühzeitig und fachlich geholfen werden.

3 Sprachspezifische Sprachentwicklungsstörung

Im Folgenden wird die spezifische Sprachentwicklungsstörung in Grundzügen dargestellt. Zuerst werden allgemeine Charakteristika des sprachlichen Defizits erläutert. Danach werden die Kontroversen über die Ursache des Defizits vorgestellt. Dabei wird besonders auf die kognitiven Erklärungsversuche und die Ansätze zur Beschränktheit menschlicher Informationsverarbeitungskapazität Wert gelegt, an die die Untersuchung im empirischen Teil angeknüpft wird. Weiterhin werden die morphosyntaktischen Charakteristika des sprachspezifischen Defizits sowohl im Russischen als auch im Deutschen auf der Basis zahlreicher sowohl sprachübergreifender als auch sprachspezifischer Untersuchungen herausgearbeitet. Anschließend werden die Merkmale der ungestörten bilingualen Sprachentwicklung denen einer auffälligen Sprachentwicklung gegenübergestellt und es wird auf die Problematik ihrer Abgrenzung eingegangen.

3.1 Allgemeine Charakteristika der sprachspezifischen Sprachentwicklungsstörung

In der wissenschaftlichen Forschungsliteratur zum Thema *kindlicher Spracherwerb* wird davon ausgegangen, dass *typisch entwickelte* (TE) Kinder (oder *sprachunauffällige Kinder*) ihre Erstsprache scheinbar schnell und mühelos erwerben (vgl. Dannenbauer 2003). Bei einigen *nicht typisch entwickelten* oder *sprachauffälligen Kindern* weist die Sprachentwicklung jedoch starke und anhaltende Störungen oder Verzögerungen auf. Unter diesen befinden sich unter anderem auch Kinder mit einer spezifischen Sprachentwicklungsstörung (SSES). Sie werden traditionell von anderen nicht typisch entwickelten Kindern dadurch abgegrenzt, dass ihre Sprachstörung nicht primär mit einem IQ unterhalb der Norm, sensorischen Beeinträchtigungen (z. B. Gehörlosigkeit oder Schwerhörigkeit), einem neurologischen Defizit (z. B. Fehlbildungen im oder Verletzungen des Gehirns) oder sozial-emotionalen Störungen (z. B. Mutismus) erklärt werden kann (vgl. Leonard 1998; Dannenbauer 2003; ICD-10-GM 2016). Allerdings sind einige dieser Abgrenzungskriterien umstritten: So wird in der

ICD-10-GM-Definition[13] zwar angenommen, dass die SSES einen nonverbalen IQ im Normbereich voraussetzt, nach Dannenbauer (2003: 69) haben aber die meisten Kinder mit SSES einen Intelligenzquotienten am unteren Rand dieses Normbereichs. Ob Kinder mit SSES nicht doch neurologische Defizite haben – die nur bislang noch nicht entdeckt wurden – ist nicht eindeutig geklärt.[14] Aus diesem Grund wurde bereits in den 1990er-Jahren lange diskutiert, ob das Ausschlusskriterium des Normbereichs für den nonverbalen IQ bei der SSES gültig ist. Bishop (1997) plädierte dafür, die unterste Grenze des IQ-Bereichs von 85 auf 70 Punkte zu senken (durchschnittlicher IQ abzüglich zwei Standardabweichungen, vgl. Bishop 1997: 32). Ebenso ist in Bezug auf das sozialemotionale Kriterium bekannt, dass die Störung durch die Umwelt verstärkt werden kann, z. B. wenn die Kinder nicht ausreichend gefördert werden: Es zeigt sich beispielsweise, dass sich das Verhalten der Mütter SSES-auffälliger Kinder sehr deutlich von dem Verhalten von Müttern mit TE-Kindern unterscheidet. Die Mütter von Kindern mit SSES sprechen meist in kurzen, einfachen Äußerungen, stellen ihren Kindern selten Fragen (vgl. Grimm 2000: 630 ff., 2003: 143 f.) und vermeiden Umformulierungen (vgl. Leonard 1998: 176).[15] Die Auffälligkeit von Kindern mit SSES kann auch dadurch verstärkt werden, dass sie von ihren Altersgenossen wegen ihres sprachlichen Defizits stigmatisiert und ausgegrenzt werden (vgl. Rice 1993).

In der deutschsprachigen Literatur finden sich unterschiedliche Bezeichnungen für diese spezifische Störung in der Sprachentwicklung: in der älteren Literatur z. B. *Dysgrammatismus* (vgl. Clahsen 1988; Hansen 1996; Oláh 1998), unter dem Einfluss der Rezeption angloamerikanischer Studien *spezifische Sprachentwicklungsstörung* oder auch *umschriebene Sprachentwicklungsstörung* (USES, z. B. von Suchodoletz 2004, 2007, 2013). Im angloamerikanischen Raum sind auch Begriffe wie *Specific Language Impairment* (SLI, z. B. in: Leonard 1998; Clahsen 1999) oder *Primary Language Impairment* (PLI, z. B. in: Kohnert

---

13 ICD-10 (engl. *International Statistical Classification of Diseases*) ist eine von der Weltgesundheitsorganisation erstellte Klassifikationsrichtlinie, die als das wichtigste Diagnoseklassifikationssystem der Welt eingesetzt und anerkannt wird. In Deutschland wird sie vom Deutschen Institut für Medizinische Dokumentation und Information als ICD-10-GM herausgegeben (vgl. ICD-10-GM 2016).
14 Auf das kognitive Defizit als Ursache für SSES wird im Abschnitt 3.2.3 genauer eingegangen.
15 Grimm (2003: 632) betont, dass die mangelhafte Qualität mütterlicher Sprache die SSES nicht verursacht. Dennoch kann sie dazu beitragen, dass die Kinder in kognitiver Hinsicht nicht ausreichend gefördert werden und mit zunehmendem Alter ein stärkeres sprachliches Defizit entwickeln.

2010; Ebert et al. 2014) etabliert. Nach Schrey-Dern (2006: 14) hat sich die Vielzahl der Bezeichnungen für die SSES durch unterschiedliche wissenschaftliche Ausrichtungen und Berufsgruppen, die sich mit der SSES befassen, entwickelt. In der vorliegenden Arbeit wird der Begriff *spezifische Sprachentwicklungsstörung* mit der Abkürzung *SSES* verwendet.

Was die Prävalenz der SSES betrifft, so existieren in der Literatur sehr unterschiedliche Angaben: Einigen epidemiologischen Studien zufolge liegt die Prävalenzrate von SSES bei monolingualen Kindern etwa bei ca. 7 % (z. B. Tomblin et al. 1997; Leonard 1998; Schöler et al. 1998; Dannenbauer 2003). Nach Schätzungen von Grimm (2003: 129) sind ungefähr 6 bis 8 % aller Vorschulkinder von einer SSES betroffen.

Die SSES wird hauptsächlich im Vor- und Grundschulalter diagnostiziert, da eine klare diagnostische Zuordnung vor dem Vorschulalter nicht immer eindeutig ist (vgl. von Suchodoletz 2007; Sachse & von Suchodoletz 2009). Bis zum dritten Lebensjahr ist es schwer, die Kinder mit SSES in der Menge der Kinder mit einem verzögerten Sprachbeginn, unter anderem den sog. *Late Talkers*[16], zu identifizieren. Für solche Kinder ist es charakteristisch, dass sie spät zu sprechen beginnen, mit zwei Jahren noch nicht die 50-Wörter-Grenze erreicht haben und keine Zweiwortkombinationen bilden. Ungefähr die Hälfte aller *Late Talkers* zeigt aber nach einem verlangsamten Sprachbeginn eine schnelle sprachliche Entwicklung und beginnt ihren Rückstand in der Sprachentwicklung bis zum 36. Monat aufzuholen, sodass sie sich ihrem Alter entsprechend weiterentwickeln (vgl. von Suchodoletz 2004: 158; Nußbeck 2007: 95). Diese Kinder werden unter dem Begriff *Late Bloomers* zusammengefasst. Bei den übrigen Kindern ist weiterhin ihre auffällige Sprachentwicklung zu sehen, von

---

16 Die Prävalenz der *Late-Talker*-Kinder im Alter von zwei Jahren liegt bei 10-20 % (vgl. von Suchodoletz 2004: 158). Während in einigen Arbeiten unter *Late Talkers* die Kinder zusammengefasst werden, die im Alter zwischen 24 und 32 Monaten noch nicht die 50-Wörter-Grenze erreicht haben (vgl. Grimm 2003), werden in anderen die Kinder im Alter von zwei Jahren dazugezählt, deren Leistungen unter der 10. Perzentile des expressiven Wortschatzes im *MacArthur-Bates Communicative Development Inventories* (Fenson et al. 2007, der im angloamerikanischen Sprachraum entwickelte Elternfragebogen wurde inzwischen in viele Sprachen übertragen) als kritische Grenze liegen (vgl. Bates et al. 1995; Thal et al. 1997; Ellis Weismer 2007). Im deutschsprachigen Raum stellt der Fragebogen zur frühkindlichen Sprachentwicklung von Szagun et al. (2009) ein gutes Instrument zur Ermittlung des frühen Sprachstandes dar.

denen dann einige eine SSES ausbilden (vgl. Grimm 2003: 128 f.; von Suchodoletz 2004: 158, 2013: 101 f.; Nußbeck 2007: 95).[17]

Nach der ICD-10-GM wird bei der SSES in Bezug auf die Störungsbilder unterschieden, zwischen:
- der expressiven Sprachstörung (F80.1):

> Eine umschriebene Entwicklungsstörung, bei der die Fähigkeit des Kindes, die expressiv gesprochene Sprache zu gebrauchen, deutlich unterhalb des seinem Intelligenzalter angemessenen Niveaus liegt, das Sprachverständnis liegt jedoch im Normbereich. Störungen der Artikulation können vorkommen. (Vgl. ICD-10-GM 2016)

und
- der rezeptiven Sprachstörung (F80.2):

> Eine umschriebene Entwicklungsstörung, bei der das Sprachverständnis des Kindes unterhalb des seinem Intelligenzalter angemessenen Niveaus liegt. In praktisch allen Fällen ist auch die expressive Sprache deutlich beeinflusst, Störungen in der Wort-Laut-Produktion sind häufig. (Vgl. ICD-10-GM 2016)

Die ICD-10-GM (2016) geht davon aus, dass die Produktion stärker betroffen ist als das Verständnis (vgl. auch Szagun 2007: 194; Kiese-Himmel 2008: 706). Grimm (2003: 132) weist jedoch darauf hin, dass das Verhältnis der beiden Fähigkeiten zueinander, der Produktion und dem Verstehen, relativ ist: D. h. die Fähigkeit, die Sprache besser zu verstehen, als sie zu produzieren, bedeutet noch nicht, dass Erstere im Normbereich liegt; es bedeutet nur, dass sie im Vergleich zur Sprachproduktion besser ist, denn auch das Sprachverständnis kann ja beeinträchtigt sein. Bekannt ist, dass Kinder mit SSES mit zunehmendem Alter lernen, die Defizite im Sprachverständnis über ihr Situationsverständnis zu kompensieren, und die situative Bedeutung alltäglicher Kommunikationshandlungen zu erraten (vgl. Nußbeck 2007: 97). Auch in der Produktion können Kompensationen den Eindruck eines Defizits verringern, da Kinder mit SSES im Schulalter häufig in ihrer Spontansprache vorwiegend in kurzen, grammatisch einfach strukturierten Sätzen sprechen, mit denen die Verwendung von komplexen grammatischen Strukturen umgangen wird (vgl. von Suchodoletz 2013: 16). Obwohl im Laufe der Schulzeit bis zum Erwachsenwerden sprachliche Defi-

---

17 Nach Angaben von Sachse (2007), Sachse & von Suchodoletz (2009), Bishop et al. (2012) schließt etwa ein Drittel aller *Late Talkers* in seinen sprachlichen Fähigkeiten zum Stand der TE-Kinder auf und entwickelt sich weiterhin unauffällig, beim zweiten Drittel finden sich leichte sprachliche Schwächen, und das letzte Drittel weist eine Sprachentwicklungsstörung auf.

zite bei der SSES meist in der Alltagskommunikation unauffälliger werden, heißt dies keinesfalls, dass die Störung nicht mehr vorhanden ist, sondern, dass mit dem Alter die betroffenen Personen Strategien entwickeln, mit denen sie ihre sprachlichen Defizite kompensieren. Wenn die Erwachsenen, bei denen als Kinder eine SSES diagnostiziert wurde, allerdings aufgefordert werden, ausgewählte sprachliche Strukturen oder komplexere Sätze zu bilden, werden die Probleme wieder deutlich erkennbar (vgl. Tomblin et al. 1992; Kauschke & Siegmüller 2000; Dannenbauer 2002: 10; von Suchodoletz 2007: 168, 2013: 16; Charest & Johnston 2011). Damit kann davon ausgegangen werden, dass eine SSES nicht nur kurzfristig in der Kindheit, sondern auch langfristig negative Auswirkungen auf die Sprachentwicklung hat.

Im Allgemeinen zeichnet sich die kindliche Sprache bei einer SSES durch kurze Äußerungen mit geringerer syntaktischer Komplexität, Vermeidung von mehrdeutigen Wörtern oder humoristischen Aussagen aus. Die Kinder produzieren im Vergleich zu ihren TE-Altersgenossen eine größere Anzahl an Fehlern in morphologischen Markierungen von Verben, Nomen und Artikelwörtern (vgl. im Englischen Goffman & Leonard 2000; sprachübergreifender Überblick über mehrere Studien in: Lindner 1995; Leonard 2000). Nicht selten lassen Kinder mit einer SSES die Funktionswörter wie Auxiliarverben, Artikel, Präpositionen, aber auch andere obligatorische Elemente aus (vgl. Dannenbauer 2003).

Die sprachvergleichenden Untersuchungen von Leonard et al. (1989), Lindner & Johnston (1992), Leonard (1999) und Lindner (1995) zu monolingualen Kindern zeigten, dass die SSES in bisher untersuchten flektierenden Sprachen (z. B. Deutsch, Niederländisch, Italienisch, Französisch, Hebräisch) vor allem im morphosyntaktischen Bereich auftritt, je nach Sprachtyp aber unterschiedlich ausgeprägt: In isolierenden Sprachen wie dem Kantonesischen ist eher der Aspekt betroffen (vgl. Fletcher et al. 2005). In agglutinierenden Sprachen lassen sich die Defizite vor allem bei der Verwendung der Kasusmarkierungen zeigen (vgl. Acarlar & Johnston 2011 für Türkisch und Leonard et al. 2014 für Finnisch). In flektierenden Sprachen sind hingegen die Bereiche der Verbflexion häufig betroffen, z. B. die Realisierung der Subjekt-Verb-Kongruenz (z. B. im Deutschen, vgl. Clahsen 1988) oder der Tempusmarkierung (z. B. im Spanischen vgl. Grinstead et al. 2013). Im nächsten Abschnitt wird sowohl auf die einzelnen Studien zu Untersuchung der morphosyntaktischen Defizite als auch auf bisherige sprachvergleichende Untersuchungen eingegangen, die die Grundlage für die Erklärungsansätze zur SSES bilden. Im darauf folgenden Abschnitt werden schließlich morphosyntaktische Charakteristika des Russischen und des Deutschen bei der SSES ausführlich beschrieben.

3.2 Erklärungsansätze zur SSES

Die Frage, warum es bei einigen Kindern zu einer Störung der Sprachentwicklung kommt, konnte bis heute noch nicht eindeutig beantwortet werden. Zur Erklärung der Ursachen für die SSES sind je nach den Erklärungsansätzen zum Spracherwerb und zu den Forschungsmethoden eine Reihe unterschiedlicher Theorien und Modelle aufgestellt worden: Es besteht kein Zweifel daran, dass es als Ursache für die SSES einen – bislang nicht näher definierten – genetischen Faktor gibt; dies belegen familiäre Belastungen (vgl. Bishop et al. 2006; Falcaro et al. 2008). Ebenso können biologische und soziokulturelle Faktoren (z. B. geringe Sprachanregung) eine Rolle dabei spielen. Die im Folgenden dargestellten Ansätze lassen sich grob in zwei Gruppen einteilen: Die erste Gruppe linguistisch orientierter Theorien versucht, die Defizite in bestimmten Sprachmodulen zu verorten (vgl. Clahsen 1988; Rice et al. 1995; Rice & Wexler 1996; Eisenbeiss et al. 2006). Demgegenüber steht die zweite Gruppe von Ansätzen, die die Defizite bei der SSES mit der allgemeinen kognitiven Entwicklung zu erklären versucht (vgl. Gathercole & Baddeley 1990; Weinert 1991; Johnston 1994; Leonard et al. 2007; Montgomery et al. 2010; Charest & Johnston 2011; Colozzo et al. 2011).

3.2.1 Einfluss genetischer und biologischer Faktoren

Sowohl Familien- als auch Zwillingsstudien (vgl. Tomblin 1989; Lewis & Thompson 1992; Bishop et al. 1995; Tomblin & Buckwalter 1998; Tallal et al. 2001) sprechen durch die Häufung der SSES in bestimmten Familien für eine **Vererbung**. Etwa 20 % bis 40 % der Kinder, deren Familienmitglieder bereits sprachauffällig waren, sind selbst auffällig (vgl. von Suchodoletz 2007: 50). Die weitgehend übereinstimmenden Ergebnisse aus den Studien mit eineiigen Zwillingen und zweieiigen Zwillingen (z. B. Lewis & Thompson 1992; Bishop et al. 1995; Tomblin & Buckwalter 1998) stellten fest, dass die Konkordanzrate für die SSES zwischen 70 % und 96 % für eineiige Zwillinge und zwischen 46 % und 69 % für zweieiige Zwillinge liegt. Adoptionsstudien zeigten weiterhin, dass die Rate für die SSES bei adoptierten Kindern, deren biologische Eltern selbst eine SSES hatten, signifikant höher lag als bei den Kindern, deren Adoptiveltern ein vergleichbares Sprachstörungsbild aufwiesen. Damit war das Auftreten der Sprachstörung bei den biologischen Eltern ein guter Prädiktor für die spätere Entwicklung der Sprachstörungen bei den Kindern (vgl. Felsenfeld & Plomin 1997).

Darüber hinaus lässt sich beobachten, dass Jungen dreimal häufiger als Mädchen von einer SSES betroffen sind (vgl. Leonard 1998; Tallal et al. 2001; Stanton-Chapman et al. 2002; Grimm 2003: 168; von Suchodoletz 2004: 160, 2007: 45; Szagun 2007: 195). Dies spricht dafür, dass es bei der SSES um eine multifaktorielle Vererbung mit einem geschlechtsspezifischen Effekt geht, bei dem die Jungen für die SSES anfälliger als die Mädchen sind. Die genaue Ursache ist bislang jedoch noch nicht geklärt.

Welche einzelnen Gene für das Auftreten der SSES verantwortlich sein können, wurde im Rahmen von verschiedenen Studien untersucht. Es konnten zwar Auffälligkeiten an verschiedenen Genorten festgestellt werden (wie auf den Chromosom 7q31, genannt FOXP2-Gen, vgl. z. B. Lai et al. 2001, auf den Chromosomen 13q und 2p, vgl. Bartlett et al. 2002, 16q und 19q, vgl. SLI Consortium 2002; Falcaro et al. 2008), die jedoch nicht nur mit der SSES, sondern auch mit anderen neurologischen Entwicklungsstörungen, z. B. Autismus oder Dyspraxie, in Verbindung gebracht werden können (vgl. Dannenbauer 2003: 71; Platzer & Bittner 2011; Rosenfeld & Horn 2011). Welche Gene für eine SSES verantwortlich sind, bleibt somit noch offen.

Der Einfluss von **biologischen Risikofaktoren** auf die Auslösung von SSES wurde in Studien wie beispielsweise denen von Tomblin et al. (1997), Fox et al. (2002), Stanton-Chapman et al. (2002), Amorosa & Noterdaeme (2003) und Delgado et al. (2005) untersucht (vgl. hierzu den breiten Überblick über empirische Studien in: Chaimay et al. 2006 und Prathanee et al. 2007).

Nach Amorosa & Noterdaeme (2003: 16 f.) werden die biologischen Risikofaktoren in drei Bereiche aufgeteilt: Pränatale Belastungen während der Schwangerschaft (z. B. Rauchen, Alkohol, Drogenkonsum), perinatale Belastungen (z. B. verkürzte Schwangerschaftsdauer, abnorme Dauer der Geburt, niedriges Geburtsgewicht) und postnatale Belastungen (z. B. niedrige Apgar-Werte[18], Aufnahme auf der Neugeborenen-Intensivstation) (vgl. auch Tomblin et al. 1997). Da die Untersuchung der biologischen Faktoren bei der SSES nicht zentral für die vorliegende Arbeit ist, kann zu den oben erwähnten Studien im Allgemeinen festgehalten werden, dass nur bei wenigen biologischen Risikovariablen ein signifikanter Zusammenhang mit einer SSES festgestellt werden konnte, der sich auch in anderen Studien replizieren ließ. Der Grund dafür ist,

---

18 Ein Punkteschema, nach dem der Zustand von Neugeborenen jeweils in einer, fünf und zehn Minuten nach der Geburt beurteilt werden kann. Dabei werden Hautfarbe, Atmung, Herzaktion, Muskeltonus, Reflexe beim Absaugen mit einer Punktezahl von null bis zwei Punkten bewertet. Das Schema wurde 1952 von der Anästhesistin und Chirurgin Virginia Apgar erarbeitet (Koletzko 2007: 48).

dass die meisten biologischen Risikovariablen (wie Frühgeburt, niedriges Geburtsgewicht oder zu hoher Alkoholkonsum während der Schwangerschaft) das allgemeine Risiko für Entwicklungsstörungen und die Gefahr der verminderten Reifung der neurologischen oder sensorischen Funktionen erhöhen, bei denen die Sprachprobleme als sekundäre Defizite auftreten. Außerdem korrelierte die Signifikanz des Risikoeffekts (z. B. Nikotinkonsum während der Schwangerschaft) mit dem Bildungsniveau der Eltern (vgl. Tomblin et al. 1997).

Die SSES scheint somit eine komplexe Störung zu sein, die mit einer Vielzahl von genetischen Einflüssen, biologischen sowie soziokulturellen Faktoren[19] auf komplexe Weise zusammenwirkt (vgl. Bishop 2006; von Suchodoletz 2007; Newbury & Monaco 2010; Rosenfeld & Horn 2011).

3.2.2 Linguistisch orientierte Erklärungsansätze

Die linguistisch orientierten Ansätze versuchen, die Defizite bei der SSES anhand linguistischer Modelle zu erklären. Die Grundlage dafür bildet insbesondere die von Chomsky geprägte Annahme über die angeborene *Universalgrammatik* (z. B. Chomsky 2006), die auf alle Sprachen anwendbare Prinzipien postuliert. Nach dieser Annahme wird die biologisch vorgegebene Sprachfähigkeit modular – aus eigenständigen, sequenziell angeordneten Modulen – organisiert. Diese Module sind spezifiziert für bestimmte Gegenstandsbereiche wie Regeln in der Syntax, Morphologie, Semantik oder Phonologie (vgl. Fanselow & Felix 1987: 147; Philippi 2008: 16). Es wird angenommen, dass bei einer SSES grundlegende Regeln der Grammatik zu einem bestimmten Zeitpunkt des Erwerbs beeinträchtigt oder unvollständig erworben sind. Zu den prominentesten linguistischen Theorien, die die grammatischen bzw. morphosyntaktischen Störungen bei der SSES sprachlichen Defiziten in speziellen Modulen zuordnen, gehören die Hypothese der *Extended Optional Infinitives* von Wexler (1994) und die Hypothese des Defizits im Bereich der grammatischen Kongruenz von Clahsen (1988, 1997).

Nach der *Extended Optional Infinitive Hypothesis* (im Folgenden EOI-Hypothese), formuliert von Rice et al. (1995, 1998) und Rice & Wexler (1996), wird davon ausgegangen, dass die sprachliche Entwicklung von Kindern mit SSES ähnlich wie bei den TE-Kindern verläuft, die jedoch in der Phase des op-

---

19 Beispielsweise wird der Einfluss der Mutter-Kind-Interaktion auf die sprachliche Entwicklung des Kindes sowohl von Leonard (1998: 164 ff.) als auch von Grimm (2000: 631) betont (siehe auch Fußnote 15, S. 41).

tionalen Infinitivs eine übermäßig dauernde Plateaubildung zeigt. Es ist eine Phase, in der die Kinder die Finitheitsmarkierung des Verbs als optional empfinden, wodurch gehäufte Übergeneralisierungen der nicht zielsprachigen Infinitive oder Wortstämme auf finite Verben zustande kommen. Die Autoren gehen deshalb davon aus, dass es sich bei der SSES eher um eine generelle, nicht altersgemäße Sprachentwicklungsverzögerung und nicht um eine Störung handelt (vgl. Rice et al. 1995). Allerdings ist die zeitliche Begrenzung für diese Phase nicht klar abgrenzbar: Im Rahmen sprachübergreifender Untersuchungen ließ sich feststellen, dass sowohl bei einem unauffälligen als auch bei einem auffälligen Spracherwerb in Sprachen mit reichem Verbalparadigma (z. B. Deutsch, Französisch, Inuktitut) die Phase des optionalen Infinitivs schnell verläuft. Beispielsweise endet die Phase des optionalen Infinitivs beim unauffälligen Spracherwerb des Deutschen mit etwa zwei Jahren und beim SSES-auffälligen Spracherwerb mit ca. vier Jahren (vgl. Rice et al. 1997), was deutlich früher im Vergleich zum Englischen ist. Hier wird bei den TE-Kindern die Markierung der Vergangenheit (Präteritum) mit ungefähr vier Jahren erworben (vgl. Rice et al. 1998). Bei den englischsprachigen Kindern mit SSES kann sie sich bis zur Grundschule oder bis ins Erwachsenenalter erstrecken. Im ungünstigsten Fall wird sie gar nicht überwunden (vgl. Rice et al. 1995). Eine mögliche Erklärung dafür ist, dass z. B. im Englischen der Verbstamm auch eine Defaultform des Verbs bildet und nur in kleinen Schritten die Verbformen in Opposition zueinander gestellt werden (vgl. Rice et al. 1997; Crago & Allen 2001; Hamann et al. 2001, 2003; Crago & Paradis 2003).

Die EOI-Hypothese wurde aufgrund der Ergebnisse sprachvergleichender Studien scharf kritisiert (vgl. z. B. Hamann et al. 1998). Beispielsweise zeigte Clahsen (1988) bereits in einer früheren Studie für das Deutsche, dass Kinder mit einer SSES während der Phase des optionalen Infinitivs neben der fehlerhaften Finitheitsmarkierung des Verbs auch größere Auffälligkeiten in der Kongruenz- und Kasusmarkierung aufweisen, die sich durch den dargestellten Ansatz der EOI-Hypothese nicht erklären lassen. Hierzu formulierte Clahsen die *Hypothese des Defizits in der grammatischen Kongruenz* (engl. *Agreement Deficit Hypothesis*, z. B. in: Clahsen et al. 1997; Clahsen & Dalalakis 1999; siehe auch Eisenbeiss et al. 2006). Die Hypothese geht davon aus, dass bei den Kindern mit SSES das sprachliche System intakt ist, und dass es auch, wie bei den TE-Kindern, nach universalgrammatischen Regeln und Prinzipien organisiert ist (vgl. Clahsen 1988: 234). Bei der SSES sind die Defizite selektiv nur auf den Teilbereich des grammatischen Moduls beschränkt, das für die Kongruenzphänomene (wie Subjekt-Verb-Kongruenz oder Genus-, Kasus- und Numerus-Kongruenz) verantwortlich ist und diese regelt. Die morphologischen Ebenen, die die Eigenschaften der Kongruenzmarkierung nicht primär tragen, z. B. Partizipien, sind von der SSES nicht betroffen (vgl. Clahsen 1988: 241; Clahsen et al. 2014). Somit werden nach der Hypothese des Defizits in der grammatischen Kongruenz die Defizite nicht als Verzögerung in der Sprachentwicklung interpretiert, sondern als eine Störung von einzelnen Erwerbsmechanismen, bei denen die einzelnen Komponenten des Erwerbssystems auch unterschiedlich stark betroffen sein können (Clahsen 1988: 123 f.).

Kritisch ist an der Hypothese des Defizits in der grammatischen Kongruenz, dass diese hauptsächlich die Probleme in der Kongruenz beleuchtet, jedoch lässt sich damit das Verhältnis der Kongruenz zur Verbstellung nicht vollständig aufklären (vgl. de Jong 1999: 86 ff.). Clahsen ist der Ansicht, dass eine falsche Verbletztstellung eine Folge der Defizite im morphologischen Bereich sei (vgl. Clahsen 1988: 198 f.). Grundsätzlich geht Clahsen bei der Hypothese des Defizits in der grammatischen Kongruenz davon aus, dass die Verbletztstellung bei der SSES nur in den früheren Phasen der Sprachentwicklung bevorzugt wird, wenn noch keine Subjekt-Verb-Kongruenz markiert wird. Tauchen die Verben mit der Flexion -t auf, werden von den meisten Kindern mit SSES die Verberst- oder Verbzweitstellung überwiegend bevorzugt (vgl. Clahsen 1988: 206 ff.). Somit könnten bei der intakten Kongruenz keine Probleme mit der Verbstellung mehr beobachtet werden. Die Ergebnisse von Hamann et al. (1998) zeigen allerdings, dass im Deutschen die Kinder[20] mit SSES in Hauptsätzen eine signifikante Präferenz für die finiten Verben in Verbletztstellung im Vergleich zu den finiten Verben in Verbzweitstellung haben. Auch in einer späteren Fallstudie von Lindner (2002, N = 3, Alter: zwischen 4;11 und 6;10 Jahren) konnte erneut bestätigt werden, dass die Verwendung der Verbletztstellung sowohl in Deklarativ- als auch in den W-Fragesätzen häufig auftrat bzw. deutlich präferiert wurde. Darüber hinaus beobachtete Lindner (2002), dass die Verbzweitstellung gelegentlich mit einem Infinitiv besetzt wurde. Im Allgemeinen konnte sie in ihrer Studie die Probleme in der Verbstellung bei Kindern mit SSES selbst dann noch beobachten, wenn bei ihnen die Kongruenz schon vorhanden war, was sich durch die Hypothese des Defizits in der grammatischen Kongruenz nicht erklären lässt.

Bei den linguistisch orientierten Erklärungsansätzen sind ferner noch diejenigen Ansätze zu nennen, die in der Forschungsliteratur weniger häufig diskutiert werden (siehe Überblick in: Crago & Allen 1996). Dazu gehört z. B. die *Minimal Default Grammar Hypothesis*, nach der Kinder mit einer SSES in einer

---

[20] In der Studie wurden 50 deutsche Kinder mit SSES (darunter auch die Probanden von Clahsen) im Alter zwischen fünf und zehn Jahren reanalysiert.

Zwischenstufe der kindlichen Grammatik stagnieren, in der die Struktur der Komplementiererphrase noch nicht vollständig erworben wurde. Dies führt dazu, dass bei diesen Kindern im Vergleich zu den unauffälligen eine zeitliche Verzögerung in der morphosyntaktischen Entwicklung zu beobachten ist, die sich durch Defizite in der Bildung komplexer Satzstrukturen erkennen lässt. Außerdem präferieren sie die Verbletztstellung in Hauptsätzen und lassen häufiger einleitende Konjunktionen sowie W-Wörter aus (vgl. Hamann et al. 1998).

Die *Functional Category Deficit Hypothesis* von Leonard und Kollegen (vgl. Leonard et al. 1992; Eyer & Leonard 1995; Leonard 1995) basiert auf der Beobachtung, dass Kinder mit SSES nicht altersgemäß die grammatischen Elemente und Funktionswörter (Determinanten, Flexion, Komplementierer) erwerben: Während die TE-Kinder diese bereits mit ca. zwei Jahren erwerben, haben Kinder mit SSES damit größere Schwierigkeiten und erlernen sie nur langsam. Trotz häufiger Auslassungen in den obligatorischen Kontexten sind die grammatischen Elemente (z. B. Tempus, Genus, Kasus) und Funktionswörter (z. B. Präpositionen, Konjunktionen, Hilfsverben) in der Grammatik der Kinder mit SSES jedoch präsent. Daher gehen die Autoren dieser Hypothese davon aus, dass sich die Kinder mit SSES auf einer ihrem Alter nicht angemessenen Stufe des Spracherwerbs befinden, da die Entwicklung langsamer als im Normalfall verläuft. Die Hypothese behandelt die Defizite in der Verwendung der Finitheits- und Kongruenzmarkierungen ausführlich, die jedoch in den sprachübergreifenden Studien nicht immer zu beobachten sind (vgl. Leonard 1998: 221).

Eine weitere Hypothese, die von Gopnik ausgearbeitet wurde, ist die *Missing Rule Hypothesis*, nach der bei der SSES die Fähigkeit zur Bildung von impliziten Regeln beeinträchtigt ist (vgl. Gopnik 1994). Dieses Defizit wird dadurch kompensiert, dass die grammatischen Formen als einzelne lexikalische Items explizit gelernt werden. Diejenigen Formen, die konzeptuell greifbare Informationen kodieren, wie z. B. die Pluralmarkierung, können relativ einfach und schnell lexikalisch erlernt und häufiger zielsprachlich im Redefluss eingesetzt werden. Die anderen grammatischen Formen, die konzeptuell wenig markiert sind sowie das Wissen über die syntaktischen Strukturen erfordern, z. B. Tempus und Kongruenz, können hingegen nicht oder nur bruchstückhaft lexikalisch erlernt werden und bereiten bei ihrer Verwendung größere Schwierigkeiten.

In Hinsicht auf die oben beschriebenen linguistisch orientierten Ansätze ist zusammenfassend hervorzuheben, dass sie nur einige Aspekte der SSES erklären können. Dies mag u. a. daran liegen, dass bestimmte Beeinträchtigungen nur in einzelnen Sprachen untersucht und für diese beschrieben wurden (vgl.

Leonard 1998: 235). So wurde die Hypothese des Defizits in der grammatischen Kongruenz erstmals am Beispiel des Deutschen beschrieben, während die EOI-Hypothese z. B. die Defizite der grammatischen Finitheit am Beispiel des Englischen am besten erklärt. Die in diesem Abschnitt vorgestellten Hypothesen können allerdings das Phänomen nicht erklären, weshalb dieselben grammatischen Formen in einigen Kontexten richtig, in anderen falsch verwendet werden: Leonard et al. (2000, 2002) beobachteten z. B., dass englischsprachige Kinder mit SSES die grammatische Form *is* dann häufiger korrekt verwendeten, wenn sie zuvor durch einen Satz mit dem Auxiliarverb *are* reaktiviert worden war, statt mit einem Vollverb, z. B. *fell*. Auch Charest & Johnston (2011) berichteten, dass Kinder mit SSES weniger Fehler im Bereich der Morphologie produzieren, wenn die syntaktische Struktur kurz davor bereits verwendet worden war (siehe Abschnitt 3.2.3.4). Die Autoren gehen davon aus, dass bestimmte kognitive Prozesse die Informationsverarbeitung beeinflussen. Die linguistischen Ansätze gehen also auf die Frage überhaupt nicht ein, ob die Defizite, die bei der SSES auf die Probleme in der Sprachverarbeitung zurückzuführen sind, die Verwendung der Sprache negativ beeinflussen (vgl. Leonard 1998: 119 f.).

3.2.3 Kognitionsorientierte Erklärungsansätze

Auf die Frage nach der Bedeutung und dem Einfluss der Kognition auf die Entwicklung sowie den Gebrauch der Sprache wurde in zahlreichen wissenschaftlichen Arbeiten, Hypothesen und Ansätzen der gegenwärtigen Forschung eingegangen. Es zeigt sich, dass Sprache und Kognition zwar zwei eigenständige Systeme sind, die jedoch eng miteinander verbunden sind und sich auf sehr komplexe Art und Weise gegenseitig beeinflussen (vgl. Johnston 1994: 107 ff.; Weinert 2000). Kontrovers gesehen wird aus diesem Grund die Definition der SSES in ICD-10-GM 2016), die voraussetzt, dass bei der SSES der nonverbale IQ im Normbereich liegt. Es wird berichtet, dass Kinder mit SSES häufiger bei einer Reihe von kognitiven Fähigkeiten (wie Symbolisierungs-, Klassifikations-, hierarchische Strukturierungs- oder Gedächtnisfähigkeiten) im Durchschnitt niedrigere Leistungen zeigen (vgl. Grimm 2000: 622) als altersgleiche TE-Kinder und diese Leistungen eher denen von jüngeren TE-Kindern entsprechen (vgl. Johnston 1994).

Aus den Überlegungen zum Zusammenwirken von Kognition und Sprache lässt sich eine Reihe von Ansätzen ableiten, die bei der SSES nicht von Defiziten in bestimmten linguistischen Modulen ausgehen, sondern von Defiziten im

kognitiven Bereich. Diese Ansätze können prinzipiell in vier Gruppen unterteilt werden:
1) Die erste Gruppe von Ansätzen vermutet die Defizite beim Wahrnehmen und Erfassen der Informationen, z. B. prosodisch-rhythmischer Sprachmerkmale der gesprochenen Sprache (vgl. z. B. Weinert 1991), unbetonter grammatischer Elemente (vgl. *Surface Hypothesis* z. B. in: Leonard 1989) oder kurz aufeinanderfolgender Reize (vgl. z. B. Tallal & Piercy 1973b, 1975).
2) In der zweiten Gruppe von Ansätzen werden die Defizite bei der SSES nicht als Ergebnis der beeinträchtigten Wahrnehmung erklärt, sondern der beeinträchtigten Fähigkeit, Informationen in einer oder mehreren Komponenten des Arbeitsgedächtnisses zu erhalten und zu verarbeiten (vgl. z. B. Archibald & Gathercole 2006; Bishop 2006; Montgomery et al. 2010).
3) In der dritten Gruppe von Ansätzen werden dagegen die Defizite auf die verminderte Effizienz der Informationsverarbeitung aufgrund der Verlangsamung der Geschwindigkeit zurückgeführt (vgl. z. B. Tallal & Piercy 1973b; Kail 1994; Miller et al. 2001).
4) In der vierten Gruppe lassen sich die Erklärungsansätze finden, die von der Beeinträchtigung der Informationsverarbeitungskapazität ausgehen (vgl. z. B. Johnston 1994; Charest & Johnston 2011). Da das Konzept der Verarbeitungskapazität zentral für die vorliegende Arbeit ist, wird es nicht nur in Bezug auf die SSES, sondern auch in Bezug auf die unauffällige Sprachentwicklung ausführlich behandelt.

Im Folgenden werden diese Ansätze der vier oben genannten Gruppen vorgestellt.

3.2.3.1 Erklärungsansätze zur Wahrnehmung und Verarbeitung der Informationen

Verarbeitung der rhythmisch-prosodischen Sprachmerkmale
Der Ansatz nach Weinert (1991, 1992) postuliert Defizite in der auditiven Wahrnehmung und in der rhythmisch-prosodischen Verarbeitung als Ursache für die SSES. Die Grundlage für diesen Ansatz waren mehrere Untersuchungen zum kontrollierten Erwerb von Kunstsprachen, die belegen konnten, dass rhythmisch-prosodische Merkmale (wie Tonhöhenveränderung, finale Dehnung, Rhythmus und Pausen) wichtige Hinweise darauf liefern, wie der Sprachinhalt in sinnvolle linguistische Einheiten (wie Sätze, Teilsätze, Phrasen, Wörter, Teilwörter) gegliedert wird. Erst dadurch können spezifische Regelmäßigkeiten der Sprache mit ihren grammatischen Strukturen erkannt, analysiert und ge-

speichert werden. Werden sie aus irgendeinem Grund nicht vollständig genutzt, kann das zu Beeinträchtigungen in der Sprachentwicklung führen.

Weinert (1991) konnte zeigen, dass Kinder mit SSES die rhythmisch-prosodischen Hinweisreize nicht nur weit weniger als TE-Kinder wahrnehmen und schlechter nutzen, sondern auch, dass es ihnen sogar zum Teil schwerer fiel, grammatische Regeln aus den Sätzen mit rhythmisch-prosodischen Hinweisen abzuleiten als aus den monoton intonierten Beispielen. Aus diesen Befunden postulierte Weinert die Annahme, dass bei der SSES die Defizite bei der Wahrnehmung und Nutzung rhythmisch-prosodischer Informationen den Erwerb der grammatischen Strukturen und den Aufbau des Wortschatzes erschweren, was zu Auffälligkeiten in der Sprachentwicklung führt (vgl. Weinert 1991: 201 f., 1992).

Die neuere, englischsprachige Studie von Fisher et al. (2007) berichtet ebenfalls über die beeinträchtigte Wahrnehmung von rhythmisch-prosodischen Merkmalen bei Kindern mit SSES, die eine negative Auswirkung auf die Verarbeitung der syntaktischen Strukturen zur Folge hatte. Es ließ sich jedoch zeigen, dass dieses rhythmisch-prosodische Defizit anscheinend mit dem Alter zurückgeht. Sprachliche Defizite blieben aber weiterhin bemerkbar. Es ist bisher unklar, was der Grund für eine bessere Wahrnehmung der rhythmisch-prosodischen Merkmale mit zunehmendem Alter ist. Es kann daran liegen, dass mit der Zeit notwendige Fähigkeiten erlernt werden, mit denen die Defizite bewältigt bzw. kompensiert werden können. Oder es könnte sein, dass eine höhere Leistung der Informationsverarbeitung, die mit dem Alter effizienter wird, die Verarbeitung der Prosodie positiv beeinflusst. Ebenso könnten sich höhere sprachliche Kompetenzen der Erwachsenen auf die Verarbeitung der rhythmisch-prosodischen Merkmale positiv auswirken (vgl. Fisher et al. 2007).

Die Annahme einer auditiven Wahrnehmungsbeeinträchtigung bei der SSES ist in der Literatur nicht unumstritten. Beispielsweise schlossen sowohl Tallal & Piercy (1973a) als auch von Suchodoletz et al. (2004) Jahre später eine Wahrnehmungsschwäche als Ursache für die SSES aus. Von Suchodoletz et al. (2004) fanden bei den Kindern mit SSES gegenüber den Kontrollkindern keine Defizite im Bereich der Wahrnehmung auditiver Informationen bei den Differenzierungsaufgaben in Tonhöhe, Lautstärke, Tondauer oder Tonmuster. Ihren Befunden nach erbrachten die Kinder mit SSES jedoch eine schwächere Leistung in der auditiven Gedächtnisspanne des Arbeitsgedächtnisses (vgl. Abschnitt 3.2.3.2) und in der zeitlichen Verarbeitung (vgl. Abschnitt 3.2.3.3).

Surface Hypothesis

Leonards Beobachtungen aus den sprachübergreifenden Studien zeigten, dass die Kinder mit SSES bei der Verwendung von vergleichbaren grammatischen Elementen – z. B. zur Markierung des Plurals, Tempus, Numerus – nicht in allen Sprachen gleich große Schwierigkeiten haben. Grundsätzlich fanden sich in den von Leonard untersuchten Sprachen (z. B. Englisch, Deutsch, Italienisch, Hebräisch) grammatische Morpheme, die von Kindern mit SSES ohne besondere Probleme erworben und grundsätzlich fehlerfrei verwendet werden, und solche, die für Fehler anfällig sind und nur langsam erlernt werden (vgl. Leonard 1998: 117, 2000). In Bezug auf die Letzteren stellte Leonard weiterhin fest, dass für diese grammatischen Morpheme bestimmte phonetische Eigenschaften typisch sind: Sie sind überwiegend konsonantisch, unbetont, von relativ kurzer Dauer und haben eine niedrigere Grundfrequenz und Intensität. Leonard bezeichnet sie als grammatische Morpheme mit geringer phonetischer Substanz (engl. *low phonetic substance morphemes*). Beispielsweise gehören im Englischen zu den Morphemen mit einer geringen phonetischen Substanz das Pluralsuffix *-s*, das Possessivsuffix *'s* oder das Tempussuffix der Vergangenheitsform *-ed*. Generell fällt der Erwerb solcher Morpheme nicht nur den Kindern mit auffälliger Entwicklung schwer, sondern auch denen mit typischer Sprachentwicklung (vgl. Leonard 1989, 1994, 1998: 253). Dagegen scheint es, dass das Aspektsuffix *-ing* den Kindern keine Schwierigkeiten bereitet: Da sein Aktualisierungsvorgang mehr Zeit in Anspruch nimmt, ist es, vor allem in dem Fall, dass es sich in einer Endposition der Äußerung befindet, gut wahrnehmbar (vgl. Leonard 1989, 1998: 247).

Ausgehend von diesen Erkenntnissen entwickelte Leonard die sogenannte *Surface Hypothesis*, die postuliert, dass die zugrunde liegende Grammatik (Repräsentation und Organisation) bei den Kindern mit SSES weder beschädigt noch falsch aufgebaut ist (vgl. Leonard 1998: 246 ff.). Andernfalls würden sich bei der SSES, unabhängig von der Sprache und Regularität des grammatischen Elementes, dieselben Defizite zeigen. Es scheint sich eher um ein Problem zu handeln, bei welchem die Wahrnehmung bzw. Identifikation und die Interpretation von unbetonten grammatischen Einheiten aus dem sprachlichen Input beschränkt sind, wodurch der Aufbau des grammatischen Systems beeinträchtigt wird. Den Grund für Probleme bei der Wahrnehmung sieht Leonard (1998: 249 ff.) in der reduzierten Geschwindigkeit der Informationsverarbeitung bei der SSES: Sie reicht nicht aus, grammatische Informationen von Morphemen mit geringer phonetischer Substanz gemäß der Regeln in einem sehr begrenzt gegebenen Zeitrahmen kognitiv vollständig zu erfassen, um sie im weiteren Schritt zu speichern und ggf. zu verarbeiten. Infolgedessen gehen diese Informationen oft verloren und können für den Aufbau der morphologischen Paradigmen[21] nicht genutzt werden. Erst durch eine größere Anzahl von Kontexten über eine längere Zeit gelingt es den Kindern, grammatische Informationen zu isolieren und darauf ein morphologisches System nach und nach aufzubauen (vgl. Leonard 1989, 1998: 248 f.; Leonard et al. 1997).

Der Vorteil der *Surface Hypothesis* ist, dass sie die Frage beantwortet, warum in unterschiedlichen Sprachen die Defizite bei der Verwendung unterschiedlichster grammatischer Einheiten vorkommen. Gegen die *Surface Hypothesis* spricht jedoch, dass bei der Verwendung der homonymen Suffixe mit geringer phonetischer Substanz wie *-ed* Kinder mit SSES bei der Markierung des Präteritums signifikant schlechtere Leistung zeigen als bei der Markierung des Partizips. Im Gegensatz dazu lassen sich bei gleichaltrigen sowie jüngeren TE-Kindern als Kontrollgruppe keine Leistungsunterschiede in diesem Bereich nachweisen (vgl. Leonard et al. 2003). Die Autoren nahmen an, dass die konzeptuelle Verarbeitung von Verben komplexer als die von Partizipien ist. Somit können bei der SSES neben der Beschränkung in der Wahrnehmung und Verarbeitung der grammatischen Morpheme mit geringer phonetischer Substanz auch weitere Faktoren bezüglich des Erwerbs und der Verarbeitung der Sprache eine Rolle spielen, z. B. die semantische Transparenz oder die grammatische Funktion der Morpheme (vgl. Leonard et al. 2003: 52, 54). Eine weitere Schwachstelle der *Surface Hypothesis* besteht darin, dass sie ausschließlich auf Defizite bei der Verwendung der morphologischen Elemente beschränkt ist, die Defizite in der Wortstellung und Auslassung der obligatorischen Satzelemente bei der SSES aber nicht erklärt.

Zeitliche Verarbeitung der sprachlichen Reize
Ähnlich zu Leonards Beobachtungen (vgl. *Surface Hypothesis*) findet sich in der Gruppe der Studien von Tallal und Kollegen Evidenz dafür, dass bei der SSES

---

21 Die Annahme über den Aufbau der Paradigmen basiert auf Pinkers *Lernbarkeitstheorie* (vgl. Pinker, 1984: 174 f.), die besagt, dass der Erwerb von morphologischen Elementen mit ihren grammatischen Bedeutungen auf dem lexikalischen Erwerb basiert. Der morphologische Erwerb erfordert eine gewisse Anzahl von Kontexten, in denen die morphologischen Elemente vorkommen, bevor sie isoliert werden können. Anschließend werden sie nach und nach im Laufe der produktiven Verwendung in generelle, zunächst aus leeren Zellen bestehende Paradigmen eingetragen und abgespeichert. Demnach gelte: Je mehr Input das Kind von den gleichen Wortstämmen mit unterschiedlichen grammatischen Morphemen sowie unterschiedlichen Wortstämmen mit gleichen grammatischen Morphemen erhält, desto schneller werden die Zellen in den Paradigmen gefüllt und desto ausgebauter werden die Paradigmen.

die schnell aufeinanderfolgenden Sprachsignale nur eingeschränkt oder gar nicht wahrgenommen und verarbeitet werden können. Als Ursache für dieses Defizit wird allerdings nicht eine beeinträchtigte Wahrnehmung vermutet, sondern die eingeschränkte zeitliche Verarbeitung als Teilfunktion der zentralen auditiven Verarbeitung (vgl. Tallal & Piercy 1973a, 1973b, 1974; Tallal 1985; Tallal et al. 1993).

So zeigten Tallal & Piercy (1973b, 1975), dass sowohl bei der Bestimmung der Reihenfolge als auch bei der Wahrnehmung von sprachlichen Reizen die Kinder mit SSES nur dann Schwierigkeiten hatten, wenn die Abstände zwischen den einzelnen Reizen oder die Reizlänge sehr kurz waren. Wurde die Dauer der Pause zwischen den Reizen sowie die Tonlänge künstlich verlängert, zeigte sich eine Verbesserung der Leistung. Die Autoren schlussfolgerten, dass die Kinder mit SSES deutlich mehr Verarbeitungszeit benötigen, um die unterschiedlichen aufeinanderfolgenden Töne zu erkennen, was eher auf ein Defizit in der zeitlichen Verarbeitung von akustischen Reizen und nicht auf eine auditive Wahrnehmungsschwäche hindeutet (vgl. Tallal & Piercy 1973a). Das Defizit bei der zeitlichen Verarbeitung auditiver Informationen führe im Spracherwerb beispielsweise dann zu Problemen, wenn es um den Erwerb der morphosyntaktischen Elemente geht, die in der gesprochenen Sprache, vor allem am Wortauslaut, kurz und unbetont ausgesprochen werden (vgl. auch Leonard 1994, 1998).

Die Annahme des zeitlichen Verarbeitungsdefizits ist allerdings umstritten: In einer Zwillingsstudie mit Schulkindern mit und ohne SSES konnten Bishop et al. (1999) keinen direkten Zusammenhang zwischen dem zeitlichen Verarbeitungsdefizit und einer SSES finden. Interessanterweise schnitten alle Kinder unabhängig davon, ob sie eine SSES aufwiesen oder nicht, in den Tests schlecht ab. Bishop et al. (1999) gingen davon aus, dass auf die auditive Reizverarbeitung nicht nur die zeitliche Verarbeitung, sondern auch genetische Faktoren, nonverbale Intelligenz sowie weitere kognitive Fertigkeiten wie Aufmerksamkeit, Konzentration und Gedächtnis einen bedeutenden Einfluss haben. Bishop et al. (1999) interpretierten das zeitliche Verarbeitungsdefizit bei der SSES als eine Begleiterscheinung der Beeinträchtigung aus anderen, höheren Verarbeitungsebenen, die eine Verlangsamung der Verarbeitung von schnell aufeinanderfolgenden Reizen verursacht.

3.2.3.2 Erklärungsansätze zu den Prozessen sprachlicher Informationsverarbeitung im Arbeitsgedächtnismodell nach Baddeley

Der Versuch, das Gedächtnis – die Fähigkeit des Gehirns, aufgenommene Reize als mentale Repräsentationen zu encodieren, zu speichern und abzurufen – als ein strukturiertes Modell darzustellen, wurde bereits mehrfach unternommen,

z. B. mit dem sehr bekannten, jedoch inzwischen abgelösten *Drei-Speichermodell* von Atkinson & Shiffrin (1968), dem *Arbeitsgedächtnismodell* von Case (1999); dem *Embedded-Process Model* von Cowan (1999) sowie Baddeleys *modularem Arbeitsgedächtnismodell*. Letzteres ist zurzeit das einflussreichste Gedächtnismodell, dessen Konzept zum ersten Mal von Baddeley & Hitch (1974) entwickelt und im Laufe der Jahre von Baddeley und seinen Mitautoren modifiziert und erweitert worden ist (vgl. Baddeley 2012). Mit dem Modell von Baddeley (z. B. 2012) lassen sich viele Befunde vereinbaren, die die Defizite in der Speicherkapazität des Arbeitsgedächtnisses bei der SSES betreffen. Montgomery et al. (2010: 78 f.) weisen aber darauf hin, dass erstens nicht alle Kinder mit einer SSES solche Defizite zeigen. Zweitens sprechen die Befunde dafür, dass die Arbeitsgedächtnisdefizite bei der SSES sehr unterschiedlicher Natur sind und verschiedene Subsysteme des Arbeitsgedächtnisses betreffen können.

Überblick über Baddeleys Arbeitsgedächtnismodell

Nach Baddeley ist das Arbeitsgedächtnis ein vom Langzeitgedächtnis getrenntes, aber mit ihm interagierendes System, das für die kurzfristige Speicherung und Bearbeitung einer begrenzten Menge an Informationen zuständig ist. Es ist ein unverzichtbarer Bestandteil der höheren kognitiven Prozesse wie Lernen, Erkennen, Problemlösen (vgl. Baddeley 1992; Vugs et al. 2014).

Das Arbeitsgedächtnismodell nach Baddeley setzt sich aus vier Komponenten zusammen, die miteinander interagieren: die zentrale Exekutive (engl. *central executive*), die phonologische Schleife (engl. *phonological loop*), der visuell-räumliche Notizblock (engl. *visuo-spatial sketchpad*) und der episodische Puffer (engl. *episodic buffer*). Im Folgenden werden die einzelnen Komponenten des Gedächtnismodells kurz erläutert und zentrale Befunde zu ihrer Rolle bei den Prozessen der sprachlichen Informationsverarbeitung und -speicherung zusammengefasst.

Phonologische Schleife

Die phonologische Schleife gilt heutzutage als eines der am besten untersuchten Subsysteme von Baddeleys Arbeitsgedächtnismodell. Sie ist dafür verantwortlich, verbale und auditive Informationen zu verarbeiten, und gliedert sich in zwei weitere Subkomponenten: den phonologischen Speicher (engl. *phonological store*) und den subvokalen, artikulatorischen Kontrollprozess (engl. *articulatory rehearsal process*, vgl. Baddeley 2003b; Montgomery 2003).

Nach Baddeley (vgl. z. B. Baddeley 2003b, 2010) ist der phonologische Speicher dafür zuständig, die auditiv präsentierten Informationen kurzzeitig zu speichern. Seine Aufnahmekapazität ist begrenzt und beträgt etwa zwei Sekunden. Die Informationen, die diese Kapazität übersteigen oder die nicht sofort zur weiteren Verarbeitung weitergeleitet werden, gehen verloren bzw. werden von den neu ankommenden Informationen überdeckt. Wenn die sprachlichen Informationen über eine Zeitspanne von mehr als zwei Sekunden verfügbar sein sollen, können sie durch subvokales bzw. inneres Wiederholen mithilfe des subvokalen artikulatorischen Kontrollprozesses gespeichert werden und sind dadurch vor dem Überschreiben geschützt.

Zur Einschätzung der Leistung der phonologischen Schleife können Aufgaben mit steigender Komplexität eingesetzt werden, bei denen der Proband die nacheinander angebotenen Einheiten – z. B. Zahlen, Buchstaben, sprachspezifische Wörter oder Kunstwörter – in der gleichen Reihenfolge unmittelbar wiederholen soll. Hierbei besteht die Anforderung an die phonologische Schleife darin, die Einheiten rechtzeitig zu differenzieren und zu speichern. Die individuelle Gedächtnisspanne und damit die Kapazität der phonologischen Schleife wird gemessen, indem die Anzahl und Reihenfolge von vorgegebenen Items schrittweise erhöht wird, bis sie nicht mehr korrekt wiedergegeben werden kann. Die verbreitetste Methode, die Kapazität der phonologischen Schleife zu erfassen, ist die Aufgabe mit der Wiederholung von Kunstwörtern (bzw. Pseudowörtern oder Nicht-Wörtern), die in ihrer Silbenlänge und Strukturkomplexität variieren können. Sowohl die Pseudowörter als auch Nicht-Wörter könnten zwar phonetische, prosodische und phonotaktische Ähnlichkeiten mit realen Wörtern der jeweiligen Sprache aufweisen und somit theoretisch existieren, sie haben jedoch keine lexikalische Bedeutung. Im Vergleich zu den Nicht-Wörtern sind die Pseudowörter den realen Wörtern der jeweiligen Sprache ähnlicher (vgl. Mathieu et al. 2016). Es wird angenommen, dass sich die Kapazität des reinen phonologischen Arbeitsgedächtnisses umso besser erfassen lässt, je größer der Unterschied zwischen einem realen und einem künstlichen Wort ist, weil es durch das lexikalische Wissen aus dem Langzeitgedächtnis nicht unterstützt werden kann (vgl. Hasselhorn et al. 2000; Baddeley 2003a; Grimm 2003: 163; Vugs et al. 2014).

Eine wichtige Rolle spielt die phonologische Schleife bei dem kindlichen Spracherwerb in der Entwicklung des Wortschatzes und der Grammatik. Die Kinder mit höherer Leistungsfähigkeit der phonologischen Schleife verfügen über einen größeren Wortschatz und können ferner längere sowie komplexere Sätze bilden. Die phonologische Schleife ermöglicht es den Kindern, größere, noch nicht analysierte Einheiten im Arbeitsgedächtnis zu behalten und zu verarbeiten. Das ist eine Voraussetzung nicht nur für den Wortschatzerwerb, sondern auch für die Ableitung sprachlicher Regelbildungen (vgl. Baddeley et al.

1998; Gathercole & Pickering 2000; Hasselhorn & Werner 2000; Janczyk et al. 2004; Baddeley 2010; Montgomery et al. 2010). Die Beeinträchtigung der phonologischen Schleife hat zur Folge, dass die unanalysierten Einheiten nur begrenzt erfasst und verarbeitet werden können, wodurch der Spracherwerb nur langsam verläuft. Außerdem beeinträchtigt ein Defizit bei der phonologischen Schleife das Verstehen sprachlich komplexer Äußerungen, da die sprachlichen Informationen bis zu ihrer vollständigen Verarbeitung nur erschwert behalten werden können (vgl. Briscoe et al. 2001).

Viele Studien belegen den Zusammenhang zwischen der SSES und der schlechten Leistung der phonologischen Schleife (vgl. Gathercole & Baddeley 1990; Gathercole et al. 1991; Baddeley 2003a; Archibald & Gathercole 2007; Coady & Evans 2008). Zum ersten Mal wurden die Kinder mit SSES beim Nachsprechen von Nicht-Wörtern im Vergleich zu den gleichaltrigen TE-Kindern und zu jüngeren TE-Kindern mit vergleichbarem MLU-Wert von Gathercole & Baddeley (1990) untersucht. Es stellte sich heraus, dass die serielle Gedächtnisspanne der Kinder mit SSES deutlich reduzierter und die Leistungen signifikant schlechter als bei den TE-Kindern waren. Diesen Befund interpretierten die Autoren als Hinweis dafür, dass die Kinder mit SSES eine reduzierte Kapazität der phonologischen Schleife haben. Im Rahmen mehrerer weiterer Studien konnte ebenso bestätigt werden, dass die Aufgabe des Nachsprechens von Kunstwörtern eine Evidenz für die Erkennung der SSES bei Kindern sowohl im Grundschulalter (z. B. Archibald & Gathercole 2006) als auch im Vorschulalter (z. B. Briscoe et al. 2001) und ebenso bei den Kindern mit bilingualem Spracherwerb (z. B. Guasti 2002; Girbau & Schwartz 2008; Thordardottir & Brandeker 2013; Mathieu et al. 2016) liefert.

Visuell-räumlicher Notizblock
Der visuell-räumliche Notizblock stellt ein weiteres Subsystem der zentralen Exekutive dar, in dem alle visuellen und räumlichen Informationen kurzfristig gespeichert und verarbeitet werden. Die Kapazität des visuell-räumlichen Notizblocks wird anhand von Erinnerungsaufgaben erfasst, bei denen die Probanden sich z. B. visuelle nichträumliche Muster und/oder Bilder einprägen und in derselben Reihenfolge wiedergeben, die Muster rekonstruieren und die Bilder sowie Muster kategorisieren müssen. Wie bei der phonologischen Schleife ist die Kapazität des visuell-räumlichen Notizblocks begrenzt. Die Höhe der Kapazität wird durch die Anzahl der korrekt wiedergegebenen Items bestimmt und beträgt etwa vier (komplexe) Objekte (vgl. Baddeley 2007: 83, 2012: 16; Popp 2013). Baddeley postuliert, dass ähnlich der Rolle der phonologischen Schleife beim Erwerb des verbalen semantischen Wissens der visuell-räumliche Notiz-

block für den Erwerb des visuellen semantischen Wissens zuständig ist. Dazu gehört z. B. das Wissen über das Aussehen von Objekten sowie über die Art und Weise, wie diese benutzt werden, das Verständnis von komplexen Mechanismen, räumliche Orientierung und geografisches Wissen (vgl. Baddeley 2003b: 834).

Zwar wird ein Zusammenhang zwischen dem visuell-räumlichen Notizblock und der Sprachverarbeitung angenommen, nach Baddeleys Ansicht hat dieser jedoch im Vergleich zur phonologischen Schleife einen eindeutig kleineren Einfluss auf die Ausprägung der SSES (vgl. Baddeley 2003a) und wird daher hier nicht näher betrachtet.

Episodischer Puffer
Ähnlich wie die phonologische Schleife und der visuell-räumliche Notizblock unterliegt der episodische Puffer der Kontrolle der zentralen Exekutive und bildet eine Art Schnittstelle zwischen der zentralen Exekutive mit ihren zwei untergeordneten Komponenten und dem Langzeitgedächtnis (vgl. Baddeley 2000, 2007). Die Speicherkapazität des episodischen Puffers ist begrenzt und beträgt etwa vier sogenannte *Chunks*[22] (vgl. Baddeley 2010: R138, 2012: 15). Sie kann mithilfe von Aufgaben erfasst werden, bei denen die Informationen aus den unterschiedlichen Arbeitsgedächtnissystemen multimodal zusammengefasst werden oder eine Verbindung mit dem Langzeitgedächtnis herstellen. Als besonders geeignet erweisen sich Aufgaben mit dem Nachsprechen von Sätzen oder der kohärenten Wiedergabe einer vorgetragenen Geschichte, bei denen die Verarbeitung von Informationen aus der phonologischen Schleife mit syntaktischen und semantischen Informationen aus dem Langzeitgedächtnis gefordert wird (vgl. Petruccelli et al. 2012; Smolík & Vávrů 2014; Vugs et al. 2014; Klem et al. 2015).

In zahlreichen Studien der letzten Jahre zur Untersuchung der verschiedenen Komponenten des Arbeitsgedächtnisses wurden Anhaltspunkte dafür gefunden, dass bei der SSES nicht nur die phonologische Schleife, sondern auch der episodische Puffer beeinträchtigt ist, wodurch sich die Nachsprechleistung in den Aufgaben mit Satzwiederholung bei den Kindern mit SSES verschlechtert

---

22 *Chunks* (oder Episoden) sind nach Baddeley kohärente Informationseinheiten. Sie entstehen, wenn die eingehenden visuellen oder auditorischen Informationen mit bereits vorhandenen Informationen, z. B. aus dem Langzeitgedächtnis, verknüpft werden. Die kognitive Kapazität der Gedächtnisspanne für den episodischen Puffer wird hier anhand von solchen Chunks und nicht von den in ihnen enthaltenen Wörtern oder Zahlen erfasst (vgl. Baddeley 2000, 2010).

(z. B. Archibald & Joanisse 2009; Redmond et al. 2011; Petruccelli et al. 2012; Smolík & Vávrů 2014). Park et al. (2014) und Riches (2012) weisen hingegen darauf hin, dass sich die Lokalisierung des Defizits im episodischen Puffer nur schwer überprüfen lässt. Begründet wird dies damit, dass der episodische Puffer als multimodales Speichersystem die Informationen aus mehreren Komponenten des Arbeitsgedächtnisses zur Verarbeitung zusammenführt. Defizite in einer dieser Komponenten können die Gesamtleistung des Nachsprechens beeinflussen. Auch mangelnde sprachliche Kompetenzen, die sowohl bei der SSES als auch beispielsweise bei dem noch unvollständigen (Zweit-)Spracherwerb vorkommen, können die Nachsprechleistung negativ beeinflussen. Verbessern sich im Laufe des Erwerbs die sprachlichen Fertigkeiten durch wiederholte Übung von sprachlichen Strukturen (siehe Abschnitt *Verarbeitungsaufwand*, S. 66 ff.), bessert sich auch die Nachsprechleistung für Sätze (vgl. Klem et al. 2015).

Zentrale Exekutive
Die zentrale Exekutive ist in Baddeleys Modell vom Arbeitsgedächtnis noch wenig erforscht (vgl. Baddeley 2012). Es wird davon ausgegangen, dass sie selbst keine Speicherfunktion übernimmt, sondern sich als ein Aufmerksamkeitssystem darstellen lässt. Die Aufgabe der zentralen Exekutive besteht darin, die Aufmerksamkeit zwischen den parallel laufenden Verarbeitungsprozessen in den Komponenten des Arbeitsgedächtnisses und dem Langzeitgedächtnis zu steuern und die freien Verarbeitungskapazitäten zur Erfüllung der Aufgaben zu verteilen (vgl. Baddeley 2007, 2012). Wie andere Komponenten des Arbeitsgedächtnisses verfügt auch die zentrale Exekutive nur über eine begrenzte Verarbeitungskapazität. Ihre Leistung wird anhand von *Dual Tasks* gemessen, bei denen die Probanden zwei verschiedene konkurrierende Aufgaben simultan ausführen, z. B. eine verbale und eine motorische Aufgabe. Die Anforderung an die zentrale Exekutive besteht darin, die Ressourcen bei mehreren gleichzeitig ablaufenden Prozessen erfolgreich aufzuteilen und für die weitere Verarbeitung in verschiedene Teile des Arbeitsgedächtnisses weiterzuleiten.

Mehrere Studien zur Untersuchung der zentralen Exekutive (z. B. Bialystok 2011; Poulin-Dubois et al. 2011; Blom et al. 2014) konnten zeigen, dass bilinguale Kinder im Vergleich zu monolingualen eine höhere Leistung bei den exekutiven Kontrollprozessen zeigen. Eine mögliche Erklärung für diesen Effekt besteht darin, dass bei den bilingualen Personen für die Sprachverarbeitung alle erlernten Sprachen permanent aktiviert sind, auch in den Fällen, wenn nur in einer Sprache kommuniziert wird (vgl. z. B. Green 1998; Costa & Santesteban 2004). Dies erlaubt, dass nicht nur in jeder erlernten Sprache frei kommuniziert werden kann, sondern auch, dass zwischen den Sprachen flexibel und jederzeit gewechselt werden kann. Das kontinuierliche Wechseln zwischen den verschiedenen Sprachen erfordert eine erhöhte Aktivität der Kontrollmechanismen, die von der zentralen Exekutive gesteuert werden. Es wird angenommen, dass durch den ständigen Einsatz die exekutiven Kontrollprozesse bei den bilingualen Personen gestärkt werden und eine höhere Leistung im Vergleich zu den monolingualen Personen erreichen (vgl. Bialystok et al. 2009: 97). Diese Fähigkeit, die auch als *bilingualer Vorteil* bezeichnet wird, scheine vor allem für komplexe Problemlöseaufgaben nützlich zu sein und steige mit der bilingualen Spracherfahrung an (vgl. z. B. Poulin-Dubois et al. 2011; Bialystok & Barac 2012 vs. Gathercole et al. 2014).

Ob die Exekutive bei der SSES beeinträchtigt ist, ist in der Literatur nicht unumstritten: So fanden beispielsweise Hoffman & Gillam (2004) bei einer Untersuchung von monolingualen Kindern im Schulalter heraus, dass die Kinder mit SSES beim *Dual Task* zur Verarbeitung von verbalen und räumlichen Informationen signifikant schlechtere Leistungen zeigen als sprachunauffällige Kontrollkinder. Hingegen stellt die Studie von Janczyk et al. (2004) fest, dass die zentrale Exekutive bei Kindern mit SSES im Vergleich zu etwas jüngeren TE-Kindern nicht beeinträchtigt ist und dass sich die Defizite nur in der phonologischen Schleife finden.

Zusammenfassend lässt sich an dieser Stelle festhalten, dass sich in Bezug auf die Untersuchung des Arbeitsgedächtnisses nach Baddeleys Arbeitsgedächtnismodell bei der SSES eine klare Evidenz für die beeinträchtigte Funktionsweise und Leistungsfähigkeit der phonologischen Schleife belegen lässt. Die Defizite in diesem Bereich zeigen sich unabhängig davon, ob es um die Speicherung der echten bzw. realen Wörter oder der Kunstwörter geht. Bei anderen Komponenten des Arbeitsgedächtnismodells konnten die Defizite nicht eindeutig belegt werden. Fasst man allerdings diese recht heterogenen und widersprüchlichen Befunde zusammen, scheint es denkbar zu sein, dass bei der SSES nicht nur das Defizit im Arbeitsgedächtnis, mit der Beeinträchtigung der phonologischen Schleife als Defizitschwerpunkt, sondern vermutlich auch weitere Funktionsdefizite in der Informationsverarbeitungsfähigkeit vorliegen könnten, die unter bestimmten Bedingungen die Defizite in einzelnen Komponenten des Arbeitsgedächtnisses als Folgeerscheinung hervorrufen können. Im nächsten Abschnitt wird auf theoretische Ansätze eingegangen, die postulieren, dass bei der SSES die Leistungsfähigkeit des Gedächtnisses durch die Geschwindigkeit der Informationsverarbeitung bestimmt wird (vgl. z. B. Tallal & Piercy 1973b; Kail 1994; Miller et al. 2001).

3.2.3.3 Erklärungsansatz zur Geschwindigkeit der Informationsverarbeitung

Nach den im Folgenden beschriebenen Ansätzen sind die Gedächtnisdefizite bei der SSES auf Probleme in der zeitlichen Organisation der Informationsverarbeitung aufgrund der Verlangsamung der Informationsverarbeitungsgeschwindigkeit[23] zurückzuführen (vgl. Kail 1994; Miller et al. 2001, 2006; Windsor et al. 2001; Montgomery 2006; Leonard et al. 2007). Die Grundannahme lautet: Sinkt die Geschwindigkeit bei der Informationsverarbeitung, führt das direkt oder indirekt zur Beeinträchtigung der kognitiven Leistung des Arbeitsgedächtnisses, weil die verzögert eingehenden Informationen in einem vorgegebenen Zeitfenster nicht vollständig erkannt bzw. abgespeichert werden können, bevor sie weiterverarbeitet werden (vgl. Kail & Salthouse 1994; Leonard et al. 2007). Eine schnelle und effiziente Informationsverarbeitung ist daher ein wesentliches Merkmal der Leistung des Arbeitsgedächtnisses (vgl. Leonard et al. 2007).

Bereits in der Studie von Kail (1994) konnte aufgrund der Ergebnisse aus verschiedenen Untersuchungen empirisch belegt werden, dass die Kinder mit SSES im Vergleich zu den gleichaltrigen TE-Kindern bei der Erfüllung derselben Aufgaben (Bildbenennung und Erinnerung der Bildersequenz) um ca. 30 % langsamer sind. Über diesen Aspekt der SSES formulierte Kail die *Generalized Slowing Hypothesis* (vgl. z. B. Kail 1994). Ihre Kernaussage ist, dass die Erfüllung einer gegebenen Aufgabe unter Beteiligung von mehreren kognitiven Prozessen[24] erfolgt. Je nach Komplexität und Automatisierung benötigt jeder Prozess eine bestimmte Zeit. Die Summe der einzelnen Informationsverarbeitungszeiten ergibt die Reaktionszeit, mit der die Aufgabe schließlich ausgeführt wird. Verläuft die Informationsverarbeitung einzelner Prozesse zu langsam, können sie im vorgegebenen Zeitfenster nicht vollständig ausgeführt werden. Dies kann eine Beeinträchtigung der Informationsverarbeitung zur Folge haben.

Die Ergebnisse aus späteren Studien von Miller et al. (2001, 2006) deckten sich mit den Resultaten von Kail (1994) und ergaben ebenfalls verlangsamte Reaktionszeiten bei den Kindern mit SSES. In der Studie wurden Kinder mit und ohne SSES in zehn verschiedenen nichtsprachlichen und sprachlichen Aufgaben (zur Motorik, Kognition, Lexik, Grammatik und Phonologie) getestet. Die Verlangsamung der Informationsverarbeitungsgeschwindigkeit bei der SSES

---

[23] Unter der Verarbeitungsgeschwindigkeit verstehen Kail & Salthouse (1994) die Geschwindigkeit, mit der elementare kognitive Operationen ausgeführt werden können.
[24] Beispielsweise werden bei einer Aufgabe mit der Bildbenennung folgende kognitive Prozesse ausgeführt: Erkennung des Bildes, Abruf von Informationen für die Bildbenennung, Formulierung der Äußerung und schließlich die Produktion der Äußerung (vgl. Miller et al. 2001).

trat nicht nur beim Ausführen von sprachlichen, sondern auch von nichtsprachlichen sowie motorischen Aufgaben auf. Daraus wurde geschlussfolgert, dass das Defizit bei der SSES nicht nur als sprachspezifisch, sondern auch als domänenübergreifend gesehen werden muss (vgl. Miller et al. 2001).

Interessanterweise zeigte die Untersuchung innerhalb der SSES-Gruppe, dass die Reaktionszeiten nicht bei allen Kindern mit SSES gegenüber den TE-Kindern signifikant langsamer waren. Lediglich bei zwei Dritteln der Kinder mit SSES ließ sich die Verlangsamung der Reaktionszeiten nachweisen (vgl. Miller et al. 2001, 2006). Miller et al. vermuteten, dass es an dem IQ der Kinder mit SSES liegen könnte, der mit der Informationsverarbeitungsgeschwindigkeit korreliert (vgl. Miller et al. 2006).

3.2.3.4 Erklärungsansätze zur Kapazität der Informationsverarbeitung

Im Folgenden sollen ausführlicher diejenigen Erklärungsansätze vorgestellt werden, bei denen die Kapazität der Informationsverarbeitung im Fokus steht. Dabei soll den Fragen nachgegangen werden, wie die Informationsverarbeitung mit der Menge der zur Verfügung stehenden Kapazität zusammenhängt und wie der Verarbeitungsprozess davon beeinflusst wird. Der konzeptuelle und theoretische Rahmen der Ansätze zur Informationsverarbeitungskapazität hat einen frühen Ursprung in der kognitionspsychologischen Forschung, der in diesem Abschnitt beschrieben wird.

Zum Konzept der Informationsverarbeitungskapazität

Unter dem Begriff der kognitiven Informationsverarbeitungskapazität wird ein limitiertes, perzeptives und kognitives Verarbeitungsvermögen verstanden, das einem Individuum zu einem bestimmten Zeitpunkt zur Verfügung steht, um eine bestimmte kognitive Aufgabe je nach deren Komplexität zu verarbeiten (vgl. Groome 2013). Die Kapazitätslimitierung sei einerseits dafür verantwortlich, dass nicht unbegrenzt viele Informationen aufgenommen und simultan verarbeitet werden können und andererseits, dass die Leistung bei der Ausführung einer oder mehrerer paralleler Aufgaben beeinträchtigt werden kann, wenn zu viele Prozesse gleichzeitig ausgeführt werden (vgl. z. B. Kahneman 1973: 7 f.; Wickens & Kramer 1985; Wessells 1990: 103 ff.; Wickens 1993, 2002; Kail & Salthouse 1994; Snyder et al. 2002; Charest & Johnston 2011; Fitousi & Wenger 2011; Groome 2013).

Jeder Verarbeitungsprozess ist mit einem gewissen Informationsverarbeitungsaufwand verbunden. Verschiedene Prozesse benötigen unterschiedlich viel Verarbeitungskapazität. Der Ressourcenbedarf eines Prozesses hängt dabei von der Schwierigkeit bzw. Komplexität und Automatisierung ab: Je geringer der kognitive Aufwand von einzelnen Prozessen bei einer Aufgabenausführung ist, desto mehr Aufgaben können simultan verarbeitet werden (vgl. Navon & Gopher 1979; Hussy 1993). Die insgesamt verfügbare Informationsverarbeitungskapazität wird zwischen den einzelnen, simultan ablaufenden Prozessen der auszuführenden Aufgaben verteilt. Sofern alle zusammengenommenen Prozesse nicht mehr Kapazität verbrauchen als ihnen zur Verfügung steht, verläuft ihre Verarbeitung ohne Probleme. So ist ein Individuum in der Lage, einfache Aufgaben auszuführen, wie mit einem Bein zu wippen oder einen Kaugummi zu kauen, ohne eine zweite komplexe kognitive Aufgabe zu unterbrechen, wie z. B. Lesen oder Schreiben, die einen großen Anteil der verfügbaren Verarbeitungskapazität in Anspruch nimmt. Wird jedoch die vorhandene Informationsverarbeitungskapazität für die Erledigung anstehender Aufgaben überschritten, dann wird das gleichzeitige Bearbeiten von mehreren Aufgaben aufgrund des Kapazitätsdefizits zunehmend schwieriger, sodass es zu einem Leistungsabfall kommt (vgl. Kahneman 1973; Wickens 1993; Wickens & Carswell 2006). So kann nicht jede Person zwei komplexe semantische Aufgaben gleichzeitig reibungslos ausführen, etwa in der üblichen Lesegeschwindigkeit ein Buch mit dem nötigen Textverständnis lesen und dabei eine Nachricht hören und verstehen (vgl. Wessells 1990: 102). Bei zwei konkurrierenden Aufgaben reicht dafür die verfügbare Kapazität nicht aus.

Leistung der Informationsverarbeitung
In Bezug auf die Entwicklung der Informationsverarbeitungskapazität im Verlaufe der Lebensspanne wird angenommen, dass die Gesamtkapazität konstant bleibt. Der qualitative Effizienzanstieg bei der Nutzung der vorhandenen Kapazität findet vor allem durch Reorganisation und Optimierung im Ablauf der Prozesse statt: Durch intensives Üben oder Automatisieren der Prozesse, aber auch durch die Verbesserung der kognitiven Strategien oder durch die Zunahme an Wissen können die Informationen schneller, effizienter und in größerem Umfang simultan verarbeitet werden (vgl. z. B. Bjorklund et al. 1990; Sanders 1997; Case 1998; Kail 2000; Schneider & Stern 2007; Sodian & Ziegenhain 2012).

Wie die verfügbare Informationsverarbeitungskapazität und die Sprachverarbeitungsprozesse miteinander interagieren, wird anhand von zwei verschiedenen Methoden erforscht: *Dual Tasks* und Aufgaben mit einer Komplexitätssteigerung. Mit der ersten Methode kann die sprachliche Leistung gemessen werden, indem die Verteilung der Kapazität zwischen mehreren, simultan auszuführenden Aufgaben untersucht wird, z. B. zwischen einer sprachlichen Primäraufgabe, wie der Beschreibung eines Ereignisses, und einer zusätzlichen, nicht sprachlichen Sekundäraufgabe, etwa einer motorischen Aufgabe, wie Gehen oder mit den Fingern klopfen (vgl. Kemper et al. 2003, 2005, 2006, 2011). Die Verteilung der Kapazität zur Bearbeitung von zwei voneinander unabhängigen Aufgaben führt dazu, dass eine geringere Kapazität für jede einzelne Aufgabe zur Verfügung steht, als bei der Ausführung eines *Single Tasks*. Der Leistungsunterschied zu den Ergebnissen aus dem vorher erfassten *Single Task* wird dann als Evidenz für die Kapazitätssenkung gesehen (vgl. Baddeley & Logie 1999; Huang & Mercer 2001). Die Studien zeigen, dass sowohl Kinder als auch Erwachsene bei den *Single Tasks* gegenüber den *Dual Tasks* höhere sprachliche Leistungen aufweisen: Sie produzieren in der Regel längere Sätze, deren Strukturen komplexer sind, machen weniger grammatische Fehler und der Redefluss der Probanden wird weniger unterbrochen (vgl. Kemper et al. 2006, 2011).

Anhand der zweiten Methode kann gemessen werden, wie die sprachliche Leistung auf den steigenden Verarbeitungsaufwand und damit auf die steigende Belastung der Kapazität reagiert, indem die Aufgabenkomplexität variiert wird: Je komplexer die Aufgabe wird, desto mehr Verarbeitungskapazität verbraucht sie. Wird die zur Verfügung stehende Kapazität bei der Erfüllung der Aufgabe überlastet, gerät die Leistung des sprachlichen Verarbeitungsprozesses ins Stocken oder kann überhaupt nicht ausgeführt werden. Die Komplexität einer Aufgabe kann erhöht werden, indem der Verarbeitungsaufwand von einzelnen Prozessen gesteigert wird, oder indem die Anzahl der simultan ablaufenden Prozesse zur Ausführung der Aufgabe erweitert wird. Elizitiert man beispielsweise bei kleinen Kindern mit und ohne SSES-auffällige Sprachentwicklung Satzkonstruktionen mit einer verschiedenen Anzahl von Objekten (ohne Objekt, mit einem Objekt bei transitiven Verben und mit zwei Objekten bei ditransitiven Verben), werden Auslassungen von Objekten und Auxiliaren in ditransitiven Satzkonstruktionen öfter beobachtet als in Satzkonstruktionen ohne oder mit einem Objekt (vgl. Charest & Johnston 2011). Mit der Steigerung der Anzahl der Verbargumente erhöht sich sowohl die Komplexität als auch die Länge einer Konstruktion und somit auch die Anzahl der Informationen, die bei der Satzproduktion simultan verarbeitet werden müssen (z. B. das Behalten der bereits produzierten Informationen, die weitere Planung des Satzes, die Encodierung von semantischen, phonologischen, morphosyntaktischen Informationen).

Verarbeitungsaufwand
Der Verarbeitungsaufwand einer Aufgabe ist nicht immer gleich; ebenso ist eine komplexe Aufgabe nicht immer mit einem festen Verarbeitungsaufwand verbunden. Bei der Aufgabenverarbeitung können auf den kognitiven Aufwand

neben dem Komplexitätsgrad der zu erfüllenden Aufgabe auch weitere Faktoren Einfluss nehmen, wie die Automatisierung und Aktivierung der Prozesse, die zur Produktion einer sprachlichen Struktur einbezogen werden. So geht man in der Psycholinguistik davon aus, dass die Prozesse, die bei der Verarbeitung von Aufgaben bewusst ablaufen bzw. gesteuert und kontrolliert werden, viel Verarbeitungskapazität beanspruchen, da sie Aufmerksamkeit und Planung sowie Steuerung und Kontrolle benötigen. Demgegenüber stehen solche Prozesse, die vielfach eingeübt sind, sodass sie automatisiert bzw. unbewusst ablaufen. Sie erfordern keine Aufmerksamkeit und benötigen daher sehr wenig Verarbeitungskapazität. Die ungebundene Verarbeitungskapazität ist damit für die Verarbeitung von anderen Prozessen frei (vgl. Hussy 1993: 75 ff.). Die kontrollierten Prozesse können mit der Zeit durch intensives Üben automatisiert werden, wodurch sie dann auch weniger Kapazität verbrauchen (vgl. Hussy 1993: 78 f.; Mangold 2015). Der Unterschied zwischen bewusst kontrollierten und automatisch ablaufenden Informationsverarbeitungsprozessen sowie der Zusammenhang zwischen der begrenzten Informationsverarbeitungskapazität und der sprachlichen Leistung wird oft durch ein Beispiel aus einer Alltagssituation veranschaulicht (z. B. Johnston 1994; Snyder et al. 2002): Ein geübter Autofahrer kann ohne Probleme ein Auto fahren und parallel ein Gespräch führen. Die einzelnen Prozesse des Autofahrens sind so automatisiert, dass sie ohne großen Kapazitätsaufwand richtig ausgeführt werden können. Dadurch ist der Fahrer in der Lage, seine freien Kapazitäten auf die Verarbeitung anderer Prozesse zu lenken. Besondere Umstände wie ein Verkehrsunfall oder dichter Straßenverkehr erfordern jedoch seine Konzentration auf den Straßenverkehr. In diesem Moment wird er das Gespräch beenden oder kurzzeitig unterbrechen. Für die Sprachverarbeitung gilt das auch: Je mehr Prozesse automatisiert ablaufen, desto mehr freie Kapazitäten gibt es für kontrollierte Verarbeitung (vgl. Johnston 1994; Snyder et al. 2002). So verwenden Kinder vor Kurzem gelernte Wörter, die noch nicht automatisiert sind, eher in einfachen Sätzen, obwohl sie mit den geläufigeren Wörtern bereits komplexere Satzstrukturen bilden können (vgl. Charest & Johnston 2011).

Neben der Automatisierung kann die Aktivierung des vorhandenen Wissens bei einer wiederholten Ausführung bzw. aufgrund intensiver Vorverarbeitung die Informationsverarbeitungskapazität ebenso entlasten und die Effizienz der Informationsverarbeitung steigern. Werden Individuen mit einem Muster oder einer Struktur konfrontiert, bleiben die für sie vorgesehenen Verarbeitungsprozesse noch eine bestimmte Zeit lang aktiviert. Beim nächsten Verarbeitungsvorgang kann man auf diese schneller zurückgreifen bzw. sie schneller abrufen, wodurch sowohl die Informationsverarbeitungszeit als auch die -kapazität entlastet werden. Hierdurch können die freigesetzten Ressourcen für die Verarbeitung anderer Prozesse eingesetzt werden. Der Überblick über verschiedene Studien bei Charest & Johnston (2011) zeigte, dass sowohl Erwachsene als auch Kinder dazu neigen, kürzlich produzierte oder gehörte Satzstrukturen wiederzuverwenden, selbst wenn diese in anderen inhaltlichen Kontexten eingesetzt werden. Verwenden die Sprecher immer dieselben syntaktischen Strukturen, wird ihre Sprechweise schneller, flüssiger und weist weniger Pausen und Unterbrechungen auf. Umgekehrt führt die spontane Produktion eines neuen komplexen Satzes zur Leistungsabnahme auf verschiedenen Sprachebenen, weil für seine Verarbeitung zu viel Verarbeitungskapazität auf einmal benötigt wird: Erzeugen Kleinkinder spontane Äußerungen mit erhöhter syntaktischer Komplexität, so machen sie tendenziell mehr Fehler im Bereich der Morphologie und Phonologie. Dies spricht offensichtlich dafür, dass die bereits aktivierten Strukturen den weiteren Verlauf der Informationsverarbeitung beeinflussen, da die dafür notwendigen Verarbeitungsprozesse Informationen schneller abrufen und diese mit einem geringen Aufwand verarbeiten können, wodurch die Informationsverarbeitungsleistung steigt (vgl. Charest & Johnston 2011).

Als Zwischenfazit zu den hier vorgestellten Ansätzen lässt sich zunächst folgende Grundannahme zur Informationsverarbeitungskapazität festhalten: Die Informationsverarbeitungskapazität ist eine limitierte, prozessorientierte Ressource, die zur reibungslosen Verarbeitung von einem oder mehreren simultan oder sequenziell auszuführenden Prozessen herangezogen werden kann, aber nur in dem Fall, wenn die Gesamtverarbeitungskapazität nicht überstiegen wird. Ihre Leistung kann durch verschiedene Faktoren beeinflusst werden, z. B. durch Automatisierung oder Aktivierung des Prozesses sowie durch die Veränderung des Verarbeitungsumfangs.

Defizite der Informationsverarbeitungskapazität bei der SSES
Die begrenzte Informationsverarbeitungskapazität erfordert, dass in dem Fall, wenn der Umfang der simultan zu verarbeitenden Prozesse zu groß ist oder die einzelnen Prozesse zu komplex sind, aus der Menge der zu verarbeitenden Prozesse nur diejenigen selektiert und verarbeitet werden, die entweder schnell bzw. leicht auszuführen sind oder deren Ausführung von Bedeutung ist. Sprachliche Defizite bei der SSES können im Rahmen der Ansätze zur Informationsverarbeitungskapazität aus zwei verschiedenen Perspektiven erklärt werden: Die erste Perspektive geht davon aus, dass die Probleme bei der SSES durch die Beschränkung der vorhandenen Kapazität in der Informationsverarbeitung verursacht werden können (vgl. Dannenbauer & Kotten-Sedergvist 1986: 54). Dies hat zur Folge, dass es nicht möglich ist, alle notwendigen Pro-

zesse zur optimalen Ausführung einer Aufgabe durchzuführen. Von dem Verarbeitungssystem werden daher andere Verarbeitungsstrategien benötigt, um dieses Defizit zu kompensieren und das Informationsverarbeitungssystem vor Überlastung zu schützen; so sollen z. B. zuerst die wichtigsten Prozesse selektiert und vorrangig ausgeführt und weniger relevante Prozesse zunächst vernachlässigt oder verworfen werden. Diese Annahme konnte in einer Reihe von sprachübergreifenden Studien zur SSES (z. B. Leonard 1999, 2000; Leonard, Caselli, et al. 2002) belegt werden. Beispielsweise wird in einer Sprache mit einer sehr beschränkten Flexionsmorphologie wie Englisch die Kapazität vorrangig für diejenigen Prozesse zugeteilt, die die Wortstellung encodieren, um syntaktische Beziehungen im Satz zu markieren (vgl. Leonard 1998: 256 f.; Lukács et al. 2013). Überschreitet die Gesamtmenge der dafür eingesetzten Kapazität die Obergrenze der verfügbaren Ressourcen nicht, können weitere sprachliche Eigenschaften (z. B. morphologische Markierungen) bearbeitet werden. Im Gegensatz dazu erhält in den morphologiereicheren Sprachen wie Italienisch oder Deutsch die Kennzeichnung der morphologischen Mittel größere Bedeutung; daher wird die Kapazität vornehmlich für ihre Verarbeitung eingesetzt (vgl. Leonard 1998: 256 f.; Lukács et al. 2013).

Bei der zweiten Perspektive (z. B. Charest & Johnston 2011; Colozzo et al. 2011; Pfeffer 2015; Prigent et al. 2015) wird angenommen, dass die Defizite bei der SSES nicht aufgrund einer beschränkten Verarbeitungskapazität entstehen, sondern, dass die Prozesse nicht effizient ablaufen und zu hohe Verarbeitungskosten verbrauchen, d. h. der Aufwand der einzelnen Prozesse in Anbetracht der Altersentwicklung zu hoch ist, weil sie beispielsweise nicht altersgemäß automatisiert sind bzw. noch kontrolliert und gesteuert ausgeführt werden müssen. Das führt dazu, dass die Gesamtkapazitätsgrenze der verfügbaren Verarbeitungsressourcen schnell überschritten wird und für andere, verbliebene Prozesse nicht mehr zur Verfügung steht. Die überlastete Verarbeitungskapazität ist daher bereits erschöpft, ehe alle Prozesse vollständig verarbeitet werden konnten. So postulierten Johnston (1994, 2010) und Charest & Johnston (2011), dass die Verwendung von simplen und frequenten Strukturen bei Kindern mit SSES weitgehend automatisiert ist. Dies hat zur Folge, dass bei deren Verarbeitung die verfügbaren Gesamtverarbeitungskosten nicht überlastet werden und alle Prozesse ungestört ablaufen. Dieser Annahme entsprechen die Studienergebnisse von Prigent et al. (2015), in deren Untersuchung französischsprachige Schulkinder mit SSES (N = 20, im durchschnittlichen Alter von 11;6 Jahren) und jüngere TE-Kinder (N = 20, im durchschnittlichen Alter von 7;8 Jahren) auf die Verwendung der morphologischen und syntaktischen Strukturen und ihre Komplexität in der Spontansprache untersucht wurden. Es zeigten sich bei der

Verwendung der Morphosyntax in einfachen und frequenten Strukturen keine signifikanten Unterschiede zwischen beiden Gruppen. Die Autoren nahmen an, dass die frequenten und einfachen morphosyntaktischen Strukturen bei den Kindern mit SSES weitgehend automatisiert sind. Ihre Verarbeitung ist hinreichend einfach bzw. verursacht keine Überlastung des Verarbeitungssystems, sodass sie mit der gleichen Effizienz und Frequenz wie bei den jüngeren TE-Kindern ausgeführt werden können.

Ebenso fanden Colozzo et al. (2011) heraus, dass die Kinder mit SSES in kurzen Sätzen mit einfachen Syntaxstrukturen die grammatischen Formen öfter korrekt verwendeten. Steigerte sich die syntaktische Komplexität der Äußerungen, erhöhte sich die Anzahl von grammatischen Fehlern. Die Autoren gingen davon aus, dass die Steigerung der Komplexität im Bereich der Syntax zur Abnahme der Leistung im Bereich der Morphologie führt, da die Verarbeitung von beiden Aufgaben die Verarbeitungsfähigkeiten der verfügbaren Kapazität übersteigt. Die Wechselwirkung zwischen den konkurrierenden Prozessen kann sowohl auf der gleichen als auch auf verschiedenen Sprachebenen stattfinden, z. B. bei der Verarbeitung der Syntax und der Phonologie (vgl. Panagos & Prelock 1982), des Diskurses und der Morphosyntax (vgl. Evans & Craig 1992; Pfeffer 2015).

Zusammenfassend lässt sich festhalten, dass die Informationsverarbeitungskapazität eine eingeschränkte Ressource ist. Wenn zu viele Informationen zu verarbeiten sind, können Verarbeitungsprozesse nur noch selektiv oder eingeschränkt ausgeführt werden. Der kognitive Aufwand eines Prozesses variiert in Abhängigkeit von verschiedenen Faktoren (wie Grad der Automatisierung, Aktivierung des Wissens und Komplexität eines Prozesses), die die gesamte Informationsverarbeitung beeinflussen können. Übersteigt der Aufwand der Informationsverarbeitung die dem Individuum zur Verfügung stehende Verarbeitungskapazität, sinkt die Leistung eines oder mehrerer Prozesse. Viele Beeinträchtigungen auf verschiedenen Sprachebenen bei der SSES lassen sich durch Defizite in der Informationsverarbeitungskapazität plausibel erklären. Das Defizit scheint sich dann zu zeigen, wenn bei den Kindern mit SSES, aber auch bei den jüngeren sprachunauffälligen Kindern, die gesamte Kapazitätsmenge für die Informationsverarbeitung nicht ausreichend ist, um alle erforderlichen Prozesse durchzuführen.

3.3 Klinische Marker für SSES im Russischen und Deutschen als Erstsprache

Im Rahmen mehrerer sprachvergleichender Studien, die sich u. a. mit Sprachen wie Englisch, Deutsch, Französisch, Italienisch, Spanisch, Hebräisch und Schwedisch befasst haben (vgl. Lindner & Johnston 1992; Lindner 1995; Leonard 1999, 2000, 2014) ließ sich feststellen, dass zu den spezifischen Merkmalen einer SSES vor allem Defizite bei der Verwendung morphosyntaktischer Regeln zählen. Es ist dabei nicht unbedingt die Gesamtheit der grammatischen Regelbildungen betroffen, sondern es können auch nur einzelne Teilbereiche beeinträchtigt sein. So kann es vorkommen, dass einige Regeln relativ schnell und ohne sichtbare Schwierigkeiten erlernt werden, während das Erlernen von anderen Regeln ständigen Störungen oder Verzögerungen unterworfen ist. Je nach Sprache treten diese Defizite z. B. in der Markierung der Subjekt-Verb-Kongruenz (z. B. im Deutschen, vgl. Clahsen et al. 1997), der Objektklitika (z. B. im Spanischen und Französischen, vgl. Bedore & Leonard 2001; Paradis et al. 2003), des Kasus (z. B. im Deutschen, Russischen, Türkischen, Ungarischen, vgl. Clahsen 1988; Lalaeva & Serebrjakova 1999; Babur et al. 2007; Lukács et al. 2013) oder des Tempus (z. B. im Englischen und Hebräischen, vgl. Rice & Wexler 1996; Leonard 2000; Reis 2003) auf.

Die Beobachtungen aus sprachvergleichenden Untersuchungen lassen darauf schließen, dass in verschiedenen Sprachen verschiedene morphosyntaktische Bereiche von einer SSES betroffen sein können. Interessanterweise weisen die Untersuchungsergebnisse auch darauf hin, dass, wenn in zwei Sprachen ein und derselbe morphosyntaktische Bereich von der SSES betroffen ist, das nicht bedeutet, dass dieser in beiden Sprachen in gleichem Ausmaß beeinträchtigt ist. Je reichhaltiger und regulärer ein morphosyntaktischer Bereich in der Sprache ist, desto geringer scheint dieser von der SSES betroffen zu sein: So zeigen die Untersuchungen aus flexionsreichen Sprachen (z. B. Türkisch), dass die Kinder mit SSES bei der Verwendung der Flexionen im Vergleich zu den TE-Kindern weniger auffällig sind, als gleichaltrige Kinder mit SSES in den flexionsarmen Sprachen (z. B. Englisch). Es wird angenommen, dass die große Anzahl der Funktionen, die durch ein und dasselbe Flexiv ausgedrückt werden können, die Differenzierung und den Erwerb dieser Flexive erschwert (vgl. Lindner 1995; Leonard 2000: 121; Rothweiler 2007c).

Obwohl die SSES sich negativ auf jede der Sprachebenen (phonologisch, morphosyntaktisch, semantisch, pragmatisch) auswirken kann, ist der Gegenstand des vorliegenden Abschnitts, eine Übersicht über den aktuellen Forschungsstand zur Morphosyntax bei der SSES – mit dem Schwerpunkt auf der

Verwendung der Kasusmarkierung im Russischen und Deutschen – zu bieten: Die Abschnitte 3.3.1 und 3.3.2 geben einen allgemeinen Überblick über die Auswirkungen der SSES auf die Morphosyntax im monolingualen Spracherwerb der jeweiligen Sprachen. Daraufhin wird im Abschnitt 3.4 auf die Problematik der Abgrenzung des typisch entwickelten Zweitspracherwerbs von der SSES-auffälligen Sprachentwicklung eingegangen.

3.3.1 Morphosyntaktische Charakteristika der SSES im Russischen als Erstsprache

Die Beschreibung der sprachlichen Defizite bei den russischsprachigen Kindern mit SSES fand bis vor wenigen Jahren keine besondere Beachtung in der russischen Spracherwerbsforschung (vgl. Kornilov et al. 2012). Lediglich in logopädischen Lehrbüchern ließen sich zur SSES vorwiegend einfache deskriptive Aussagen finden, zu denen aber sichere empirische Studien fehlten. Erst in den letzten Jahren erschienen solche Studien zur Untersuchung der SSES, in denen die Sprachdaten in Bezug auf die Morphosyntax erhoben und analysiert wurden (z. B. die Studie von Tribushinina & Dubinkina (2012) zur Verwendung von Adjektiven und Adverbien, die Arbeit von Kornilov et al. (2012) zu den expressiven grammatischen Fähigkeiten in Ergänzungsaufgaben, die Untersuchung von Abrosova (2004) zur Verwendung von Kasusmarkierungen). Auf der Grundlage der früheren Beschreibungen und der in den letzten Jahren entstandenen empirischen Arbeiten werden in diesem Kapitel die allgemeinen Charakteristika der SSES im Russischen zusammengefasst.

Zu den wesentlichen Auffälligkeiten, die bei Kindern mit SSES im Russischen vorkommen, gehören die Schwierigkeiten bei der Herstellung der Kongruenz zwischen dem Substantiv und dem dazugehörigen Adjektiv oder Numerale, bei der Markierung des Kasus sowie die Auslassung und Substitution von Funktionswörtern (z. B. Präpositionen oder Konjunktionen) durch Platzhalter (vgl. Filičeva et al. 1989: 132; Žukova 1994; Filičeva 1999, 2004; Lalaeva & Serebrjakova 1999: 42; Abrosova 2004; Kornev 2006; Krempatič 2013; Tenkacheva 2014).

Schwere Defizite in der Kongruenz zwischen den Adjektiven und Nomen konnten in einer empirischen Untersuchung mit neun SSES-auffälligen Kindern im Vorschulalter[25] von Astachova & Guseva (2011) nachgewiesen werden. In

---

25 Die Autoren geben nur an, dass die Kinder im älteren Vorschulalter (ca. zwischen dem fünften und siebten Lebensjahr, vgl. kindliche Altersgruppen nach Muchina 1985: 48) waren.

etwa der Hälfte der Fälle kongruierten die Adjektive und Nomen in Nominalphrasen nicht nach Genus, Numerus und Kasus, z. B.:

(2) *krasnye jabloko[26]
 krasn-ye (*statt:* krasn-oe)   jablok-o
 rot-PL.NOM (*statt:* -N.SG.NOM) Apfel-N.SG.NOM
 ‚roter Apfel'
 (Beispiel aus: Astachova & Guseva 2011: 451)

In der Studie von Tribushinina & Dubinkina (2012) konnte ebenso festgestellt werden, dass die Kinder mit SSES (N = 60, Alter: zwischen 7;2 und 10;9 Jahren) große Schwierigkeiten mit der Kongruenz innerhalb der Nominalphrase (im Folgenden *NP*) haben. Beispielsweise bildeten die Kinder mit SSES sowohl in den Aufgaben mit der Benennung von adjektivischen Antonymen als auch mit der Steigerung von Adjektiven in allen Altersgruppen signifikant häufiger Fehler in der Kongruenz zwischen den Adjektiven und den Nomina als die gleichaltrigen TE-Kinder (N = 60). Die meisten Fehler (etwa 89,7 %) wurden in Bezug auf das Genus produziert, indem das Maskulinum oder Femininum auf das Neutrum übergeneralisiert wurde. Demgegenüber fanden sich bei den gleichaltrigen TE-Kindern keine solchen Fehler. In Bezug auf die Kasus- und Numeruskongruenz wurde in der Studie keine Aussage gemacht.

Im Hinblick auf die Verwendung der Kasusmarkierungen wird bei der SSES ebenso über große Defizite berichtet. Da dieses Thema zentral für die vorliegen-

---

[26] In den russischen Beispielen werden bei den Verben die grammatischen Eigenschaften von Genus (nur für die Verben im Präteritum), Person (nur für die Verben im Präsens und Futur), Numerus, Tempus, bei den Substantiven von Genus (nur für die Substantive im Singular), Numerus und Kasus, bei den Pronomen von Person, Numerus und Kasus und Adjektiven nur vom Kasus genannt. Die detaillierte Morphemglossierung wird nicht vorgenommen. Zu beachten ist, dass bei Verben je nach Tempusverwendung entweder Genus oder Person nicht ersichtlich ist. Auch bei Substantiven kann im Plural keine eindeutige Genuszuordnung vorgenommen werden (vgl. Abschnitt 4.1), daher wird bei der morphologischen Glossierung auf die Bestimmung der jeweiligen Formen gegebenenfalls verzichtet.
Ungrammatische sprachliche Strukturen werden durch einen vorangestellten Stern (*) gekennzeichnet. Wenn bei der Glossierung von ungrammatischen Strukturen eine ambige Kasusform einem der Kasus nicht eindeutig zugeordnet werden kann, wird sie als AMB markiert.
Die russischen Beispiele werden nach den Regeln der DIN-1460-Transliteration (automatische Transliteration mit dem Tool *Alphawandler Free'n'Easy* von Lingua-Systems Software GmbH, URL: https://alphawandler.de.jaleco.com, zuletzt abgerufen am 20.09.2019) wiedergegeben und übersetzt aufgeführt. Die Übersetzung wird in Anführungszeichen direkt nach dem Beispiel angegeben.

de Arbeit ist, wird es im Kapitel 5 ausführlich behandelt. Allgemein lässt sich jedoch zusammenfassen, dass im Vergleich zu den TE-Kindern die Kinder mit SSES die Kasusmarkierungen über einen längeren Zeitraum erwerben und sich nur schwer die unterschiedlichen syntaktischen Funktionen merken können (vgl. Žukova 1994: 27 f.). Die Schwierigkeiten betreffen sowohl die Kasusmarkierung an Substantiven als auch an Pronomen.

Weitere oft in der Forschungsliteratur (z. B. Filičeva et al. 1989: 132; Lalaeva & Serebrjakova 1999: 45; Tenkacheva 2014) erwähnten Auffälligkeiten bei der SSES im Russischen betreffen die Verwendung der Präpositionalphrase (im Folgenden *PP*), in denen die Präpositionen häufig ausgelassen, durch eine andere Präposition oder durch einen neutralen Platzhalter substituiert werden, z. B. durch den Vokal *a* statt der Präposition *na* ‚auf', *u* statt *v* ‚in' oder *i* statt *iz* ‚aus' (vgl. Žukova 1994; Abrosova 2004), z. B.:

(3) **Mal'čiki[27] igrajut futbol.* (Kind mit SSES, Alter: 4;6)
Mal'čik-i   igraj-ut   Ø[v]   futbol-Ø[28]
Junge-PL.NOM spiel-3P.PL.PRS Ø[in]   Fußball-M.SG.AKK
‚Die Jungen spielen Fußball.'

(4) **Mal'čik smotrit a petucha.* (Kind mit SSES, Alter: 4;5)
Mal'čik-Ø   smotr-it   a (*statt:* na)
Junge-M.SG.NOM schau-3P.SG.PRS Platzhalter (*statt:* auf)
petuch-a
Hahn-M.SG.AKK
‚Der Junge schaut den Hahn an.'
(Beispiele (3) und (4) aus: Abrosova 2004: 118)

(5) **igrat' s mjačikom* (Kind mit SSES)
igra-t'   s (*statt:* v)   mjačik-om (*statt:* mjač-Ø)
spiel-INF mit (*statt:* in)   Ball-M.SG.INSTR (*statt:* -M.SG.AKK)
‚Ball spielen'
(Beispiel aus: Žukova 1994: 30)

Dieses Verhaltensmuster bei der SSES bleibt über längere Zeit fast unverändert erhalten und wird oft auch noch nach dem fünften Lebensjahr beobachtet,

---

[27] In der Transkription wird das Weichheitszeichen durch einen Apostroph (') und das Härtezeichen durch einen Doppelapostroph (") wiedergegeben.
[28] Zur Vereinheitlichung der Beschreibung werden im Folgenden durch Ø sowohl Nullmorpheme als auch nicht realisierte Morpheme oder auch ganze Wörter und Wortgruppen markiert, die ggf. zwischen eckigen Klammern ausgeschrieben werden.

wenn der Spracherwerb bei einer unauffälligen Sprachentwicklung als abgeschlossen gilt (vgl. Žukova 1994: 32).

Die Studie von Krempatič (2013) mit 15 TE-Kindern und 15 SSES-auffälligen Kindern im Alter von acht bis zehn Jahren befasste sich mit der Untersuchung der Funktion von Verbflexiven und ihren Verwendungen bei einer SSES im Russischen. Es konnte zum einen beobachtet werden, dass die Kinder mit SSES signifikante quantitative Unterschiede im Vergleich zu den gleichaltrigen unauffälligen Kindern zeigen: Im Test mit 225 Aufgaben, bei denen die Kinder vorgegebene Verbformen jeweils einem passenden Personalpronomen zuordnen mussten, produzierten die TE-Kinder lediglich vier Fehler (im Schnitt zu 98,23 % korrekt), die Kinder mit SSES hingegen insgesamt 43 Fehler (im Schnitt zu 80,9 % korrekt). Zum anderen zeigte die Studie von Krempatič (2013), dass sich die Art der Fehler in beiden Gruppen unterschied: Während die TE-Kinder fast ausschließlich (in drei von vier Fällen) den Fehler im Bereich der Genus-Kongruenz produzierten, indem die Verbform in der 3. Person Sg. Neutrum dem Personalpronomen in der 3. Person Sg. Femininum zugeordnet wurde[29], konnte bei den Kindern mit SSES kein durchgehendes Fehlermuster erkannt werden. Die Auffälligkeiten zeigten sich sowohl in der Markierung von Person, Numerus als auch Genus.

Bei der SSES beschränken sich die Defizite jedoch nicht nur auf den Bereich der Flexionsmorphologie allein. Nach Lalaeva & Serebrjakova (1999: 46) lassen sich die von SSES betroffenen Kinder in zwei Gruppen aufteilen: Bei der ersten Gruppe sind hauptsächlich die morphologischen Defizite zu beobachten. Die Kinder bevorzugen zwar ein einfaches Satzmuster mit Subjekt-Verb-Objekt-Abfolge, setzen jedoch die syntaktische Struktur weitgehend richtig um, z. B.:

(6) *Mama myė (= moet) mjasi (= mjači). (Kind mit SSES)
 Mam-a mo-et
 Mutter-F.SG.NOM wasch-3P.SG.PRS
 mjač-i (statt: mjačik-Ø)
 Bällchen-PL.AMB (statt: -M.SG.AKK)
 ‚Die Mutter wäscht den Ball.'
 (Beispiel aus: Lalaeva & Serebrjakova 1999)

---

29 Die Flexionen -o bzw. -a, die oft das Neutrum bzw. Femininum markieren, werden in der unbetonten Position ähnlich ausgesprochen. Diese Art von Fehlern, die auf die Verwechslung der ähnlich auszusprechenden Flexive in der unbetonten Position zurückzuführen ist, kommt auch bei der Kasusmarkierung vor (vgl. Beispiele auf S. 116).

Bei den Kindern der zweiten Gruppe werden die Defizite bei der Flexionsmarkierung von ungewöhnlichen Wortstellungsmustern begleitet, z. B.:

(7) *O (= on) ljubit takoj dom žit'. (Kind mit SSES, Alter: 8;4)
 On ljub-it tak-oj
 er-3P.SG.NOM lieb-3P.SG.PRS solch-M.SG.NOM
 dom-Ø ži-t'
 Haus-M.SG.AMB wohn-INF
 statt: On ljubit žit' v takom dome.
 On ljub-it ži-t' v
 er-3P.SG.NOM lieb-3P.SG.PRS wohn-INF in
 tak-om dom-e
 solch-M.SG.PRÄP Haus-M.SG.PRÄP
 ‚Er mag in einem solchen Haus wohnen.'
 (Beispiel aus: Kornev 2006: 79)

Aus diesem Abschnitt lässt sich festhalten, dass bei der SSES im Russischen sowohl die Morphologie als auch die Syntax beeinträchtigt werden. Allerdings scheint die Störung im morphologischen Bereich stärker ausgeprägt zu sein. Die Störungen auf den anderen sprachlichen Ebenen werden im Rahmen der vorliegenden Arbeit nicht betrachtet.

3.3.2 Morphosyntaktische Charakteristika der SSES im Deutschen als Erstsprache

Im Deutschen können drei zentrale Problembereiche genannt werden, in denen Kinder mit SSES Auffälligkeiten zeigen: Probleme mit Wortstellungsmustern, Defizite bei morphosyntaktischen Markierungen, Auslassungen von Funktionswörtern und obligatorischen Satzelementen (vgl. Schöler (2013).

Die Befunde von Grimm & Kaltenbacher (1982), Hamann et al. (1998), Grimm 2003: 138) und von Lindner (2011) stimmen weitestgehend darin überein, dass die Auffälligkeiten in der Wortstellung mit der Übergeneralisierung der für die Nebensätze charakteristischen Verbletztstellung auf andere Verbstellungsstrukturen (Verberststellung in den Fragen- und Aufforderungssätzen sowie Verbzweitstellung in den Deklarativsätzen und W-Fragesätzen) als bedeutsames Kriterium für die Erkennung der SSES angesehen werden kann. Zwar kommt das Verbletztsatzmuster in den Hauptsätzen sowohl bei Kindern mit SSES als auch bei jüngeren TE-Kindern vor und gilt als Vorentwicklungsstufe des Hauptsatzes, diese wird bei TE-Kindern jedoch schnell überwunden (vgl. Clahsen 1988: 61; Tracy 2002). Bei Kindern mit SSES bleibt dieses Problem lange erhalten (vgl. Grimm 2003). Clahsen (1988)[30] interpretiert diesen Befund jedoch anders: Seiner Beobachtung zufolge seien Probleme bei der Verbstellung bei der SSES lediglich „ein sekundärer Effekt der Defizite im morphologischen Bereich" (Clahsen 1988: 199), der durch mangelnde Beherrschung der Subjekt-Verb-Kongruenz verursacht wird. Da die Verben in früheren Stadien der Sprachentwicklung noch nicht flektiert werden können, nehmen sie eine für die unflektierten Verben vorgesehene Position im Satz, nämlich eine Verbletztstellung ein (vgl. Clahsen 1991: 188 f.). Zusammenfassend heißt dies nach Clahsen, dass die SSES-Kinder nach dem Erwerb des Kongruenzsystems die Verbstellungsmuster durchgehend korrekt einsetzen. Daher gilt hier: Kommt es zu Beeinträchtigungen in der syntaktischen Struktur, handelt es sich um Folgeerscheinungen einer morphologischen Störung (vgl. Clahsen, 1988: 115). Im Gegensatz zu der Aussage von Clahsen (1988, 1991) konnte Lindner (2002) belegen, dass die Kinder mit SSES die Strategie der Verbletztstellung sowohl in den Deklarativsätzen als auch in den W-Fragesätzen bevorzugt verwenden, auch dann noch, wenn bereits erste finite Verbformen auftreten.

Die Defizite bei der Realisierung der Subjekt-Verb-Kongruenz wurden bei den Kindern mit SSES in verschiedenen Untersuchungen im Deutschen mehrfach belegt (vgl. z. B. Clahsen 1988, 1999; Schöler & Lindner 1990; Lindner 1995, 2011; Dannenbauer 2003; Grimm 2003; Rothweiler et al. 2012; Clahsen et al. 2014). Nach Dannenbauer können die Schwierigkeiten in diesem Bereich dadurch erklärt werden, „dass die relevanten Merkmale (Numerus, Person) keine inhärenten Eigenschaften des Verbs sind, sondern ihm von einer anderen Position in der abstrakten Satzkonfiguration (dem Subjekt) zugewiesen werden" (Dannenbauer 2003: 60).

Neben den Problemen mit der Wortstellung und der Subjekt-Verb-Kongruenz werden bei der SSES im Deutschen Defizite bei der Markierung des Kasus, des Numerus im Plural sowie bei der Bildung der Partizipformen beobachtet. Allerdings wird von einigen Forschern die Verwendung der Pluralmarkierungen und die Bildung von Partizipien bei der SSES als wenig problematisch angesehen (vgl. Clahsen 1988, 1999; Clahsen et al. 1990, 1992, 1997; Hansen 1996; Leonard 1998). Kauschke et al. (2011) gelang es jedoch zu zeigen,

---

30 In der Studie von Clahsen (1988, 1991) werden die Ergebnisse aus der Quer- und Längsschnittstudie mit elf deutschsprachigen Kindern im Alter zwischen 3;2 und 9;6 Jahren bei der Untersuchung der Spontansprachdaten beschrieben. Im Rahmen der Untersuchung wurde kein Vergleich mit einer Kontrollgruppe gemacht.

dass die Kinder mit SSES bei der Verwendung von Pluralmarkierungen in den elizitierten Daten signifikant mehr Fehler produzierten als gleichaltrige TE-Kinder. Besonders schwer fiel den Kindern mit SSES die Bildung der Pluralformen auf -s und die Verwendung der Wörter mit Umlaut im Plural. Am häufigsten benutzten sie die Pluralmarkierung -(e)n und übergeneralisierten diese auf die restlichen Pluralformen. Eine mögliche Erklärung dafür sahen Kauschke et al. (2011) darin, dass das hochfrequente Pluralsuffix -(e)n relativ schnell erworben und häufiger übergeneralisiert wird. Hingegen kommen die Pluralsuffixe -s bzw. -e und die Umlautung des Stammvokals im Plural seltener vor und werden daher nur mit Verzögerungen und unter erheblichen Schwierigkeiten erworben.

Weitere widersprüchliche Interpretationen finden sich in Bezug auf die Untersuchung des Erwerbs und der Verwendung der Kasusmarkierungen bei der SSES im Deutschen. Clahsen (1988, 1989) fand in seiner Studie heraus, dass die Kasusbildung ein besonders problematischer Bereich für Kinder mit SSES ist. Hingegen ist nach Eisenbeiss et al. (2006) die Kasusmarkierung im Deutschen von der SSES nur in geringem Ausmaß betroffen. Lindner (2011) berichtet in Bezug auf die Untersuchung der Kinder mit stark vs. schwach ausgeprägter SSES, dass stark von SSES betroffene Kinder ebenfalls große Probleme mit der Kasusmarkierung haben, während Kinder mit einem leichten Störungsgrad eher Kasusformen produzieren, die denen typisch entwickelter Kinder ähneln. Da das Thema der Kasusmarkierungen der Untersuchungsgegenstand dieser Arbeit ist, wird im Kapitel 5 über die hier erwähnten Studien zum Kasus ausführlich berichtet.

In Bezug auf die Syntax bei der SSES sind die Auslassungen von grammatischen Funktionswörtern und einigen lexikalischen Kategorien wie Artikel, Präpositionen, Konjunktionen und Auxiliaren zu erwähnen (z. B. Clahsen 1988; Dannenbauer 2003; Grimm 2003). Als mögliche Erklärung führt Dannenbauer (2003) an, dass bei der SSES diejenigen Satzelemente öfter ausgelassen werden, die selbst keinen großen semantischen Gehalt haben und im Satz eher eine formale Funktion übernehmen. Zwar sind die Sätze mit ausgelassenen Funktionswörtern oft mehrdeutig, bleiben jedoch vor dem Hintergrund des Gesamtkontextes verständlich. Beim Gebrauch von Präpositionen werden bei der SSES vor allem die lokalen Präpositionen präferiert. Die nicht lokalen Präpositionen werden häufig entweder ganz ausgelassen oder durch die lokalen Präpositionen ersetzt. Dieses Verhaltensmuster, das auch aus frühen Phasen des unauffälligen Spracherwerbs bekannt ist, wird von Clahsen (1989: 148) als stabiles Merkmal der sprachauffälligen Kinder angesehen.

Die Untersuchungsergebnisse zur SSES aus dem Deutschen und Russischen lassen sich wie folgt zusammenfassen: Sowohl im Deutschen als auch im Russischen liegt die Hauptschwierigkeit der Kinder mit SSES im Bereich der Morphosyntax. Dabei stehen die Probleme in der Markierung der Subjekt-Verb-Kongruenz und der Kongruenz in der Nominal- und Präpositionalphrase im Mittelpunkt. Diese Auffälligkeiten sind sowohl qualitativer als auch quantitativer Natur. Im Deutschen kommen die Defizite in der Verbzweitstellung hinzu. Bei den Kindern mit SSES bleibt die fehlerhafte Verwendung grammatischer Markierungen über einen längeren Verlauf der Sprachentwicklung als bei TE-Kindern bestehen.

3.4 SSES bei Mehrsprachigkeit und Abgrenzung mehrsprachiger TE-Kinder von mehrsprachigen Kindern mit einer SSES

Nachdem im vorigen Abschnitt die Merkmale der SSES für das Deutsche und Russische im monolingualen Erwerbskontext dargestellt worden sind, soll in diesem Abschnitt auf die Frage eingegangen werden, welche Charakteristika eine SSES im bilingualen Kontext hat. Der Ausgangspunkt dieser Frage war zum einen die Angabe im Bildungsbericht (2014: 4), dass in Deutschland ungefähr ein Drittel der Kinder unter sechs Jahren einen Migrationshintergrund hat und mehrsprachig aufwächst, zum anderen, dass vielen dieser Kinder Auffälligkeiten im Gebrauch der deutschen Sprache zugeschrieben werden. Dabei finden sich ganz unterschiedliche Aussagen über den prozentualen Anteil der mehrsprachigen Kinder mit Auffälligkeiten in der Sprachentwicklung: Nach Holler-Zittlau et al. (2004) zeigen 34 % der Kinder mit Migrationshintergrund deutliche Auffälligkeiten in ihrer Sprachentwicklung. Nach der Auswertung des Landes-Kindersprachscreenings weisen 51 % der Vorschulkinder mit Migrationshintergrund Sprachauffälligkeiten auf (vgl. Hessisches Sozialministerium 2012). Lindemann (2014) berichtet über 38 % der Vorschulkinder mit auffälliger Sprachentwicklung. Diese Angaben können in der breiten Öffentlichkeit den falschen oder missverständlichen Eindruck erwecken, dass die mehrsprachigen Kinder häufiger als die monolingualen von einer Sprachstörung betroffen sind.

3.4.1 Ausprägung einer SSES bei Mehrsprachigkeit

Sämtliche Studien in Bezug auf die Untersuchung von mehrsprachigen Kindern mit verschiedenen Sprachkombinationen (wie Arabisch und Schwedisch von Håkansson et al. 2003; Französisch und Englisch von Paradis et al. 2003; Türkisch und Deutsch von Rothweiler & Kroffke 2006; Chinesisch und Englisch von Paradis 2008; Spanisch und Englisch von Gutiérrez-Clellen et al. 2008; Englisch und Hebräisch von Armon-Lotem et al. 2012; Türkisch und Deutsch von Rothweiler et al. 2012 und Clahsen et al. 2014) belegen, dass Mehrsprachigkeit bei günstigen Sprachentwicklungsbedingungen (z. B. bei qualitativ und quantitativ ausreichendem Sprachinput, ungestörter Wahrnehmung und Kognition sowie ausgeglichener sozial-emotionaler Entwicklung) das Risiko für eine SSES keineswegs erhöht.

Zur SSES im bilingualen Kontext untersuchten Paradis et al. (2003, 2006) Spontansprachdaten von monolingualen und simultan bilingualen Kindern mit der Sprachkombination Französisch und Englisch im Alter zwischen 6;11 und 7;7 Jahren. Die Kinder aus beiden Gruppen waren nach dem MLU-Wert vergleichbar. Die Autoren belegten, dass bei der Verwendung der grammatischen Morpheme (z. B. tempusmarkierender Flexion im Englischen und Französischen sowie Objektklitika im Französischen) bei bilingualen Kindern mit SSES im Vergleich zu monolingualen Kindern mit SSES keine signifikanten Unterschiede in jeder der untersuchten Sprachen festzustellen sind. Es zeigte sich zudem, dass die SSES in beiden untersuchten Gruppen vergleichbar stark ausgeprägt war. Zusammenfassend betrachtet fanden Paradis et al. keine Evidenz dafür, dass Mehrsprachigkeit die SSES verstärkt im Vergleich zu monolingualer Sprachentwicklung, oder dass eine SSES den Erwerb mehrerer Sprachen erschwert.

Ähnliche Befunde können der Studie von Håkansson et al. (2003) entnommen werden, in der die sprachlichen Leistungen von bilingualen arabisch-schwedischen Kindern mit und ohne SSES untersucht und mit den Leistungen von monolingualen Kindern mit und ohne SSES verglichen wurden. Das Alter der bilingualen Kinder in der Studie lag zwischen vier und sieben Jahren. Der Beginn des Zweitspracherwerbs lag zwischen dem ersten und dem dritten Lebensjahr. Die Sprachdatenanalyse zeigte, dass die bilingualen Kinder mit SSES weitgehend gleiche Abweichungen in beiden Sprachen wie die monolingualen Kinder mit SSES hatten. Der Anteil der Fehlerrate war in beiden Gruppen ebenso vergleichbar. Nach Håkansson et al. (2003) wiesen damit mono- und bilinguale SSES-Kinder eine ähnliche Sprachentwicklung auf. Auch die mono- und bilingualen Kinder ohne SSES verhielten sich in ihrer Sprachentwicklung ähnlich.

Aus dem Erwerb der Hauptsatzstruktur bei sieben sukzessiv bilingualen Kindern mit Türkisch als Erstsprache und Deutsch als Zweitsprache berichtete

Chilla (2008a)[31] zum einen, dass sich der Erwerbsverlauf der unauffälligen bilingualen Kinder von dem der bilingualen Kinder mit SSES deutlich unterscheidet und zum anderen, dass die bilingualen Kinder mit SSES in ihren Fehlermustern den monolingualen Kindern mit SSES ähneln (vgl. auch Kroffke 2007; Chilla 2008b). Bei der Datenanalyse zeigte sich, dass im Vergleich zum unauffälligen sukzessiven Spracherwerb der Spracherwerb bei der SSES verzögert verlief. Die sukzessiv bilingualen Kinder mit SSES hatten nach acht bis 20 Kontaktmonaten zum Deutschen weitgehende Schwierigkeiten sowohl mit wesentlichen Elementen der deutschen Satzstruktur als auch mit den Verbstellungsregeln im Hauptsatz (vgl. auch Kroffke 2007). Die Konstruktionen mit Verbletztstellung, die im monolingualen Spracherwerb als ein Marker für SSES gelten, konnten bei den sukzessiv bilingualen Kindern mit SSES ebenso nachgewiesen werden. Ein wichtiges Ergebnis dieser Studie war somit, dass die untersuchten sukzessiv bilingualen Kinder mit SSES in ihrem Erwerb eher den monolingualen Kindern mit SSES ähneln und sowohl qualitative als auch quantitative Unterschiede zur Sprachentwicklung der sukzessiv bilingualen und monolingualen TE-Kinder zeigten.

Ähnlich zum deutschen monolingualen Spracherwerb beobachtet Chilla (2008a, 2008b) bei den sukzessiv bilingualen Kindern mit SSES Schwierigkeiten bei der Markierung der Subjekt-Verb-Kongruenz. Das wurde in der Studie von Rothweiler et al. (2012) mit sieben sukzessiv bilingualen türkisch-deutschen SSES-Kindern im durchschnittlichen Alter von 5;8 Jahren und der Kontaktdauer zum Deutschen von etwa 3;8 Jahren im Vergleich zu sieben monolingualen SSES-Kindern im durchschnittlichen Alter von 6;7 Jahren bestätigt. Damit erwiesen sich die Defizite im Bereich der Subjekt-Verb-Kongruenz sowohl im monolingualen als auch im sukzessiv bilingualen Spracherwerb als klinischer Marker für die SSES (siehe auch Rothweiler et al. 2012; Clahsen et al. 2014). Im

---

31 Im Rahmen der Longitudinalstudie des DFG-Projekts *Spezifische Sprachentwicklungsstörung und früher L2-Erwerb: Zur Differenzierung von Abweichungen im Grammatikerwerb* (E04, 2002-2011) zur grammatischen Entwicklung bei sukzessiv bilingualen Kindern mit und ohne SSES mit der Sprachkombination Türkisch und Deutsch wurden mehrere Untersuchungen durchgeführt, die die Analyse sowohl der türkischen als auch der deutschen Sprache umfassten. Die Studienergebnisse in Bezug auf die Untersuchung verschiedener Aspekte des Spracherwerbs wurden schließlich in zahlreichen Arbeiten wie Babur et al. (2007), Kroffke (2007), Chilla (2008a, 2008b), Chilla & Babur (2010), Rothweiler et al. (2010, 2012) und Clahsen et al. (2014) veröffentlicht. Alle Kinder aus der Studie erwarben Deutsch als Zweitsprache ca. ab dem Alter von drei bis vier Jahren. Während der Studie wurden sowohl Spontansprachdaten als auch die Daten aus den Elizitationstests von türkisch-deutschen sukzessiv bilingualen Kindern im Alter von etwa drei bis acht Jahren untersucht.

Gegensatz zu den sukzessiv bilingualen und monolingualen Kindern mit SSES erwarben die unauffälligen sukzessiv bilingualen Kinder die Subjekt-Verb-Kongruenz unproblematisch und setzten diese weitgehend korrekt ein. Die Bildung der Partizipien und die Markierung des Tempus bereiteten im Deutschen keinem der Kinder große Schwierigkeiten (vgl. auch Clahsen et al. 2014).

Als Zwischenfazit aus den bisher erwähnten Forschungsarbeiten lässt sich also festhalten, dass bei der SSES sowohl im simultan als auch sukzessiv bilingualen Spracherwerb mit verschiedenen Sprachkombinationen ähnliche Abweichungen im Gebrauch der grammatischen Formen und Strukturen wie im monolingualen Spracherwerb beobachtet werden. Der Erwerb einer zusätzlichen Sprache an sich stellt keine zusätzliche oder besondere Belastung für Kinder mit einer SSES dar (vgl. auch Armon-Lotem & de Jong 2015).

Diese Ansicht teilen allerdings nicht alle Forscher. Unter den Forschungsarbeiten zur SSES finden sich einzelne Studien (z. B. Steenge 2006; Orgassa & Weerman 2008; Orgassa 2009), die einen sogenannten kumulativen Effekt bei den bilingualen Kindern mit SSES annehmen. Unter *kumulativem Effekt* bei der Mehrsprachigkeit und der SSES wird eine Beeinträchtigung der Sprachentwicklung beschrieben, die im Vergleich zur unauffälligen Entwicklung bei bilingualen Kindern zu einer doppelten Verzögerung führt. Die doppelte zeitliche Verzögerung in der Sprachentwicklung resultiert aus dem gleichzeitigen Auftreten von zwei negativen Faktoren: Die eine Sprachentwicklungsverzögerung wird durch SSES ausgelöst und lässt sich bei den monolingualen oder bilingualen Kindern mit SSES im Vergleich zu unauffälligen Kontrollkindern mit gleichem Spracherwerbstyp nachweisen. Die andere Sprachentwicklungsverzögerung entsteht aufgrund des reduzierten sprachlichen Inputs in der Zweitsprache, die sich bei bilingualen Kindern im Vergleich zu den monolingualen Kindern zeigt. Gleichzeitiges Auftreten beider Faktoren bei den mehrsprachigen Kindern mit SSES führt zur doppelten Effektstärke in der Verzögerung der Sprachentwicklung (vgl. Steenge 2006; Orgassa 2009). Um die Annahme des kumulativen Effekts zu überprüfen, untersuchte Steenge (2006) mehrsprachige Kinder mit und ohne SSES im Vergleich zu gleichaltrigen monolingualen Kindern mit SSES. Das durchschnittliche Alter aller Kinder lag in der Altersspanne zwischen sechs und elf Jahren, im Durchschnitt bei sieben Jahren. Die bilingualen Kinder hatten Türkisch, Marokkanisch und Surinamisch als Erstsprache und erwarben Niederländisch als Zweitsprache ab dem Alter von etwa vier Jahren. Der Vergleich der sprachlichen Leistung in Bezug auf die Entwicklung von Lexikon und Morphosyntax (Pluralmarkierung und Bildung des Partizips) bei den monolingualen und bilingualen Kindern mit und ohne SSES zeigte, dass bilinguale Kinder mit SSES sprachliche Auffälligkeiten in einem solch ausgeprägten Ausmaß aufweisen, wie es für gleichaltrige monolinguale Kinder mit SSES untypisch ist. Daraus schließt die Autorin, dass der Bilingualismus einen zusätzlichen negativen Effekt auf die Sprachentwicklung bei der SSES hat, zumindest in der Zeitspanne des in der Studie untersuchten Alters.

In den Studien von Orgassa & Weerman (2008) und Orgassa (2009) wurden die weiteren Daten der bilingualen Kinder mit und ohne SSES (durchschnittliches Alter 7;4 Jahre) untersucht, die Türkisch als Erstsprache hatten und zwischen dem ersten und vierten Lebensjahr in Kontakt mit dem Niederländischen kamen. Die sprachliche Leistung der bilingualen Kinder im Niederländischen wurde im Vergleich zu den monolingualen Kontrollkindern mit (durchschnittliches Alter 7;3 Jahre) und ohne (durchschnittliches Alter 4;11 Jahre) SSES analysiert. Die Autoren fanden zum einen, dass sowohl die bilingualen TE-Kinder im Vergleich zu den monolingualen TE-Kindern als auch die bilingualen Kinder mit SSES im Vergleich zu den monolingualen Kindern mit SSES im Niederländischen signifikant schlechtere Ergebnisse bei der Markierung des Genus an den attributiven Adjektiven und definitiven Determinanten erzielten. Zum anderen wiesen die Untersuchungen nach, dass die bilingualen TE-Kinder und die monolingualen Kinder mit SSES ein ähnliches Muster im Erwerb des grammatischen Geschlechts zeigten. Weiterhin stellten die Autoren fest, dass die bilingualen Kinder mit SSES bei allen Aufgaben die niedrigsten Leistungswerte erzielten. Orgassa & Weerman (2008) und Orgassa (2009) interpretierten diese Ergebnisse als klaren Hinweis darauf, dass bereits beim unauffälligen bilingualen Erwerb ein reduziertes sprachliches Angebot zu den Auffälligkeiten in der Verwendung der Genusmarkierung führt, die bei einer SSES zusätzlich verstärkt werden. In der Summe führt dies zu einem kumulativen Effekt in der Verzögerung der Sprachentwicklung bei der Mehrsprachigkeit und der SSES.

Die Ergebnisse der Studien von Orgassa (2009) wurden in der Forschungsliteratur kontrovers diskutiert (vgl. Rothweiler 2007b; de Jong 2010; Paradis 2010b): Erstens konnte ein vergleichbarer kumulativer Effekt in der Sprachentwicklung der bilingualen Kinder im Vergleich zu den monolingualen Kindern weder in anderen morphosyntaktischen Bereichen der gleichen Sprachenkombination noch im gleichen morphosyntaktischen Bereich bei anderen Sprachen nachgewiesen werden. Beispielsweise fanden sich im Niederländischen keine Unterschiede zwischen den bilingualen und monolingualen Kindergruppen mit und ohne SSES in der Verwendung der Subjekt-Verb-Kongruenz (vgl. Steenge 2006; Orgassa & Weerman 2008; Orgassa 2009), was eher gegen den kumulativen Effekt bei der Mehrsprachigkeit und SSES spricht. Zweitens wurden – nach kritischer Bemerkung von Paradis (2010b) – in den Studien von Steenge (2006), Orgassa & Weerman (2008) und Orgassa (2009) solche Einflussfaktoren wie die

Kontaktdauer zur Zweitsprache und die unterschiedlichen Zeitpunkte des Beginns des Zweitspracherwerbs nicht ausreichend berücksichtigt. Paradis wies zu Recht darauf hin, dass die Auffälligkeiten in der Sprachentwicklung der bilingualen Kinder nicht als Benachteiligung durch die Mehrsprachigkeit interpretiert werden dürfen, wenn die untersuchten Kinder nicht vergleichbar lange und intensiv derselben Sprache ausgesetzt waren. Ebenso vermisste Paradis (2010b) bei den Untersuchungen die Berücksichtigung der sozioökonomischen Kontexte und des Status aller vom Kind erworbenen Sprachen im sozialen Umfeld. Drittens bestätigte die von Paradis (2010b: 242) durchgeführte Reanalyse der Daten von Steenge (2006), dass in Bezug auf die Verwendung der Pluralformen und Partizipien die bilingualen Kinder mit SSES im Vergleich zu den gleichaltrigen monolingualen Kindern mit SSES zwar größere Auffälligkeiten zeigten, jedoch die Effektstärke nicht so groß war, wie diese in Steenge (2006) beschrieben wurde. Damit lieferten die Ergebnisse von Paradis die Gegenevidenz zu dem kumulativen Effekt bei Mehrsprachigkeit und SSES. De Jong (2010) kritisierte außerdem sowohl die Art der Aufgabe sowie die Anzahl und Auswahl der Testitems, mit denen die morphologischen Sprachfähigkeiten der Kinder getestet wurden, die für die Untersuchung nicht altersgerecht ausgewählt wurden.

Zusammenfassend sind sich die Forscher somit überwiegend einig, dass die Mehrsprachigkeit allein weder eine SSES auslösen noch diese negativ beeinflussen kann. Dies bedeutet auch, dass die SSES bei mehrsprachigen Kindern genauso häufig wie bei einsprachigen Kindern diagnostiziert wird, und dass sie in ihrer Form und Stärke auch ähnlich ausgeprägt ist (vgl. Chilla 2008b). Dies gilt unabhängig davon, ob die Sprachen simultan oder sukzessiv erworben werden. Daraus kann geschlussfolgert werden: Wenn von einer Prävalenzrate zwischen 6 und 8 % für die SSES (vgl. Dannenbauer 2007) bei monolingualen Kindern ausgegangen wird, ist anzunehmen, dass der größte Teil der in Holler-Zittlau et al. (2004), Hessisches Sozialministerium (2012) und Lindemann (2014) beschriebenen mehrsprachigen Kinder trotz der Auffälligkeiten in ihrer Sprachentwicklung keine SSES aufweisen. Die Ursachen für eine kindliche Sprachauffälligkeit können ungünstige Erwerbsbedingungen sein, z. B. zu kurze Kontaktzeit zur Sprache, nicht ausreichendes Sprachangebot, mangelnde Zuwendung oder fehlender Kontakt mit anderen Kindern, der zum Erlernen der Sprache motiviert. Diese Art der Sprachauffälligkeiten erfordert vor allem frühzeitige Sprachförderung und darf nicht als Sprachstörung interpretiert werden.

3.4.2 Abgrenzung der Mehrsprachigkeit und der SSES

Die Identifizierung der SSES im bilingualen Kontext ist eine komplexe Aufgabe, die vor allem darin besteht, die Merkmale der ungestörten mehrsprachigen Sprachentwicklung von den Defiziten der SSES abzugrenzen. Denn das Problem ist, dass sich die Symptome einer SSES und eines ungenügenden Kontakts zur Zweitsprache in weiten Bereichen stark ähneln, z. B. kommen abweichende Verbstellungsmuster (V-letzt) in den Satzstrukturen sowie Kongruenzfehler bei sukzessiv bilingualen Kindern zumindest übergangsweise vor. Die Ähnlichkeit zwischen den beiden Erwerbsverläufen kann anhand folgender Sprachäußerungen von simultan und sukzessiv bilingualen TE-Kindern mit der Sprachkombination Russisch-Deutsch (8)–(16)[32] und von monolingualen deutschsprachigen Kindern mit SSES (17)–(25) verdeutlicht werden:

(8) *Der Junge gibt den Knochen die Hund. (Alter: 4;6, AoO: 0;0)[33]
(9) *Ich muss machen ein'n Kuchen für meine Mama. (Alter: 5;5, AoO: 1;9)
(10) *Der Junge gibt die Mama ein Schal. (Alter: 5;4, AoO: 3;4)
(11) *Katze sitzt an Schrank. (Alter: 4;8 Jahre, AoO: 2;7)
(12) *Der Sohn sagt zu Hund: „Aufräume Bücher." (Alter: 5;5, AoO: 1;9)
(13) *Er ganz oben gehen. (Alter: 4;1 Jahre, AoO: 2;4)
(14) *Er hat Kuchen gebacken für Mama (Alter: 4;1 Jahre, AoO: 2;4)
(15) *Und die gemacht ein K(n)ochen. (Alter: 4;5, AoO: 3;11)
(16) *Ball ist runtergefallen a den Teppich. (Alter: 5;4 Jahre, AoO: 2;10)

Es lassen sich bei den simultan und sukzessiv bilingualen unauffälligen Kindern solche Fehler wie Artikelauslassung (11), (14), (16); Genusfehler (8); Kasusfehler (10), (15); Substitution und Reduktion der Präpositionen in den PPn (11), (16); falsche Subjekt-Verb-Kongruenz (13) und Verletzung des Wortstellungsmusters (9), (13), (14), (15), (16) beobachten. Diese Fehlermuster ähneln stark denen von monolingualen deutschen Kindern mit SSES, wie durch die folgenden Äußerungen monolingualer Kinder mit SSES veranschaulicht werden kann:

(17) *Der Affe sitzt auf die Lokomotive.
(18) *Ein Bär steht auf ein Stein.
(19) *Der Eisbär in Wasser schwimmen.

---

32 Die Beispiele (8)–(16) stammen aus den Testungen mit dem KT-DEU (siehe Anhang B).
33 *AoO* des Deutschen mehr als zehn Stunden am Tag.

(20)   *Der Elephanten aufhebe des Baum.
       (Beispiele (17)–(20) aus: Lindner, 2011; Kind mit SSES, Alter: 4;11)
(21)   *und der Hund ein Auge auflassen.
(22)   *und dann der Bär streicheln.
(23)   *der Pinguin sitzt auf den Leiter.
       (Beispiele (21)–(23) aus: Lindner 2002; Kind mit SSES, Alter: 4;11)
(24)   *das Pferd kuckt zu die Kuh.
(25)   *dann der Hund die Katze an Schwanz festhalt.
       (Beispiele (24) und (25) aus: Lindner 2002; Kind mit SSES, Alter: 5;6)

Anhand der Beispiele (17)–(25) lässt sich feststellen, dass auch im monolingualen Erwerb mit SSES Auffälligkeiten bei der Kasusmarkierung innerhalb der PPn (17), (18), (23), (24) mit der Auslassung der Artikel (19), (25), in der Deklination (20), fehlende Subjekt-Verb-Kongruenz (19), (22) sowie die Verletzung des Verbzweitsatzmusters (19), (21), (25) vorkommen. Diese Ähnlichkeit zwischen den Formen und Strukturen in der Spontansprache von simultan und sukzessiv bilingualen TE-Kindern und monolingualen Kindern mit SSES wurde in mehreren sprachübergreifenden Studien beobachtet und beschrieben (z. B. Håkansson & Nettelbladt 1993, 1996; Paradis & Crago 2000, 2003; Håkansson 2001). Das kann dazu führen, dass der Verdacht auf eine SSES bei bilingualen Kindern häufiger als bei monolingualen ausgesprochen wird, obwohl es keine direkten Anzeichen für das Vorliegen der Sprachstörung gibt. Um eine Fehlinterpretation zu vermeiden, beschäftigt viele Forscher seit längerer Zeit die Suche nach den eindeutigen qualitativen oder quantitativen Kriterien, mit denen die Fehler der ungestörten bilingualen Sprachentwicklung von einer SSES-auffälligen Sprachentwicklung abgegrenzt werden können (z. B. Paradis et al. 2003, 2006, 2008; Paradis 2008; de Jong et al. 2010; Rothweiler et al. 2012; Clahsen et al. 2014; Grimm & Schulz 2014; Lindner et al. 2014). Einer der wichtigsten Standpunkte dabei ist, dass der Erwerbszeitpunkt, die Dauer des Kontakts und die Qualität und Quantität des Inputs der jeweiligen Sprache auf die Abgrenzungsmöglichkeiten zwischen der ungestörten bilingualen gegenüber der gestörten Sprachentwicklung eine große Auswirkung haben.

Bei dem simultan bilingualen Erwerb konnten die Studien von Paradis et al. (2003, 2006) anhand der Untersuchung der Spontansprachdaten belegen, dass sich die simultan bilingualen englisch-französischen Kinder mit SSES in ihrer sprachlichen Entwicklung von den monolingualen englischen oder französischen Kindern mit SSES im Erwerb der grammatischen Morphologie (z. B. Markierung des Tempus und der Objektklitika) nicht unterscheiden. Demzufolge sollten alle spezifischen Marker, die für die SSES im monolingualen Kontext charakteristisch sind – z. B. Schwierigkeiten in der Subjekt-Verbkongruenz im Deutschen (z. B. Clahsen 1988) und in der Finitheits-/Tempusmarkierung im Englischen (z. B. Rice & Wexler 1996), Auslassung der Objektklitika im Französischen (z. B. Hamann & Belletti 2006) – auch für simultan bilinguale Kinder zur Identifizierung der SSES anwendbar sein.

Meir (2018) verglich die Sprachprofile russisch-hebräischsprachiger Kinder mit SSES (N = 23, AoO des Hebräischen: 3;2 Jahre) im Alter von sechs Jahren mit denen von gleichaltrigen russisch-hebräischsprachigen TE-Kindern mit einer nicht ausbalancierten Sprachentwicklung. Die TE-Kinder wurden in zwei Gruppen aufgeteilt: Die Kinder der einen Gruppe hatten Russisch als schwächere Sprache (N = 39; AoO des Hebräischen: 0;11). Bei den Kindern der anderen Gruppe war Hebräisch die schwächere Sprache (N = 19; AoO des Hebräischen: 3;11). Die Sprachdaten wurden anhand eines Tests zum Nachsprechen von Sätzen erhoben. Die Ergebnisse zeigten ein Sprachprofil der bilingualen Kinder mit SSES in ihren beiden Sprachen im Vergleich zu dem der Kontrollkinder in ihren schwächeren Sprachen mit sowohl quantitativen als auch qualitativen Unterschieden. Zum einen zeigten sich Unterschiede in der Nachsprechleistung: Trotz eines vergleichbaren Wortschatzumfangs erreichten die TE-Kinder in ihrer schwächeren Sprache höhere Nachsprechwerte als die Kinder mit SSES. Zum anderen zeichnete sich das Nachsprechen der Kinder mit SSES durch Vereinfachungen der Satzstrukturen aus. Die TE-Kinder hingegen verwendeten in ihrer schwächeren Sprache häufiger komplexe Strukturen, auch wenn dabei Ersetzungen aus der stärkeren Sprache beobachtet wurden.

Die Studien aus dem sukzessiven Spracherwerb bei den Kindern ergeben bisher kein klares Bild über die sprachlichen Abgrenzungsmöglichkeiten der unauffälligen sukzessiven Sprachentwicklung von der monolingualen Sprachentwicklung mit SSES. Es finden sich Studien, die belegen konnten, dass sprachliche Auffälligkeiten, die als klinische SSES-Marker aus der monolingualen Sprachentwicklung bekannt sind, bei der sukzessiven Sprachentwicklung ebenso beobachtet werden (vgl. Håkansson & Nettelbladt 1993, 1996; Paradis & Crago 2000, 2003; Håkansson 2001). Zu einigen der ersten Studien, die anhand der erhobenen Spontansprachdaten die Sprachkompetenz der TE-Kinder mit sukzessivem Spracherwerb im Vergleich zu den monolingualen Kindern mit SSES untersuchten und die Ähnlichkeiten zwischen den beiden Sprachentwicklungstypen beschrieben, zählen die Studien von Håkansson & Nettelbladt (1993, 1996) sowie Håkansson (2001). Am Beispiel des Schwedischen fanden die Autorinnen heraus, dass der Erwerb des Verbzweitstellungsmusters im Schwedischen sowohl den bilingualen Kindern[34] (N = 10, Alter zwischen 3;6 und 6;0 Jahren, LoE etwa vier Monate, AoO über drei Jahre) aus dem ehemaligen Jugoslawien als auch monolingualen Kindern mit SSES (N = 10, 4;0-6;3) große Schwierigkeiten bereitet. Die beiden Gruppen produzierten ungrammatische Verbdrittstellungen viel häufiger als grammatische Verbzweitstellungen. Bei den jüngeren monolingualen TE-Kindern (N = 10, 3;1-3;7) war dagegen dieser Fehlertyp kaum zu finden, und sie unterschieden sich dadurch signifikant von sukzessiven TE-Kindern und den monolingualen Kindern mit SSES (vgl. Håkansson 2001).

Das Ergebnis von Håkansson, dass bei den unterschiedlichen Erwerbstypen ähnliche „Fehler" gemacht werden, wurde in weiteren Untersuchungen bestätigt. Paradis & Crago (2000, 2003) führten eine vergleichende Untersuchung des monolingualen und bilingualen Spracherwerbs mit und ohne SSES hinsichtlich der Markierung von Tempus, Subjekt-Verb-Kongruenz (vgl. Paradis & Crago 2000) sowie Objektklitika (vgl. Paradis & Crago 2003) im Französischen durch. Für beide Studien wurden hierzu die Spontansprachdaten von monolingualen französischen Kindern mit SSES (N = 10, durchschnittliches Alter 7;6); gleichaltrigen monolingualen TE-Kindern (N = 10, Alter etwa 7;3) und TE-Kindern (N= 15, durchschnittliches Alter 6;10) mit dem Englischen als Erstsprache und dem Französischen als Zweitsprache (cL2) analysiert. Die Kontaktdauer zur Zweitsprache der bilingualen Kinder betrug mindestens zwei Jahre. Der MLU-Wert der Kinder mit SSES und der bilingualen TE-Kinder war vergleichbar und etwas niedriger als der MLU-Wert der monolingualen TE-Kinder. In die Studie von Paradis & Crago (2003) zur Untersuchung der Objektklitika wurde die MLU-Kontrollgruppe der jüngeren monolingualen französischen TE-Kinder (N = 10, Alter etwa 3;3) zusätzlich aufgenommen. Im Allgemeinen konnten die beiden Studien eindeutig belegen, dass sowohl die monolingualen Kinder mit SSES als auch die bilingualen TE-Kinder im Vergleich zu den monolingualen gleichaltrigen TE-Kindern bei der Markierung des Indikativ Präsens sowie der Objektklitika vergleichbare Beeinträchtigungen aufwiesen. Bei der Verbmarkierung der Vergangenheit und Zukunft waren bilinguale Kinder jedoch signifikant schlechter sowohl im Vergleich zu monolingualen Kindern mit SSES als auch zu monolingualen TE-Kindern (vgl. Paradis & Crago 2000). Die Markierung der Subjekt-Verb-Kongruenz zeigte sich in keiner der untersuchten Gruppen als auffällig (Paradis & Crago 2000; Crago & Paradis 2003). Die Schwierigkeiten in Bezug auf den Erwerb der finiten Verbformen und ihre Markierungen bei bilingualen TE-

---

34 An der Untersuchung nahmen sowohl die sukzessiv bilingualen Kinder als auch die Kinder mit dem kindlichen Zweitspracherwerb teil.

Kindern sowie monolingualen Kindern mit SSES dürften nach Ansicht der Autoren auf eine übermäßig lange andauernde Phase des optionalen Infinitivs zurückgeführt werden.

Grüter (2005) verglich in einer weiteren Studie den bilingualen unauffälligen Spracherwerb mit dem monolingualen Erstspracherwerb bei der SSES hinsichtlich der Verwendung und des Verständnisses von Objektklitika im Französischen. Die Autorin untersuchte elizitierte Daten von monolingualen französischen Kindern (N = 12, 6;2-7;1), bilingualen TE-Kindern (N = 7, 6;5-7;1) mit Englisch als Erstsprache und Französisch als Zweitsprache (cL2, LoE etwa 1;6 Jahre) und von etwas älteren monolingualen französischen Kindern mit SSES (N = 6, 6;6-9;2). Die Untersuchungsdaten wurden zur Sprachproduktion und zum Sprachverständnis erhoben. Bei der elizitierten Sprachproduktion mussten die Probanden eine kurze Bildergeschichte erzählen. Bei der Aufgabe bezüglich des Verständnisses der Objektklitika wählten die Probanden ein passendes Bild aus der Bildsequenz aus, das die letzte Handlung der dargebotenen Bildergeschichte darstellen soll. Übereinstimmend mit der früheren Studie von Paradis & Crago (2003), die auf der Untersuchung der Spontansprachdaten basierte, fand Grüter (2005), dass in den Sprachproduktionsaufgaben sowohl die bilingualen unauffälligen als auch die monolingualen Kinder mit SSES große Schwierigkeiten bei Verwendung der Objektklitika hatten. In den Verständnisaufgaben erzielten die beiden Gruppen signifikant bessere Leistungen. Insgesamt wies die Auswertung der Daten im Schnitt eine große Ähnlichkeit in der Leistung zwischen beiden Gruppen und Aufgaben auf. Die nähere Betrachtung der Daten zeigte jedoch, dass bei den bilingualen Kindern eine signifikante Korrelation zwischen der Leistung in den Produktions- und Verständnisaufgaben bestand: Die Steigerung der Anzahl der verwendeten Objektklitika in den Produktionsaufgaben hatte eine positive Auswirkung auf das Verständnis bezüglich der Objektklitika. Die gleiche Korrelation wurde bei den Kindern mit SSES nicht festgestellt. Die Kinder mit SSES konnten hingegen die Objektklitika auch dann gut verstehen, wenn sie selbst diese nicht produzierten. Daraus schloss Grüter (2005), dass zwar die Fehleranzahl bei beiden Gruppen durchschnittlich ähnlich ausfällt, sich jedoch das Fehlerprofil der beiden Gruppen unterscheidet.

Nach Auswertung der in diesem Abschnitt genannten Befunde wird deutlich, dass die Betrachtung der sprachlichen Auffälligkeiten allein keine zuverlässige Aussage zur Identifizierung der SSES bei bilingualen Kindern liefern kann. Ähnlichkeiten zwischen den beobachteten Fehlern bei SSES und bei unauffälliger Sprachentwicklung im bilingualen Kontext können zu Fehldiagnosen führen: Insbesondere werden Kinder mit einem sukzessiven Spracherwerbstyp aufgrund ihrer sprachlichen Auffälligkeiten, die auf eine kürzere Kontaktzeit mit der zu erwerbenden Sprache oder auf einen geringeren qualitativen und quantitativen Input zurückzuführen sind, voreilig als Kinder mit einer SSES eingestuft. Genau umgekehrt liegt der Fall, wenn die Fehlerähnlichkeit bei den beiden Sprachentwicklungstypen dazu führt, dass ein bilinguales Kind als Kind mit einer SSES nicht frühzeitig oder überhaupt nicht erkannt wird: Sprachliche Auffälligkeiten werden im Hinblick auf die Mehrsprachigkeit nicht ausreichend überprüft, da man davon ausgeht, dass diese sich mit der Zeit und damit einhergehender besserer Sprachbeherrschung von selbst erledigen (vgl. Paradis 2005; Gagarina 2013b). Bei der Untersuchung der SSES bei bilingualem Spracherwerb ist es deswegen äußerst wichtig, eine Reihe von unterschiedlichen Spracherwerbsfaktoren wie die Erstsprache, das Alter bei Erwerbsbeginn der Zweitsprache, die Dauer und die Intensität des Kontakts mit der Zweitsprache, die Unterstützung des Spracherwerbs durch das häusliche Umfeld sowie die individuelle Motivation zu berücksichtigen.

Um einer Fehlinterpretation der Auffälligkeiten in der Zweitsprache vorzubeugen, müssen zur Identifizierung der SSES die sprachlichen Leistungen in der Erstsprache herangezogen werden. Allgemein gilt für bilinguale Kinder, dass sich die SSES immer auf alle Sprachen eines Kindes auswirkt. Bei der Untersuchung monolingualer und bilingualer Kinder mit und ohne SSES belegte Håkansson et al. (2003), dass sprachunauffällige bilinguale Kinder in mindestens einer Sprache vergleichbar mit monolingualen gleichaltrigen Kindern sind. Das würde dafür sprechen, dass, wenn ein Kind nicht in allen von ihm erworbenen Sprachen, sondern nur in einer auffällig ist, es andere Gründe als eine SSES für diese Auffälligkeit geben muss (z. B. unzureichende Inputqualität/-quantität, fehlende Motivation). Bei der Untersuchung aller Erwerbssprachen des jeweiligen Kindes verbirgt sich jedoch ein weiteres Problem (vgl. Gagarina 2013b, 2014a, 2014b): Die Entwicklung der Erstsprache hängt stark vom Input zu Hause ab bzw. davon, ob die Erstsprache als Familiensprache gefördert wird (vgl. Klassert & Gagarina 2010; Gagarina et al. 2014). Es ließ sich feststellen, dass die Kinder ihre Fertigkeiten in der Erstsprache mit dem Erwerb einer Zweitsprache verlieren können. Ohne zusätzliche Bemühungen der Eltern kann bei den mehrsprachigen Kindern Spracherosion erfolgen, bei der die Erstsprache mit der Zeit zunehmend abgebaut und die Zweitsprache dominierend wird (vgl. Abschnitt 2.4.2). Somit kann auch anhand des Sprachstandes in der Erstsprache der Kinder nicht mehr zuverlässig zwischen Kindern mit und ohne SSES unterschieden werden, weil sich die Erstsprachen im Migrationskontext verändern (Anstatt 2006; Chilla 2008a, 2008b; Gagarina 2011).

Ein weiteres Problem bei der Untersuchung der auffälligen bilingualen Kinder besteht darin, dass es an verlässlichen Testverfahren zur Diagnostik der SSES im bilingualen Kontext fehlt. Das liegt daran, dass mit normierten Tests für monolinguale Kinder die sprachlichen Fertigkeiten der bilingualen Kinder nicht überprüft werden können, da – wie Grosjean (1989) richtig bemerkte – ein Bilingualer nicht als zwei Monolinguale in einer Person zu verstehen ist. Deswegen müssen zuerst die Testverfahren erstellt und standardisiert werden, die für bilinguale Kinder entwickelt wurden. Da jedoch eine SSES bei bilingualen Kindern in beiden Sprachen auftritt, sollte es möglich sein, sie auch in beiden Sprachen zu überprüfen (vgl. Håkansson et al. 2003; Paradis et al. 2003; Rothweiler & Kroffke 2006; Paradis 2010a). Das erweist sich jedoch als schwierig, da die Erfassung und Bewertung des Sprachstandes in der Erstsprache nur von Personen durchgeführt werden können, die selbst die Erstsprache (am besten auf einem muttersprachlichen Niveau) beherrschen, Kenntnisse über die Mechanismen verschiedener Spracherwerbstypen und die Einflussfaktoren des Spracherwerbs besitzen und sich mit den Prozessen des Sprachabbaus unter dem Einfluss der dominierenden Sprache auskennen (vgl. Gagarina 2014a). Dazu fehlen allerdings nicht selten die Fachkräfte, die sich mit dem unauffälligen und dem auffälligen Entwicklungsverlauf in beiden Sprachen auskennen (vgl. Rothweiler 2006a).

Zusammenfassung

Wie der im Kapitel 3 gegebene Überblick über den Forschungsstand zeigt, handelt es sich bei der SSES um eine gravierende und andauernde Beeinträchtigung im Erwerb und in der Anwendung des linguistischen Wissens, die weder durch eine Einschränkung des Hörens noch durch eine neurologische Schädigung zu erklären ist. Am häufigsten wird die SSES zu einem Zeitpunkt diagnostiziert, zu dem der Spracherwerb der betroffenen Kinder in Grundzügen auf der Satzebene erworben ist, d. h. ungefähr ab drei Jahren. Die Erkennung der SSES wird dadurch erschwert, dass der Spracherwerbsprozess je nach der individuellen Situation Schwankungen unterliegt, die Ausprägung und der Verlauf einer SSES von Fall zu Fall und in der Sprachtypologie variieren kann und sich das Erscheinungsbild der SSES mit zunehmendem Alter des Kindes wandelt.

Die SSES ist sprachspezifisch und kann auf jeder Sprachebene auftreten. Am häufigsten äußert sie sich jedoch durch Defizite in den sprachlichen Bereichen von Syntax und Morphologie. Die vermuteten Ursachen der SSES sind äußerst vielfältig und bis heute nicht eindeutig geklärt: Es ist unumstritten, dass bei der SSES genetische und biologische Risikofaktoren eine wichtige Rolle spielen. Es gibt eine Gruppe von Theorien, die bei der SSES grundlegende Kompetenzen der Grammatik vermutet, die zu einem bestimmten Zeitpunkt des Erwerbs beeinträchtigt oder unvollständig erworben wurden, z. B. Kongruenz oder Verbstellung. Andere Theorien besagen, dass bei der SSES Defizite in den Fähigkeiten und der Leistung der Informationsverarbeitung vorliegen, z. B. in Arbeitsgedächtnis, Verarbeitungskapazität, Geschwindigkeit der Informationsverarbeitung. Aufgrund der Komplexität, der individuellen Varianz und der zahlreichen Erscheinungsformen der SSES bleibt es immer noch offen, in welcher Weise alle Auffälligkeiten miteinander in Zusammenhang gebracht werden können und welche Defizite als Ursache bzw. welche als Wirkung gesehen werden können. Viele Theorien sprechen jedoch eher für multikausale Ursachen, die einer SSES zugrunde liegen.

Weiterhin kann festgehalten werden, dass bei Kindern mit SSES in der Regel keine „unmöglichen" sprachlichen Strukturen vorkommen, die in der jeweiligen Sprache vom Standpunkt des unauffälligen Spracherwerbs aus nicht erklärbar wären (vgl. Dannenbauer 2003: 65; Abrosova 2004: 51 f.). Einige sprachliche Teilbereiche des kindlichen Sprachsystems zeigen bei der SSES im Gegensatz zu anderen auffällige, nur sehr langsame oder sogar keine Fortschritte. Charakteristisch ist für die SSES, dass der Erwerb einer zusätzlichen Sprache sie weder verstärkt noch diese begünstigt. Wenn eine SSES vorkommt, dann äußert sie sich in allen zu erwerbenden Sprachen. Um sie im bilingualen Kontext nicht unentdeckt zu lassen oder sogar fehlzudiagnostizieren, müssen bei Bilingualen sowohl die Spracherwerbsbedingungen – z. B. die Besonderheiten der Erstsprache, der Erwerbsbeginn der Zweitsprache – als auch die familiäre Situation des Kindes näher betrachtet werden.

4 Kasus

Bevor in den Abschnitten 4.3 und 4.4 auf die Beschreibung des Kasussystems im Russischen und im Deutschen eingegangen wird, werden zuerst einige einführende Grundbegriffe in Bezug auf den Kasus und seine Rolle erläutert. Wie auch andere grammatische Kategorien kann der Kasus je nach theoretischer Ausrichtung unterschiedlich erklärt werden, z. B. mit der Kasusgrammatik nach Fillmore (1971) oder der Kasustheorie in der generativen Grammatik nach Chomsky (1993: 170 f.). Ziel dieses Kapitels ist es jedoch, den Kasus möglichst theorieneutral darzustellen. Vor diesem Hintergrund werden im Kapitel 5 theoretische Ansätze zum Kasuserwerb erklärt.

4.1 Definition von *Kasus*

Sowohl für das Russische als auch für das Deutsche ist es charakteristisch, dass jedes Substantiv im Singular durch drei grammatische Kategorien – Genus, Kasus und Numerus – zugleich morphologisch markiert werden kann. Beide Sprachen kennen bei den Substantiven drei Genera (Maskulinum, Neutrum, Femininum) und zwei Numeri (Singular und Plural). Wichtige Unterschiede gibt es in beiden Sprachen bei den Ausprägungen der Kategorie des Kasus, die im Folgenden näher erläutert werden.

Die drei grammatischen Kategorien sind nicht in gleicher Weise mit dem Substantiv verbunden: Das Genus ist eine feste und unveränderliche Eigenschaft des Substantivs. Im Gegensatz dazu sind der Numerus und der Kasus je nach Anwendungskontext veränderlich. Im Plural können bei den Substantiven nur zwei der drei Kategorien nachgewiesen werden: Kasus und Numerus; hingegen können sie im Plural nach dem Genus nicht unterschieden werden (vgl. Rozental' et al. 2006: 183 f. für Russisch; Wegener 1995b: 67 für Deutsch). Die Kategorien von Numerus und Kasus sind unabhängig voneinander, schließen aber einander in keinem Paradigma aus. Die Kategorie *Kasus* steht im Mittelpunkt der folgenden Beschreibung.

Das Wort *Kasus* wird in drei verschiedenen Bedeutungsvarianten verwendet: Kasus als grammatische Kategorie, als Kasusform und als Kasusträger (nach Dürscheid 1999: 2 ff.). *Kasus als grammatische Kategorie* ist eine abstrakte Einheit der linguistischen Beschreibung, die zur Kennzeichnung syntaktischer und semantischer Funktionen im Satz dient (siehe Abschnitt 4.2). Die Kasuskategorien sind sprachspezifisch, d. h., dass sich je nach Sprache unterschiedlich viele Kasuskategorien differenzieren lassen: Beispielsweise verfügt das heutige

Deutsche über vier Kasus (vgl. Roelcke 2011: 143; Duden-Grammatik 2016: 138), das Russische über sechs (vgl. Hentschel 1999), das Ukrainische über sieben (vgl. Lalajan & Podvoiska 2013: 80) und das Finnische über 15 Kasus (vgl. Dürscheid 1999: 8).

Der *Kasus als Kasusform* ist die Realisierung der Kasuskategorie. Verschiedene Kasusformen eines Lexems bilden sein Kasusparadigma. Dabei kann sich der Begriff *Kasusform* entweder auf die Kasusendung (vgl. Dürscheid 1999: 2) oder aber auf das ganze Wort bei freien grammatischen Morphemen wie Artikel (vgl. Blake 1994: 2) beziehen. Die Markierung des Kasus durch gebundene grammatische Morpheme bezeichnet Blake (1994: 2) als Kasusmarkierung. So würde im Deutschen nach Blake (1994) der Genitiv bei Maskulina und Neutra durch die Kasusform *des* und die Kasusmarkierungen *-(e)s*, *-(e)n* oder *-ens* morphologisch realisiert, z. B.: **des Kindes, des Löwen, des Herzens**. In der vorliegenden Arbeit wird unter dem Begriff *Kasusmarkierung* sowohl die Realisierung des Kasus durch gebundene Flexionsmorpheme (im Deutschen und im Russischen) als auch durch freie Morpheme wie Artikel (im Deutschen) eingeschlossen. Ein Kasus kann morphologisch auch unmarkiert bleiben, z. B. fallen im Deutschen bei Feminina alle vier Kasusmarkierungen am Substantiv morphologisch zusammen. Für das Phänomen des Zusammenfalls von zwei oder mehr Kasusformen mit verschiedenen Bedeutungen auf eine Form wird der Begriff *(Kasus-)Synkretismus* verwendet (vgl. z. B. Baerman 2008). Die Markierung des Kasus an einem der vor dem Substantiv stehenden Determinatoren kann das Problem des Synkretismus im Deutschen nur zum Teil lösen. So können sowohl die Nominativ- als auch die Akkusativformen beim Femininum und Neutrum von den Dativ- und Genitivformen abgegrenzt werden, die Nominativ- und Akkusativformen untereinander können jedoch nicht unterschieden werden, vgl. (26) und (27):

(26)   Die Mutter küsst die Tochter.
(27)   Das Pferd sieht das Kind.

Im Russischen kann die Kasusmarkierung durch die Flexionen am Substantiv von weiteren morphologischen Mitteln begleitet werden, z. B. Erweiterung des Wortstamms, Änderung des Wortstamms oder Verschiebung der Wortbetonung. Z. B. verliert das Substantiv *den'* ‚Tag' in allen obliquen Kasus – z. B. im Genitiv *dnja* – außer im Akkusativ den Stammvokal *-e-*. Das Substantiv *stená* ‚Wand' wird im Akkusativ morphologisch neben der Kasusmarkierung *-u* durch die Verschiebung der Wortbetonung von der Flexion auf den Stammvokal, vgl. *sténu*, gekennzeichnet.

Auch im Russischen findet sich Synkretismus, z. B.:

(28) *Mal'čik posadil mak pod derevo.*
Mal'čik-Ø posadi-lØ mak-Ø
Junge-M.SG.NOM pflanz-M.SG.PRT Mohn- M.SG.AKK
pod derev-o
unter Baum-N.SG.AKK
‚Der Junge hat den Mohn unter den Baum gepflanzt.'

(29) *Derevo i mak rastut v sadu.*
derev-o i mak-Ø rast-ut
Baum-N.SG.NOM und Mohn-M.SG.NOM wachs-3P.PL.PRS
v sad-u
in Garten-M.SG.PRÄP
‚Der Baum und der Mohn wachsen im Garten.'

Im Beispiel (28) und (29) fallen die Nominativ- und Akkusativformen von Substantiven *mak* ‚Mohn' und *derevo* ‚Baum' formal zusammen.

Kasus als Kasusträger ist die gesamte kasusmarkierte Einheit – die ganze kasusmarkierte NP – im syntaktischen Kontext, der von dem übergeordneten Verb, Substantiv, Adjektiv oder der Präposition der Kasus zugewiesen wird (vgl. Duden-Grammatik 2016: Randnummer 1229), z. B.:

(30) deu: Die Katze fängt den Fisch.
    rus: Koška lovit rybu.
        NOM AKK
        [vom Verb zugewiesen] [vom Verb zugewiesen]
(31) deu: Die Katze springt auf den Stuhl
    rus: Koška prygaet na stul.
        NOM AKK
        [vom Verb zugewiesen] [von der Präposition zugewiesen]
(32) deu: Er bleibt seinem Versprechen treu.
    rus: On ostaetsja vernyj svoemu obeščaniju
        NOM DAT
        [vom Verb zugewiesen] [vom Adjektiv zugewiesen]

Im Laufe der Sprachgeschichte lassen sich die Reduktion, die Reorganisation und der Abbau der Kasussysteme in verschiedenen Sprachen beobachten (vgl. Blake 1994: 177 ff.). In einigen Sprachen verlaufen diese Wandlungsprozesse schneller, in anderen langsamer. Beispielsweise gab es im Altenglischen vier Kasus (Nominativ, Genitiv, Akkusativ und Dativ) mit verschiedenen morphologischen Realisierungen, die bis heute fast alle abgebaut wurden. Die wenigen Kasusmarkierungen sind nur an Substantiven im Genitiv und an Personalpronomina zu finden, z. B. engl. *he/him* oder *she/her* (vgl. Blake 1994: 178 ff.; Siemund 2004; Gabriel & Müller 2013: 72 f.). Der Abbau morphologischer Markierungen wird im Englischen durch neu entstandene syntaktische Ausdrucksmittel kompensiert, z. B. die feste Wortstellung und die Präpositionen. Auch im Deutschen wird der Prozess des Kasusabbaus beobachtet. So werden die Genitivobjekte im heutigen Deutsch, insbesondere im mündlichen Sprachgebrauch, zugunsten des Dativs abgebaut und sind nur noch/vor allem in der Schriftsprache zu finden (vgl. Rowley 2004; Eichinger 2013). In vielen niederdeutschen Dialekten gibt es einen Zusammenfall von Akkusativ und Dativ (vgl. Shrier 1965). Diese Vereinfachung ist auch im Oberdeutschen bei Pronomina belegt (vgl. Rowley 2004). In westlichen Dialekten gibt es hingegen eine gemeinsame Form für Nominativ und Akkusativ. Der Dativ wird vom Akkusativ abgegrenzt (vgl. Rowley 2004).

4.2 Funktionen der grammatischen Kategorie *Kasus*

Nachdem die Grundbegriffe des Kasus geklärt sind, stellt sich die Frage, welche Funktion die Kasusmarkierung am Substantiv oder Pronomen hat, oder vereinfacht gesagt: Wozu braucht man einen Kasus? Im Unterschied zu den anderen grammatischen Kategorien, z. B. Numerus, weisen die einzelnen Kasus im Russischen und im Deutschen keine zusätzliche lexikalische Information der Bedeutung des Wortes zu. Im Gegensatz dazu existiert in Turksprachen wie im Türkischen oder Kasachischen für die Markierung der lokalen Angaben ein eigener Kasus, um z. B. einen Ort oder einen Zielort zu benennen. Im Russischen und im Deutschen werden dafür in der Regel unterschiedliche Präpositionen eingesetzt. Dem Kasus des Russischen und des Deutschen werden allerdings eine Reihe syntaktischer und semantischer Funktionen im Aufbau des Satzes zugeschrieben, die im Folgenden erläutert werden.

4.2.1 Syntaktische Funktionen

Eine der Kasusfunktionen besteht darin, syntaktische Funktionen an und innerhalb eines Satzgliedes morphologisch zu kennzeichnen. Im Gegensatz zum Kasus können die anderen nominalen grammatischen Kategorien – das Genus und der Numerus – solche Funktionen nicht kodieren.

In Bezug auf die Kasusbeschreibung lässt sich eine Vielzahl von verschiedenen syntaktischen Funktionen finden. Die Zuordnung zwischen der syntaktischen Funktion und der Kasuskategorie ist nicht in allen Sprachen eindeutig. Denn eine Kasuskategorie kann mehr als eine syntaktische Funktion kodieren. Im Deutschen kann beispielsweise die syntaktische Funktion des direkten Objekts durch den Akkusativ und im Russischen je nach Gebrauchskontext sowohl durch den Akkusativ als auch den Genitiv kodiert werden.

Tab. 1: Die primären syntaktischen Funktionen und ihre Kodierung

Kasus	Syntaktische Funktion		Bedeutung nach Pittner & Berman (2007: 35 ff.)
	im Russischen	im Deutschen	
Nominativ	Subjekt	Subjekt	Das Subjekt ist die am häufigsten vorkommende Ergänzung des Verbs, von dem das im Verb zugrunde liegende Geschehen ausgeht.
Akkusativ	direktes Objekt	direktes Objekt	Das direkte Objekt bezeichnet häufig einen in die Handlung oder den Vorgang stark involvierten Sachverhaltsbeteiligten.
Dativ	indirektes Objekt	indirektes Objekt	Das indirekte Objekt bezeichnet häufig einen nur mittelbar betroffenen, belebten Sachverhaltsbeteiligten.
Genitiv	Attribut[35]	Attribut	Ein Attribut ist kein selbstständiges Satzglied, sondern ein Teil eines anderen Satzgliedes, auf das es sich bezieht.
Instrumental	Adverbial	--	Ein Adverbial bestimmt die im Satz ausgedrückte Handlung oder den Zustand temporal, lokal oder kausal näher.
Präpositiv	Adverbial	--	

Nach Wegener (1995b: 120) lassen sich die syntaktischen Funktionen in primäre und sekundäre Funktionen gliedern. Zu den primären Funktionen im Deutschen gehören die unmarkierten, semantisch ungebundenen Funktionen wie

---

[35] Nach Isačenko (1995: 85) gehört auch der Genitiv der Verneinung zu den primären syntaktischen Funktionen des Genitivs.

die Kodierung des Subjekts, des direkten und indirekten Objekts sowie des Attributs (vgl. auch Flämig 1991: 463 ff.), im Russischen lässt sich das Adverbial dazu zählen (vgl. Hentschel 1999). Zu den sekundären Funktionen, bei denen die syntaktische Relation semantisch motiviert ist, gehören beispielsweise die Kodierung des Prädikats oder Vokativs (vgl. Wegener 1995b: 121). Tabelle 1 gibt einen Überblick über primäre syntaktische Funktionen der jeweiligen Kasus im Russischen und im Deutschen (vgl. Flämig 1991: 463 ff.; Isačenko 1995: 84 ff.; Wegener 1995b: 120).

Die Markierung der syntaktischen Funktionen kann auf verschiedene Weise erfolgen, z. B. morphologisch durch Flexion (z. B. Deutsch, Russisch, Türkisch oder Ungarisch), Klitisierung (z. B. Französisch), lexikalisch über Präpositionen (z. B. Englisch, Französisch), durch postpositionale Partikel (z. B. Japanisch) oder syntaktisch über die Wortstellung (z. B. Englisch, Chinesisch).

4.2.2 Semantische Funktionen

In Bezug auf die Beschreibung der semantischen Struktur der Verben wird angenommen, dass beim Aufbau einer syntaktischen Struktur gewisse logisch-semantische Eigenschaften des Verbs eines oder mehrere Argumente mit bestimmtem Kasus an bestimmten syntaktischen Positionen fordern. Die semantischen Beziehungen zwischen dem Verb und seinen Argumenten werden als semantische Rollen bezeichnet (vgl. Wegener 1995b: 122; Dürscheid 2010: 141 f.). Dabei besteht die semantische Kasusfunktion darin, die Argumente im Satz an das Verb zu binden und ihre semantische Rolle morphologisch zu kodieren (vgl. Dürscheid 1999: 272). Beispielsweise verlangt ein transitives Verb – z. B. im Russischen *'lovit'* ‚fangen' und im Deutschen *fangen* – zwei Argumente: ein Argument in der semantischen Rolle des Agens, von dem die im Verb ausgedrückte Handlung ausgeführt oder ein Ereignis verursacht wird, und das zweite Argument in der semantischen Rolle des Patiens, das von der Handlung betroffen ist, sozusagen das Gegenteil des Agens.

Eine semantische Rolle kann durch verschiedene syntaktische Funktionen und verschiedene Kasus realisiert werden. Beispielsweise kann im Deutschen das Agens sowohl durch das Subjekt im Nominativ des Aktivsatzes als auch durch eine Präpositionsgruppe *von* + Dativ bzw. *durch* + Akkusativ des Passivsatzes realisiert werden. Die semantische Rolle des Patiens kann durch das direkte Objekt im Akkusativ des Aktivsatzes und durch das Subjekt im Nominativ des Passivsatzes realisiert werden. Umgekehrt kann eine syntaktische Funktion – z. B. das Subjekt bei verschiedenen zweistelligen Verben – durch verschiedene semantische Rollen kodiert werden:

(33)   Der Junge   backt   den Kuchen.
     sem. Rolle   Agens   Patiens
     syn. Funktion   SUB   OBJ
     Kasusrealisierung   NOM   AKK

(34)   Der Junge   hasst   Spinat.
     sem. Rolle   Experiencer   Patiens
     syn. Funktion   SUB   OBJ
     Kasusrealisierung   NOM   AKK

Zwar lassen sich die semantischen Rollen durch verschiedene syntaktische Funktionen und Kasus realisieren, mit einigen werden sie jedoch häufiger assoziiert. So wird das Agens im Russischen und Deutschen typischerweise mit dem Subjekt im Nominativ assoziiert und das Patiens dagegen mit dem direkten Objekt im Akkusativ. Tabelle 2 gibt einen Überblick über die einzelnen semantischen Relationen und ihre typische Realisierung:

Tab. 2: Typische Realisierungen der semantischen Rollen

Semantische Rolle	Syntaktische Funktion		Kasus
	im Russischen	im Deutschen	
Agens	Subjekt	Subjekt	Nominativ
Possessivum	Attribut	Attribut	Genitiv
Rezipient	indirektes Objekt	indirektes Objekt	Dativ
Patiens	direktes Objekt	direktes Objekt	Akkusativ
Instrument	Adverbial	--	Instrumental
Ort	Adverbial	--	Präpositiv

In der Forschung wird angenommen, dass die semantischen Rollen sprachübergreifend sind, aber sprachspezifisch kodiert werden (vgl. dazu Emsel 2004). In den Sprachen mit einem morphologisch ausgeprägten Kasussystem können sie durch die Flexionsmorphologie markiert werden, in den Sprachen mit einem weniger ausgeprägten Kasussystem durch Wortstellung, Präpositionen, Partikel, Intonation und Akzentuierung. In der Sprachforschung lassen sich unterschiedliche Zusammenstellungen der semantischen Rollen finden: So unterscheidet Fillmore (1971) neun semantische Rollen, Pittner & Berman (2007: 50 f.) listet sieben und Blake (1994) 14 semantische Rollen auf. Eine Übereinstimmung lässt sich jedoch in Bezug auf Agens, Benefaktiv, Experiencer und Instrument beobachten:

Tab. 3: Überblick über die semantischen Rollen

Fillmore (1971: 42, 52)	Blake (1994: 68 ff.)	Pittner & Berman (2007: 50 f.)
Agent, Benefactive, Experiencer, Instrument, Object Location, Source, Time, Goal	Agent, beneficiary, experiencer, instrument, patient Location, source, manner, possessor, path, purpose, recipient, destination, extent	Agens, Benefaktiv, Experiencer, Instrument, Pathiens/Thema, Stimulus, Rezipient

In der Forschung finden sich verschiedene Theorien darüber, welchen Einfluss semantische Rollen und syntaktische Funktionen auf den Erwerb der Kasusmorphologie haben. Dieser Aspekt wird in Kapitel 5 beschrieben.

4.3 Das russische Kasussystem

Im Vergleich zum Deutschen (vgl. Abschnitt 4.4) ist das Kasussystem des Russischen komplexer und breiter. Neben den sechs Kasus der traditionellen Grammatikbeschreibung – Nominativ, Genitiv, Dativ, Akkusativ, Instrumental und Präpositiv (vgl. Mulisch 1965; AG-80; Šanskij & Tihonov 1987; Isačenko 1995; Rozental' et al. 2006) – werden von Zaliznjak (2002: 37) noch zwei weitere Kasus – Genitiv2 und Präpositiv2, auch Lokativ genannt – vorgeschlagen. Zaliznjak (2002) zählt jedoch den Partitiv und den Lokativ zu den schwach differenzierten Kasus, da diese Kasusformen nicht von allen Elementen einer Lexemklasse gebildet werden können (z. B. ist der Lokativ auf kleine Gruppen von unbelebten Substantiven[36] und nur auf den Singular begrenzt). Weiterhin diskutiert Zaliznjak (2002: § 2.10) die Existenz eines 14-gliedrigen Kasussystems. Im Rahmen dieser Arbeit wird auf die Problematik der tatsächlichen Anzahl der Kasus allerdings nicht weiter eingegangen. Generell wird im Folgenden von einem sechsgliedrigen Kasussystem des Russischen ausgegangen, wie es in der

---

36 Nach Zaliznjak (2002: 637) ca. 150 Wörter.

traditionellen Grammatikbeschreibung angegeben wird. Somit kommen zu den vier im Deutschen bekannten Kasus – Nominativ, Genitiv, Dativ und Akkusativ – noch zwei weitere Kasus – Instrumental und Präpositiv – hinzu. Ähnlich wie im Deutschen tritt der Nominativ im Russischen nur ohne Präposition auf. Der Präpositiv hingegen steht immer nach einer Präposition. Alle anderen Kasus können sowohl mit als auch ohne Präpositionen verwendet werden.

Im Unterschied zum Deutschen, in dem die grammatische Kategorie des Kasus am häufigsten durch den vorangestellten Artikel ausgedrückt wird, werden die Kasusmarkierungen im artikellosen Russischen morphologisch, hauptsächlich durch Flexionssuffixe angezeigt, seltener wird dabei zusätzlich eine Stammänderung/-erweiterung oder eine Verschiebung der Wortbetonung beobachtet. Bei sechs Kasus werden 48 Kasusformen unterschieden, die durch 14 Flexionen ausgedrückt werden können (vgl. Gabka 1988: 213). Je nach Deklinationsmuster in Abhängigkeit vom Genus und dem phonologischen Stammauslaut werden die Substantive in drei Deklinationstypen eingeteilt. Für die Bestimmung der Deklination ist die Form des Substantivs im Nominativ Singular wichtig:

Zur *I. Deklination*[37] gehören die endungslosen Maskulina, die im Nominativ Singular auf einen Konsonanten, ein *-j* oder auf Weichheitszeichen ausgehen, und Neutra mit den Endungen auf *-o, -e* und *-ë*, z. B.:

(35) Mask.:   *stol-Ø* ‚Tisch', *stul-Ø* ‚Stuhl', *muzej-Ø* ‚Museum'
(36) Neutr.:   *pol-e* ‚Feld', *mor-e* ‚Meer', *okn-o* ‚Fenster'

Zur *II. Deklination* gehören Feminina, Maskulina und ambivalente Substantive mit den Endungen *-a/-ja* im Nominativ Singular, z. B.:

(37) Fem.:   *sten-a* ‚Wand', *knig-a* ‚Buch', *zeml-ja* ‚Erde'
(38) Mask.:   *junoš-a* ‚Junge', *dedušk-a* ‚Großvater', *djad-ja* ‚Onkel'
(39) Fem./Mask.:   *zajk-a* ‚Häschen'

---

[37] Einige Autoren benutzen eine andere Reihenfolge der Einteilung der Substantive in die Deklinationen: Die I. Deklination umfasst die maskulinen und femininen Substantive auf *-a/-ja*. In die II. Deklination werden maskuline Substantive auf harte oder weiche Konsonanten und sächliche Substantive auf *-o/-e* eingeteilt. In die III. Deklination fallen alle femininen Substantive auf das Weichheitszeichen (-ь) (vgl. Zemskij 1963; Babyonyshev 1993; Gagarina & Voeikova 2002, 2009). Die hier benutzte Reihenfolge wird z. B. von AG-80, Mulisch (1965), Gabka (1988), Isačenko (1995) und Rozental' et al. (2006) beschrieben.

Zur *III. Deklination* gehören die Feminina und wenige Neutra mit Nullendung im Nominativ Singular, die in der Schriftform auf ein Weichheitszeichen bei Feminina und zehn Neutra, die im Nominativ und Akkusativ auf *-mja* bei Neutra enden, z. B.:

(40)   Fem.:   *noč'-Ø* ‚Nacht', *dver'-Ø* ‚Tür', *myš'-Ø* ‚Maus'
(41)   Neutr.:   *im-ja* ‚Name', *vrem-ja* ‚Zeit', *znam-ja* ‚Fahne'

Innerhalb einer Deklinationsklasse wird zusätzlich zwischen *harten* und *weichen*[38] Deklinationsmustern unterschieden (vgl. Mulisch 1965; Gabka 1988; Isačenko 1995). Die folgende Tabelle gibt einen allgemeinen Überblick über die Kasus und die Kasusflexionen des Russischen.

Tabelle 4 zeigt, dass trotz zahlreicher Kasusmarkierungen des Russischen die meisten Kasusformen homonym sind. Fast jedes Kasusflexiv hat mehr als eine Kasusbedeutung. Die Flexionen in jedem Paradigma sind auf wenige Flexionsmuster reduziert. Die größte Homonymie trägt die Flexion *-a*, die sowohl zwischen den Kasusformen innerhalb eines Kasus als auch zwischen verschiedenen Kasus auftritt. Weiterhin kann Tabelle 4 entnommen werden, dass sich die Kasusparadigmen in der Komplexität der Flexionsmuster (bzw. Länge der Flexion-Zeichenkette) unterscheiden. Das Flexionsmuster im Plural ist in der Regel länger oder genauso lang wie im Singular.

Eine wichtige grammatische Auswirkung auf die Markierung der Kasuskategorie im Russischen hat die lexiko-grammatische Kategorie der Belebtheit, die alle Substantive in die zwei Subklassen *belebt* und *unbelebt* einteilt. Die lexikalische Funktion der Belebtheit stimmt mit dem naturwissenschaftlichen Wissen von der Differenzierung der Weltobjekte zwischen belebt und unbelebt jedoch nicht überein. Unter *belebt* fallen hauptsächlich die maskulinen und femininen Substantive sowie wenige Substantive im Neutrum, die nicht nur Menschen und Tiere, sondern auch Insekten und Objekte organischer Natur benennen, z. B. *čelovek* ‚Mensch', *doč'* ‚Tochter', *Dima* (Vorname), *korova* ‚Kuh', *komar* ‚Mücke', aber auch solche Wörter, die der Logik des Belebtseins widersprechen, z. B. *mertvec* ‚Leiche', *pokojnik* ‚Verstorbene', *kukla* ‚Puppe'.

---

38 Die meisten russischen Konsonanten können sowohl hart als auch weich sein. Wenn der Stammauslaut auf ein Weichheitszeichen (*-ь*) oder *-j* endet, oder wenn ein Konsonant vor dem Vokal *-e*, *-ë*, *-i*, *-ju* oder *-ja* steht, ist der Stammauslaut weich, andernfalls ist er hart. Der Gebrauch der Begriffe *hart* und *weich* in Bezug auf die Beschreibung der Konsonanten gehört zur üblichen Terminologie, die sowohl in der russischsprachigen als auch in der deutschsprachigen Literatur gängig ist (vgl. AG-80; Gabka 1988; Bendixen et al. 2006; Rozental' et al. 2006).

Tab. 4: Flexionsparadigmen des Russischen für jeden Kasus im Singular und Plural

Kasus_NUM	I. Deklination		II. Deklination			III. Deklination
	Mask_hart	Mask_weich	Neutr_hart	Neutr_weich	Fem_hart	Fem_weich	Fem_weich

Kasus_NUM	Mask_hart	Mask_weich	Neutr_hart	Neutr_weich	Fem_hart	Fem_weich	Fem_weich
NOM_SG	-Ø	-Ø	-o|-e	-e|-ë	-a	-ja	-Ø
GEN_SG	-a|-u	-ja	-a	-ja	-y|-i	-i	-i
DAT_SG	-u	-ju	-u	-ju	-e	-e|-i	-i
AKK_SG	entspricht orthografisch dem Nominativ oder Genitiv		entspricht orthografisch dem Nominativ		-u	-ju	entspricht orthografisch dem Nominativ
INSTR_SG	-om|-em	-em|-ëm	-om|-em	-em|-ëm	-oj|-ej|-oju	-ej|-oju	-(')ju
PRÄP_SG	-e|-u	-e	-e	-e|-i	-e	-e|-i	-i
NOM_PL	-y|-i|-a|-'ja|-e|-ata|-jata	-i|-ja|-'ja	-a|-'ja|-i	-ja|-'ja	-y|-i	-i	-i
GEN_PL	-ov|-ev|-ej|-Ø	-ej	-Ø|-ej|-ev	-Ø|-ij|-ev	-Ø|-ej	-Ø|-ej|-j	-ej
DAT_PL	-am	-jam	-am|-jam	-jam	-am	-jam	-am|-jam
AKK_PL	entspricht orthografisch dem Nominativ oder Genitiv						
INSTR_PL	-ami	-jami	-ami|-jami	-jami	-ami	-jami	-jami|-ami
PRÄP_PL	-ach	-jach	-ach|-jach	-jach	-ach	-jach	-jach|-ach

Legende: Die durch den senkrechten Strich getrennten Kasusmarkierungen sind allomorph, Ø - ohne Flexionsendung bzw. Nullflexion (angelehnt an Mulisch 1965; AG-80; Tauscher & Kirschbaum 1987; Gabka 1988).

Tab. 5: Kasusmarkierung bei belebten Substantiven im Singular

Kasus	Mask., I. Dekl. ‚Freund'	Neutr., I. Dekl. ‚Wesen'	Fem., II. Dekl. ‚Mädchen'	Fem., III. Dekl. ‚Maus'
NOM	drugØ	suščestvo	devuška	myš'Ø
GEN	druga	suščestva	devuški	myši
AKK	druga	suščestvo	devušku	myš'Ø

Tab. 6: Kasusmarkierung bei belebten Substantiven im Plural

Kasus	Mask., I. Dekl. ‚Schüler'	Neutr., I. Dekl. ‚Wesen'	Fem., II. Dekl. ‚Kühe'	Fem., III. Dekl. ‚Mäuse'
NOM	učeniki	suščestva	korovy	myši
GEN	učenikov	suščestvØ	korovØ	myšej
AKK	učenikov	suščestvØ	korovØ	myšej

Zu den *unbelebten* Substantiven gehören alle übrigen Substantive, die Dinge, abstrakte Begriffe und Ansammlungen von gleichartigen Lebewesen bezeichnen, z. B. *narod* ‚Volk', *tolpa* ‚Menschenhaufen', *staja* ‚Schwarm' (nach Šanskij & Tihonov 1987; Rozental' et al. 2006).

Tab. 7: Kasusmarkierung bei unbelebten Substantiven im Singular

Kasus	Mask., I. Dekl. ‚Schiff'	Neutr., I. Dekl. ‚Meer'	Fem., II. Dekl. ‚Wand'	Fem., III. Dekl. ‚Salz'
NOM	parochodØ	more	stena	sol'Ø
GEN	parochoda	morja	steny	soli
AKK	parochodØ	more	stenu	sol'Ø

Bei der Kasusmarkierung bewirkt die Belebtheitskategorie, dass die belebten maskulinen Substantive der I. Deklination im Akkusativ Singular und im Genitiv Singular formal zusammenfallen. Unbelebte maskuline, belebte und unbelebte sächliche Substantive sowie feminine Substantive der III. Deklination Singular haben im Akkusativ und im Nominativ formal übereinstimmende Kasusmarkierungen. Die Feminina und die Maskulina der II. Deklination Singular auf *-a/-ja* weisen im Akkusativ, Genitiv und Nominativ unabhängig von der

Belebtheitskategorie distinkte Kasusmarkierungen auf. Im Plural haben alle belebten Substantive in allen Geschlechtern die formal gleiche Kasusmarkierung im Akkusativ und im Genitiv. Die Kasusmarkierung aller unbelebten Substantive im Plural fällt im Akkusativ und im Nominativ formal zusammen (vgl. Tabellen 5–8).

Tab. 8: Kasusmarkierung unbelebter Substantive im Plural

Kasus	Mask., I. Dekl. ‚Städte'	Neutr., I. Dekl. ‚Wolken'	Fem., II. Dekl. ‚Berge'	Fem., III. Dekl. ‚Salze'
NOM	goroda	oblaka	gory	soli
GEN	gorodov	oblakov	gorø	solej
AKK	goroda	oblaka	gory	soli

Zwar gilt im Russischen die Grundwortstellung SVO, erlaubt ist jedoch auch die Kasusmarkierung der Verbargumente in einer freien Wortstellung. Je nach Kontext können die Satzglieder des russischen Aussagesatzes frei umgestellt werden:
- Koška pojmala myšku. ⇨ **SVO**

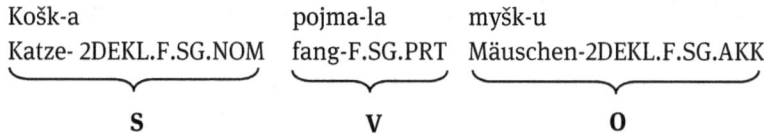

- Koška myšku pojmala. ⇨ **SOV**
- Myšku pojmala koška. ⇨ **OVS**
- Myšku koška pojmala. ⇨ **OSV**
- Pojmala koška myšku. ⇨ **VSO**
- Pojmala myšku koška. ⇨ **VOS**

Ähnlich wie im Deutschen können im Russischen verschiedene lexikalische Kategorien kasuszuweisend sein: Verben, Adjektive, Substantive, Präpositionen, aber auch Zahlwörter. In PPn wird der Kasus von den Präpositionen zugewiesen. Ähnlich wie im Deutschen gibt es im Russischen eine Reihe von Präpositionen, die je nach semantischem Gehalt des Kontexts mit zwei oder drei Kasus verwendet werden können:

Tab. 9: Beispiele für die Präpositionen, die nur einen oder mehrere Kasus regieren können

Wechselpräpositionen			Präpositionen mit fester Kasusrektion		
mit zwei Kasus		mit drei Kasus			
AKK/PRÄP	AKK/INSTR	GEN/AKK/INSTR	GEN	AKK	DAT
na ‚auf‘, *v* ‚in‘	*za* ‚hinter‘, *pod* ‚unter‘	*s* ‚mit‘	*u* ‚bei‘, *iz* ‚aus‘, *dlja* ‚für‘	*pro* ‚über‘, *čerez* ‚durch‘	*k* ‚zu‘

4.4 Das deutsche Kasussystem

Nach Wegener (1995b: 170) gehört das Deutsche von heute nicht zu den Sprachen mit einer reichen Kasusmorphologie. Der traditionellen Grammatikbeschreibung zufolge werden hier vier Kasuskategorien unterschieden: Nominativ, Genitiv, Dativ und Akkusativ (vgl. Flämig 1991; Zifonun et al. 1997: 63). Häufig weist das Verb den Kasus zu. Aber auch andere lexikalische Kategorien wie Substantive, Adjektive und Präpositionen können den Kasus zuweisen (vgl. Wegener 1995: 126; Duden-Grammatik 2016: Randnummer 1229). Als Sonderfall kann die Zuweisung des Kasus in PPn mit unspezifizierten Wechselpräpositionen (z. B. *an, auf, hinter, in, neben*) angesehen werden. Es wird angenommen, dass die Kasuszuweisung in den PPn nicht nur von der Bedeutung der Präposition allein abhängt, sondern auch durch das Verb im Satz spezifiziert wird. Somit wird die Kasuszuweisung in den PPn mit Wechselpräpositionen indirekt von der Semantik des Verbes bedingt (vgl. Turgay 2010).

Die Markierung der Kasuskategorie kann durch grammatische Morpheme an den Substantiven selbst oder an nominalen Begleitern wie z. B. Artikeln, Pronomen oder attributiven Adjektiven auftreten: Am Substantiv ist die Kasuskategorie durch die fehlende Kasusmarkierung in der Regel wenig ersichtlich (siehe Tabellen 10 und 11). Die Ausnahmen bilden hier der Genitiv Singular der sogenannten starken Flexionsklasse[39], der im Singular von Maskulina und Neutra mit dem *-(e)s* oder *-ns* gekennzeichnet wird, z. B. *Kindes, Tischs, Namens*, und die Maskulina der schwachen Flexionsklasse, bei denen alle obliquen Kasus durch *-(e)n* angezeigt werden: *Jungen, Bären, Hasen*, und der Dativ

---

[39] Nicht alle Substantive werden bei einzelnen Kasus einheitlich mit denselben Flexionsmarkierungen kodiert, sondern anhand der weiteren Unterteilung nach verschiedenen Flexionsmustern (endungslos, stark, schwach) gebeugt (siehe Duden-Grammatik 2016: Randnummer 298).

Plural[40] mit dem Flexiv -*n*, z. B. *Kindern, Tischen*. Bei Feminina zeigen sich die Kasusmarkierungen am Substantiv nicht, z. B. könnte das Lexem *Katze* der Form nach sowohl im Nominativ als auch im Genitiv, Akkusativ oder Dativ stehen (vgl. Tabelle 10). Ähnlich wie bei den Kategorien des Genus und Numerus werden die Kasuskategorien jedoch häufiger bzw. hauptsächlich an den nominalen Begleitern, wie meist obligatorische definite oder indefinite Artikel, aber auch an Pronomina oder fakultativen attributiven Adjektiven markiert. In einigen Fällen ist allerdings die Kasusmarkierung auch durch den Artikel nicht obligatorisch. Er wird z. B. bei Eigen- oder Stoffnamen in der Regel weggelassen (vgl. Wegener 1995b: 142 f.). Die zwei folgenden Tabellen zeigen Beispiele zur Markierung der Kasuskategorien des Deutschen im Singular und Plural:

Tab. 10: Kasusmarkierung des Deutschen im Singular

Kasus	Pronomen			definite Artikel und Substantive		
	Mask.	Fem.	Neutr.	Mask.	Fem.	Neutr.
NOM	er	sie	es	der HundØ	die KatzeØ	das BuchØ
AKK	ihn	ihrer	es	den HundØ	die KatzeØ	das BuchØ
DAT	ihm	sie	ihm	dem HundØ	der KatzeØ	dem BuchØ
GEN	seiner	ihr	seiner	des Hundes	der KatzeØ	des Buchs

Tab. 11: Kasusmarkierung des Deutschen im Plural

Kasus	Pronomen	definite Artikel und Substantive		
	Mask./Fem./Neutr.	Mask.	Fem.	Neutr.
NOM	sie	die HundeØ	die KatzenØ	die BücherØ
AKK	sie	die HundeØ	die KatzenØ	die BücherØ
DAT	ihnen	den Hunden	den KatzenØ	den Büchern
GEN	ihrer	der HundeØ	der KatzenØ	der BücherØ

---

[40] Die Kasusmarkierung -*n* im Dativ Plural weisen nur die Substantive auf, die im Plural auf -*(e)* und -*er* ausgehen (vgl. Wegener 1995b: 143).

Aus diesen Tabellen lässt sich leicht ersehen, dass jedes Lexem acht Positionen im Kasusparadigma (vier im Singular und vier im Plural) hat, aber im besten Fall nur zwei morphologisch distinkte Kasusmarkierungen am Substantiv aufweist, nämlich Genitiv Singular und Dativ Plural. Mehr Flexionsformen hingegen zeigen die Artikel und Pronomina, obwohl sich auch hier mehrere formal gleichlautende Formen feststellen lassen. So kann beispielsweise die Kasusmarkierung am Artikel *der* die folgenden Kasus kodieren:
– Nominativ Maskulinum Singular
– Genitiv Femininum Singular
– Dativ Femininum Singular
– Genitiv Plural

Außerdem zeichnet sich das nominale Flexionssystem des Deutschen durch hochgradige Polyfunktionalität aus: Aufgrund der Fusion der Kategorien des Genus, Kasus und Numerus korrespondieren formal gleiche Flexionsformen mit verschiedenen morphosyntaktischen Beschreibungen; daher ist bei den meisten Flexiven eine eindeutige Zuordnung von Form und Funktion nicht möglich (vgl. Wegener 1995b: 179). Am wenigsten sind der Dativ, Akkusativ und Nominativ bei Maskulina mit definitem Artikel vom Synkretismus betroffen (vgl. Wegener 1995b: 163 f.).

In Bezug auf die Frequenz treten die Nominative häufiger als die Akkusative und die Akkusative häufiger als die Dative auf. Der Genitiv kommt in der gesprochenen Sprache – insbesondere in der kindlichen Sprache – nur selten vor und meist als pränominaler Genitiv bei Eigennamen, z. B. *Susis Puppe*. Diese Frequenzverhältnisse spiegeln sich in der Erwerbsreihenfolge der Kasusmarkierungen wider (vgl. Wegener 1995b: 169 f.), die im Kapitel 5 ausführlich behandelt wird.

Im deutschen Kasussystem lassen sich in den letzten Jahrhunderten deutliche Tendenzen zum Kasusabbau beobachten. Zum einen wird das Auslassen des *-e* zur Markierung des Dativs Singular beobachtet (vgl. Wegener 1995b: 156), zum anderen ist auch die Artikelmorphologie von dem Abbau der Kasusmarkierung betroffen. Darüber hinaus beobachtet Wegener (2007) eine Reorganisation in der Verwendung der Flexionsmarkierungen an schwachen Maskulina, indem die schwache Deklination zur gemischten Deklination von Maskulina übergeht, z. B. *Funke*$_{NOM}$ ⇨ *Funkens*$_{GEN}$ statt *Funken*$_{GEN}$.

Im Unterschied zu Sprachen wie Englisch oder Chinesisch, in denen die syntaktischen Funktionen und die semantischen Rollen der Aktanten lediglich durch die Wortstellung oder durch die Verwendung von Präpositionen markiert werden, können sie im Deutschen morphologisch kodiert werden. Dies erlaubt eine relativ flexible Wortstellung im deutschen Satz, die lediglich durch die feste Verbstellung eingeschränkt wird, z. B.:

(42) Gestern backte der Junge einen Kuchen. ⇨ **XVSO**
(43) Der Junge backte gestern einen Kuchen. ⇨ **SVO**
(44) Einen Kuchen backte der Junge gestern. ⇨ **OVS**

Zwar wird das Beispiel (43) im neutralen Kontext favorisiert, es sind jedoch alle drei Wortstellungsmuster für einen Aussagesatz zulässig. Liefern die morphologischen Kasusmarkierungen keine ausreichenden Hinweise zur Interpretation der syntaktischen Funktionen und semantischen Rollen im Satz, werden Wortstellung, Subjekt-Verb-Kongruenz oder Intonation zum Satzverstehen herangezogen (vgl. Lindner 2003 zum Satzverstehen in isolierten Sätzen bei monolingualen deutschsprachigen Kindern).

Zusammenfassung
Zusammenfassend lässt sich festhalten, dass sowohl im Russischen als auch im Deutschen die Nominalflexion aus der Realisierung der drei grammatischen Kategorien Genus, Numerus und Kasus besteht. Beide Sprachen kennen drei grammatische Genera und zwei Numeri. In der Kategorie des Kasus zeigen sich größere Unterschiede: Das Deutsche verfügt über vier und das Russische über sechs Kasus. Die Kategorie des Kasus kann in beiden Sprachen sowohl durch die Substantive selbst als auch durch die die Substantive begleitenden Adjektive, Pronomina und durch adjektivierte Partizipien gekennzeichnet werden. Im Deutschen erfolgt die Kasusmarkierung hauptsächlich am Artikel und seltener (z. B. im Genitiv) am Substantiv selbst. Im artikellosen Russischen wird hingegen die Kasusflexion hauptsächlich am Substantiv durch verschiedene Kasusflexionen markiert. Die morphologische Markierung des Kasus ermöglicht es in beiden Sprachen, die syntaktischen und semantischen Beziehungen zu kodieren und die Wortfolge im Satz relativ flexibel zu gestalten. Der Kasus kann in beiden Sprachen durch Wortklassen wie Verb, Präposition, Adjektiv, Substantiv oder Zahlwort (charakteristisch für das Russische) zugewiesen werden. Die Besonderheit der nominalen Flexion des Russischen besteht darin, dass die Kategorie der Belebtheit morphologisch markiert wird, die insbesondere bei der Markierung des Genitivs und Akkusativs der maskulinen Substantive der I. Deklination im Singular und aller Substantive im Plural ersichtlich wird. Wie das Kasusflexionssystem in beiden Sprachen bei unterschiedlichen Erwerbstypen erworben wird und von welchen Schwierigkeiten der Spracherwerb begleitet wird, das wird im nächsten Kapitel beschrieben.

5 Erwerb der Kasusmarkierungen im Russischen und im Deutschen

In diesem Kapitel wird über den Forschungsstand zum Erwerb und zur Verwendung der Kasusmarkierungen im Russischen und im Deutschen bei monolingual und bilingual aufwachsenden Kindern mit und ohne Sprachauffälligkeit berichtet. Bevor jedoch genauer auf empirische Arbeiten zum jeweiligen Erwerbsverlauf eingegangen wird, werden zwei miteinander konkurrierende theoretische Ansätze zum Kasuserwerb vorgestellt und sprachübergreifende Faktoren beschrieben, die den Kasuserwerb beeinflussen können.

5.1 Der Kasuserwerb aus der Sicht unterschiedlicher theoretischer Ansätze

Die in diesem Kapitel beschriebenen Studien zum Kasuserwerb im monolingualen und bilingualen Kontext lassen sich grundsätzlich einer der zwei theoretischen Richtungen zuordnen: generativ oder kognitiv-funktional orientiert.

5.1.1 Generativ orientierte Ansätze

Die Erklärung des Kasuserwerbs aus generativer Sicht basiert auf der Annahme, dass das Kind bereits ein bestimmtes linguistisches Wissen durch sein angeborenes mentales System mitbringt, und dass der Erwerb jeder natürlichen Sprache auf dem für alle Sprachen gültigen Prinzipien- und Parametermodell der sogenannten *Universalgrammatik* (UG, vgl. Chomsky 1973, 2006) beruht. Hierbei wird angenommen, dass die Prinzipien Eigenschaften sind, die für alle Sprachen universell sind. Diese Prinzipien enthalten Parameter, die sprachspezifische Werte annehmen (vgl. Gabriel & Müller 2013: 8, 13). Die Parameter werden im Verlauf des Spracherwerbs mit beschränkten Wahlmöglichkeiten gesetzt: So ist z. B. aufgrund eines angeborenen Prinzips jede NP mit einem abstrakten Kasus ausgestattet. Im Laufe des Spracherwerbs muss das Kind mithilfe des sprachlichen Inputs herausfinden, mit welchen syntaktischen und thematischen Rollen welcher Kasus verbunden ist und welche Markierungen dafür zuständig sind.

Nach Clahsen (1984, 1988) sind die ersten eindeutig kasusmarkierten Formen bei Kindern erst mit einem MLU von höher als 3,5 Wörtern zu beobachten. Mit den Kasusmarkierungen wird dem Kind ein grammatisches Mittel zur Kodierung der thematischen Funktionen wie Subjekt und Objekt zur Verfügung gestellt, die eine flexiblere Wortstellung im Satz ermöglicht (vgl. dazu Clahsen 1984; Babyonyshev 1993; Clahsen et al. 1994; Eisenbeiss et al. 2006, 2008). Das MLU-Kriterium beim Erwerb der Kasusmarkierungen scheint jedoch sprachspezifisch zu sein. Im Russischen fanden Gagarina & Voeikova (2009), dass die Kinder die obliquen Kasusmarkierungen bereits vor einem MLU von 2,0 Wörtern zeigen, also in einem Zeitraum, in dem die syntaktischen Strukturen dafür noch nicht ausgereift sein sollen.

Eine weitere Annahme aus generativer Sicht ist, dass eine grundlegende oppositionelle Unterscheidung zwischen zwei Zuweisungsarten für den Erwerbsverlauf und die Kasuszuweisung von Bedeutung ist: *struktureller* vs. *lexikalischer* oder *inhärenter* Kasus. Eine Reihe von Studien zeigte Evidenz dafür, dass der strukturelle Kasus früher erworben und häufiger zielsprachlich markiert wird und bei Schwierigkeiten in der Verwendung des lexikalischen Kasus auf diesen übergeneralisiert wird (vgl. Babyonyshev 1993; Clahsen et al. 1994; Eisenbeiss et al. 2006, 2008; Schönenberger et al. 2013).

In der deutschsprachigen Literatur werden die Begriffe *lexikalisch* und *inhärent* oft synonym verwendet (mehr dazu vgl. Dürscheid 1999: 52 f.). Dabei handelt es sich um einen Kasus, der als lexemspezifisch angesehen wird und dessen Zuweisung von den Besonderheiten und den Eigenschaften der lexikalischen Elemente (z. B. des Verbs, Substantivs, Adjektivs oder einer Präposition) abhängt oder zwingend an die parallele Vergabe einer Thetarolle gebunden ist, z. B. Dativ beim Verb *helfen* oder *dienen*. Bei einem solchen Element ist im Lexikon bereits festgelegt, welchen Kasus es seinem Komplement zuweist. Nach Haider (1985: 82 ff., 1993: Kap. 5.3) werden im Deutschen der Dativ und der Genitiv zu den lexikalischen Kasus gezählt. Nach Babyonyshev (1993) sind es im Russischen Dativ, Instrumental und Präpositiv.

Der strukturelle Kasus (z. B. der Akkusativ bei solchen Verben wie *lesen* oder *sehen*) hingegen ist konstruktionsabhängig, folgt allgemeinen Prinzipien und wird durch die syntaktische Position zugewiesen, z. B. wird dem Verbkomplement ein Akkusativ oder dem Subjekt ein Nominativ zugewiesen (vgl. Chomsky 1993: 171). Sowohl im Russischen als auch im Deutschen werden der Nominativ und der Akkusativ des direkten Objekts (DO) einstimmig zu den strukturellen Kasus gezählt. Im Russischen kann auch der Genitiv der Negation als strukturell interpretiert werden (vgl. zur ausführlicheren Beschreibung Babyonyshev 1993; Hentschel 2003).

Ein wichtiges Kriterium für den strukturellen Kasus ist die Kasusalternierung. So können beispielsweise der Nominativ und der Akkusativ bei demselben Verb mit derselben Thetarolle alternieren (Wegener 1991: 70, 1995b: 127),

z. B. im Deutschen bei den transitiven Verben im Aktiv und in entsprechenden *werden*-Passiv-Konstruktionen. Bei dem lexikalischen Dativ ist hingegen eine solche Alternierung aufgrund der Gebundenheit von Thetarolle und Kasuszuweisung nicht möglich (vgl. Haider 1985; Wegener 1995b), z. B.:

(45) Aktiv: Sie$_{NOM}$ sieht ihn$_{AKK}$.
              Sie$_{NOM}$ hilft ihm$_{DAT}$.
(46) *werden*-Passiv: Er$_{NOM}$ wird gesehen.
                        Ihm$_{DAT}$ wird geholfen.
(Beispiele (45) und (46) aus: Haider 1985: 68)

Die Forschungsmeinungen darüber, wann der Kasus strukturell und wann er lexikalisch zugewiesen wird, gehen allerdings zum Teil auseinander. Ein Streitpunkt ist vor allem der Status des deutschen Dativs: Nach Haider (1985, 1993) ist der Dativ immer lexikalisch, da er bei der passivischen Paraphrasierung nicht auf genau die gleiche Weise wie ein struktureller Akkusativ alternieren kann. Nach Eisenbeiss et al. (2006) und Wegener (1991) ist der Dativ nicht immer lexikalisch. Bei den ditransitiven Verben beschreibt Wegener ihn als strukturell, denn auch mit einem Dativ ist eine Passivierung (beim Rezipientenpassiv) möglich, z. B.:

(47) Aktiv: Man entzog ihm$_{DAT}$ den Führerschein$_{AKK}$.
(48) Rezipientenpassiv: Er$_{NOM}$ bekam den Führerschein$_{AKK}$ entzogen.
(Beispiele (47) und (48) aus: Wegener 1991: 74)

Woolford (2006) schlägt vor, den Dativ bei ditransitiven Verben aufgrund seines besonderen Status nicht als strukturell, sondern als einen separaten Subtyp *inhärent* neben *lexikalisch* unter den nicht strukturellen Kasus einzugliedern. Der Dativ bei indirekten Objekten (IO) der intransitiven Verben und der Akkusativ und Dativ in PPn werden von Woolford (2006) als lexikalische Kasus behandelt. Damit werden von der Autorin die Begriffe *inhärent* und *lexikalisch* nicht gleichgesetzt.

Ein anderer vielfach behandelter Streitpunkt betrifft die Frage, ob der Kasus bei Präpositionen als strukturell oder lexikalisch anzusehen ist. Für Babyonyshev (1993) ist der Kasus bei den Präpositionen immer lexikalisch. Basierend auf der Klassifikation der Kasuszuweiser plädieren Eisenbeiss et al. (2006) dafür, den Akkusativ bei den Präpositionen strukturell und den Dativ lexikalisch zu interpretieren. Müller (2007: 220 f.) ist der Ansicht, dass der Kasus bei den Präpositionen mit fester Kasusrektion als lexikalisch interpretiert werden kann, da er in diesem Fall zu den idiosynkratischen Eigenschaften von Präpositionen gehört. Bei den Wechselpräpositionen hängt der Kasus hingegen von der syntaktischen Umgebung, sowohl von der Präpositions- als auch der Verbsemantik ab und kann daher als strukturell aufgefasst werden.

Somit bleiben in der Forschungsliteratur noch einige Fragen offen, welche Kasuszuweisungen strukturell oder lexikalisch bzw. inhärent zu interpretieren sind. Die Zuordnung hängt von der spezifischen Konstruktion und den theoretischen Annahmen ab (vgl. Babyonyshev 1993; Haider 1993; Hentschel 2003; Eisenbeiss et al. 2006; Woolford 2006).

5.1.2 Kognitiv-funktional orientierte Ansätze

Im Gegensatz zu generativen Ansätzen gehen die kognitiv-funktional orientierten Ansätze davon aus, dass die Sprachstrukturen nicht angeboren sind, sondern dass sie gemäß der kognitiven Entwicklung des Kindes, formalgrammatischer Komplexität sowie funktionalen Aspekten wie Häufigkeit im sprachlichen Input und kommunikativer Bedeutung im Prozess des Sprachgebrauchs stufenweise aufgebaut werden (vgl. kognitiv orientiert in Slobin 1973; gebrauchsbasiert in Bybee 2008; Lieven & Tomasello 2008). Zuerst werden sprachliche Strukturen erworben, die häufig im Input vorkommen, und die eindeutig sowie kognitiv einfach sind. Diese werden auf die übrigen Strukturen übergeneralisiert, bis sie erworben werden und selbst verwendet werden können. Beispielsweise kommt im Input sowohl des Russischen als auch des Deutschen der Akkusativ zur Kennzeichnung des direkten Objekts bei den transitiven Verben sehr häufig vor, seine Funktion ist eindeutig sowie transparent und daher wird er als eine der ersten Kasusformen schon früh erworben (vgl. Slobin 1973, 1985; Wegener 1995b: 169).

Auf den Verlauf des Kasuserwerbs können außerdem die phonetischen und strukturellen Eigenschaften der grammatischen Markierungen Einfluss nehmen. Beispielsweise werden die voranstehenden Markierungen (wie Präfixe und Präpositionen), die meist unbetont sind, langsamer und später erworben, als nachstehende, betonte Markierungen (wie Suffixe und Flexionen), da sie beim Sprechen größere Aufmerksamkeit auf sich lenken können. Die Funktionswörter bereiten beim kindlichen Spracherwerb ebenso große Schwierigkeiten: Sie werden über längere Zeit ausgelassen, da sie keine selbstständige semantische Information tragen und ihre Funktion erst spät erkannt wird (vgl. Slobin 1973: 189, 1982: 138).

Eine Variante des kognitiv-funktionalen Ansatzes, bei dem semantische Kasusfunktionen im Mittelpunkt der Betrachtung stehen, ist der *semantische Ansatz* von Ionova (2007). Er basiert auf der Annahme, dass die semantischen Rollen die Beziehungen zwischen den Objekten der Realität beschreiben. Nur wenn semantische Rollen dem Kind kognitiv zugänglich sind, können sie durch syntaktische Funktionen und Kasusmarkierungen grammatisch kodiert werden. Diese Annahme stützt sich auf die Beobachtung, dass einige Kasusformen in Verbindung mit bestimmten syntaktischen Funktionen in bestimmten semantischen Rollen früher als die anderen auftauchen (vgl. Ionova 2007). Beispielsweise wird im Russischen der Nominativ für die Markierung des Subjekts in der Agensrolle (z. B. *cvetamy pachnut* ‚die Blumen duften') schon sehr früh erworben. Demgegenüber ist die Kodierung des Agens im Instrumental (z. B. *pachnut' cvetami* ‚nach Blumen duften') relativ spät zu beobachten (vgl. Abschnitt 5.3.1).

Nach diesem Ansatz können alle Kasus und semantischen Rollen in einem *funktional-semantischen Kasusfeld* dargestellt werden. Hierbei wird angenommen, dass jeder Kasus mindestens eine semantische Rolle besitzt, die für ihn prototypisch ist und daher in das Zentrum bzw. den Kern des Kasusfeldes gehört. Als prototypisch werden solche Rollen bezeichnet, die
- häufig im Input vorkommen und dadurch eine hohe kommunikative Funktion aufweisen,
- eine konkrete Bedeutung haben,
- sich durch minimale Abhängigkeit von Realisationsbedingungen auszeichnen und
- früh erworben werden.

Die nicht prototypischen semantischen Rollen werden je nach Ausprägung der genannten Merkmale näher oder weiter vom Kern des funktional-semantischen Kasusfeldes entfernt gesetzt.

So gehört beispielsweise die Patiensrolle des Akkusativs zur Kodierung des direkten Objekts bei den transitiven Verben (z. B. *čitat' knigu* ‚ein Buch lesen') in den semantischen Kern des Kasusfelds. Sie lässt sich bei unauffälliger Sprachentwicklung bereits ab einem Alter von etwa 1;10 Jahren nachweisen (vgl. Ionova 2007: 85). Demgegenüber stehen semantische Rollen des Akkusativs zur Kodierung des Zeitpunktes/Zeitraumes (z. B. *čerez polveka* ‚in einem halben Jahrhundert'), der Quantität (*za polnoč* ‚nach Mitternacht') oder der Distribution (*oboim po šest' let* ‚beide sind sechsjährig', Ionova 2007: 94). Sie gehören zum peripheren Bereich des Kasusfelds, tauchen erst ab einem Alter von zwei oder drei Jahren auf und ihr Erwerb zieht sich über einen langen Zeitraum hin (vgl. zu einer ausführlichen Beschreibung der Kasusfelder Ionova 2007). Die nicht prototypischen Rollen werden erst dann erworben, wenn das Kind kognitiv in der Lage ist, entsprechende Abstraktionen zu verstehen. Bis dahin werden diese Rollen häufiger durch die prototypischen semantischen Rollen ersetzt (vgl. Ionova 2007; Abrosova 2008).

Zusammenfassend ist festzuhalten, dass sowohl die generativ orientierten Ansätze als auch die kognitiv-funktional orientierten Ansätze beim Kasuserwerb einzelne Bereiche abgrenzen, deren Erwerb den Kindern leichterfällt und der schneller erfolgt, während der Erwerb von anderen mit größeren Schwierigkeiten verbunden ist. Die Ursachen dafür werden je nach Ansatz unterschiedlich verortet. Der generative Ansatz geht von den strukturellen Besonderheiten der Kasuszuweisung aus. Der kognitiv-funktionale Ansatz geht eher von der kognitiv-semantischen sowie formal-grammatischen Komplexität des Kasus sowie seiner kommunikativen Funktion im sprachlichen Input aus. In der vorliegenden Arbeit werden die Kasusmarkierungen eher aus der Sicht des kognitiv-funktionalen Ansatzes und des Ansatzes zur Verarbeitungskapazität (vgl. Abschnitt 3.2.3.4) untersucht: Die Arbeit geht von der Annahme aus, dass die Komplexität einer sprachlichen Struktur und ihr Verarbeitungsaufwand bei der Markierung des Kasus eine entscheidende Rolle spielt.

5.2 Sprachübergreifende Einflussfaktoren beim Kasuserwerb

Aus der Kasuserwerbsforschung zu den beiden hier zu untersuchenden Sprachen ist bekannt, dass in den früheren Stadien der kindlichen Sprachentwicklung – zu dem Zeitpunkt, zu dem die Kasusmarkierungen noch nicht vorhanden sind und daher zur morphologischen Kennzeichnung der syntaktischen Relationen zwischen den Satzgliedern nicht beitragen können – diese Relationen hauptsächlich durch die Wortstellung mit der SOV- bzw. SVO-Abfolge markiert werden. Mit dem Erwerb der durch die Determinatoren bzw. die Nominalflexion erkennbaren Kasusmarkierungen schwächt sich die Relevanz der strikten Wortstellung ab (für den monolingualen Deutscherwerb vgl. Tracy 1984: 303; für den bilingualen Deutscherwerb vgl. Meisel 1986; Wegener 1995c: 340; für den monolingualen Russischerwerb vgl. Cejtlin 2009: Kap. 2.3.1.3). Wie schnell und in welcher Abfolge die Kasusmarkierungen in der jeweiligen Sprache erworben werden, kann von verschiedenen Faktoren abhängen. So stellt Peters (1997: 182 ff.) folgende Liste zusammen:

1) Der Erwerb der Kasusmarkierungen verläuft dann verlangsamt und mühsam, wenn in der jeweiligen Sprache in einer Markierung die Informationen von mehreren grammatischen Kategorien wie Kasus, Genus und Numerus

fusioniert werden. Dieses Phänomen ist sowohl für das Deutsche als auch für das Russische charakteristisch.

2) Beim Kasuserwerb ist die phonetische Unterscheidbarkeit zwischen den einzelnen Markierungen wichtig. Beispielsweise werden im Deutschen häufig Schwierigkeiten beim Erwerb des maskulinen Artikels im Akkusativ *einen* beobachtet: Beim schnellen und informellen Sprechen wird er zu *ein'n* reduziert und fällt dadurch mit der nominativischen und akkusativischen Form des Neutrums und der nominativischen Form des Maskulinums *ein* formal zusammen. Mit der steigenden Vorkommenshäufigkeit der Artikelform *ein* erhöht sich die Wahrscheinlichkeit, dass sie auf andere indefinite Artikelformen übergeneralisiert wird. Weitere Schwierigkeiten werden im Deutschen beim Erwerb der Artikelformen *den* und *dem* oder *einen* und *einem* beobachtet, die sich lediglich durch einen jeweils anderen Nasal ([n] vs. [m]) unterscheiden und beim schnellen Sprechen auditiv kaum unterscheidbar sind (vgl. Clahsen 1984; Mills 1985: 190; Tracy 1986; Dittmann 2002: 83; Eisenbeiss et al. 2006; Szagun 2013: 120).

Auch im Russischen spielt die phonetische Unterscheidbarkeit von Markierungen beim Kasuserwerb eine wichtige Rolle. Zur Besonderheit gehört das Phänomen, dass die Wortbetonung innerhalb eines Paradigmas auf verschiedene Silben des Wortes fallen kann, d. h. sie ist beweglich, z. B. *rukᔜ* vs. *rúku*ₐₖₖ ‚Hand', *vodᔜ* vs. *vódu*ₐₖₖ vs. *vodé*_DAT ‚Wasser'. Diese Eigenschaft der Wortbetonung stellt eine Herausforderung beim Kasuserwerb dar (vgl. Peters 1997). Werden die Flexive betont, können sie besser akustisch wahrgenommen und schneller erworben werden. Die unbetonten Kasusflexive hingegen sind häufig von artikulatorischen Vereinfachungen betroffen und weisen daher eine mangelhafte Diskriminierbarkeit auf. Aus dem russischen Kasuserwerb ist beispielsweise bekannt, dass die Kasusflexion des Neutrums der I. Deklination auf *-o* von der femininen Kasusflexion der II. Deklination auf *-a* häufig übergeneralisiert wird, weil das Flexiv *-o* in unbetonten Positionen zu [ə] reduziert und so als Marker der II. Deklination wahrgenommen wird (vgl. Slobin 1997), z. B. *kol'có*₁DEKL.N [kɐlʲˈtso] ‚Ring' vs. *dérevo*₁DEKL.N [ˈdʲerʲɪvə] ‚Baum' oder *ózero*₁DEKL.N [ˈozʲɪrə] ‚See' im Vergleich zu *kartína*₂DEKL.F [kɐrˈtʲinə] ‚Bild' oder *koróbka*₂DEKL.F [kɐˈropkə] ‚Schachtel'. Dies bewirkt, dass die Flexion des Neutrums fehleranfällig ist und entsprechend mehr Zeit beim Erwerb benötigt als die des Maskulinums oder Femininums (vgl. Slobin 1997: 7 f.; Voeikova 2002).

3) Der Synkretismus kann den Kasuserwerb ungünstig beeinflussen. Xanthos et al. (2011) konnten am Beispiel von Daten mit dreijährigen Kindern in neun Sprachen zeigen, dass die Verbal- und Nominalflexion in morpholo-

giereichen Sprachen deutlich schneller beherrscht wird als in Sprachen, deren Flexionsmorphologie weniger stark ausgeprägt ist. Entgegen der Erwartung, dass viele Kasusmarkierungen den Erwerb erschweren, hilft ihre Vielzahl, die Unterschiede zwischen verschiedenen Bedeutungen zu differenzieren und sie sich leichter zu merken. Obwohl es in beiden hier zu untersuchenden Sprachen Synkretismus gibt, lässt er sich im Deutschen häufiger beobachten. So weist das Deutsche insgesamt sechs Flexive *-e, -en, -er, (-e)s, -em, -Ø* auf, die für die Kasusmarkierung relevant sind (vgl. Studer 2000: 224). Im Russischen werden bei sechs Kasus 48 Kasusformen unterschieden, die durch 14 Flexive ausgedrückt werden (vgl. Gabka 1988: 213).

4) Eine wichtige Rolle spielt die Häufigkeit des Vorkommens der einen oder anderen Kasusform im kindlichen Input: Beispielsweise wird im Deutschen die unbestimmte Artikelform *ein* früh erworben und häufig auf *eine* übergeneralisiert. Dies kann dadurch erklärt werden, dass die synkretische Form des Indefinitartikels *ein* aufgrund seiner höheren Vorkommenshäufigkeit (siehe oben 2) entsprechend häufiger übergeneralisiert wird (vgl. Szagun 2013: 119). Ebenso ist Wegener (1990: 340) der Ansicht, dass in dem Fall, in dem die Kinder unsicher sind, welche Artikelform gebraucht werden soll, sie diejenige nehmen, die am häufigsten im Input vorkommt. Ein anderes Beispiel aus dem Deutschen ist der spätere Erwerb der Genitivmarkierungen am Artikel oder Pronomen, die in der gesprochenen Sprache nur selten vorkommen und bei den Kindern vor dem sechsten Lebensjahr kaum belegt sind (vgl. Mills 1985: 185 f.). Eine Ausnahme bilden hier die Genitivformen, die mit dem Suffix *-s* gebildet werden und bereits sehr früh (in Tracy 1984: 285 mit 1;9 belegt) auftauchen.

5.3 Der Erwerb der Kasusmarkierungen im Russischen

Im Gegensatz zum Deutschen gehört das Russische zu den artikellosen Sprachen. Die sechs Kasus können an Substantiven, Adjektiven, adjektivisch flektierten Partizipien, Pronomen und Kardinalzahlwörtern abgelesen werden und werden vor allem durch die Anfügung von verschiedenen Endungen gebildet (siehe Abschnitt 4.3 zu Kasus und Kasusmarkierung im Russischen).

5.3.1 Erwerb der Kasusmarkierungen im Russischen bei monolingualen Kindern

Das russische Kasussystem wird insgesamt zwar als morphologisch komplexer eingeschätzt, typologisch sei es jedoch einheitlicher und daher leichter zu erwerben (vgl. Xanthos et al. 2011). Diese Annahme wird durch Beobachtungen gestützt, nach denen der Kasuserwerb im Russischen im Vergleich zum Deutschen früher einsetzt und wesentlich schneller abgeschlossen ist (vgl. Voeikova 2002 mit einer sprachübergreifenden Studie zu Sprachen mit einem ausgeprägten Kasussystem wie dem Deutschen, Türkischen, Litauischen, Ungarischen). Ähnlich zum Deutschen finden sich im Russischen in den frühkindlichen Äußerungen zunächst keine Kasusmarkierungen an den kasusfordernden Elementen. Sie werden in einer unveränderten, sog. *gefrorenen* Kasusform – in der Regel im Nominativ aufgrund seiner hohen Frequenz im elterlichen Input bei der Benennung der Gegenstände – verwendet (vgl. Gvozdev 1961; Cejtlin 2000: 99 f.; Voeikova 2002). Tauchen einzelne Kasusmarkierungen zu dieser Zeit auf, so sind sie eher zufällig zielsprachig. Es kann durchaus dazu kommen, dass jede andere oblique Kasusform die Funktion der gefrorenen Kasusform übernimmt, wenn sie im kindlichen Input genügend hochfrequent vorkommt (vgl. Cejtlin 2000: 100). Beispielsweise beschrieb Gvozdev (1961), dass bei einem Kind das Wort *moloko* ‚Milch' im Genitiv Singular als erste Form auftaucht. Eine Untersuchung ergab hierzu, dass diese Wortform in der Sprache der Eltern am häufigsten vorkam, z. B.:

(49)   *Čočeš' moloka?*
       Choč-eš'   molok-a?
       woll-2P.SG.PRS   Milch-N.SG.GEN
       ‚Willst (du) Milch?'
       (Beispiel aus: Gvozdev 1961: 163)

Wie bereits im Abschnitt 5.2 erwähnt, markieren die russischen Kinder die Subjekt-Objekt-Relation durch eine strenge Wortfolge, bevor diese Relation durch Kasusflexive an den Substantiven morphologisch spezifiziert wird: Das Subjekt wird immer dem Objekt vorangestellt und ein Prädikat, falls es realisiert wird, schließt die Konstruktion ab (vgl. Cejtlin 2009), z. B.:

(50)   *Papa Ani gofli kupif. (= Papa Ane gol'fy kupil.)* (Alter: 1;11)
       Pap-a   An-e   gol'f-y   kupi-l.
       Vater-M.SG.NOM Anna-F.SG.DAT   Kniestrumpf-PL.AKK   kauf-M.SG.PRT
       ‚Der Vater hat Anna die Kniestrümpfe gekauft.'
       (Beispiel aus: Cejtlin 2009: Kap. 2.3.1.3)

Voeikova & Savickienė (2001) zufolge werden die Kasus im Russischen in Oppositionen erworben. Die erste Kasusopposition – Nominativ und Akkusativ – kann bereits im Alter[41] von 1;9 und 1;11 Jahren durchgängig beobachtet werden (vgl. auch Gvozdev 1961: 172 f.). Zusammen übernehmen die beiden Kasus die zentralen syntaktischen Funktionen: die Kennzeichnung des Subjekts bzw. des DOs bei transitiven Verben (vgl. Voeikova & Savickienė 2001). Eine Übergeneralisierung des Nominativs auf den Akkusativ kann noch bis 2;1 Jahre beobachtet werden, danach kommt sie bei den regelhaften Kasusformen selten vor (vgl. Gvozdev 1961: 380). Nach Cejtlin (2009) wird auf die Nominativformen des Substantivs in späteren Jahren allerdings dann zurückgegriffen, wenn das verwendete Wort noch nicht im aktiven Wortschatz des Kindes etabliert ist oder/und es lange bzw. schwer auszusprechen ist. Und je schwieriger und länger das Wort ist, desto wahrscheinlicher ist es, dass es im Nominativ gebraucht wird.

Beim Akkusativerwerb stellt die Markierung der maskulinen Substantive eine besondere Herausforderung für die Kinder dar, die in Abhängigkeit von der Belebtheitskategorie entweder mit der Genitiv- oder Nominativform identisch markiert werden. Diese mangelnde Differenzierung bedingt, dass der Akkusativ im Vergleich zu anderen Kasus über einen verhältnismäßig langen Zeitraum von Fehlern begleitet wird (vgl. auch Ionova 2007).

Nachdem die erste Nominativ/Akkusativ-Opposition aufgebaut worden ist, tauchen im Alter zwischen etwa 1;10 und 1;11 Jahren zwei weitere Kasus – Genitiv und Dativ – nahezu gleichzeitig auf (vgl. Cejtlin 2000: 101). Der Genitiv zur Markierung des DOs bei den verneinten transitiven Verben und bei der Benennung eines Teils des Ganzen wird als Erstes erworben. Dies hängt vor allem damit zusammen, dass die genannten Genitivfunktionen sowohl im kindgerichteten als auch im erwachsenengerichteten Input zum Ausdruck einer Bitte oder Forderung häufig vorkommen (vgl. Cejtlin 2009: Kap. 2.3.1.3).

Beim Dativ taucht die Nominalflexion zur Kennzeichnung des indirekten Objekts als erste auf, z. B.:

(51)   *Daj nigu (= knigu) mačiku (= mal'čiku)!*
       Daj-Ø   knig-u   mal'čik-u
       geb-SG.PRS.IMP   Buch-F.SG.AKK   Junge-M.SG.DAT
       ‚Gib dem Jungen das Buch!'
       (Beispiel aus: Cejtlin 2000: 101)

---

41 Da die kindliche Entwicklung trotz Ähnlichkeiten in der Abfolge große individuelle Unterschiede in Bezug auf die Schnelligkeit der einzelnen Erwerbsprozesse aufweist und sich die zu findenden Studien oft auf Fallbeschreibungen stützen, sollten die im Weiteren aufgeführten Altersangaben nur zur Orientierung dienen.

Mit dem Erwerb der Kasusflexion, die zur Markierung des Subjekts, DOs bzw. IOs dient, wird die Wortreihenfolge im Satz frei.

Fast zur gleichen Zeit wie Genitiv und Dativ tauchen die ersten Instrumentalmarkierungen auf, die aber nur selten gebraucht werden. Erst mit dem Bedürfnis, das Agens (den Ausführenden) zu kennzeichnen oder ein notwendiges Hilfsmittel bzw. Instrument der Handlung zu markieren, werden die Instrumentalmarkierungen produktiv verwendet, z. B.:

(52)   *Kusic (= kušat') budu losick"m (= ložečkoj).* (Alter: 2;1)
       Kuš-at'   bud-u   ložečk-oj
       ess-INF werd-1P.SG.PRS   Löffelchen-F.SG.INSTR
       ‚(Ich) werde mit einem Löffelchen essen.'
       (Beispiel aus: Gvozdev 1961: 194)

Als letzter Kasus taucht der Präpositiv etwa im Alter zwischen 2;6 und 3;0 Jahren auf. Sein Erwerb wird vor allem dadurch erschwert, dass er immer in der Verbindung mit Präpositionen vorkommt. Somit ist für den Präpositivgebrauch nicht nur die Beherrschung der Markierung, sondern auch die Verwendung einer Präposition notwendig.

Nach Gvozdev (1961) und Cejtlin (2009) werden die Grundzüge der Kasusmarkierung bei ungestörter Sprachentwicklung ca. bis zum dritten Lebensjahr weitgehend erworben: Die Kinder verfügen über alle sechs Kasus und können die regulären Markierungen mit wenigen Fehlern auch in der Verbindung mit gängigen Präpositionen (wie *u* ‚bei', *v* ‚in', *na* ‚auf', *pod* ‚unter', *s* ‚mit') verwenden. Bis zum fünften Lebensjahr erlernen die Kinder das komplette Deklinationssystem der regulären Kasusmarkierungen an Substantiven. Der Erwerb der irregulären Kasusmarkierungen zieht sich bis zum Alter von sechs Jahren hin (vgl. Babyonyshev 1993; Cejtlin 2009). Nach Gvozdev (1961: 467) gilt der Erwerb des gesamten morphologischen Systems im Russischen bei typisch entwickelten Kindern im Alter von sieben Jahren als abgeschlossen.

Der Erwerb der Kasusmarkierung bei monolingualen Kindern mit SSES ist im Russischen wenig erforscht. Zwar wurden die Beobachtungen des Defizits in diesem Bereich in den pädagogischen und logopädischen Arbeiten von Žukova (1994), Filičeva (1999) und Lalaeva & Serebrjakova (1999, 2004) mehrfach beschrieben, sie sind jedoch eher deskriptiv und wenig auf eine Erklärungstheorie bezogen (vgl. Abrosova 2004: 71; Kornilov et al. 2012). Erst in den letzten Jahren gibt es vermehrt Untersuchungen zur Verwendung und Markierung der Kasus bei den Kindern mit SSES, die auf die Methoden der empirischen Datenanalyse zurückgreifen (z. B. Abrosova 2004; Rudakova 2005; Čueva 2012).

Die Untersuchungen (vgl. z. B. Levina 1967; Filičeva et al. 1993; Filičeva 1999, 2004; Šaškina et al. 2003; Abrosova 2004; Krotkova & Drozdova 2004; Lalaeva & Serebrjakova 2004; Kornev 2006) belegen, dass im Russischen die Kinder mit SSES im Vergleich zu den TE-Kindern signifikant häufiger Kasusfehler produzieren. Schwierigkeiten finden sich sowohl bei der Verwendung der Flexive für verschiedene Deklinationstypen innerhalb eines Kasusparadigmas als auch bei Verwechslungen und Übergeneralisierungen zwischen den verschiedenen Kasusparadigmen. Die Übergeneralisierungen und Verwechslungen der Flexive innerhalb eines Kasusparadigmas kommen sowohl bei Kindern mit SSES als auch bei jüngeren TE-Kindern vor. Bei Letzteren lässt sich dieser Prozess überwiegend im Alter zwischen 3;0 und 5;5 beobachten. Die Kinder mit SSES hingegen übergeneralisieren bzw. verwechseln die synonymen Flexive auch im späteren Alter (vgl. Kornev 2006: 80 f.). Die Übergeneralisierungen und Verwechslungen über die Grenze eines Kasus hinaus gehören nach den Beobachtungen von Lalaeva & Serebrjakova (1999: 45) zu den häufigsten Problemen der russischen Kinder mit SSES. Dabei geht es nach Ansicht der Autoren um einen chaotisch erscheinenden Prozess, der für eine unauffällige Sprachentwicklung nicht charakteristisch ist.

(53) *Ich ne mogut lovit' vedro.* (Kind mit SSES, Alter: 9;11)
Ich   ne   mog-ut   lov-it'
sie-3P.PL.AKK nicht könn-3P.SG.PRS fang-INF
Ø[v] vedr-o (*statt:* vedr-e)
Ø[in] Eimer-N.SG.AMB (*statt:* - N.SG.PRÄP)
‚Sie können nicht im Eimer gefangen werden.'

(54) *Zdes' netu (= net) zima.* (Kind mit SSES, Alter: 6;11)
Zdes'   net   zim-a (*statt:* zim-y).
hier   kein   Winter-F.SG.NOM (*statt:* -F.SG.GEN)
‚Hier gibt es keinen Winter.'
(Beispiele (53)–(54) aus: Kornev 2006: 80)

Im Gegensatz zu Lalaeva & Serebrjakova (1999: 45) ist Abrosova (2004) der Ansicht, dass es sich dabei nicht um eine willkürliche Verwechslung zwischen verschiedenen Flexiven handele, sondern um einen regelhaften Prozess, bei dem die Übergeneralisierung auf einen schnellen Redefluss bei schwacher akustischer Unterscheidung zwischen einzelnen Flexiven zurückzuführen sei. Als besonders fehleranfällig erweist sich für die Kinder mit SSES die Verwendung der kasusmarkierten Elemente, bei deren Deklination die regelhafte Kasusflexion von weiteren Prozessen wie Wortstammänderung (z. B. *veter*-Ø$_{SG.NOM}$

vs. *vetr-a*SG.GEN ‚Wind', *lev-Ø*SG.NOM vs. *l'v-a*SG.GEN ‚Löwe', *lob-Ø*SG.NOM vs. *lb-a*SG.GEN ‚Stirn') oder Betonungswechsel (z. B. *rúk-u*SG.AKK vs. *ruk-é*SG.DAT ‚Hand', *malýsh-Ø*SG.NOM vs. *malysh-á*SG.GEN ‚Knirps') begleitet wird (vgl. Abrosova 2004: 40; Lalaeva & Serebrjakova 2004).

Ähnlich wie im Deutschen (vgl. z. B. Clahsen 1988; Lindner 2011) wird im Russischen beobachtet, dass die Kinder mit SSES große Schwierigkeiten bei der Verwendung der PPn haben: Die Präpositionen in PPn werden durch andere Präpositionen (55) oder durch neutrale Platzhalter (56) substituiert, ausgelassen (57) oder in Verbindung mit falschen Rektionen (58) verwendet (vgl. Lalaeva & Serebrjakova 1999; Abrosova 2004; Čueva 2012), z. B.:

(55) *Samolet letit pod lesom. (Kind mit SSES)
 Samolet-Ø let-it pod (*statt:* nad)
 Flugzeug-M.SG.NOM flieg-3P.SG.PRS unter (*statt:* über)
 les-om
 Wald-M.SG.INSTR
 ‚Das Flugzeug fliegt über dem Wald.'
 (Beispiel aus: Abrosova 2004: 39)

(56) *Mal'čik uchaživaet a lošadkoj. (Kind mit SSES, Alter: 4;6)
 Mal'čik-Ø uchaživa-et a (*statt:* za)
 Junge-M.SG.NOM kümmer-3P.SG.PRS Platzhalter (*statt:* um)
 lošadk-oj
 Pferdchen-F.SG.INSTR
 ‚Der Junge kümmert sich um das Pferdchen.'
 (Beispiel aus: Abrosova 2004: 74)

(57) *Deti idut lesá. (Kind mit SSES, Alter: 5;2)
 Det-i id-ut Ø[iz] les-á (*statt:* lés-a)
 Kind-PL.NOM geh-3P.PL.PRS Ø[aus] Wald- M.SG.GEN
 ‚Die Kinder gehen aus dem Wald.'
 (Beispiel aus: Abrosova 2004: 73)

(58) *Mal'čik edet na velosipedom. (Kind mit SSES, Alter: 4;9)
 Mal'čik-Ø ed-et na
 Junge-M.SG.NOM fahr-3P.SG.PRS auf
 velosiped-om (*statt:* velosiped-e)
 Fahrrad- M.SG.INSTR (*statt:* - M.SG.PRÄP)
 ‚Der Junge fährt mit dem Fahrrad.'
 (Beispiel aus: Abrosova 2004: 81)

Nach Abrosova (2004) sind die in den Beispielen (55)–(58) dargestellten Schwierigkeiten innerhalb der PPn allerdings nicht SSES-spezifisch, sondern lassen sich auch bei der unauffälligen Sprachentwicklung in früheren Phasen des Spracherwerbs beobachten und werden in der Regel schnell überwunden. Bei den Kindern mit SSES bleiben sie allerdings über längere Zeit erhalten und treten im Alter von fünf Jahren immer noch häufig auf. Die Autorin stellte weiterhin bei der Untersuchung der Kasusmarkierungen innerhalb eines PPn fest, dass bei den Kindern mit SSES die Präpositionen in Verbindung mit den Substantiven der kasusneutralen Form bzw. im Nominativ vorkommen, z. B.:

(59)   *(Mal'čik) smotrit na petuch. (Kinder mit SSES; Alter: 4;1-5;1)
       (Mal'čik) smotr-it   na   petuch-Ø (*statt:* petuch-a)
       (Junge)   seh-3P.SG.PRS   auf   Hahn-M.SG.NOM (*statt:* -M.SG.AKK)
       ‚Der Junge sieht einen Hahn an.'
       (Beispiel aus: Abrosova 2004: 47)

Eine derartige Auffälligkeit kommt bei Gleichaltrigen mit unauffälliger Sprachentwicklung äußerst selten vor. Abrosova (2004) merkte allerdings an, dass es bei solchen Fehlern schwierig sei, eindeutig zu beurteilen, ob es sich in (59) tatsächlich um eine kasusneutrale Form oder um eine Übergeneralisierung einer unbelebten auf eine belebte Akkusativform handele (siehe zur Belebtheitskategorie im Russischen Abschnitt 4.3).

Bei der Untersuchung von 34 monolingualen Kindern mit einer SSES im Alter zwischen vier und fünf Jahren im Vergleich zu 22 gleichaltrigen sowie 13 älteren TE-Kindern von sechs Jahren konnte Abrosova (2004) einen wichtigen Einfluss der semantischen Funktionen auf den Erwerb der Kasusmarkierung belegen. Sie zeigte auf, dass die primären semantischen Kasusfunktionen, die für den jeweiligen Kasus prototypisch sind, als erste erworben werden, gefolgt von den sekundären bzw. nicht prototypischen semantischen Kasusfunktionen. Beispielsweise zählt die semantische Funktion zur Kennzeichnung des Adressaten zu den prototypischen Funktionen des Dativs. Sie ist transparent und hoch frequent. Alle Probanden (mit und ohne SSES) konnten diese semantische Funktion durch den Dativ zu 96 % zielsprachlich markieren. Bei der Markierung derselben semantischen Funktion durch eine PP-Konstruktion im Genitiv lag die Realisierungsrate bei den Kindern mit SSES bei 76,5 %. In 9 % der Fälle übergeneralisierten die Kinder mit SSES die Dativmarkierung und ließen die Präposition aus. Zu 6 % ersetzten sie die Präposition durch einen Platzhalter. Zu 8 % paraphrasierten die Kinder den Satz, um die Verwendung einer PP-Konstruktion im Genitiv zu vermeiden. Zwar wurde bei den gleichaltrigen TE-

Kindern der Anstieg der Fehlerrate bei der Markierung des Adressaten durch die PP im Genitiv im Vergleich zu NP im Dativ ebenso beobachtet, ihre zielsprachliche Verwendung lag jedoch deutlich höher, nämlich bei 91 %. Lediglich zu 4,5 % ersetzten die TE-Kinder die PP-Konstruktion im Genitiv durch die NP-Konstruktion im Dativ. Damit war dieser Wert bei den TE-Kindern halb so hoch wie bei den Kindern mit SSES. Die sechsjährigen TE-Kinder produzierten beide Konstruktionen zu 100 % zielsprachlich: Das spricht für einen abgeschlossenen Erwerb der beiden Konstruktionen bei der unauffälligen Sprachentwicklung im Alter von sechs Jahren. In Bezug auf die Verwendung der PPn fand Abrosova (2007), dass die Kinder mit SSES öfter als TE-Kinder die erforderlichen PP-Strukturen durch nebengeordnete oder untergeordnete Sätze mit einfacher syntaktischer Struktur substituierten, die eine ähnliche, jedoch prototypische Funktion aufwiesen, siehe z. B. (60) und (61). Solche Substitutionen weisen nach Ansicht von Abrosova einerseits darauf hin, dass die Kinder mit SSES im untersuchten Alter bereits das kommunikative Bedürfnis haben, derartige semantische Funktionen anzuwenden, sie besitzen aber noch nicht die Fertigkeiten, die kasusfordernden Elemente der Konstruktionen mit nicht prototypischen Kasusfunktionen zu markieren. Die Kinder paraphrasieren sie und setzen die Verwendung der prototypischen Kasusfunktionen ein. Andererseits kann nach Abrosova anhand der Beispiele (60) und (61) nicht ausgeschlossen werden, dass die Kinder mit SSES keine Schwierigkeiten mit der Kasusmarkierung der nicht prototypischen Funktionen haben, sondern lediglich mit der Verwendung von PP-Strukturen.

(60) *Devočka sdelala kormušku, čtoby ptiček kormit'.* (Kind mit SSES, 4;1)
Devočk-a   sdela-la   kormušk-u,
Mädchen-F.SG.NOM   mach-F.SG.PRT Futterhäuschen-F.SG.AKK
čtoby ptiček-Ø   korm-it'.
um   Vögelchen-PL.AKK   fütter-INF
‚Das Mädchen hat ein Futterhäuschen gemacht, um die Vögelchen zu füttern.'
statt: *Devočka sdelala kormušku dlja ptic.*
Devočk-a   sdela-la   kormušk-u
Mädchen-F.SG.NOM   mach-F.SG.PRT Futterhäuschen-F.SG.AKK
dlja ptic-Ø.
für Vogel-PL.GEN
‚Das Mädchen hat ein Futterhäuschen für die Vögel gebastelt.'
(Beispiel aus: Abrosova 2004: 137)

(61) *Mama rugaet mal'čika, čto emu postavili dva.* (Kind mit SSES, 6;0)
Mam-a ruga-et mal'čik-a, čto
Mutter-F.SG.NOM schimpf-3P.SG.PRS Junge-M.SG.AKK dass
em-u postavi-li dv-a
er-3P.SG.DAT stell-PL.PRT Zwei-AKK
‚Die Mutter schimpft mit dem Jungen, dass man ihm eine schlechte Note gegeben hat.'
statt: *Mama rugaet mal'čika za dvojku.*
Mam-a ruga-et mal'čik-a
Mutter-F.SG.NOM schimpf-3P.SG.PRS Junge-M.SG.AKK
za dvojk-u
für Zwei-F.SG.AKK
‚Die Mutter schimpft mit dem Jungen wegen einer schlechten Note.'
(Beispiele aus: Abrosova 2004: 180)

Rudakova (2004, 2005) untersuchte in einer Studie die Verwendung und das Verstehen der kasusmarkierten PPn mit räumlichen Präpositionen bei monolingualen Kindern mit (N = 40) und ohne SSES (N = 45) im Alter zwischen fünf und sechs Jahren. Die Analyse der elizitierten Sprachdaten zeigte, dass die Kinder mit SSES im Vergleich zu den TE-Kindern obligatorische Kasusmarkierungen in PPn signifikant seltener verwenden und zielsprachlich markieren. Der Mittelwert der zielsprachlichen Realisierung lag bei durchschnittlich 49 % (GEN: 39,8 %, DAT: 35,6 %, AKK: 59,4 %, INSTR: 42,2 %, PRÄP: 68,9 %). Die meisten Probleme zeigten sich bei den Kindern mit SSES in der Verwendung der Kasusmarkierungen in den PPn mit Dativ, am wenigsten mit dem Präpositiv und Akkusativ. Rudakova (2004, 2005) merkte dazu allerdings an, dass die Kinder mit SSES große Unterschiede in der Leistung aufwiesen. Die TE-Kinder hingegen erreichten eine zielsprachliche Markierungsrate von durchschnittlich 88 % (GEN: 85,3 %, DAT: 77,8 %, AKK: 92,4 %, INSTR: 93,4 %, PRÄP: 94,0 %). Weiterhin zeigte sich, dass die TE-Kinder gute Leistungen sowohl im Verstehen (93,3 %) als auch im Gebrauch der PPn in den vorgegebenen Satzkonstruktionen (87,7 %) sowie in den Erzählaufgaben (85,9 %) erreichten. Demgegenüber wiesen die Kinder mit SSES in allen drei Aufgaben eine signifikant niedrigere Leistung auf: Bei den Verständnisaufgaben erzielten sie einen Wert von 68,4 %; bei der Verwendung der PPn in den vorgegebenen Satzkonstruktionen lediglich von 61,3 % und bei Erzählaufgaben von 50,4 %. Während der häufigste Fehler der TE-Kinder darin bestand, dass sie zielsprachliche Präpositionen durch semantisch ähnliche Präpositionen oder Adverbien ersetzten, ließen die Kinder mit SSES die Präpositionen komplett aus und produzierten eine falsche Kasusmarkierung bzw. übergeneralisierten eine kasusneutrale Nominativform (Basisform). Insgesamt präferierten die Kinder mit SSES sehr kurze und vereinfachte Satzstrukturen und konnten einen kohärenten Text mit der Verwendung von PP-Konstruktionen nur schwer produzieren.

Čueva (2012) fand auch heraus, dass die monolingualen russischsprachigen Kinder mit SSES im Alter zwischen fünf und sechs Jahren große Auffälligkeiten bei der Kasusmarkierung aufweisen. Die Ergebnisse eines Elizitierungstests[42] ergaben, dass die Markierung des Genitivs und Instrumentals in PPn sowie Präpositivs[43] den Kindern besonders schwerfiel. Die Fehlerrate war für die Verwendung dieser Konstruktionen 100 %. Die Kasusmarkierungen der dativfordernden PPn wurden im Schnitt zu 7,2 % und der akkusativfordernden PPn im Schnitt zu 37,5 % zielsprachlich verwendet. Somit konnte der Akkusativ von den Probanden mit SSES am häufigsten korrekt markiert werden. Auch in NPn bereitete den Kindern der Akkusativ am wenigsten Schwierigkeiten und wurde zu 58,5 % zielsprachlich verwendet. Die zielsprachliche Verwendungsrate des Dativs betrug 28,6 %. Deutlich fehleranfälliger waren die Kasusmarkierungen in NPn mit Genitiv (im Schnitt bei 17,3 %) und Instrumental (im Schnitt bei 7,2 %). Insgesamt zeigte sich, dass die Kasusmarkierungen in NPn im Vergleich zu den PPn deutlich häufiger zielsprachlich realisiert werden konnten. Ähnlich wie Rudakova (2004) stellte Čueva (2012) in ihrer Studie fest, dass die Kinder mit SSES große individuelle Unterschiede bei der Verwendung der Kasusmarkierungen zeigten.

Vergleicht man die Ergebnisse von Čueva (2012) und Rudakova (2005) in Bezug auf die Verwendung der Kasusmarkierung in den PPn miteinander, so finden sich große Unterschiede: Die SSES-Kinder bei Rudakova (2005) zeigen deutlich weniger Probleme mit der Kasusmarkierung in PPn. Eine mögliche Erklärung dafür wäre, dass in beiden Studien die Kasusmarkierungen in PPn mit verschiedenen Präpositionen untersucht wurden. Während sich Rudakova (2005) nur auf die Untersuchung der PPn mit räumlichen Präpositionen konzentrierte, untersuchte Čueva (2012) auch die Kasusmarkierungen in PPn mit anderen Präpositionen, z. B. zur Kennzeichnung des Adressaten der Handlung (z. B. *k* ‚zu'/‚an'), der Gemeinsamkeit (z. B. *s* ‚mit') oder der Beziehungen zwischen den Objekten (z. B. *u* ‚an'/‚bei').

Zusammenfassend lässt sich aus der Forschungsliteratur zur Kasusverwendung im Russischen bei den verschiedenen Erwerbstypen festhalten, dass die

---

42 Der Kasustest von Kovšikov (2006) erfasst die Verwendung von 66 Substantiven der I. und II. Deklination in verschiedenen Numerusformen.
43 Der Präpositiv wird immer mit einer Präposition verwendet, siehe Abschnitt 4.3.

monolingualen TE-Kinder regelhafte Kasusmarkierungen des flexionsreichen Kasussystems des Russischen bereits sehr früh erwerben. Einige Schwierigkeiten mit den irregulären Kasusmarkierungen können noch im späten Vorschulalter beobachtet werden. Bis zum siebten Lebensjahr ist der Kasuserwerb abgeschlossen. Bei einer Sprachentwicklung mit SSES sind bei den monolingualen Kindern Schwierigkeiten in diesem Bereich eindeutig belegt.

5.3.2 Erwerb der Kasusmarkierungen im Russischen bei bilingualen Kindern

Im Allgemeinen zeigen die Studien, dass die bilingualen Kinder mit Russisch als Erstsprache die Kasusmarkierungen des Russischen ähnlich wie die monolingualen Kinder erwerben. Ihr Erwerb dauert jedoch länger und ist mit einem höheren Aufwand verbunden (vgl. Erwerb des Russischen in Kombination mit dem Deutschen in: Gagarina 2011; dem Niederländischen in: Peeters-Podgaevskaja 2008; Janssen & Peeters-Podgaevskaja 2012; Janssen et al. 2014, dem Hebräischen in: Schwartz & Minkov 2014; Meir & Armon-Lotem 2015). So wird ähnlich wie im monolingualen (vgl. Slobin 1985; Cejtlin 2000: 120) auch im bilingualen Spracherwerb (vgl. Gagarina 2013b) beobachtet, dass die Kinder zuerst die Flexion für belebte Substantive erwerben und diese auf die unbelebten übergeneralisieren. Dies lässt sich vor allem dadurch erklären, dass erstens die Substantive durch diese Art der Übergeneralisierung eine zwar nicht zielsprachliche, jedoch eindeutige und vom Nominativ abweichende Kasusmarkierung erhalten. Zweitens machen die belebten Substantive in frühen Etappen der kindlichen Sprachentwicklung (bis etwa 1;7 Jahre) den größten Teil des Wortschatzes aus (vgl. Voeikova 2005). Erst nach etwa 1;8 Jahren wird der Erwerb der Markierung von unbelebten Substantiven durch ihre Zunahme im kindlichen Wortschatz unterstützt und die Übergeneralisierung allmählich abgebaut.

Spezifisch ist für den Kasuserwerb im bilingualen Sprachentwicklungskontext, dass das Kasussystem unter dem längeren Einfluss einer zweiten Sprache stark von der Spracherosion betroffen werden kann; diese prägt sich bei einem früheren Alter bei Erwerbsbeginn und einer längeren Kontaktdauer zur Zweitsprache stärker aus (vgl. Peeters-Podgaevskaja 2008; Janssen & Peeters-Podgaevskaja 2012; Gagarina 2013b, 2014b; Janssen et al. 2014; Schwartz & Minkov 2014; Meir & Armon-Lotem 2015). Von der Spracherosion werden vor allem diejenigen sprachlichen Formen und Strukturen betroffen, die irregulär und intransparent sind und selten im Input der Sprecher auftreten (vgl. Gagarina 2013b). Bereits nach einem Jahr unter dem Erwerbseinfluss des Deutschen als Zweitsprache kann die Markierung der belebten Substantive, die im dritten

Lebensjahr bereits zielsprachlich verwendet wurde, nach und nach abgebaut und durch die Markierung der unbelebten Substantive ersetzt werden (vgl. Gagarina 2013b). In Bezug auf die Verwendung verschiedener Kasusmarkierungen stellten Klassert & Gagarina (2009) anhand der Sprachdaten eines Elizitierungsexperiments mit russisch-deutschen bilingualen Kindern (N = 92) im Alter zwischen vier und sechs Jahren fest, dass 60 % aller Fehler in der Substantivmorphologie auf eine fehlerhafte Kasusmarkierung und -funktion zurückzuführen waren. Weiterhin zeigte die Stichprobe, dass 25 % aller getesteten Kinder bereits nach einem Jahr der Kontaktzeit mit dem Deutschen keine Kasusdistinktionen auswiesen. Die zweite Sprache schien die erste zu verdrängen.

Einen großen Beitrag für die Untersuchung der Erosion des Russischen unter dem Einfluss der dominanten Umgebungssprache liefern die Arbeiten von Polinsky (vgl. z. B. Polinsky 1997, 2000, 2006a, 2006b, 2008a, 2008b). Die Autorin konnte bei *Heritage Speakers* insgesamt einen starken Abbau des Kasussystems beobachten, bei dem das sechsgliedrige Kasussystem des Standardrussischen auf zwei Kasus reduziert wurde: den Nominativ und den Akkusativ. Der Akkusativ wurde überwiegend in Kontexten des indirekten Objekts, seltener in Kontexten des direkten Objekts verwendet. Der Nominativ übernahm eine multifunktionale Kasusfunktion und wurde auf die restlichen Kasusformen übergeneralisiert (vgl. Polinsky 2006a: 32). Bei der Verwendung der Kasusmarkierungen bei zwei Probanden – einem 23-jährigen Erwachsenen im Vergleich zu einem neunjährigen Kind – mit einer vergleichbaren Erwerbssituation des Russischen machte Polinsky (2008b) zwei zentrale Beobachtungen: Erstens verwendete das untersuchte Kind beim Erzählen einer Bildergeschichte[44] mehr zielsprachlich markierte Kasusformen als der Erwachsene: Während das Kind das direkte Objekt zu 48 % (12 von 25 DOe) durch den Akkusativ markierte, markierte der 23-jährige Proband das direkte Objekt nur zu 38 % durch den Akkusativ (7 von 18 DOe). Polinsky sah darin einen Hinweis darauf, dass mit steigendem Alter die Spracherosion fortschreite, unter deren Einfluss die Kasusmarkierungen graduell abgebaut würden. Zweitens ergab die Untersuchung, dass die meisten obliquen Kasusformen, die neben dem Akkusativ zielsprachlich gebraucht werden, einen idiomatischen Charakter trugen und eher als Chunks verwendet wurden, die nicht morphologisch, sondern lexikalisch als Ganzes auswendig gelernt und gebraucht werden. Am häufigsten wurden in Polinskys Studie die Chunks bei der Verwendung der räumlichen oder zeitlichen Adverbialgruppen beobachtet, z. B.:

---

44 „A boy, a dog, a frog and a friend" von Mayer & Mayer (1978).

(62) v dome   (63) utrom
      v dom-e   utr-om
      in Haus-M.SG.PRÄP   Morgen-N.SG.INSTR
      ‚zu Hause'   ‚am Morgen'
(64) v lesu   (65) v vode
      v les-u   v vod-e
      in Wald-M.SG.PRÄP   in Wasser-F.SG.PRÄP
      ‚im Wald'   ‚im Wasser'
      (Beispiele (62)–(65) aus: Polinsky 2008b: 158)

Auffällig war, dass das untersuchte Kind bei der Verwendung der PPn die Kasusmarkierungen der obliquen Kasus zu 36 % ausließ. Bei dem erwachsenen Probanden lag dieser Wert mit 69 % deutlich höher. Polinskys Ansicht nach spreche das vor allem dafür, dass die PP-Strukturen von den Prozessen der Spracherosion in größerem Ausmaß betroffen werden als die NPn.

Neben den Veränderungen und Restrukturierungen im Kasussystem wurden im Russischen auch Veränderungen des Genussystems beobachtet: Das dem Deutschen ähnliche dreigliedrige Genussystem wurde auf zwei Genera (Maskulinum und Femininum) reduziert, indem das Neutrum abgebaut und vorwiegend durch das Femininum ersetzt wurde (vgl. Polinsky 2008a). Hier sei die Übergeneralisierung des Femininums auf das Neutrum auf das unbetonte Flexiv mit -o zurückzuführen (vgl. Èl'konin 1958: 78–79; Polinsky 2008a, siehe auch Beispiele zur unbetonten Flexion am Neutrum, S. 116).

Peeters-Podgaevskaja (2008) beschrieb in ihrer Studie die Verwendung der Kasusmarkierungen bei russisch-niederländischen Kindern im Alter von fünf und sieben Jahren, bei denen sich Russisch jedoch als schwache Sprache entwickelte. Sie stellte fest, dass die untersuchten Kinder zwar viele Zeichen eines unvollständigen Kasussystems aufweisen, jedoch beherrschen sie die Nominativ-, Akkusativ- und Präpositivmarkierungen im Singular relativ gut. Diese Kasusformen kamen in den untersuchten Sprachdaten häufig vor und konnten nahezu mühelos sowie fehlerfrei in der alltäglichen Konversation gebraucht werden. Peeters-Podgaevskaya war der Ansicht, dass dieses Ergebnis auf ein häufiges Vorkommen dieser Kasusformen im kindlichen Input zurückzuführen sei. Die Verwendung des Dativs und Instrumentals hingegen kam bei den Kindern kaum vor. Falls die Wortformen im Instrumental auftauchten, wurden sie eher als Chunks verwendet. Dativ und Instrumental wurden von den Kindern häufig durch Genitiv oder Präpositiv substituiert. Den Grund für eine solche Übergeneralisierung sah Peeters-Podgaevskaja vor allem darin, dass die hoch frequenten Wörter in der kindlichen Sprache dem Deklinationstyp II auf -a/-ja angehören (z. B. *papa* ‚Vater', *mama* ‚Mutter', *babuška* ‚Oma', *deduška* ‚Opa', *sobaka* ‚Hund', *koška* ‚Katze'). Bei diesem Deklinationstyp sind die Dativ- und Präpositivmarkierungen formal identisch, was zum Synkretismus der beiden Formen führt. Weiterhin wird der Synkretismus dadurch erhöht, dass die Flexive des Genitivs, Dativs und Präpositivs (*-e/-i/-y*) eine mangelhafte akustische Diskriminierbarkeit in unbetonter Position aufweisen und als *[i]/[ie]* ausgesprochen werden (vgl. Peeters-Podgaevskaja 2008: 616). Eine weitere Beobachtung von Peeters-Podgaevskaja (2008) war, dass bei den bilingualen Kindern im Alter zwischen fünf und sieben Jahren die Kasusmarkierungen in PPn sehr fehleranfällig sind. Außerdem war die Anzahl der beobachteten und aktiv verwendeten Präpositionen sehr begrenzt und reduzierte sich auf die Präpositionen *v* ‚in', *na* ‚auf'/‚an', *s* ‚mit', *u* ‚bei', *ot* ‚von', *dlja* ‚für', *bez* ‚ohne', *iz* ‚aus'. In einigen Fällen konnte die Realisierung der NPn durch die PPn beobachtet werden. Vor allem trat dies bei der Markierung des Instrumentals in NPn auf: Z. B. *pisat' ručkoj* ‚mit einem Kugelschreiber schreiben' wird im Russischen durch eine NP im Instrumental ausgedrückt. Statt einer instrumentalen NP realisierten die Kinder aber eine instrumentale PP mit der Präposition *s* ‚mit' z. B. *pisat' s ručkoj* (vgl. Peeters-Podgaevskaja 2008: 621). Anscheinend betonten die Kinder das notwendige Hilfsmittel bzw. Instrument der Handlung durch die Verwendung einer nicht erforderlichen Präposition, die auf einen Transfer aus dem Niederländischen zurückgeführt werden kann.

Eine weitere Studie, die die Merkmale des Kasusflexionsabbaus des Russischen im bilingualen Erwerbskontext untersuchte, war die von Gagarina (2011). Sie zeigte, dass die simultan bilingualen Kinder (N = 4) mit der Sprachkombination Russisch und Deutsch bereits in einem frühen Sprachentwicklungsstadium die ersten Merkmale des Sprachabbaus bei der Verwendung der Kasusfunktionen und der Kasusflexion aufweisen, und dass dieser Prozess mit zunehmendem Alter offenbar fortschreitet. Die Autorin stellte fest, dass die untersuchten Kinder im Alter zwischen 1;6 und 2;0 Jahren weniger Fehler bei der Kasusmarkierung produzierten, als im Alter zwischen 2;1 und 2;6 Jahren. Deren Anzahl verdoppelte sich wieder im Alter zwischen 2;7 und 3;0 Jahren. Diese Tendenz entsprach dem Ergebnis von Polinsky (2008b), nach dem mit zunehmendem Alter weniger oblique Kasus markiert werden.

Schwartz & Minkov (2014) analysierten die Verwendung der Kasusmarkierungen im Russischen (Genitiv, Akkusativ, Dativ, Instrumental und Präpositiv) bei Kindern mit drei verschiedenen Erwerbstypen: mit monolingualem, simultan und sukzessiv bilingualem Erwerb. Zum einen gingen die Autoren der Frage nach, ob sich die simultan und sukzessiv bilingualen Kinder mit der Sprachkombination Russisch-Hebräisch im Vergleich zu den monolingualen gleichaltrigen Kindern in Bezug auf die Quantität und Qualität der Fehler sowie die Vielseitigkeit des beobachteten Kasussystems voneinander unterscheiden. Zum anderen wurde untersucht, ob die Kinder mit dem simultan vs. sukzessiv bilingualen Erwerbstyp Unterschiede in der Verwendung der Kasusmarkierungen entwickeln und somit, ob das Alter bei Erwerbsbeginn der zweiten Sprache auf die Entwicklung des Kasussystems im Russischen einen Einfluss hat. Bei der Untersuchung wurden sowohl die Spontansprachdaten als auch die in der Spielsituation elizitierten Sätze von drei simultan bilingualen Kindern (Durchschnittsalter: 3;5, durchschnittliches AoO: 9 Monate) und sechs sukzessiv bilingualen Kindern (Durchschnittsalter: 3;7 Jahre, durchschnittliches AoO: 36 Monate) erhoben. Die Untersuchung der monolingualen Kinder basierte auf der Auswertung eines bereits vorhandenen Sprachkorpus zum monolingualen russischen Spracherwerb. Tabelle 12 gibt einen Überblick über die erzielten Zielsprachlichkeitsraten für die jeweiligen Kasus für die drei untersuchten Gruppen.

Tab. 12: Zielsprachlichkeitsrate (in Prozent) für die Verwendung von Kasusmarkierungen (im Singular und Plural) in gleichaltrigen Gruppen mit drei verschiedenen Erwerbstypen nach Schwartz & Minkov 2014: 71 f.)

Kasus	Erwerbstyp					
	simultan bilingual		sukzessiv bilingual		monolingual	
	SG	PL	SG	PL	SG	PL
Genitiv	40,26	0	77,11	36,11	95,1	85,42
Akkusativ	45,38	0	80	79,41	98,89	100
Dativ	26,47	0	66,67	65,52	100	95,44
Instrumental	32,43	0	85,07	75,93	98,43	87,5
Präpositiv	26,79	21,43	59,46	37,5	85,45	50
Mittelwert	34,27	4,29	73,66	58,89	95,57	83,67

Eine wichtige Erkenntnis der Studie von Schwartz & Minkov (2014) war, dass es zwar viele Abweichungen vom standardsprachlichen Gebrauch bei bilingualen Kindern gab, dass bei ihnen aber die Verwendung aller Kasusformen in unterschiedlichen Kontexten nachgewiesen werden konnte. Von allen obliquen Kasus wurde der Akkusativ, gefolgt vom Genitiv, am häufigsten zielsprachlich verwendet. Die größten Schwierigkeiten bereiteten den bilingualen Kindern der beiden Erwerbstypen die Verwendung des Dativs und des Präpositivs sowie die

Kasusmarkierungen im Plural. Nach der Ansicht von Schwartz & Minkov (2014) sei dieses Ergebnis wohl auf die unterschiedliche Vorkommenshäufigkeit[45] der jeweiligen Kasus zurückzuführen. Das seltenere Vorkommen des Präpositivs scheint sich nicht nur im monolingualen Erwerb, sondern auch im bilingualen Kasuserwerb auszuwirken.

Insgesamt konnten in Bezug auf die Verwendung der Kasusmarkierungen zwischen den monolingualen und den bilingualen Kindern sowohl Ähnlichkeiten als auch Unterschiede nachgewiesen werden: Bei allen Kindern kamen die Übergeneralisierungen des Nominativs auf einen obliquen Kasus überwiegend auf den Genitiv oder den Präpositiv, Übergeneralisierungen zwischen den obliquen Kasus und Verwechslungen der Kasusmarkierungen in den PPn mit Richtungs- vs. Ortsangaben vor. Der Unterschied zwischen den Kindern mit monolingualem Erwerb im Vergleich zum bilingualen Erwerb bestand vor allem darin, dass diese Fehler bei den monolingualen Kindern lediglich in früheren Kasuserwerbsstadien (etwa bis 2;6 Jahre) auftraten. Bei den bilingualen Kindern wurden sie auch bei einem späteren Kasuserwerbsalter (zwischen 3;5 und 3;7 Jahren) in hoher Frequenz beobachtet. Im Rahmen der Untersuchungszeit konnten die bilingualen Kinder das Niveau der monolingualen Kinder des vergleichbaren Alters nicht erreichen.

In Bezug auf die Verwendung der Kasusmarkierungen bei den simultan bilingualen im Vergleich zu den sukzessiv bilingualen Kindern fanden Schwartz & Minkov (2014) heraus, dass für alle obliquen Kasus der Anteil der zielsprachlichen Markierungen in der Gruppe simultan bilingualer Kinder deutlich niedriger als in der Gruppe der sukzessiv bilingualen Kinder war. Somit schlussfolgerten Schwartz & Minkov (2014), dass das Alter bei Erwerbsbeginn eine Auswirkung auf die Zielsprachlichkeit der verwendeten Kasusmarkierung habe. Weiterhin zeichnete sich die Verwendung der Kasusmarkierungen bei den simultan bilingualen Kindern dadurch aus, dass auch bei den in der Kindersprache hoch frequenten Wörtern wie *mašina* ‚Auto', *ruka* ‚Hand', *dom* ‚Haus' der Anteil der nicht zielsprachlichen Kasusmarkierungen groß war und dass die simultan bilingualen Kinder häufiger als die sukzessiv bilingualen den Nominativ vor allem auf den Genitiv, Dativ, Instrumental und Präpositiv übergeneralisierten. Zu diesem Ergebnis merken die Autorinnen jedoch an, dass sukzessiv bilinguale Kinder eine bilinguale russisch-hebräische vorschulische Bildungseinrichtung besuchten, simultan bilinguale Kinder hingegen eine monolinguale hebräische. Zukünftig sollte hierzu untersucht werden, welchen Effekt die

---

45 Die Angaben über die Frequenz der Kasus in der monolingualen Sprachproduktion des Russischen basiert auf der Untersuchung von Kopotev (2008).

Mehrsprachigkeit in Bildungseinrichtungen auf die Sprachkompetenz im alltäglichen Sprachgebrauch hat.

Gagarina & Klassert (2018) untersuchten in einer Längsschnittstudie mit zwei Testzeitpunkten (T1 und T2) im Abstand von zwölf Monaten die Verwendung der Kasusmarkierungen bei 75 russisch-deutschen TE-Kindern. Zum Untersuchungsbeginn wurden sie nach ihrem Alter in zwei Gruppen eingeteilt: in die Altersgruppen der 3-Jährigen und der 4-Jährigen. Bei allen Kindern gehörte Russisch zu der Familiensprache. Der Zeitpunkt des Erwerbsbeginns des Deutschen lag bei den simultan bilingualen Kindern unter 1;6 Jahren und bei den sukzessiven Kindern zwischen 1;6 und 5;5 Jahren. Zum einen wurden in der Studie der expressive sowie der rezeptive Wortschatz und die Morphosyntax – unter anderem die Verwendung des Akkusativs und des Dativs bei direkten und indirekten Objekten – der Kinder im Russischen untersucht. Zum anderen wurde der Frage nachgegangen, ob Faktoren wie Geschlecht, Alter oder der Erwerbsbeginn des Deutschen einen Einfluss darauf ausüben. Die Kasusformen wurden bei Kindern anhand von sechs W-Fragen elizitiert. Die Auswertung ergab, dass in der Gruppe der 3-Jährigen die Kasusmarkierungen im T1 zu 34 % und im T2 zu 35,5 % zielsprachlich verwendet wurden. Die Gruppe der 4-Jährigen erreichte im T1 eine Zielsprachlichkeit von 31,8 % und im T2 von 45,5 %. Einerseits zeigten diese Ergebnisse, dass der Kasus in keiner der beiden Gruppen als erworben gelten konnte. Andererseits stieg die Zielsprachlichkeitsrate sowohl bei der Gruppe der 3- als auch der 4-jährigen Kinder vom T1 zum T2 signifikant an; der Erwerbsprozess war in diesem Fall noch nicht abgeschlossen. Das Alter stellte sich als einer der signifikanten Einflussfaktoren auf die Kasusverwendung heraus. Die Betrachtung von weiteren Einflussfaktoren ergab, dass der Input im Russischen als Familiensprache und das Alter beim Erwerbsbeginn des Deutschen auf die Kasusverwendung ebenfalls einen wichtigen Einfluss haben.

Allgemein finden sich nur wenige Studien, die gezielt den Kasuserwerb und die Verwendung der Kasusmarkierungen des Russischen bei bilingualen Kindern mit SSES beschreiben. So stellen Meir & Armon-Lotem (2015) in ihrer Untersuchung zehn sukzessiv bilinguale Kinder mit SSES (Durchschnittsalter: 6;2, AoO des Hebräischen: 40,29 Monate, LoE zu dem Hebräischen: 33,71 Monate) und 35 sukzessiv bilinguale TE-Kinder (Durchschnittsalter: 6;4, AoO des Hebräischen: 42,24 Monate, LoE zu dem Hebräischen: 34,96 Monate) hinsichtlich ihrer Leistung bei der Produktion, dem Verständnis[46] und dem Nachsprechen[47]

---

46 Sprachstandstest von Gagarina et al. (2010) mit dem Subtest „Sprachproduktion: Kasus" und „Sprachverständnis: Grammatische Strukturen".

der akkusativ- und dativmarkierten NPn im Russischen gegenüber. Die Autoren fanden heraus, dass die Zielsprachlichkeitsrate der Kasusmarkierungen bei den TE-Kindern bei den Aufgaben[48] zur Produktion bei ca. 58 % und beim Verstehen der grammatischen Strukturen bei ca. 59 % lag. Demgegenüber stand die Leistung der Kinder mit SSES, die in beiden Aufgaben deutlich schlechter ausfiel, wobei sie beim Verständnis der grammatischen Strukturen (ca. 34 %) eine bessere Leistung als bei der Produktion (ca. 12 %) erzielten. Meir & Armon-Lotem (2015) fanden außerdem heraus, dass die Nachsprechleistung der Kinder der beiden Gruppen je nach der Komplexität der Struktur variierte, z. B. war die Nachsprechleistung für die SVO-Strukturen signifikant höher als für die OVS-Strukturen. Der Zusammenhang zwischen der Struktur und der erzielten Zielsprachlichkeit konnte in beiden Gruppen beobachtet werden. Dieser Zusammenhang trat bei den Kindern mit SSES im Vergleich zu den TE-Kindern deutlicher hervor: Sie produzierten eine höhere Anzahl von Fehlern.

Weiterhin kamen Meir & Armon-Lotem (2015) im Hinblick auf die Auswirkung der Kontaktdauer mit der Zweitsprache auf die sprachlichen Leistungen der Erstsprache der Kinder in beiden Gruppen zu einem interessanten Befund: Bei den TE-Kindern konnte ein negativer Einfluss der Kontaktdauer mit der zweiten Sprache auf die sprachliche Leistung der Erstsprache bei den Aufgaben zur Produktion und zum Nachsprechen nachgewiesen werden, nicht jedoch bei den Kindern mit SSES. Meir & Armon-Lotem (2015) erklärten dieses Ergebnis mit der Annahme der *Fluctuation Hypothesis* der UG (vgl. Ionin et al. 2004), die davon ausgeht, dass der noch nicht festgelegte Parameterwert der Erstsprache, der z. B. für den Kasus verantwortlich ist, unter dem steigenden Einfluss der zweiten Sprache instabil wird. Dies führe dazu, dass der instabile Parameterwert mit der Zeit abgebaut und durch einen neuen, nicht zielgerechten Wert ersetzt werden kann (vgl. Meir & Armon-Lotem 2015: 299 f.). Bei der typischen Sprachentwicklung sei der Sprachabbau das Ergebnis dieses Prozesses. Bei den Kindern mit SSES sei der Parameterwert unter dem Einfluss des Defizits bereits falsch festgelegt worden, daher sei die Beeinträchtigung der sprachlichen Leistung durch die Kontaktdauer mit der Zweitsprache nicht sichtbar.

Meir et al. (2016) stellten bei der Untersuchung der Nachsprechleistung bei den sukzessiv bilingualen russisch-hebräischen Kindern mit (Alter: 6;1, AoO:

---

[47] Satzwiederholungstest LITMUS-SRep (engl. *Language Impairment Testing in Multilingual Settings: Sentence Repetition Tasks*) für das Russische von Marinis & Armon-Lotem (2015) mit elf unterschiedlichen Satzstrukturen.

[48] Die hier aufgeführten Prozentwerte sind eine Schätzung der Abbildung 1 in Meir & Armon-Lotem (2015: 305).

2;1, LoE: 3;3) und ohne SSES (Alter: 6;2, AoO: 2;11, LoE: 3;2) fest, dass in beiden Gruppen große Schwierigkeiten mit den Kasusmarkierungen auftraten. Sie schienen sogar größer zu sein, als in den Studien von Peeters-Podgaevskaja (2008), Gagarina (2011) und Janssen et al. (2014) hierüber berichtet wurde. Eine mögliche Erklärung ist nach Ansicht von Meir et al. (2016), dass das Hebräische, in dem die Substantive zwar nach Genus und Numerus, jedoch nicht nach Kasus verändert werden, einen negativen Einfluss auf das russische Kasussystem im bilingualen Kontext ausübe. Unter einem steigenden Einfluss des Hebräischen werden die Kasusmarkierungen des Russischen nicht vollständig erworben oder/und schnell abgebaut. Die Ergebnisse der Untersuchung ließen erkennen, dass zwischen den beiden Gruppen Unterschiede bezüglich der Realisierung der kasusmarkierten Elemente beim Nachsprechen von Sätzen bestanden: Während bei den OVS-Strukturen die typisch entwickelten bilingualen Kinder die Satzstruktur richtig nachsprachen und die beiden kasusmarkierten Elemente entweder im Nominativ oder Akkusativ einsetzten, wandelten die bilingualen Kinder mit SSES die OVS- in die einfachere SOV-Struktur um, was dafür spreche, dass die Kinder nicht mit dem Kasus, sondern eher mit der Komplexität der nachzusprechenden morphosyntaktischen Struktur Probleme hatten (vgl. Meir et al. 2016: 442 f.).

Zusammenfassend lässt sich zum Kasuserwerb und der Verwendung der Kasusmarkierungen im bilingualen Kontext konstatieren, dass die morphosyntaktische Realisierung der Kasusmarkierungen im Russischen im Kontext der bilingualen Sprachentwicklung ein sehr sensibler Bereich ist, der den Kindern große Schwierigkeiten bereitet und für die Prozesse der Spracherosion anfällig ist. Je nach der Erwerbssituation und der Sprachkombination können die ersten Merkmale dieser Prozesse bereits nach kurzer Zeit (etwa einem Jahr) beobachtet werden. Insgesamt weisen die bilingualen Kinder ähnliche Erwerbsmuster und -fehler wie monolinguale Kinder auf, wobei die Fehler sowohl mit dem früheren Alter zum Erwerbsbeginn als auch mit der längeren Erwerbsdauer der Zweitsprache quantitativ korrelieren. Im bilingualen Spracherwerbskontext kann es vorkommen, dass das Kasussystem verzögert oder unvollständig erworben wird. Dabei stellt die Verwendung der Kasusmarkierungen für Kinder mit SSES im Vergleich zu den bilingual aufwachsenden TE-Kindern eine größere Herausforderung dar.

5.4 Der Erwerb der Kasusmarkierungen im Deutschen

Im Folgenden wird der Forschungsstand zum Erwerb der deutschen Kasusmarkierungen sowohl bei monolingualen als auch bei bilingualen Kindern vorgestellt. Zwar ist der monolinguale Kasuserwerb nicht Gegenstand der vorliegenden Arbeit, es ist jedoch wichtig, hier die Abfolge üblicher Erwerbsschritte und die Schwierigkeiten bei verschiedenen Erwerbstypen zu beschreiben, um Fehlinterpretationen oder falsche Annahmen bei der Auswertung der Sprachdaten in der vorliegenden Untersuchung zu vermeiden.

5.4.1 Im monolingualen Erwerbskontext

Der Erwerb der Kasusmarkierungen bei deutschen monolingualen TE-Kindern wird ausführlich in Studien wie denen von Clahsen (1984), Mills (1985), Tracy (1986), Dittmann (2002: Kap. 6), Eisenbeiss (2003), Szagun (2013: Kap. 4.2) beschrieben. Insgesamt sind sich die Studien darin einig, dass sich der Kasuserwerb im Deutschen im Vergleich zu anderen Sprachen mit ausgeprägter Kasusmorphologie (z. B. zum Türkischen oder Russischen) durch einen relativ späten Erwerbsbeginn auszeichnet, sich über einen langen Zeitraum erstreckt und fehleranfällig ist (vgl. auch Dittmann 2002: 83; Szagun 2013: 108). In den Studien lassen sich jedoch einige widersprüchliche Beobachtungen finden: So berichtete Clahsen (1984: 14), dass deutsche monolinguale Kinder mit unauffälliger Sprachentwicklung die ersten Kasusmarkierungen ungefähr mit dem Beginn des dritten Lebensjahres zeigen. Szagun (2004b: 13) konnte hingegen bei einigen Kindern bereits im Alter vor 2;0 Jahren die nominativ-, akkusativ- und dativmarkierten Artikel belegen (vgl. auch Szagun 2004a). Auch in Bezug darauf, wann der Kasuserwerb abgeschlossen wird, sind sich die Forscher nicht einig: Schmitz (2006) berichtete anhand der Untersuchung eines Kindes, das zum Untersuchungsbeginn 1;10 und am Untersuchungsende 4;6 Jahre alt war, dass der Dativ – mit dem der Kasuserwerb im Deutschen üblicherweise als abgeschlossen gelten dürfte – mit 4;6 zielsprachlich erworben wurde. Kauschke & Siegmüller (2010) hingegen fanden heraus, dass die Kinder bis zum Schulalter noch nicht alle Akkusativ- und Dativmarkierungen zielsprachlich verwenden können (vgl. auch Motsch 2013b: 5). Auch in der Studie von Ulrich et al. (2016) wurde gezeigt, dass die monolingualen TE-Kinder beim Dativerwerb zwar eine große Varianz im Erwerbsverlauf aufweisen, bei 20 % der Kinder im Alter zwischen 8;0 und 8;11 Jahren konnte jedoch die Zielsprachlichkeit der Dativmarkierungen am Artikel die Schwellengrenze[49] von 90 % noch nicht erreichen; somit sei der Dativ noch nicht vollständig erworben (vgl. Ulrich et al. 2016). Mills

---

[49] Als Erwerbskriterium wird von Brown (1973: 272) vorgeschlagen, dass eine Konstruktion, dann erworben ist, wenn sie in 90 % der Kontexte zielsprachlich verwendet wird.

(1985: 183) und Kauschke & Siegmüller (2010: 47) weisen allerdings darauf hin, dass der Dativ in manchen Dialekten durch den Akkusativ ersetzt wird, daher sollte bei seiner Untersuchung der Einfluss dialektaler Prägung und die Sprachumgebung der Kinder berücksichtigt werden (vgl. auch Mills 1985: 183; Kauschke & Siegmüller 2010: 47).

Clahsen (1984) und Tracy (1986) unterteilen den Kasuserwerb des monolingualen Kindes im Deutschen in vier Phasen. Dabei entsprechen die Phasen III und IV bei Tracy (1986) den Phasen 3a und 3b bei Clahsen (1984: 14):

1. In der ersten Phase des Kasuserwerbs werden die Determinatoren an den nominalen Satzgliedern komplett ausgelassen, daher bleibt der Kasus unmarkiert (vgl. Clahsen et al. 1994 und Eisenbeiss 2003), z. B.:

(66) *auto weg (Alter: 2;1)
      (Beispiel aus: Clahsen 1984: 18)

2. Zu Beginn des dritten Lebensjahrs tauchen die ersten Vorläufer der Kasusmarkierungen auf, die häufig durch die kasusneutralen Protoformen wie *[də]*, *[de]*, *[da]* und *[n]* realisiert und optional verwendet werden (vgl. Tracy 1984: 288). Im weiteren Verlauf der zweiten Phase kommen die ersten Determinatoren vor, die in einer dem Nominativ identischen neutralen Kasusform sowohl für die Markierung der Akkusativ- als auch der Dativobjekte verwendet werden, z. B.:

(67) *Ich bau ein Turm mit ein Uhr. (Alter: 2;2)
      (Beispiel aus: Tracy 1986: 55)

3. Die dritte Phase des Kasuserwerbs, in der die Kasusmarkierungen erst auftauchen, wird in zwei Subphasen gegliedert:
   a. Zuerst wird der Akkusativ erworben und vor allem bei den substantivischen NPn auf den Dativ übergeneralisiert. Es entsteht ein Zweikasussystem.
   b. Im nächsten Schritt werden die Dativmarkierungen erworben, die erst im letzten Viertel des dritten Lebensjahres produktiv werden. Tracy (1986) weist darauf hin, dass in den Kinderäußerungen nur selten Kontexte vorkommen, die eine NP im Dativ fordern. Ausnahmen bilden hier die Personalpronomen im Dativ *mir* und *dir*, die holistisch gelernt werden und noch vor dem Akkusativ auftauchen können (vgl. Tracy 1986).

Der Erwerb der Kasusmarkierungen in PPn verläuft ähnlich wie in NPn. Allerdings sei er mit größeren Schwierigkeiten verbunden (vgl. Tracy 1986: 61 ff.). Das Kind steht vor der Herausforderung, nicht nur zu erkennen, welche semantischen Bedeutungen welche Präpositionen haben, sondern auch zu entdecken, dass die meisten Präpositionen polysem sind und dass eine Präposition je nach semantischer Verwendung mit mehr als einem Kasus (z. B. Präposition bei direktiver vs. lokaler Verwendung) auftreten kann. Eine weitere schwierige Aufgabe stellt beim Erwerb der Kasusmarkierungen in PPn das Wahrnehmen und Segmentieren der Verschmelzungen von Präposition und Artikel wie *im, ins, zum, zur* dar (vgl. Tracy 1984: 290 f.). Nach Tracy entwickeln sich die Kasusmarkierungen in PPn in ähnlichen Phasen wie in den NPn: Anfangs werden in PPn weder Präpositionen noch Determinatoren verwendet. Erst später kommen die Präpositionen hinzu. Die Determinanten werden weiterhin überwiegend ausgelassen, auch wenn sie in NPn bereits regelmäßig auftauchen (vgl. auch Mills 1985: 188), z. B.:

(68) *Ich sitze auf Schaukelpferd. (Alter: 2;2)
(Beispiel aus: Tracy 1984: 290)

Nach der artikellosen PP-Verwendung tritt die Phase mit den ersten Artikelformen auf, die jedoch oft kasusneutral gebraucht werden, z. B.:

(69) *Da kommt eine kleine Hexe aus de Seehund raus. (Alter: 2;8)
(Beispiel aus: Tracy 1986: 62)

In der letzten PP-Erwerbsphase etabliert sich die Verwendung der Determinatoren: Die Akkusativmarkierungen tauchen zuerst auf und werden auf die dativfordernden Kontexte übergeneralisiert (vgl. auch Mills 1985).

Die Aufteilung des Erwerbs in klar abgegrenzte Erwerbsphasen wird von Szagun (2004b: 12 f.) kritisch betrachtet. Bei der Analyse der Untersuchungsdaten zum Erwerb der Kasusmarkierung an definiten und indefiniten Artikeln zeigte die Autorin, dass die Kasusmarkierungen

> [...] in enger zeitlicher Abfolge oder teilweise gleichzeitig anfangen, die verschiedenen Kasus an verschiedenen Artikeln zu markieren, dabei zunächst hohe Fehlerraten haben, und in einem zeitlich sehr ausgedehnten Prozess allmählich zur korrekten Markierung der verschiedenen Kasus kommen (Szagun 2004b: 13).

Szagun (2004b) fand außerdem, dass die Kinder zwar Gemeinsamkeiten haben, jedoch auch erhebliche individuelle Unterschiede zeigen, die nicht immer eindeutig bestimmten Phasen zugeordnet werden können.

Ulrich et al. (2016) sprachen sich ebenfalls gegen die Annahme einer Erwerbssequenz im Kasuserwerb (Nominativ vor Akkusativ vor Dativ) aus. Basierend auf der Untersuchung mit deutschen monolingualen Kindern (N = 968), aufgeteilt in fünf verschiedene Altersgruppen zwischen 4;0 und 8;11 Jahren stellten die Autoren fest, dass die jüngeren Kinder zwar eine höhere Zielsprachlichkeit im Akkusativ als im Dativ zeigen, jedoch verläuft in den höheren Altersgruppen die Erwerbskurve der Akkusativ- und Dativmarkierungen weitgehend parallel. Auch das Erwerbsende für beide Kasus lag zeitlich sehr nahe beieinander.

Ergänzend zum Überblick über den Forschungsstand zum Kasuserwerb im Deutschen sei erwähnt, dass die im Kasuserwerb beobachteten Schwierigkeiten im Gegensatz zum Verlauf des Genuserwerbs stehen, der von monolingualen TE-Kindern früh, schnell und weitestgehend fehlerfrei erworben wird (vgl. Mills 1986). Die Genusklassen des Deutschen werden bei monolingualen Kindern vor dem Kasus bereits ab dem dritten Lebensjahr grundsätzlich etabliert (vgl. Mills 1985: 173 f.). Mills erklärt, dass der Erwerb von Genus und Kasus trotzdem eng aufeinander bezogen ist und die Kongruenzmerkmale voneinander nicht isoliert betrachtet werden können. In Bezug darauf schrieb Mills (1986: 64): „Gender cannot be separated from case. An error in case may not necessarily imply an error in gender, but it is often impossible to distinguish one from the other."

Während in allen bisher vorgestellten Studien die ungestörte Sprachentwicklung im Mittelpunkt der Forschung stand, soll im Folgenden eine Reihe von Studien vorgestellt werden, die sich mit der Untersuchung des Kasuserwerbs und der Verwendung der Kasusmarkierungen bei Kindern mit SSES auch im Vergleich zu TE-Kindern beschäftigen. Zu den meistzitierten Aufsätzen dieser Forschungsrichtung gehört die Longitudinalstudie von Clahsen (1988, N = 10, Alter: zwischen 3;2 und 9;6 Jahren). Er konnte belegen, dass den Kindern mit einer SSES der Erwerb der Kasusmarkierungen große Schwierigkeiten bereitet und im Vergleich zu einer unauffälligen Sprachentwicklung über mehrere Jahre verzögert verläuft. Clahsen (1988) fand zudem heraus, dass trotz großer individueller Unterschiede zwischen den untersuchten Kindern der fehlende Artikel im Laufe der Untersuchungszeit ein stabiles Merkmal der SSES geblieben ist: Die Kinder ließen durchschnittlich 55 % aller obligatorischen Artikel aus (vgl. Clahsen, 1988: 141). Tauchte ein Artikel auf, wurde er zu 64 % bei den akkusativfordernden und zu 42 % bei den dativfordernden Elementen kasusneutral bzw. dem Nominativ gleich verwendet. In 19 % trat der Akkusativ statt des Dativs auf. In 9 % der Fälle wurde der Dativ auf den Akkusativ übergeneralisiert. Lediglich zu 27 % wurde die Akkusativ- und zu 39 % die Dativmarkierung zielsprachlich eingesetzt (vgl. Clahsen 1988: 166). Große Schwierigkeiten hatten untersuchte Kinder mit dativischen PPn. Das Auftreten sowohl einer Präposition als auch einer Dativmarkierung innerhalb einer PP konnte nur bei der Verwendung der Verschmelzungen *im* und *am* belegt werden, die jedoch von Clahsen als „nicht-analysierte Einheiten" betrachtet werden, da sie von den Kindern als Präpositionen ohne Kasusmarkierung behandelt werden (vgl. Clahsen 1988: 170). Ferner ähnelte wiederum der überwiegende Anteil der Fehler bei der SSES denen, die für frühere Kasuserwerbsphasen bei ungestörter Sprachentwicklung typisch sind. Spezifisch sei allerdings, dass diese Fehler signifikant häufiger und über einen längeren Zeitraum vorkommen. Darüber hinaus fand Clahsen bei den Kindern mit SSES einige Fehlertypen, die für eine unauffällige Sprachentwicklung atypisch seien, z. B. Übergeneralisierung des Akkusativs und Dativs auf den Nominativ. Insgesamt zeigte Clahsens Studie, dass trotz dieser Schwierigkeiten die Verwendung des Akkusativs oder des Dativs zum verwendeten Sprachinventar der Kinder mit SSES gehörte, obwohl lediglich bei zwei untersuchten Kindern ein zweigliedriges Kasussystem mit der Verwendung sowohl des Akkusativs als auch des Dativs nachgewiesen werden konnte (vgl. Clahsen 1988: 167). In Bezug auf die Verwendung der Kasusmarkierung in PPn konnte Clahsens Studie aufgrund der geringen Gesamtvorkommnisse der PPn in den Daten keine aussagekräftigen Erkenntnisse liefern. Es konnte allerdings gezeigt werden, dass in den meisten PPn (in 64 % der Fälle) die Präpositionen ausgelassen wurden (Clahsen, 1988: 146 f.). Tauchte die Präposition (z. B. *mit*, *in*) in der PP auf, fehlte meistens der Artikel.

Die Studie von Eisenbeiss et al. (2006) beschäftigte sich mit der Untersuchung des Erwerbs und der Verwendung der Kasusmarkierungen in den Spontansprachdaten von fünf monolingualen Kindern mit SSES im Alter zwischen 5;8 und 7;11 Jahren im Vergleich zur Kontrollgruppe von fünf jüngeren monolingualen TE-Kindern zwischen 2;7 und 3;10 Jahren mit vergleichbarem MLU-Wert. Ziel dieser Untersuchung war herauszufinden, ob die strukturelle vs. lexikalische Kasuszuweisung (siehe Abschnitt 5.1) auf die Kasusverwendung bei den untersuchten Kindern Einfluss hat und ob sich die Kinder der beiden Gruppen in Bezug darauf voneinander unterscheiden. In der Studie wurden die Akkusativ- und Dativmarkierungen[50] bei den Substantiven und Pronomen zusammen untersucht. Eisenbeiss et al. (2006) konnten die Ergebnisse von Clahsen

---

50 Da in den Untersuchungsdaten nur drei von fünf TE-Kindern den (ausschließlich) possessiven Genitiv verwendet hatten, wurde er von Eisenbeiss et al. (2006) nicht weiter untersucht.

(1988), dass die Kinder mit SSES massive Auffälligkeiten bei der Markierung der Kasus zeigen, nur zum Teil bestätigen: Sie fanden heraus, dass sich bei den Kindern mit SSES, ähnlich wie bei den TE-Kindern, keine Schwierigkeiten mit der Markierung der strukturellen Kasus beobachten ließen. Durchschnittlich wurden die strukturellen Kasus von den TE-Kindern zu 99,61 % (für akkusativmarkierte DOe: 99,15 %, für akkusativmarkierte PPn: 98,48 %, für dativmarkierte IOe in den ditransitiven Konstruktionen: 94,92 %) und von den Kindern mit SSES zu 93,18 % (für akkusativmarkierte DOe: 90,91 %, für akkusativmarkierte PPn: 100 %, für dativmarkierte IOe in den ditransitiven Konstruktionen: 88,89 %) zielsprachlich markiert. Damit zeigte die Verwendung des strukturellen Kasus in beiden Gruppen keine signifikanten Unterschiede. Die Markierung der lexikalischen Kasus war in beiden Gruppen der Kinder hingegen deutlich fehleranfälliger: Die TE-Kinder verwendeten die lexikalischen Kasusformen zu 68,10 % (für dativmarkierte IOe in den intransitiven Konstruktionen: 64,29 %, für dativmarkierte PPn: 68,89 %) und die Kinder mit SSES zu 53,57 % (für dativmarkierte IOe in den intransitiven Konstruktionen: 53,33 %, für dativmarkierte PPn: 53,66 %) zielsprachlich. Eine Fehleranalyse ergab, dass die strukturellen Kasusformen auf die Kontexte der lexikalischen Kasus häufig übergeneralisiert wurden. Dabei trat die Übergeneralisierung bei Kindern mit SSES im Vergleich zu den TE-Kindern auffällig häufiger auf. Außerdem wurden zwischen den einzelnen Kindern innerhalb der SSES-Gruppe große Leistungsunterschiede beobachtet. Insgesamt konnte mit den Ergebnissen zur Markierung des Dativs belegt werden, dass die Verwendung des strukturellen Dativs im Vergleich zu dem lexikalischen Dativ sowohl den TE-Kindern als auch den Kindern mit SSES leichterfiel.

Anders als Eisenbeiss et al. (2006) fand Lindner (2011), dass die Kinder mit SSES auch bei der Markierung des Akkusativs in NPn Schwierigkeiten haben. In der Studie von Lindner (2011) wurde die Verwendung der Kasusmarkierungen bei den deutschen monolingualen Kindern mit (N = 23, Alter: zwischen vier und sechs Jahren) und ohne SSES (N = 60, Alter: zwischen zwei und sechs Jahren) untersucht. Neu in der Studie war, dass die Autorin die Kinder mit SSES nach ihrer sprachlichen Leistung im Produktionstest (LSVT Teil C, Wettstein 1983) in zwei Subgruppen unterteilte: eine Gruppe von elf Kindern mit einer schweren SSES (2 SD) und eine Gruppe von zwölf Kindern mit leichter SSES (1–1,5 SD). Die Studie hatte sich zum Ziel gesetzt, nicht nur die Leistungen der Kinder mit SSES bei der Markierung der Kasus im Vergleich zu denen sprachunauffälliger Kontrollkinder zu untersuchen, sondern auch der Frage nachzugehen, ob der Schweregrad der SSES die Verwendung der Kasusmarkierung beeinträchtigen kann. Im Unterschied zu den Studien von Clahsen (1988) und Eisenbeiss et al.

(2006) analysierte Lindner (2011) nicht Spontandaten, sondern elizitierte Daten. Die Ergebnisse der Untersuchung belegen, dass die Kinder mit SSES im Vergleich zu den TE-Kindern deutlich mehr Auffälligkeiten bei der Verwendung der Kasusmarkierungen zeigten. Eine wichtige Feststellung betraf den Zusammenhang zwischen dem Defizit im Bereich der Kasusmarkierung und dem Schweregrad der SSES: Zwischen den sprachunauffälligen Kontrollkindern und den Kindern mit schwacher SSES bestand hinsichtlich der Verwendung der Akkusativmarkierungen in den NPn kein signifikanter Unterschied. Auch in Bezug auf die Verwendung der Präpositionen und Artikel verhielten sich die Kinder mit schwacher SSES ähnlich wie die Kontrollkinder. Die Unterschiede zeigten sich lediglich in der Verwendung der Kasusmarkierungen in den PPn: Die Kinder mit schwacher SSES übergeneralisierten den Akkusativ auf den Dativ häufiger als die Kontrollkinder. Die Kinder mit starker SSES zeigten sowohl im Vergleich mit Kindern mit schwacher SSES als auch mit den Kontrollkindern signifikant schlechtere Leistungen bei der Verwendung der Kasusmarkierung, indem sie den Akkusativ auf den Dativ in PPn signifikant häufiger übergeneralisierten. Darüber hinaus zeigte sich, dass die Kinder mit starker SSES eine relativ hohe Auslassungsrate sowohl der Präpositionen als auch der Artikel hatten.

Scherger (2015a) untersuchte in einer Querschnittstudie die Spontan- und Elizitierungsdaten von Kindern mit SSES, unterteilt in die zwei Altersgruppen der 4-Jährigen (N = 3) und 7-Jährigen (N = 7) und verglich sie mit jeweils gleichaltrigen TE-Kindern (4-Jährige: N = 9; 7-Jährige: N = 9). Die Kasusmarkierungen wurden in den Determiniererphrasen (DP) und an Pronomen getrennt voneinander analysiert. Scherger (2015a) stellte fest, dass die Markierung des Akkusativs an den Pronomen in keiner der Gruppen, weder der 4-jährigen noch der 7-jährigen Kinder, Schwierigkeiten bereitete. Dagegen zeigten die Kinder bei der Akkusativzuweisung in DP-Kontexten größere Probleme: Die 4-jährigen Kinder mit SSES verwendeten den Akkusativ in den obligatorischen DP-Kontexten zu 70,2 % und die 7-jährigen zu 84,1 % zielsprachlich. Bei den gleichaltrigen TE-Kindern lag dieser Wert bei 87,8 % bzw. bei 91,9 %. Der Unterschied bei der Markierung des Akkusativs in DPn zwischen den Kindern mit und ohne SSES der beiden Altersgruppen erwies sich als signifikant. Die nähere Betrachtung der Fehler ergab, dass die Unterschiede zwischen den Kindern mit und ohne SSES für beide Altersgruppen vor allem in der Auslassung des Artikels und der Übergeneralisierung des Nominativs auf den Akkusativ bestanden. Bei der Verwendung der Dativmarkierungen zeigte sich im Vergleich zu den Akkusativmarkierungen, dass sie einerseits fehleranfälliger waren und andererseits viel größere Differenzen zwischen den Kindern der beiden Altersgruppen mit und ohne SSES vorlagen: An Pronomen markierten die 4-jährigen Kinder mit SSES den Dativ zu 57,8 % und die 7-jährigen zu 81,6 % zielsprachlich. Bei den TE-Kindern lag dieser Wert bei 79,9 % in der Gruppe der 4-jährigen Kinder und bei 92,6 % in der Gruppe der 7-jährigen. Insgesamt fiel auch hier die Markierung des Dativs an Pronomen allen Kindern leichter als in den DPn. In DPn markierten die 4-jährigen Kinder mit SSES den Dativ lediglich zu 10,7 % korrekt, bei den 7-jährigen der gleichen Gruppe stieg dieser Wert auf 18,3 %. Die 4-jährigen TE-Kinder markierten den Dativ zu 48,8 % korrekt, die 7-jährigen zu 91,1 %. Somit erreichten die Kinder mit SSES bei der Markierung des Dativs in den DPn sowohl im Vergleich zu den gleichaltrigen als auch zu den jüngeren TE-Kindern signifikant schlechtere Leistungen. Die Fehleranalyse ergab, dass die Kinder mit SSES bei der Markierung des Dativs in DPn signifikante quantitative Unterschiede vor allem bei der Artikelauslassung und Übergeneralisierung des Nominativs bzw. Akkusativs auf den Dativ im Vergleich zu den gleichaltrigen TE-Kindern zeigten. Insgesamt konnte Scherger (2015a) in ihrer Studie belegen, dass die Auffälligkeiten in der Kasusmarkierung bei den Kindern mit SSES als klinischer Marker für diese angesehen werden kann.

Zusammenfassend lässt sich feststellen, dass sich die Ergebnisse zum unauffälligen Kasuserwerb bei monolingualen deutschen Kindern in Bezug auf die Erwerbssequenz, den zeitlichen Abschluss des Kasuserwerbs, die Befunde zu zielsprachlichen Markierungen und Fehlerarten sehr unterscheiden. Einigkeit herrscht in der Forschung nur in einem Punkt, nämlich dass der Kasuserwerb bei den monolingualen deutschsprachigen Kindern im Vergleich zu Kindern mit anderen Erstsprachen relativ spät beginnt, sich über einen längeren Zeitraum erstreckt und die Kasusverwendung bei Fünfjährigen oder sogar bis über den Eintritt in die Schule hinaus noch Probleme bereiten kann. Zu dem sprachauffälligen Spracherwerb liefern die Studien von Clahsen (1988), Lindner (2011) und Scherger (2015a) klare Evidenz dafür, dass für die monolingualen deutschsprachigen Kinder fehlende oder falsch verwendete Kasusmarkierungen als Marker für die SSES angesehen werden können. Weiterhin zeigt Lindner (2011), dass große Leistungsunterschiede zwischen den einzelnen Kindern mit SSES auf deren Schweregrad zurückgeführt werden können. Dies scheint eine mögliche Erklärung dafür zu sein, dass sich große Differenzen zwischen den einzelnen Ergebnissen der verschiedenen Studien zur Untersuchung des Kasuserwerbs und der Verwendung der Kasusmarkierungen bei der SSES finden.

5.4.2 Im bilingualen Erwerbskontext

Zum Kasuserwerb des Deutschen bei bilingualen Kindern gibt es inzwischen eine Reihe von Studien. Die erste Gruppe der im Folgenden vorgestellten Studien berichtet über den Erwerb der deutschen Kasusmarkierungen bei den simultan bilingualen Kindern. Bei der Analyse der Spontansprachdaten stellte Meisel (1986) fest, dass der Erwerb der Kasusmarkierungen für die simultan bilingualen deutsch-französischen Kinder mit unauffälliger Sprachentwicklung (N = 2, Untersuchungsalter: zwischen 1;0 und 4;0 Jahren) bei der Familiensituation *eine Person – eine Sprache* wohl keine größere Herausforderung darstellt. Vielmehr zeigten die bilingualen Kinder die ersten Kasusmarkierungen sogar früher als die monolingualen (vgl. Meisel 1986: 170). Ähnlich wie beim monolingualen Spracherwerb beobachtet Meisel (1986), dass den simultan bilingualen Kindern jegliche Kasusmarkierungen anfangs fehlten. Das entspräche etwa der ersten Kasuserwerbsphase nach Clahsen (1984) und Tracy (1986). Mit dem Erwerb der Determinatoren tauchen die ersten kasusneutralen Markierungen an Artikeln und erste kasusmarkierte Pronomina auf, das entspricht etwa der zweiten Kasuserwerbsphase nach Clahsen (1984) und Tracy (1986). Im Gegensatz dazu ordnete Meisel (1986) den Akkusativ- und Dativerwerb nicht separaten Phasen zu. Seinen Beobachtungen zufolge werden die beiden Kasus sowohl bei den bilingualen als auch bei den monolingualen Kindern in den NPn und PPn annähernd parallel erworben (vgl. Meisel 1986: 166; ferner Szagun 2004a, 2004b; Ulrich et al. 2016 zum monolingualen Kasuserwerb). Weiterhin machte Meisel (1986) die Beobachtung, dass nicht der Kasus, sondern der Typ der verwendeten Präposition – Präposition mit fester vs. doppelter Kasusrektion – den Kasuserwerb beeinflusst. So stellte der Autor in Bezug auf die Verwendung der Kasusmarkierungen in den PPn fest, dass lediglich die Kasusmarkierungen in PPn mit Wechselpräpositionen insgesamt problematisch sind, in denen nicht nur die Übergeneralisierung des Akkusativs auf den Dativ, sondern auch umgekehrt des Dativs auf den Akkusativ vorkommt. Die PPn mit den Präpositionen mit fester Kasusrektion werden hingegen deutlich häufiger zielsprachlich kasusmarkiert. Daraus schlussfolgerte Meisel (1986), dass nicht der Kasus selbst, sondern der semantische Kontext der Wechselpräpositionen für den Kasuserwerb problematisch sei.

Im Gegensatz zu Meisel (1986) fand Schmitz (2006) anhand der Spontandaten aus einer Longitudinalstudie heraus, dass vier simultan bilinguale Kinder (Alter zwischen 2;0 und 5;0 Jahren) mit der Sprachkombination Deutsch-Französisch und Deutsch-Italienisch im Vergleich zu einem gleichaltrigen monolingualen deutschen Kind eine Verzögerung im Erwerb der Kasusmarkierungen aufwiesen. Nur eines der vier bilingualen Kinder zeigte zum Ende der Untersuchung im Alter von 5;0 Jahren ein stabil ausgeprägtes Kasussystem. Hierzu ist allerdings anzumerken, dass Deutsch die dominante Sprache des bilingualen Kindes war. Die anderen drei bilingualen Kinder – zwei von ihnen hatten einen ausbalancierten Spracherwerb – wiesen Züge eines unvollständigen Kasuserwerbs auf. Zu den häufigsten Fehlern gehörte die Übergeneralisierung der Akkusativ- auf die Dativmarkierung und die Artikelauslassung. Die Übergeneralisierung des Nominativs auf den Dativ und umgekehrt des Dativs auf den Nominativ trat hingegen sehr selten auf. Die Verwendung des Dativs anstelle des Akkusativs kam zwar relativ häufig vor, sie wurde jedoch überwiegend in PPn mit der Präposition *für* (70 %) beobachtet. Dieser Fehlertyp trat nur bei den bilingualen Kindern, aber nicht bei dem monolingualen Kind auf. Im Gegensatz zu Meisel (1986), der in seiner Untersuchung bei den Kindern die Schwierigkeiten mit der Kasusmarkierung in den PPn mit den Wechselpräpositionen feststellte, fand Schmitz (2006), dass den bilingualen Kindern die Kasusmarkierung in PPn mit den Präpositionen mit fester Kasusrektion besonders schwerfiel.

In einer detaillierten Studie untersuchte Scherger (2015b) die Verwendung der Kasusmarkierungen in Spontan- und Elizitierungsdaten aus einer Längsschnittstudie mit SSES-auffälligen simultan bilingualen Kindern (N = 3) und verglich sie mit denen aus einer Querschnittstudie mit simultan bilingualen TE-Kindern sowie monolingualen Kindern mit und ohne SSES (siehe Tabelle 13). Alle untersuchten Kinder wurden in zwei Altersgruppen eingeteilt, nämlich in 4-Jährige und 7-Jährige.

Tab. 13: Überblick über die Anzahl der Probanden der Querschnittstudie in Scherger (2015b: 204 ff.)

Altersgruppe	monolingual, TE	bilingual, TE	monolingual, SSES
4-jährig	N = 9	N = 5	N = 3
7-jährig	N = 9	N = 9	N = 7

Alle simultan bilingualen Kinder erwarben Deutsch und Italienisch, jedoch nicht alle ausbalanciert. In Bezug auf die Kasusmarkierung an Pronomen stellte Scherger (2015b) für alle untersuchten Kinder in beiden Altersgruppen fest, dass der Akkusativ nahezu fehlerfrei und der Dativ signifikant häufiger als in DPn zielsprachlich verwendet wurden. Sowohl bei der Markierung des Akkusativs als auch des Dativs an Pronomen zeigten die simultan bilingualen und monolingualen Kinder mit und ohne SSES des vergleichbaren Alters keine signifikanten Unterschiede. Die Kasusmarkierungen in den DPn fielen den untersuchten Kindern in beiden Altersgruppen deutlich schwerer, wobei die Dativmarkierungen allen Kindern deutlich mehr Probleme bereiteten als die Akkusativmarkierungen. Die Zielsprachlichkeit des Akkusativs in den DPn lag bei den 4-jährigen simultan bilingualen Kindern mit SSES bei 76,1 % und bei den 7-jährigen bei 80,7 %. Diese Werte waren sehr nah an denen der monolingualen Kinder mit SSES (4-Jährige: 70,2 %, 7-Jährige: 84,1 %) und etwas unter den Werten der simultan bilingualen (4-Jährige: 84,7 %, 7-Jährige: 90,1 %) und monolingualen (4-Jährige: 88,0 %, 7-Jährige: 91,9 %) TE-Kinder (vgl. Scherger 2015b: 246, 253). Insgesamt waren jedoch die beobachteten Unterschiede zwischen den Gruppen im jeweiligen Alter statistisch nicht signifikant. Die Zielsprachlichkeitsrate der Dativmarkierungen in den DPn war bei den simultan bilingualen Kindern mit SSES sowohl im Alter von vier Jahren (4,2 %) als auch im Alter von sieben Jahren (25,9 %) im Vergleich zu anderen monolingualen und bilingualen TE-Kindern in den jeweiligen Altersgruppen niedriger: Die monolingualen Kinder mit SSES erzielten mit vier Jahren 10,7 % und mit sieben Jahren 18,3 %, die simultan bilingualen TE-Kinder zeigten mit vier Jahren 14,4 % und sieben Jahren 81,1 %, die monolingualen TE-Kinder erreichten mit vier Jahren 48,8 % und mit sieben Jahren 91,1 % die höchsten Werte der Zielsprachlichkeit (vgl. Scherger 2015b: 249, 255 f.). Im Alter von vier Jahren waren die Unterschiede zwischen den simultan bilingualen und monolingualen Kindern mit SSES sowie zwischen den monolingualen Kindern mit SSES und ohne SSES nicht signifikant. Im Alter von sieben Jahren holten die simultan bilingualen TE-Kinder die monolingualen TE-Kinder jedoch ein und zeigten somit einen größeren Sprachentwicklungsfortschritt als die bilingualen und monolingualen Kinder mit SSES. Sowohl die monolingualen als auch die bilingualen Kinder mit SSES wiesen nur einen verzögerten und langwierigen Erwerb des Dativs auf. Im Alter von sieben Jahren gab es keine auffälligen Unterschiede zwischen den monolingualen und bilingualen Kindern mit SSES. Der Dativ war in diesem Alter bei den Kindern mit SSES noch nicht erworben. Die Longitudinaldaten der bilingualen Kinder mit SSES zeigten aber auf, dass bis zum Endzeitpunkt der Studie bei den Kindern (etwa im Alter von 8;5 Jahren) kein Plateau bzw. keine Stagnation des Dativerwerbs beobachtet wurde (vgl. Scherger 2015b: 307 ff.).

Ein interessantes Ergebnis der Studie von Scherger (2015b: 318) war, dass sie Evidenz gegen die Annahme von Eisenbeiss et al. (2006) und Wegener (1991) fand, den Dativ bei den IOen der ditransitiven Verben strukturell zu betrachten (vgl. auch Schmitz 2006: 259). Scherger (2015b) stellte fest, dass bei einer sprachauffälligen Sprachentwicklung und in früheren Sprachentwicklungsphasen der unauffälligen Sprachentwicklung der Dativ bei ditransitiven Verben sowohl im Vergleich zu dem strukturellen Akkusativ als auch zum lexikalischen Dativ (IO bei intransitiven Verben) von allen Kindern deutlich fehleranfälliger verwendet wurde. Daher plädierte die Autorin dafür, den Dativ bei den IOen der ditransitiven Verben von dem strukturellen Kasus abzugrenzen und ihn als inhärent zu betrachten (vgl. Woolford 2006 und Abschnitt 5.1). Diese Überlegung würde die Beobachtung von Clahsen et al. (1994: 107 f.) stützen, dass der Dativ bei den IOen in den intransitiven Verbkontexten früher als bei den ditransitiven markiert wird.

Die zweite Gruppe der hier vorzustellenden Studien befasst sich mit der Untersuchung der Kasusmarkierungen beim nicht simultan bilingualen Spracherwerbstyp. Als eine der ersten ausführlichen Studien in diesem Bereich gilt die Längsschnittstudie von Wegener (1995c), die den Kasuserwerb bei TE-Grundschulkindern (N = 6) mit dem Türkischen, Polnischen und Russischen, die erst zu Beginn der Grundschulzeit nach Deutschland gekommen waren und im Alter zwischen 6;5 und 10 Jahren über einen Zeitraum von zwei bis drei Jahren untersucht wurden. Somit gehört diese Studie zur Untersuchung des ungesteuerten kindlichen Zweitspracherwerbs (vgl. cL2 in Abbildung 1). Ein wichtiger Befund der Arbeit mit Experimentaldaten war, dass sich im Unterschied zum monolingualen Kasuserwerb bei den untersuchten sukzessiven Kindern die Differenzierung zwischen Nominativ- und Akkusativmarkierungen bereits beobachten ließ, bevor das Genussystem aufgebaut wurde (vgl. auch Wegener 1995a). Wegener (1995c: 342) stellte weiterhin fest, dass beim kindlichen Zweitspracherwerb die ähnlichen Kasuserwerbsphasen in ähnlicher Erwerbsreihenfolge (*Nominativ > Akkusativ > Dativ*) wie im monolingualen Kasuserwerb (vgl. Clahsen 1984; Tracy 1986) ablaufen, allerdings mit einer zeitlichen Verzögerung.

Auch Kaltenbacher & Klages (2006) untersuchten den Kasuserwerb bei türkischen und slawischen Kindern (ca. 200 Kinder) im Alter zwischen fünf und sechs Jahren, die erst im Alter von drei und teilweise erst von vier Jahren mit dem Eintritt in den Kindergarten zum Deutschen einen aktiven Kontakt hatten (vgl. Abbildung 1). Auf der Basis der Ergebnisse der Langzeitstudie mit elizitierten und spontansprachlichen Sprachdaten stellten die Autorinnen fest, dass die Nominalflexion einen Hauptproblembereich für die untersuchten Kinder darstellte (vgl. Kaltenbacher & Klages 2006: 85). Dabei waren sie der Ansicht, dass sich der Erwerb des Kasus von dem Genus nicht trennen lässt, da sich beide grammatische Kategorien gegenseitig beeinflussen. Dazu entwickelten Kaltenbacher & Klages (2006: 86) zum Erwerb der Genus- und Kasusmarkierungen ein sechsstufiges Entwicklungsmodell:

1. In der ersten Entwicklungsstufe fehlen Determinatoren, daher lassen sich weder Kasus noch Genus erkennen.
2. In der zweiten Stufe kann zwar einer der Determinatoren in einer unveränderten Form (*der* oder *die*) auftauchen, dennoch werden weder Genus noch Kasus erkennbar markiert.
3. In der dritten Stufe entwickelt sich ein zweigliedriges System mit zwei Entwicklungsvarianten:
    a. Einige Kinder zeigen ein zweigliedriges Genussystem, in dem es noch kein Kasussystem gibt: Die Artikelformen *der* und *die* werden sowohl zur Markierung des Subjekts als auch des Objekts verwendet.
    b. Andere Kinder entwickeln das zweigliedrige Kasussystem, ohne das Genus zu differenzieren: Hier werden die Artikelformen *der* und *die* zur Markierung des Subjekts und *den* zur Markierung des Objekts eingesetzt.
4. In der vierten Stufe entsteht ein zweigliedriges Genus- sowie ein zweigliedriges Kasussystem mit der Markierung des Subjekts durch die Artikel *der* und *die* und des Objekts durch *den*.
5. In der fünften Stufe kommt zusätzlich zur 4. Stufe die Markierung des Objekts durch *die* hinzu.
6. Auf der letzten, der sechsten Stufe beherrschen die Kinder das dreigliedrige Genussystem und das zweigliedrige Kasussystem: Für die Benennung von Subjekten werden alle drei Genera verwendet, für die Objektbenennung nur Maskulinum und Femininum.

Im Entwicklungsmodell von Kaltenbacher & Klages (2006) wurde der Dativerwerb nicht erfasst, weil selbst bei den fortgeschrittenen Lernern keine dativmarkierten Formen beobachtet wurden. In der sechsten Stufe wurden sie durch die Akkusative ersetzt.

Zu späteren Studien, die die Kasusmarkierung des Deutschen bei den sukzessiv bilingualen Kindern gezielt untersuchten, gehören die von Schönenberger et al. (2012, 2013). In einer zu Eisenbeiss et al. (2006) vergleichbaren Untersuchung analysierten Schönenberger et al. (2012) die Markierung der strukturellen und lexikalischen Kasus in der Spontansprache sowie in elizitierten Daten. Im Experiment zur Spontansprachanalyse wurden vier sukzessiv bilinguale Kinder mit dem Türkischen als Erstsprache und dem Deutschen als Zweitsprache untersucht, die im Alter zwischen 2;9 und 4;2 Jahren in regelmäßigen Kontakt mit dem Deutschen kamen. Ihre Erwerbsdauer des Deutschen lag zwischen 8 und 30,5 Monaten. Für die Analyse der elizitierten Daten wurden 21 sukzessiv bilinguale Kinder mit dem Türkischen, Russischen oder Polnischen als Erstsprache und Deutsch als Zweitsprache im Alter von 4;0 bis 6;6 Jahren näher betrachtet, deren Alter bei Erwerbsbeginn des Deutschen zwischen 2;9 und 4;2 Jahren lag. Die Kontaktdauer betrug dabei zwischen 13 und 41 Monaten. Die Analyse der Spontansprachdaten ergab, dass die sukzessiv bilingualen Kinder sowohl den strukturellen Akkusativ als auch den strukturellen Dativ zu 93 % zielsprachlich markierten. Der lexikalische Dativ wurde zu 80 % bei den IOen und zu 73 % bei den PPn zielsprachlich verwendet. So zeigte die Analyse zum einen, dass der strukturelle Kasus im Vergleich zum lexikalischen häufiger zielsprachlich verwendet wurde, zum anderen wurde deutlich, dass die sukzessiv bilingualen Kinder insgesamt eine relativ hohe Zielsprachlichkeit der Kasusmarkierungen aufwiesen, die mit denen der monolingualen Kinder von Eisenbeiss et al. (2006) vergleichbar war (vgl. Schönenberger et al. 2012). Dies stand im deutlichen Kontrast zu den Ergebnissen der Untersuchung der elizitierten Daten, in der die Kasusmarkierungen bei den DOen und IOen im Kontext der ditransitiven Verben gezielt untersucht wurden: Während die sukzessiv bilingualen Kinder den strukturellen Akkusativ bei den DOen zu 83 % zielsprachlich produzierten, waren nur 18 % aller IOe korrekt dativmarkiert. Die häufigsten Fehlertypen waren hierzu die Realisierung des Nominativs statt des Akkusativs und des Akkusativs statt des Dativs. Somit ergab die Studie von Schönenberger et al. (2012), dass die sukzessiv bilingualen Kinder in den elizitierten Äußerungen mehr Fehler bei der Realisierung der kasusmarkierten Objekte produzieren als in den spontansprachlichen Äußerungen. Einen möglichen Grund für dieses Ergebnis sehen die Autoren darin, dass die Methode der elizitierten Sprachproduktion im Vergleich zu spontansprachlicher Produktion für die Kinder anspruchsvoller ist.

In einer weiteren Studie von Schönenberger et al. (2013) wurde weiterhin die Verwendung der strukturellen und lexikalischen Kasus in der Spontansprache von sukzessiv bilingualen Kindern mit (N = 4, AoO: etwa drei Jahre, LoE: zwischen drei und 36 Monaten) und ohne SSES (N = 4, die Kinder aus der Studie Schönenberger et al. 2012) untersucht. Die Probanden wuchsen mit dem Türkischen als L1 und dem Deutschen als L2 auf. Die Autoren gingen auch hier der Frage nach, inwieweit sich die Annahme von Eisenbeiss et al. (2006), dass sich die Kinder mit und ohne SSES in Bezug auf die Verwendung der lexikalischen, jedoch nicht der strukturellen Kasus unterscheiden, auf die sukzessiv bilingualen Kindern mit und ohne SSES übertragen lässt. Die Datenauswertung wies nur zum Teil Übereinstimmungen mit den Ergebnissen von Eisenbeiss et al. (2006) auf: Sukzessiv bilinguale TE-Kinder produzierten strukturelle Kasus im Vergleich zu lexikalischen deutlich häufiger (95,5 % zu 75 %) zielsprachlich. Anhand der Datenanalyse der sukzessiv bilingualen Kinder mit SSES konnten keine eindeutigen Ergebnisse erzielt werden. Zum einen zeigten diese Kinder große Leistungsdifferenzen: Eines von vier Kindern mit SSES produzierte keine dativfordernden Kontexte – weder mit dem strukturellen noch mit dem lexikalischen Dativ. Zwar ließ sich bei den anderen drei Kindern mit SSES eine Tendenz erkennen, dass für sie der strukturelle Dativ weniger fehleranfällig als der lexikalische ist, es ließen sich jedoch aufgrund der begrenzten Datenlage keine sicheren Schlussfolgerungen bezüglich der Unterschiede zwischen beiden Dativen treffen. Zum anderen zeigte sich im Gegensatz zu den Ergebnissen von Eisenbeiss et al. (2006), dass drei der vier sukzessiv bilingualen Kinder mit SSES im Vergleich zu den bilingualen TE-Kindern bei der Verwendung des strukturellen Akkusativs erkennbar schlechtere Leistungen erbracht haben. Zu der Frage, ob die schlechte Leistung bei der Markierung des strukturellen Kasus zu den charakteristischen Merkmalen der SSES im sukzessiv bilingualen Kontext gehöre, konnten Schönenberger et al. (2013) aufgrund der geringen Anzahl der Probanden und der untersuchten kasusfordernden Elemente keine verlässliche Aussage machen.

In Bezug auf die Verwendung der Kasusmarkierungen in PPn bei den unauffälligen Sprachentwicklungen berichtete Turgay (2011a) von einer Untersuchung mit 80 sechs- bis elfjährigen mehrsprachigen Kindern mit dem Türkischen bzw. Italienischen als Erstsprache und dem Deutschen als Zweitsprache (AoO: zwischen drei und vier Jahren), dass sogar im Grundschulalter die Kinder Schwierigkeiten bei der Kasusmarkierung in PPn hatten. Lediglich bei 50,7 % produzierter PPn wurden die Kasus zielsprachlich und bei 25 % der Fälle nicht zielsprachlich markiert, zu 20,5 % wurde der Artikel ausgelassen und bei den restlichen 3,8 % der Fälle waren die Kasusmarkierungen nicht analysierbar. Im Vergleich hierzu zeigten die gleichaltrigen monolingualen Kinder (N = 14) eine zu 87,4 % zielsprachliche Kasusmarkierung. Turgay (2011a) beobachtete zum einen, dass in den PPn ähnlich wie in NPn die Erwerbsreihenfolge des Akkusativs vor dem Dativ beibehalten wird. Zum anderen stellte sie fest, dass die Dativmarkierungen in PPn den Kindern mehr Schwierigkeiten als die Akkusativmarkierungen bereiten, unabhängig davon, ob die PP mit einer Präposition mit fester Kasusrektion oder mit den Wechselpräpositionen war (vgl. Turgay 2011a: 50 f.).

Zu einer der neuen Studien zur Untersuchung der Kasusmarkierungen beim sukzessiv bilingualen Spracherwerb gehört die Längsschnittstudie von Lemmer (2018). Die Autorin beschrieb die Entwicklung der deutschen Kasusmarkierungen von 22 sukzessiv bilingualen TE-Kindern (Alter: zwischen 3;8 und 5;8 Jahren; AoO: etwa 2;10 Jahre; LoE: etwa elf Monate) und von elf sukzessiv bilingualen Kindern mit SSES (Alter: zwischen 7;1 und 8;11 Jahren; AoO: etwa 3;3 Jahre;

LoE: etwa 45 Monate). Die Untersuchung stützte sich auf die Analyse der mit dem Testverfahren LiSe-DaZ[51] elizitierten Sprachdaten aus einer Längsschnittstudie mit vier Messzeitpunkten über zwei Jahre. Lemmer (2018) ging von der Annahme nach Woolford (2006) aus, dass die Kasusmarkierungen je nachdem, ob ein Kasus zu einem strukturellen (Nominativ bei Subjekten und Akkusativ bei DO) oder nicht strukturellen Kasus (Akkusativ in NPn und Dativ in PPn, Dativ als IO bei intransitiven und ditransitiven Verben) gehören, unterschiedlich verwendet werden, weil die Markierung der strukturellen Kasus den Kindern leichterfiele als die der nicht strukturellen Kasus. Hierzu zeigte sich zum Untersuchungsende, dass die TE-Kinder im Alter von 5;8 Jahren (LoE zum Deutschen: etwa 34 Monate) den Akkusativ als DO zu 92 % zielsprachlich markierten. Die Zielsprachlichkeitsrate der SSES-auffälligen Kinder im Alter von 8;11 (LoE zum Deutschen: etwa 67 Monate) lag hingegen zum gleichen Testzeitpunkt bei 67 %. Große Schwierigkeiten hatten die beiden Gruppen mit den Dativmarkierungen bei IOen: Die TE-Kinder konnten lediglich 18 % der Zielsprachlichkeit und die SSES auffälligen Kinder 10 % der Zielsprachlichkeitsrate erreichen. Der Dativ in PPn wurde von TE-Kindern zu 81 % und von SSES Kindern zu 53 % korrekt markiert. Insgesamt stellte Lemmer (2018) fest, dass die Kinder beider Gruppen über die gesamte Untersuchungszeit keine atypischen Fehlerarten produzierten. Im Vergleich zu den Kindern mit SSES konnte jedoch bei den TE-Kindern insgesamt eine schnellere Entwicklung in der Verwendung der Kasusmarkierung in NPn und PPn nachgewiesen werden. Die Kinder mit SSES zeigten zwar im letzten Messzeitpunkt einen signifikanten Entwicklungssprung in Bezug auf die Verwendung der Kasusmarkierungen, dieser war jedoch insgesamt geringer als bei den TE-Kindern zu einem früheren Messzeitpunkt.

Zusammenfassend kann zum bilingualen Kasuserwerb festgehalten werden, dass die Reihenfolge *Nominativ > Akkusativ > Dativ* auch hier für das Deutsche häufig beschrieben wird. Zuerst werden die Artikel ausgelassen, später finden Übergeneralisierungen statt, anschließend werden die Kasusmarkierungen zielsprachlich verwendet. Insgesamt fällt den Kindern die Markierung des Dativs, vor allem bei den IOen der intransitiven Verben, schwerer als die des Akkusativs. Hierbei wird der Dativ durch den Akkusativ ersetzt, jedoch nicht umgekehrt. Die Kinder mit einer auffälligen Sprachentwicklung haben im Vergleich zu den gleichaltrigen Kindern zwar größere Schwierigkeiten mit den Kasusmarkierungen, jedoch sind alle Kasus in der kindlichen Sprache präsent. Das Fehlermuster, das bei den Kindern beobachtet wird, unterschied sich im

---

[51] Testverfahren zur Sprachdiagnostik von Kindern mit Deutsch als L2 „Linguistische Sprachstandserhebung – Deutsch als Zweitsprache" von Schulz & Tracy (2011)

Grunde genommen nicht von dem der TE-Kinder, ähnelt jedoch eher dem einer früheren unauffälligen Entwicklungsphase. Insgesamt zeigt sich auch, dass solche Faktoren wie Art der untersuchten Daten (Spontandaten vs. Elizitierungsdaten), Anzahl und Alter der Kinder zur Zeit der Untersuchung, Alter bei Erwerbsbeginn und Kontaktdauer zur Zweitsprache die Ergebnisse der Untersuchungen in verschiedenem Ausmaß beeinflussen.

Zusammenfassung
In diesem Kapitel ist Folgendes festzuhalten: Der Erwerb der Kasusmarkierungen im Russischen setzt bei monolingualer Sprachentwicklung früh ein und wird nach kurzer Zeit abgeschlossen. Bei monolingualer unauffälliger Sprachentwicklung scheinen die Grundzüge der russischen Kasusmarkierung bis zum dritten Lebensjahr erworben zu sein. Im Vergleich zum monolingualen Erwerb liefern die Studien zum Erwerb der russischen Kasusmarkierungen bei simultan und sukzessiv bilingualen Kindern einige Evidenz dafür, dass eine Verzögerung in diesem Bereich stattfindet. Zudem lassen sich mit der voranschreitenden Entwicklung der zweiten Sprache Abbauprozesse der grammatischen Strukturen in der Erstsprache beobachten. Der Verlauf der Entwicklungs- und Abbauprozesse hängt jedoch von der Regelhaftigkeit der jeweiligen Strukturen einerseits und andererseits von der Erwerbsumgebung des Kindes ab, vor allem davon, ob der Erwerb und Gebrauch des Russischen als Erstsprache unterstützt und gefördert wird.

Im Deutschen stellt der Erwerb der Kasusmarkierungen sowohl für die monolingualen als auch die bilingualen Kinder eine Herausforderung dar. Im Vergleich zu anderen Sprachen, z. B. zum Russischen, setzt ihr Erwerb relativ spät ein und erstreckt sich über einen längeren Zeitraum. Anscheinend erwerben die Kinder unabhängig von dem Erwerbstyp die deutschen Kasus in ähnlicher Reihenfolge, jedoch zeitlich etwas versetzt: Zuerst werden Determinanten ausgelassen, und daher lässt sich der Kasus nicht erkennen. Mit ihrem Auftreten wird zuerst der Nominativ, gefolgt vom Akkusativ und erst danach der Dativ markiert. Mit dem Dativ gilt der Kasuserwerb im Deutschen als abgeschlossen. Der Erwerb des deutschen Genitivs wird oftmals nur am Rande der Untersuchungen beschrieben, weil er außer bei Eigennamen in Possessivkonstruktionen in der gesprochenen Sprache kaum verwendet wird. In Bezug darauf, welche Unterschiede beim simultanen und sukzessiven im Vergleich zum monolingualen Kasuserwerb bestehen, stellen die gegenwärtigen Studien in einigen Punkten widersprüchliche Ergebnisse vor. Bei näherer Betrachtung kann man sie häufig verschiedenen Methoden für die Datenerhebung und/oder -auswahl oder Unterschieden innerhalb der untersuchten Probandenzahl zuschreiben. Weiterhin spielt die sprachliche Leistung der einzelnen Kinder eine Rolle, die durch verschiedene Erwerbsfaktoren beeinflusst wird und hohe Niveauunterschiede haben kann. Nicht zuletzt kann bei den Untersuchungen der Kinder mit verschiedenen Erstsprachen der Einfluss der Erstsprache auf die zweite Sprache nicht ausgeschlossen werden.

Die Studien zum Kasuserwerb bei SSES mit verschiedenen Erwerbstypen zeigen, dass die Kasusmorphologie bei der SSES sowohl im Russischen als auch im Deutschen ein sensibler Bereich ist. Beim Russischen sind sich die Forscher einig: Das Defizit im Erwerb der Kasusmarkierungen gehört zu einem der klinischen Marker zur Identifikation von SSES bei monolingualen russischen Kindern. Im bilingualen Sprachentwicklungskontext bei der SSES lassen sich ebenfalls die Schwierigkeiten bei der Kasusmarkierung im Russischen beobachten, inwieweit sie aber als klinischer Marker zur Identifizierung der SSES genutzt werden können, wurde bisher wenig erforscht. Im Laufe der letzten Jahre sind Studien zum Deutschen erschienen, die bei Kindern mit SSES im Vergleich zu gleichaltrigen TE-Kindern deutliche Schwierigkeiten im Bereich der Kasusmarkierung feststellen. Anhand der aktuellen Forschungslage sind sich die Forscher nicht einig, ob diese als zuverlässiger klinischer Marker zur Identifizierung der SSES herangezogen werden können.

Zur Beschreibung der Erwerbsreihenfolge und Erklärung der Schwierigkeiten beim Erwerb der Kasusmarkierungen lassen sich mehrere sprachübergreifende Ansätze heranziehen. Die zwei zentralen Richtungen wurden in diesem Kapitel vorgestellt: Beim generativen Ansatz ist die Unterscheidung zwischen der strukturellen und der lexikalischen Kasuszuweisung wichtig: Hier wird angenommen, dass der strukturelle Kasus früher und weniger fehleranfällig ist. Allerdings sind nur der Nominativ und der Akkusativ des direkten Objekts sowohl im Deutschen als auch im Russischen eindeutig als strukturelle Kasus zu interpretieren. Bei anderen Kasus lässt sich die Art der Kasuszuweisung je nach Verwendung unterschiedlich interpretieren, z. B. im Fall des Dativs bei den ditransitiven Verben oder der Akkusativ- und Dativzuweisung bei den Präpositionen. Bei kognitiv und funktional orientierten Ansätzen stehen die kognitive Komplexität und die kommunikative Relevanz der Kasusfunktionen im Vordergrund; sie gehen davon aus, dass die Kinder die grammatischen Strukturen aus dem sprachlichen Input entsprechend dem Niveau ihrer allgemeinen kognitiven Entwicklung ableiten.

In dieser Arbeit wird der Versuch unternommen, die Daten von bilingualen Vorschulkindern zur Kasusmarkierung im Rahmen der kognitiv-funktionalen Ansätze in Kombination mit dem Ansatz über Verarbeitungskapazität zu interpretieren. Systematisch untersucht wird die Kasusmarkierung in NPn und in PPn sowohl im Russischen als auch im Deutschen.

6 Forschungsfragen

Im Kapitel 5 wurde über den Kasuserwerb berichtet. Es wurde deutlich, dass der Erwerb des Wissens um den Kasus und seine Markierung eine große Herausforderung sowohl für monolinguale als auch für bilinguale Kinder darstellt. Dieses Wissen ist allerdings für die Produktion von wohlgeformten Sätzen eine notwendige Voraussetzung. In der Forschungsliteratur lassen sich sowohl sprachspezifische als auch sprachübergreifende Faktoren finden, die den Verlauf des Kasuserwerbs und seine Verwendung entscheidend mitbestimmen können (vgl. Abschnitt 5.2). Die einzelnen Erwerbsfaktoren sind jedoch nicht separat zu betrachten, sondern interagieren und sind zudem von den strukturellen Besonderheiten der jeweiligen Sprachen, von dem Erwerbskontext sowie der Erwerbssituation abhängig. So können die Erwerbsfaktoren bei bilingualen Kindern einen etwas anderen Einfluss auf die Kasusentwicklung ausüben als bei monolingualen Kindern und bei Kindern mit einer unauffälligen Sprachentwicklung wesentlich schwächer ausgeprägt sein als bei Kindern mit einer auffälligen Entwicklung.

Im Abschnitt 5.1 wurden zwei Gruppen von Erklärungsansätzen vorgestellt: Die erste Gruppe ist generativ orientiert. Sie teilt die Kasus in strukturell und lexikalisch (vgl. Eisenbeiss et al. 2006) bzw. strukturell, lexikalisch und inhärent (vgl. Woolford 2006) ein und geht davon aus, dass der Erwerb und die Verwendung der Kasus von der Art ihrer Zuweisung beeinflusst werden. Die zweite Gruppe von Ansätzen geht davon aus, dass vor allem die Inputhäufigkeit der Kasusformen, die Transparenz der Kasusfunktionen und die kognitiven Fähigkeiten des Kindes den Kasuserwerb und seine Verwendung beeinflussen. Diesem Ansatz folgt die vorliegende Arbeit. Vor dem Hintergrund der Forschungsergebnisse zur kognitiven Verarbeitungskapazität (vgl. Abschnitt 3.2.3.4) gilt für die Studie als grundlegende Annahme:

> Die Verwendung der Kasusmarkierungen in den Phrasenstrukturen ist einerseits von ihrer strukturellen und andererseits von ihrer computationellen Komplexität abhängig, d. h. von dem Aufwand, der notwendig ist, die Menge von Eigenschaften, die eine Phrasenstruktur besitzt, in eine vollständige Informationskette aufzunehmen, sie zu kodieren und im Anschluss zu versprachlichen. Auch wenn eine Struktur mit ihren einzelnen Eigenschaften keine Schwierigkeiten für die Informationsverarbeitung darstellt, kann sie in Kombination mit anderen sprachlichen Elementen eine Wechselwirkung entwickeln, die die Verarbeitung einer vollständigen Informationskette erschwert.

Hinzu kommt die weitere grundlegende Annahme (vgl. Abschnitt 3.2.3.4): Die menschliche Informationsverarbeitungskapazität unterliegt einer natürlichen

Beschränkung. Daher können nicht unbegrenzt viele Informationen gleichzeitig verarbeitet werden. Es ist folglich davon auszugehen, dass bei einer Steigerung des Informationsverarbeitungsaufwands einer sprachlichen Struktur die Leistung der Kasusmarkierung negativ beeinflusst werden kann. Die hohe Vorkommens- und Gebrauchshäufigkeit sowie die Automatisierung einer sprachlichen Struktur können jedoch den Verarbeitungsaufwand insgesamt begünstigen. So ist die sprachliche Realisierung einer Struktur, die vielfach eingeübt oder bereits aktiviert ist, mit einem geringeren Verarbeitungsaufwand verbunden als eine Struktur, die zum ersten Mal verwendet wird (vgl. Abschnitt zum Verarbeitungsaufwand, S. 66 ff.).

Es wird ferner angenommen, dass bestimmte sprachliche Prozesse, die bei bilingualen Kindern mit einem längeren bzw. umfangreichen Sprachkontakt (vgl. Einflussfaktoren: AoO und LoE in Abschnitt 2.3.1) zu der jeweiligen Sprache automatisiert ablaufen, bei den Kindern mit einem kürzeren Kontakt oder/ und einer auffälligen Sprachentwicklung (vgl. Abschnitt 3.2.3.4) noch nicht automatisiert sind und daher viel Verarbeitungskapazität benötigen, die dann nicht für alle Verarbeitungsprozesse ausreichend zur Verfügung steht. Beispielsweise können diese Kinder gute sprachliche Leistungen bei einfachen morphosyntaktischen Strukturen zeigen. Schwierigkeiten werden erst bei steigender Komplexität der kasusmarkierenden Struktur oder des Kontextes, in dem sie vorkommt, erkennbar.

Vor diesem theoretischen Hintergrund wurden folgende Forschungsfragen für die Untersuchung formuliert:

Forschungsfrage 1 (*FF1*):
Welche Strategien verfolgen bilinguale Kinder mit und ohne auffällige Sprachentwicklung bei der Realisierung der elizitierten NPn und PPn im jeweiligen Kasus? Und wie hoch ist die Zielsprachlichkeitsrate der realisierten NPn und PPn?

Bei der ersten Forschungsfrage wird davon ausgegangen, dass im Vergleich zu den PPn die NPn morphosyntaktisch und kognitiv weniger komplex sind. Ihr Verarbeitungsaufwand ist geringer und kann daher mit höherer Erfolgsrate ausgeführt werden. Das bewirkt, dass die PPn im Vergleich zu den NPn seltener zielsprachlich realisiert und häufiger durch kasusneutrale deiktische Ausdrücke (wie die deiktischen Adverbien *da, hier, dort* oder die Präpositionaladverbien *dahin, dorthin*) mit niedriger Komplexität substituiert oder gar nicht versprachlicht werden. Hier wird überprüft, ob die simultan und sukzessiv bilingualen Kinder mit und ohne auffällige Sprachentwicklung bei der Realisierung der elizitierten NP- und PP-Strukturen einen Unterschied zeigen und wie hoch die Zielsprachlichkeitsrate bei ihrer Realisierung ist.

Im nächsten Schritt werden die NP-/PP-Strukturen auf ihre Zielsprachlichkeit der verwendeten Kasusmarkierungen untersucht. Die zweite Forschungsfrage besteht aus drei Teilfragen und lautet wie folgt:

Forschungsfrage 2 (*FF2*):
Wie werden die Kasusmarkierungen von den Kindern realisiert? Teilfragen der *FF2*:
a. Welche Strategien nutzen die simultan und sukzessiv bilingualen Kinder mit und ohne auffällige Sprachentwicklung zur morphologischen Realisierung der Markierungen in den jeweiligen Kasus in den NPn und PPn?
b. Gibt es Unterschiede in der Realisierung der Kasusmarkierung zwischen den NPn und PPn?
c. Verändert sich die Verteilung der beobachteten Markierungsstrategien über zwei Testzeitpunkte hinweg?

Es wird wieder davon ausgegangen, dass die Kasusmarkierungen in den NPn öfter zielsprachlich verwendet werden als in den PPn, und ferner, dass die Markierung des Akkusativs sowohl in den NPn als auch in PPn den Kindern leichterfällt als die des Dativs. Diese Annahme bezieht sich auf die Theorie zur Verarbeitungskapazität, derzufolge die NPn im Vergleich zu den PPn eine einfachere Phrasenstruktur aufweisen, und dass der Akkusativ früher erworben und daher früher sowie stärker automatisiert wird. Wichtig ist es, dass bei der zweiten Forschungsfrage nicht nur der Anteil der zielsprachlichen bzw. nicht zielsprachlichen Kasusmarkierungen aufgezeigt wird, sondern auch alle beobachteten Strategien zur morphologischen Realisierung der Kasusmarkierungen über zwei Testzeitpunkte hinweg ermittelt werden. Damit soll erfasst werden, ob die Unterschiede in Bezug auf die Anzahl und den Typ der beobachteten Strategien bei der Kasusmarkierung von NPn und PPn bei den untersuchten Gruppen zu finden sind und wie sie sich über zwei Testzeitpunkte hinweg ändern.

Die dritte Forschungsfrage beschäftigt sich mit der Markierung der Kasusobjekte:

Forschungsfrage 3 (*FF3*):
Hat der Verbkontext (transitiv, intransitiv, ditransitiv) einer Äußerung einen Einfluss auf die Realisierung der Objekte und ihre Kasusmarkierung?

Bei dieser Forschungsfrage steht die Untersuchung des Einflusses von Verbkontexten auf die Realisierung der Kasusmarkierung im Vordergrund. Es wird angenommen, dass die Komplexität einer Satzstruktur nach der Anzahl von Argumenten variiert. Somit wird die Versprachlichung einer ditransitiven Struktur mit einer höheren morphosyntaktischen Komplexität sowie mit einem höheren kognitiven Verarbeitungsaufwand assoziiert als die einer transitiven oder intransitiven Struktur. Ist die Markierung der einzelnen Objekte bei Kindern nicht ausreichend eingeübt, sinkt bei der Steigerung der Komplexität ihre sprachliche Leistung. Hier wird erwartet, dass die Kasusmarkierung in einer NP bei der Produktion einer Äußerung mit zwei Kasusobjekten – mit einem DO und einem IO im ditransitiven Verbkontext – den untersuchten Kindern größere Schwierigkeiten bereitet, als mit einem Kasusobjekt, d. h. mit einem DO bzw. IO im transitiven bzw. intransitiven Verbkontext.

Die vierte Forschungsfrage beschäftigt sich mit der Realisierung der PPn sowie mit ihrer Kasusmarkierung:

Forschungsfrage 4 (*FF4*):
Hat der Präpositionstyp – Präpositionen mit fester Kasusrektion vs. Wechselpräpositionen – einen Einfluss auf die Realisierung und Zielsprachlichkeitsrate der Kasusmarkierungen in PPn?

Sowohl im Russischen als auch im Deutschen gibt es eine Reihe von Präpositionen, die die Fähigkeit haben, den Kasus ihrer Bezugswörter eigenständig zu bestimmen, sog. Präpositionen mit fester Kasusrektion (z. B. russische Präpositionen wie *bez* ‚ohne', *k* ‚zu', *okolo* ‚neben' und deutsche Präpositionen wie *aus, bei, mit*). Diesen gegenüber stehen die PPn mit den Wechselpräpositionen (oder *Präpositionen mit doppelter Kasusrektion*), bei denen die Kasuswahl nicht allein von der Präposition, sondern zusätzlich von der Verbsemantik des PP-Kontextes abhängt (z. B. russische Präpositionen wie *v* ‚in', *na* ‚auf', *za* ‚hinter', *pod* ‚unter' und deutsche Präpositionen wie *an, in, auf, unter*). Abhängig davon, ob die Semantik des Verbs eine statische oder direktionale Bedeutung hat, fordert beispielsweise die russische Präposition *na* ‚auf' den Akkusativ oder Präpositiv. Entsprechend kann die Präposition *auf* im Deutschen mit dem Akkusativ oder Dativ verwendet werden.

Dass für die Verwendung der Kasusmarkierung in einer PP mit Wechselpräpositionen nicht nur die Rektion und Bedeutung einer Präposition, sondern auch die Verbsemantik des Verbs berücksichtigt werden soll, erhöht die Anforderung an den Verarbeitungsaufwand bei der Sprachproduktion. Ist die Verwendung solcher Konstruktionen bei den Kindern nicht ausreichend eingeübt, müssen sie konstruiert werden, was wiederum größere Ressourcen für die Informationsverarbeitung benötigt. Entsprechend dieser Annahme würde man erwarten, dass in PPn mit Präpositionen fester Kasusrektion die Zielsprachlichkeit der Kasusmarkierungen höher ist als in PPn mit Präpositionen doppelter Kasusrektion.

Die fünfte und letzte Forschungsfrage bezieht sich auf den Zusammenhang zwischen der Wahl der Elizitierungsmethode und ihrem Einfluss auf die Zielsprachlichkeitsrate der Kasusmarkierung:

Forschungsfrage 5 (*FF5*):
Übt die Wahl der Elizitierungsmethode einen Einfluss auf die Zielsprachlichkeitsrate der Kasusmarkierung aus?

Der Hintergrund dieser Forschungsfrage ist die Annahme, dass der Informationsverarbeitungsaufwand umso höher ist, je komplexer die syntaktische Struktur einer produzierten Äußerung ist. Wird die zur Verfügung stehende Verarbeitungskapazität bei der Versprachlichung der elizitierten Äußerung überlastet, gerät die Leistung der morphologischen Verarbeitungsprozesse ins Stocken. Sofern die für die Kasusmarkierung verantwortlichen Verarbeitungsprozesse bei den Kindern nicht automatisiert sind, wirken sie sich beim Aufbau der komplexen syntaktischen Strukturen im Vergleich zu den einfacheren syntaktischen Strukturen stärker negativ auf die morphologische Performanz aus. Um diese Annahme zu überprüfen, wurden bei den Kindern die Äußerungen mit kasusmarkierten Phrasenstrukturen mit Satzergänzungen, W-Fragen und offenen Fragen elizitiert (siehe Abschnitt 7.2). Im Gegensatz zu den Satzergänzungen, bei denen die vorgegebenen Satzstrukturen mit einzelnen Wörtern ergänzt werden sollen, setzen die offenen Fragen die Produktion von selbstständigen Äußerungen ohne Vorgaben voraus, die eine höhere Verarbeitungszeit und -kapazität an kognitiven Ressourcen beanspruchen. Erstens wird erwartet, dass die Kinder die Testaufgaben mit den Satzergänzungen mit geringeren Schwierigkeiten bei der Kasusmarkierung lösen, weil durch die Vorgabe einer Satzstruktur eine Entlastung der Verarbeitungsprozesse angenommen wird. Zweitens wird erwartet, dass die Kinder (mit und ohne auffällige Sprachentwicklung) bei den Satzergänzungen weniger qualitative oder quantitative Unterschiede in den Kasusmarkierungen aufweisen. Im Gegensatz dazu sollten sich deutliche Unterschiede zwischen den Probandengruppen bei den Aufgaben mit den offenen Fragen zeigen.

Tabelle 14 gibt einen Überblick darüber, welche Forschungsfragen in welchen Teilanalysen im empirischen Teil der Arbeit betrachtet werden und auf welcher Ebene die Variierung der Komplexität bei Verarbeitungsprozessen angenommen wird.

Tab. 14: Überblick über die Forschungsfragen und die dazugehörigen Teilanalysen

Variierung der Komplexität	Sprachliche Struktur	Forschungsfrage	Teilanalyse
auf Phrasenebene	Kasusmarkierung in NPn vs. PPn	*FF1* und *FF2*	TEILANALYSE 1 und TEILANALYSE 2
auf Satzstrukturebene	Kasusmarkierung in den Strukturen mit einem vs. zwei Objekten	*FF3*	TEILANALYSE 3
innerhalb der PP-Struktur	Verwendung der Kasusmarkierungen in PPn mit Wechselpräpositionen vs. fester Kasusrektion	*FF4*	TEILANALYSE 4
auf der Aufgabenebene	Kasusmarkierung in vorgegebenen Satzstrukturen vs. nicht vorgegebenen Satzstrukturen	*FF5*	TEILANALYSE 5

Die Forschungsfragen werden im Rahmen von zwei Datenanalysen (vgl. Kapitel 8) beantwortet und anschließend diskutiert (vgl. Kapitel 9). Die erste Datenanalyse setzt sich mit der Markierung des Kasus bei den simultan und sukzessiv bilingualen Kindern mit einer unauffälligen Sprachentwicklung auseinander. Die zweite Datenanalyse konzentriert sich auf die Untersuchung der Kasusmarkierungen bei den sukzessiv bilingualen Kindern mit auffälliger Sprachentwicklung. Bevor die Ergebnisse präsentiert werden, wird in Kapitel 7 zunächst der Aufbau der empirischen Untersuchung sowie das Vorgehen bei der Datenerhebung und Datenaufbereitung erläutert.

Teil 2: **Empirische Untersuchung**

Im vorangegangenen Teil wurde die Forschung zum Spracherwerb mit dem Schwerpunkt auf den Erwerb der Kasusmarkierungen bei monolingualen und bilingualen Kindern mit und ohne SSES im Russischen und Deutschen betrachtet. Im folgenden Teil wird die empirische Untersuchung vorgestellt, mit deren Hilfe die Forschungsfragen beantwortet und diskutiert werden.

7 Methode

Bevor die Verwendung der Kasusmarkierungen bei bilingualen Kindern analysiert und die Ergebnisse im Einzelnen dargestellt werden, sollen in diesem Kapitel die Probanden, das Design und die Durchführung beschrieben werden. Anschließend wird das Verfahren der Datencodierung geschildert.

7.1 Probanden und Vergleichsgruppen

Die hier verwendete Methode zur longitudinalen Untersuchung der Verwendung der Kasusmarkierungen beruht auf der Auswertung der elizitierten Sprachdaten, die im Rahmen des Projekts *Verbale und nonverbale Indikatoren zur Identifizierung von umschriebenen Sprachentwicklungsstörungen bei sukzessiv bilingualen Kindergartenkindern* erhoben wurden (vgl. Lindner et al. 2014). Das Projekt ist eine Forschungskooperation zwischen der *Ludwig-Maximilians-Universität München* und dem *Leibniz-Zentrum Allgemeine Sprachwissenschaft* unter der Leitung von PD Dr. Katrin Lindner und PD Dr. Natalia Gagarina, das von der *Deutschen Forschungsgemeinschaft* (DFG) finanziert wird. Die Sprachdaten für die vorliegende Untersuchung stammen aus den Projektzeiten von 2013 bis 2016.

Aus der Normstichprobe (N = 86, mit einer Altersspanne zum Untersuchungsbeginn von 4;0 bis 4;5 Jahren) der kombinierten Querschnitt- und Längsschnittstudie wurden für die vorliegende Untersuchung diejenigen Kinder ausgewählt, zu denen die Sprachdaten der Kasustests (siehe Abschnitt 7.2) in beiden Sprachen aus zwei Testzeitpunkten (T1 und T2)[52] im Abstand von zwölf Monaten vorlagen. Insgesamt wurden 44 simultan und sukzessiv russisch-deutsche Kinder in die vorliegende Untersuchung aufgenommen. Alle Kinder wurden zu beiden Testzeitpunkten mit einem umfangreichen Testprogramm zur Untersuchung von sprachlichen und nicht sprachlichen Fähigkeiten getestet, das in der folgenden Tabelle zu sehen ist.

---

[52] Im Rahmen des DFG-Projekts wurden die Daten mittels sprachlicher und nicht sprachlicher Testverfahren zu drei Testzeitpunkten im Abstand von jeweils sechs Monaten erhoben. Im Rahmen der vorliegenden Arbeit wurden allerdings nur die Daten aus dem ersten (im Folgenden: T1) und dem letzten (im Folgenden: T2) Testzeitpunkt ausgewertet, um den kindlichen Sprachstand zu Beginn und am Ende der Untersuchung zu beschreiben und so die sprachliche Entwicklung über ein Jahr zu erfassen.

Tab. 15: Übersicht über die im Projekt verwendeten Testverfahren

	Untersuchungsbereich	Testverfahren im Russischen	Testverfahren im Deutschen
Sprachliche Fähigkeiten	Wortschatzproduktion und -verständnis	Sprachstandstest Russisch für mehrsprachige Kinder (Gagarina et al. 2010)	Patholinguistische Diagnostik bei SSES (Kauschke & Siegmüller 2010)
	Satzverständnis	Sprachstandstest Russisch für mehrsprachige Kinder (Gagarina et al. 2010)	Test zur Überprüfung des Grammatikverständnisses (Fox 2011)
	Satzproduktion	Deutsch für den Schulstart: Diagnostik Teil 1 (Kaltenbacher & Klages 2009, mit russischen Fragen)	Deutsch für den Schulstart: Diagnostik Teil 1 (Kaltenbacher & Klages 2009)
	Aussprache	Lautbefund Russisch (Gagarina & Lomako 2013)	Lautbefund Deutsch (Wagner & Lindner 2013)
	Produktion von Kasusmarkierungen	Sprachentwicklungstest zum Kasus bei bilingualen Vorschulkindern: Sprachstand Russisch (siehe Anhang A)	Sprachentwicklungstest zum Kasus bei bilingualen Vorschulkindern: Sprachstand Deutsch (siehe Anhang B)
	Narrative Fähigkeiten	Multilingual Assessment Instrument for Narratives (Gagarina et al. 2012)	Multilingual Assessment Instrument for Narratives (Gagarina et al. 2012)
Nichtsprachliche kognitive Fähigkeiten	Nonverbale Intelligenz	Leiter-3 (Roid et al. 2013)	
	Musikalisches Arbeitsgedächtnis	Musikalitätstest (Held et al. 2013a)	
	Arbeitsgedächtnis (zur Überprüfung der phonologischen Schleife)	Sprachspezifischer Nachsprechtest von Nichtwörtern (Gagarina & Valentik-Klein 2013b)	Sprachspezifischer Nachsprechtest von Nichtwörtern (Wagner et al. 2013)
		Nachsprechen von Sätzen (Gagarina 2013a)	Nachsprechen von Sätzen (Lindner et al. 2013)
	Arbeitsgedächtnis (zur Überprüfung von Mustererkennung, Reimen, Ergänzung)	Reimergänzung von Nicht-Wörtern (Gagarina & Valentik-Klein 2013a)	Reimergänzung von Nicht-Wörtern (Held et al. 2013c)
	Arbeitsgedächtnis (N-Back-Gedächtnistest)	Papageientest (Held et al. 2013b)	

Die Kinder wurden verschiedenen Gruppen nach zwei Kriterien zugeordnet: Das erste Kriterium war das Alter bei Erwerbsbeginn des Deutschen und damit die Differenzierung von simultan und sukzessiv bilingualen Kindern. Das zweite Kriterium war die Unterscheidung von typisch entwickelten und sprachauffälligen Kindern. Die Auffälligkeit der untersuchten Kinder sollte weder durch einen unter der Norm liegenden IQ oder einen Hörschaden noch durch eine neurologische oder sozial-emotionale Störung bedingt sein. Zur Abgrenzung einer auffälligen von einer unauffälligen Sprachentwicklung lag folgende Überlegung zugrunde: Die Ergebnisse einer Reihe von Studien zur Untersuchung monolingualer und bilingualer Kinder zeigen, dass vor allem Aufgaben zum Nachsprechen von Nicht-Wörtern zur Identifizierung der sprachauffälligen Kinder gut geeignet sind (vgl. Coady & Evans 2008, sowie zur Untersuchung der monolingualen Kinder z. B. Gathercole & Baddeley 1990; Archibald & Gathercole 2006, zur Untersuchung der bilingualen Kinder z. B. Guasti 2002; Girbau & Schwartz 2008; Thordardottir & Brandeker 2013; Mathieu et al. 2016 und der Abschnitt *Phonologische Schleife* in Kapitel 3 der vorliegenden Arbeit zum Zusammenhang zwischen der SSES und den Schwierigkeiten bei der Wiederholung von Nicht-Wörtern). Für die Identifizierung von sprachauffälligen bilingualen Kindern scheint dieses Verfahren sogar besser geeignet zu sein, als gängige Wortschatz- und Grammatiktests, bei denen eine ausreichende Erfahrung und das Wissen in der Testsprache Voraussetzung sind (vgl. Chiat 2015). Umstritten bleibt jedoch in der Forschungsliteratur, gemäß welchem Schwellenwert die Abgrenzung zwischen einer auffälligen und einer unauffälligen Sprachentwicklung erfolgt (vgl. Abschnitt 3.1): In Bezug auf die sprachlichen Tests soll bei der SSES die Standardabweichung von 1,25 SD unter dem z-standardisierten Wert liegen (vgl. Tomblin et al. 1996; Leonard 1998: 10). Nach ICD-10 wird die SSES bei Kindern nur dann erkannt, wenn sie bei den sprachlichen Tests eine Standardabweichung von 2 SD unter der Altersnorm zeigen. Auch bei den Tests zum Nachsprechen von Nicht-Wörtern finden sich divergierende Angaben über die Höhe der Standardabweichung als Ein- bzw. Ausschlusskriterium für eine SSES (siehe den Überblick in: Graf Estes et al. 2007). Diese Divergenz ist u. a. dadurch bedingt, dass sich die Tests zum Nachsprechen von Nicht-Wörtern in verschiedenen Studien in der Wortlänge, Komplexität und Ähnlichkeit zu den realen Wörtern voneinander unterscheiden. Graf Estes et al. (2007) verglichen die Nachsprechleistungen von Nicht-Wörtern aus 23 verschiedenen Studien und kamen anhand des ermittelten Durchschnittswerts zu dem Schluss, dass eine Standardabweichung von 1,27 SD ein geeigneter Schwellenwert zur Identifizierung der SSES sei. Ein ähnliches Ergebnis zeigte bereits die Studie von Conti-Ramsden et al. (2001), in der mit dem Schwellenwert von 1,25 SD eine hohe

Genauigkeit von 81 % (mit 74 % Sensitivität und 92 % Spezifität) bezüglich der Identifizierung einer SSES bei den Kindern erreicht wurde.

Gemäß der Studie von Conti-Ramsden et al. (2001) und der Erkenntnis, dass die SSES in allen zu erwerbenden Sprachen auftritt, wurde in der vorliegenden Untersuchung das Risiko für SSES nur bei denjenigen Probanden definiert, bei denen die z-standardisierte Anzahl von Fehlern im sprachspezifischen Nachsprechtest von Nicht-Wörtern[53] (im Folgenden NWRTs) zum Untersuchungsende sowohl im Deutschen als auch im Russischen mindestens 1,25 SD über dem Mittelwert der bilingualen Gesamtstichprobe lag, während ihre nonverbale Intelligenz im Normalbereich war (IQ > 85).

Tab. 16: NWRT-Werte für die simultan bilingualen Kinder mit **unauffälliger** Sprachentwicklung zu T2

Code	z-Fehleranzahl im RUS	z-Fehleranzahl im DEU	IQ
sim1	-1,09	-0,91	112
sim2	-0,77	0,82	106
sim3	-0,77	-0,55	101
sim4	-0,38	-0,91	113
sim5	0,05	-0,07	97
sim6	-0,49	-0,49	100
sim7	-0,82	0,16	92
sim8	-0,44	-0,07	102
sim9	-0,06	0,34	104
sim10	-0,99	-0,37	112
sim11	-1,37	-1,32	112
sim12	-0,44	-0,13	103
sim13	0,49	0,04	95
sim14	0	0,10	104
sim16	0,82	1,00	112
sim17	-1,04	-1,32	113
sim18	-0,71	-0,79	109
sim19	-1,31	-1,38	125
sim20	-0,16	-0,67	97
sim21	-1,31	-0,91	106
M (SD)	-0,54 (0,60)	-0,37 (0,68)	105,75 (7,89)

---

53 Test zum Nachsprechen von Nichtwörtern für das Russische von Gagarina & Valentik-Klein (2013b) und für das Deutsche Wagner et al. (2013).

Tab. 17: NWRT-Werte für die sukzessiv bilingualen Kinder mit **unauffälliger** Sprachentwicklung zu T2

Code	z-Fehleranzahl im RUS	z-Fehleranzahl im DEU	IQ
suk1	-0,22	-0,61	97
suk2	0,44	0,52	97
suk3	-0,49	-0,07	101
suk4	0	-0,01	123
suk5	0,11	0,28	102
suk6	0,82	1,00	100
suk7	0,27	-0,91	119
suk8	-0,11	-0,73	103
suk9	-0,71	0,04	101
suk10	-0,55	-0,13	103
suk11	-0,82	-0,73	106
suk13	-0,22	0,46	104
suk14	0,77	-0,25	94
suk16	0,71	0,10	100
suk17	0,98	0,34	108
suk18	0,05	-0,31	93
suk19	-0,60	-0,97	111
M (SD)	0,03 (0,57)	-0,12 (0,55)	103,65 (8,02)

Der Grund für das Fokussieren auf die NWRT-Leistung zum Untersuchungsende war die Ansicht, dass sie im bilingualen Kontext durch das Alter, die Kontaktzeit und die Erfahrung in der zweiten Sprache positiv beeinflusst wird (vgl. Duncan & Paradis 2016). Zeigte also ein bilinguales Kind zum Untersuchungsende – im Alter von durchschnittlich 5;4 Jahren – in beiden Sprachen eine schwache Leistung, könnte seine *auffällige* Sprachentwicklung als Hinweis auf ein *Risiko für eine SSES* interpretiert werden. Dabei hatten die simultan bilingualen Kinder durchschnittlich 4;3 und die sukzessiv bilingualen Kinder durchschnittlich 2;4 Jahre der Kontaktzeit zum Deutschen. Zeigten die Kinder zum Untersuchungsende eine erhöhte Anzahl von Fehlern nur in einer der Sprachen, die über 1,25 SD der bilingualen Gesamtstichprobe lag, wurden solche Kinder als *sprachauffällig* definiert. Lag die Anzahl der Fehler im deutschen und russischen NWRT bei dem z-standardisierten Schwellenwert von 1,24 SD oder darunter, wurden solche Kinder als *typisch entwickelt* bzw. *sprachunauffällig* angesehen.

Es zeigte sich, dass sich in der Stichprobe 20 simultan bilinguale und 17 sukzessiv bilinguale Kinder befanden, die sowohl im russischen als auch im deutschen NWRT im Normbereich der z-standardisierten Leistung in der Gesamtstichprobe (bilinguale Gesamtstichprobe: N = 86) lagen. Diese Kinder wurden als sprachunauffällig definiert. Tabelle 16 und 17 geben einen Überblick über die einzelnen NWRT-Werte der simultan und sukzessiv bilingualen Kinder mit unauffälliger Sprachentwicklung. Wie den beiden Tabellen zu entnehmen ist, überschritt keines der sprachunauffälligen Kinder die Standardabweichung von 1,00 SD des Mittelwerts der Gesamtstichprobe.

Tab. 18: NWRT-Werte für die sukzessiv bilingualen Kinder mit **auffälliger** Sprachentwicklung im **Deutschen** zu T2

Code	z-Fehleranzahl im RUS	z-Fehleranzahl im DEU	IQ
suk21	0,05	2,78	104
suk15	-0,44	2,37	109
M (SD)	-0,19 (0,35)	2,57 (0,29)	106,50 (3,54)

Tab. 19: NWRT-Werte für die sukzessiv bilingualen Kinder mit **auffälliger** Sprachentwicklung im **Russischen** zu T2

Code	z-Fehleranzahl im RUS	z-Fehleranzahl im DEU	IQ
suk12	1,26	0,46	106
suk24	1,42	0,76	97
suk25	1,31	0,58	102
M (SD)	1,33 (0,08)	0,60 (0,15)	101,67 (4,51)

Weiterhin fanden sich unter den Kindern der Stichprobe fünf sukzessiv bilinguale Kinder, die in einer Sprache im Normbereich und in der anderen Sprache über dem Schwellenwert von 1,25 SD der z-standardisierten Fehleranzahl lagen: drei Kinder im Russischen und zwei Kinder im Deutschen. Diese Kinder wurden im Rahmen der vorliegenden Untersuchung als sprachauffällig definiert. In Tabelle 18 werden die NWRT-Werte für die Kinder mit auffälliger Sprachentwicklung im Deutschen und in Tabelle 19 die mit auffälliger Sprachentwicklung im Russischen aufgelistet.

Zudem gab es zwei sukzessiv bilinguale Kinder, die sowohl im russischen als auch im deutschen NWRT eine auffällige Leistung von mindestens 1,25 SD unter dem Durchschnitt der Stichprobe erbrachten. Die Ergebnisse liefern gute Gründe für die Annahme, dass diese zwei Kinder eine auffällige Sprachentwicklung mit dem Risiko für eine SSES aufweisen (siehe Tabelle 20). Ob sie tatsächlich eine SSES haben, wird sich erst im Verlauf des Folgeprojekts zeigen.

Tab. 20: NWRT-Werte für die sukzessiv bilingualen Kinder mit **auffälliger** Sprachentwicklung **im Russischen und im Deutschen** zu T2 (mit Risiko für SSES)

Code	z-Fehleranzahl im RUS	z-Fehleranzahl im DEU	IQ
suk22	2,68	2,96	100
suk23	2,08	1,71	100
M (SD)	2,38 (SD = 0,43)	2,34 (SD = 0,88)	100

Somit wurden 44 bilinguale Kinder der Stichprobe nach ihrer Leistung in NWRTs und nach ihrem Alter bei Erwerbsbeginn des Deutschen in fünf Gruppen eingeteilt. Das Verfahren bei der Aufteilung der Stichprobe wird durch Abbildung 2 veranschaulicht.

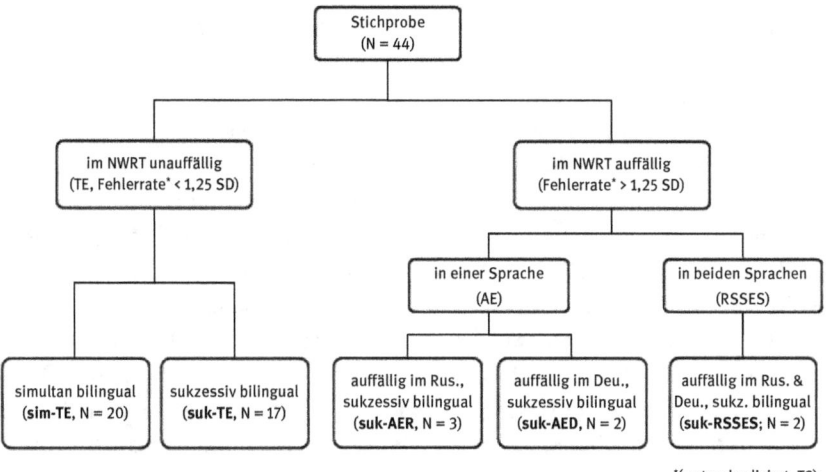

*(z-standardisiert, T2)

Abb. 2: Aufteilung der Stichprobe nach den Ergebnissen aus den NWRTs

Für alle untersuchten Kinder galten folgende Kriterien:
– Sie wuchsen russisch-deutsch bilingual auf.
– Russisch gehörte zu der/den Familiensprache(n).
– Sie besuchten den Kindergarten mindestens halbtags.

- Der Altersbereich zum Untersuchungsbeginn lag zwischen 4;0 und 4;5 Jahren.
- Die Leistung des nonverbalen IQ lag im Normbereich, also über 85.
- Laut der Angaben im Elternfragebogen haben die Kinder keine diagnostizierte oder ersichtliche Einschränkung des Hörens oder neurologische Auffälligkeiten.
- Sie wurden nicht aufgrund der SSES logopädisch oder sprachtherapeutisch betreut.

Über die Elternfragebögen, die im Rahmen des Projekts verteilt, ausgefüllt und eingesammelt wurden, wurden bedeutsame Daten über die kindliche Entwicklung, das Verhalten und den Gebrauch der Sprachen im Alltag erfasst. Darüber hinaus konnten den Elternfragebögen Angaben über die Eltern, wie deren Schulabschluss und Beruf entnommen werden. Basierend auf diesen Informationen werden die Gruppen der Stichprobe in den folgenden Abschnitten ausführlich beschrieben.

7.1.1 Bilinguale Kinder mit unauffälliger Sprachentwicklung

7.1.1.1 Simultan bilinguale Kinder

Die erste Untersuchungsgruppe (im Folgenden *sim-TE*) besteht aus 20 simultan bilingualen sprachunauffälligen Kindern. Sie setzt sich aus zehn Mädchen und zehn Jungen zusammen. Das Alter der Kinder lag zum Untersuchungsbeginn zwischen 4;0 und 4;5 Jahren mit einem Durchschnittsalter von 4;3 Jahren (M = 51,2 Monate, SD = 1,7). Alle Kinder wurden in Deutschland geboren und erwarben Russisch als Erstsprache. Mit dem Deutschen kamen sie im Alter von 0 bis 23 Monaten (AoO mit dem Deutschen: M = 11,8, SD = 8,6) in Kontakt, bereits vor dem Eintritt in den Kindergarten. Die Spracherwerbsdauer des Deutschen lag zum Untersuchungsbeginn zwischen 25 und 54 Monaten (LoE zum Deutschen: M = 39,4, SD = 8,8). Russisch wurde bei allen Kindern als Familiensprache benutzt, allerdings mit unterschiedlicher Intensität: Zu neun Kindern ließ sich aus den Elternfragebögen entnehmen, dass Russisch die einzige Familiensprache war. Bei neun Kindern gehörte sowohl das Russische als auch das Deutsche zu den Familiensprachen: Nach Angaben der Eltern wurde bei vier der neun Kinder meist Russisch und nur selten Deutsch zu Hause gesprochen, bei zwei der neun Kinder sprach man meist Deutsch und nur selten Russisch, bei den anderen drei Kindern wurden nach Schätzung der Eltern beide Sprachen als Familiensprachen ausgeglichen benutzt. Bei zwei Kindern der Untersuchungsgruppe sim-TE fanden sich keine Daten zu der Familiensprache.

Der *sozioökonomische Status* (SES) der Eltern der untersuchten Kinder wurde anhand der Angaben aus dem Elternfragebogen nach zwei Modellen errechnet. Nach dem ersten Modell (SES^{SB}, SB steht für Schulbildung) wurde der SES-Wert als Mittelwert der Schulbesuchsdauer der Mutter bzw. der ersten Bezugsperson des Kindes in Jahren errechnet (vgl. Modellberechnung nach Mathieu et al. (2016). Der Wert konnte bei diesem Modell zwischen neun Jahren bei einem Hauptschulabschluss und 13 Jahren bei einer Berechtigung für ein Hochschulstudium liegen. Nach diesem Modell lag der durchschnittliche SES^{SB}-Wert bei 11,1 Jahren (SD = 0,8). Hier hatten mit 75 % die meisten Mütter eine Hochschulreife, gefolgt von 10 % mit mittlerer Reife und 5 % mit Hauptschulabschluss. Zu zwei Kindern lagen keine Daten vor.

Problematisch war bei der Berechnung des SES-Werts nach dem SES^{SB}-Modell, dass je nach Herkunftsland oder Bundesland in Deutschland die Schulbesuchsdauer mit einer Berechtigung für ein Hochschulstudium zwischen elf und 13 Jahren liegen konnte. Dabei bestand allerdings die Gefahr, dass die Absolventen mit elf oder zwölf Schulbesuchsjahren weniger gewichtet werden als die Abiturienten mit 13 Schuljahren und damit das Niveau der staatlichen Bildung je nach Herkunftsort oder -land höher oder niedriger eingestuft wird. Um dieses Problem zu umgehen und das Bildungsniveau nicht auf die Anzahl der Schuljahre zu reduzieren, wurde das zweite Modell zur Berechnung des SES mittels des ISEI-Werts[54] (SES^{ISEI}) nach Ganzeboom & Treiman (1996) herangezogen, bei dem die Informationen über den Beruf, das Einkommen und die Bildung mitberücksichtigt werden. Der ISEI-Wert kann zwischen 16 (minimaler Wert z. B. bei landwirtschaftlichen Hilfskräften, Reinigungskräften und Hilfskräften im Haushalt) und 90 Punkten (maximaler Wert bei Richtern) liegen, wobei die niedrigen ISEI-Werte auch eine niedrige sozialökonomische Stellung bedeuten. Für die Berechnung der ISEI-Werte wurden die Angaben der Mutter bzw. der ersten Bezugsperson des Kindes über den Beruf in die ISEI-Punkte übermittelt und der Mittelwert der Gesamtgruppe errechnet. Der SES^{ISEI}-Wert sollte jedoch mit Vorsicht betrachtet werden, da die genaue Erfassung des Berufs der Mütter aus den Fragebögen wegen fehlender oder nicht vollständiger Daten nicht immer möglich war. Außerdem war aus den Fragebögen nicht immer eindeutig zu erschließen, ob die zuletzt ausgeübte Tätigkeit mit dem erlernten Beruf übereinstimmt. Dennoch lässt sich in der Gruppe sim-TE nach den Angaben von 18 der 20 Mütter eine Tendenz beobachten, dass der SES^{ISEI} in der

---

54 Engl. *international socio-economic index of occupational status*

Gruppe der simultan bilingualen Kinder mit einem Mittelwert von 57,5 (SD = 15,5) Punkten etwas über dem Durchschnitt lag.

Im Kontext der Berechnung des SES muss angemerkt werden, dass die im Ausland erworbenen Schulabschlüsse oder die im Ausland abgeschlossene Berufsausbildung einem in Deutschland entsprechenden Schulabschluss bzw. Berufsausbildungsabschluss gleichgesetzt wurden. Tabelle 21 gibt einen Überblick über die Untersuchungsgruppe von simultan bilingualen Kindern ohne auffällige Sprachentwicklung. Für eine detaillierte Übersicht über die einzelnen Probanden siehe Tabelle C1 in Anhang C.

Tab. 21: Untersuchungsgruppe *sim-TE*

Parameter	Kennzahlen
Anzahl	20
Erwerbstyp	2L1
Geschlecht[55]	f = 10; m = 10
	Durchschnittswerte:
AoO mit dem Deutschen	11,8 (SD = 8,6)
LoE zum Deutschen, T1	39,4 (SD = 8,8)
Alter, T1	51,2 (SD = 1,7)
Alter, T2	63,4 (SD = 1,7)
SES^{SB}	11,1 (SD = 0,8)
SES^{ISEI}	57,5 (SD = 15,5)

7.1.1.2 Sukzessiv bilinguale Kinder

Die Größe der Stichprobengruppe der sukzessiv bilingualen Kinder mit unauffälliger Sprachentwicklung liegt bei 17 Kindern (im Folgenden *suk-TE*). Die Untersuchungsgruppe besteht aus sieben Mädchen und zehn Jungen. Das Alter der Kinder lag zum Untersuchungsbeginn zwischen 4;1 und 4;5 Jahren mit einem Durchschnittsalter von etwa 4;3 Jahren (M = 51,4 Monate, SD = 1,7).

16 von 17 Probanden wurden in Deutschland geboren. Ein Kind aus der Gruppe suk-TE ist im Alter von sieben Monaten nach Deutschland gekommen. Nach Angaben aus den Elternfragebögen erwarben alle sukzessiv bilingualen Kinder Russisch als Erstsprache, das zur einzigen oder zumindest dominanten

---

[55] Hier und im Folgenden ‚f' (feminin) steht für ‚weiblich', ‚m' (maskulin) für ‚männlich'.

Familiensprache (nach Einschätzung der Eltern) gehörte: In der Gruppe suk-TE wurde bei elf Kindern zu Hause nur Russisch und bei sechs Kindern überwiegend Russisch und nur selten Deutsch als Familiensprache gesprochen.

Mit dem Deutschen kamen die suk-TE-Kinder im Alter von 24 bis 47 Monaten (AoO mit dem Deutschen: M = 34,1 Monate, SD = 8,0) in engeren Kontakt. Spätestens mit dem Eintritt in den Kindergarten bekamen die Kinder mehr Kontakt mit der deutschen Sprache. Die Spracherwerbsdauer lag in der Gruppe suk-TE zum Untersuchungsbeginn bei 4 bis 30 Monaten (LoE zum Deutschen: M = 17,4 Monate, SD = 9,0).

Der SES^{SB}-Wert in der Gruppe suk-TE lag bei 10,6 (SD = 1,1) Jahren. Er beruht auf den Angaben von 16 Müttern. Mit 58,8 % hatte die Mehrzahl der Mütter die Hochschulreife, 17,6 % erzielten den Abschluss der mittleren Reife und 23,5 % den Hauptschulabschluss. Der SES^{ISEI}-Wert lag für die Gruppe suk-TE bei 48,0 (SD = 19,2) Punkten. Im Vergleich zur Gruppe sim-TE (vgl. Tabelle 21) war der SES^{ISEI}-Wert der sukzessiv bilingualen Kinder etwas niedriger. Tabelle 22 gibt einen Überblick über die Untersuchungsgruppe der sukzessiv bilingualen Kinder ohne Auffälligkeiten in der Sprachentwicklung. Eine vollständige Übersicht über die Werte der einzelnen Probanden findet sich in Tabelle C2, Anhang C.

Tab. 22: Untersuchungsgruppe *suk-TE*

Parameter	Kennzahlen
Anzahl	17
Erwerbstyp	sukzessiv bilingual
Geschlecht	f = 7; m = 10
	Durchschnittswerte:
AoO mit dem Deutschen	34,1 (SD = 8,0)
LoE zum Deutschen, T1	17,4 (SD = 9,0)
Alter, T1	51,4 (SD = 1,9)
Alter, T2	63,7 (SD = 1,5)
SES^{SB}	10,6 (SD = 1,1)
SES^{ISEI}	48,0 (SD = 19,2)

Stellt man die beiden Gruppen der TE-Kinder in Bezug auf die Messreihen wie Alter, AoO, LoE, IQ und SES als Boxplots gegeneinander, wird deutlich, dass zwischen den Gruppen lediglich in AoO und LoE Unterschiede vorliegen, die auf die verschiedenen Spracherwerbstypen zurückzuführen sind. Bei der Betrachtung des Boxplots für die Variable SES^{SB} (siehe Abbildung 3) ist auf den ersten Blick nicht ersichtlich, ob hier tatsächlich kein Unterschied vorliegt; der exakte Wilcoxon-Mann-Whitney-Test zeigt mit p < 0,23 jedoch an, dass der Unterschied nicht signifikant ist.

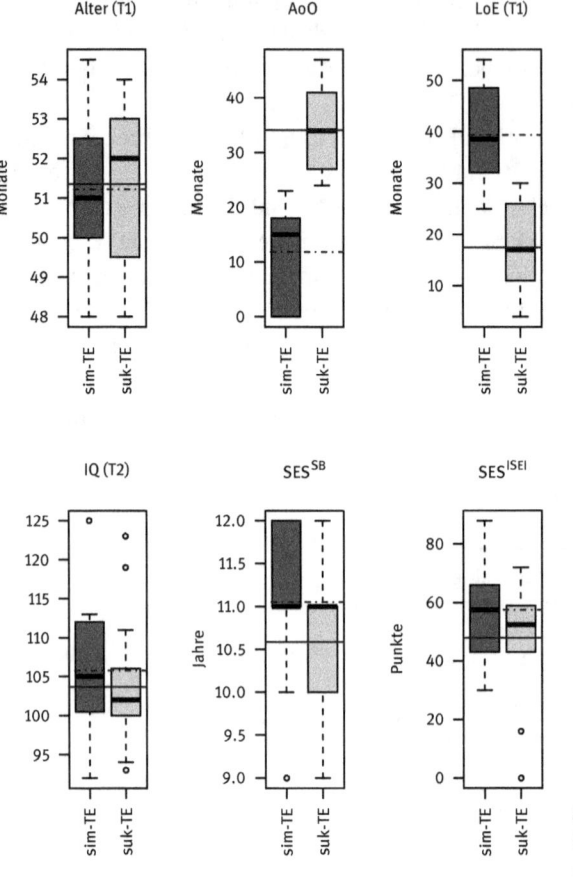

Abb. 3: Boxplots für die Merkmale Alter, AoO, LoE, IQ und SES in der Gruppe sim-TE und suk-TE

Es kann mit Vorsicht davon ausgegangen werden, dass die nicht signifikanten Unterschiede zwischen den Gruppen in Alter, IQ, SES die Vergleichbarkeit der Daten erhöhen. Wenn sich die Unterschiede zwischen den Gruppen in Bezug auf die Verwendung der Kasusmarkierungen zeigen, können sie auf die Unterschiede in AoO und LoE zurückgeführt werden. Die Untersuchung der sprachlichen Daten für beide sprachunauffälligen Gruppen – sim-TE und suk-TE – werden im Rahmen der ersten Datenanalyse beschrieben.

7.1.2 Bilinguale Kinder mit auffälliger Sprachentwicklung

7.1.2.1 Sukzessiv bilinguale Kinder mit Auffälligkeiten in einer der Sprachen

Die Größe der Stichprobengruppe mit einer auffälligen Sprachentwicklung in einer der beiden Sprachen liegt bei fünf Kindern, verteilt auf zwei sukzessiv bilinguale Kinder mit auffälliger Sprachentwicklung im Deutschen (im Folgenden *suk-AED*) und drei Kinder mit auffälliger Sprachentwicklung im Russischen (im Folgenden *suk-AER*). Die Untersuchungsgruppe suk-AED setzt sich aus einem Mädchen und einem Jungen zusammen. Zum Untersuchungsbeginn war das Mädchen 4;5 und der Junge 4;0 Jahre alt. Die Untersuchungsgruppe suk-AER setzte sich aus einem Mädchen im Alter von 4;1 Jahren und zwei Jungen im Alter von 4;2 und 4;5 Jahren zusammen. Eine Übersicht über die wichtigsten Informationen zu den Gruppen suk-AED und suk-AER findet sich in den Tabellen 23 und 24 (siehe Details zu einzelnen Kindern in Tabelle C3 und C4 in Anhang C).

Tab. 23: Untersuchungsgruppe *suk-AED*

Parameter	Kennzahlen
Anzahl	2
Erwerbstyp	sukzessiv bilingual
Geschlecht	f = 1; m = 1
	Durchschnittswerte:
AoO mit dem Deutschen	38,5 (SD = 13,4)
LoE zum Deutschen, T1	12,0 (SD = 9,9)
Alter, T1	50,5 (SD = 3,5)
Alter, T2	63,5 (SD = 3,5)
SES[SB]	10,0 (SD = 1,4)
SES[ISEI]	48,0

Alle Kinder der beiden Gruppen wurden in Deutschland geboren. Bei vier der fünf Kinder wurde zu Hause nur Russisch gesprochen. Bei einem suk-AER-Kind wurde überwiegend Russisch und nur selten Deutsch als Familiensprache verwendet. Das Alter zum Erwerbsbeginn des Deutschen lag bei den suk-AER-Kindern zwischen 30 und 42 Monaten und bei den suk-AED-Kindern zwischen 29 und 48 Monaten. Die Spracherwerbsdauer in der Gruppe suk-AED lag bei fünf und 19 Monaten und in der Gruppe suk-AER bei acht bis 23. Zwar lassen sich bei den Kindern mit auffälliger Sprachentwicklung relativ hohe Unterschiede bei dem Erwerbsbeginn und der Spracherwerbsdauer beobachten, allerdings wurden die Kinder ihrer Gruppe nach der NWRT-Leistung zum Untersuchungsende (T2) zugeordnet. Zu diesem Zeitpunkt besuchten die Kinder den Kindergarten bereits seit zwei Jahren.

Tab. 24: Untersuchungsgruppe *suk-AER*

Parameter	Kennzahlen
Anzahl	3
Erwerbstyp	sukzessiv bilingual
Geschlecht	f = 1; m = 2
	Durchschnittswerte:
AoO mit dem Deutschen	37,0 (SD = 6,2)
LoE zum Deutschen, T1	13,7 (SD = 8,1)
Alter, T1	50,7 (SD = 2,1)
Alter, T2	63,0 (SD = 2,7)
SES^{SB}	11,0 (SD = 0,0)
SES^{ISEI}	44,0 (SD = 1,4)

In der Gruppe suk-AED lag der SES^{SB}-Wert bei zehn Schuljahren: Eine Mutter hatte die Hochschulreife und die andere Mutter den Hauptschulabschluss. In der Gruppe suk-AER lag der SES^{SB}-Wert bei elf Jahren. Hier hatten alle drei befragten Mütter die Hochschulreife. Der SES^{ISEI}-Wert für ein Kind der Gruppe suk-AED lag bei 48 Punkten und für zwei Kinder der Gruppe suk-AER bei 44,0 (SD = 1,4). Zwei Mütter gaben an, dass sie zum Zeitpunkt der Befragung als Hausfrauen nicht erwerbstätig waren, deswegen konnte der SES^{ISEI}-Wert für die zwei Kinder nicht ermittelt werden.

7.1.2.2 Sukzessiv bilinguale Kinder mit auffälliger Sprachentwicklung in beiden Sprachen

Die Untersuchungsgruppe der Kinder mit auffälliger Sprachentwicklung sowohl im Russischen als auch im Deutschen (im Folgenden *suk-RSSES*) bestand aus zwei Kindern: einem Mädchen von 4;5 und einem Jungen von 4;4 Jahren. Beide Kinder wurden in Deutschland geboren. Bei dem Mädchen wurde zu Hause nur Russisch und bei dem Jungen überwiegend Russisch gesprochen. Mit dem Deutschen kamen die Kinder im Alter von 38 und 34 Monaten in engeren Kontakt. Die Dauer des Spracherwerbs im Deutschen betrug zum Untersuchungsbeginn bei dem Mädchen 15 und bei dem Jungen 18 Monate. Der SES^{SB}-Wert beider Kinder lag bei zehn Jahren: Beide Mütter hatten mittlere Reife. Der SES^{ISEI}-Wert des Mädchens lag bei 38 Punkten. Für den Jungen lagen keine Informationen zu der beruflichen Situation der Mutter vor. Tabelle 25 fasst alle bedeutsamen Informationen zu den Probanden der Gruppe suk-RSSES zusammen (siehe Details in Tabelle C5, Anhang C).

Tab. 25: Untersuchungsgruppe *suk-RSSES*

Parameter	Kennzahlen
Anzahl	2
Erwerbstyp	sukzessiv bilingual
Geschlecht	f = 1; m = 1
	Durchschnittswerte:
AoO mit dem Deutschen	36,0 (SD = 2,8)
LoE zum Deutschen, T1	16,5 (SD = 2,1)
Alter, T1	52,5 (SD = 0,7)
Alter, T2	65,8 (SD = 0,4)
SES^{SB}	10,0 (SD = 0,0)
SES^{ISEI}	38

Aufgrund der geringen Anzahl der Probanden mit einer auffälligen Sprachentwicklung werden die Daten der Gruppen suk-AED, suk-AER und suk-RSSES separat im Rahmen der zweiten Datenanalyse deskriptiv untersucht.

7.2 Design und Durchführung des Kasustests

Um die Verwendung verschiedener Kasusmarkierungen bei der Sprachproduktion der bilingualen russisch-deutschen Kinder nach vergleichbaren Kriterien in beiden Sprachen gezielt zu erfassen und zu untersuchen, war es wichtig, ein Verfahren und ein Instrument dafür zu entwickeln, die es ermöglichen, die gestellten Forschungsfragen zu beantworten. Folgenden Kriterien galten dafür:

- Das Verfahren/Instrument sollte jeweils in einer Version für das Russische und für das Deutsche vorliegen.
- Das Verfahren/Instrument sollte zur Elizitierung der Kasusmarkierungen bei den simultan und sukzessiv bilingualen Kindern anwendbar sein, d. h. die Aufgaben sollen zum einen ein bilinguales Kind fordern, jedoch nicht übermäßig überfordern, sodass die Motivation des Kindes nicht beeinträchtigt wird. Zum anderen sollen die Aufgaben nach einer gewissen Zeitspanne in der Sprachentwicklung nicht zu einfach sein.
- Weiterhin war es wichtig, dass das Verfahren/Instrument die Produktion von mindestens zwei Kasus (Akkusativ und Dativ) im Deutschen und fünf Kasus (Genitiv, Dativ, Akkusativ, Instrumental und Präpositiv) im Russischen abdeckt. Da sowohl im Russischen als auch im Deutschen der Nominativ als erster Kasus erworben wird, weder bei der unauffälligen noch bei der SSES auffälligen Sprachentwicklung Schwierigkeiten bereitet und seine Markierung eher als kasusneutral angesehen wird (vgl. Abschnitt 5.3.1), wird seine Markierung nicht gesondert elizitiert und untersucht. Demgegenüber steht der Genitiv im Deutschen. Er wird sehr spät erworben und ist sogar bei den monolingualen Kindern vor dem sechsten Lebensjahr kaum belegt (vgl. Mills 1985: 185 f.). Aus diesem Grund wird auf seine Untersuchung im Deutschen verzichtet.
- Mit dem Verfahren/Instrument sollte es möglich sein, die Verwendung der oben genannten Kasusmarkierungen in verschiedenen grammatischen Konstruktionen mit und ohne Präpositionen mit fester und doppelter Kasusrektion zu erfassen.
- Die kasusmarkierten Elemente sollten nicht (nur) isoliert, sondern in einer Äußerung evoziert werden, um den Einfluss des Kontexts auf die Verwendung der Kasusmarkierungen zu untersuchen.

In Bezug auf die aufgestellten Anforderungen kamen drei Kasustests infrage, mit denen die Untersuchungsdaten im Russischen bzw. im Deutschen systematisch erhoben werden konnten:
- *BI-SLI COST*[56] *Case elicitation task* mit einer russischen (Ruigendijk & Janssen 2013; mehr zu Methode und Aufbau des Tests in: Ruigendijk 2015) und einer deutschen (Ruigendijk 2012) Version,

---

[56] EU-Netzwerk COST-Action IS0804 „Language Impairment in a Multilingual Society: Linguistics Patterns and the Road to Assessment" (URL: *http://www.bi-sli.org*, zuletzt abgerufen am 20.09.2019).

- der Subtest *2.2 Sprachproduktion: Kasus* aus dem Test *Sprachstand Russisch* (Gagarina et al. 2010), mit dem das Russische getestet werden konnte, und
- der *Untertest KAS – Kasus* aus dem Test *LiSe-DaZ®* (Schulz & Tracy 2011), der die deutsche Sprache abdeckt.

Für die Anwendung einer der bereits existierenden Testverfahren würde sprechen, dass sie für die Untersuchung der bilingualen Kinder speziell entwickelt und bereits erprobt worden waren. Weiterhin erlauben sie es, die Verwendung der Akkusativobjekt-, Dativobjekt- und Doppelobjektkonstruktionen zu erfassen. Mit dem *Untertest KAS – Kasus* aus *LiSe-DaZ®* konnte man im Deutschen auch die Verwendung der PPn elizitieren: Durch acht Sätze werden im Untertest KAS neun Phrasenstrukturen (drei DOe, zwei IOe, eine PP im Akkusativ und drei PPn im Dativ) elizitiert. Insgesamt sind es vier Phrasenstrukturen im Akkusativ und fünf Phrasenstrukturen im Dativ.

Gegen ihre Anwendung sprach jedoch, dass sowohl mit dem Subtest *Sprachproduktion: Kasus* als auch mit dem *Untertest KAS – Kasus* aus *LiSe-DaZ®* nur eine der Sprachen getestet werden konnte. Es fanden sich keine anderen Tests, mit denen die vergleichbaren Sprachdaten erhoben werden konnten. Außerdem wurde weder der Kasustest von *COST*" noch der Subtest *Sprachproduktion: Kasus* dafür konzipiert, alle Kasusformen des Russischen zu testen, z. B. kann mit diesen Tests die Verwendung des Genitivs, Instrumentals oder Präpositivs sowie der Kasusmarkierungen bei den Präpositionen nicht überprüft werden.

Da keiner der drei oben beschriebenen Tests die gestellten Voraussetzungen in Bezug auf die Anzahl der Kasusformen und ihr Auftreten in den gewünschten Kontexten erfüllen konnte, wurde entschieden, im Rahmen dieser Arbeit einen komplett neuen Kasustest mit einer Version für das Russische und einer Version für das Deutsche zu entwickeln. Als Testmethode wurde das Erzählen einer Bildergeschichte ausgewählt. Sie ermöglicht es, die sprachlichen Kompetenzen bei der Sprachproduktion kindgerecht in einem für das Kindergartenalter entwicklungstypischen Spielformat zu organisieren und gemäß den gestellten Untersuchungshypothesen vergleichbare Daten aus beiden Sprachen zu erhalten. Für jede zu untersuchende Sprache wurde jeweils ein Test mit eigener Bildergeschichte entwickelt, die dennoch nach den gleichen Prinzipien sowie demselben Ablauf aufgebaut waren. Die ausgewählte Untersuchungsmethode erlaubte es trotz der individuellen Besonderheiten der getesteten Kinder bei der Sprachproduktion (wie Präferenz zu kurzen vs. langen Äußerungen, Auslassungen von topikalisierten ersten Konstituenten, Umfang des benutzten Wortinventars), die gewünschten Items und Strukturen gesteuert durch verschiedene Fragetypen zu elizitieren. Hierfür wurden in den Kasustests drei verschiedenen Verfahren eingesetzt:

i. Vervollständigung von Satzstrukturen bzw. Äußerungen: Hier wurden den Kindern von der Versuchsleiterin unvollständige Sätze vorgegeben. Die Ergänzung von fehlenden Wörtern in passenden Kasusformen wurde visuell durch Zeigen mit dem Finger auf das Bild unterstützt, z. B.:

(70) Der Junge rührt ... (z. B. *den Teig*)
(71) Der Hund springt ... (z. B. *auf den Tisch*)

Zwar können bei diesem Elizitierungsverfahren lexikalische (z. B. *den Kuchen* statt *den Teig*) und grammatische Variationen (z. B. deiktischer Ausdruck wie *hier, da, oben* statt einer PP) nicht vermieden werden, dennoch ließ sich damit die Verwendung von erforderlichen Kasusformen gut steuern.

Die Satzergänzungen wurden nur im ersten Teil des Tests bei den ersten sechs Bildern eingesetzt, um einerseits die Aufmerksamkeit des Kindes auf die Kasusverwendung zu richten und andererseits die ersten Vorkommnisse der Kasusmarkierungen bei den Akkusativ- und Dativobjekten und Pronominaladverbien in vorgegebenen Satzstrukturen zu überprüfen.

ii. Beantwortung von offenen Fragen: Etwa ab der Mitte der Tests wurden zur Elizitierung der Sprachproduktion offene Fragen eingesetzt, z. B.

(72) Was ist denn hier los?/Was ist denn hier?

Bei diesem Verfahren wurden den Kindern keine Antwortoptionen vorgegeben und sie bekamen keine strukturelle Unterstützung von der Versuchsleiterin. Hier wurde erwartet, dass die Kinder längere Äußerungen selbstständig erzeugten. Die Produktion von bestimmten grammatischen Formen mithilfe von Bildern ließ sich bei diesem Elizitierungsverfahren ähnlich gut wie bei den Satzergänzungen steuern, obwohl der Grad der grammatischen und lexikalischen Variationen hier größer war, z. B. bekam man auf die Frage *Was ist hier mit der Katze?* folgende Antworten:

(73) a. Die Katze klettert den Schrank hoch.
      b. Die Katze klettert darauf/dahin/da oben.
      c. Die Katze springt auf den Schrank/auf das Regal.

Unabhängig von der Auswahl der Satzstruktur und ihrer lexikalischen Realisierung wurden solche Antworten bei der Analyse als zielsprachlich gewertet. Eine nähere Betrachtung dieser Daten erlaubte es zu untersuchen, welche Strategien die Kinder verfolgen, um lexikalische oder grammatische Schwierigkeiten bei der Sprachproduktion zu umgehen.

iii. Beantwortung von W-Fragen: Ähnlich wie die Satzergänzungen boten die W-Fragen eine explizite Möglichkeit, den gewünschten Kasuskontext gezielt zu elizitieren, z. B. *Für wen ist der Kuchen?* oder *Wohin springt die Katze?* Sofern das Kind die Frage verstanden hatte, waren bei diesem Elizitierungsverfahren die Möglichkeiten für eine Antwort sehr eingeschränkt. Trotzdem können auch hier die Antwortstrategien im Umgang mit komplexen Satzstrukturen beobachtet werden, z. B. statt PPn wurden nicht selten deiktische Ausdrücke (wie *hier, da, oben*) verwendet.

Die Kasustests für das Russische und das Deutsche waren als Subtests in die Testbatterie des DFG-Projekts eingegliedert (siehe Tabelle 15) und wurden von geschulten Projektmitarbeiterinnen in ihrer Muttersprache an unterschiedlichen Testtagen in Kindergärten von Berlin, München, Deggendorf, Plattling, Ötzing und Ingolstadt durchgeführt. Beispiele für mögliche Antworten und den Umgang mit verschiedenen Testsituationen sowie mit Problemen wurden zuvor in einem Manual zum Test dargestellt. Das komplette Testmaterial bestand aus Testmanual (siehe Anhang A), Bildkarten, Bewertungsbogen und Eingangsblatt zur Überprüfung des Wortschatzes mit den Items Spielzeug *Teddybär* sowie Aufnahmegerät.

Der Ablauf der Testsitzung wurde in dem Testmanual festgehalten: Bevor das Kind mit dem Erzählen der Bildergeschichte anfing, wurde ihm die Möglichkeit gegeben, sich an die neue Testsituation zu gewöhnen. Hierfür war vor jedem Kasustest eine Aufwärmphase vorgesehen: So fragte die Versuchsleiterin das Kind, ob es Bildergeschichten erzählen oder hören oder Bilder anschauen mag. Nach einem kurzen Gespräch führte die Versuchsleiterin das Kind in die Bildergeschichte ein, in der die Tiere zusammen spielen wollten. Die Erzählinstruktion der Versuchsleiterin bestand aus der Bitte, die Geschichte dem Teddybären zu erzählen, der schlecht sieht und deswegen die Hilfe des Kindes braucht. Das Kind sollte das Bild so beschreiben, dass der Teddybär, ohne die Bilder zu sehen, die Geschichte nachvollziehen konnte.

Nach der Aufwärmphase wurde mittels eines Eingangsblatts die Verwendung einiger Substantive aus der Geschichte aktiviert, bei deren Benennung mögliche Schwierigkeiten auftreten könnten. Wenn das Kind ein Wort nicht nennen konnte, wurde es ihm vorgesprochen, mit der Bitte, es nachzusprechen.

Durch die Aktivierung des Wortschatzes sollte gesichert werden, dass die Kinder während des Tests eine ausreichende Anzahl der kasusmarkierten Substantive verwenden können.

Nach der Wortschatzüberprüfung erfolgte das Erzählen der Bildergeschichte. Das Kind bekam die Aufgabe, insgesamt 18 Bilder zu beschreiben. Die Bilder wurden so vor das Kind gelegt, dass es zwei Bilder zum gleichen Zeitpunkt sehen konnte: das Bild, das gerade schon beschrieben wurde und das nächste Bild, das erst noch beschrieben wird. Zu jedem Bild wurden dem Kind jeweils Fragen gestellt, mit deren Formulierung die Produktion von bestimmten Satzkonstruktionen und Kasusformen wahrscheinlicher war. Dabei wurde die Produktion der erforderlichen Äußerung mit einem Fingerzeig auf den Sachverhalt am Bild unterstützt. Wenn das Kind ein Bild nicht beschreiben konnte, beschrieb die Versuchsleiterin den Sachverhalt selbst. Produzierte das Kind auf eine offene Frage nur Einwortäußerungen, forderte die Versuchsleiterin es auf, mehr zu sagen, damit der Teddybär die Geschichte auch verstehen könne. Tabelle 26 gibt einen Überblick über die zwei Kasustests, die in den Abschnitten 7.2.1 und 7.2.2 ausführlich dargestellt werden.

Tab. 26: Überblick über den Aufbau des Kasustests für das Russische und Deutsche

Testkomponenten	KT-RUS		KT-DEU	
Elizitierung	18 Bilder		18 Bilder	
Aufwärmphase	Keine Datenerhebung		Keine Datenerhebung	
Wortschatzüberprüfung	11 Items		13 Items	
Test: Teil 1	12 SE 1 WF	14 kasusfordernde Strukturen	8 SE 1 WF	11 kasusfordernde Strukturen
Test: Teil 2	14 OF 5 WF	22 kasusfordernde Strukturen	21 OF 4 WF	31 kasusfordernde Strukturen

Legende: ‚SE' - Satzergänzung; ‚WF' - W-Frage; ‚OF' - offene Frage

Um die Kasusmarkierungen bei allen Kindern, auch bei denen mit geringen Sprachkenntnissen testen zu können, sollten sie mindestens mit den Satzergänzungen aus dem ersten Teil des Kasustests getestet werden. Etwa in der Mitte der Testung – beim Elizitieren mit offenen Fragen – wurde ein Abbruchkriterium definiert. Es war erfüllt, wenn das Kind so undeutlich sprach, dass es unmöglich war, es zu verstehen oder wenn zwei aufeinander folgende Elizitierungen unbeantwortet bleiben. Der vorzeitige Abbruch der Testung sollte das Risiko vermindern, das Kind während der Testung übermäßig zu strapazieren.

Alle Testungen wurden mithilfe eines digitalen Diktiergeräts aufgenommen. Zu einigen Tests liegen zusätzlich Videoaufnahmen vor. Die reine Testaufnahme (ohne Aufwärmphase und Wortschatzüberprüfung) dauerte je nach Gesprächigkeit, Sprachfähigkeit und Ablenkungen des Kindes durchschnittlich 6:37 Minuten im Russischen und 8:42 Minuten im Deutschen. Die Aufnahmen wurden anschließend transkribiert (siehe Abschnitt 7.3) und annotiert (siehe Abschnitt 7.4).

7.2.1 Kasustest für das Russische

Das Ziel des Kasustests für das Russische (im Folgenden *KT-RUS*) ist es, das individuelle sprachliche Wissen zur Verwendung der russischen Kasusmarkierungen (Genitiv, Akkusativ, Dativ, Instrumental und Präpositiv) in verschiedenen grammatischen Konstruktionen mit und ohne Vorkommen von Präpositionen zu überprüfen.

Die Datenerhebung erfolgte anhand der Bildergeschichte *Istorija o lise, kotoraja chotela poigrat' s zajcem* ‚Geschichte vom Fuchs, der mit dem Hasen spielen wollte' (siehe Anhang A). Der KT-RUS lief nach dem folgenden Schema ab: Zuerst wurde die Aufwärmphase, gefolgt von der Überprüfung des Wortschatzes durchgeführt. Die Items waren auf einem Eingangsblatt abgebildet und wurden von der Versuchsleiterin erfragt: *cvetok* ‚Blume', *vedro vody* ‚Eimer Wasser', *kartina* ‚Bild', *kastrjulja* ‚Topf', *tarelka supa* ‚Teller Suppe', *ložka* ‚Löffel', *butylka* ‚Flasche', *nora* ‚Loch', *odejalo* ‚Decke'. Im ersten Teil des Tests werden etwa 14 kasusfordernde Kontexte durch zwölf Satzergänzungen und eine W-Frage elizitiert (siehe Tabelle 27). Insgesamt sind es:

- acht NPn im Akkusativ mit syntaktischen Funktionen des direkten Objekts,
- zwei NPn im Genitiv, einmal mit syntaktischen Funktionen des direkten Objekts und einmal in der Funktion des Attributs,
- eine NP im Dativ mit syntaktischer Funktion des indirekten Objekts,
- eine PP im Akkusativ mit syntaktischer Funktion des Adverbials und
- zwei PPn im Instrumental, einmal mit syntaktischer Funktion des Adverbials und einmal des Präpositionalobjekts.

Tab. 27: Überblick über die elizitierten Kasuskontexte im KT-RUS Teil 1

Bild	Satztyp	Frage des Versuchsleiters	Erfragter/einer der möglichen Kasuskontexte[57]	Phrasenstruktur	Syn. Funktion
Bild 1	SE	Ėto lisa, ona vidit ...	zajca	NP_{AKK}	DO
Bild 2	SE	Ona chočet poigrat' ...	c zajcem	PP_{INSTR}	PPO
Bild 3	SE	Mne nado prinesti ...	vody | vodu	$NP_{GEN} \| NP_{AKK}$	DO
	SE	Mne nado polit' ...	cvetok	NP_{AKK}	DO
	SE	Mne nado povesit' ...	kartinu	NP_{AKK}	DO
	SE	Potom mne nado svarit' ...	sup	NP_{AKK}	DO
	SE	i navestit' ...	babušku	NP_{AKK}	DO
	SE	Ja pomogu ...	tebe	NP_{DAT}	IO
Bild 4	SE	Lisa nesët ...	vedro (vody)| vodu	$NP_{AKK} (+ NP_{GEN})$	DO
	SE	Lisa nesët vedro ...	(vedro) vody	NP_{GEN}	ATTR
Bild 5	SE	Lisa polivaet ...	cvetok	NP_{AKK}	DO
	WF	A gde rastët cvetok?	pod derevom	PP_{INSTR}	AdvGr
Bild 6	SE	Zajac vešaet ...	kartinu	NP_{AKK}	DO
			na stenu	PP_{AKK}	AdvGr

Legende: | - oder, ‚AdvGr' - Adverbialgruppe, ‚ATTR' - Attribut, ‚DO' - direktes Objekt, ‚IO' - indirektes Objekt, ‚PPO' - Präpositionalobjekt, ‚SE' - Satzergänzung, ‚WF' - W-Frage, für die deutsche Übersetzung der Fragen und der zu elizitierenden Strukturen siehe Anhang A

Der zweite Teil des KT-RUS beginnt mit dem 7. Bild, in dem die kindlichen Äußerungen mit 14 offenen Fragen elizitiert werden. Fünf W-Fragen kommen hinzu (siehe Tabelle 28).

---

[57] Hier und im Folgenden werden nur die Beispiele für die erfragten Kasuskontexte aufgelistet. Die Tabellen listen nicht alle möglichen Antwortvarianten auf, die als zielsprachlich ausgewertet werden können.

Tab. 28: Überblick über die elizitierten Kasuskontexte im KT-RUS *Teil 2*

Bild	Satztyp	Frage des Versuchsleiters	Erfragter/einer der möglichen Kasuskontexte kursiv	Phrasenstruktur	Syn. Funkt.
Bild 7	OF	Čto zdes' proischodit?	Zajac varit *sup*.	NP$_{AKK}$	DO
	OF	Čto proischodit dal'še?	Lisa neset *tarelku*.	NP$_{AKK}$	DO
	WF	Kak ty dumaeš', čto ona prosit u zajca poest'?	(Tarelku) *supa|sup*.	NP$_{GEN}$ | NP$_{AKK}$	DO
Bild 8	OF	A zdes'?	Lisa est *sup*.	NP$_{AKK}$	DO
Bild 9	OF	Čto zdes' proischodit?	Zajac i lisa idut *k babuške*.	PP$_{DAT}$	PPO
	OF	No oni ne prosto tak idut, nesut oni podarki?	Zajac neset *kastrjulju* (s supom) | *sup*,	NP$_{AKK}$ (+ PP$_{INSTR}$)	DO
			a lisa neset *cvetok*.	NP$_{AKK}$	DO
	WF	A dlja kogo cvetok?	*Dlja babuški*.	PP$_{GEN}$	PPO
Bild 10	OF	Čto zdes' proischodit?	Babuška stavit *cvetok v butylku*.	NP$_{AKK}$	DO
				PP$_{AKK}$	AdvGr
Bild 11	OF	Čto zdes' proischodit?	Ona est *sup*.	NP$_{AKK}$	DO
	WF	A čem est babuška sup?	*Ložkoj*.	NP$_{INSTR}$	AdvGr
Bild 12	OF	Čto proischodit dal'še?	Lisa bežit *pod stol*.	PP$_{AKK}$	AdvGr
Bild 13	OF	Čto proischodit zdes'?	Lisa prjačetsja *pod stolom* | sprjatalas' *pod stol*.	PP$_{INSTR}$| PP$_{AKK}$	AdvGr
Bild 14	OF	Čto proischodit dal'še?	Zajac zaprygivaet *na derevo*.	PP$_{AKK}$	AdvGr
Bild 15	OF	A zdes'?	Lisa nachodit *zajca na dereve*.	NP$_{AKK}$	DO
				PP$_{PRÄP}$	AdvGr
Bild 16	OF	Čto proischodit dal'še?	Lisa bežit *v noru*.	PP$_{AKK}$	AdvGr
Bild 17	OF	A zdes'?	Lisa prjačetsja *v nore*.	PP$_{PRÄP}$	AdvGr
	WF	Gde ona teper'?	*V nore*.	PP$_{PRÄP}$	AdvGr
Bild 18	OF	Čto proischodit zdes'?	Oni spjat *na odejale*.	PP$_{PRÄP}$	AdvGr
	WF	A č'ë èto odejalo?	*Babuški*.	NP$_{GEN}$	ATTR

Legende: | - oder, ‚AdvGr' - Adverbialgruppe, ‚ATTR' - Attribut, ‚DO' - direktes Objekt, ‚OF' - offene Frage, ‚PPO' - Präpositionalobjekt, ‚WF' - W-Frage, für die deutsche Übersetzung der Fragen und der zu elizitierenden Strukturen siehe Anhang A

Insgesamt werden im zweiten Teil 22 kasusfordernde Phrasenstrukturen erhoben:
- acht NPn im Akkusativ mit syntaktischer Funktion des direkten Objekts,
- zwei NPn im Genitiv, einmal mit syntaktischer Funktion des direkten Objekts und einmal des Attributs,
- eine NP im Instrumental mit syntaktischer Funktion des Adverbials,
- vier PPn im Akkusativ mit syntaktischer Funktion des Adverbials,
- vier PPn im Präpositiv mit syntaktischer Funktion des Adverbials,
- eine PP im Genitiv mit syntaktischer Funktion des Präpositionalobjekts,
- eine PP im Dativ mit syntaktischer Funktion des Präpositionalobjekts und
- eine PP im Instrumental mit syntaktischer Funktion des Adverbials.

An dieser Stelle ist anzumerken, dass zwar die Durchführung des Kasustests im Manual genau definiert war, es jedoch je nach Testungssituation und Reaktion des Kindes zu einigen Abweichungen kam, weshalb auch die Anzahl und der Typ der Elizitierungen sowie die Anzahl der erhobenen Kasuskontexte je nach Testdurchführung variierte.

7.2.2 Kasustest für das Deutsche

Das Ziel des Kasustests für das Deutsche (im Folgenden *KT-DEU*) ist es, das individuelle sprachliche Wissen zur Verwendung der deutschen Kasusmarkierung (Akkusativ und Dativ) in verschiedenen grammatischen Konstruktionen mit und ohne Vorkommen von Präpositionen zu überprüfen.

Beim KT-DEU werden die kindlichen Äußerungen mittels der Bildergeschichte *Geschichte von einem Hund und einer Katze* (siehe Anhang B) elizitiert. Nach der Aufwärmphase wurde anhand des Eingangsblatts der Wortschatz des Kindes zu den 13 folgenden Items überprüft: *Mutter, Junge, Kuchen, Tisch, Stuhl, Teppich, Sofa, Schrank, Fenster, Buch, Blumentopf, Schal, Knochen*. Wenn das Kind eines der Items nicht kannte oder Schwierigkeiten hatte es zu benennen, half die Versuchsleiterin ihm mit Hinweisen oder dem Vorsprechen des Items.

Die Bildergeschichte des KT-DEU bestand aus 19 Bildern. Mit den ersten 18 Bildern wurden die sprachlichen Daten elizitiert. Das letzte Bild war ein abschließendes Bild in der Geschichte, bei dem die Versuchsleiterin den Sachverhalt selbst beschrieb.

Ähnlich wie beim KT-RUS erfasste der erste Teil des deutschen Tests die ersten sechs Bilder und überprüfte die Produktion der Kasusmarkierungen mittels Satzergänzungen und einer W-Frage. Tabelle 29 gibt einen kompletten Über-

blick über die Art der Elizitierung sowie über die erwarteten Kasuskontexte. Insgesamt werden im ersten Teil des KT-DEU etwa elf kasusfordernde Phrasenstrukturen erhoben:
- fünf NPn im Akkusativ mit syntaktischer Funktion des direkten Objekts,
- eine NP im Dativ mit syntaktischer Funktion des indirekten Objekts,
- eine PP im Akkusativ und zwei PPn im Dativ mit syntaktischer Funktion des Präpositionalobjekts und
- eine PP im Akkusativ und eine PP im Dativ mit syntaktischer Funktion des Adverbials.

Tab. 29: Überblick über die elizitierten Kasuskontexte im KT-DEU *Teil 1*

Bild	Satztyp	Frage des Versuchsleiters	Erfragter/einer der möglichen Kasuskontexte	Phrasenstruktur	Syn. Funktion
Bild 1	SE	Spiel ...	mit mir	PP_{DAT}	PPO
Bild 2	WF	Für wen ist der Kuchen?	für die Mama	PP_{AKK}	PPO
	SE	Ich backe ...	einen Kuchen	NP_{AKK}	DO
Bild 3	SE	Der Junge gibt ...	dem Hund	NP_{DAT}	IO
			einen Knochen	NP_{AKK}	DO
Bild 4	SE	Und jetzt frisst der Hund ...	den Knochen	NP_{AKK}	DO
	SE	Und der Junge rührt ...	den Teig	NP_{AKK}	DO
Bild 5	SE	Da sieht er ...	eine Katze	NP_{AKK}	DO
			auf dem Tisch	PP_{DAT}	AdvGr
Bild 6	SE	Und der Hund springt ...	auf den Tisch	PP_{AKK}	AdvGr
	SE	Spielst du ...?	mit mir	PP_{DAT}	PPO

Legende: ‚AdvGr' - Adverbialgruppe, ‚DO' - direktes Objekt, ‚IO' - indirektes Objekt, ‚PPO' - Präpositionalobjekt, ‚SE' - Satzergänzung, ‚WF' - W-Frage

Ab dem 7. Bild der Geschichte fängt der zweite Teil des KT-DEU an, in dem keine Satzergänzungen mehr vorkommen. Den Kindern werden hauptsächlich offene Fragen gestellt. Tabelle 30 gibt den kompletten Überblick über die Kasuskontexte aus dem zweiten Teil des Tests und stellt die Fragentypen dar, mit denen sie elizitiert werden.

Tab. 30: Übersicht über die elizitierten Kasuskontexte im KT-DEU *Teil 2*

Bild	Satztyp	Frage des Versuchsleiters	Erfragter/einer der möglichen Kasuskontexte kursiv	Phrasenstruktur	Syn. Funktion
Bild 7	OF	Was ist hier los?	Der Hund steht *auf dem Tisch*.	PP_{DAT}	AdvGr
	OF	Was ist mit der Katze?	Die Katze springt *auf den Stuhl*.	PP_{AKK}	AdvGr
	WF	Wohin springt die?	Auf den Stuhl.	PP_{AKK}	AdvGr
	OF	Oh, was ist denn mit dem Blumentopf?	Der Blumentopf ist *auf dem Boden*.	PP_{DAT}	AdvGr
Bild 8	OF	Was ist mit dem Hund?	Der Hund ist auf dem Stuhl.	PP_{DAT}	AdvGr
	OF	Und was ist mit der Katze?	Die Katze versteckt sich *hinter dem Sofa*.	PP_{DAT}	AdvGr
	WF	Wo ist die Katze?	Hinter dem Sofa.	PP_{DAT}	AdvGr
Bild 9	OF	Was ist hier mit der Katze?	Sie klettert den Schrank hoch.	NP_{AKK}	DO
	OF	Oh je und was ist mit den Büchern?	Die sind auf dem Sofa, im Schrank, hinter dem Stuhl.	PP_{DAT}	AdvGr
				PP_{DAT}	AdvGr
				PP_{DAT}	AdvGr
	OF	Und was as ist mit dem Ball?	Der ist auf dem Teppich.	PP_{DAT}	AdvGr
	OF	Und was ist mit dem Hund?	Der ist unter dem Tisch.	PP_{DAT}	AdvGr
Bild 10	OF	Und was ist hier mit der Katze?	Die liegt auf dem Schrank.	PP_{DAT}	AdvGr
	WF	Wo liegt die Katze?	Auf dem Schrank.	PP_{DAT}	AdvGr
Bild 12	OF	Und jetzt?	Die Katze springt *aus dem Fenster*.	PP_{DAT}	AdvGr
	OF	Und der Hund?	Der steht *am Fenster* und bellt.	PP_{DAT}	AdvGr
Bild 13	OF	Und was passiert jetzt?	Der Junge schimpft *mit dem Hund*.	PP_{DAT}	PPO
	OF	Was kann man denn da tun?	Der Hund kann *dem Jungen* helfen.	NP_{DAT}	IO
Bild 14	OF	Schau, was jetzt passiert.	Der Hund gibt dem Jungen ein Buch.	NP_{DAT}	IO
	OF			NP_{AKK}	DO
Bild 15	OF	Und was ist hier?	Der Junge steckt die Blumen in den Topf.	NP_{AKK}	DO
				PP_{AKK}	AdvGr
	OF	Was ist mit dem Hund los?	Der Hund bringt *den Ball*.	NP_{AKK}	DO
Bild 16	OF	Was passiert hier?	Der Junge gibt der Mama den Schal.	NP_{DAT}	IO
				NP_{AKK}	DO
	WF	Wem gibt er den Schal?	Der Mama.	NP_{DAT}	IO
Bild 17	OF	Und hier?	Der Junge gibt der Mama ein Stück Kuchen.	NP_{DAT}	IO
				NP_{AKK}	DO
Bild 18	OF	Was ist hier los?	Der Junge gibt dem Hund einen Knochen.	NP_{DAT}	IO
				NP_{AKK}	DO

Legende: ‚AdvGr' - Adverbialgruppe, ‚DO' - direktes Objekt, ‚IO' - indirektes Objekt, ‚OF' - offene Frage, ‚PPO' - Präpositionalobjekt, ‚WF' - W-Frage

Insgesamt werden etwa im zweiten Teil des Tests 31 kasusfordernde Phrasenstrukturen mittels vier W-Fragen und 21 offenen Fragen erfragt:
- sieben NPn im Akkusativ mit syntaktischer Funktion des direkten Objekts,
- sechs NPn im Dativ mit syntaktischer Funktion des indirekten Objekts,
- drei PPn im Akkusativ und
- 14 PPn im Dativ mit syntaktischer Funktion des Adverbials,
- eine PP im Dativ mit syntaktischer Funktion des Präpositionalobjekts.

7.3 Datenaufbereitung

Nach der Erhebung wurden die Sprachdaten aus zwei Testzeitpunkten im Abstand von zwölf Monaten mithilfe des *F4*-Transkriptionstools[58] und des CLAN-Editors des CHILDES-Datenbanksystems (*Child Language Data Exchange System*, MacWhinney 2019) im CHAT-Format (*Codes for the Human Analysis of Transkripts*) transkribiert. Hierbei wurden die Sprachdaten nicht phonologisch mittels des Internationalen Phonetischen Alphabets (IPA), sondern zum Zwecke der morphosyntaktischen Analyse in einem textförmigen Standard gemäß des CHAT-Formats mit minimaler Normierung – um die Vergleichbarkeit zwischen den Sprachdaten und den standardsprachlichen Formen zu ermöglichen – verschriftlicht. Zur Vereinheitlichung der Daten wurde das Instruktionsmaterial ausgearbeitet, nach dem alle Transkripte in beiden Sprachen erstellt wurden. Die russischen Sprachdaten wurden in kyrillischer Schrift festgehalten, die bei Bedarf mit dem Tool *Alphawandler Free'n'Easy* (siehe Fußnote 26, S. 73) nach dem DIN 1460-Standard in lateinische Schrift transliteriert werden können.

Die Entscheidung fiel auf das CHAT-Transkriptionssystem, weil es sprachunabhängig ist; es definiert standardisierte Vorgaben sowohl für die Markierung der sprachlichen Äußerungen nach Pausen, Überlappungen, Wiederholungen, Selbstkorrekturen als auch Mechanismen für das Anreichern der Primärdaten mit linguistischen Informationen an verschiedenen linguistischen Annotationsebenen (z. B. PoS-Annotation, Sprechakt-Annotation, phonetische, orthografische Annotation) und ist in der Forschung an kindlichen Sprachdaten weit verbreitet. Weiterhin stellt CHILDES eine ganze Reihe von Programmen für die Sprachanalyse zur Verfügung, wie automatische PoS-Annotation für das Deutsche (MOR-, POST- und POSTMORTEM-Programm), Errechnung des MLU-Wertes (MLU-Programm), Berechnung der Anzahl von Wortarten (EVAL-Programm) und von verschiedenen Tokens sowie Types (FREQ-Programm). Für

---

[58] URL: https://www.audiotranskription.de/f4 (zuletzt abgerufen am 20.09.2019)

die PoS-Analyse im Russischen findet sich das MORCOMM-Tool (vgl. Gagarina et al. 2002), das auch auf der Basis des CHAT-Formats arbeitet.

Die russischen und deutschen Audioaufnahmen wurden von der Autorin dieser Arbeit transkribiert (Master-Raterin: Russisch als Muttersprache und Deutsch als Zweitsprache). Zur Verringerung von Transkriptionsfehlern wurden alle deutschen Transkripte von einer Person mit Deutsch als Muttersprache komplett kontrolliert (DEU-Raterin). Die russischen Transkriptionen wurden von einer zweiten Person mit Russisch als Muttersprache nur in zweifelhaften Fällen kontrolliert (RUS-Raterin). Um die Qualität der Transkription zu überprüfen, wurden 10 % der Transkripte zufällig als Stichprobe ausgewählt und zu beiden Testzeitpunkten eine Interrater-Reliabilität (mittels *Cohen's Kappa Koeffizient*) errechnet. Hierbei wurden 10 % der Audioaufnahmen der Stichprobe durch eine zweite Raterin – DEU-Raterin für die deutschen Daten und RUS-Raterin für die russischen Daten – komplett neu gegentranskribiert. Da die Transkription der Audioaufnahmen gewisse Kenntnisse und Fähigkeiten erfordert, bekamen die Raterinnen vor Beginn eine Schulung für die Transkription im CHAT-Format und erhielten das Instruktionsmaterial. Die Raterinnen transkribierten die Daten jeweils in ihrer Muttersprache, also Russisch bzw. Deutsch. Die Transkripte der Master-Raterin und der RUS- bzw. DEU-Raterin wurden anschließend auf Übereinstimmung geprüft. Der Übereinstimmungskoeffizient Cohen's Kappa wurde mittels des RELY-Programms des CLAN-Programms berechnet. Hierbei ergab sich eine Übereinstimmung[59] von kappa = 0,93 für das Russische und kappa = 0,91 für das Deutsche.

7.4 Datencodierung

Zu Zwecken der detaillierten Annotation und Analyse der Nominalmorphologie sowie der Berechnung von Vorkommnissen der zielsprachlichen bzw. nicht zielsprachlichen Sprachphänomene wurden die verschriftlichten Sprachdaten der Stichprobe in die *Word Analysis System*-Applikation (WAS) eingetragen. Es handelt sich dabei um ein *HyperSQL* (auch HSQLDB genannt) basiertes Analysesystem für Erhebung, Kodierung und Durchsuchen von verschriftlichten Sprachdaten. Die WAS-Applikation wurde in Java mit dem *Framework Spring Roo*[60] implementiert und läuft auf einem *Apache Tomcat Server*. Die Datenabfragen aus der Datenbank erfolgen mittels der *Structured Query Language* (SQL),

---

59 Ein Kappa-Wert > 0,75 gilt dabei als ausgezeichnet (vgl. Gwet 2010: 114 f.).
60 Spring Roo, URL: https://projects.spring.io/spring-roo/ (zuletzt abgerufen am 20.09.2019)

werden im CSV-Tabellenformat ausgegeben und anschließend statistisch ausgewertet.

In die Datenbank der WAS-Applikation wurden sowohl die Kasuskontexte als auch die Umfelder, in denen sie vorkommen, und der jeweilige Kasustest komplett eingetragen. Dies erlaubt es, den Kasuskontext nicht nur als einen unabhängigen Ausschnitt, sondern als Teil der ganzen Sprachproduktion und Interaktion zwischen der Versuchsleiterin und dem Kind zu betrachten. So wurde jeder zu untersuchende Kasuskontext in Bezug auf drei folgende Aspekte beschrieben und mit Informationen eingereicht:

A. *Beschreibung des Umfelds, in dem die NP-/PP-Struktur vorkommt*
1. Fragetyp, durch den die Äußerung mit dem Kasuskontext elizitiert worden war: offene Frage, Satzergänzung, W-Frage, spontane Äußerung oder Sonstiges.
2. Verbale Reaktion des Kindes auf die Fragen: Hierbei wurden die Antworten jeweils einer der folgenden Kategorien zugeordnet:
   i. Das Kind beantwortete die Frage *kommunikativ adäquat* bzw. gemäß der Erwartung: Dabei war es nicht erforderlich, dass die Antwort grammatisch wohlgeformt war. Die Hauptkriterien für Adäquatheit waren, dass die Antwort verständlich und in Bezug auf die vorangehende Frage der Versuchsleiterin kohärent produziert wurde sowie dass der Kasuskontext einem der Kasus inhaltlich oder strukturell zugeordnet werden konnte, z. B.:

(74) Versuchsleiterin: Was passiert hier?
    Kind: *Und der Junge gibt wieder de den Hund einen Knochen.

(75) Versuchsleiterin: Wem gibt der Junge den Knochen?
    Kind: *[em] Hund.[61]

    Im letzten Beispiel wurde kein Artikel verwendet, aber aus der vorangehenden Frage der Versuchsleiterin konnte geschlossen werden, dass es sich dabei um einen Dativkontext handelt.
  ii. Die Antwort des Kindes war *kommunikativ inadäquat*[62]: Hier wurden die Antworten zusammengefasst, die zum Kontext/Thema passten, aber nicht zur gestellten Frage, z. B.:

---

61 [em] steht für eine gefüllte Pause.

(76) Versuchsleiterin: Für wen ist der Kuchen?
Kind: *Schokolade.

oder die Antworten, die nicht kohärent in Bezug auf die vorhergehende Frage der Versuchsleiterin kamen, z. B.:

(77) Versuchsleiterin: Und wo liegt die Katze?
Kind: *Und Kopf.

Weiterhin wurden dieser Kategorie die Äußerungen zugeordnet, die wegen ihrer Unvollständigkeit schwer oder nicht zu verstehen waren, z. B.:

(78) Versuchsleiterin: Was kann man da tun?
Kind: Kind:*Die Hund [em] Hund die [em].

Oft konnte man aus der Testsituation verstehen, was das Kind sagen wollte, aber die Interpretation der Daten würde in diesem Fall zu weitreichend sein.

iii. Das Kind reagierte auf die Frage nicht. Hier wurden die Kasuskontexte erfasst, die nur durch W-Fragen oder Satzergänzungen gezielt erfragt worden waren, z. B.:

(79) Versuchsleiterin: Was rührt der Junge?
Kind: Ø.
(80) Versuchsleiterin: Wo springt der hin, der Hund?
Kind: [em] Ø.

Weiterhin wurden unter dieser Kategorie die Fälle zusammengefasst, bei denen das Kind keine verbale Antwort auf die Frage gab, es aber gestisch adäquat auf das Bild mit dem entsprechenden Sachverhalt zeigte. Das war allerdings nur dann möglich, wenn eine Videoaufnahme vorlag. Da eine solche Aufnahme jedoch nicht von allen Kindern existierte, wurde auf die Auswertung der Videos, und damit der möglichen Gesten, verzichtet.

---

62 Amorosa & Noterdaeme (2003: 11) sehen die inadäquate Beantwortung von Fragen als eine Auffälligkeit im Sprachverständnis bei der SSES an.

iv. Unverständliche Äußerung: Der größte Teil der Äußerung war akustisch unverständlich, sodass man nicht verstehen konnte, was das Kind meinte.
3. Die Kasuskontexte, bei denen das Kind lediglich die Äußerung der Versuchsleiterin nachgesprochen hat, wurden als solche markiert.
4. Wenn die Versuchsleiterin dem Kind dieselbe Frage mehr als einmal gestellt hat, wurden für die Analyse nur diejenigen Kasuskontexte der ersten Antwort gewertet. Die Kasuskontexte aus den Antworten, die auf wiederholtes Nachfragen folgten, wurden als solche markiert, aber bei der Analyse nicht berücksichtigt.

B. *Beschreibung der NP-/PP-Struktur*
1. Zugehörigkeit des Kasuskontexts zu einer der Wortarten: Nomen, Pronomen, Adverb
2. Satzgliedfunktion des Kasuskontextes: Subjekt, direktes Objekt, indirektes Objekt, Präpositionalobjekt, Attribut, Prädikat
3. Wenn es sich um eine PP handelte, wurde markiert, ob die Präposition in PP eine feste oder doppelte Kasusrektion hat
4. Beschreibung des Genus, Numerus und Kasus des Nomens bzw. Pronomens im Kasuskontext
5. Realisierung des Artikels (nur im Deutschen)
6. Bestimmung der Belebtheitskategorie des Nomens im Kasuskontext (nur im Russischen)
7. Bestimmung der Deklination des Nomens im Kasuskontext (nur im Russischen)

C. *Beschreibung der nicht zielsprachlichen NP-/PP-Verwendung*
Wenn eines der Charakteristika 5.–11. nicht zielsprachlich verwendet wurde, wurde es neben den zielsprachlichen Charakteristika aufgeführt.

8 Ergebnisse

Das Hauptziel dieser Arbeit ist zu untersuchen, in welchem Umfang bilinguale Kinder im Alter zwischen 4;0 und 5;6 Jahren die morphologische Realisierung der Kasusmarkierungen im Deutschen und im Russischen verwenden. Die inhaltlichen Schwerpunkte der Untersuchung werden dabei nicht darauf gelegt, die einzelnen Kasuserwerbsphasen im Kontext der bilingualen Sprachentwicklung aufzuzeigen, sondern

i. erstens zu untersuchen, ob die Realisierung bzw. Nicht-Realisierung des Kasus in NPn und PPn und seine zielsprachliche Markierung von bestimmten Faktoren – wie die Komplexität oder der Kontext der NP-/PP-Struktur – beeinflusst wird. Dabei wird die Verwendung des Kasus nicht isoliert, sondern im Kontext der NP-/PP-Strukturen sowie im situativen Kontext betrachtet.
ii. zweitens den Realisierungsstrategien nachzugehen, auf die die bilingualen Kinder zur morphologischen Markierung der NPn/PPn zurückgreifen und wie sie sich zwischen den beiden Testzeitpunkten ändern.
iii. und drittens zu überprüfen, ob bezüglich der zwei ersten oben genannten Schwerpunkte die Kinder mit simultan und sukzessiv bilingualem Spracherwerb mit und ohne auffällige Sprachentwicklung Unterschiede aufweisen.

Die empirisch erhobenen Daten der Längsschnittstudie werden im Rahmen von zwei Datenanalysen deskriptiv beschrieben:

DATENANALYSE 1: Untersuchung zur Verwendung der Kasusmarkierungen im Russischen und im Deutschen bei russisch-deutschen simultan und sukzessiv bilingualen Kindern mit einer *unauffälligen* Sprachentwicklung.

DATENANALYSE 2: Untersuchung zur Verwendung der Kasusmarkierungen im Russischen und im Deutschen bei russisch-deutschen sukzessiv bilingualen Kindern mit einer *auffälligen* Sprachentwicklung.

Bevor die Ergebnisse dieser Untersuchung dargestellt und interpretiert werden, ist zunächst auf die Zusammenstellung der Untersuchungsdaten und auf die Methoden einzugehen, die der Analyse zugrunde liegen.

8.1 Daten

Im Folgenden werden die Auswahlkriterien für die Daten und statistischen Verfahren dargelegt, mit denen die deskriptive Auswertung der Daten durchgeführt wird.

8.1.1 Datenauswahl

Zu den Daten muss im Vorhinein erwähnt werden, dass die beiden sprachspezifischen Kasustests so konzipiert wurden, dass anhand von 32 Fragen des KT-RUS und 34 Fragen des KT-DEU 36 kasusmarkierte NPn/PPn zum Russischen und 42 NPn/PPn zum Deutschen weitgehend in Singularform produziert werden sollten (vgl. Tabelle 26 in Abschnitt 7.2). Die Anzahl der analysierbaren NPn/PPn variierte allerdings je nach der Testsituation und den sprachlichen Fähigkeiten des Kindes. Zudem konnte nicht jede produzierte kindliche Äußerung und nicht jede kasusmarkierte Phrasenstruktur in die Untersuchung aufgenommen werden. Gemeinsam sind sowohl den russischen als auch den deutschen Untersuchungsdaten folgende Auswahlmerkmale:
a. In die Analyse wurden nur Äußerungen aufgenommen, die in den *kommunikativ adäquaten* Antworten vorkommen (vgl. Abschnitt 7.4).
b. Aus der Analyse wurden komplett ausgeschlossen:
   - unverständliche, unvollständige oder nicht eindeutig interpretierbare Äußerungen,
   - spontansprachliche Äußerungen, z. B. das Kind erzählte von seiner Familie oder von Haustieren. Die Berücksichtigung der spontansprachlichen Äußerungen würde die Vergleichbarkeit der Daten vermindern,
   - Äußerungen, die auf eine und dieselbe Frage folgten, die entgegen der Testkonstruktion mehrmals nacheinander gestellt wurde. Wenn das Kind die gleiche Frage mehrmals unmittelbar nacheinander beantwortete oder sie mehrmals unbeantwortet ließ, wurde nur die erstproduzierte Reaktion des Kindes in die Auswertung aufgenommen. Die darauf folgenden Antworten wurden als solche markiert und bei der Auswertung nicht gewertet,
   - nur nachgesprochene Äußerungen.

Die ausgeschlossenen Äußerungen wurden bei der Datenannotation als solche markiert aber bei der Analyse nicht ausgewertet.

In bestimmten Fällen wurden nur einzelne Teile der Äußerung bei der Analyse nicht gewertet. Innerhalb der Äußerungen im Russischen waren dies:

- NPn/PPn, die auf Deutsch (z. B. *v ètot loch* (*statt:* noru) ‚in dieses Loch'), durch ein onomatopoetisches Wort realisiert (z. B. *A zajčik varit njam-njam* (*statt:* sup). ‚Und der Hase kocht mjam-mjam (*statt:* eine Suppe).') oder undeutlich bzw. unverständlich ausgesprochen wurden (z. B. *Ona* [unverst.] *stavit cvetok.* ‚Sie stellt [unverst.] die Blume.'),
- NPn, die durch eine PPn substituiert wurden, z. B. *On est sup s* (*statt:* ohne Prp) *ložkoj* ‚Er isst Suppe mit dem Löffel.' oder
- NPn/PPn, in denen ein Nomen oder eine ganze NP ausgelassen wurde, z. B. *Zajčik na* [em] Ø[stenu] *povesil kartinu.* ‚Das Häschen hat an [em] Ø[die Wand] das Bild aufgehängt', *Lisica zalezla pod* Ø[stol] ‚Der Fuchs ist unter Ø[den Tisch] hineingeklettert'.

Innerhalb der Äußerungen im Deutschen waren dies:
- NPn/PPn, die auf Russisch (z. B. *Mame* (*statt:* der Mutter) *hat er geschenk(t) ein Schal.*), durch ein onomatopoetisches Wort realisiert (z. B. *Katze mach(t) bum.* (*statt:* den Topf kaputt)) oder undeutlich bzw. unverständlich ausgesprochen wurden (z. B. *Hund springt auf dem Stuhl und die Katze springt und* [unverst.]*.*),
- NPn, die durch eine PPn substituiert wurden, z. B.: *Gibt der Junge für seine Mama ein Kuchenstück.* oder
- NPn/PPn, in denen ein Substantiv oder eine ganze NP ausgelassen wurde (z. B. *Er gibt dem Hund ein'n* Ø[Knochen] oder *Er sieht Katze auf de* [em] Ø[Tisch]*.*).

Trotz Auslassungen bzw. Substitutionen waren solche Äußerungen insgesamt verständlich. Nur die betroffenen NPn oder PPn wurden aus der Analyse ausgeschlossen. Die restlichen Satzelemente wurden in die Untersuchungsdaten aufgenommen und bei der Datenanalyse gewertet. Bei Selbstkorrekturen wurde in die Analyse nur die letztgenannte Wortform aufgenommen, auch wenn sich das Kind falsch korrigierte.

Die Daten für das Russische und das Deutsche wurden schließlich je nach der Fragestellung kleineren Untersuchungsdatensätzen zugewiesen, die in den jeweiligen Abschnitten gesondert beschrieben werden.

Es ist wichtig anzumerken, dass erstens bei der Untersuchung der Kasusmarkierungen zwischen den Phrasenstrukturen mit einem substantivischen und pronominalen NP-Kopf (z. B. *dem Hund/ihm* bzw. *mit dem Hund/mit ihm*) nicht unterschiedlich vorgegangen wird, wie es von Clahsen & Penke (1992), Eisenbeiß (1994) oder Scherger (2015b) befürwortet wird. Diese Autoren gehen davon aus, dass pronominale NPn/PPn schnell auswendig gelernt werden können und nur die Kasusmarkierungen an nominalen NPn/PPn eine entscheidende Rolle als Erwerbskriterium spielen. Der Anteil der verwendeten Pronomen im Akkusativ oder Dativ war in der vorliegenden Untersuchung jedoch zu klein, um sie repräsentativ zu untersuchen. Zweitens werden im Folgenden unter den PPn nur die Strukturen zusammengefasst, die aus einer Präposition mit NP bestehen und daher auf die Verwendung der Kasusmarkierungen hin untersucht werden können. Die Präpositionaladverbien (z. B. *dahin, darauf*), die aus einem deiktischen Adverb und einer Präposition bestehen, die zwar als PPn zu kategorisieren sind (vgl. Zifonun et al. 1997: 54 f.; Gunkel et al. 2017: 1363), aber keine Kasusmarkierungen aufweisen, werden zusammen mit den lokal- und direktionaldeiktischen Adverbien (z. B. *oben, hier, da*) unter den deiktischen Ausdrücken zusammengeführt und in Opposition zur Realisierung von PPn ausgewertet (vgl. *FF1*).

8.1.2 Statistische Interpretation der Ergebnisse

Aufgrund der kleinen Stichproben und der Tatsache, dass sie keine Zufallsstichproben sind (vgl. Abschnitt 7.1), ist es wenig sinnvoll, in diesem Untersuchungskontext empirische Statistiktests vorzunehmen. Des Weiteren lag zu den einzelnen Untersuchungsphänomenen eine geringere Anzahl von Beobachtungen vor, die auch nicht bei jedem Kind festzustellen waren. Somit konnten im Rahmen dieser Untersuchung die Kriterien einer empirischen Hypothesenprüfung nicht erfüllt werden.

Vor diesem Hintergrund wurde entschieden, bei der Beschreibung der Untersuchungsergebnisse auf die Methoden der deskriptiven Statistik zurückzugreifen und die Stichproben hinsichtlich der zentralen Fragestellungen anhand von durchschnittlichen Prozentwerten und Häufigkeitsverteilungen zu beschreiben. Die Prozentwerte werden immer für jedes Kind der Gruppe und zusätzlich als Mittelwert für die Gruppe kalkuliert, sodass der Mittelwert der Leistung des Kindes in Bezug zum Mittelwert der Leistung der Gruppe gesetzt werden kann. Diese Vorgehensweise soll ermöglichen, dass alle Kinder der Stichprobe gleich gewichtet werden, unabhängig davon, wie hoch die Anzahl von Beobachtungen war, die bei jedem Kind auftraten.

Die Darstellung erfolgt durch Häufigkeitstabellen und grafisch durch Boxplots, Balken- und Kreisdiagramme. Streuung und Standardabweichung werden immer basierend auf den durchschnittlichen Prozentwerten der einzelnen Kinder der Gruppe berechnet. Die Standardabweichung wird dafür eingesetzt, die Repräsentativität des Mittelwerts eines Datensatzes für die jeweiligen

Gruppen aufzuzeigen. Allgemein gilt, dass niedrige Standardabweichungen eine gute Repräsentativität des Mittelwerts implizieren.

Nur in einzelnen Fällen, wenn die Anzahl der zu untersuchenden Beobachtungen ausreichend ist, wird zur Untersuchung der Unterschiede hinsichtlich der zentralen Tendenz in zwei Stichproben der exakte Wilcoxon-Mann-Whitney-Test herangezogen, der sich sowohl für zwei gebundene als auch nicht gebundene ordinal skalierte Variablen bei kleinen Stichproben eignet. Dabei setzt der Test nicht voraus, dass die getesteten Variablen normal verteilt sein sollen. Alle p-Werte wurden dafür zweiseitig und bei unter 0,05 als signifikant angesehen. Konnte die Varianzgleichheit in zwei Gruppen anhand von Boxplots eindeutig aufgezeigt werden, wurde auf eine statistische Überprüfung mit dem exakten Wilcoxon-Mann-Whitney-Test verzichtet.

Alle statistischen Berechnungen sowie die Grafiken wurden im Statistikprogramm R (Version 3.3.2) erstellt. Alle Berechnungstabellen zur DATENANALYSE 1 und 2 sind in den elektronischen Anhängen C, D und E zusammengestellt und auf der Webseite des Verlags https://www.degruyter.com/view/product/543073 zugänglich.

8.2 DATENANALYSE 1: Realisierung und Kasusmarkierung der NPn und PPn im Russischen und im Deutschen bei simultan und sukzessiv bilingualen Kindern mit einer unauffälligen Sprachentwicklung

In der ersten Datenanalyse werden die Ergebnisse aus der Untersuchung der simultan (sim-TE, N = 20) und sukzessiv bilingualen (suk-TE, N = 17) Kinder mit einer unauffälligen Sprachentwicklung präsentiert.

8.2.1 TEILANALYSE 1: Strategien zur Realisierung der elizitierten NPn und PPn und ihre Kasusmarkierung

Die vorliegende Teiluntersuchung bezieht sich auf die *FF1* (vgl. Kapitel 6):

> Welche Strategien verfolgen bilinguale Kinder mit und ohne auffällige Sprachentwicklung bei der Realisierung der elizitierten NPn und PPn im jeweiligen Kasus? Und wie hoch ist die Zielsprachlichkeitsrate der realisierten NPn und PPn?

8.2.1.1 Im Russischen

Zur Überprüfung der *FF1* für das Russische wurden die Antwortreaktionen der simultan und sukzessiv bilingualen Kinder mit unauffälliger Sprachentwicklung, die auf die Elizitierung von NPn und PPn kamen, einer der folgenden Realisierungskategorien zugeordnet:

- Die Kinder realisierten die erfragte NP-/PP-Struktur erwartungsgemäß und zielsprachlich (Realisierungsstrategie *zielspr.*), z. B.:

(81)   *Zajac vešaet kartinu.*
      Zajac-Ø   veša-et   kartin-u
      Hase-M.SG.NOM   häng-3P.SG.PRS Bild-F.SG.AKK
      ‚Der Hase hängt das Bild auf.'

(82)   *Lisa chočet s zajčonkom poigrat'.*
      Lis-a   choč-et   s   zajčonk-om   poigra-t'
      Fuchs-F.SG.NOM woll-3P.SG.PRS mit Häschen-M.SG.INSTR spiel-INF
      ‚Der Fuchs will mit dem Hasen spielen.'

- Die Kinder produzierten die erfragte syntaktische NP-/PP-Struktur erwartungsgemäß. Ihre Realisierung war jedoch nicht zielsprachlich (Realisierungsstrategie *nicht zielspr.*), z. B.:

(83)   **Lisa našla zajčiku.*
      Lis-a   naš-la   zajčik-u *(statt:* zajčik-a)
      Fuchs-F.SG.NOM find-F.SG.PRT Häschen-M.SG.DAT *(statt:* -M.SG.AKK)[63]
      ‚Der Fuchs hat den Hasen gefunden.'

Diese Kategorie erfasste alle von den Kindern produzierten PP-Strukturen im Untersuchungsdatensatz unabhängig davon, ob ein Fehler auf eine falsch realisierte Kasusmarkierung bei einer *intakten* PP-Struktur oder auf eine *verletzte* PP-Struktur zurückzuführen war. Unter den PPn mit verletzten PP-Strukturen werden im Folgenden alle PPn zusammengefasst, in de-

---

[63] Wie bereits in Tabelle 4 zu den Flexionsparadigmen des Russischen gezeigt wurde, sind die meisten Flexionen ambig. Die Ambiguitäten können sowohl zwischen den Kasusformen innerhalb eines Kasus als auch zwischen verschiedenen Kasus und Deklinationsklassen auftreten. In diesem Beispiel ist die Kasusverwendung ambig: Das synkretische Flexiv *-u* kann sowohl den Dativ der I. Deklination als auch den Akkusativ der II. Deklination markieren. Bei der Fehlernotation und -kategorisierung werden im Folgenden nicht alle möglichen Fehlerinterpretationen (auf der Ebene der Genus-, Belebtheitskategorie-, Deklinationsverwendung) aufgelistet.

nen die Präpositionen reduziert (84), substituiert (85) oder ausgelassen (86) wurden, z. B.:

(84) *<u>Ta</u> babuški vot cvetoček.
Ta (*statt:* dlja) babušk-i vot cvetoček-Ø
Platzhalter (*statt:* für) Oma-F.SG.GEN da Blümchen-M.SG.NOM
‚Für die Oma ist die Blume.'

(85) *Ona ložit cavetoka <u>na</u> butylku.
Ona lož-it cavetok-a (*statt:* cvetok-Ø)
sie-1P.SG.NOM leg-3P.SG.PRS Blume-M.SG.GEN (*statt:* -M.SG.AKK)
na (*statt:* v) butylk-u
auf (*statt:* in) Flasche-F.SG.AKK
‚Sie stellt die Blume in die Flasche.'

(86) *A potom sidit babuša (= babuška) Ø[na] stule.
A potom sid-it babušk-a Ø[na] stul-e
und dann sitz-3P.SG.PRS Oma-F.SG.NOM Ø[auf] Stuhl-M.SG.PRÄP
‚Und dann sitzt die Oma auf dem Stuhl.'

– Die Kinder vermieden die Verwendung einer kasusmarkierten NP- oder PP-Struktur, stattdessen produzierten sie einen deiktischen Ausdruck (z. B. *da, dahin, darauf, das da*), der keine Kasusmarkierung aufwies (Realisierungsstrategie *deikt.*), z. B.:

(87) *Vot zdes' cvetok rastet.*
vot zdes' cvetok-Ø rast-ët
hier Blume-M.SG.NOM wachs-3P.SG.PRS
‚Hier wächst die Blume.'

Dazu ist anzumerken, dass die Substitution einer NP-/PP-Struktur durch einen deiktischen Ausdruck nur bei der Elizitierung mit den W-Fragen und Satzergänzungen eindeutig nachweisbar war (vgl. Erläuterung zum Beispiel (88)).

– In den Datensatz wurden außerdem die Fälle aufgenommen, bei denen die Elizitierung einer NP bzw. PP keine Antwortreaktion (im Folgenden *KA-Reaktion*) hervorrief (Realisierungsstrategie *KA*).

Bei der Auswertung zur *FF1* wurden die Auslassungen der NPn und PPn nicht berücksichtigt, da ihre Auslassung nur in den Äußerungen auf die Satzergänzungen und W-Fragen eindeutig bestimmt werden konnte. In den offenen Fragen lassen sich keine bestimmten PPn erwarten, vgl.:

(88) a. Offene Frage:
    Čto proischodit dal'še? ‚Was passiert weiter?'
  b. Mögliche Antwort:
    Lisa sidit pod stolóm. ‚Der Fuchs sitzt unter dem Tisch?'
  c. Tatsächliche Antwort:
    Lisa sprjatalas' Ø[PP]. ‚Der Fuchs hat sich Ø[PP] versteckt.'

In der beobachteten Antwort (88) c. gibt es keine PP, die Konstruktion kann im Kontext der Bilderbeschreibung trotzdem als grammatisch wohlgeformt betrachtet werden.

sim-TE

Die Abbildungen 4 bis 6 stellen je nach Kasus[64] die durchschnittlichen Werte der beobachteten Realisierungsstrategien der elizitierten NP- und PP-Strukturen im KT-RUS für die simultan bilingualen Kinder dar. Die detaillierte Darstellung der Mittelwerte sowie der absoluten Häufigkeiten zu den einzelnen Kindern und zu der Gruppe insgesamt ist in Tabelle D1 für die NPn und in Tabelle D2 für die PPn in Anhang D zu finden.

Die akkusativischen Phrasenstrukturen bildeten den größten Anteil der realisierten NPn und PPn. Aus insgesamt 749 akkusativischen NP-Elizitierungen kamen 743 Antwortsreaktionen hervor: Die NPn wurden durchschnittlich zu 95,5 % (SD = 6,5) zielsprachlich und lediglich zu 3,4 % (SD = 5) nicht zielsprachlich realisiert. Im Schnitt wurden die elizitierten NPn zu 0,2 % (SD = 1) durch kasusneutrale deiktische Ausdrücke[65] realisiert. Die KA-Reaktionen wurden bei

---

[64] In der traditionellen Grammatik des Russischen werden die Kasus in der Reihenfolge *Genitiv, Dativ, Akkusativ, Instrumental* und *Präpositiv* beschrieben. Diese Reihenfolge wird im Rahmen der Beschreibung der Ergebnisse zu *Akkusativ, Dativ, Genitiv, Instrumental und Präpositiv* umgeordnet. So werden zuerst die zwei für das Deutsche und das Russische gemeinsamen Kasus beschrieben, gefolgt von den drei Kasus, die nur für das Russische untersucht werden. Den Genitiv gibt es im Deutschen auch, allerdings wird er im Rahmen der vorliegenden Arbeit nicht untersucht.
[65] Da die Testsituation die Verwendung von direktionalen bzw. lokalen kasusunmarkierten deiktischen Ausdrücken statt der PPn begünstigte, jedoch nicht von den deiktischen Ausdrücken statt NPn, werden die beiden Substitutionstypen (*deiktische Ausdrücke* statt PPn bzw. NPn) genannt, ihre Gegenüberstellung jedoch weder hier noch bei der Analyse des Deutschen ausführlich thematisiert.

der Elizitierung von NPn lediglich bei 0,8 % (SD = 1,9) beobachtet (vgl. Abbildung 4). Bei der Elizitierung von akkusativischen PPn (N = 171) lag die Zielsprachlichkeitsrate mit 83,4 % (SD = 24,3) etwas niedriger als bei den NPn, gefolgt von den nicht zielsprachlichen PP-Realisierungen (mit durchschnittlich 9,1 %, SD = 11,9), den KA-Reaktionen (mit durchschnittlich 4,1 %, SD = 11,9) und den deiktischen Ausdrücken statt der PPn im Akkusativ (mit durchschnittlich 3,4 %, SD = 6,7).

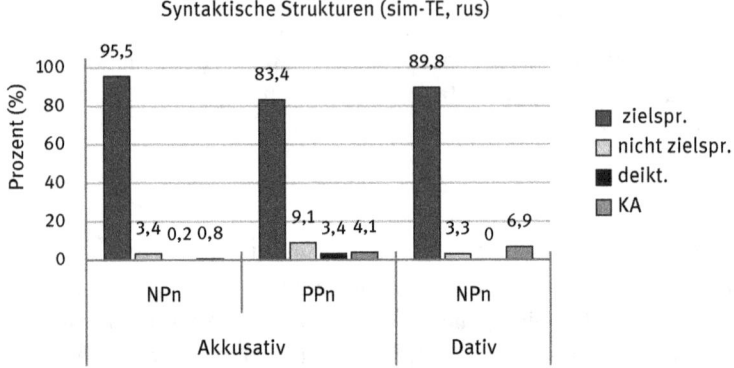

Abb. 4: Realisierung der syntaktischen Strukturen im Akkusativ sowie Dativ und Zielsprachlichkeit ihrer Kasusmarkierung bei sim-TE (Mittelwert, KT-RUS)

Im Dativ wurden insgesamt 84 Antwortreaktionen auf die NP-Elizitierung ausgewertet. Die Verwendung der zielsprachlichen NPn erfolgte daraufhin mit einem Mittelwert von 89,8 % (SD = 14,6). Die nicht zielsprachlichen NP-Verwendungen kamen im Schnitt bei 3,3 % (SD = 11,6) vor. Die KA-Reaktionen lagen bei der Elizitierung der dativischen NPn im Schnitt bei 6,9 % (SD = 11,3). Die deiktischen Ausdrücke kamen nicht vor. Da bei der Gruppe sim-TE insgesamt zwei PPn im Dativ beobachtet wurden, die auch zielsprachlich markiert waren, wurde auf die Prozentrechnung für die Realisierungsstrategien der dativischen PPn verzichtet (vgl. Abbildung 4).

Wie Abbildung 5 zu entnehmen ist, war die erzielte Zielsprachlichkeitsrate bei der Realisierung der Phrasenstrukturen im Genitiv am niedrigsten. Von insgesamt 99 ausgewerteten Genitivelizitierungen wurden 38 NPn und 57 PPn produziert. Die NPn wurden durchschnittlich zu 63,2 % (SD = 40,7) zielsprachlich und zu 28,1 % (SD = 38,1) nicht zielsprachlich realisiert. Darüber hinaus wurden die elizitierten NPn im Schnitt zu 8,8 % (SD = 24,4) aufgrund einer KA-Reaktion nicht versprachlicht. Die Verwendung der deiktischen Ausdrücke kam nicht vor. Die Zielsprachlichkeitsrate bei der Realisierung der PPn im Genitiv lag mit durchschnittlich 79,6 % (SD = 25,2) höher als bei den NPn. Hierbei wurden die PPn im Schnitt zu 20,4 % (SD = 25,2) nicht zielsprachlich realisiert. Die Substitution der genitivischen PPn durch deiktische Ausdrücke oder KA-Reaktionen wurde bei den PPn im Genitiv nicht beobachtet.

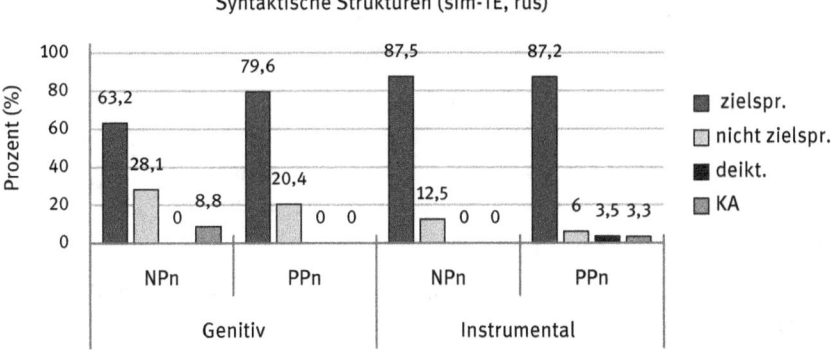

Abb. 5: Realisierung der syntaktischen Strukturen im Genitiv sowie Instrumental und Zielsprachlichkeit ihrer Kasusmarkierung bei sim-TE (Mittelwert, KT-RUS)

Bei der Elizitierung der Phrasenstrukturen im Instrumental (vgl. Abbildung 5) wurden in der Gruppe sim-TE insgesamt 27 NPn produziert, die im Schnitt zu 87,5 % (SD = 28,9) zielsprachlich und zu 12,5 % (SD = 28,9) nicht zielsprachlich verwendet wurden. Die Substitution von NPn durch die deiktischen Ausdrücke oder KA-Reaktionen wurde hier nicht beobachtet. Die 144 realisierten PPn wurden durchschnittlich zu 87,2 % (SD = 13,3) zielsprachlich und lediglich zu 6 % (SD = 8,9) nicht zielsprachlich verwendet. Mit einem Mittelwert von 3,5 % (SD = 6,6) erfolgten aus der Elizitierung von PPn im Instrumental die deiktischen Ausdrücke und zu 3,3 % (SD = 5,9) die KA-Reaktionen.

Nach den PPn im Akkusativ bildeten die PPn im Präpositiv (vgl. Abbildung 6) den zweitgrößten Anteil der PP-Gesamtrealisierungen des Untersuchungsdatensatzes der Gruppe sim-TE. Die insgesamt 139 PP-Elizitierungen im Präpositiv wurden zu 81,4 % (SD = 27,1) zielsprachlich und zu 12,9 % (SD = 18,2) nicht zielsprachlich realisiert. Der Anteil der Substitutionen, bei denen die PPn durch die deiktischen Ausdrücke ersetzt wurden, lag im Präpositiv bei durchschnittlich 4,9 % (SD = 13). Der Mittelwert der KA-Reaktionen lag hier bei 0,7 % (SD = 3,2).

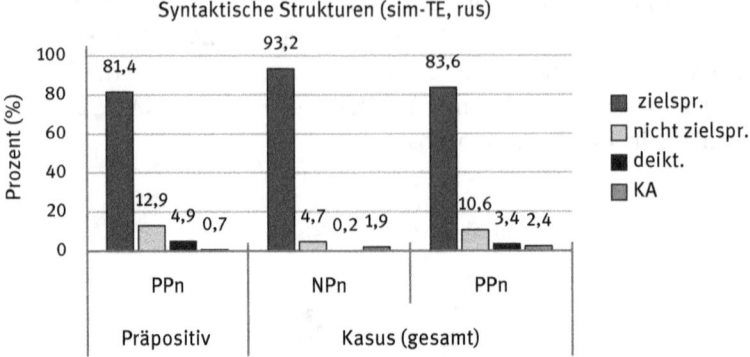

Abb. 6: Realisierung der syntaktischen Strukturen im Präpositiv sowie Kasus gesamt und Zielsprachlichkeit ihrer Kasusmarkierung bei sim-TE (Mittelwert, KT-RUS)

Aus Tabelle 31 lässt sich entnehmen, dass in der Gruppe sim-TE die nicht zielsprachliche Kasusmarkierung und die Substitutionen der Präpositionen bei der Realisierung von PPn zu den typischen Fehlern in allen Kasus gehörten. Der durchschnittliche Anteil der PPn mit den ausgelassenen Präpositionen variierte zwar zwischen 0 % und 28,6 %, gehörte jedoch bei keinem der Kasus zu den dominierenden Fehlertypen. Die Reduktion der Präposition konnte nur bei den genitivischen PPn beobachtet werden.

Tab. 31: Fehlertypen in den nicht zielsprachlich realisierten PPn bei der Gruppe sim-TE (Mittelwerte, KT-RUS)

PP-Strukturen mit	Akkusativ (N = 13)	Genitiv (N = 13)	Instrumental (N = 8)	Präpositiv (N = 17)
zielspr. Präpositionen und nicht zielspr. Kasusmark.	25,9 % (43,4)	37 % (48,4)	42,9 % (53,5)	64,8 % (36,7)
nicht zielspr. Präpositionen	74,1 % (43,4)	25,9 % (43,4)	28,6 % (48,8)	28,7 % (34,1)
reduz. Präpositionen	--	22,2 % (44,1)	--	--
ausgl. Präpositionen	--	14,8 % (33,8)	28,6 % (48,8)	6,5 % (13)

Legende: (SD-Wert), für Details zu einzelnen Kindern siehe Tabelle D3, Anhang D

An dieser Stelle muss hervorgehoben werden, dass alle PPn mit einer *verletzten* PP-Struktur (PPn mit einer reduzierten, substituierten oder ausgelassenen Präposition) von der Analyse zur Verwendung der Kasusmarkierungen (TEILANALY-

SE 2) ausgeschlossen wurden. Der Grund dafür war die hohe Unsicherheit bezüglich der Interpretation der zielsprachlichen Verwendung der Kasusmarkierungen in solchen PPn.

Eine besondere Gruppe der PP-Verwendung bildeten die Fälle, bei denen die NPn durch die PP-Strukturen realisiert wurden, z. B.:

(89) *Babuška est sup s_ložkoj._
 Babušk-a   es-t   sup-Ø   s (*statt:* ohne Prp)
 Oma-F.SG.NOM ess-3P.SG.PRS Suppe-F.SG.AKK mit (*statt:* ohne Prp)
 ložk-oj
 Löffel-F.SG.INSTR
 ‚Die Oma isst die Suppe mit dem Löffel.'
(90) *odejalo ot babuški_
 odejal-o   ot (*statt:* ohne Prp)   babušk-i
 Decke-N.SG.NOM   von (*statt:* ohne Prp)   Oma-F.SG.GEN
 ‚die Decke der Oma'

In der Gruppe sim-TE kamen die PP- statt NP-Realisierungen im T1 acht- und im T2 15-mal vor. Insgesamt lässt sich hierzu festhalten, dass das Verhältnis zwischen der Gesamtheit aller korrekten NP- oder PP-Realisierungen und dem Anteil der PP- statt NP-Realisierungen zwar klein sein mag, es lässt sich hier allerdings eindeutig belegen, dass im T2 im Vergleich zum T1 solche Realisierungen in der untersuchten Gruppe deutlich zunahmen.

Zusammenfassend kann für die Gruppe sim-TE zu fünf obliquen Kasus festgestellt werden, dass die zielsprachlichen Realisierungen lediglich bei den NPn im Akkusativ den Schwellenwert von 90 % erreichten, bei den PPn im Akkusativ waren es hingegen fast 10 % weniger. Die größten Schwierigkeiten bereitete den sim-TE-Kindern die Realisierung der genitivmarkierten Elemente. Dabei wies die Realisierung der genitivischen PPn bessere Durchschnittswerte auf, als die der NPn. Im Instrumental war der Anteil der zielsprachlichen Realisierungen bei den NPn und PPn im Durchschnitt ähnlich hoch. Die Zielsprachlichkeitsrate der Realisierungen bei den NPn im Dativ zeigte nach dem Akkusativ den zweithöchsten Durchschnittswert, jedoch konnte hier das 90 %-Kriterium nicht erreicht werden. Die durchschnittliche Zielsprachlichkeitsrate der realisierten PPn war im Präpositiv im Vergleich zum Akkusativ und Instrumental niedriger, jedoch höher als im Genitiv. Betrachtet man das Gesamtbild für fünf oblique Kasus (vgl. Abbildung 6) lässt sich abschließend feststellen, dass die Gesamtzielsprachlichkeitsrate der realisierten NPn deutlich höher als die der realisierten PPn war. Die nicht zielsprachlichen Verwendungen, deiktische Ausdrücke und KA-Reaktionen kamen bei der Realisierung der elizitierten NPn im Vergleich zu den PPn durchschnittlich seltener vor.

suk-TE
Die Abbildungen 7 bis 9 visualisieren die durchschnittlichen Werte für die Realisierung der mittels des KT-RUS elizitierten NP- und PP-Strukturen in der Gruppe suk-TE. Die detaillierte Aufstellung der Mittelwerte und der absoluten Häufigkeiten für die einzelnen Kinder sowie für die gesamte Gruppe ist in Tabelle D4 (für die NPn) und Tabelle D5 (für die PPn) in Anhang D zu finden.

Die Zielsprachlichkeitsrate der realisierten NPn war mit 92,6 % (SD = 7,5) NPn im Akkusativ verglichen mit anderen Kasus am höchsten (siehe Abbildung 7). Der durchschnittliche Anteil der nicht zielsprachlichen NP-Realisierungen betrug 3,6 % (SD = 3,5), der Verwendungen von deiktischen Ausdrücken 1,2 % (SD = 2,9) und der KA-Reaktionen 2,6 % (SD = 6,1). Im Gegensatz zu den NPn wurden die PPn im Akkusativ mit dem Durchschnittswert von 61,7 % (SD = 26,1) seltener zielsprachlich und deutlich häufiger nicht zielsprachlich (im Schnitt zu 23,7 %, SD = 23,4) realisiert. Hier machte der Durchschnittsanteil der deiktischen Ausdrücke 9,1 % (SD = 9,2) und der KA-Reaktionen 5,5 % (SD = 8,2) aus.

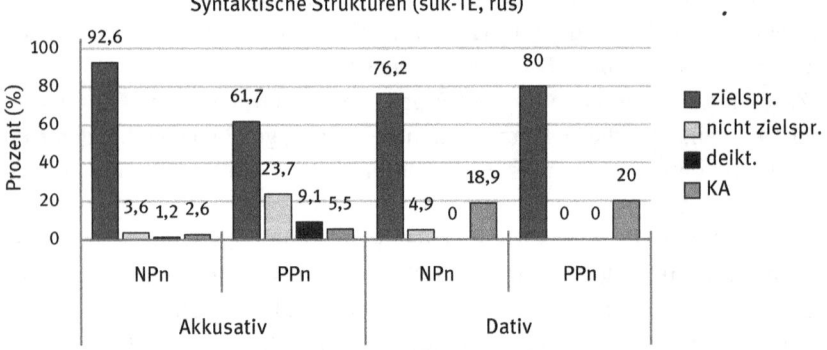

Abb. 7: Realisierung der syntaktischen Strukturen im Akkusativ sowie Dativ und Zielsprachlichkeit ihrer Kasusmarkierung bei suk-TE (Mittelwert, KT-RUS)

Im Dativ wurden die NPn mit einem Mittelwert von 76,2 % (SD = 22,7) zielsprachlich und von 4,9 % (SD = 9,3) nicht zielsprachlich realisiert. Die KA-Reaktionen lagen hierzu im Schnitt bei 18,9 % (SD = 16,9). Die PPn im Dativ wurden insgesamt nur selten elizitiert und dementsprechend selten (N = 7) verwendet. Die Zielsprachlichkeitsrate der Realisierung ergab dabei durchschnittlich 80 % (SD = 44,7). Nur einmal kam bei der Elizitierung des dativischen PPn eine KA-Reaktion (durchschnittlich zu 20 %, SD = 44,7) vor (siehe Abbildung 7).

Wie sich der Abbildung 8 entnehmen lässt, erwies sich die Realisierung der NP- und PP-Strukturen im Genitiv im Vergleich zu anderen Kasus als auffällig schwieriger. Auf die Elizitierung der NPn im Genitiv wurden im Schnitt 55,1 % (SD = 40,6) der NPn zielsprachlich und 33,6 % (SD = 40,2) nicht zielsprachlich realisiert. Zu 11,3 % (SD = 28) erfolgten auf die Elizitierungen KA-Reaktionen. Die elizitierten PPn wurden mit dem Durchschnittswert von 64,2 % (SD = 40,2) zielsprachlich und von 27 % (SD = 37,7) nicht zielsprachlich realisiert. Bei 8,8 % (SD = 26,4) erfolgte auf eine PP-Elizitierung im Genitiv eine KA-Reaktion.

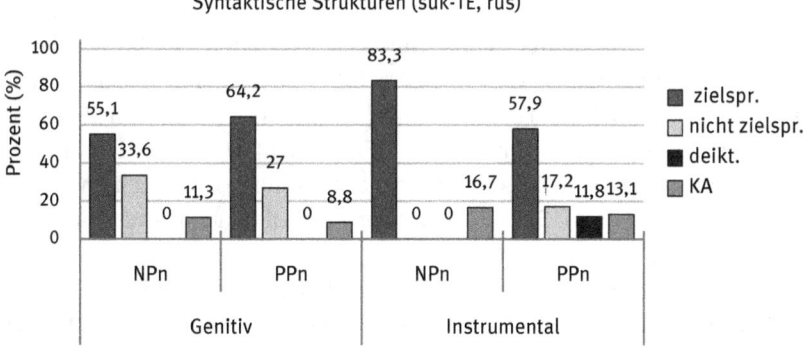

Abb. 8: Realisierung der syntaktischen Strukturen im Genitiv sowie Instrumental und Zielsprachlichkeit ihrer Kasusmarkierung bei suk-TE (Mittelwert, KT-RUS)

Große Unterschiede zwischen den NPn und PPn fanden sich bei der Realisierung der Strukturphrasen im Instrumental. Bei der Realisierung von NPn wurden hier lediglich zwei Strategien beobachtet: Wurde eine NP realisiert, war sie zielsprachlich (im Schnitt zu 83,3 %, SD = 38,9) markiert. Andernfalls wurde sie überhaupt nicht versprachlicht (durchschnittlich zu 16,7 %, SD = 38,9). Demgegenüber stand die Realisierung der PPn im Instrumental (siehe Abbildung 8). Hier konnten alle vier Realisierungsstrategien beobachtet werden: Die elizitierten PPn wurden im Schnitt zu 57,9 % (SD = 24,8) zielsprachlich und zu 17,2 % (SD = 18,3) nicht zielsprachlich realisiert. Die deiktischen Ausdrücke folgten auf die PP-Elizitierung bei durchschnittlich 11,8 % (SD = 14,3) und die KA-Reaktionen bei 13,1 % (SD = 13,9).

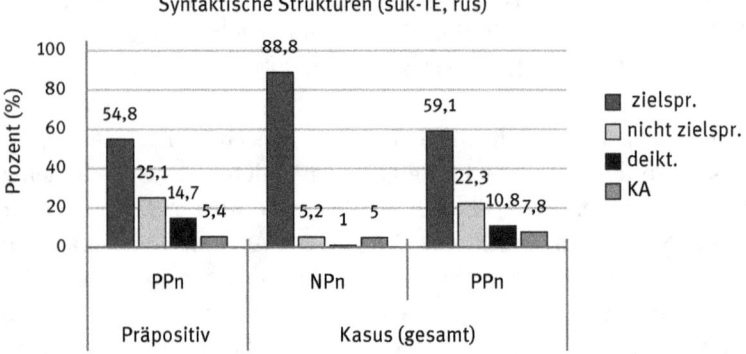

Abb. 9: Realisierung der syntaktischen Strukturen im Präpositiv sowie Kasus gesamt und Zielsprachlichkeit ihrer Kasusmarkierung bei suk-TE (Mittelwert, KT-RUS)

Die Zielsprachlichkeitsrate der Realisierung von elizitierten PPn im Präpositiv lag mit einem Durchschnittswert von 54,8 % (SD = 25) im Vergleich zu anderen Kasus niedrig (siehe Abbildung 9). Die nicht zielsprachlichen PP-Realisierungen zeigten einen Mittelwert von 25,1 % (SD = 20,1). Der Anteil der PP-Substitutionen durch die deiktischen Ausdrücke lag durchschnittlich im Präpositiv bei 14,7 % (SD = 14,4). Der Mittelwert der KA-Reaktionen lag im Präpositiv bei 5,4 % (SD = 15,5).

Wie aus Tabelle 32 zu entnehmen ist, konnte der durchschnittliche Anteil der nicht zielsprachlich realisierten PPn aufgrund der verletzten PP-Struktur auf die Kasusmarkierungen nicht untersucht werden.

Tab. 32: Fehlertypen in den nicht zielsprachlich realisierten PPn in der Gruppe suk-TE (Mittelwerte, KT-RUS)

PP-Strukturen mit	Akkusativ (N = 34)	Genitiv (N = 14)	Instrumental (N = 17)	Präpositiv (N = 28)
zielspr. Präpositionen und nicht zielspr. Kasusmark.	5,4 % (14,5)	10 % (19,1)	20,8 % (39,6)	40,4 % (45,7)
nicht zielspr. Präpositionen	57,7 % (38,5)	50 % (50)	33,3 % (44,4)	33,3 % (45,4)
reduz. Präpositionen	--	8,6 % (22,7)	--	--
ausgl. Präpositionen	37 % (40)	31,4 % (47,4)	45,8 % (45)	26,2 % (41,7)

Legende: (SD-Wert), für Details zu einzelnen Kindern siehe Tabelle D6, Anhang D

Zu den häufigsten Ursachen der verletzten PP-Struktur gehörten die Substitution und die Auslassung der Präposition. Nur bei dem Präpositiv war die nicht zielsprachliche Kasusmarkierung bei einer intakten PP-Struktur der häufigste Fehlertyp.

Ähnlich wie in der Gruppe sim-TE konnten in der Gruppe suk-TE die Verwendungen der PPn anstatt der NPn beobachtet werden. Deren Anzahl stieg vom T1 zum T2 sichtlich an: Während im T1 insgesamt fünf solche Beobachtungen festgestellt wurden, stieg ihre Anzahl zum T2 auf insgesamt 17 Beobachtungen. Am häufigsten wurden sie bei der Realisierung des Instrumentals beobachtet.

Ein abschließender Überblick über alle fünf obliquen Kasus für die Gruppe suk-TE zeigt insgesamt auf, dass lediglich bei der Elizitierung der akkusativischen NPn die durchschnittliche Zielsprachlichkeitsrate die Schwellengrenze von 90 % überschritt. Die Realisierung der genitivischen NPn hingegen bereitete den suk-TE-Kindern die größten Probleme. Bei der Realisierung der elizitierten PPn konnte die Schwellengrenze von 90 % bei keinem der untersuchten Kasus erreicht werden. Hier bereiteten den Kindern die PPn im Präpositiv die größten Schwierigkeiten. Betrachtet man das Gesamtergebnis für alle Kasus bei der Elizitierung der NPn und PPn (siehe Abbildung 9) lässt sich feststellen, dass die Zielsprachlichkeitsrate der NP-Realisierungen mit einem Durchschnittswert von 88,8 % (SD = 6,9) dicht an dem Schwellenwert von 90 % lag. Die Zielsprachlichkeitsrate der PP-Realisierungen hingegen war mit einem Durchschnittswert von 59,1 % (SD = 22,3) wesentlich niedriger. Die nicht zielsprachlichen Realisierungen, die deiktischen Ausdrücke und die KA-Reaktionen kamen in PPn im Vergleich zu den NPn deutlich häufiger vor (vgl. Abbildung 9).

8.2.1.2 Im Deutschen

In Analogie zur vorangegangenen Untersuchung für das Russische wird eine entsprechende Auswertung für das Deutsche durchgeführt. Die Antwortreaktionen der Kinder auf die Elizitierung von NPn und PPn wurden einer der vier Realisierungskategorien zugeordnet:
- Bei der Elizitierung realisierten die Kinder die erfragte syntaktische Struktur – eine NP bzw. PP – wie erwartet und zielsprachlich, z. B.:

(91)   Der (Hund) liegt auf dem Boden.

- Bei der Elizitierung produzierten die Kinder die erfragte syntaktische Struktur wie erwartet. Ihre Verwendung war jedoch nicht zielsprachlich, z. B.:

(92)   Der Junge ein Kochen gibt ein Hund.

- Bei der nicht zielsprachlichen Realisierung traten die PPn auf, deren Struktur aufgrund einer reduzierten (93), substituierten (94) oder ausgelassenen (95) Präposition verletzt war, z. B.:

(93)   *af de Tisch
(94)   *In (*statt:* aus) Fenster springt Katze.
(95)   *Sie hatten alle hier Ø[auf] den Boden gefallen.

- Die Kinder vermieden die Verwendung einer kasusmarkierten NP- oder PP-Struktur, stattdessen produzierten sie einen deiktischen Ausdruck (z. B. *da, dahin, darauf, das da*), der keine Kasusmarkierung aufwies, z. B.:

(96)   Der (Hund) steht hier.

An dieser Stelle sei festgehalten, dass die Substitution einer NP-/PP-Struktur durch einen deiktischen Ausdruck nur bei der Elizitierung mit den W-Fragen und Satzergänzungen eindeutig nachweisbar war (siehe Erläuterung zum Beispiel (88), S. 201).
- Als vierte Kategorie wurden die KA-Reaktionen aufgenommen.

sim-TE
Abbildung 10 zeigt je nach Kasus die durchschnittliche Verteilung der Kategorien für die Realisierung der deutschen NP- und PP-Strukturen in der Gruppe sim-TE. Die Standardabweichungen zu den Mittelwerten sowie individuelle Rohwerte zu Abbildung 10 sind den Tabellen E1 und E2 in Anhang E zu entnehmen.

Bei der Elizitierung der Kasusformen wurden in der Gruppe sim-TE insgesamt 534 NPn/PPn in akkusativischen Kontexten produziert. Darunter kamen 353 NPn vor, die im Schnitt zu 57,6 % (SD = 35,5) zielsprachlich und zu 27,7 % (SD = 23,5) nicht zielsprachlich realisiert wurden. Die Substitution von NPn durch die deiktischen Ausdrücke wurde bei der Realisierung von NPn nicht beobachtet. Der durchschnittliche Anteil der KA-Reaktionen lag bei der Elizitierung von akkusativischen NPn bei 14,7 % (SD = 24,8). Die 181 akkusativischen PPn wurden durchschnittlich zu 50,9 % (SD = 37,4) zielsprachlich und zu 38,9 % (SD = 29,2) nicht zielsprachlich verwendet. Die Realisierung der deiktischen Ausdrücke für die PPn erfolgte bei durchschnittlich 2,2 % (SD = 5,6). Die KA-Reaktion auf die PP-Elizitierung wurde bei 7,9 % (SD = 14,6) beobachtet.

Im Dativ wurden insgesamt 473 Phrasenstrukturen, zusammengesetzt aus 133 NPn und 340 PPn produziert. Im Vergleich zum Akkusativ war der Anteil der zielsprachlich dativmarkierten NPn mit einem Mittelwert von 36,5 % (SD = 35,1) und der zielsprachlichen PPn mit einem Mittelwert von 31,4 % (SD = 28,1) auffällig niedrig (siehe Abbildung 10).

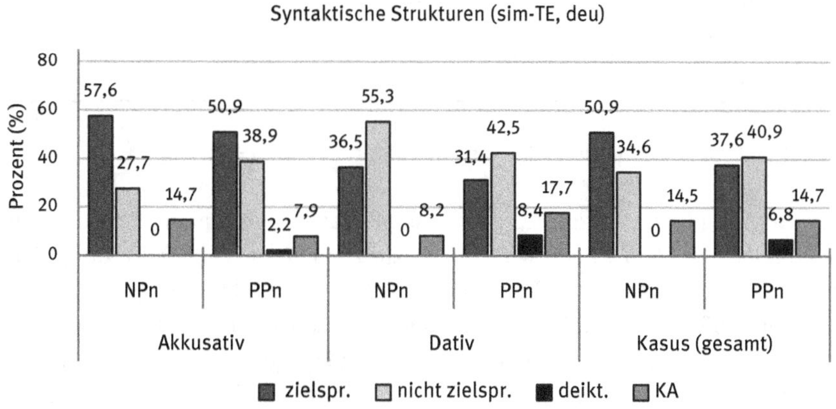

Syntaktische Strukturen (sim-TE, deu)

	Akkusativ		Dativ		Kasus (gesamt)	
	NPn	PPn	NPn	PPn	NPn	PPn
zielspr.	57,6	38,9	36,5	31,4	34,6	37,6
nicht zielspr.	27,7	50,9	55,3	42,5	50,9	40,9
deikt.	0	2,2	0	8,4	0	6,8
KA	14,7	7,9	8,2	17,7	14,5	14,7

Abb. 10: Realisierung der syntaktischen Strukturen und Zielsprachlichkeit ihrer Kasusmarkierung bei sim-TE (Mittelwert, KT-DEU).

Hierbei wurden die NPn zu 55,3 % (SD = 35,9) und die PPn zu 42,5 % (SD = 20,9) nicht zielsprachlich verwendet. Der Anteil der deiktischen Ausdrücke für die dativischen PPn lag mit 8,4 % (SD = 10,4) deutlich höher als im Akkusativ. Die Substitution von NPn durch deiktische Ausdrücke tauchte im Dativ wie auch im Akkusativ nicht auf. Die KA-Reaktionen lagen im Dativ für die NPn bei durchschnittlich 8,2 % (SD = 23,8) und für die PPn bei 17,7 % (SD = 13,2).

Bei den nicht zielsprachlich realisierten PPn wiesen im Schnitt 63,9 % der akkusativischen PPn und 61,9 % der dativischen PPn eine intakte PP-Struktur auf, die neben den zielsprachlichen PP-Realisierungen in der TEILANALYSE 2 in Bezug auf die Kasusmarkierungen ausgewertet werden konnten. Der übrige Anteil der PPn wurde wegen einer verletzten PP-Struktur (siehe Tabelle 33) aus der Kasusanalyse ausgeschlossen.

Tab. 33: Fehlertypen in den nicht zielsprachlich realisierten PPn bei der Gruppe sim-TE (Mittelwerte, KT-DEU)

PP-Strukturen mit	Akkusativ (N = 66)	Dativ (N = 186)
zielspr. Präpositionen und nicht zielspr. Kasusmarkierung	63,9 % (35,1)	61,9 % (35,9)
nicht zielspr. Präpositionen	24,3 % (29,6)	32,1 % (31,2)
reduz. Präpositionen	3,9 % (16,2)	1,3 % (5,7)
ausgl. Präpositionen	7,8 % (14,7)	4,6 % (9,1)

Legende: (SD-Wert), für Details zu einzelnen Kindern siehe Tabelle E3, Anhang E

Anhand Abbildung 10 lässt sich gut zusammenfassend festhalten, dass die NPn im Vergleich zu den PPn sowohl im Akkusativ als auch im Dativ öfter zielsprachlich realisiert wurden. Dieser Unterschied scheint aber in der Gruppe sim-TE nicht auffällig zu sein. Bei den drei anderen Realisierungskategorien – nicht zielsprachliche Realisierung, Verwendung der deiktischen Ausdrücke und KA-Reaktion – treten zwischen den NPn und PPn größere Differenzen auf. Während im Akkusativ durchschnittlich mehr elizitierte PPn im Vergleich zu den NPn tatsächlich als Phrasenstrukturen (zielsprachlich bzw. nicht zielsprachlich) realisiert und weniger von KA-Reaktionen betroffen waren, konnte bei den dativischen Phrasenstrukturen ein spiegelverkehrtes Bild beobachtet werden. Hier waren die NPn im Vergleich zu den PPn durchschnittlich öfter realisiert und weniger von KA-Reaktionen betroffen. Betrachtet man das Gesamtergebnis, ist die zielsprachliche Realisierung bei den NPn deutlich zu erkennen. Die KA-Reaktionen lagen bei der Elizitierung von NPn und PPn durchschnittlich ähnlich häufig vor.

suk-TE

Für die Gruppe suk-TE wurden insgesamt 278 NPn und 103 PPn bei der Akkusativelizitierung erfasst. Der Mittelwert (siehe Abbildung 11 sowie Tabelle E4 und E5 in Anhang E) der zielsprachlich verwendeten NPn betrug hierbei 42,5 % (SD = 29,5), der nicht zielsprachlichen 45,8 % (SD = 21,3) und der KA-Reaktionen 10,7 % (SD = 13). Lediglich 1 % (SD = 2,9) der NPn wurde durch deiktische, eher kasusneutrale Ausdrücke (z. B. *das, das da*) substituiert. Mit einem Durchschnittswert von 36,4 % (SD = 29,1) wurden die akkusativischen PPn im Vergleich zu den NPn seltener zielsprachlich realisiert. Hierzu war der durchschnittliche Anteil der nicht zielsprachlichen Realisierungen mit 46,4 %

(SD = 27,8), der Ersetzungen durch deiktische Ausdrücke mit 6,6 % (SD = 24,3) und der KA-Reaktionen mit 10,7 % (SD = 13,7) bei den PPn höher als bei den NPn.

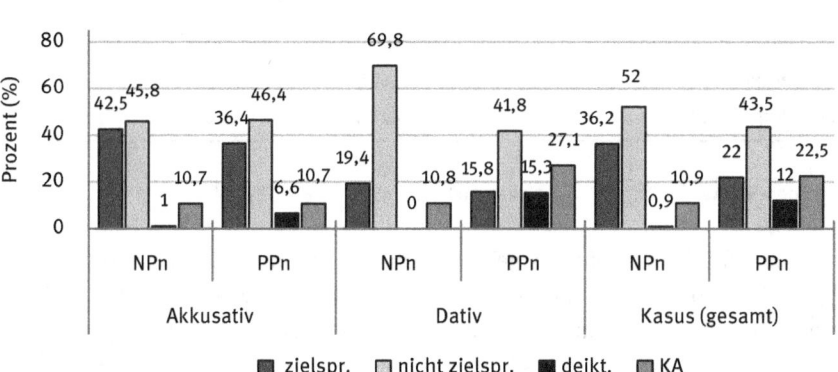

Abb. 11: Realisierung der syntaktischen Strukturen und Zielsprachlichkeit ihrer Kasusmarkierung bei suk-TE (Mittelwert, KT-DEU)

Im Dativ (siehe Abbildung 11 und für mehr Details Tabelle E4 und E5 in Anhang E) zeigte sich ein auffällig anderes Bild: In der Gruppe suk-TE wurden insgesamt 254 Phrasenstrukturen erhoben. Hierbei wurden die NPn im Schnitt zu 19,4 % (SD = 22,1) und die PPn zu 15,8 % (SD = 12,5) zielsprachlich verwendet. Deutlich höher war der Gruppendurchschnitt der nicht zielsprachlichen Dativverwendungen: Für die NPn lag er bei 69,8 % (SD = 22,4) und für die PPn bei 41,8 % (SD = 12,4). Mehr als ein Drittel aller elizitierten PPn wurde durch deiktische Ausdrücke (durchschnittlich 15,3 %, SD = 11,8) substituiert oder blieben nicht versprachlicht (KA-Reaktionen: 27,1 %, SD = 18,3). Die KA-Reaktion bei den NPn lag bei 10,8 % (SD = 19,6).

Der durchschnittliche Anteil der PPn mit verletzter PP-Struktur war in der Gruppe suk-TE im Vergleich zu der Gruppe sim-TE größer (siehe Tabelle 34 im Vergleich zu 33). Der durchschnittliche Anteil der intakten PP-Strukturen betrug bei den akkusativischen PPn 41,4 % (SD = 38,4) und bei den dativischen PPn 47,2 % (SD = 36,1), die neben den zielsprachlichen PP-Realisierungen in die TEILANALYSE 2 aufgenommen wurden.

Tab. 34: Fehlertypen in den nicht zielsprachlich realisierten PPn in der Gruppe suk-TE (Mittelwerte, KT-DEU)

PP-Strukturen mit	Akkusativ (N = 58)	Dativ (N = 112)
zielspr. Präpositionen und nicht zielspr. Kasusmarkierung	41,4 % (38,4)	47,2 % (36,1)
nicht zielspr. Präpositionen	48,5 % (34,5)	36,1 % (32,4)
reduz. Präpositionen	1,6 % (6,2)	--
ausgl. Präpositionen	8,5 % (12,2)	16,8 % (25,3)

Legende: (SD-Wert), für Details zu einzelnen Kindern siehe Tabelle E6, Anhang E

Zusammenfassend sei hier festgehalten, dass, ähnlich wie bei der Gruppe sim-TE, in der Gruppe suk-TE die zielsprachliche Realisierung bei den NPn im Akkusativ und Dativ höher als bei den PPn war. Während im Akkusativ prozentual die Anzahl der nicht zielsprachlichen Realisierungen für die elizitierten NPn und PPn etwa gleich hoch ausfielen, gab es beim Dativ große Differenzen. Sie ergaben sich vor allem dadurch, dass die Kinder bei den PPn im Dativ deutlich häufiger auf die Verwendung der deiktischen Ausdrücke zurückgriffen oder bei den Elizitierungen die KA-Reaktionen zeigten.

8.2.1.3 Zusammenfassung zur TEILANALYSE 1 (DATENANLYSE 1, *FF1*)

Abschließend lässt sich zur Auswertung in Bezug auf die *FF1* Folgendes festhalten:

Im Russischen
1) Erstens fiel sowohl den simultan bilingualen als auch den sukzessiv bilingualen Kindern die Realisierung und zielsprachliche Markierung der NP- im Vergleich zu den PP-Strukturen durchschnittlich leichter. In beiden Gruppen wurden die PPn häufiger als NP durch die deiktischen Ausdrücke substituiert oder waren von den KA-Reaktionen betroffen.
2) Zweitens variierte die zielsprachliche Realisierung der NPn/PPn stark je nach Kasus. Große Schwierigkeiten bereiteten den Kindern der beiden Gruppen die Realisierung der genitivischen NPn und der präpositivischen PPn. Im Gegensatz dazu fiel die Realisierung der akkusativischen NPn beiden Gruppen durchschnittlich leicht.

3) Drittens zeigte sich, dass die sim-TE-Gruppe in allen Kasus sowie insgesamt eine durchschnittlich höhere Realisierungs- und Zielsprachlichkeitsrate für die verwendeten NPn/PPn erzielte.

Im Deutschen
1) Erstens wurden in beiden untersuchten Gruppen die NP-Strukturen im Vergleich zu den PP-Strukturen sowohl im Akkusativ als auch im Dativ öfter als Phrasenstrukturen realisiert und hierbei öfter zielsprachlich markiert.
2) Zweitens waren in beiden Gruppen die Durchschnittswerte für die erreichte Realisierungs- und Zielsprachlichkeitsrate im Akkusativ sowohl für die NPn als auch für die PPn höher als im Dativ. Somit zeigte sich, dass die syntaktische Struktur wie auch der Kasus selbst auf die Realisierung und Markierung des Kasus in NPn/PPn Einfluss haben könnte (für eine weitergehende Diskussion siehe Abschnitt 9.2.1). Die größten Schwierigkeiten bereiteten den Kindern die Realisierung und Markierung der PP-Strukturen im Dativ.
3) Drittens lagen zwischen den beiden Gruppen kaum Unterschiede in der Art und Weise der Realisierung vor, sondern lediglich in der Verteilung der Durchschnittswerte für die untersuchten Kategorien: Während bei der Gruppe suk-TE die zielsprachlichen NP- und PP-Realisierungen seltener vorkamen, wurden die nicht zielsprachlichen häufiger als in der sim-TE beobachtet (vgl. Abbildungen 10 und 11, Gesamtergebnis). In beiden Gruppen wurden die NPn im Akkusativ annähernd gleich durch deiktische Ausdrücke substituiert. Ähnlich wie bei den NPn wies die Realisierung der kasusmarkierten PPn in der Gruppe suk-TE im Vergleich zur sim-TE-Gruppe eine niedrigere Zielsprachlichkeitsrate auf. Die durchschnittlichen Werte der nicht zielsprachlich realisierten PPn lagen in beiden Gruppen nahe beieinander. Der Unterschied zwischen den Gruppen zeigte sich beim Zugriff auf die deiktischen Ausdrücke und die KA-Reaktionen, die in der Gruppe suk-TE insgesamt häufiger beobachtet wurden. Es zeigte sich weiterhin, dass in der Gruppe sim-TE die beiden Phrasen im gleichen Maße von den KA-Reaktionen betroffen waren. In der Gruppe suk-TE hingegen wurden bei den PPn im Vergleich zu den NPn doppelt so häufig KA-Reaktionen beobachtet (für eine weitergehende Diskussion siehe Abschnitt 9.2.1).

8.2.2 Teilanalyse 2: Verwendung der Kasusmarkierungen

In der folgenden Teilanalyse wird die morphologische Realisierung der Kasusmarkierungen in NPn und PPn bei den simultan und sukzessiv bilingualen TE-

Kindern im Russischen und im Deutschen untersucht. Hierbei wird nicht nur zwischen den zielsprachlichen bzw. nicht zielsprachlichen Verwendungen differenziert, sondern die zugrunde liegenden Abweichungen werden detailliert betrachtet. Die *FF2* mit drei Teilfragen lautet zu dieser Teilanalyse wie folgt:

> Wie werden die Kasusmarkierungen von den Kindern realisiert?
> a. Welche Strategien nutzen die simultan und sukzessiv bilingualen Kinder mit und ohne auffällige Sprachentwicklung zur morphologischen Realisierung der Markierungen in den jeweiligen Kasus in den NPn und PPn?
> b. Gibt es Unterschiede in der Realisierung der Kasusmarkierung zwischen den NPn und den PPn?
> c. Verändert sich die Verteilung der beobachteten Markierungsstrategien über zwei Testzeitpunkte hinweg?

8.2.2.1 Im Russischen

Zur Klärung der Frage, wie die bilingualen TE-Kinder der Gruppe sim-TE und suk-TE die Kasusmarkierungen des Russischen in NPn und PPn morphologisch realisieren, wurde ein Datensatz gebildet, der nur die tatsächlich realisierten NPn und PPn mit einer intakten PP-Struktur enthielt. Damit die nicht zielsprachlich verwendeten Präpositionen oder die nicht zielsprachlichen Genuszuweisungen die Bewertung der Zielsprachlichkeit der Kasusmarkierung in NPn und PPn nicht verfälschen, wurden sie aus der Kasusanalyse ausgeschlossen:

- die NPn/PPn mit eindeutigem Genusfehler, z. B.: *I zajčik našel ego.* (*statt:* ee/lisu), ‚Und das Häschen hat ihn$_M$ (*statt:* sie$_F$/den Fuchs$_F$) gefunden.',
- die PPn, die anstatt NPn realisiert wurden, z. B.: *s ložkoj* ‚mit dem Löffel$_{INSTR}$' statt *ložkoj* ‚Löffel$_{INSTR}$',
- die PPn mit semantisch falschen bzw. nicht zu erwartenden Präpositionen, z. B.: *cvetok po* (*statt:* dlja) *babuški* ‚Die Blume ist für die Oma.',
- die PPn mit reduzierten Präpositionen, z. B.: *a* (*statt:* pod) *stol* ‚unter den Tisch' und
- die PPn mit ausgelassenen Präpositionen, z. B.: *babuška* ‚Oma$_{NOM}$' statt *dlja babuški* ‚für die Oma$_{GEN}$'

Alle NPn und PPn aus dem resultierenden Untersuchungsdatensatz wurden einer der folgenden Kategorien[66] zugeordnet:

1. *Reduz/AKK, Reduz/DAT, Reduz/GEN, Reduz/INSTR* bzw. *Reduz/PRÄP*: Die Kasusmarkierung in der Phrasenstruktur wurde reduziert, z. B.:

(97) **Tarelk ona ložit tuda.*
 Tarelk-Ø (*statt:* tarelk-u)   ona   lož-it   tuda
 Teller-Ø (*statt:* -F.SG.AKK) sie-1P.SG.NOM leg-3P.SG.PRS dorthin
 ‚Den Teller legt sie dorthin.'

2. *Nom/AKK, Nom/DAT, Nom/GEN, Nom/INSTR* bzw. *Nom/PRÄP*: Die Markierung des obliquen Kasus – Akkusativ, Dativ, Genitiv, Instrumental bzw. Präpositiv – wurde durch die des Nominativs substituiert, z. B.:

(98) **On iskal lisa.*
 On   iska-l   lis-a (*statt:* lis-u)
 er-3P.SG.NOM such-M.SG.PRT Fuchs-F.SG.NOM (*statt:* -F.SG.AKK)
 ‚Er hat den Fuchs gesucht.'
(99) **(Ja) pomogu zajac.*
 (Ja) pomog-u   zajac-Ø (*statt:* zajac-u)
 (ich) helf-1P.SG.PRS   Hase-M.SG.NOM (*statt:* -M.SG.DAT)
 ‚(Ich) helfe dem Hasen.'
(100) **vedro vodička*
 vedr-o   vodičk-a (*statt:* vodičk-i)
 Eimer-N.SG.NOM Wässerchen-F.SG.NOM (*statt:* -F.SG.GEN)
 ‚Eimer von Wasser'
(101) **s voda*
 s   vod-a (*statt:* vod-oj)
 mit Wasser-F.SG.NOM (*statt:* -F.SG.INSTR)
 ‚mit dem Wasser'

---

66 Diese Kategorisierung basiert auf dem Schema zur Untersuchung des Deutschen von Schmitz (2006: 264) mit den Kategorien: Nom/DAT, Akk/DAT, Amb./DAT, Ø/DAT, DAT ziel., Dat/AKK, welches auch von Scherger (2015b) verwendet wurde. Im Rahmen dieser Arbeit wurde das Schema entsprechend den untersuchten Phänomenen im Russischen um weitere Kategorien erweitert. Der zielsprachliche bzw. erfragte Kasus ist jewels in Großbuchstaben wiedergegeben.

(102) *na travka
   na travk-a (statt: travk-e)
   auf Gras-F.SG.NOM (statt: -F.SG.PRÄP)
   ‚auf dem Gras'

3. Die Markierung des obliquen Kasus – Akkusativ, Dativ, Genitiv, Instrumental bzw. Präpositiv – wurde durch die eines anderen obliquen Kasus substituiert:

$$\left.\begin{array}{l}\text{Dat}\\\text{Gen}\\\text{Instr}\\\text{Präp}\end{array}\right\}/\text{AKK bzw.} \left.\begin{array}{l}\text{Akk}\\\text{Gen}\\\text{Instr}\\\text{Präp}\end{array}\right\}/\text{DAT bzw.} \left.\begin{array}{l}\text{Akk}\\\text{Dat}\\\text{Instr}\\\text{Präp}\end{array}\right\}/\text{GEN bzw.} \left.\begin{array}{l}\text{Akk}\\\text{Dat}\\\text{Gen}\\\text{Präp}\end{array}\right\}/\text{INSTR bzw.} \left.\begin{array}{l}\text{Akk}\\\text{Dat}\\\text{Gen}\\\text{Instr}\end{array}\right\}/\text{PRÄP}$$

(103) *Lisa polivaet cvetočka.
   Lis-a   poliva-et   cvetočk-a (statt: cvetoček-Ø)
   Fuchs-F.SG.NOM gieß-3P.SG.PRS Blümchen-M.SG.GEN (statt: -M.SG.AKK)
   ‚Der Fuchs gießt eine Blume.'
(104) *(Zajac) prygnul na derevu.
   (Zajac) prygnu-l   na derev-u (statt: derev-o)
   (Hase) spring-M.SG.PRT auf Baum-N.SG.DAT (statt: -N.SG.AKK)
   ‚(Der Hase) ist auf den Baum gesprungen.'

4. Der Kasus wurde ambig substituiert:
   Amb/GEN: Der Genitiv wurde durch die Kasusform substituiert, die einem Dativ/Präpositiv oder Nominativ/Akkusativ homonym war, z. B.:

(105) *dlja babuške
   dlja babušk-e (statt: babušk-i)
   für Oma-F.SG.AMB (statt: -F.SG.GEN)
   ‚für die Oma'
(106) *dlja cvety
   dlja cvet-y (statt: cvet-ov)
   für Blume-PL.AMB (statt: -PL.GEN)
   ‚für die Blumen'

Amb/DAT: Darunter wurden die Fälle zusammengefasst, bei denen die Dativmarkierung durch eine synkretische Kasusmarkierung substituiert wurde. Der Synkretismus bestand zwischen dem Genitiv und dem Akkusativ für die belebten Substantive der I. Deklination, z. B.:

(107) *I lisa pomogala zajca.
I lis-a pomoga-la zajc-a (*statt:* zajc-u)
und Fuchs-F.SG.NOM helf-F.SG.PRT Hase-M.SG.AMB (*statt:* -M.SG.DAT)
‚Und der Fuchs hat dem Hasen geholfen.'

Amb/AKK: Die Ambiguität ergab sich aus einer undeutlichen akustischen Wahrnehmung, die auf eine falsche Wortbetonung oder undeutliche/verwaschene Aussprache zurückzuführen war. Wurde beispielsweise die Betonung im Wort *vedró* ‚Eimer' mit dem betonten *-o* fälschlicherweise auf *-e* verschoben, wird das Flexiv *-o* als /a/ ausgesprochen. In diesem Fall konnte nicht eindeutig bestimmt werden, ob die Akkusativmarkierung zielsprachlich verwendet oder nun durch die Genitivmarkierung *-a* substituiert wurde, z. B.:

(108) *A lisa védra[?] nosila.
A lis-a védr-a[?] (*statt:* vedr-ó) nosi-la
und Fuchs-F.SG.NOM Eimer-N.SG.AMB (*statt:* -N.SG.AKK) trag-F.SG.PRT
‚Und der Fuchs trug den Eimer.'

Amb/INSTR: Der Instrumental wurde durch eine homonyme Nominativ-/Akkusativform substituiert, z. B.:

(109) *(Lisa sidit) pod stol.
(Lisa sidit) pod stol-Ø (*statt:* stol-om)
(Fuchs sitzt) unter Tisch-M.SG.AMB (*statt:* -M.SG.INSTR)
‚(Der Fuchs sitzt) unter dem Tisch.'

Amb/PRÄP: Aus der Elizitierung des Präpositivs entstand eine ambige Kasusform, die mit einer des Nominativs/Akkusativs homonym oder wegen einer Assimilation schwer akustisch differenzierbar war. Beispielsweise wird /e/ in einer unbetonten Position eher als /i/ ausgesprochen, z. B.:

(110) *Oni na odejalo spjat.
Oni na odejal-o (*statt:* odejal-e) sp-jat
sie-3P.PL.NOM auf Decke-N.SG.AMB (*statt:* -N.SG.PRÄP) schlaf-3P.PL.PRS
‚Sie schlafen auf einer Decke.'

(111) *Oni na odejali[?] spjat.
Oni na odejal-i[?] (*statt:* odejal-e) sp-jat
sie-3P.PL.NOM auf Decke-N.SG.AMB (*statt:* -N.SG.PRÄP) schlaf-3P.PL.PRS
‚Sie schlafen auf einer Decke.'

5. zielspr. AKK, zielspr. DAT, zielspr. GEN, zielspr. INSTR bzw. zielspr. PRÄP:
   Die oblique Kasusmarkierung wurde zielsprachlich verwendet:

(112) Babuške darit lisa cvetik i kastrjulju s supom.
   Babušk-e   dar-it   lis-a   cvetok-Ø   i
   Oma-F.SG.DAT schenk-3P.SG.PRS Fuchs-F.SG.NOM Blume-M.SG.AKK und
   kastrjul-ju   s   sup-om
   Topf-F.SG.AKK mit Suppe-M.SG.INSTR
   ‚Der Fuchs schenkt der Oma eine Blume und den Topf mit der Suppe.'
(113) Ona vot prjačetsja v _nore_.
   On   vot prjač-etsja   v   nor-e
   sie-3P.SG.NOM hier versteck-3P.SG.PRS in Loch-F.SG.PRÄP
   ‚Sie versteckt sich im Loch.'
(114) (Cvetok rastet) vozle _dereva_.
   (Cvetok rastet) vozle   derev-a
   (Blume wächst) neben Baum-N.SG.GEN
   ‚Die Blume wächst neben dem Baum.'

Die vorliegende Teiluntersuchung behandelt zwei Schwerpunkte:
- Zuerst wird beschrieben, welchen Strategien die Gruppen sim-TE und suk-TE folgen, um den Kasus – Akkusativ, Dativ, Genitiv, Instrumental und Präpositiv[67] – in NPn und PPn im T1 und T2 zu markieren.
- Danach werden die Ergebnisse aus der Gruppe sim-TE und suk-TE gegenübergestellt und auf die Unterschiede bzw. die Gemeinsamkeiten untersucht.

8.2.2.1.1 Verwendung der Kasusmarkierungen im Russischen bei den simultan bilingualen Kindern mit unauffälliger Sprachentwicklung

Akkusativ in NPn

Im Datensatz kamen die akkusativmarkierten NPn mit insgesamt 741 Beobachtungen am häufigsten vor, davon 383-mal im T1 und 358-mal im T2. Hierzu zeigten die Kinder der Gruppe sim-TE eine hohe Zielsprachlichkeitsrate von durchschnittlichen 96,2 % (SD = 5,1) im T1 und von durchschnittlichen 97,1 % (SD = 6,6) im T2. Unter den nicht zielsprachlichen Verwendungen kam die Substitution des Akkusativs durch den Dativ mit einem durchschnittlichen Anteil

---

67 Zur geänderten Reihenfolge der Kasus siehe bitte Fußnote 64, S. 201.

von 1,7 % (SD = 4,3) im T1 und 1,5 % (SD = 4,3) im T2 am häufigsten vor. Die Substitutionen des Akkusativs durch den Nominativ, Genitiv, Präpositiv oder durch ambige bzw. reduzierte Markierungen lagen jeweils unter 1 % (siehe Abbildung 12). Insgesamt ließ sich bei der morphologischen Realisierung der Akkusativmarkierungen in NPn beobachten, dass sich im T1 neben der zielsprachlichen Akkusativmarkierung insgesamt sechs weitere nicht zielsprachliche Markierungsstrategien fanden. Diese Varietät reduzierte sich im T2 auf drei Markierungsstrategien. Tabelle D7 in Anhang D stellt die Auflistung der individuellen Absolutwerte sowie die prozentualen Durchschnittswerte für Abbildung 12 auf.

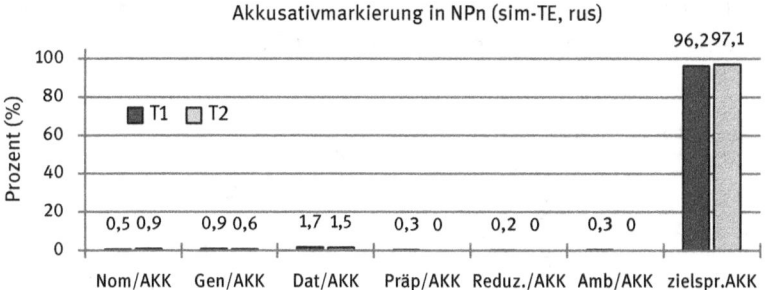

Abb. 12: Morphologische Realisierung der Akkusativmarkierungen in NPn bei sim-TE zum T1 und T2 (Mittelwerte, KT-RUS)

Akkusativ in PPn

Der Datensatz zur *FF2* enthielt insgesamt 152 PPn im Akkusativ, von denen 69 PPn im T1 und 83 PPn im T2 erhoben wurden. Die zielsprachliche Markierungsrate des Akkusativs lag bei den PPn im T1 ähnlich wie bei den NPn mit durchschnittlich 98,2 % (SD = 7,6) sehr hoch. Lediglich eine PP (durchschnittlich 1,8 %, SD = 7,6) wurde im T1 nicht zielsprachlich verwendet, in dem der Akkusativ einmal durch den Dativ substituiert wurde. Zwar sank der Mittelwert für die Zielsprachlichkeit im T2 auf 93,8 % (SD = 22,8), die zielsprachliche Akkusativmarkierung wurde nur zweimal durch den Präpositiv mit einem Durchschnittswert von 6,2 % (SD = 22,8) substituiert. Tabelle D8 in Anhang D stellt die Rohwerte und die Mittelwerte zu Abbildung 13 zusammen.

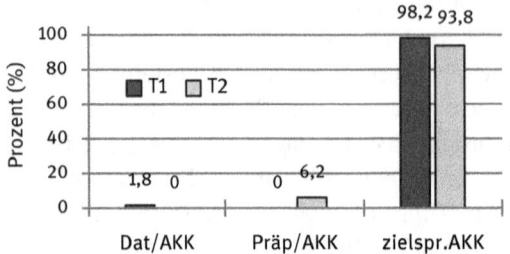

Abb. 13: Morphologische Realisierung der Akkusativmarkierungen in PPn bei sim-TE zum T1 und T2 (Mittelwerte, KT-RUS)

Akkusativ gesamt

Abbildung 14 stellt die Verwendung aller akkusativischen Phrasenstrukturen (NPn und PPn) insgesamt dar (vgl. hierzu Tabelle D16 in Anhang D).

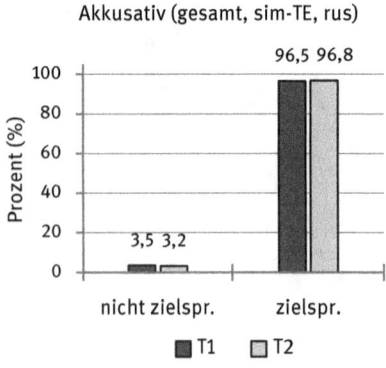

Abb. 14: Morphologische Realisierung der Akkusativmarkierungen (NPn und PPn gesamt) bei sim-TE zum T1 und T2 (Mittelwerte, KT-RUS)

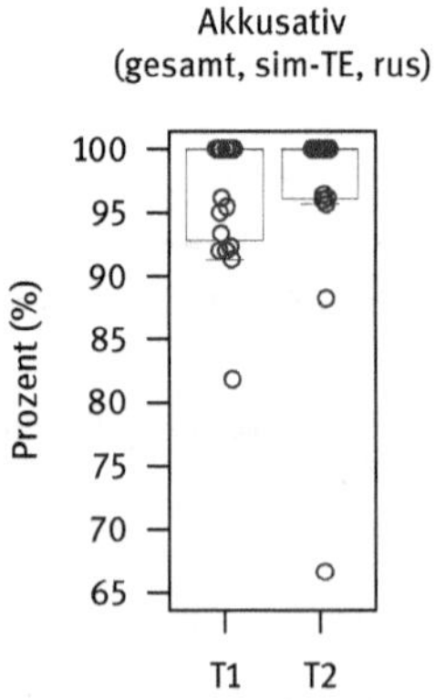

Abb. 15: Verteilung der zielsprachlichen Realisierung des Akkusativs (NPn und PPn gesamt) bei sim-TE zum T1 und T2 (Mittelwerte, KT-RUS)

Die Addition ergab, dass bei den sim-TE-Kindern die durchschnittliche Zielsprachlichkeitsrate bei der Markierung des Akkusativs insgesamt sehr hoch war und über beide Testzeitpunkte mit etwa 96 % (T1: SD = 4,9, T2: SD = 7,7) stabil blieb. Dementsprechend lag der Mittelwert für die Fehlerrate für die Akkusativmarkierung über beide Testzeitpunkte entsprechend etwas über 3 % (T1: SD = 4,9 bzw. T2: SD = 7,7).

Die in Abbildung 15 visualisierte Verteilung der Zielsprachlichkeit für den Akkusativ zeigt, dass sich in der Gruppe sim-TE zum T1 nur ein Kind, zum T2 hingegen zwei Kinder befanden, die im Vergleich zu den anderen Kindern der Gruppe auffällig niedrig abschnitten. Die beobachteten Mittelwerte der Gruppe änderten sich über zwei Testzeitpunkte dadurch jedoch kaum.

Dativ in NPn
Für die Gruppe sim-TE wurden insgesamt 78 dativische NPn untersucht, von denen 33 NPn im T1 und 45 NPn im T2 erhoben wurden. Die durchschnittliche Zielsprachlichkeitsrate lag im T1 bei 100 % (siehe Abbildung 16) und sank zum T2 im Schnitt auf 93,3 % (SD = 23,2). Bei den nicht zielsprachlich markierten NPn wurde der Dativ durch den Nominativ im Schnitt zu 5 %, (SD = 22,4) und durch den Akkusativ zu 1,7 % (SD = 7,5) substituiert. Die Gesamtdurchschnittswerte der Gruppe und die individuellen Werte der Kinder zu Abbildung 16 sind in Tabelle D9 dargestellt.

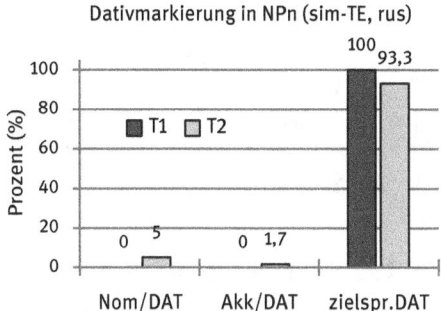

Abb. 16: Morphologische Realisierung der Dativmarkierungen in NPn bei sim-TE zum T1 und T2 (Mittelwerte, KT-RUS)

Dativ in PPn
Die dativischen PPn kamen in den Untersuchungsdaten kaum vor. Wie Tabelle D10 entnommen werden kann, wurden in der Gruppe sim-TE lediglich zwei dativmarkierte PPn im T1 verwendet, die auch zielsprachlich vorkamen. Im T2 kamen keine dativmarkierten PPn vor. Aufgrund der geringeren Anzahl der vorhandenen PPn kann keine Aussage bezüglich ihrer Verwendung gemacht werden.

Dativ gesamt
Die prozentuale Auswertung der insgesamt beobachteten dativischen Phrasenstrukturen ist aufgrund der fehlenden dativischen PP-Vorkommnisse nicht

notwendig. Wie in Abbildung 16 bereits visualisiert wurde, blieb die Zielsprachlichkeitsrate nach der Addierung der beobachteten NPn und PPn im T1 bei 100 % und im T2 bei 93,3 % (SD = 23,2) unverändert. Die nicht zielsprachliche Verwendung betrug im T2 ebenfalls unverändert 6,7 % (SD = 23,2, siehe hierzu Rohwerte, Mittelwerte und Standardabweichungen in Tabelle D16, Anhang D).

Genitiv in NPn
Insgesamt konnten für die Gruppe sim-TE 38 NPn auf die Genitivmarkierung ausgewertet werden, davon 17 NPn aus dem T1 und 21 NPn aus dem T2. Hierzu ist zu erwähnen, dass im T1 lediglich bei elf der 20 Kinder die genitivischen NPn beobachtet wurden. Im T2 stieg die Anzahl der Kinder mit Genitivverwendungen auf 14 (siehe Details in Tabelle D11, Anhang D).

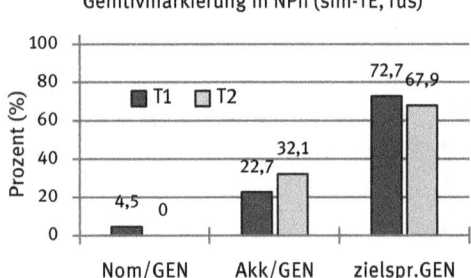

Abb. 17: Morphologische Realisierung der Genitivmarkierungen in NPn bei sim-TE zum T1 und T2 (Mittelwerte, KT-RUS)

Wie Abbildung 17 für die Gruppe sim-TE zeigt, lag der Gesamtdurchschnittswert für die zielsprachliche Genitivmarkierung in den NPn im T1 bei 72,7 % (SD = 41) und sank zum T2 auf 67,9 % (SD = 46,4). Die nicht zielsprachlichen Verwendungen setzten sich aus zwei Markierungsstrategien zusammen, wobei nur eine der beiden im T1 vorkam: Im T1 wurde die Genitivmarkierung im Schnitt zu 4,5 % (SD = 15,1) durch die Nominativ- und zu 22,7 % (SD = 41) durch die Akkusativmarkierung substituiert. Im T2 kam lediglich die Akkusativsubstitution vor, deren Verwendung allerdings auf 32,1 % (SD = 46,4) anstieg. Die prozentualen Durchschnittswerte für die einzelnen Kinder und für die Gruppe sim-TE zu Abbildung 17 sind in Tabelle D11 (siehe Anhang D) zusammengefasst.

Genitiv in PPn
Die genitivischen PPn traten in den Untersuchungsdaten insgesamt 48-mal auf, davon 24-mal sowohl im T1 als auch im T2 (siehe Details in Tabelle D12, Anhang

D). Die durchschnittliche Zielsprachlichkeitsrate in PPn lag in beiden Testzeitpunkten mit über 90 % höher bei den NPn: Im T1 betrug sie 95,4 % (SD = 13,8) und sank im T2 geringfügig auf 93,6 % (SD = 16) ab (siehe Abbildung 18).

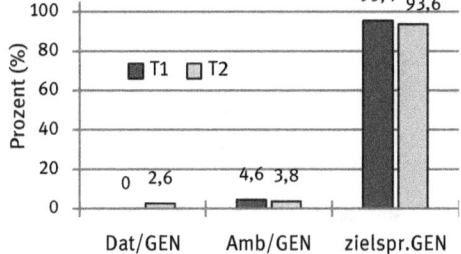

Abb. 18: Morphologische Realisierung der Genitivmarkierungen in PPn bei sim-TE zum T1 und T2 (Mittelwerte, KT-RUS)

Wurde eine PP im T1 nicht zielsprachlich markiert, lag die Verwendung einer ambigen Markierung vor (4,6 %, SD = 13,8). Die nicht zielsprachlichen Genitivmarkierungen setzten sich im T2 aus 3,8 % der ambigen Realisierungen (SD = 13,9) sowie aus 2,6 % (SD = 9,2) der Substitution des Genitivs durch den Dativ zusammen.

Genitiv gesamt
Betrachtet man die Gesamtheit aller genitivmarkierten NPn und PPn zusammen (siehe Abbildung 19), lag die durchschnittliche Zielsprachlichkeit im T1 bei 88,8 % (SD = 21,3), die im T2 auf 80,5 % (SD = 28,5) absank. Der durchschnittliche Anteil aller nicht zielsprachlich realisierten Genitivmarkierungen lag im T1 bei 11,2 % (SD = 21,3) und stieg im T2 auf 19,5 % (SD = 28,5) an. Abbildung 20 visualisiert die Verteilung der zielsprachlichen Genitivmarkierungen über zwei Testzeitpunkte, deren Variabilität durch die Boxplots erfasst wird. Es lässt sich erkennen, dass die Zielsprachlichkeitsrate des T1 und T2 zwar den gleichen durchschnittlichen Medianwert hat, sie jedoch im T2 eine größere Spannweite sowie breitere Streuung aufweist. Tabelle D16 (siehe Anhang D) stellt die wichtigsten Werte zu Abbildung 19 und 20 zusammen.

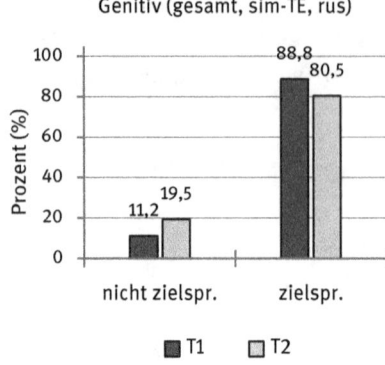

Abb. 19: Morphologische Realisierung der Genitivmarkierungen (NPn und PPn gesamt) bei sim-TE zum T1 und T2 (Mittelwerte, KT-RUS)

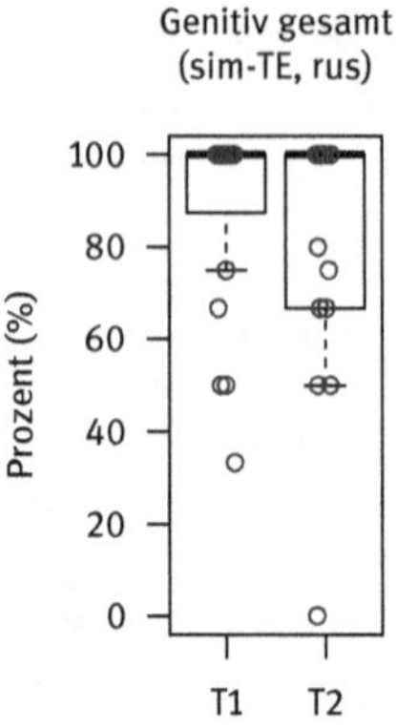

Abb. 20: Verteilung der zielsprachlichen Realisierung des Genitivs (NPn und PPn gesamt) bei sim-TE zum T1 und T2 (Mittelwerte, KT-RUS)

Instrumental in NPn

Insgesamt konnten für die Gruppe sim-TE 27 NPn im Instrumental auf ihre Markierung ausgewertet werden. Hierbei lag die absolute Häufigkeit der analysierten NPn im T1 bei 14 und im T2 bei 13 NPn. Tabelle D13 in Anhang D stellt die wichtigsten Daten hierfür zusammen. Abbildung 21 visualisiert, auf welche morphologischen Realisierungsstrategien die Kinder zurückgriffen, um den Instrumental in NPn zu markieren.

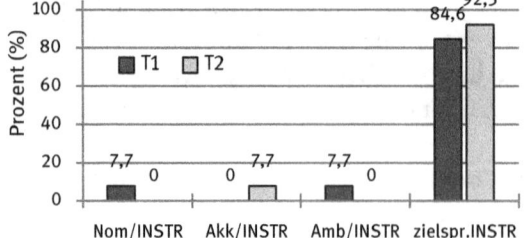

Abb. 21: Morphologische Realisierung der Instrumentalmarkierungen in NPn bei sim-TE zum T1 und T2 (Mittelwerte, KT-RUS)

Im Vergleich zum Dativ oder Akkusativ lag der Mittelwert der zielsprachlichen Markierungen in NPn im Instrumental mit 84,6 % (SD = 37,6) etwas niedriger, welcher allerdings im T2 auf durchschnittlich 92,3 % (SD = 27,7) anstieg. Unter den nicht zielsprachlichen Instrumentalmarkierungen fanden sich im T1 die Substitutionen des Instrumentals durch den Nominativ, durch ambige Kasusmarkierung sowie im T2 durch den Akkusativ, die jeweils im Schnitt bei 7,7 % (SD = 27,7) lagen.

Instrumental in PPn

Auf die Verwendung der Instrumentalmarkierungen in PPn wurden für die Gruppe sim-TE insgesamt 140 PPn ausgewertet, davon 63 PPn aus dem T1 und 77 PPn aus dem T2. Abbildung 22 visualisiert die beobachteten Markierungsstrategien der Gruppe sim-TE. Die Rohwerte und Mittelwerte zur Abbildung sind der Tabelle D14 in Anhang D zu entnehmen.

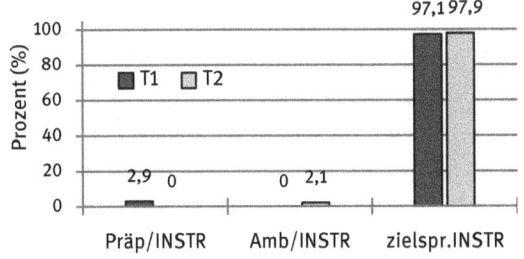

Abb. 22: Morphologische Realisierung der Instrumentalmarkierungen in PPn bei sim-TE zum T1 und T2 (Mittelwerte, KT-RUS)

Die Instrumentalmarkierungen in PPn wurden zu beiden Testzeitpunkten mit einem Mittelwert von über 97 % (im T1: SD = 9,1 und im T2: SD = 6,6) zielsprachlich markiert. Zu 2,9 % (SD = 9,1) wurde der Instrumental im T1 durch den Präpositiv und zu 2,1 % (SD = 6,6) im T2 durch eine ambige Markierung substituiert.

Instrumental gesamt

Insgesamt ergab sich für die Gruppe sim-TE, dass die Zielsprachlichkeitsrate der Instrumentalmarkierungen vom T1 mit durchschnittlich 96,1 % (SD = 9,8) zum T2 mit durchschnittlich 95,7 % (SD = 12,1) geringfügig sank, aber dennoch hoch blieb (siehe Abbildung 23). Dementsprechend lagen die durchschnittlichen Werte für die Fehlerrate niedrig: im T1 bei 3,9 % (SD = 9,8) und etwas höher im T2 bei 4,3 % (SD = 12,1, für mehr Details vgl. Tabelle D16 in Anhang D).

Die Verteilung der Zielsprachlichkeit für die einzelnen Kinder (siehe Abbildung 24) zeigt, dass es sowohl im T1 als auch im T2 insgesamt drei Kinder gab, die den Instrumental unterdurchschnittlich zielsprachlich markierten. Das änderte jedoch nichts daran, dass die durchschnittliche Zielsprachlichkeitsrate für die gesamte Instrumentalmarkierung in der Gruppe sim-TE hoch blieb.

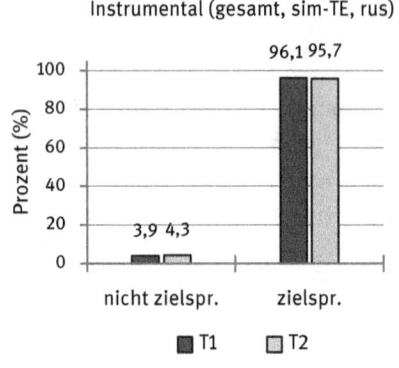

Abb. 23: Morphologische Realisierung der Instrumentalmarkierungen (NPn und PPn gesamt) bei sim-TE zum T1 und T2 (Mittelwerte, KT-RUS)

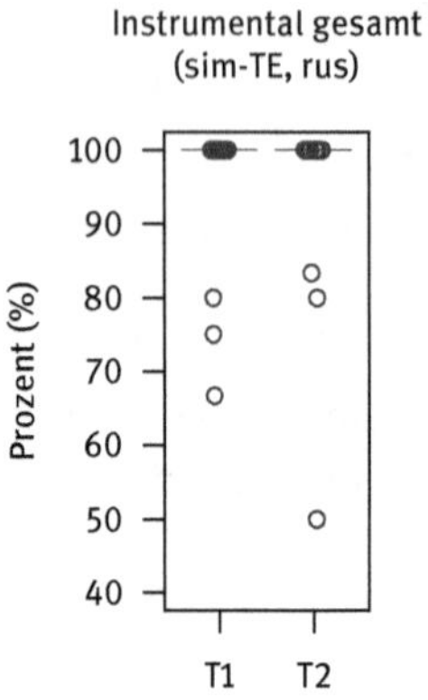

Abb. 24: Verteilung der zielsprachlichen Realisierung des Instrumentals (NPn und PPn gesamt) bei sim-TE zum T1 und T2 (Mittelwerte, KT-RUS)

Präpositiv

Bei den Kindern der Gruppe sim-TE kamen die präpositivischen PPn insgesamt 62-mal im T1 und 65-mal im T2 vor. Der Mittelwert der zielsprachlichen Markierungen lag hierbei im T1 bei 88,9 % (SD = 30,8) und sank zum T2 auf 84,9 % (SD = 27,2) nur geringfügig. Der durchschnittliche Anteil der nicht zielsprachlichen Markierungen setzte sich aus den Substitutionen des Präpositivs durch den Genitiv mit durchschnittlich 0,6 % (SD = 2,5) sowie durch die ambigen Kasusmarkierungen mit durchschnittlich 10,6 % (SD = 30,7) zusammen. Im T2 wurden die gleichen Substitutionen beobachtet, zusätzlich kam eine weitere hinzu: Hierbei wurde die Präpositivmarkierung durch eine ambige Kasusmarkierung zu durchschnittlich 5,4 % (SD = 13,8), durch die Genitivmarkierung zu 7,9 % (SD = 25,1) und durch eine reduzierte Markierung zu 1,8 % (SD = 7,6) substituiert. Abbildung 25 visualisiert die Mittelwerte für die morphologische Realisierung der Präpositivmarkierungen für die Gruppe sim-TE, die in Tabelle D15 (siehe Anhang D) detailliert aufgestellt sind.

Betrachtet man die Verteilung der prozentualen Mittelwerte und die Boxplots in Abbildung 26, so wird ersichtlich, dass sowohl die Spannweite als auch die Streuung zum T2 wesentlich größer wurden. Im T1 hingegen wies die

Zielsprachlichkeitsverteilung kaum eine Streuung, abgesehen von zwei Ausreißern, auf und war sehr homogen.

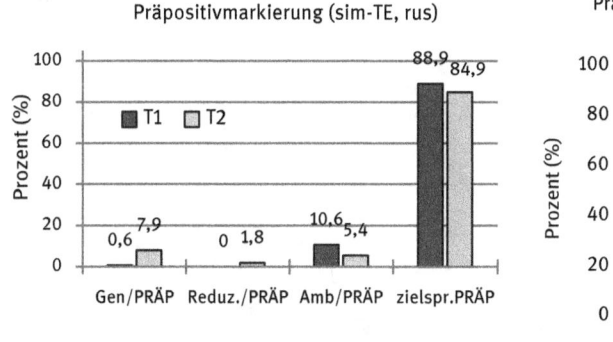

Abb. 25: Morphologische Realisierung der Präpositivmarkierungen bei sim-TE zum T1 und T2 (Mittelwerte, KT-RUS)

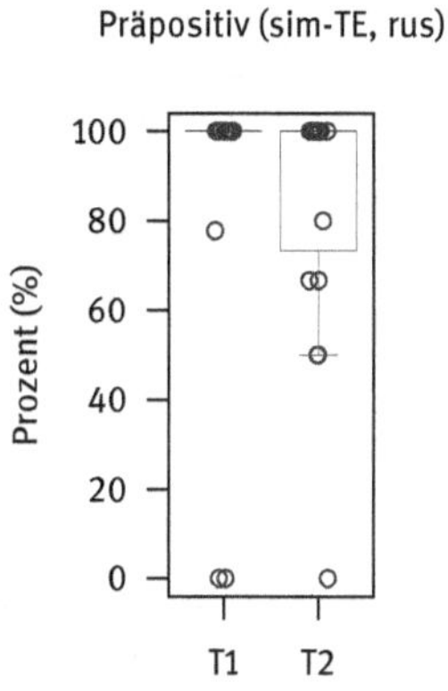

Abb. 26: Verteilung der zielsprachlichen Realisierung des Präpositivs bei sim-TE zum T1 und T2 (Mittelwerte, KT-RUS)

8.2.2.1.2 Verwendung der Kasusmarkierungen im Russischen bei den sukzessiv bilingualen Kindern mit unauffälliger Sprachentwicklung

Äquivalent zur Analyse der Verwendung der Kasusmarkierungen für die Gruppe sim-TE wird im Folgenden die Analyse für die Gruppe suk-TE vorgestellt.

Akkusativ in NPn

Die akkusativischen NPn kamen im Datensatz zum Russischen mit insgesamt 601 Beobachtungen am häufigsten vor, davon wurden 304 NPn im T1 und 297 NPn im T2 erhoben. Der Mittelwert der zielsprachlich realisierten Akkusativmarkierungen in NPn war insgesamt sehr hoch, betrug im T1 95,7 % (SD = 4,9) und stieg zum T2 auf 96,8 % (SD = 4,3) weiter an. Die Varianz der beobachteten nicht sprachlichen Realisierungsstrategien war bei der Verwendung der akkusativischen NPn in der Gruppe suk-TE groß: Im T1 wurden Substitutionen des Akkusativs durch den Nominativ (durchschnittlich zu 1,9 %, SD = 3,2), durch den Dativ (durchschnittlich zu 1,5 %, SD = 3,2), durch den Genitiv (durchschnittlich zu 0,6 %, SD = 1,6) beobachtet. Zudem kam die Verwendung der reduzierten Markierungen (durchschnittlich zu 0,3 %, SD = 1,3) vor. Im T2 kamen ebenfalls Substitutionen des Akkusativs durch den Nominativ von durchschnittlich 1,3 % (SD = 2,5), durch den Genitiv von durchschnittlich 1 %

(SD = 2,3) und durch den Dativ von durchschnittlich 0,5 % (SD = 1,9) vor. Anstatt der reduzierten Markierungen des T1 kamen im T2 die ambigen Kasusmarkierungen mit durchschnittlich 0,3 % (SD = 1,4) vor. Abbildung 27 visualisiert die berichteten Mittelwerte, die in Tabelle D18 in Anhang D detailliert aufgeführt sind.

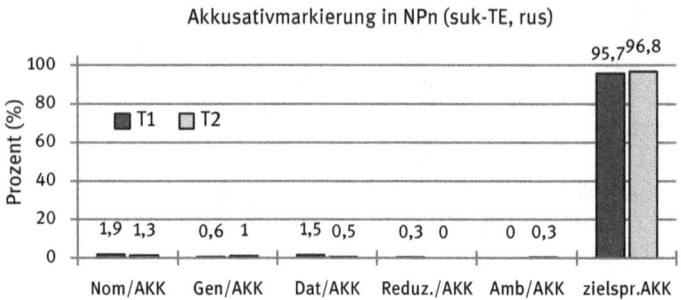

Abb. 27: Morphologische Realisierung der Akkusativmarkierungen in NPn bei suk-TE zum T1 und T2 (Mittelwerte, KT-RUS)

Akkusativ in PPn

Für die Gruppe suk-TE wurden insgesamt 103 akkusativische PPn ausgewertet, von denen 42 PPn im T1 und 61 PPn im T2 erhoben wurden. Abbildung 28 gibt einen Überblick darüber, welche Strategien zur morphologischen Realisierung der Akkusativmarkierungen in den PPn in der Gruppe suk-TE in beiden Testzeitpunkten zum Einsatz kamen. Tabelle D19 sind die wichtigsten Werte zu Abbildung 28 zu entnehmen.

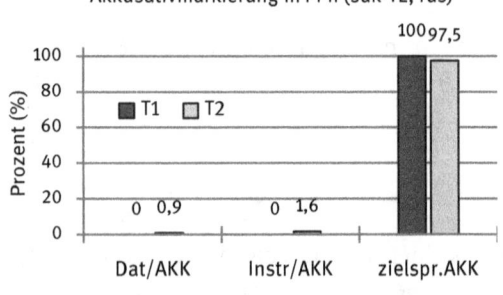

Abb. 28: Morphologische Realisierung der Akkusativmarkierungen in PPn bei suk-TE zum T1 und T2 (Mittelwerte, KT-RUS)

Während die akkusativischen PPn im T1 mit einem Durchschnittswert von 100 % zielsprachlich markiert wurden, sank dieser Wert zum T2 geringfügig auf durchschnittlich 97,5 % (SD = 7). Die nicht zielsprachlichen Akkusativmarkierungen kamen insgesamt mit einem geringen durchschnittlichen Prozentsatz vor. Hierbei wurden sie durch die Dativ- zu 0,9 % (SD = 3,6) und durch die Instrumentalmarkierungen zu 1,6 % (SD = 6,2) substituiert.

Akkusativ gesamt

Betrachtet man die Verwendung der Akkusativmarkierungen in NPn und PPn in der Summe (siehe Abbildung 29 und die dazugehörige Tabelle D27 im Anhang D) zeigt sich, dass zwischen den beiden Testzeitpunkten kaum ein Unterschied bestand. Über beide Testzeitpunkte wurden die Akkusativmarkierungen im Schnitt zu etwa 96 % (im T1: SD = 4,5 und im T2: SD = 3,6) zielsprachlich verwendet. Die geringe Streuung und die hohen Medianwerte bei der Zielsprachlichkeitsverteilung sind an den Boxplots in Abbildung 30 deutlich zu erkennen, was auf die hohe Homogenität der Leistung der Kinder in der Gruppe suk-TE hindeutet.

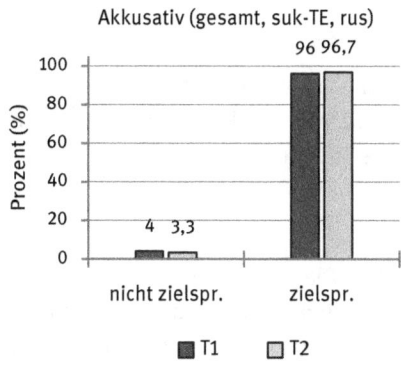

Abb. 29: Morphologische Realisierung der Akkusativmarkierungen (NPn und PPn gesamt) bei suk-TE zum T1 und T2 (Mittelwerte, KT-RUS)

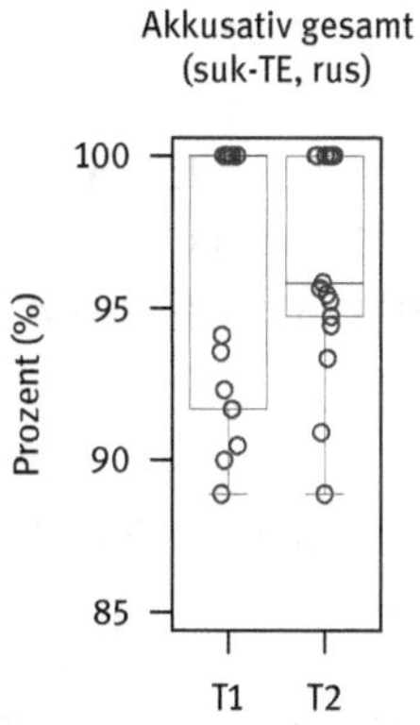

Abb. 30: Verteilung der zielsprachlichen Realisierung des Akkusativs (NPn und PPn gesamt) bei suk-TE zum T1 und T2 (Mittelwerte, KT-RUS)

Dativ in NPn

In den Daten zum Russischen wurden die dativischen NPn insgesamt 69-mal verwendet, davon 35-mal im T1 und 34-mal im T2. Hierbei wurde der Dativ im T1 zu 96,4 % (SD = 13,4) und im T2 mit einem auffällig niedrigeren Wert von 87,8 %

(SD = 28,5) zielsprachlich markiert. Im T1 wurde bei den nicht zielsprachlichen Verwendungen lediglich ein Substitutionstyp beobachtet, bei dem der Dativ durch den Nominativ zu 3,6 % (SD = 13,4) ersetzt wurde. Im T2 kam er allerdings nicht mehr vor. Stattdessen gab es im T2 zwei andere Substitutionstypen: Hier wurde der Dativ durch ambige Markierungen zu 10 % (SD = 28) und durch die Genitivmarkierungen zu 2,2 % (SD = 8,6) substituiert. Abbildung 31 visualisiert die beobachteten Werte für die Gruppe. Die individuellen Werte der Kinder sind in Tabelle D20, Anhang D aufgeführt.

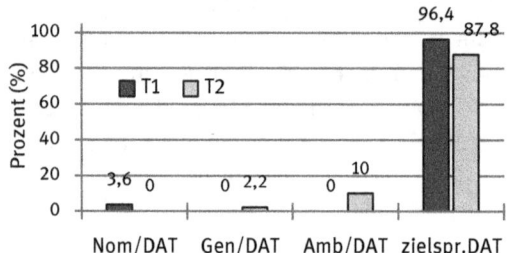

Abb. 31: Morphologische Realisierung der Dativmarkierungen in NPn bei suk-TE zum T1 und T2 (Mittelwerte, KT-RUS)

Dativ in PPn

In der Gruppe suk-TE wurden insgesamt lediglich sieben PPn im Dativ erhoben: Eine PP kam im T1 und sechs PPn kamen im T2 vor. Alle PPn im Dativ wurden von den Kindern zielsprachlich markiert (siehe Tabelle D21).

Dativ gesamt

Dadurch, dass nur ganz wenige PPn im Dativ vorlagen, änderte die Addierung der NPn und PPn die Gesamtzielsprachlichkeitsrate der Dativmarkierungen kaum: So betrug sie im T1 durchschnittlich 97,6 % (SD = 8,9) und im T2 87,8 % (SD = 28,5). Der Gesamtmittelwert für die nicht zielsprachlichen Markierungen lag bei den dativischen NP-/PP-Strukturen im T1 bei 2,4 % (SD = 8,9) und stieg im T2 auf 12,2 % (SD = 28,5) an.

Die Verteilung der zielsprachlichen Dativrealisierung zeigte zwar, dass es im T2 lediglich ein Kind gab, das keine zielsprachliche Dativmarkierung verwendete (siehe Abbildung 33), allerdings konnte zu diesem Kind lediglich eine dativische Phrase ausgewertet werden, die eben nicht zielsprachlich realisiert wurde. Daher soll diese Leistung nicht als auffällig betrachtet werden. Die Streuung der Gesamtverteilung wies keine bedeutenden Änderungen vom T1 zum T2 auf. Die Werte zu den Abbildungen 32 und 33 werden in Tabelle D27 des Anhangs D dargestellt.

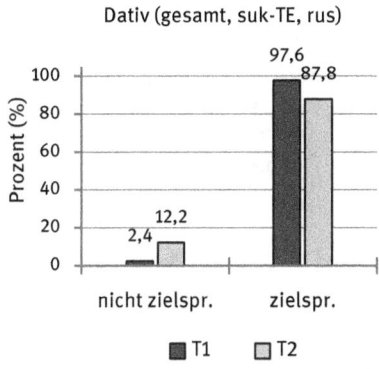
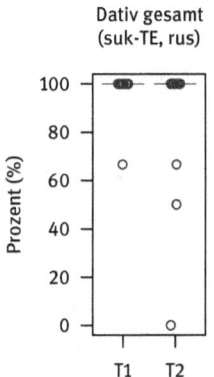

Abb. 32: Morphologische Realisierung der Dativmarkierungen (NPn und PPn gesamt) bei suk-TE zum T1 und T2 (Mittelwerte, KT-RUS)

Abb. 33: Verteilung der zielsprachlichen Realisierung des Dativs (NPn und PPn gesamt) bei suk-TE zum T1 und T2 (Mittelwerte, KT-RUS)

Genitiv in NPn

Die genitivischen NPn wurden in der Gruppe suk-TE, ähnlich wie in der Gruppe sim-TE, relativ selten gebraucht und kamen nicht bei allen Kindern vor. Insgesamt konnten 15 analysierbare NPn aus dem T1 und 22 NPn aus dem T2 auf ihre Genitivmarkierung untersucht werden: So wurden sie im T1 durchschnittlich zu 70,8 % (SD = 45,2) zielsprachlich markiert. Bei den übrigen NPn ließen sich die Substitutionen des Genitivs durch den Nominativ mit 12,5 % (SD = 35,4), durch ambige Markierungen ebenfalls mit 12,5 % (SD = 35,4) und durch den Akkusativ mit 4,2 % (SD = 11,8) beobachten. Zum T2 sank die Zielsprachlichkeitsrate der Genitivmarkierungen auf 63,1 % (SD = 46,3). Die Strategie zur morphologischen Realisierung der Genitivmarkierungen änderte sich hierbei auffällig: Wurde eine Genitivmarkierung nicht zielsprachlich verwendet, wurde sie durch eine Akkusativmarkierung substituiert. Die anderen zwei im T1 beobachteten Substitutionen kamen im T2 nicht vor. Die Mittelwerte für die morphologisch realisierten Markierungen für den Genitiv sind in Abbildung 34 visualisiert, die absoluten Häufigkeiten sowie die Mittelwerte für die einzelnen Kinder sind in Tabelle D22 in Anhang D aufgeführt.

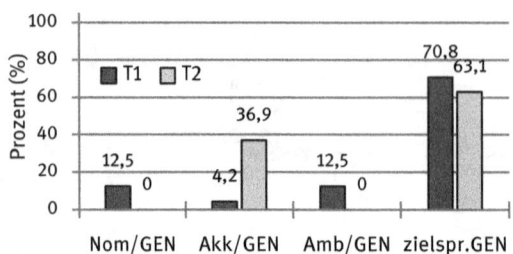

Abb. 34: Morphologische Realisierung der Genitivmarkierungen in NPn bei suk-TE zum T1 und T2 (Mittelwerte, KT-RUS)

Genitiv in PPn

Die genitivischen PPn wurden in einer vergleichbaren Häufigkeit wie die genitivischen NPn verwendet. Insgesamt konnten für die Gruppe suk-TE 14 PPn aus dem T1 und 15 PPn aus dem T2 ausgewertet werden. Im Unterschied zu den NPn war die Zielsprachlichkeitsrate in PPn insgesamt höher: Im T1 betrug sie 100 %, im T2 sank sie allerdings auf 88,9 % (SD = 22). Die fehlerhaften Markierungen bestanden darin, dass die Genitivmarkierungen durch ambige Kasusmarkierungen substituiert wurden. Abbildung 35 veranschaulicht die Mittelwerte, die der Tabelle D23 in Anhang D im Einzelnen zu entnehmen sind.

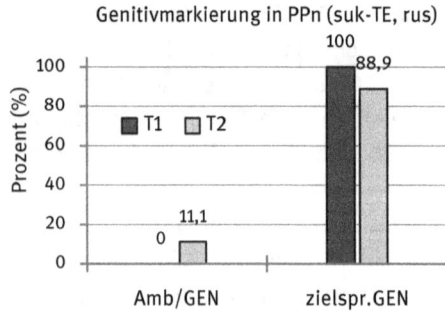

Abb. 35: Morphologische Realisierung der Genitivmarkierungen in PPn bei suk-TE zum T1 und T2 (Mittelwerte, KT-RUS)

Genitiv gesamt

Addiert man die absoluten Häufigkeiten der verwendeten NPn und PPn und berechnet man die Mittelwerte für die Kinder sowie anschließend für die Gruppe, so zeigt sich, dass die Gesamtrate für die zielsprachliche Genitivmarkierung im T1 im Schnitt bei 90 % (SD = 19,5) lag und die zum T2 auffällig auf 72,9 % (SD = 38,9) sank. Die nicht zielsprachlichen Realisierungen stiegen von 10 % (SD = 19,5) im T1 auf 27,1 % (SD = 38,9) im T2 und kamen im T2 somit mehr als doppelt so häufig vor. Die durchschnittlichen Gesamtwerte sind in Abbildung 36 visualisiert (siehe Details in Tabelle D27, Anhang D).

Betrachtet man die Verteilung der zielsprachlichen Genitivmarkierungen der einzelnen Kinder in Abbildung 37, so zeigt sich, dass die Spannweite der Boxplots vom T1 zum T2 auffällig größer wurde. Dies lag vor allem daran, dass sich im T2 insgesamt fünf Kinder fanden, bei denen die Zielsprachlichkeitsrate für die Genitivmarkierung zwischen 0 % und 33 % auffällig niedrig war.

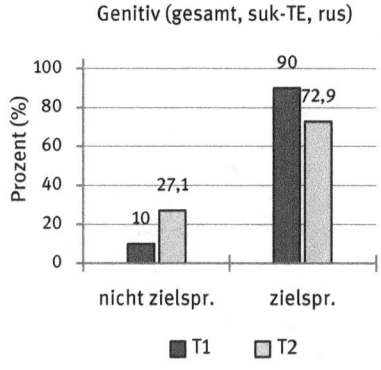

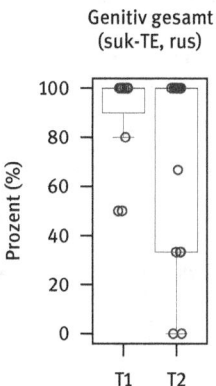

Abb. 36: Morphologische Realisierung der Genitivmarkierungen (NPn und PPn gesamt) bei suk-TE zum T1 und T2 (Mittelwerte, KT-RUS)

Abb. 37: Verteilung der zielsprachlichen Realisierung des Dativs (NPn und PPn gesamt) bei suk-TE zum T1 und T2 (Mittelwerte, KT-RUS)

Instrumental in NPn

Für die Gruppe suk-TE konnten anhand des Datensatzes 16 NPn im Instrumental ausgewertet werden, davon kamen jeweils acht NPn im T1 und im T2 vor, d. h., dass nicht zu allen Kindern der Gruppe suk-TE die analysierbaren NPn im Instrumental erhoben werden konnten (siehe Tabelle D24 in Anhang D). Alle erhobenen NPn wurden zielsprachlich markiert.

Instrumental in PPn

Die PPn im Instrumental kamen bei der Gruppe suk-TE mit insgesamt 77 Beobachtungen deutlich öfter als die NPn vor. Dabei lag der Mittelwert der zielsprachlich realisierten Instrumentalmarkierungen im T1 bei 92,1 % (SD = 16,3). Die nicht zielsprachlichen Kasusmarkierungen wurden durch drei verschiedene Markierungsstrategien realisiert: Zu 3,8 % (SD = 13,9) wurde der Instrumental durch den Nominativ, zu 2,6 % (SD = 9,2) durch den Dativ und zu 1,5 % (SD = 5,5) durch den Genitiv substituiert. Im T2 stieg der Wert für die Zielsprachlichkeitsrate auf durchschnittlich 100 %. Einen Überblick über die Durchschnittswerte für beobachtete PPn im Instrumental gibt Abbildung 38. Die individuellen Durchschnittswerte und die absoluten Häufigkeiten zu den einzelnen Kindern sind in Tabelle D25, Anhang D zu sehen.

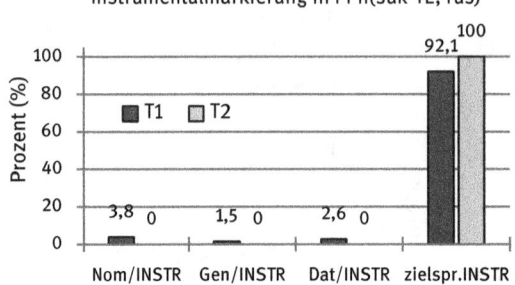

Abb. 38: Morphologische Realisierung der Instrumentalmarkierungen in PPn bei suk-TE zum T1 und T2 (Mittelwerte, KT-RUS)

Instrumental gesamt

Dadurch, dass die instrumentalmarkierten NPn in den Untersuchungsdaten nur selten vorkamen, änderte die Addition der NPn und PPn die Zielsprachlichkeitsrate der Instrumentalmarkierung kaum: Im T1 lag sie bei 92,7 % (SD = 15,4) und im T2 bei 100 % (siehe Abbildung 39).

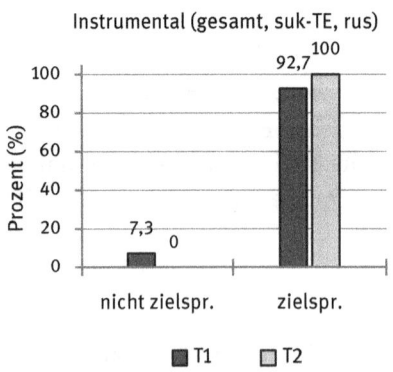

Abb. 39: Morphologische Realisierung der Instrumentalmarkierungen (NPn und PPn gesamt) bei suk-TE zum T1 und T2 (Mittelwerte, KT-RUS)

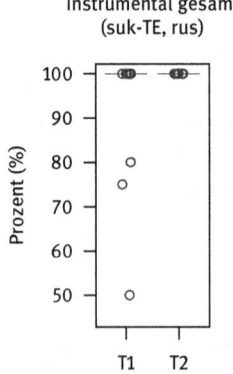

Abb. 40: Verteilung der zielsprachlichen Realisierung des Instrumentals (NPn und PPn gesamt) bei suk-TE zum T1 und T2 (Mittelwerte, KT-RUS)

Anhand Abbildung 40 wird deutlich, dass lediglich bei drei Kindern im T1 die Zielsprachlichkeit zwischen unterdurchschnittlichen (M = 92,7) 50 % und 80 % lag. Zehn andere Kinder verwendeten hingegen den Instrumental zielsprachlich. Zu vier verbliebenen Kindern lagen keine NP-/PP-Strukturen im Instrumental vor (für Detailinformationen siehe Tabelle D27 in Anhang D).

Präpositiv
Aus Abbildung 9 zur Realisierung der NP-/PP-Strukturen ließ sich bereits erkennen, dass die Verwendung der präpositivischen PPn für die Kinder der Gruppe suk-TE die größte Herausforderung darstellte. Betrachtet man die Kasusmarkierung der PPn im Präpositiv näher, dann zeigt sich, dass im T1 lediglich 73,8 % (SD = 37,4) aller Präpositivmarkierungen zielsprachlich gebraucht wurden. Im T2 stieg jedoch die Zielsprachlichkeitsrate im Durchschnitt auf 89,1 % (SD = 18,4) an. Bei den nicht zielsprachlich markierten PPn wurden insgesamt zwei Strategien beobachtet: Im T1 kam nur ein Substitutionstyp vor, bei dem ambige statt präpositivische Markierungen (durchschnittlich zu 26,2 %, SD = 37,4) verwendet wurden. Im T2 kamen zu den ambigen (durchschnittlich 8,9 %, SD = 17,6) noch die reduzierten Markierungen (durchschnittlich 2,1 %, SD = 8,3) hinzu. Die detaillierten Werte zu Abbildung 41 sind in Tabelle D26, Anhang D aufgeführt.

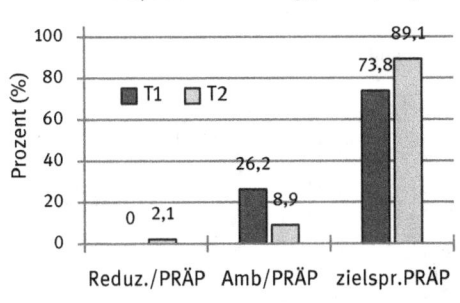
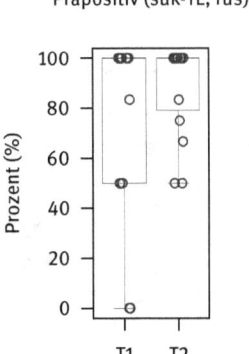

Abb. 41: Morphologische Realisierung der Präpositivmarkierungen bei suk-TE zum T1 und T2 (Mittelwerte, KT-RUS)

Abb. 42: Verteilung der zielsprachlichen Realisierung des Präpositivs bei suk-TE zum T1 und T2 (Mittelwerte, KT-RUS)

Betrachtet man die Verteilung der zielsprachlichen Präpositivmarkierungen für einzelne suk-TE-Kinder anhand Abbildung 42, zeigt sich, dass zwei Kinder, deren Zielsprachlichkeitsrate im T1 bei 0 % lag, ihre Leistung zum T2 verbesserten. Dadurch wurde die Streuung und somit die Spannbreite des Boxplots im T2 insgesamt geringer.

8.2.2.1.3 Gegenüberstellung der Ergebnisse zur Verwendung der Kasusmarkierungen zu der Gruppe sim-TE und suk-TE

In den vorhergehenden Abschnitten wurden die morphologischen Realisierungen der Kasusmarkierungen in NPn und PPn zu den jeweiligen Testzeitpunkten für die Gruppen sim-TE und suk-TE ausführlich beschrieben. Für einen abschließenden Überblick werden in Abbildung 43 die Mittelwerte für alle morphologisch zielsprachlich realisierten Kasusmarkierungen in NPn und in PPn im Vergleich zueinander dargestellt. Es lässt sich festhalten, dass die durchschnittliche Zielsprachlichkeitsrate für die Kasusmarkierungen in NPn und PPn insgesamt sehr hoch war. Bei den NPn waren Unterschiede zwischen den beiden Gruppen zu beiden Testzeitpunkten kaum vorhanden. Bei den Kasusmarkierungen in den PPn zeigte die Gruppe suk-TE hingegen im T1 mit 89,6 % im Vergleich zur sim-TE mit durchschnittlich 94,8 % eine leichte Abweichung nach unten, die jedoch zum T2 kaum mehr bestand. Betrachtet man die Zielsprachlichkeitsrate aller Kasusmarkierungen insgesamt, lagen die Durchschnittswerte im Bereich zwischen 93,9 % und 95,3 %. Somit kann in diesem Fall kaum von Unterschieden zwischen den Gruppen geredet werden (vgl. Tabelle D17 und D28).

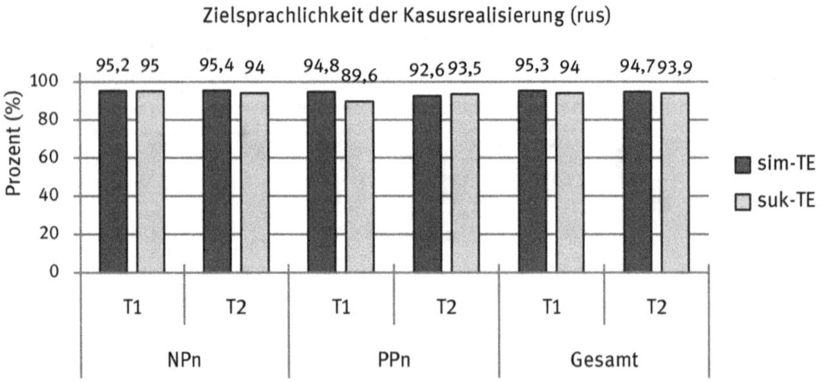

Abb. 43: Zielsprachlichkeit der Kasusrealisierungen in NPn und PPn (Kasus gesamt) bei sim-TE und suk-TE (Mittelwerte, KT-RUS)

In Bezug auf die Auswertung zur Realisierung der elizitierten NPn und PPn (vgl. Abschnitt 8.2.2.1) scheint es jedoch der Fall zu sein, dass nur bei der intakten

Realisierung der elizitierten NP- oder PP-Strukturen die Kasusmarkierungen den Kindern insgesamt keine Schwierigkeiten bereiteten.

Die Anzahl der beobachteten nicht zielsprachlichen Verwendungen in beiden Gruppen insgesamt war sehr gering. Anhand Abbildung 44 wird das Fehlermuster optisch aufbereitet, welches sich aus den kumulierten Durchschnittswerten der nicht zielsprachlich realisierten Kasusmarkierungen in den jeweiligen Gruppen zu zwei beobachteten Testzeitpunkten ergab.

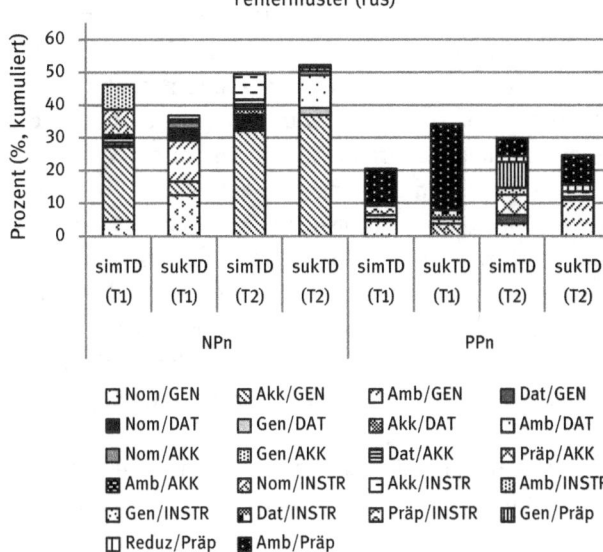

Abb. 44: Fehlermuster bei der morphologischen Realisierung der Kasus in NPn und PPn bei sim-TE und suk-TE zum T1 und T2 (kumulierte Mittelwerte, KT-RUS)

Es fällt sofort auf, dass das Fehlermuster sehr vielfältig und komplex ist. Wichtig scheinen jedoch die Substitutionen zu sein, die sowohl in beiden Gruppen als auch zu beiden Testzeitpunkten bei der Realisierung der jeweiligen Kasusmarkierungen vorkamen. Dazu gehörten vier verschiedene Substitutionen bei den NPn: Substitution des Genitivs durch den Akkusativ (*Akk/GEN*), Substitution des Akkusativs durch den Nominativ (*Nom/AKK*) oder Genitiv (*Gen/AKK*) und Substitution des Akkusativs durch den Dativ (*Dat/AKK*) und lediglich eine Substitution bei den PPn: Substitution des Präpositivs durch ambige Markierung (*Amb/PRÄP*).

Die Substitution des Genitivs durch den Akkusativ (*Akk/GEN*) wies in NPn auffällig große Durchschnittswerte auf. Bei genauer Betrachtung dieser Substitution ließ sich jedoch feststellen, dass sie fast ausschließlich bei der Elizitierung des Genitivs in der attributiven Funktion auftrat, z. B.:

(115)   *(Lisa nesët) vodičku vedrom.
        (Lisa nesët)   vodičk-u   vedr-om
        (Fuchs trägt)   Wässerchen-F.SG.AKK   Eimer-N.SG.INSTR
        statt: vedr-o   vodičk-i
                        Eimer-N.SG.AKK   Wässerchen-F.SG.GEN
        ‚Der Fuchs trägt den Eimer Wasser.'

Wäre das Wort *vodičku* allein in der Funktion des DOs aufgetreten, dann wäre die Akkusativmarkierung zielsprachlich. Die NP *vedrom* ‚Eimer', die als DOe verwendet werden sollte, ist in diesem Fall fehlerhaft als Adverbialbestimmung im Instrumental gebraucht. Die Vermutung liegt daher nahe, dass die Kinder die Schwierigkeiten nicht mit der Genitivmarkierung, sondern eher mit der Verwendung der NP-Strukturen haben, die mit einem Genitivattribut erweitert sind. Diese Vermutung wird vor allem dadurch gestärkt, dass dieser Substitutionstyp bei der Genitivmarkierung in den PPn komplett entfiel. Die Ergebnisse zeigen weiterhin, dass diese Schwierigkeit in beiden Gruppen vom T1 zum T2 größer zu werden scheint. Die Beobachtung, dass in der Gruppe suk-TE diese Art der Substitutionen im T1 einen kleineren Durchschnittswert im Vergleich zur Gruppe sim-TE hatte, der im T2 hingegen sogar etwas größer wurde, deutet darauf hin, dass die Kontaktzeit zur Zweitsprache einen möglichen Einfluss auf die Markierung des Genitivattributs ausüben könnte (für eine weitergehende Diskussion siehe Abschnitt 9.2.1).

Die zwei weiteren zu beobachtenden Substitutionen in NPn – Substitution des Akkusativs durch den Nominativ (*Nom/AKK*, z. B. *zajčikØ*$_{M.SG.NOM}$ statt *zajčika*$_{M.SG.GEN}$ ‚Häschen') oder durch den Genitiv (*Gen/AKK*, z. B. *cvetočka*$_{M.SG.GEN}$ statt *cvetočkØ*$_{M.SG.AKK}$ ‚Blume') – werden in der Forschungsliteratur zum Russischen sowohl im Kontext des monolingualen als auch des bilingualen Kasuserwerbs relativ oft beschrieben und sind auf die Schwierigkeit mit der Markierung der Belebtheitskategorie zurückzuführen (vgl. Abschnitt 4.3 zum Synkretismus bei belebten und unbelebten Substantiven sowie Abschnitt 5.3 zum Kasuserwerb).

(116)   *(Lisa vidit) zajčik.
        (Lisa vidit)   zajčik-Ø (*statt:* zajčik-a)
        (Fuchs sieht)   Häschen-M.SG.NOM (*statt:* -M.SG.GEN)
        ‚Der Fuchs sieht einen Hasen.'

(117) *(Lisa polivaet) cvetočka.
       (Lisa polivaet)   cvetočk-a (*statt:* cvetoček-Ø)
       (Fuchs gießt)   Blume-M.SG.GEN (*statt:* -M.SG.AKK)
       ‚Der Fuchs gießt eine Blume.'

Die Übergeneralisierung des Nominativs auf den Akkusativ wurde allerdings auch bei den femininen Substantiven der II. Deklination beobachtet, bei denen die Belebtheitskategorie keinen Zusammenfall der Nominativ- bzw. Genitiv- mit der Akkusativmarkierung hervorruft, z. B.:

(118) *(Lisa) <u>tarelka</u> neset.
       (Lisa)   tarelk-a (*statt:* tarelk-u)   nes-ët
       (Fuchs) Teller-F.SG.NOM (*statt:* -F.SG.AKK) bring-3P.SG.PRS
       ‚Der Fuchs bringt einen Teller.'

Eine mögliche Erklärung dafür wäre die Tatsache, dass die Flexion -*a* die größte Homonymie sowohl zwischen den Kasusformen innerhalb eines Kasus als auch zwischen verschiedenen Kasus aufweist (vgl. Kasusparadigmen in Tabelle 4, S. 103). Die hohe Vorkommenshäufigkeit der Flexion -*a* kann also ihre Übergeneralisierung auf andere Kasusformen effizieren.

Bei der Substitution des Flexivs -*a* durch -*u* kann es sich einerseits um eine Kasussubstitution handeln, bei der die Akkusativ- durch die Dativmarkierung (*Dat/AKK*, vgl. Annotation der Daten) ersetzt wird, z. B.:

(119) *Lisa našla <u>zajčiku</u>.
       Lis-a   naš-la   zajčik-u (*statt:* zajčik-a)
       Fuchs-F.SG.NOM find-F.SG.PRT Häschen-M.SG.DAT (*statt:* -M.SG.AKK)
       ‚Der Fuchs hat den Hasen gefunden.'

Andererseits kann es sich auch um die Substitution innerhalb des Akkusativparadigmas handeln, bei der die Akkusativmarkierung der II. Deklination auf die Akkusativmarkierung der I. Deklination übergeneralisiert wird, vgl. die Beispiele zur Akkusativ- und Dativmarkierung an den Substantiven der I. und II. Deklination:

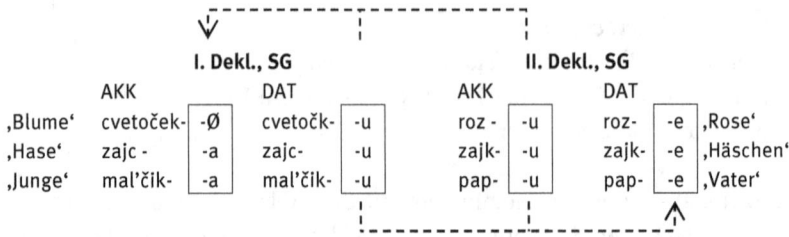

Abb. 45: Substitutionen zwischen zwei Deklinationstypen

Eine derartige Substitution wird in der Forschungsliteratur zum kindlichen Spracherwerb des Russischen häufig beschrieben und ist danach auf eine große Anzahl sowie hohe Relevanz der femininen und maskulinen Substantive der II. Deklination (z. B. *mama* ‚Mutter', *papa* ‚Vater', *babuška* ‚Oma', *deduška* ‚Opa', *sobaka* ‚Hund') im kindlichen Input zurückzuführen (vgl. Peeters-Podgaevskaja 2008: 616). Für neun der zehn Substantive in der Gruppe sim-TE und für sechs der sieben Substantive in der Gruppe suk-TE konnte bei der Substitution *Dat/AKK* die Übergeneralisierung der Akkusativmarkierung der II. Deklination auf die der I. Deklination nicht ausgeschlossen werden. Sie kam sowohl bei den NPn als auch bei den PPn vor, z. B.:

(120) **Zajac na derevu zalezaet.*
       Zajac-Ø   na   derev-u (*statt:* derev-o)
       Hase-M.SG.NOM auf Baum-N.SG.DAT (*statt:* -N.SG.AKK)
       zaleza-et
       klettert-3P.SG.PRS
       ‚Der Hase ist auf den Baum geklettert.'

Auch bei der Substitution des Flexivs *-e* durch das Flexiv *-u* könnte es sich einerseits um die Substitution des Akkusativs auf den Dativ (Akk/DAT) oder andererseits um die Substitution der Dativmarkierung der II. Deklination durch die der I. Deklination handeln, z. B.:

(121) **(Ja pomogu) <u>lisu</u>.*
       (Ja pomogu) lis-u (*statt:* lis-e)
       (Ich helfe)   Fuchs-F.SG.AKK (*statt:* -F.SG.DAT)
       ‚Ich helfe dem Fuchs.'

Bei der Substitution *Amb/PRÄP* bestand die Ambiguität meistens darin, dass eine synkretische Nominativ-/Akkusativform auf den Präpositiv übergeneralisiert wurde, z. B.:

(122) **Oni spjat na odejalo.*
Oni sp-jat na
sie-3P.PL.NOM schlaf-3P.PL.PRS auf
odejal-o (*statt:* odejal-e)
Decke-N.SG.AMB (*statt:* -N.SG.PRÄP)
‚Sie schlafen auf einer Decke.'

Lediglich einmal in der Gruppe sim-TE und dreimal in der Gruppe suk-TE wurde die Ambiguität durch die Assimilation des Flexionsvokals hervorgerufen, bei der akustisch schwer bestimmt werden konnte, ob es sich dabei um ein [i] oder [e] handelte, z. B.:

(123) **Oni spjat na odejal-[i/e]?*
Oni sp-jat na odejal-[i/e]?
sie-3P.PL.NOM schlaf-3P.PL.PRS auf Decke-N.SG.AMB
‚Sie schlafen auf einer Decke.'

Betrachtet man alle beobachteten Substitutionen insgesamt, fällt Folgendes auf:
1) Es gab lediglich zwei grundlegende Substitutionstypen, die sowohl in der Gruppe sim-TE als auch in der Gruppe suk-TE am häufigsten auftraten. Beim ersten Typ wurde eine oblique Kasusmarkierung durch eine nominativische bzw. nominativähnliche (aufgrund des Nominativ/Akkusativ-Synkretismus) Kasusmarkierung ersetzt. Beim zweiten Typ wurde eine oblique Kasusmarkierung durch eine akkusativische Kasusmarkierung substituiert. Der Unterschied zwischen den Gruppen bestand darin, dass die sim-TE-Kinder die akkusativischen Markierungen etwas öfter übergeneralisierten, bei den suk-TE-Kindern waren es hingegen die nominativischen bzw. nominativähnlichen Kasusmarkierungen.
2) Der am seltensten beobachtete Substitutionstyp war die Substitution einer obliquen Kasusmarkierung durch eine Instrumental- oder Präpositivmarkierung (vgl. Abbildung 44).
3) Die Übergeneralisierungen der Genitiv- oder Dativmarkierung auf die übrigen Kasusformen konnten im Vergleich zum Instrumental und Präpositiv

häufiger beobachtet werden, jedoch fielen sie insgesamt ebenfalls gering aus.
4) Insgesamt lässt sich festhalten, dass das Farbmuster für die Kasusmarkierung in den NPn und PPn wenig Gemeinsamkeiten zeigte (vgl. Abbildung 44): Von 23 beobachteten Substitutionen waren es lediglich fünf, die sowohl bei den NPn als auch bei den PPn vorkamen. Ob man in diesem Fall wirklich über NP- oder PP-spezifische Substitutionen sprechen kann, lässt sich aufgrund der Datenlage statistisch nicht überprüfen.
5) Der kumulierte durchschnittliche Anteil für die nicht zielsprachlichen Kasusmarkierungen bei den NPn und PPn stieg vom T1 zum T2 an.

8.2.2.2 Im Deutschen

In den Datensatz zur Untersuchung der Kasusmarkierungen wurden ähnlich wie bei der Untersuchung des Russischen nur die tatsächlich realisierten NPn und PPn mit oder ohne kasustragende Elemente (z. B. bestimmter oder unbestimmter Artikel, Demonstrativpronomen) aufgenommen. Ausgeschlossen wurden:
- die NPn/PPn mit eindeutigem Genusfehler, z. B.: *dem* Mutter, *den* Katze,
- die PPn mit semantisch falschen bzw. nicht zu erwartenden Präpositionen, z. B.: *Die Katze springt auf dem Fenster* statt *Die Katze springt aus dem Fenster*,
- die PPn mit reduzierten Präpositionen, z. B.: *a* (statt: auf) *den Stuhl* und
- die PPn mit ausgelassenen Präpositionen, z. B.: Ø[auf] *Stuhl*.

Der Hauptgrund für das Ausschließen dieser Beobachtungen war, dass hier eine eindeutige Fehlerinterpretation kaum möglich ist: Ist der Fehler auf die falsche Kasusverwendung oder auf Genusfehler bzw. falsche, reduzierte oder ausgelassene Präpositionen zurückzuführen?

Vergleichbar mit der Kodierung der russischen Daten (siehe Abschnitt 8.2.2.1) wurden die ausgewählten NPn und PPn des Datensatzes einer der folgenden Kategorien[68] zugeordnet:
1. Ø/AKK bzw. Ø/DAT: Aufgrund der Auslassung des kasustragenden Elements in NP oder PP blieb der Kasus unmarkiert bzw. nullmarkiert, z. B.:

---

[68] Die Kategorisierung basiert auf dem in Schmitz (2006) beschriebenen Schema (mit den Kategorien: Nom/DAT, Akk/DAT, Amb./DAT, Ø/DAT, DAT ziel., Dat/AKK, vgl. auch Scherger 2015b), welches im Rahmen dieser Teilanalyse um die Kategorie *Reduz/AKK* bzw. *Reduz/DAT* erweitert worden ist. Der zielsprachliche bzw. erfragte Kasus ist jeweils in Großbuchstaben wiedergegeben.

(124) *Der hat nich(t) Ø[die] Katze gefangen.
(125) *Und Hund gib(t) Ø[dem] Junge(n) diesen Ball.

2. *Reduz/AKK* bzw. *Reduz/DAT*: Das kasustragende Element in NP oder PP wurde reduziert, daher wurde der Kasus nicht eindeutig markiert, z. B.:

(126) *Hund gibt den Junge(n) de Ball.
(127) *Der Hund gibt de Junge(n) das Buch.

3. *Nom/AKK* bzw. *Nom/DAT*: Ein obliquer Kasus – Akkusativ bzw. Dativ – wurde durch den Nominativ substituiert, z. B.:

(128) *Der Hund frisst der Knochen.
(129) *Das Hund gibt der Junge(n) das grüne Buch.

4. *Dat/AKK* bzw. *Akk/DAT*: Ein obliquer Kasus – der Akkusativ bzw. Dativ – wurde durch einen anderen obliquen Kasus – den Dativ bzw. Akkusativ – substituiert, z. B.:

(130) *Die Katze springt auf dem Stuhl.
(131) *Der Hund ist jetzt auf den Stuhl.

5. Der Kasus wurde ambig statt akkusativisch bzw. dativisch markiert: *Amb(phon.)/AKK*: Die erste Gruppe der ambigen Kasusmarkierungen bildeten die Fälle, in denen sich die Ambiguität zwischen dem Nominativ und dem Akkusativ aufgrund einer phonetischen Reduzierung des indefiniten Artikels der Akkusativform des Maskulinums (*einen* ⇒ *ein'n*) ergab, z. B.:

(132) *Junge gibt Hund ein'n Knochen.

Aufgrund einer hohen akustischen Ähnlichkeit konnte bei der Verschriftlichung der Sprachdaten zwischen den Artikelformen *ein* und *ein'n* nicht immer eindeutig differenziert werden. Die Verwendung des indefiniten Artikels *ein* statt *ein'n* bzw. *einen* ist als Genusfehler oder/und als Kasusfehler zu interpretieren, z. B. in dem Fall, wenn das Kind das Wort *Kuchen* als Neutrum annimmt, würde es sich um einen Genusfehler handeln. Um den Kasusfehler ausschließen zu können, müssten weitere Kontexte mit dem gleichen Wort im Nominativ mit dem definiten Artikel untersucht werden, wenn z. B. das Kind *Kuchen* im Nominativ mit dem Artikel *das* verwendet, kann bei der Verwendung von *ein* bzw. *ein'n Kuchen* statt *einen Kuchen* angenommen werden, dass es sich dabei um einen Genusfehler mit der Artikelform *ein* handelt. Aufgrund der geringen Kontexte im Nominativ war eine solche Überprüfung jedoch nicht möglich, deswegen wurden alle nicht eindeutig interpretierbaren Fälle unter ambig zusammengefasst und getrennt von den zielsprachlichen Verwendungen betrachtet.

Amb/DAT: Die zweite Gruppe der ambigen Kasusmarkierungen bildeten die Fälle, in denen die Elizitierung des Dativs eine homonyme Form der Kasusmarkierung hervorrief. Hierzu wurden gezählt: die Akkusativformen im Femininum und Neutrum sowie die Fälle der phonetischen Reduzierung des indefiniten Artikels *ein'n* der Akkusativform des Maskulinums, z. B.:

(133)   *Der Junge schenk(t) die Mama ein'n Schal.

Im Unterschied zur Kategorie *Amb(phon.)/AKK*, bei der die Deutung zwischen zielsprachlich und nicht zielsprachlich ambig ist, kann in dem Fall der Kategorie *Amb/DAT* die Kasusmarkierung eindeutig als nicht zielsprachlich bestimmt werden.

6. Der Kasus wurde als Akkusativ bzw. Dativ zielsprachlich markiert (*zielspr. AKK* bzw. *zielspr. DAT*), z. B.:

(134)   Er gibt den Kuchen der Mama.
(135)   Und der Junge gibt dem Hund den Knochen.

Als zielsprachlich werden alle korrekten Kasusformen angesehen, selbst wenn sie homonym mit anderen Kasusformen sind (z. B. Akkusativmarkierungen im Femininum und Neutrum).

Die vorliegende Teiluntersuchung behandelt zwei Schwerpunkte:
- Zuerst wird beschrieben, welchen Strategien die Gruppen sim-TE und suk-TE folgen, um den Kasus – Akkusativ bzw. Dativ – in NPn und PPn im T1 und T2 zu markieren.
- Danach werden die Ergebnisse aus der Gruppe sim-TE und suk-TE gegenübergestellt und auf ihre Unterschiede bzw. die Gemeinsamkeiten untersucht.

8.2.2.2.1 Verwendung der Kasusmarkierungen im Deutschen bei den simultan bilingualen Kindern mit unauffälliger Sprachentwicklung

Akkusativ in NPn

Insgesamt konnten für die Gruppe sim-TE 353 akkusativische NPn ausgewertet werden. Hierbei lag die absolute Häufigkeit der analysierten NPn im T1 bei 153 und im T2 bei 200 NPn. Tabelle E7 in Anhang E stellt die wichtigsten Daten zur sim-TE-Gruppe aus dem T1 und T2 zusammen. Abbildung 46 zeigt, auf welche Strategien die Kinder zur Markierung des Akkusativs in NPn zurückgriffen: Im T1 waren es insgesamt sechs, im T2 hingegen nur vier.

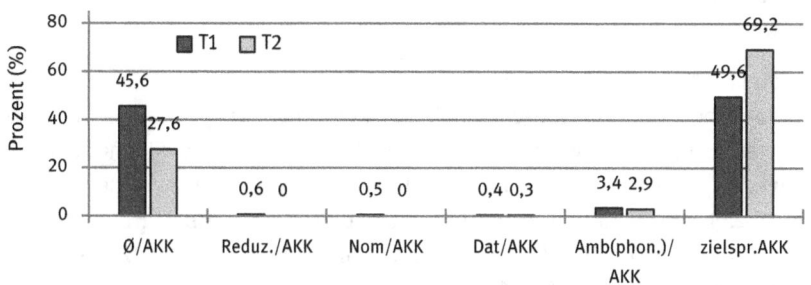

Abb. 46: Morphologische Realisierung der Akkusativmarkierungen in NPn bei sim-TE zum T1 und T2 (Mittelwerte, KT-DEU)

Im T1 wurde der Akkusativ in NPn durchschnittlich zu 49,6 % (SD = 43,6) zielsprachlich markiert. Im T2 stieg dieser Prozentwert auf 69,2 % (SD = 32,4). Somit wurden die akkusativischen NPn zum T1 durchschnittlich etwa zur Hälfte und im T2 überwiegend zielsprachlich kasusmarkiert. Die zweithäufigste beobachtete Strategie bei der Realisierung der Akkusativmarkierung war sowohl im T1 als auch im T2 die Auslassung des Artikels. Ihr durchschnittlicher Anteil betrug im T1 45,6 % (SD = 45,4) und sank zum T2 auf 27,6 % (SD = 33,4). Der Anteil der realisierten, jedoch nicht zielsprachlichen Akkusativmarkierungen war in der Gruppe gering: Im T1 lag er durchschnittlich bei 4,9 %, verteilt über vier verschiedene Markierungsstrategien: ambige Kasusmarkierung (3,4 %, SD = 13,4), Reduktion des Artikels (0,6 %, SD = 2,8) sowie Substitution des Akkusativs durch den Nominativ (0,5 %, SD = 2,2) oder durch den Dativ (0,4 %, SD = 1,6). Er sank zum T2 durchschnittlich geringfügig auf 3,2 %, verteilt über zwei Markierungsstrategien: Verwendung des Dativs statt des Akkusativs (0,3 %, SD = 1,4) sowie ambige Markierungen (2,9 %, SD = 7,5).

An Abbildung 46 ist leicht zu erkennen, dass in der Gruppe sim-TE zum einen die Rate der zielsprachlich akkusativmarkierten NPn lediglich im T2 sichtbar höher war, als die nicht zielsprachlich markierten. Der häufigste Fehlertyp war zu beiden Testzeitpunkten die Artikelauslassung in NPn (Ø/AKK). Zum anderen zeigte sich, dass die Zielsprachlichkeitsrate vom T1 zum T2 stieg und die Rate der fehl- bzw. nullmarkierten NPn zurückging. Dabei reduzierte sich die Anzahl der beobachteten Strategien zur Markierung des Kasus um zwei Strategien. Die nicht zielsprachliche Verwendung reduzierte sich auf die Auslassung der Artikel und die Substitution des Akkusativs durch den Dativ. Bei der ambigen Akkusativverwendung ließ sich die Nicht-Zielsprachlichkeit nicht eindeutig bestimmen.

Akkusativ in PPn

In Analogie zu NPn wird in der nächsten Analyse die Markierung des Kasus in PPn untersucht. Hierzu wurden insgesamt 156 PPn auf Akkusativmarkierung ausgewertet, von denen 65 PPn im T1 und 91 PPn im T2 erhoben wurden. Abbildung 47 gibt einen Überblick darüber, welche Strategien zur Markierung des Akkusativs in PPn die Kinder der Gruppe sim-TE zu beiden Testzeitpunkten verwendeten (vgl. Tabelle E8 in Anhang E).

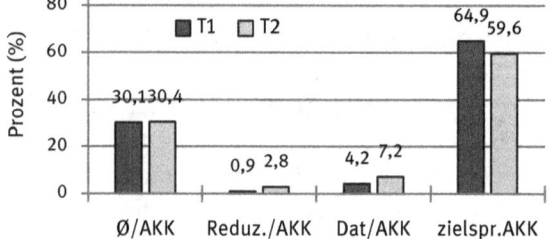

Abb. 47: Morphologische Realisierung der Akkusativmarkierungen in PPn bei sim-TE-Kindern zum T1 und T2 (Mittelwerte, KT-DEU)

Im T1 betrug die zielsprachliche Akkusativmarkierung in PPn im Durchschnitt 64,9 % (SD = 40,1). Die Nullmarkierung kam bei 30,1 % (SD = 37,1) vor. Zu durchschnittlich 5,1 % wurden die PPn zwar kasusmarkiert, ihre Markierung war jedoch nicht zielsprachlich: Hierbei wurde der Artikel einmal reduziert (durchschnittlich bei 0,9 %, SD = 3,3) und die Dativ- auf die Akkusativmarkierung dreimal (durchschnittlich bei 4,2 %, SD = 10,7) übergeneralisiert. Die Markierungsstrategien zur Substitution des Akkusativs durch den Nominativ oder eine ambige Kasusmarkierung wurden im Untersuchungsdatensatz für die sim-TE-Gruppe weder im T1 noch – wie sich später herausstellte – im T2 beobachtet.

Im T2 stieg die Anzahl der produzierten akkusativischen PPn an, wobei es jedoch nicht zu einer auffälligen Verbesserung in der Verwendung der zielsprachlichen Akkusativmarkierungen kam. Im Gegenteil, die durchschnittliche relative Häufigkeit sank geringfügig zum T2 auf 59,6 % (SD = 40,9), während der durchschnittliche Anteil der Null- und der nicht zielsprachlich realisierten Kasusmarkierungen etwas anstieg: So wurde der Artikel zu 30,4 % (SD = 40,1) ausgelassen. Die Substitution der Akkusativ- durch die Dativmarkierung kam bei 7,2 % (SD = 18,8) vor. Zu 2,8 % (SD = 8,5) wurde der Artikel in PPn reduziert. Tabelle E8 sind die wichtigsten Werte aus dem T1 und T2 zu entnehmen.

Insgesamt lässt sich hinsichtlich der Verwendung verschiedener Strategien zur Akkusativmarkierung in PPn für die Gruppe sim-TE festhalten, dass die Anzahl der Beobachtungen vom T1 zum T2 anstieg, jedoch zwischen den zwei Testzeitpunkten keine Steigerung der Zielsprachlichkeit erfolgte.

Akkusativ gesamt

Betrachtet man die Gesamtheit aller akkusativischen Phrasenstrukturen (NPn und PPn), lässt sich feststellen, dass im T1 die zielsprachlichen Markierungen im Durchschnitt bei 52,2 % (SD = 41,9) vorkamen. Zum T2 stieg ihr Anteil auf 67,6 % (SD = 31,9) sichtlich an (vgl. Abbildung 48 und Tabelle E11 in Anhang E).

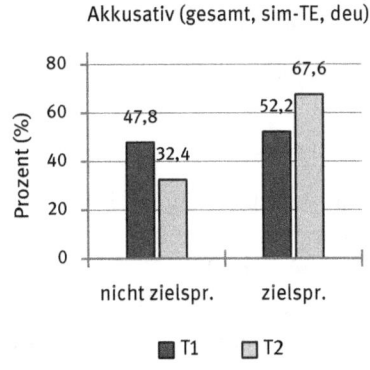
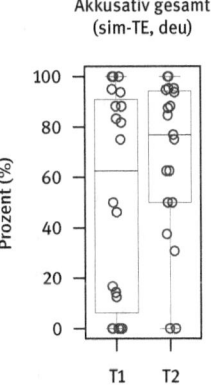

Abb. 48: Morphologische Realisierung der Akkusativmarkierungen (NPn und PPn gesamt) bei sim-TE zum T1 und T2 (Mittelwerte, KT-DEU)

Abb. 49: Verteilung der zielsprachlichen Realisierung des Akkusativs (NPn und PPn gesamt) bei sim-TE zum T1 und T2 (Mittelwerte, KT-DEU)

Anhand des Plots (siehe Abbildung 49) lässt sich visualisieren, dass sich die durchschnittliche Verteilung der Zielsprachlichkeit vom T1 zum T2 deutlich nach oben verschob. Während der durchschnittliche Medianwert im T1 einen Wert von 62,5 erreichte, stieg er zum T2 auf 76,9. Die kleinere Box im T2 weist weiterhin auf eine geringere Variabilität im Vergleich zum T1 hin. Während es im T1 insgesamt fünf Kinder gab, die keine zielsprachlichen Akkusativmarkierungen produzierten, waren es im T2 nur zwei Kinder. Insgesamt ließ sich ein deutlicher Fortschritt für die erreichte Zielsprachlichkeit sowohl bei den einzelnen Kindern als auch bei der Gruppe sim-TE feststellen.

Dativ in NPn

Für die Analyse zur Verwendung der Dativmarkierungen in NPn wurden für die Gruppe sim-TE insgesamt 133 NPn auf die Dativmarkierung ausgewertet, davon 57 NPn aus dem T1 und 76 NPn aus dem T2. Abbildung 50 visualisiert hierzu die in der Gruppe sim-TE beobachteten Markierungsstrategien (zu Details siehe Tabelle E9 in Anhang E).

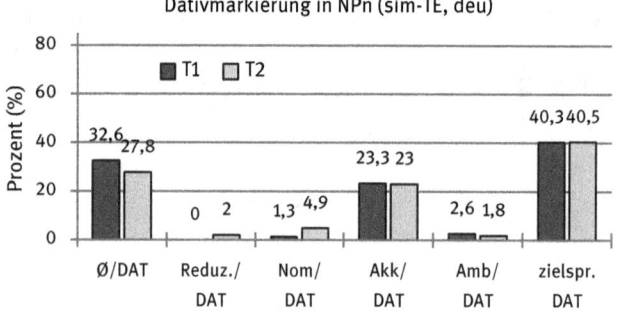

Abb. 50: Morphologische Realisierung der Dativmarkierungen in NPn bei sim-TE zum T1 und T2 (Mittelwerte, KT-DEU)

Bei der Markierung des Dativs in NPn zeigte sich prinzipiell ein ähnliches Bild wie bei der Markierung des Akkusativs: Jede Markierungsstrategie tauchte in den Untersuchungsdaten mindestens zu einem der beiden Testzeitpunkte auf. Es ließen sich jedoch auch Unterschiede zum Akkusativ beobachten. Der erste wesentliche Unterschied bestand darin, dass im Dativ der Mittelwert der nicht zielsprachlichen Kasusmarkierungen insgesamt höher als im Akkusativ lag. Der zweite Unterschied war, dass im Dativ die zielsprachlichen Kasusmarkierungen überwiegend auf zwei Markierungsstrategien in vergleichbare Anteile aufgeteilt wurden: Auslassung des Artikels und Substitution des Dativs durch den Akkusativ.

Im T1 wurde die Dativmarkierung in NPn durchschnittlich zu 40,3 % (SD = 41,8) zielsprachlich und zu 32,6 % (SD = 43,8) null realisiert, zu 23,3 % (SD = 31,2) wurde sie durch die Akkusativ- und lediglich einmal (1,3 %, SD = 4,6) durch die Nominativmarkierung substituiert. Die ambige Markierung kam ebenfalls nur einmal (2,6 %, SD = 9,2) vor. Die Reduktion des Artikels wurde im Datensatz des T1 nicht beobachtet.Im T2 wurden zwar insgesamt 19 dativische NPn mehr als im T1 verwendet, die Verteilung der beobachteten Markierungsstrategien veränderte sich aber nur geringfügig. Die relative Häufigkeit der zielsprachlichen Markierungen stieg mit 40,5 % (SD = 38,3) im Durchschnitt kaum an. Der durchschnittliche Anteil der ausgelassenen Artikel sank auf 27,8 % (SD = 30,3). Die Substitution des Dativs durch den Akkusativ blieb unveränderlich bei durchschnittlich 23 % (SD = 26,7). Jeweils zweimal kam die Ersetzung des Dativs durch den Nominativ (durchschnittlich bei 4,9 %, SD = 14,1) und ambige Markierungen (durchschnittlich bei 1,8 %, SD = 5,2) vor. Einmal (durchschnittlich bei 2 %, SD = 8,1) wurde der Artikel in NP reduziert.

Dativ in PPn

Zur Untersuchung der Dativmarkierungen wurden für die sim-TE-Gruppe insgesamt 261 dativische PPn ausgewertet. Abbildung 51 stellt die relative Häufigkeitsverteilung der Markierungsstrategien zu den jeweiligen Testzeitpunkten in der sim-TE-Gruppe dar. Tabelle E10 in Anhang E stellt die wichtigsten Werte zur Abbildung zusammen.

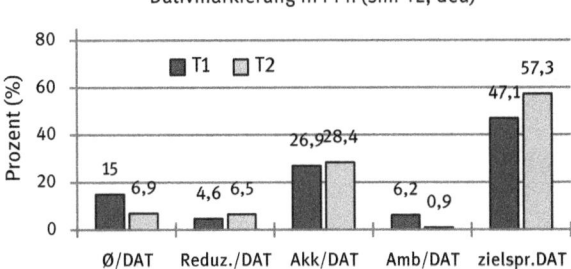

Abb. 51: Morphologische Realisierung der Dativmarkierungen in PPn bei sim-TE zum T1 und T2 (Mittelwerte, KT-DEU)

Im T1 dominierte die zielsprachliche Markierungsstrategie mit durchschnittlich 47,1 % (SD = 39,1). Zu 15 % (SD = 32,7) blieben die PPn wegen der Auslassung eines Artikels nullmarkiert. Unter den nicht zielsprachlichen Markierungsstrategien hatte die Übergeneralisierung des Akkusativs auf den Dativ mit durchschnittlich 26,9 % (SD = 26) den größten durchschnittlichen Anteil. Die zwei anderen nicht zielsprachlichen Markierungstypen hatten einen durchschnittlichen Anteil von 10,8 %, aufgeteilt auf die Reduktion des Artikels (4,6 %, SD = 11,1) und der ambigen Markierung (6,2 %, SD = 23,6). Die Substitution des Dativs durch den Nominativ kam weder im T1 noch im T2 vor.

Zum T2 verbesserte sich die Zielsprachlichkeit der Dativmarkierung in PPn und war mit durchschnittlich 57,3 % (SD = 30,8) die am häufigsten verwendete Markierungsstrategie. Ähnlich wie im T1 war die Substitution des Dativs durch den Akkusativ mit 28,4 % (SD = 27,4) die zweithäufigste nicht zielsprachliche Markierungsstrategie. Der Anteil der Nullmarkierungen sank auf durchschnittlich 6,9 % (SD = 14). Die Reduktion des Artikels trat bei 6,5 % (SD = 23,7) und ambige Formen traten bei 0,9 % (SD = 3,9) auf.

Dativ gesamt

Die Zielsprachlichkeit der gesamten dativischen Phrasenstrukturen lag mit den Durchschnittswerten von 42,7 % (SD = 37,5) im T1 bzw. 47,8 % (SD = 28,9) im T2 auffällig unter dem Mittelwert der Markierungen im Akkusativ (siehe Abbildung 52 im Vergleich zu Abbildung 48).

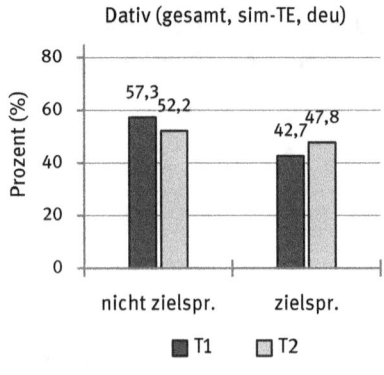
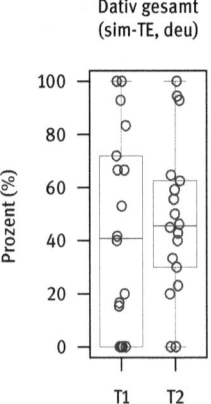

Abb. 52: Morphologische Realisierung der Dativmarkierungen (NPn und PPn gesamt) bei sim-TE zum T1 und T2 (Mittelwerte, KT-DEU)

Abb. 53: Verteilung der zielsprachlichen Realisierung des Dativs (NPn und PPn gesamt) bei sim-TE zum T1 und T2 (Mittelwerte, KT-DEU)

Die überwiegende Mehrheit der verwendeten Kasusmarkierungen wurde nicht zielsprachlich dativmarkiert (siehe Abbildung 52 und die dazugehörige Tabelle E11 in Anhang E). Insgesamt ließ sich in der Gruppe anhand der durchschnittlichen Prozentwerte und Medianwerte (T1: x̃ = 40,8, T2: x̃ = 45,6) keine große Fortentwicklung in der Verwendung der zielsprachlichen Dativmarkierungen zwischen beiden Testzeitpunkten erkennen, die jedoch anhand der durchschnittlichen Zielsprachlichkeitsverteilung sehr wohl zu erkennen ist (siehe Plot in Abbildung 53). Ihre Streuung ist im T2 wesentlich geringer. Im T2 ließen sich weniger Kinder beobachten, die gar keine zielsprachlichen Dativmarkierungen verwenden. Somit deuten die Daten auf eine durchaus positive Entwicklung in der Verwendung der zielsprachlichen Dativmarkierungen bei den NP-/PP-Strukturen hin.

8.2.2.2.2 Verwendung der Kasusmarkierungen im Deutschen bei den sukzessiv bilingualen Kindern mit unauffälliger Sprachentwicklung

Äquivalent zur Analyse der Verwendung der Kasusmarkierungen der Gruppe sim-TE werden die Untersuchungsergebnisse für die Gruppe suk-TE vorgestellt.

Akkusativ in NPn

Für die Kinder der Gruppe suk-TE konnten insgesamt 278 NPn auf die Verwendung der Akkusativmarkierungen untersucht werden, davon 105 NPn aus dem T1 und 173 NPn aus dem T2. Die Durchschnittswerte der beobachteten Markierungsstrategien werden in Abbildung 54 dargestellt.

Im T1 wurde der Akkusativ in NPn zu 31,7 % (SD = 35,7) und im T2 zu 55,6 % (SD = 36,6) zielsprachlich markiert. Bei der nicht zielsprachlichen Akkusativmarkierung bestand der häufigste Fehler darin, dass der Artikel und damit die gesamte Akkusativmarkierung der NPn komplett ausgelassen wurde: Im T1 wurden die NPn ohne Artikel zu 59,7 % (SD = 36,9) gebraucht. Somit kamen die Artikelauslassungen im Durchschnitt häufiger als die zielsprachlichen Akkusativmarkierungen vor. Zum T2 sank die Artikelauslassung auf 35,5 % (SD = 39,2) auffällig. Der Anteil der realisierten, aber nicht zielsprachlich akkusativmarkierten Verwendungen war zu beiden Testzeitpunkten relativ niedrig: Im T1 wurden die Kasusmarkierungen durchschnittlich zu 3,5 % (SD = 12,2) reduziert verwendet. Zum T2 sank dieser Wert auf 1,7 % (SD = 4). Die phonetische Ambiguität lag zu beiden Testzeitpunkten bei 5 % (T1: SD = 8,2 bzw. T2: SD = 8,8). Die Substitution des Akkusativs durch den Nominativ oder den Dativ kam im T1 nicht vor. Im T2 ließen sich hingegen eine Substitution des Akkusativs durch den Nominativ (0,6 %, SD = 2,4) und vier Substitutionen des Akkusativs durch den Dativ (1,6 %, SD = 5) beobachten. Tabelle E13 in Anhang E fasst die einzelnen Werte zu Abbildung 54 zusammen.

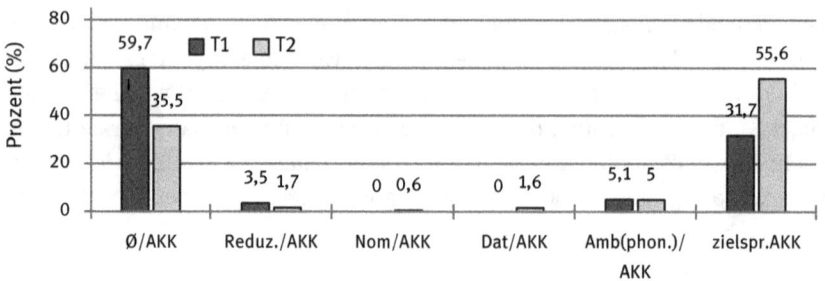

Abb. 54: Morphologische Realisierung der Akkusativmarkierungen in NPn bei suk-TE zum T1 und T2 (Mittelwerte, KT-DEU)

Akkusativ in PPn

In Bezug auf die Verwendung der Akkusativmarkierungen in PPn konnten in der Gruppe suk-TE nur 16 PPn aus dem T1 untersucht werden. Hierbei ergab sich eine strikte Aufteilung zwischen zwei Markierungsstrategien: Der Akkusativ wurde zu 55,6 % (SD = 52,7 %) zielsprachlich gebraucht und zu 44,4 % (SD = 52,7) blieb er aufgrund eines ausgelassenen Artikels nicht markiert. Die Säulendiagramme der beiden Variablen im T1 weisen darauf hin, dass zwischen den beiden Markierungsstrategien kein signifikanter Unterschied bestand (siehe Abbildung 55).

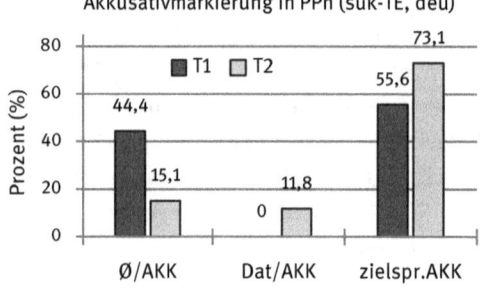

Abb. 55: Morphologische Realisierung der Akkusativmarkierungen in PPn bei suk-TE zum T1 und T2 (Mittelwerte, KT-DEU)

Aus dem T2 konnten zu der Gruppe suk-TE insgesamt 48 PPn untersucht werden. Der Anteil der zielsprachlichen Akkusativmarkierungen in PPn stieg zum T2 auf 73,1 % (SD = 32,7) an. Der Anteil der Nullmarkierungen lag bei 15,1 % (SD = 19,9), was im Vergleich zu T1 deutlich weniger war. Hinzu kam im T2 die

Verwendung einer weiteren Markierungsstrategie, die im T1 nicht beobachtet wurde: die Substitution des Akkusativs durch den Dativ (11,8 %, SD = 29). In Tabelle E14 (siehe Anhang E) kann man die Zusammensetzung der einzelnen Werte aus dem T1 und T2 nachvollziehen.

Akkusativ gesamt

Die Gesamtbetrachtung der akkusativischen Phrasenstrukturen in der Gruppe suk-TE ergab eine Zielsprachlichkeitsrate von durchschnittlich 34,3 % (SD = 35,2) im T1 und 57,8 % (SD = 32,3) im T2. Damit kann eine relativ hohe Zielsprachlichkeitssteigerung zum T2 verzeichnet werden (siehe Abbildung 56 und die dazugehörige Tabelle E17 in Anhang E).

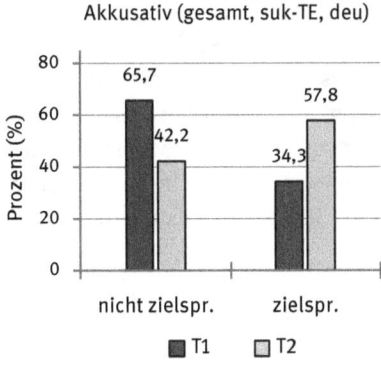
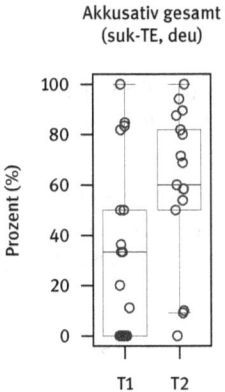

Abb. 56: Morphologische Realisierung der Akkusativmarkierungen (NPn und PPn gesamt) bei suk-TE zum T1 und T2 (Mittelwerte, KT-DEU)

Abb. 57: Verteilung der zielsprachlichen Realisierung des Akkusativs (NPn und PPn gesamt) bei suk-TE zum T1 und T2 (Mittelwerte, KT-DEU)

Anhand des Plots (siehe Abbildung 57) lässt sich die Änderung bei der Verteilung der Zielsprachlichkeit in der Gruppe suk-TE gut festhalten, die auch bei den durchschnittlichen Medianwerten von 33,3 im T1 auf 60 im T2 sichtlich anstieg. Während sich im T1 insgesamt zu sechs Kindern keine zielsprachlichen Akkusativmarkierungen bei den NP-/PP-Strukturen fanden, war es im T2 nur ein Kind. Der Boxplot zeigt einen allgemeinen Anstieg aller Werte vom T1 zum T2 und deutet darauf hin, dass sich die zentralen Tendenzen der beiden Messzeitpunkte deutlich voneinander unterschieden.

Dativ in NPn

Hinsichtlich der Markierung des Dativs wurden in der Gruppe suk-TE insgesamt 99 NPn ausgewertet, von denen 26 NPn aus dem T1 und 73 NPn aus dem T2 stammten. Tabelle E15 in Anhang E fasst die wichtigsten Daten hierzu zusammen. Wie dieser Tabelle zu entnehmen ist, war die absolute Häufigkeit der analysierten NPn im T2 doppelt so hoch wie im T1. Abbildung 58 veranschaulicht die Ergebnisse zur Verteilung der beobachteten Strategien zur Markierung des Dativs in NPn bei der Gruppe suk-TE.

Der Gesamtdurchschnittswert der Fehler im T1 setzte sich aus 43,8 % (SD = 50,1) der Nullmarkierungen, 4,2 % (SD = 14,4) der Reduktionen des Artikels, 2,1 % (SD = 7,2) Substitutionen des Dativs durch den Nominativ, 27,8 % (SD = 39,1) Substitutionen des Dativs durch den Akkusativ und 9 % (SD = 13,5) der ambigen Markierungen zusammen. Der Gesamtdurchschnittswert der Fehler im T2 umfasste 29,2 % (SD = 43,1) der Nullmarkierungen, 1,6 % (SD = 6,2) der Reduktionen des Artikels, 2,5 % (SD = 10) Substitutionen des Dativs durch den Nominativ, 31,7 % (SD = 33,3) Substitutionen des Dativs durch den Akkusativ und 11,3 % (SD = 16,3) der ambigen Markierungen. Somit war der Gesamtdurchschnitt der Nullmarkierungen und nicht zielsprachlichen Dativmarkierungen sowohl im T1 mit 86,9 % als auch im T2 mit 76,3 % sehr hoch. Im T1 markierten die Kinder den Dativ in NPn lediglich zu 13,2 % (SD = 29,6) zielsprachlich. Zum T2 stieg dieser Wert auf 23,8 % (SD = 25,2) an.

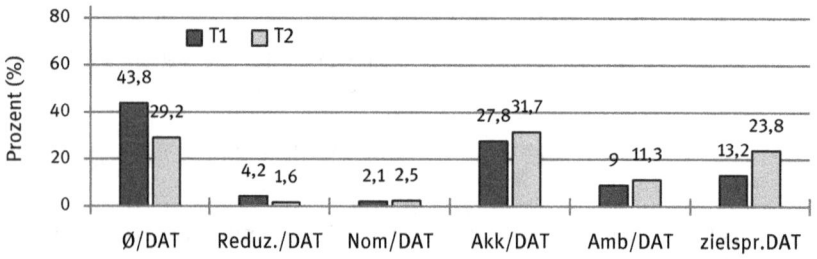

Abb. 58: Morphologische Realisierung der Dativmarkierungen in NPn bei suk-TE zum T1 und T2 (Mittelwerte, KT-DEU)

Dativ in PPn

Wie Tabelle E16 in Anhang E zeigt, konnten aus dem T1 lediglich 19 PPn bezüglich der Verwendung der Dativmarkierungen ausgewertet werden. Zum T2 stieg die Gesamtanzahl der produzierten dativischen PPn auf 79 auffällig an. Im Weiteren wird in Abbildung 59 anhand von Mittelwerten veranschaulicht, dass im T1 die Dativmarkierungen durch vier Strategien realisiert wurden, dabei lag die durchschnittliche Zielsprachlichkeit bei 57,1 % (SD = 46). Der Anteil der Nullmarkierungen erreichte den Durchschnittswert von 23,8 % (SD = 41,8). Einmal wurde der Akkusativ auf den Dativ übergeneralisiert (14,3 %, SD = 37,8) und zweimal wurde eine ambige Kasusform (4,8 %, SD = 12,6) statt des Dativs verwendet.

Betrachtet man die durchschnittliche Verteilung der einzelnen Markierungsstrategien im T2 im Vergleich zum T1 (siehe Abbildung 59), dann wird deutlich, dass die relative Häufigkeit der zielsprachlichen Dativmarkierungen in PPn auf durchschnittlich 44,6 % (SD = 34,4) sank, während der Gesamtdurchschnittsanteil der nicht zielsprachlichen Verwendungen bis auf 55,4 % anstieg. Davon wurden die PPn zu 6,7 % (SD = 14,9) nicht markiert, zu 7,5 % (SD = 25,2) die Artikel reduziert und zu 1,8 % (SD = 4,9) ambige Formen verwendet. Einmal wurde der Dativ durch den Nominativ (0,9 %, SD = 3,6) ersetzt. Die Hauptstrategie zur nicht zielsprachlichen Dativmarkierung in PPn war mit 38,5 % (SD = 33) die Substitution des Dativs durch den Akkusativ.

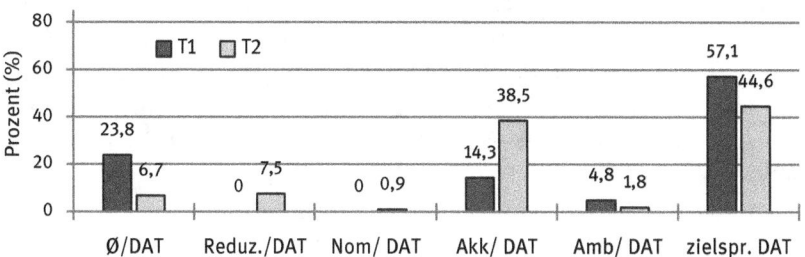

Abb. 59: Morphologische Realisierung der Dativmarkierungen in PPn bei suk-TE zum T1 und T2 (Mittelwerte, KT-DEU)

Dativ gesamt

Insgesamt markierten die suk-TE-Kinder die NP-/PP-Strukturen im Dativ lediglich zu 24,3 % (SD = 33) im T1 und zu 31,3 % (SD = 17,7) zielsprachlich (vgl. Abbildung 60 und Tabelle E17 in Anhang E). Zwar stieg die erzielte Zielsprachlichkeitsrate vom T1 zum T2 an, jedoch blieb sie insgesamt sowohl im Vergleich zur Markierung der Akkusative der suk-TE als auch im Vergleich zur Markierung der Dative in der Gruppe sim-TE auffällig niedrig.

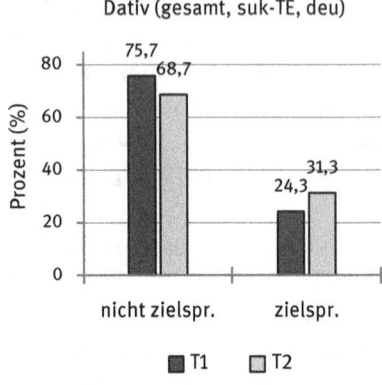 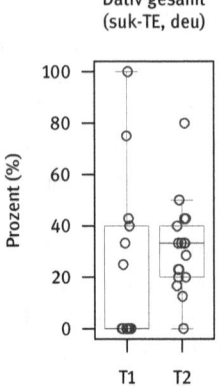

Abb. 60: Morphologische Realisierung der Dativmarkierungen (NPn und PPn gesamt) bei suk-TE zum T1 und T2 (Mittelwerte, KT-DEU)

Abb. 61: Verteilung der zielsprachlichen Realisierung des Dativs (NPn und PPn gesamt) bei suk-TE zum T1 und T2 (Mittelwerte, KT-DEU)

Der Boxplot (siehe Abbildung 61) veranschaulicht die Verteilung der zielsprachlich dativmarkierten Elemente für einzelne Kinder: Während es im T1 insgesamt sieben Kinder gab, die keine zielsprachlichen Dativmarkierungen produzierten und zu vier Kindern keine Datensätze vorlagen, gab es im T2 lediglich ein Kind. Bei allen anderen Kindern konnten die zielsprachlichen Verwendungen beobachtet und ausgewertet werden. Der durchschnittliche Medianwert der zielsprachlichen Verwendung stieg vom T1 ($\tilde{x} = 0$) zum T2 ($\tilde{x} = 33{,}3$) auffällig an. Das alles deutet darauf hin, dass die Entwicklung in der Verwendung der dativischen Phrasenstrukturen in der Gruppe suk-TE recht positiv verlief.

8.2.2.2.3 Gegenüberstellung der Ergebnisse zur Verwendung der Kasusmarkierungen zu der Gruppe sim-TE und suk-TE

In Abbildung 62 werden die Gesamtdurchschnittswerte der Gruppe sim-TE mit den Gesamtdurchschnittswerten der Gruppe suk-TE verglichen und zusammengefasst. An der Verteilung der Durchschnittswerte der beobachteten Markierungsstrategien in NPn lässt sich leicht erkennen, dass es lediglich fünf Strategien zur Markierung eines obliquen Kasus gab, die in beiden Gruppen zu beiden Testzeitpunkten durchschnittlich in über 5 % beobachtet wurden: Nullmarkierung statt des Akkusativs und Dativs (Ø/AKK bzw. Ø/DAT), Substitution des Dativs durch den Akkusativ (Akk/DAT) sowie zielsprachliche Markierung des Akkusativs und Dativs (*zielspr.AKK* bzw. *zielspr.DAT*). Die Verwendung einer ambigen Markierungsstrategie (*Amb(phon.)/AKK* bzw. *Amb/DAT*) scheint gruppenspezifisch zu sein: Zwar wurde sie in beiden Gruppen beobachtet, jedoch tauchte sie nur bei der suk-TE zu durchschnittlich über 5 % auf. Das Auftreten der übrigen Verwendungsstrategien wurde nur zu einem kleinen durchschnittlichen Prozentanteil (jeweils unter 5 %) beobachtet.

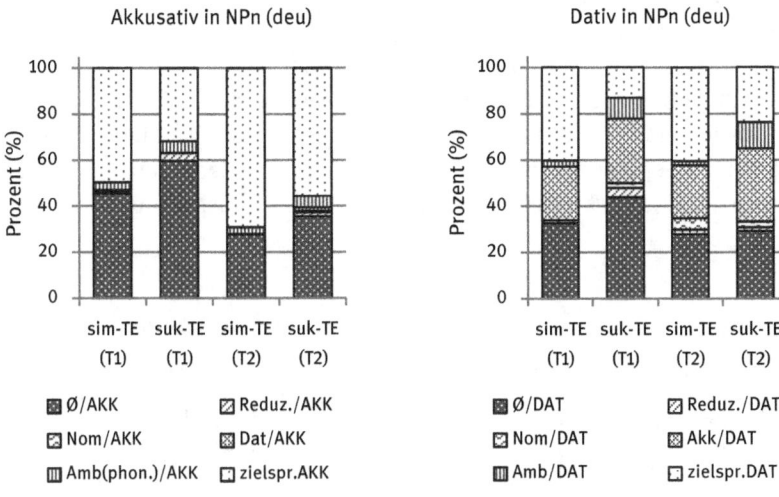

Abb. 62: Markierungsmuster für die morphologische Realisierung der Kasus in NPn bei sim-TE- und suk-TE zum T1 und T2 (Mittelwerte, KT-DEU)

An der Verteilung der Durchschnittswerte der beobachteten Markierungsstrategien in NPn lässt sich leicht erkennen, dass es lediglich fünf Strategien zur Markierung eines obliquen Kasus gab, die in beiden Gruppen zu beiden Testzeitpunkten durchschnittlich in über 5 % beobachtet wurden: Nullmarkierung statt des Akkusativs und Dativs (*Ø/AKK* bzw. *Ø/DAT*), Substitution des Dativs durch den Akkusativ (*Akk/DAT*) sowie zielsprachliche Markierung des Akkusativs und Dativs (*zielspr.AKK* bzw. *zielspr.DAT*). Die Verwendung einer ambigen Markierungsstrategie (*Amb(phon.)/AKK* bzw. *Amb/DAT*) scheint gruppenspezifisch zu sein: Zwar wurde sie in beiden Gruppen beobachtet, jedoch tauchte sie nur bei der suk-TE zu durchschnittlich über 5 % auf. Das Auftreten der übrigen Verwendungsstrategien wurde nur zu einem kleinen durchschnittlichen Prozentanteil (jeweils unter 5 %) beobachtet.

Der Vergleich der Verteilung der beobachteten Markierungsstrategien weist sowohl zentrale Gemeinsamkeiten als auch Unterschiede auf. Gemeinsam ist den beiden Gruppen, dass die durchschnittlichen Anteile der Nullmarkierungen sowohl im Akkusativ als auch im Dativ zurückgingen, die der zielsprachlichen Verwendung hingegen anstieg. Diese Veränderung vom T1 zum T2 war in der Gruppe suk-TE sowohl im Akkusativ als auch im Dativ stärker ausgeprägt. Weitere Unterschiede zeigen sich, indem im Vergleich zu der sim-TE-Gruppe die nicht zielsprachlich markierten oder nicht markierten NPn in der suk-TE-Gruppe sowohl im T1 als auch im T2 durchschnittlich mehr, die zielsprachlichen Kasusmarkierungen durchschnittlich weniger waren. Darüber hinaus lässt sich erkennen, dass sich die Varianz der beobachteten Markierungsstrategien im Akkusativ in der Gruppe sim-TE vom T1 zum T2 verringerte, in der Gruppe suk-TE aber anstieg. Im Dativ war die Varianz der beobachteten Markierungsstrategien stärker ausgeprägt als im Akkusativ und fiel in beiden Gruppen ähnlich aus, wobei der durchschnittliche Anteil der einzelnen Ausprägungen je nach Gruppe variierte.

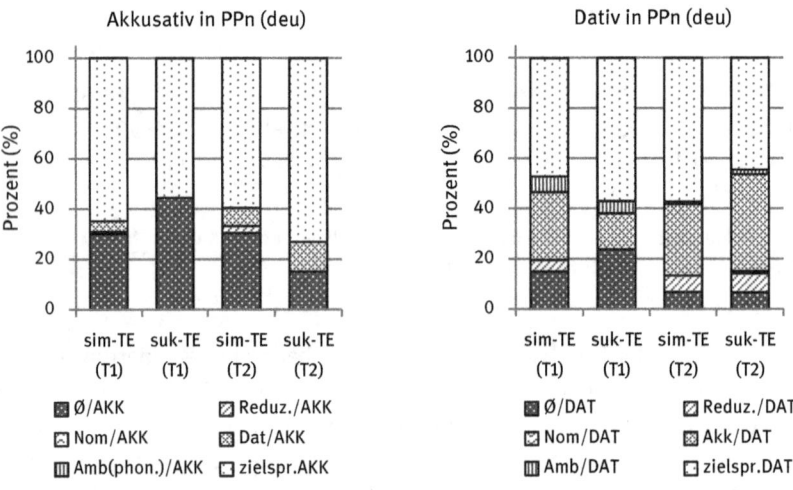

Abb. 63: Markierungsmuster für die morphologische Realisierung der Kasus in PPn bei sim-TE und suk-TE zum T1 und T2 (Mittelwerte, KT-DEU)

Abbildung 63 stellt die durchschnittliche Verteilung der einzelnen Markierungsstrategien der beiden Gruppen in Bezug auf die PPn gegenüber. So gehörten die Auslassung eines obliquen Kasus (Ø/AKK bzw. Ø/DAT), die Substitution des Dativs durch den Akkusativ sowie die zielsprachliche Markierung des Akkusativs bzw. Dativs (*zielspr. AKK* bzw. *zielspr. DAT*) zu den zentralen Kasusmarkierungsstrategien in beiden Gruppen zu beiden Testzeitpunkten. Die Substitution des Akkusativs durch den Dativ sowie die Reduktion des Dativs wurden nur zum T2 in beiden Gruppen durchschnittlich über 5 % präsenter, dabei wurden sie bei der suk-TE durchschnittlich häufiger beobachtet. Die ambige Kasusmarkierung statt des Dativs gehörte nur im T1 bei der Gruppe sim-TE zu einer der zentralen Markierungsstrategien. Die übrigen Markierungsstrategien waren nur mit einem kleinen Durchschnittsanteil jeweils unter 5 % vertreten.

An der Verteilung der einzelnen Markierungsstrategien bei den PPn lässt sich zum einen beobachten, dass in der Gruppe suk-TE die Nullmarkierungen sowohl im Akkusativ als auch im Dativ vom T1 zum T2 auffälliger zurückgingen als in der Gruppe sim-TE. Auch bei der Verbesserung der Zielsprachlichkeit im Akkusativ erreichte die Gruppe suk-TE vom T1 zum T2 einen größeren Fortschritt. Die Verbesserung der Zielsprachlichkeit im Dativ war bei der Gruppe sim-TE hingegen auffälliger, wogegen sie in der Gruppe suk-TE etwas zurückging. Bemerkenswert war, dass die Gruppe suk-TE im Akkusativ weniger Varianz der beobachteten Markierungsstrategien zeigte. Im Dativ sah sie in beiden Gruppen ähnlich aus, jedoch mit unterschiedlicher durchschnittlicher Ausprägung.

8.2.2.3 Zusammenfassung zur TEILANALYSE 2 (DATENANALYSE 1, *FF2*)
Zusammenfassend ist Folgendes festzuhalten:

Im Russischen
1) Die Zielsprachlichkeitsrate der analysierbaren NPn und PPn war in der Gruppe sim-TE und suk-TE insgesamt hoch (siehe Abbildung 43).
2) Die Zielsprachlichkeit für Kasusmarkierungen variierte je nach Kasus, Phrasenstruktur sowie Testzeitpunkt: Sowohl den Kindern der Gruppe sim-TE als auch der Gruppe suk-TE bereitete die Markierung des Genitivs in NPn in attributiver Funktion große Schwierigkeiten. Bei den PPn konnten die sim-TE-Kinder im Präpositiv die Zielsprachlichkeitsrate des 90 %-Kriteriums weder zum T1 noch zum T2 erreichen. Ebenfalls in der Gruppe suk-TE waren die präpositivischen PPn im Vergleich zu anderen Kasus fehleranfälliger. Ähnlich wie den sim-TE-Kindern fiel die Genitivmarkierung in NPn den Kindern der Gruppe suk-TE schwerer als bei den anderen obliquen Kasusmarkierungen. Im Unterschied zur sim-TE- zeigte die suk-TE-Gruppe vom T1 zum T2 jedoch eine deutliche Verbesserung der Zielsprachlichkeit der Präpositivmarkierung, blieb allerdings weiterhin knapp unter dem 90 %-Erwerbskriterium.

3) Betrachtet man die Zielsprachlichkeit aller analysierbaren NP-/PP-Strukturen, addiert in Bezug auf die Änderung der Zielsprachlichkeit über zwei Testzeitpunkte, lässt sich feststellen, dass sie sich in beiden Gruppen beim Genitiv und Dativ deutlich verschlechterte, im Akkusativ blieb sie bei etwa 96 % stabil und hoch. Beim Instrumental und Präpositiv wurde nur in der Gruppe sim-TE eine schwache Senkung der Zielsprachlichkeit vermerkt. In der Gruppe suk-TE hingegen konnten sich die Werte für die beiden Kasus vom T1 zum T2 verbessern.
4) Unter den nicht zielsprachlichen Verwendungen kam die Übergeneralisierung der synkretischen Nominativ-/Akkusativmarkierung und der Akkusativmarkierung auf andere oblique Kasusmarkierungen am häufigsten vor.
5) Die Ersetzung von NPn durch PPn konnte in beiden Gruppen belegt werden, ihre absolute Anzahl stieg vom T1 zum T2 an.

Im Deutschen
1) Die Kinder der beiden Gruppen hatten zu beiden Testzeitpunkten große Schwierigkeiten, den Kasus im Deutschen morphologisch zu markieren. Zum Ende der Untersuchung (T2) konnte der Kasus in keiner der beiden Gruppen – weder im Akkusativ noch im Dativ – als erworben gelten. Die Verteilung der beobachteten nicht zielsprachlichen Verwendungen variierte je nach Kasus und syntaktischer Struktur.
2) Während in den akkusativischen NPn die Auslassung der Artikel die häufigste Fehlerursache war, waren in dativischen NPn die Artikelauslassung und die Substitution des Dativs durch den Akkusativ ähnlich verteilt. In den PPn war die Rate der Artikelauslassung in beiden Kasus insgesamt niedriger als in den NPn, obwohl auch hier die Auslassung der Artikel in den akkusativischen PPn der Hauptfehlertyp war. In den dativischen PPn war die Substitution des Dativs durch den Akkusativ allerdings die häufigste Fehlerursache.
3) Die Unterschiede zwischen den untersuchten Gruppen zeigten sich vor allem in der Verteilung der einzelnen Markierungsstrategien. Die Gruppe sim-TE zeigte insgesamt eine höhere Zielsprachlichkeit und weniger Artikelauslassungen. Die Substitutionen kamen in beiden Gruppen ähnlich häufig vor. Dieses Verhalten blieb in beiden Testzeitpunkten bestehen.

8.2.3 TEILANALYSE 3: Markierung der Kasusobjekte

Als nächste Forschungsfrage ist zu klären, ob der Satzkontext mit einem transitiven, intransitiven oder ditransitiven Verb Einfluss auf die Realisierung und die Kasusmarkierung der Objekte hat. Die dazugehörige *FF3* lautet:

> Hat der Verbkontext (transitiv, intransitiv, ditransitiv) einer Äußerung einen Einfluss auf die Realisierung der Objekte und ihre Kasusmarkierung?

Es ist an dieser Stelle anzumerken, dass im Folgenden über ein Kasusobjekt in einem transitiven, intransitiven bzw. ditransitiven Satzkontext auch dann gesprochen wird, wenn in der kindlichen Äußerung kein Verb vorkam, z. B. bei Satzergänzungen oder W-Fragen. Aus der Testsituation war der Typ des Verbs jedoch eindeutig zu entnehmen. Im Folgenden werden als *transitiv* die Kontexte bezeichnet, in denen das Verb nur ein Akkusativobjekt erfordert. Als *intransitiv* werden solche Kontexte bezeichnet, bei denen das Verb keinen Akkusativ, sondern nur einen Dativ regiert, wie bei *helfen* (vgl. Duden-Grammatik 2016: Randnummern 525–544). Ist in einem Kontext vom Verb neben einem Akkusativ- auch noch ein Dativobjekt erforderlich, z. B. *geben*, wird es als *ditransitiv* bezeichnet.

8.2.3.1 Im Russischen

Für die Klärung der *FF3* im Russischen wurde ein Datensatz gebildet, der alle NPn als Kasusobjekte aus den transitiven, intransitiven und ditransitiven Kontexten erfasste. Für die NPn wurde anschließend annotiert, ob sie zielsprachlich (*zielspr.*) oder nicht zielsprachlich (*nicht zielspr.*) verwendet wurden. Bei dieser Analyse wurde nicht nur die Zielsprachlichkeit der Äußerung, sondern auch der Realisierungsgrad der einzelnen Kasusobjekte auf den Prüfstand gestellt, daher wurden in den Datensatz diejenigen Fälle aufgenommen, bei denen die NPn trotz einer Elizitierung nicht realisiert (*ausgl.*) wurden: Hierzu gehörten KA-Reaktionen sowie Auslassungen der NPn.

Im russischen Datensatz wurde das DO zum größten Teil bei den transitiven Verben beobachtet und durch den Akkusativ markiert, z. B.:

(136) *Zajac varit sup.*
Zajac-Ø   var-it   sup-Ø
Hase-M.SG.NOM   koch-3P.SG.PRS   Suppe-M.SG.AKK
‚Der Hase kocht die Suppe.'

(137) Lisa polivaejet _cvetokček_ i _derevo_.
       Lis-a   polivaj-et   cvetokček-Ø   i   derev-o
       Fuchs-F.SG.NOM gieß-3P.SG.PRS Blume-M.SG.AKK und Baum-N.SG.AKK
       ‚Der Fuchs gießt die Blume und den Baum.'

In seltenen Fällen kamen die DOe auch im Genitiv vor, z. B. bei den intransitiven Verben oder bei den transitiven und ditransitiven Verben mit partitivem Genitiv, z. B.:

(138) Zajac boitsja _lisy_.
       Zajac-Ø   bo-itsja   lis-y
       Hase-M.SG.NOM fürcht-3P.SG.PRS Fuchs-F.SG.GEN
       ‚Der Hase fürchtet sich vor dem Fuchs.'
(139) Zajac dal lise _supa_.
       Zajac-Ø   da-l   lis-e   sup-a
       Hase-M.SG.NOM geb-M.SG.PRT Fuchs-F.SG.DAT Suppe-M.SG.GEN
       ‚Der Hase hat dem Fuchs die Suppe gegeben.'

Um die Vergleichbarkeit zwischen der russischen und der deutschen Analyse zu gewährleisten, wurden nur die akkusativischen DOe in den Datensatz des Russischen aufgenommen.

Das IO wurde im russischen Datensatz durch den Dativ markiert. Im Unterschied zum Deutschen, in dem alle dativmarkierten NPn als IOe verwendet wurden, traten einige dativmarkierte NPn im Russischen in syntaktischer Funktion des Subjekts in unpersönlichen Sätzen auf und wurden folgerichtig in den Datensatz nicht aufgenommen, z. B.:

(140) Zajčik, možno _mne_ supa pokušat'?
       Zajčik-Ø   možno   mne   sup-a
       Häschen-M.SG.NOM dürf-[unflektierbar] ich-1P.SG.DAT Suppe-M.SG.GEN
       pokuša-t'
       ess-INF
       ‚Häschen, darf ich Suppe essen?'

sim-TE
Die Abbildung 64 (siehe für Einzelheiten Tabelle D29 in Anhang D) zeigt, wie die Gruppe der simultan bilingualen Kinder die DOe und IOe im Kontext der transitiven, intransitiven und ditransitiven Verben realisiert und markiert. Im direkten Vergleich wird deutlich, dass die Kinder bei der Realisierung und Mar-

kierung sowohl der DOe im Kontext der transitiven und ditransitiven Verben als auch der IOe im Kontext der ditransitiven Verben eine hohe Zielsprachlichkeitsrate aufweisen, die durchschnittlich zwischen 93,7 % (SD = 6,4) und 94,6 % (SD = 14,5) lag. Demgegenüber standen die IOe im Kontext der intransitiven Verben: Die Kinder realisierten die IOe lediglich zu 76,7 % (SD = 32,2) zielsprachlich. Der Unterschied zeigte sich weiterhin darin, dass es in den ditransitiven Kontexten keine fehlmarkierten Kasusobjekte gab. Waren die Objekte nicht zielsprachlich realisiert, lag das an ihrer Auslassung (DO: 5,4 %, SD = 14,5 bzw. IO: 6 %, SD = 15,5). Bei den transitiven oder intransitiven Kontexten kamen nicht zielsprachliche Kasusmarkierungen vor, die Prozentwerte dafür waren jedoch niedrig (DO: 3,5 %, SD = 5 bzw. IO: 5 %, SD = 15,4). Das Hauptproblem bei der IOe in den intransitiven Kontexten war deren Auslassung (18,3 %, SD = 31,5).

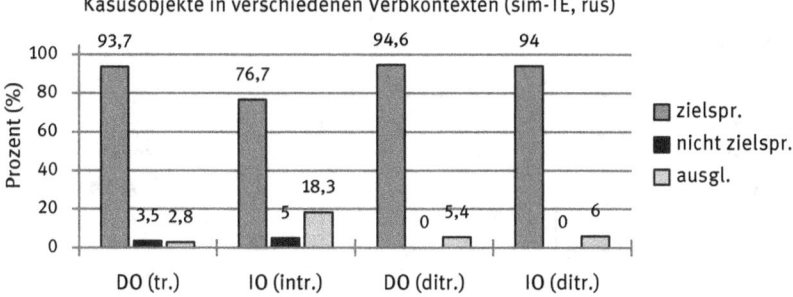

Abb. 64: Realisierung und Markierung der Objekte in den transitiven (tr.), intransitiven (intr.) und ditransitiven (ditr.) Verbkontexten bei sim-TE (Mittelwerte, KT-RUS)

Zusammenfassend sei festgehalten, dass in der Gruppe sim-TE lediglich die Realisierung und weniger die Markierung des Dativs bei den IOen Schwierigkeiten bereitete. Die Zielsprachlichkeitsrate für die Markierung des Akkusativs sowohl bei den transitiven als auch bei den ditransitiven Verben sowie des Dativs bei den ditransitiven Verben stellte für die Kinder keine Herausforderung dar.

suk-TE
Im Gegensatz zu der Gruppe sim-TE ergaben sich in der Gruppe suk-TE mehr Unterschiede hinsichtlich der Realisierung und Markierung der Kasusobjekte in den transitiven, ditransitiven und intransitiven Verbkontexten (vgl. Abbildung

65). Eine sehr hohe Zielsprachlichkeitsrate mit 100 % wurde bei der Verwendung der DOe im Kontext der ditransitiven Verben beobachtet. Die zielsprachliche Verwendung der DOe bei den transitiven Verben betrug 90 % (SD = 7,1). Die nicht zielsprachlichen Verwendungen lagen hierbei bei 3,7 % (SD = 3,8) und zu 6,2 % (SD = 6,8) wurden die DOe nicht versprachlicht (zu Details siehe Tabelle D30 in Anhang D). Die IOe bei den ditransitiven Verben wurden zu 89,3 % (SD = 28,9) zielsprachlich verwendet. Die restlichen 10,7 % (SD = 28,9) der realisierten IOe wurden nicht zielsprachlich markiert. Keine IOe im Kontext der ditransitiven Verben wurden ausgelassen. In dieser Verwendung unterschieden sich die suk-TE- von den sim-TE-Kindern. Ähnlich wie den sim-TE-Kindern fiel den suk-TE-Kindern die Realisierung der IOe in den intransitiven Kontexten schwer. Hier lag die Zielsprachlichkeitsrate lediglich bei 51 % (SD = 31,4). Die nicht zielsprachlichen Verwendungen waren mit 3,4 % (SD = 9,8) nicht auffällig. Auffällig war jedoch die Auslassungsrate, die 45,6 % (SD = 31,7) betrug.

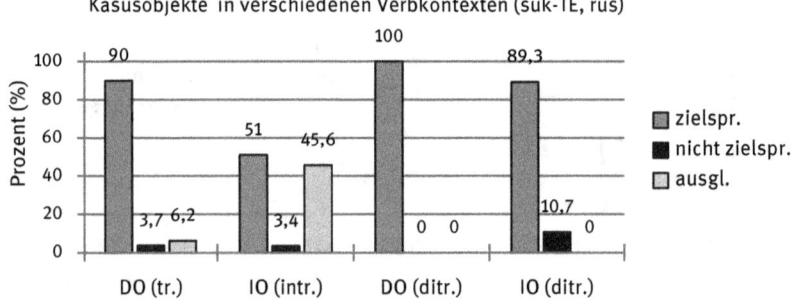

Abb. 65: Realisierung und Markierung der Objekte in den transitiven (tr.), intransitiven (intr.) und ditransitiven (ditr.) Verbkontexten bei suk-TE (Mittelwerte, KT-RUS)

Zusammenfassend deuten die Daten der suk-TE-Kinder darauf hin, dass auch hier, ähnlich wie in der Gruppe sim-TE, die Realisierung der dativmarkierten IOe bei den intransitiven Verben Schwierigkeiten bereitete. Viele davon blieben nicht versprachlicht. War jedoch eine NP-Struktur in der Funktion des Dativobjekts im Kontext des intransitiven Verbs realisiert, war ihre Fehlerrate insgesamt niedrig. Die zielsprachliche Realisierung der IOe im Kontext der ditransitiven Verben war für die suk-TE-Kinder wenig problematisch. Die Realisierung und Markierung des DO bereitete den suk-TE-Kindern weder im Kontext der transitiven noch der ditransitiven Verben Schwierigkeiten.

8.2.3.2 Im Deutschen

In Analogie zum Russischen wurde zur Klärung der *FF3* im Deutschen der Datensatz gebildet, der alle NPn als Kasusobjekte aus den transitiven, intransitiven und ditransitiven Verbkontexten erfasste. Von den NPn wurde anschließend annotiert, ob sie zielsprachlich oder nicht zielsprachlich verwendet wurden.

(141) *Der Junge <u>ein Knochen</u> gibt <u>ein Hund</u>.   [ditransitiv]
(142) *Hund helft Ø[dem] <u>Junge(n)</u>.   [intransitiv]
(143) Der Junge hebt <u>die Blumen</u> auf.   [transitiv]

Zur Überprüfung des Realisierungsgrads von einzelnen Kasusobjekten wurden in den Datensatz die Fälle aufgenommen, bei denen die NPn trotz einer Elizitierung nicht versprachlicht wurden:

(144) *Der gib(t) Ø[dem Hund] den Knochen wieder.   [ditransitiv]
(145) *Er gibt Ø[dem Jungen] den Ball.   [ditransitiv]

sim-TE

In der Gruppe sim-TE wurden bei der Elizitierung von NPn insgesamt 353 DOe und 132 IOe versprachlicht. Die Ergebnisse der Auswertung sind in Abbildung 66 dargestellt (siehe hierzu Tabelle E19 in Anhang E). Wie sie zeigt, lag die zielsprachliche Verwendung bei den DOen in den transitiven und ditransitiven Kontexten im Durchschnitt zwischen 51,8 % (SD = 34,3) und 64,3 % (SD = 38,6). Die nicht zielsprachliche Verwendung lag zwischen 28,2 % (SD = 23,9) und 21,1 % (SD = 27,5). Der durchschnittliche Anteil der ausgelassenen oder nicht realisierten DOe war in ditransitiven Kontexten mit 14,6 % (SD = 26,7) geringer als in den transitiven Kontexten mit 20 % (SD = 24,3).

Die Gegenüberstellung der Realisierung und Verwendung von IOen in den ditransitiven vs. intransitiven Kontexten zeigte auffällige Unterschiede: In ditransitiven Kontexten wurden die IOe in Bezug auf die Kasusmarkierung im Durchschnitt zu 30,9 % (SD = 32,2) zielsprachlich und zu 46,3 % (SD = 30,5) nicht zielsprachlich verwendet. Zu 22,7 % (SD = 29,8) wurden sie trotz einer Elizitierung nicht realisiert. Im Gegensatz dazu kamen die zielsprachlich kasusmarkierten IOe in den intransitiven Kontexten mit einer durchschnittlichen Rate von 68,8 % (SD = 45,8) deutlich häufiger vor. Die Nicht-Zielsprachlichkeit lag hierbei im Durchschnitt bei 12,5 % (SD = 35,4). Die Auslassungs- bzw. Nicht-Realisierungsrate war mit 18,8 % (SD = 37,2) jedoch auffällig hoch.

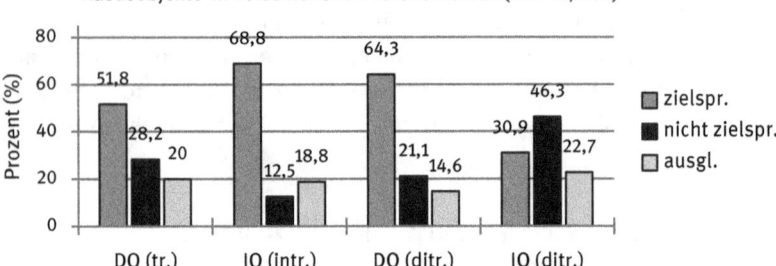

Abb. 66: Realisierung und Markierung der Objekte in den transitiven (tr.), intransitiven (intr.) und ditransitiven (ditr.) Verbkontexten bei sim-TE (Mittelwerte, KT-DEU)

Zusammenfassend scheint es auf den ersten Blick so zu sein, dass die IOe im Kontext der intransitiven Verbkontexte öfter realisiert und zielsprachlich kasusmarkiert werden als in den ditransitiven Kontexten. Bei der Betrachtung von Abbildung 66 liegt außerdem die Vermutung nahe, dass in einem ditransitiven Kontext die Realisierung des DOs priorisiert und auf Kosten des IOs häufiger zielsprachlich verwendet wird. Dieses Ergebnis muss jedoch mit Vorsicht betrachtet werden. An dieser Stelle ist es wichtig darauf hinzuweisen, dass die zielsprachlich realisierten IOe in ditransitiven Kontexten etwa zur Hälfte (26 von 56) durch pronominale NPn, in intransitiven Kontexten hingegen ausschließlich durch pronominale NPn realisiert wurden. Es kann hier nicht ausgeschlossen werden, dass die IOe in intransitiven Kontexten eher als eine zusammengehörige, fertige Einheit verwendet wurden. Weiterhin ist hier anzumerken, dass nur bei der Hälfte aller untersuchten Kinder der Gruppe sim-TE die intransitiven Kontexte beobachtet und untersucht werden konnten.

suk-TE

Abbildung 67 zeigt die Analyseergebnisse zur Markierung des Kasus in verschiedenen Kasusobjekten für die Gruppe suk-TE. Die Übersicht über die individuellen Rohwerte und die Durchschnittswerte hierzu befindet sich in Tabelle E20, Anhang E. Daraus kann man ablesen, dass in der Gruppe suk-TE bei der Elizitierung von NPn insgesamt 278 DOe produziert wurden. Wie Abbildung 67 zu entnehmen ist, fiel der durchschnittliche Anteil der zielsprachlichen Markierung bei DOen in den transitiven und ditransitiven Kontexten ähnlich aus und lag zwischen 39 % (SD = 28,7) und 41,5 % (SD = 34). Die nicht zielsprachlichen Kasusverwendungen lagen in transitiven Kontexten mit einem Mittelwert von 43,7 % (SD = 21,6) ähnlich wie bei ditransitiven Kontexten (43,4 %, SD = 27,9).

Der durchschnittliche Anteil der elizitierten, jedoch null realisierten oder ausgelassenen DOe in transitiven Verbkontexten lag mit 17,2 % (SD = 12,9) geringfügig höher als bei den ditransitiven Verbkontexten mit 15,1 % (SD = 23,1). Die Unterschiede in der durchschnittlichen Verteilung der drei Kategorien waren bei der Verwendung der DOe in beiden Kontexttypen jedoch nicht auffällig.

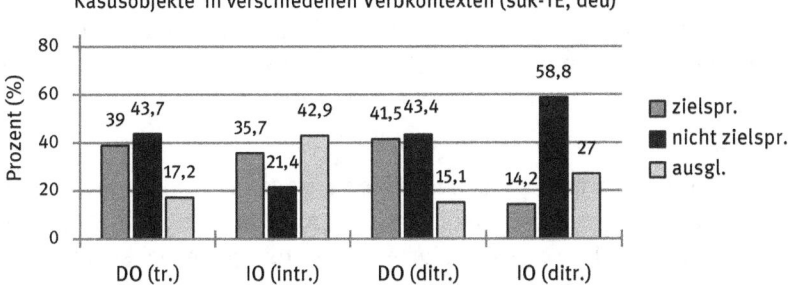

Abb. 67: Realisierung und Markierung der Objekte in den transitiven (tr.), intransitiven (intr.) und ditransitiven (ditr.) Verbkontexten bei suk-TE (Mittelwerte, KT-DEU)

Tabelle E20 (in Anhang E) lässt erkennen, dass in der suk-TE-Gruppe insgesamt 99 IOe gebraucht wurden, von denen die meisten in den ditransitiven Kontexten vorkamen. Dabei wurden sie im Durchschnitt zu 14,2 % (SD = 17,8) zielsprachlich verwendet und zu 27 % (SD = 27,4) ausgelassen bzw. null realisiert. Mit einem Mittelwert von 58,8 % (SD = 25,5) wurde der überwiegende Durchschnittsanteil der IOe in ditransitiven Kontexten nicht zielsprachlich verwendet. In intransitiven Kontexten lag die Zielsprachlichkeitsrate der Kasusmarkierung bei 35,7 % (SD = 47,6), gefolgt von den nicht zielsprachlichen Verwendungen mit durchschnittlich 21,4 % (SD = 39,3). Zu 42,9 % (SD = 45) wurden die IOe trotz der Elizitierung nicht realisiert.

Ähnlich wie bei der Gruppe sim-TE konnte basierend auf den Ergebnissen dieser Auswertung angenommen werden, dass in der Gruppe suk-TE die DOe in den ditransitiven Kontexten auf Kosten des IOe häufiger realisiert und dabei zielsprachlich gebraucht wurden. Aber auch hier ist zu erwähnen, dass die vier zielsprachlich verwendeten IOe in intransitiven Kontexten durch Pronomen realisiert wurden. Die IOe der ditransitiven Verben wurden hingegen etwa zur Hälfte (10 von 19) pronominal realisiert. Es kann hier ebenso nicht ausgeschlossen werden, dass die Realisierung des IOe durch die Pronomen die Zielsprachlichkeit der Kasusmarkierungen positiv beeinflusste. Aus diesem Grund sind die hier dargelegten Ergebnisse mit Vorsicht zu genießen. Nichtsdestotrotz zeigte die Gesamtverteilung der Kasusobjekte in ditransitiven vs. intransitiven/transitiven Kontexten (siehe Abbildung 67), dass die Unterschiede zwischen den Kategorien in Bezug auf die durchschnittliche Realisierung und Verwendung der Kasusobjekte in verschiedenen Kontexttypen bestehen.

8.2.3.3 Zusammenfassung zur TEILANALYSE 3 (DATENANALYSE 1, *FF3*)

Zusammenfassend lässt sich aus der Analyse zur *FF3* hinsichtlich der Markierung der Kasusobjekte im Kontext der transitiven, ditransitiven und intransitiven Verben Folgendes festhalten:

Im Russischen
1) In beiden Gruppen war die zielsprachliche Verwendung der DOe sowohl bei den transitiven als auch bei den ditransitiven Kontexten mit über 90 % insgesamt sehr hoch. Ihre zielsprachliche Realisierung bereitete somit keine Schwierigkeiten.
2) Die zielsprachliche Realisierung der IOe im Kontext der ditransitiven Verben fiel den Kindern ebenfalls leicht.
3) Beide Gruppen hatten jedoch Probleme mit den IOen im Kontext der intransitiven Verben. Die Schwierigkeit betraf weniger die morphologische Realisierung der Kasusmarkierung, sondern eher die der Konstruktion selbst. Die IOe bei den intransitiven Verben wurden sowohl von den sim-TE- als auch suk-TE-Kindern im Vergleich zu den anderen Kasusobjekttypen öfter ausgelassen.

Im Deutschen
1) Unabhängig vom verbalen Kontext fiel sowohl den Kindern der Gruppe sim-TE als auch der Gruppe suk-TE die zielsprachliche Realisierung der DOe im Vergleich zu den IOen deutlich leichter.
2) In Bezug auf die zielsprachliche Realisierung der DOe zeigte die Gruppe sim-TE höhere Zielsprachlichkeitsraten bei den DOen in den ditransitiven Kontexten. Diesbezüglich lagen in der Gruppe suk-TE kaum Unterschiede zwischen den beiden Strukturen vor.
3) Bei der Realisierung der IOe ließ sich feststellen, dass sie bei den intransitiven Verben öfter zielsprachlich markiert wurden als bei den ditransitiven. Zugleich blieben sie in den intransitiven Kontexten öfter nicht versprachlicht.

4) Zu allen Kasusobjekten war die sprachliche Leistung der Gruppe sim-TE höher als die der Gruppe suk-TE, sowohl in Bezug auf die Zielsprachlichkeits- als auch auf die Versprachlichungsrate.

8.2.4 TEILANALYSE 4: Markierung des Kasus nach Präpositionen mit fester und doppelter Kasusrektion

In dieser Teilanalyse wird die Verwendung der Kasusmarkierung in PPn mit Wechselpräpositionen vs. in PPn mit Präpositionen mit fester Kasusrektion einander gegenübergestellt. Die *FF4* lautet:

> Hat der Präpositionstyp – Präpositionen mit fester Kasusrektion vs. Wechselpräpositionen – einen Einfluss auf die Realisierung und Zielsprachlichkeitsrate der Kasusmarkierungen in PPn?

8.2.4.1 Im Russischen

Im Folgenden wird der Frage nachgegangen, ob im Russischen die Rektionsart der Präposition in PPn – Präpositionen mit fester Kasusrektion vs. Doppelrektion – einen Einfluss auf die Realisierung und Zielsprachlichkeitsrate der Kasusmarkierungen in PPn im Sinne der *FF4* eine Wirkung hat. In den Untersuchungsdatensatz wurden die PPn mit intakter PP-Struktur aufgenommen und einer der zwei folgenden Kategorien zugeordnet:
- Die Elizitierung einer PP-Struktur ergab eine zielsprachlich kasusmarkierte PP, in der sowohl der Kasus als auch die Präposition zielsprachlich verwendet wurden (*zielspr.*), z. B.:

(146)   *Zajac prygajet na derevo.*
        Zajac-Ø   prygaj-et   na   derev-o
        Hase-M.SG.NOM spring-3P.SG.PRS auf Baum-N.SG.AKK
        ‚Der Hase springt auf den Baum.'

- Die Elizitierung einer PP-Struktur ergab die Verwendung einer nicht zielsprachlich kasusmarkierten PP, in der die Präposition jedoch zielsprachlich verwendet wurde (*nicht zielspr.*), z. B.:

(147)   **Oni spjat na odejalo.*
        Oni   sp-jat   na odejal-o (*statt:* odejal-e)
        sie-3P.PL.NOM schlaf-3P.PL.PRS auf Decke-N.SG.AMB (*statt:* -N.SG.PRÄP)
        ‚Sie schlafen auf der Decke.'

Zum anderen wurden in den Untersuchungsdatensatz die Fälle aufgenommen, bei denen
- auf die Elizitierung einer PP die Verwendung eines deiktischen kasusneutralen Ausdruckes folgte (*deikt.*), z. B.:

(148)   *vot tut*
       vot tut   (*statt:* pod derev-om)
       da   hier (*statt:* unter Baum-N.SG.INSTR)
       ‚hier'

- die Elizitierung einer PP keine PP-Produktion (*ausgl.*) hervorrief. Unter dieser Kategorie wurden sowohl die Fälle zusammengefasst, bei denen es auf die W-Frage oder Satzergänzung keine Antwort gab, als auch diejenigen Fälle, bei denen die PP-Elizitierung eine Antwort des Kindes erzielte, hierbei die Verwendung einer PP jedoch ausblieb, z. B.:

(149)   Versuchsleiter: *Kuda ona (lisa) bežit?* ‚Wohin läuft er (der Fuchs)?'
       Kind: *Ne znaju* (*statt:* v noru$_{AKK}$). ‚(Ich) weiß nicht (*statt:* in das Loch).'

(150)   Versuchsleiter: *Ona chočet poigrat'...* ‚Er (der Fuchs) will spielen...'
       Kind: *I zajčik ubegajet.*
                        Ø$^{[s\ zajc\text{-}em]}$ i   zajčik-Ø
                        Ø$^{[mit\ Hase\text{-}M.SG.INSTR]}$ und Häschen-M.SG.NOM
                        ubegaj-et
                        weglauf-3P.SG.PRS
                        ‚Ø$^{[mit\ dem\ Hasen]}$ und das Häschen läuft weg.'

Aufgrund der höheren Anzahl der untersuchten Kasus im Russischen (im Vergleich zum Deutschen) und der Datenlage, dass nicht bei jedem Kasus die Verwendung der Präpositionen mit fester und doppelter Kasusrektion ausreichend häufig geprüft wurde, werden bei der folgenden Auswertung alle obliquen Kasus im Gesamten betrachtet. Abbildung 68 und 69 stellen die Ergebnisse dieser Auswertung für die Gruppen sim-TE und suk-TE dar. Die absoluten Häufigkeiten und die prozentualen Mittelwerte für die einzelnen Kinder sowie für die Gruppen insgesamt sind in den Tabellen D31 und D32 des Anhangs D aufgestellt.

sim-TE

In der Gruppe sim-TE wurden auf die PP-Elizitierungen insgesamt 50 kasusmarkierte PPn mit fester Kasusrektion und 419 PPn mit doppelter Kasusrektion realisiert. Die Zielsprachlichkeitsrate bei den PPn mit fester Kasusrektion lag im Schnitt bei 93,2 % (SD = 14,8). Die übrigen 6,8 % (SD = 14,8) wurden nicht zielsprachlich kasusmarkiert. Hierzu wurden keine Substitutionen durch deiktische Ausdrücke oder Auslassungen beobachtet.

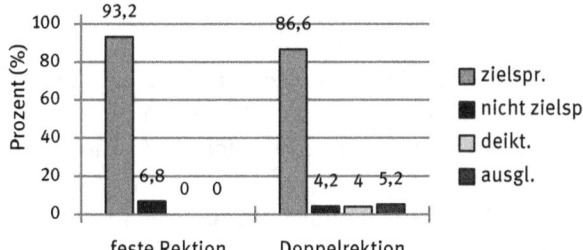

Abb. 68: Realisierung und Kasusmarkierung der elizitierten PPn mit Präpositionen verschiedener Rektionstypen bei sim-TE (Mittelwerte, KT-RUS)

Betrachtet man die Ergebnisse aus der Elizitierung der PPn mit den Wechselpräpositionen, so zeigt sich, dass in der Gruppe sim-TE die PPn im Schnitt zu 86,6 % (SD = 16) zielsprachlich, zu 4,2 % (SD = 4,2) nicht zielsprachlich kasusmarkiert und zu 4 % (SD = 6,6) durch deiktische Ausdrücke substituiert wurden. Die Auslassungen lagen dabei bei 5,2 % (SD = 7,4).

suk-TE

In der Gruppe suk-TE wurden auf die PP-Elizitierungen insgesamt 36 kasusmarkierte PPn mit fester Kasusrektion und 258 PPn mit doppelter Kasusrektion realisiert. Die Kinder setzten die Kasusmarkierungen in PPn mit fester Kasusrektion durchschnittlich zu 85,3 % (SD = 30) zielsprachlich um. Die übrigen 14,7 % verteilten sich auf die PPn mit nicht zielsprachlich markierten Kasusmarkierungen mit durchschnittlich 4,9 % (SD = 14,1) und die Auslassungen mit durchschnittlich 9,8 % (SD = 28,3). Im Gegensatz dazu ergaben die Kasusmarkierungen bei den PPn mit den Wechselpräpositionen eine auffällig niedrige Zielsprachlichkeitsrate von 67,1 % (SD = 19,8). Der übrige Anteil setzte sich durchschnittlich aus 5,3 % (SD = 6) der nicht zielsprachlich markierten PPn, 14,5 % (SD = 11,7) der deiktischen Ausdrücke und 13 % (SD = 10,8) der Nicht-Versprachlichungen der elizitierten PPn zusammen.

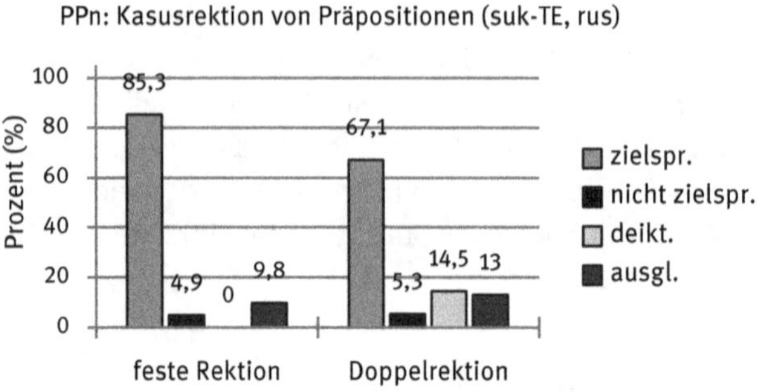

PPn: Kasusrektion von Präpositionen (suk-TE, rus)

[Balkendiagramm:
- feste Rektion: zielspr. 85,3; nicht zielspr. 4,9; deikt. 0; ausgl. 9,8
- Doppelrektion: zielspr. 67,1; nicht zielspr. 5,3; deikt. 14,5; ausgl. 13]

Abb. 69: Realisierung und Kasusmarkierung der elizitierten PPn mit Präpositionen verschiedener Rektionstypen bei suk-TE (Mittelwerte, KT-RUS)

8.2.4.2 Im Deutschen

In Analogie zum Russischen wurden in den deutschen Datensatz zur Klärung der *FF4* zum einen die PP-Strukturen aufgenommen, die aus den PP-Elizitierungen tatsächlich resultierten und einer der zwei folgenden Kategorien zuzuordnen sind:
- zielsprachliche Verwendung (*zielspr.*): Die Elizitierung einer PP-Struktur ergab die Verwendung einer PP, in der sowohl die Präposition als auch der Kasus zielsprachlich gebraucht wurden, z. B.:

(151) Und der Hund springt <u>auf den Tisch</u>.

- nicht zielsprachliche Verwendung (*nicht zielspr.*): Aus der Elizitierung einer PP-Struktur resultierte eine nicht zielsprachlich markierte PP, z. B.:

(152) *Und Hund steht <u>auf den Boden</u>.

Zum anderen wurden in den deutschen Datensatz die Fälle aufgenommen, bei denen:
- die Elizitierung einer PP zur Verwendung eines deiktischen kasusneutralen Ausdrucks führte (*deikt.*), z. B.:

(153) <u>Da</u>[69] ist die.

- die Elizitierung einer PP keine PP-Produktion (*ausgl.*) hervorrief. Unter dieser Kategorie wurden sowohl die Fälle zusammengefasst, in denen es auf die W-Frage oder die Satzergänzung keine Antwort gab (154), als auch die-

---

69 Statt: *hinter dem Sofa*. Die Elizitierungsfrage war für diese Äußerung *Wo ist sie (die Katze)?*

jenigen Fälle, bei denen die PP-Elizitierung eine Antwort des Kindes erzielte, hierbei die Verwendung einer PP jedoch ausblieb (155), z. B.:

(154) Versuchsleiter: Wohin steckt der Junge die Blumen?
Kind: &hm Ø[in den Blumentopf]

(155) Versuchsleiter: Wo ist die Katze?
Kind: *Katze versteckt sich Ø[unter dem Sofa].

Im Unterschied zur Auswertung des Russischen, in der alle obliquen Kasus bezüglich der *FF3* gemeinsam betrachtet wurden, gab es im Deutschen ausreichend Beobachtungen, um die beiden obliquen Kasus zuerst unabhängig voneinander und anschließend zur besseren Vergleichbarkeit der beiden Sprachen gemeinsam auszuwerten.

sim-TE
Abbildung 70 visualisiert die Realisierung von PPn mit den Präpositionen mit fester Kasusrektion und Wechselpräpositionen für die Gruppe sim-TE. Hier konnten insgesamt 417 PPn aus den PP-Elizitierungen ausgewertet werden (für mehr Details siehe die Tabellen E21, E22 und E23 in Anhang E).

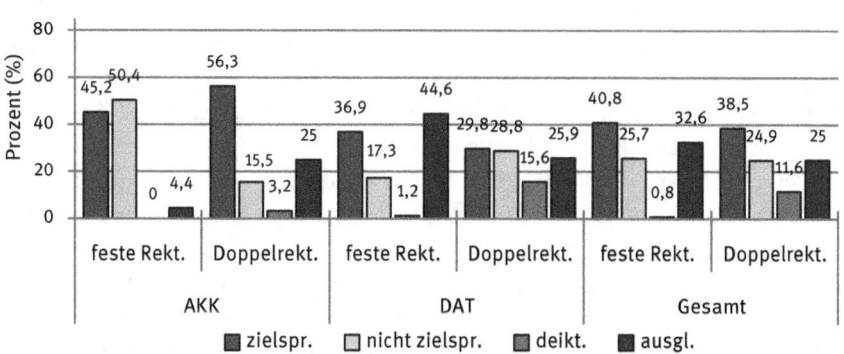

Abb. 70: Realisierung und Kasusmarkierung der elizitierten PPn mit Präpositionen verschiedener Rektionstypen bei bei sim-TE (Mittelwerte, KT-DEU)

Der Anteil der akkusativischen PPn mit fester Kasusrektion betrug 50 PPn und der mit Wechselpräpositionen 106 PPn. Der Anteil der dativischen PPn mit Präpositionen fester Rektion lag bei 74 PPn und mit Wechselpräpositionen bei 187 PPn. Somit kamen die PPn mit der Doppelrektion in dem Untersuchungsdatensatz der sim-TE-Gruppe häufiger als die PPn mit fester Rektion vor. Abbildung 70 und die dazugehörige Tabelle E21 zeigt, dass in der sim-TE-Gruppe 56,3 % (SD = 40,3) der PPn im Akkusativ mit den Wechselpräpositionen und 45,2 % (SD = 41,3) mit der festen Rektion zielsprachlich realisiert wurden. Der Anteil der nicht zielsprachlichen Realisierungen lag bei den PPn mit den Wechselpräpositionen durchschnittlich bei 15,5 % (SD = 19,6) und bei den PPn mit den Präpositionen der festen Rektionen bei 50,4 % (SD = 38,3). Deiktische Ausdrücke statt akkusativischer PPn mit Wechselpräpositionen kamen hier nicht vor. Der Anteil der Auslassungen betrug bei den PPn mit Präpositionen fester Akkusativrektion 4,4 % (SD = 13,4) und bei den PPn mit Wechselpräpositionen 25 % (SD = 37,6).

Im Dativ wurden lediglich 36,9 % (SD = 32,2) von PPn mit den Präpositionen fester Rektion zielsprachlich gebraucht. Dieser Wert war höher als die Zielsprachlichkeit der PPn mit den Wechselpräpositionen (29,8 %, SD = 29,7). Auffällig war jedoch, dass im Dativ, verglichen mit dem Akkusativ, die Zielsprachlichkeitsrate für die PPn mit beiden Präpositionstypen insgesamt unter der Hälfte lag. Die nicht zielsprachliche Verwendung lag bei 28,8 % (SD = 23,1) in den PPn mit Wechselpräpositionen und bei 17,3 % (SD = 13,4) in den PPn mit den Präpositionen fester Dativrektion. Zu 15,6 % (SD = 18,2) wurden die PPn mit Wechselpräpositionen durch deiktische Ausdrücke ersetzt und zu 25,9 % (SD = 28,1) erfolgte keine PP-Produktion auf eine PP-Elizitierung. Die Substitutionen der PPn durch deiktische Ausdrücke kamen bei den PPn mit den Präpositionen der festen Dativrektion seltener vor und lagen unter 1,2 % (SD = 5,6). Hierbei war der Anteil der Auslassungen mit 44,6 % (SD = 30,3) sehr hoch.

Betrachtet man die Verwendung der PPn für beide Kasus insgesamt, fällt die Zielsprachlichkeitsrate für die PPn mit beiden Präpositionstypen von durchschnittlich 40,8 % (SD = 29,8) und 38,5 % (SD = 30,1) ähnlich aus, wobei sie in den PPn mit der festen Kasusrektion etwas höher ist. Die nicht zielsprachliche Verwendung zeigt mit einem Durchschnittswert ebenso keine auffälligen Unterschiede. Diese zeigen sich jedoch bei den Verwendungen der deiktischen Ausdrücke und Auslassungen der PPn. Im Gegensatz zu den PPn mit den Präpositionen der festen Kasusreaktion (durchschnittlich zu 32,6 %, SD = 24,5) wurden die PPn mit den Wechselpräpositionen seltener ausgelassen (durchschnittlich zu 25 %, SD = 29,6), jedoch häufiger durch deiktische Ausdrücke (durchschnittlich zu 0,8 %, SD = 3,7 vs. 11,6 %, SD = 12,5) substituiert. Es scheint somit so zu sein, dass die PPn mit fester Kasusrektion im Schnitt häufiger als nominale oder pronominale PPn realisiert und zielsprachlich kasusmarkiert werden.

suk-TE

Insgesamt konnten für die Gruppe suk-TE 162 PPn ausgewertet werden. Darunter waren 64 akkusativische und 98 dativische PPn. Der Anteil der PPn mit Präpositionen der festen Akkusativkasusrektion betrug 20 PPn und mit Wechselpräpositionen 44 PPn (für mehr Details siehe die Tabellen E24, E25 und E26 in Anhang E). Abbildung 71 zeigt für den Akkusativ, dass die suk-TE-Kinder die PPn mit den Wechselpräpositionen mit 55,7 % (SD = 39,6) im Schnitt auffällig häufiger zielsprachlich verwendeten, als die PPn mit der festen Akkusativrektion (28,9 %, SD = 36,4). Der Anteil der realisierten, jedoch nicht zielsprachlichen Verwendungen lag für die PPn mit den Wechselpräpositionen bei durchschnittlich 8,3 % (SD = 17,4) und für die PPn mit den Präpositionen fester Akkusativrektion bei 45,6 % (SD = 33). Der durchschnittliche Anteil der deiktischen Ausdrücke war für die PPn mit beiden Präpositionstypen relativ klein und lag bei den PPn mit fester Rektion mit 6,7 % (SD = 25,8) etwas niedriger als bei den PPn mit der Doppelrektion (durchschnittlich 7,8 %, SD = 25,1). Die Nicht-Versprachlichungen der elizitierten PPn kamen mit dem Durchschnittswert von 18,9 % (SD = 30,8) bei den PPn mit fester Akkusativrektion und von 28,2 % (SD = 35,7) bei den PPn mit der Doppelrektion relativ häufig vor (vgl. Tabelle E24).

Für den Dativ lieferten die PP-Elizitierungen insgesamt 44 PPn mit den Präpositionen der festen Dativrektion und 54 PPn mit den Wechselpräpositionen. Wie Abbildung 71 (vgl. auch Tabelle E25) zeigt, wurden die dativischen PPn mit den Präpositionen mit fester Kasusrektion mit 28,9 % (SD = 24,7) auffällig häufiger als die mit den Wechselpräpositionen (11,3 %, SD = 15,9) zielsprachlich verwendet. Die Nicht-Zielsprachlichkeit lag für die PPn mit den Präpositionen mit fester Dativrektion bei 17,4 % (SD = 16,1), während die bei den PPn mit Wechselpräpositionen auf 25,2 % (SD = 22,4) anstieg. Die Verwendung der PPn mit den Wechselpräpositionen zeichnete sich dadurch aus, dass sie mit 32,8 % (SD = 26) auffällig häufig durch deiktische Ausdrücke substituiert wurden, die bei den PPn mit den Präpositionen der festen Dativrektion nicht vorkamen. Der Anteil der trotz einer Elizitierung nicht realisierten PPn war sowohl bei den PPn mit den Präpositionen der festen Kasusrektion (mit 53,7 %, SD = 28,3) als auch mit den Wechselpräpositionen (mit 30,8 %, SD = 30,2) sehr hoch.

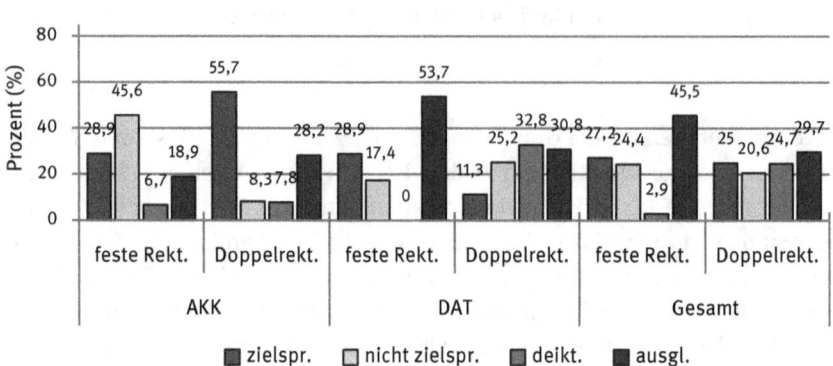

Abb. 71: Realisierung und Kasusmarkierung der elizitierten PPn mit Präpositionen verschiedener Rektionstypen bei suk-TE (Mittelwerte, KT-DEU)

Betrachtet man die Realisierung und Kasusmarkierung in den Phrasenstrukturen für die Gruppe suk-TE insgesamt (siehe Abbildung 71 und die dazugehörige Tabelle E26), zeigt sich, dass die elizitierten PPn mit fester Kasusrektion (durchschnittliche Zielsprachlichkeitsrate: 27,2 %, SD = 22,1) im Vergleich zu den PPn mit Doppelrektion (durchschnittliche Zielsprachlichkeitsrate: 25 %, SD = 21,8) durchschnittlich häufiger als PP-Strukturen realisiert und zielsprachlich markiert wurden. Die kasusneutralen deiktischen Ausdrücke waren bei den PPn mit Doppelrektion auffällig hoch, was allerdings auf die Begünstigung solcher Ausdrücke im Kontext der Kasustestsituation zurückzuführen ist. Die nicht versprachlichten PPn waren hingegen bei der Elizitierung von PPn mit fester Kasusrektion sichtlich höher als für die PPn mit Doppelrektion.

8.2.4.3 Zusammenfassung zur Teilanalyse 4 (Datenanalyse 1, *FF4*)

Zusammenfassend zeigte sich bei den Befunden zur Realisierung und Markierung der PPn mit den Präpositionen fester Kasusrektion und mit den Wechselpräpositionen für den Akkusativ und den Dativ Folgendes:

Im Russischen
1) Der Unterschied bei der Realisierung und Markierung der PPn mit Präpositionen fester vs. doppelter Kasusrektion war im Russischen im Vergleich zum Deutschen sowohl in der Gruppe sim-TE als auch suk-TE deutlicher zu erkennen.

2) Während die Rate für zielsprachliche bzw. nicht zielsprachliche Realisierung für beide PP-Typen etwa gleich ausfiel, wurden die PP-Strukturen mit den Präpositionen der doppelten Kasusreaktion häufiger durch deiktische Ausdrücke substituiert oder nicht versprachlicht.

Im Deutschen
1) Die durchschnittliche Verteilung der relativen Häufigkeiten für die zielsprachlichen bzw. nicht zielsprachlichen PP-Verwendungen fiel in den jeweiligen Gruppen für beide Kasus relativ ähnlich aus. Die Zielsprachlichkeitsrate für die PPn mit fester Kasusrektion war insgesamt etwas höher als für die PPn mit Doppelrektion, dieser Unterschied war jedoch gering.
2) Ein auffälliges Verwendungsmuster war, dass die Kinder die PP-Strukturen mit fester Kasusrektion häufiger komplett ausließen, während bei den PP-Strukturen mit den Wechselpräpositionen die PP-Auslassungen durch die Verwendung von deiktischen Ausdrücken ohne jegliche Kasusmarkierung kompensiert wurden. Anzumerken ist allerdings, dass die Verwendung der deiktischen Ausdrücke anstelle der PPn mit den Wechselpräpositionen von der Testsituation begünstigt war.

8.2.5 Teilanalyse 5: Markierung des Kasus bei verschiedenen Elizitierungsmethoden

Die nächste Analyse bezieht sich auf die Klärung der letzten Forschungsfrage *FF5* (vgl. Kapitel 6):

> Übt die Wahl der Elizitierungsmethode einen Einfluss auf die Zielsprachlichkeitsrate der Kasusmarkierung aus?

8.2.5.1 Im Russischen

sim-TE
Abbildung 72 zeigt die Verteilung der prozentualen Durchschnittswerte der Zielsprachlichkeit bei Verwendung der Kasusmarkierungen in den durch die SEen, WFn und OFn hervorgerufenen Äußerungen für die Gruppe sim-TE im Russischen. Die detaillierte Aufstellung der absoluten und relativen Häufigkeiten für die einzelnen Kinder und für die Gruppe sim-TE findet sich in Anhang D, Tabelle D33 für die NPn und die PPn.

Insgesamt lässt sich anhand der Abbildung gut erkennen, dass die Zielsprachlichkeitsrate sowohl bei der Elizitierung der NPn als auch von PPn unabhängig von der Elizitierungsmethode durchschnittlich sehr hoch war. Die durch die OFn elizitierten NPn wurden in der sim-TE-Gruppe mit 98,2 % (SD = 2,9) etwas öfter zielsprachlich kasusmarkiert als durch die SEen oder WFn, die mit durchschnittlichen Werten von 94,5 % (SD = 7,2) und 94,7 % (SD = 8,7) fast gleich häufig zielsprachlich verwendet wurden.

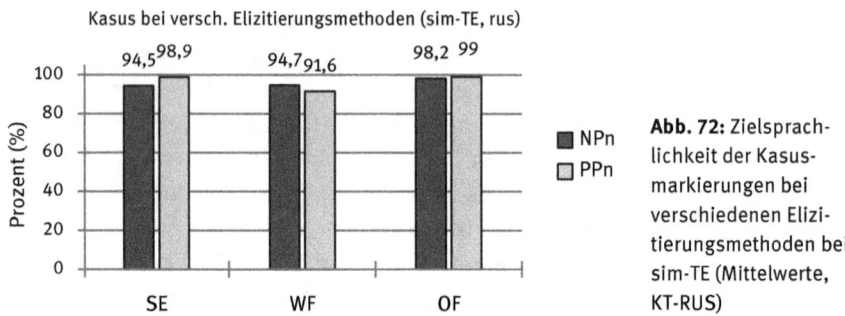

Abb. 72: Zielsprachlichkeit der Kasusmarkierungen bei verschiedenen Elizitierungsmethoden bei sim-TE (Mittelwerte, KT-RUS)

Bei der Betrachtung der kindlichen Durchschnittswerte für die zielsprachliche Realisierung der Kasusmarkierungen in PPn zeigte sich, dass mit einem durchschnittlichen Anteil von 99 % (SD = 3,1) die Zielsprachlichkeit der Kasusmarkierungen in den PPn nach den OFn dominierte, gefolgt von der nach den SEen und WFn, deren Durchschnittswerte bei 98,9 % (SD = 4,6) bzw. 91,6 % (SD = 10,2) lagen.

suk-TE

Wie in Abbildung 73 dargestellt wird, war der durchschnittliche Anteil der zielsprachlichen Kasusmarkierungen in NPn elizitiert durch die OFn mit 96,5 % (SD = 5,6) am höchsten, gefolgt von den WFn mit durchschnittlich 95,3 % (SD = 8,1) und den SEen mit durchschnittlich 92,7 % (SD = 5,8).

Außerdem stellt Abbildung 73 die durchschnittliche Verteilung der durch die verschiedenen Elizitierungsmethoden erzielten Zielsprachlichkeit in den PPn dar: Im Mittel wurden die PPn nach den OFn mit 95,6 % (SD = 7,8) am häufigsten zielsprachlich markiert, gefolgt von den SEen mit 90,6 % (SD = 27,2) und den WFn mit 88,5 % (SD = 24,4). Die ausführlich aufgelisteten absoluten und durchschnittlichen Mittelwerte für Abbildung 73 sind in Tabelle D34 zu finden.

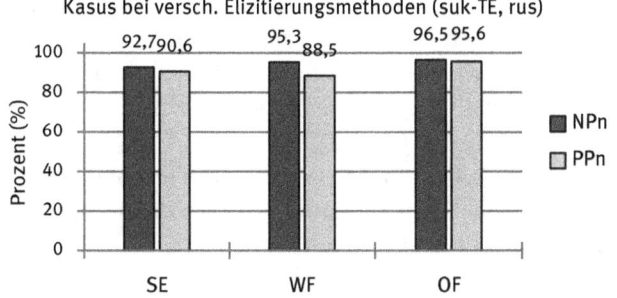

Abb. 73: Zielsprachlichkeit der Kasusmarkierungen bei verschiedenen Elizitierungsmethoden bei suk-TE (Mittelwerte, KT-RUS)

8.2.5.2 Im Deutschen

sim-TE

Zuerst wird die durchschnittliche Zielsprachlichkeitsrate der Kasusmarkierung in Bezug auf drei verschiedene Elizitierungsmethoden bei der Gruppe sim-TE untersucht. Tabelle E27 in Anhang E gibt einen Überblick über die beobachteten Häufigkeiten und die Durchschnittswerte der zielsprachlichen und nicht zielsprachlichen Kasusmarkierungen in den NPn und PPn. Die durchschnittlichen Zielsprachlichkeitsraten werden in Abbildung 74 gezeigt.

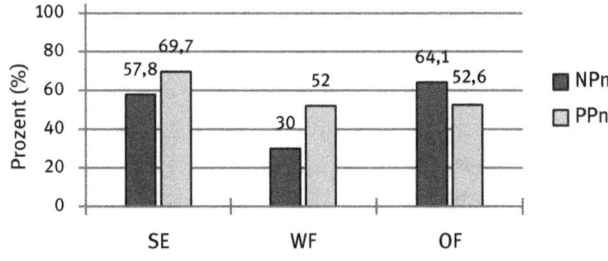

Abb. 74: Zielsprachlichkeit der Kasusmarkierungen bei verschiedenen Elizitierungsmethoden bei sim-TE (Mittelwerte, KT-DEU)

In der sim-TE-Gruppe wurden die durch die OFn elizitierten NPn mit 64,1 % (SD = 26,7) am häufigsten zielsprachlich kasusmarkiert. Nach den SEen wurde die Kasusmarkierung in NPn zu 57,8 % (SD = 37,9) zielsprachlich verwendet (siehe Abbildung 74). Dem stand die Elizitierungsmethode mit den WFn gegenüber, nach der die NPn sowohl im Vergleich zu den SEen als auch zu den OFn mit lediglich 30 % (SD = 41,4) auffällig seltener zielsprachlich kasusmarkiert wurden.

Dieses Bild änderte sich bei der Betrachtung der Verteilung der zielsprachlichen Kasusmarkierungen in PPn: Mit einem durchschnittlichen Anteil von 69,7 % (SD = 34,8) dominierte die Zielsprachlichkeit der Kasusmarkierungen in den PPn nach den SEen (siehe Abbildung 74), gefolgt von der nach den OFn und WFn, die im Durchschnitt bei 52,6 % (SD = 29,6) bzw. 52 % (SD = 35,7) lag. Auch hier zeigte sich, dass die durchschnittliche Zielsprachlichkeitsrate bei den WFn im Vergleich zu den anderen Elizitierungsmethoden niedriger war. Im Vergleich zu den SEen war dieser Unterschied sichtlich auffällig.

suk-TE

Als Nächstes wurde die Zielsprachlichkeitsverteilung der verwendeten Kasusmarkierungen in Bezug auf die drei eingesetzten Elizitierungsmethoden bei der suk-TE-Gruppe untersucht.

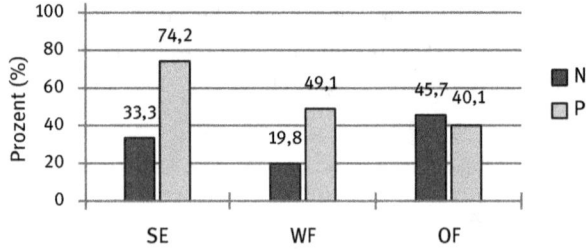

Abb. 75: Zielsprachlichkeit der Kasusmarkierungen bei verschiedenen Elizitierungsmethoden bei suk-TE (Mittelwerte, KT-DEU)

Wie sich anhand der Abbildung für die Gruppe suk-TE feststellen lässt, betrug der durchschnittliche Anteil der zielsprachlich verwendeten Kasusmarkierungen in NPn 45,7 % (SD = 24,9) nach den OFn und 33,3 % (SD = 29,3) nach den SEen. Nach den WFn wurde im Durchschnitt die niedrigste Zielsprachlichkeitsrate beobachtet, die bei 19,8 % (SD = 35,1) lag. Ähnlich wie bei der Gruppe sim-TE zeigten die Gesamtdurchschnittswerte (für Einzelheiten siehe Tabelle E28 und Abbildung 75) für die suk-TE, dass bei den NPn die Kasusmarkierungen nach den WFn auffällig selten zielsprachlich gebraucht wurden. Insbesondere im Vergleich zu den OFn war ihre Zielsprachlichkeit im Durchschnitt bedeutend niedriger. Im Gegensatz dazu wies die durchschnittliche Zielsprachlichkeitsrate der Kasusmarkierungen nach den SEen geringere Unterschiede auf.

Betrachtet man die durchschnittliche Zielsprachlichkeit der Kasusmarkierungen bei verschiedenen Elizitierungsmethoden in PPn sieht man, dass die

Kasusmarkierungen nach den SEen (74,2 %, SD = 34,1) im Durchschnitt am häufigsten zielsprachlich realisiert wurden, gefolgt von denen nach den WFn (49,1 % SD = 26,8). Am niedrigsten war ihr durchschnittlicher Anteil nach den OFn (40,1 % SD = 33,7). Damit zeigte sich, dass die korrekten Kasusmarkierungen nach den SEen im Vergleich zu den beiden anderen Elizitierungsmethoden erheblich öfter vorkamen. Die durchschnittliche Zielsprachlichkeitsrate der Kasusmarkierungen nach den WFn und OFn wies dagegen geringere Unterschiede auf.

8.2.5.3 Zusammenfassung zur TEILANALYSE 5 (DATENANALYSE 1, *FF5*)

Zusammenfassend ergab die Auswertung der Daten zu *FF5* für die Gruppe sim-TE und suk-TE Folgendes:

Im Russischen
1) Sowohl bei den NPn als auch bei den PPn wurde in beiden Gruppen der Kinder mit unauffälliger Sprachentwicklung mit den OFn eine höhere Zielsprachlichkeitsrate erzielt als mit den SEen oder WFn.
2) Bei den NPn hatte die Elizitierungsmethode einen geringeren Einfluss auf die Zielsprachlichkeitsrate als bei den PPn.
3) Bei den PPn war die erzielte Zielsprachlichkeit der Kasusmarkierung auf die WFn im Vergleich zu der auf die SEen und OFn deutlich niedriger. Dabei war der Einfluss der WFn auf die Zielsprachlichkeit bei der Gruppe sim-TE größer als in der Gruppe suk-TE.

Im Deutschen
1) Es scheint, dass im Deutschen sowohl bei den sim-TE- als auch bei den suk-TE-Kindern die Elizitierungsmethode auf die Zielsprachlichkeit der verwendeten Kasusmarkierungen sowohl in NPn als auch in PPn einen größeren Einfluss hat als im Russischen. Dieser Einfluss war jedoch nicht bei jeder der drei Elizitierungsmethoden gleich stark ausgeprägt.
2) Bei den NPn wurde in beiden Gruppen bei den Äußerungen auf die OFn die höchste Zielsprachlichkeitsrate erreicht. Die Vorgabe einer Satzstruktur scheint dabei keinen positiven Einfluss auf die erzielte Zielsprachlichkeit der Kasusmarkierungen zu haben. Die zielsprachliche Markierung des Kasus bei den Äußerungen auf die WFn bereitete den Kindern die größten Schwierigkeiten.
3) Bei den PPn hingegen konnte mit den SEen die durchschnittlich höchste Zielsprachlichkeitsrate der Kasusmarkierung erzielt werden. Im Vergleich

dazu fiel die zielsprachliche Markierung des Kasus bei den Äußerungen auf die WFn und OFn den Kindern der beiden Gruppen schwerer.

8.2.6 Zusammenfassung zur DATENANALYSE 1

In der DATENANALYSE 1 wurde die Realisierung von NPn sowie PPn und ihre Kasusmarkierung bei den simultan bilingualen (N = 20) und sukzessiv bilingualen (N = 17) Kindern mit dem Russischen als erste Sprache und dem Deutschen als zweite Sprache untersucht. Die Kinder wiesen in beiden Sprachen eine unauffällige Sprachentwicklung auf und waren hinsichtlich ihres Alters, IQs und SES vergleichbar (siehe Abbildung 3). Die Gruppen zeigten klare Unterschiede in Bezug auf das AoO sowie die LoE. Diese waren jedoch auf zwei unterschiedliche Erwerbstypen zurückzuführen und gehörten zu den Kriterien für die Gruppenbildung.

Sowohl die Daten zum Russischen als auch zum Deutschen stammen aus zwei Erhebungen, bei denen ein Jahr zwischen den Testzeitpunkten lag. Dabei handelt es sich um die Sprachproduktion, die mithilfe von Kasustests (siehe Abschnitt 7.2) elizitiert wurde. Die Daten wurden hinsichtlich fünf Forschungsfragen (vgl. Kapitel 6) in fünf Teilanalysen ausgewertet. Im Russischen konzentrierte sich die Datenanalyse auf die Verwendung der Kasusmarkierungen im Akkusativ, Dativ, Genitiv, Instrumental und Präpositiv. Im Deutschen wurden die Kasusmarkierungen im Akkusativ und Dativ untersucht. Die zentralen Ergebnisse der Auswertung sind:

1) Es zeigte sich für die beiden untersuchten Sprachen in der TEILANALYSE 1, dass die Realisierungs- und Zielsprachlichkeitsrate bei den NPn insgesamt höher ist als bei den PPn. Je nach Kasus und Sprache variierten die Unterschiede stark. Die PPn wurden insgesamt öfter als NPn durch kasusneutrale deiktische Ausdrücke substituiert oder nicht versprachlicht. Die sprachliche Leistung der Kinder war im Russischen, das alle Kinder als Erstsprache erwarben, relativ hoch und deutlich besser als im Deutschen. Jedoch konnten im Russischen einige PPn beobachtet werden, in denen die Präpositionen substituiert oder ausgelassen wurden. Im Deutschen hatten die Kinder der beiden Gruppen große Schwierigkeiten, die Präpositionen in den PPn zielsprachlich zu verwenden.

2) Die TEILANALYSE 2, die sich mit der Untersuchung der Kasusmarkierungen in NPn und PPn befasste, zeigte insgesamt, dass im Russischen weder simultan bilinguale noch sukzessiv bilinguale Kinder in *intakten* Phrasenstrukturen große Schwierigkeiten hatten, den Kasus zu markieren. Die Zielsprach-

lichkeitsrate über die gesamten oblique markierten NP-/PP-Strukturen lag über 90 % und änderte sich über die zwei Testzeitpunkte kaum (vgl. Abbildung 43). Unter einigen wenigen Fehlern, die beobachtet wurden, gehörten die Übergeneralisierungen des Nominativs (bzw. Nominativ/Akkusativ synkretischer Kasusform) und des Akkusativs auf die übrigen Kasusformen zu den häufigsten.

Demgegenüber stand die Kasusmarkierung im Deutschen: Die Zielsprachlichkeitsrate für die akkusativ- und dativmarkierten NP und PPn ergab bei den simultan bilingualen Kindern durchschnittlich 45 % zum Beginn der Untersuchung (T1) und stieg zum Untersuchungsende (T2) auf durchschnittlich 58,4 % (vgl. Tabelle E12 in Anhang E). Im Vergleich hierzu war sie bei den sukzessiv bilingualen Kindern mit 31,2 % zum Untersuchungsbeginn deutlich niedriger. Die Zielsprachlichkeitsrate verbesserte sich zum Untersuchungsende (T2) deutlich, lag jedoch mit 46,7 % (vgl. Tabelle E18 in Anhang E) weiterhin unter dem Leistungsniveau der sim-TE-Gruppe. Die Zielsprachlichkeitsrate variierte in beiden Gruppen je nach Phrasenstruktur und Kasus stark.

3) Die TEILANALYSE 3 zur Untersuchung der Realisierung und Markierung der Kasusobjekte zeigte, dass in beiden Sprachen die zielsprachliche Realisierung der direkten Objekte den Kindern leichterfiel, als die der indirekten Objekte. Es gab wenige Unterschiede bei der Markierung der direkten Objekte in den transitiven und ditransitiven Kontexten, jedoch bei der Markierung der indirekten Objekte im Kontext der intransitiven und ditransitiven Verben: Im Deutschen wurden indirekte Objekte bei den intransitiven Verben, im Russischen dagegen bei den ditransitiven Verben öfter zielsprachlich verwendet. Für beide Sprachen zeigte sich, dass indirekte Objekte bei den intransitiven Verben öfter nicht versprachlicht wurden.

4) Die Auswertung der Daten zur Realisierung und Kasusmarkierung in den PPn mit Präpositionen verschiedener Rektionstypen in der TEILANALYSE 4 zeigte, dass im Russischen die PPn mit Präpositionen der beiden Rektionstypen vergleichbar häufig zielsprachlich verwendet wurden. Die Auswertung ergab aber, dass die PPn mit doppelter Rektion im Vergleich zu den PPn mit fester Kasusrektion öfter durch deiktische Ausdrücke substituiert oder nicht versprachlicht wurden. Dieses Verhalten war im Russischen bei der Gruppe suk-TE stärker als bei der Gruppe sim-TE ausgeprägt.

Im Deutschen wurden die PPn mit fester Kasusrektion im Vergleich zu den PPn mit doppelter Kasusrektion öfter zielsprachlich verwendet, dafür waren sie jedoch öfter nicht versprachlicht. Auf die Elizitierung der PPn mit Präpositionen doppelter Kasusrektion folgte insgesamt öfter eine Versprachlichung, die PPn wurden dabei aber durch deiktische Ausdrücke substituiert. Dieses Verhalten war im Deutschen für beide Gruppen charakteristisch, mit dem Unterschied, dass die Gruppe sim-TE einen höheren Anteil der zielsprachlichen Verwendungen zeigte.

5) Die TEILANALYSE 5 erbrachte, dass die Elizitierungsmethode auf die Zielsprachlichkeit der Kasusmarkierung sowohl im Russischen als auch im Deutschen sehr wohl einen Einfluss hat. Bei den NPn war dieser Einfluss geringer ausgeprägt als bei den PPn und im Russischen geringer als im Deutschen.

8.3 DATENANALYSE 2: Realisierung und Kasusmarkierung der NPn und PPn im Russischen und im Deutschen bei sukzessiv bilingualen Kindern mit einer auffälligen Sprachentwicklung

Im Abschnitt 8.2 wurde die DATENANALYSE 1 mit fünf Teilanalysen zur Realisierung von NPn und PPn und ihre Kasusmarkierung bei den simultan und sukzessiv bilingualen Kindern mit unauffälliger Sprachentwicklung im Russischen und im Deutschen dargestellt. Im Folgenden werden mit den der DATENANALYSE 1 äquivalenten Teilanalysen die sukzessiv bilingualen Kinder (N = 7) mit einer auffälligen Sprachentwicklung untersucht. Je nachdem, ob die Kinder nach den Ergebnissen der sprachspezifischen NWRTs eine auffällige Sprachentwicklung in einer oder in beiden Sprachen zeigten, wurden sie einer von drei Gruppen zugewiesen (zu Details siehe Abbildung 2):

- suk-AED: Die Kinder (N = 2) zeigten eine auffällige Sprachentwicklung im Deutschen.
- suk-AER: Die Kinder (N = 3) zeigten eine auffällige Sprachentwicklung im Russischen.
- suk-RSSES: Die Kinder (N = 2) zeigten eine auffällige Sprachentwicklung sowohl im Deutschen als auch im Russischen: die sog. Kinder mit Risiko für SSES.

8.3.1 TEILANALYSE 1: Strategien zur Realisierung der elizitierten NPn und PPn und ihre Kasusmarkierung

Die vorliegende Teilanalyse bezieht sich auf die Klärung der *FF1* und ist äquivalent zu der TEILANALYSE 1 der DATENANALYSE 1 (vgl. Abschnitt 8.2.1):

Welche Strategien verfolgen bilinguale Kinder mit und ohne auffällige Sprachentwicklung bei der Realisierung der elizitierten NPn und PPn im jeweiligen Kasus? Und wie hoch ist die Zielsprachlichkeitsrate der realisierten NPn und PPn?

8.3.1.1 Im Russischen

Abbildung 76 (für mehr Details siehe Tabelle D35 in Anhang D) zeigt die Ergebnisse der russischen Datenauswertung zu den beobachteten Realisierungsstrategien bei den Kindern mit auffälliger Sprachentwicklung.

In der Gruppe suk-AED wurden die elizitierten NPn im Schnitt zu 87,8 % (SD = 11,8) zielsprachlich realisiert, gefolgt von der suk-AER mit 80,1 % (SD = 6) und von der suk-RSSES mit 69,4 % (SD = 3,9). Die durchschnittliche Fehlerrate der realisierten, jedoch nicht zielsprachlich verwendeten NPn betrug in der suk-AED 7,1 % (SD = 4,5), in der suk-AER 11 % (SD = 4) und in der suk-RSSES 17,4 % (SD = 1,1). Die Verwendung von deiktischen kasusneutralen Ausdrücken statt NPn kam in der Gruppe suk-AED im Schnitt bei 2,6 % (SD = 3,6) etwas häufiger als in der Gruppe suk-AER und suk-RSSES vor, bei denen sie knapp über einem Prozent lag. Die KA-Reaktionen wurden in der Gruppe suk-RSSES mit einem Mittelwert von 11,7 (SD = 4,8) am häufigsten beobachtet, gefolgt von suk-AER (durchschnittlich mit 7,8 %, SD = 8,1) und suk-AED (durchschnittlich mit 2,6 %, SD = 3,6).

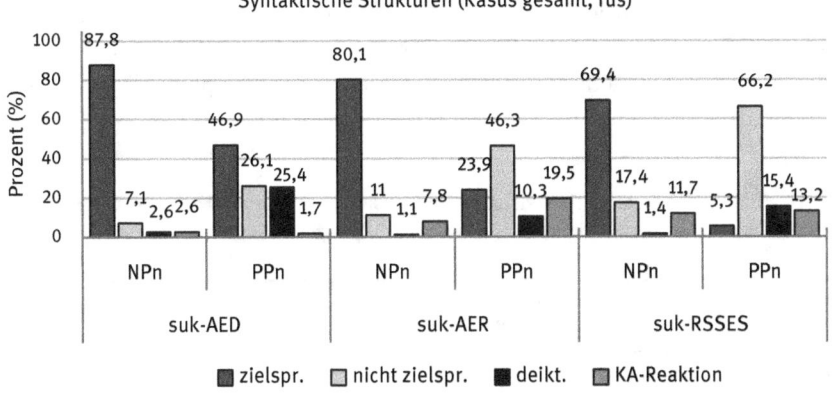

Abb. 76: Realisierung der syntaktischen Strukturen (Kasus gesamt) und ihre Kasusmarkierung bei den Kindern mit auffälliger Sprachentwicklung (Mittelwerte, KT-RUS)

Im Vergleich zu den NPn zeigten alle drei Gruppen auffällig große Schwierigkeiten mit der Realisierung der PPn. Dabei waren sie in der Gruppe suk-RSSES am größten, gefolgt von der Gruppe suk-AER. Wie Abbildung 76 zeigt, war der Unterschied zwischen den Zielsprachlichkeitsraten der drei Gruppen groß: So realisierte die Gruppe suk-AED die PPn zu durchschnittlich 46,9 % (SD = 51,5) zielsprachlich. Das war durchschnittlich etwa doppelt so hoch wie in der Gruppe suk-AER mit 23,9 % (SD = 11,5). In der Gruppe suk-RSSES lag die Zielsprachlichkeitsrate lediglich bei 5,3 % (SD = 7,4). Die Fehlerrate für die realisierten PP-Strukturen war in der Gruppe suk-RSSES mit durchschnittlich 66,2 % (SD = 4,3) am höchsten, gefolgt von der Gruppe suk-AER mit 46,3 % (SD = 16) und der Gruppe suk-AED mit 26,1 % (SD = 22,7). Die Verwendung der deiktischen Ausdrücke kam in der Gruppe suk-AED am häufigsten, die KA-Reaktionen kamen am seltensten vor. Die KA-Reaktionen wurden durchschnittlich am häufigsten in der Gruppe suk-RSSES beobachtet, gefolgt von der suk-AED.

Bei näherer Betrachtung der nicht zielsprachlich realisierten PPn (vgl. Tabelle 35) zeigte sich weiterhin, dass die suk-AED-Kinder lediglich bei drei der elf PPn die Präpositionen zielsprachlich realisierten, d. h. lediglich in diesen drei PPn die Fehler eindeutig auf die nicht zielsprachlich verwendete Kasusmarkierung zurückzuführen waren. Bei den anderen acht PPn wurden die Präpositionen falsch verwendet, reduziert oder komplett ausgelassen. Bei der Gruppe suk-AER gab es insgesamt vier der 29 PPn und in der Gruppe suk-RSSES drei der 21 PPn mit zielsprachlich verwendeten Präpositionen. Auffällig war, dass der Anteil der PPn mit den ausgelassenen Präpositionen in der Gruppe suk-RSSES sowohl im Vergleich zur suk-AED als auch zur suk-AER deutlich höher war. Die PPn mit den reduzierten Präpositionen wurden in der Gruppe suk-RSSES ebenfalls häufiger beobachtet.

Tab. 35: Fehlertypen in den nicht zielsprachlich realisierten PPn für alle Kasus bei den Kindern mit auffälliger Sprachentwicklung (absolute Häufigkeitsverteilung, KT-RUS)

PP-Strukturen mit	suk-AED (N = 2)	suk-AER (N = 3)	suk-RSSES (N = 2)	gesamt
zielspr. Präpositionen mit nicht zielspr. Kasusmarkierung	3	4	3	10
nicht zielspr. Präpositionen	4	12	5	21
reduz. Präpositionen	1	5	4	10
ausgl. Präpositionen	3	8	9	20
gesamt	11	29	21	61

Bei den PP-Realisierungen ließen sich bei den Kindern mit auffälliger Sprachentwicklung weiterhin Fälle finden, bei denen die NP durch die PPn realisiert wurden. Solche Verwendungen kamen selten (viermal in der Gruppe suk-AED und dreimal in der Gruppe suk-AER) vor, berücksichtigt man jedoch, dass insgesamt nur wenige PPn produziert wurden, fallen sie sichtlich auf.

8.3.1.2 Im Deutschen

Die Ergebnisse der deutschen Datenauswertung zu den drei Untersuchungsgruppen sind in Abbildung 77 dargestellt. Die absoluten und prozentualen Häufigkeiten sowie die Mittelwerte der einzelnen Realisierungsstrategien sind Tabelle E29 in Anhang E zu entnehmen.

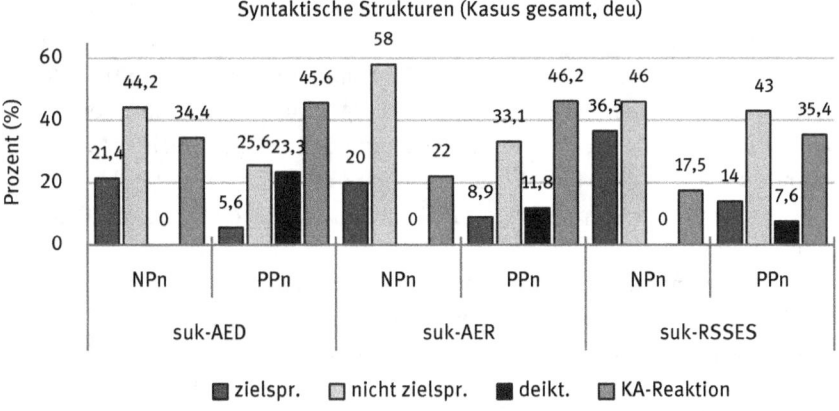

Abb. 77: Realisierung der syntaktischen Strukturen (Kasus gesamt) und ihre Kasusmarkierung bei den Kindern mit auffälliger Sprachentwicklung (Mittelwerte, KT-DEU)

In der Gruppe suk-AED wurden insgesamt elf NPn realisiert und davon wurden 21,4 % (SD = 30,3) zielsprachlich und 44,2 % (SD = 1,8) nicht zielsprachlich verwendet. Zu 34,4 % (SD = 28,5) wurden sie infolge einer KA-Reaktion nicht versprachlicht. Die Anzahl der realisierten PPn war mit insgesamt acht Beobachtungen – zusammengesetzt aus 5,6 % (SD = 7,9) zielsprachlichen und 25,6 % (SD = 20,4) nicht zielsprachlichen Verwendungen – auffällig gering. Zu 23,3 % (SD = 14,1) wurden die PP-Elizitierungen durch die deiktischen kasusneutralen Ausdrücke realisiert. Der Anteil der KA-Reaktionen lag dabei mit 45,6 % (SD = 1,6) vergleichbar hoch.

Die Gruppe suk-AER erzielte infolge der NP-Elizitierungen insgesamt 39 NPn, die im Schnitt zu 20 % (SD = 34,6) zielsprachlich und zu 58 % (SD = 33,8) nicht zielsprachlich verwendet wurden. Der Mittelwert der KA-Reaktionen lag bei 22 % (SD = 17,5). Betrachtet man die PP-Elizitierungen, zeigt sich, dass sie lediglich zur Hälfte durch 32 PPn – zusammengesetzt aus durchschnittlich 8,9 % (SD = 11,5) der zielsprachlichen und etwa dreimal so häufigen nicht zielsprachlichen Verwendungen (im Schnitt 33,1 %, SD = 17,8) – und zu 11,8 % (SD = 6,7) durch die deiktischen kasusneutralen Adverbialen realisiert wurden. Bei durchschnittlich 46,2 % (SD = 30,3) kamen bei den PP-Elizitierungen keine KA-Reaktionen vor.

Für die Gruppe suk-RSSES konnten insgesamt 39 NPn und 25 PPn ausgewertet werden. Die Zielsprachlichkeit bei den NPn war mit einem Durchschnittswert von 36,5 % (SD = 51,7) im Vergleich zu der Nicht-Zielsprachlichkeit mit 46 % (SD = 26,9) auffallend niedriger. Der durchschnittliche Anteil der KA-Reaktionen betrug 17,5 % (SD = 24,7) und war im Vergleich zu den anderen beiden Gruppen relativ gering. Bei den PPn dominierten mit 43 % (SD = 9,9) die nicht zielsprachlichen Verwendungen, gefolgt von den KA-Reaktionen mit 35,4 % (SD = 4,9). Der durchschnittliche Anteil der zielsprachlich verwendeten PPn mit 14 % (SD = 19,8) und der deiktischen Substitutionen statt PPn mit 7,6 % (SD = 5) war in der Gruppe suk-RSSES ähnlich wie in den anderen Gruppen relativ gering.

Betrachtet man die Fehlertypen bei der Realisierung der PPn etwas näher, so kann festgestellt werden, dass die meisten Fehler auf die falsche Verwendung der Präpositionen in PPn zurückzuführen sind: In der Gruppe suk-AED waren davon 6 der 7 PPn, in der Gruppe suk-AER 15 von 24 PPn und in der Gruppe suk-RSSES 13 der 18 PPn betroffen.

Tab. 36: Fehlertypen in den nicht zielsprachlich realisierten PPn im Akkusativ und Dativ bei den Kindern mit auffälliger Sprachentwicklung (absolute Häufigkeitsverteilung, KT-DEU)

PP-Strukturen mit	suk-AED (N = 2)	suk-AER (N = 3)	suk-RSSES (N = 2)	gesamt
zielspr. Präpositionen und nicht zielspr. Kasusmarkierung	1	9	5	15
nicht zielspr. Präpositionen	1	8	4	13
reduz. Präpositionen	1	0	2	3
ausgl. Präpositionen	4	7	7	18
gesamt	7	24	18	19

Tabelle 36 zeigt, dass bei den PPn mit falschen Präpositionsverwendungen der häufigste Fehlertyp die Auslassung der Präpositionen war. Die zweithäufigste Fehlerquelle machten die falschen Präpositionen aus. Die Reduktionen der Präposition kamen nur einzeln vor.

8.3.1.3 Zusammenfassung zur TEILANALYSE 1 (DATENANALYSE 2, *FF2*)

Im Russischen
Zusammenfassend lässt sich hierzu festhalten: Die suk-AED-Kinder, die nur im Deutschen sprachauffällig waren, schnitten bei der Realisierung der NPn und PPn im Russischen am besten ab. Die Gruppe suk-AER – die Kinder mit auffälliger Sprachentwicklung im Russischen – zeigte bei der Realisierung der NPn und PPn eine schwächere sprachliche Leistung als die Gruppe suk-AED. Auffällig war, dass bei den Kindern dieser Gruppe die KA-Reaktionen am häufigsten beobachtet wurden. Die Gruppe suk-RSSES zeigte im Vergleich zu den anderen beiden Gruppen eine deutlich schwächere sprachliche Leistung, in der die Fehlerrate bei den PPn im Vergleich zu den anderen Gruppen auffällig hoch war.

Im Deutschen
Insgesamt realisierten alle drei untersuchten Gruppen der Kinder die NPn im Vergleich zu den PPn häufiger als Phrasenstrukturen und verwendeten sie häufiger zielsprachlich. In Bezug auf die Unterschiede zwischen den drei Gruppen zeigte sich, dass die Gruppe suk-AED – Kinder mit einer Auffälligkeit im Deutschen – im Vergleich zu den zwei anderen Gruppen die größten Schwierigkeiten hatte, die NP- und PP-Strukturen zu realisieren und sie zielsprachlich zu verwenden. Sie substituierte die elizitierten Phrasenstrukturen häufiger durch deiktische Ausdrücke oder ließ sie nicht versprachlicht. Bei den zwei anderen Gruppen – suk-AER und suk-RSSES – erzielte die Gruppe suk-RSSES die besseren sprachlichen Ergebnisse: Sie wies sowohl eine höhere Zielsprachlichkeitsrate bei den realisierten Phrasenstrukturen als auch weniger deiktische Substitutionen sowie KA-Reaktionen auf.

8.3.2 TEILANALYSE 2: Verwendung der Kasusmarkierungen

Die folgende Teilanalyse untersucht im Rahmen der *FF2* die morphologische Realisierung der Kasusmarkierungen in NPn und PPn bei sukzessiv bilingualen Kindern mit auffälliger Sprachentwicklung. Die *FF2* lautet:

Wie werden die Kasusmarkierungen von den Kindern realisiert?
a. Welche Strategien nutzen die simultan und sukzessiv bilingualen Kinder mit und ohne auffällige Sprachentwicklung zur morphologischen Realisierung der Markierungen in den jeweiligen Kasus in den NPn und PPn?
b. Gibt es Unterschiede in der Realisierung der Kasusmarkierung zwischen den NPn und den PPn?
c. Verändert sich die Verteilung der beobachteten Markierungsstrategien über zwei Testzeitpunkte hinweg?

Die Auswahlkriterien und der Annotationsvorgang für die vorliegende Teilanalyse entsprechen denen der TEILANALYSE 2 der DATENANALYSE 1 (siehe Abschnitt 8.2.2).

8.3.2.1 Im Russischen

Wie aus Tabelle D35 in Anhang D zur Realisierung der elizitierten NPn und PPn zu entnehmen ist, wurden von den Kindern mit auffälliger Sprachentwicklung insgesamt 365 NPn und PPn verwendet, von denen jedoch 314 NPn und PPn auf die Verwendung der Kasusmarkierungen (im Genitiv, Dativ, Akkusativ, Instrumental und Präpositiv) untersucht werden konnten (siehe Ausschlusskriterien im Abschnitt 8.2.2.1). Die detaillierten Informationen über absolute Häufigkeiten und Mittelwerte für einzelne Kinder bei der Markierung der jeweiligen Kasus sind in Tabelle D36 (für die NPn) und Tabelle D37 (für die PPn) in Anhang D dargestellt.

Markierung des Akkusativs

Die Phrasenstrukturen im Akkusativ kamen bei den Kindern mit auffälliger Sprachentwicklung im Vergleich zu anderen Kasus in größerer Anzahl vor. Bei der Gruppe suk-AED wurde die Akkusativmarkierung insgesamt in 71 NPn und in 12 PPn ausgewertet, von denen die meisten zielsprachlich verwendet wurden. Lediglich in drei der 37 NPn vom T1 und in zwei der 34 NPn vom T2 wurde der Akkusativ durch den Nominativ ersetzt. Bei den PPn kamen im T2 einmal der Dativ und einmal der Präpositiv statt des Akkusativs vor. Hierzu ist anzumerken, dass im T1 alle akkusativischen PPn lediglich von einem Kind verwendet wurden. Im T2 kamen die akkusativischen PPn bei beiden untersuchten Kindern vor: Hier wurden zwei der sieben PPn nicht zielsprachlich markiert. Insgesamt wurden 39 der 42 akkusativischen Phrasenstrukturen aus dem T1 und 37 der 41 Phrasenstrukturen aus dem T2 zielsprachlich markiert. Damit sank die absolute Anzahl der zielsprachlichen Beobachtungen vom T1 zum T2 nur geringfügig (siehe Tabelle 37).

Tab. 37: Zielsprachlichkeit der Akkusativmarkierungen (NPn und PPn) bei den Kindern mit auffälliger Sprachentwicklung zum T1 und T2 (absolute Häufigkeiten, KT-RUS)

	suk-AED (N = 2) zielspr./gesamt	suk-AER (N = 3) zielspr./gesamt	suk-RSSES (N = 2) zielspr./gesamt
T1	39/42	39/46	23/27
T2	37/41	58/62	24/27

Legende: Für Details zu einzelnen Kindern siehe die Tabellen D36 und D37, Anhang D

In der Gruppe suk-AER setzte sich die Summe der verwendeten akkusativischen NPn (N = 44) im T1 aus 38 NPn mit zielsprachlicher Markierung, drei NPn mit der Substitution des Akkusativs durch den Nominativ, einer Substitution des Akkusativs durch den Instrumental und zwei reduzierten Markierungen zusammen. Im T2 wurden von den suk-AER-Kindern insgesamt 54 akkusativische NPn produziert, von denen 52 NPn zielsprachlich markiert wurden. Bei den zwei übrigen NPn handelte es sich um die Substitution des Akkusativs jeweils einmal durch den Dativ und den Instrumental. Die akkusativischen PP-Verwendungen kamen in der Gruppe suk-AER selten vor: Im T1 gab es nur zwei PPn, bei einer davon wurde der Akkusativ durch eine ambige Kasusmarkierung substituiert. Im T2 wurden insgesamt acht PPn verwendet, bei denen der Akkusativ einmal durch den Instrumental und einmal durch den Präpositiv ersetzt wurde. Hinsichtlich der Markierung der gesamten Phrasenstrukturen im Akkusativ ließ sich feststellen, dass die Anzahl der zielsprachlichen Verwendungen von 39 Beobachtungen im T1 auf 58 Beobachtungen im T2 sichtlich anstieg. Die nicht zielsprachlichen Verwendungen gingen dagegen zurück (siehe Tabelle 37).

Für die Gruppe suk-RSSES konnten insgesamt 52 NPn auf die Akkusativmarkierung ausgewertet werden: Im T1 gab es 22 NPn mit zielsprachlicher Akkusativmarkierung und in vier NPn wurde der Akkusativ durch den Nominativ substituiert. Im T2 stieg die Anzahl der Beobachtungen geringfügig auf 26 NPn an. Hierbei wurde der Akkusativ in 24 NPn zielsprachlich markiert und in zwei NPn durch den Nominativ substituiert. Ähnlich wie in den anderen Gruppen kamen die PPn in der Gruppe suk-RSSES selten vor, obwohl ihre Anzahl im Vergleich zu den anderen zwei Gruppen auffällig geringer war: Insgesamt zwei akkusativische PPn wurden zu jedem Testzeitpunkt beobachtet, von denen eine zielsprachlich (zum T1) und die andere nicht zielsprachlich (zum T2) markiert wurde. Bei der nicht zielsprachlichen Markierung handelte es sich um eine Substitution des Akkusativs durch den Präpositiv. Das Gesamtbild zum Akkusativ ergab (siehe Tabelle 37), dass die Gruppe suk-RSSES die geringste Anzahl der akkusativischen Phrasenstrukturen verwendete (vgl. Mittelwerte in den Tabellen D36 und D37 in Anhang D): Insgesamt waren es sowohl im T1 als auch im T2 jeweils 27 akkusativische Phrasenstrukturen, von denen vier im T1 und drei im T2 nicht zielsprachlich verwendet wurden.

Markierung des Dativs
In der Gruppe suk-AED wurden insgesamt vier dativische NPn (T1: N = 3, T2: N = 1) und eine dativische PP (T2) beobachtet. Alle wurden von einem Kind verwendet und zielsprachlich markiert (siehe Tabelle 38). In der Gruppe suk-AER kamen insgesamt fünf dativische NPn vor, drei davon wurden zielsprachlich markiert. Unter den zwei nicht zielsprachlichen Markierungen fanden sich eine ambige Kasusmarkierung (T1) und eine Substitution des Dativs durch den Akkusativ (T2). Die PP-Verwendungen kamen in der Gruppe suk-AER nicht vor.

Tab. 38: Zielsprachlichkeit der Dativmarkierungen (NPn und PPn) bei den Kindern mit auffälliger Sprachentwicklung zum T1 und zum T2 (absolute Häufigkeiten, KT-RUS)

	suk-AED (N = 2) zielspr./gesamt	suk-AER (N = 3) zielspr./gesamt	suk-RSSES (N = 2) zielspr./gesamt
T1	3/3	1/2	0/1
T2	2/2	2/3	2/4

Legende: Für Details zu einzelnen Kindern siehe die Tabellen D36 und D37, Anhang D

In der Gruppe suk-RSSES wurden insgesamt fünf dativische NPn verwendet. Bei einer NP aus dem T1 handelte es um die Substitution der Dativ- durch die Nominativmarkierung. Im T2 wurden insgesamt vier NPn beobachtet, von denen zwei zielsprachlich markiert wurden. Bei zwei weiteren NPn wurde einmal der Dativ durch den Nominativ und einmal durch eine ambige Kasusform ersetzt.

Markierung des Genitivs
In der Gruppe suk-AED konnten auf die Verwendung der Genitivmarkierung insgesamt neun NPn und vier PPn untersucht werden. Im T1 wurde lediglich bei einer NP der Genitiv durch den Nominativ substituiert, die übrigen Phrasenstrukturen wurden zielsprachlich markiert. Die Gesamtverwendung der Genitivmarkierung ist in Tabelle 39 dargestellt.

In der Gruppe suk-AER wurden insgesamt acht genitivische NPn beobachtet, von denen drei nicht zielsprachlich markiert wurden. Im T1 kam eine zielsprachlich markierte NP vor, bei zwei weiteren wurde der Genitiv durch den Akkusativ substituiert. Im T2 stieg die absolute Anzahl der verwendeten NPn auf fünf Beobachtungen (siehe Tabelle 39) an, von denen vier zielsprachlich verwendet wurden. Bei einer nicht zielsprachlich markierten NP handelte es sich um die Substitution des Genitivs durch den Nominativ. Die genitivmarkierten PPn kamen in der Gruppe suk-AER nicht vor.

In der Gruppe suk-RSSES wurde lediglich eine genitivische NP beobachtet, bei der die Genitiv- durch die Nominativmarkierung substituiert wurde (vgl. Tabelle 39).

Tab. 39: Zielsprachlichkeit der Genitivmarkierungen (NPn und PPn) bei den Kindern mit auffälliger Sprachentwicklung zum T1 und T2 (absolute Häufigkeiten, KT-RUS)

	suk-AED (N = 2) zielspr./gesamt	suk-AER (N = 3) zielspr./gesamt	suk-RSSES (N = 2) zielspr./gesamt
T1	4/5	1/3	0/0
T2	8/8	4/5	0/1

Legende: Für Details zu einzelnen Kindern siehe die Tabellen D36 und D37, Anhang D

Markierung des Instrumentals

Wie aus Tabelle 40 hervorgeht, wurden in der Gruppe suk-AED insgesamt acht Phrasenstrukturen im Instrumental verwendet, zusammengesetzt aus einer NP und zwei PPn zum T1 und aus zwei NPn und drei PPn zum T2. Alle NP-/PP-Strukturen wurden im Instrumental zielsprachlich markiert.

Tab. 40: Zielsprachlichkeit der Instrumentalmarkierungen (NPn und PPn) bei den Kindern mit auffälliger Sprachentwicklung zum T1 und zum T2 (absolute Häufigkeiten, KT-RUS)

	suk-AED (N = 2) zielspr./gesamt	suk-AER (N = 3) zielspr./gesamt	suk-RSSES (N = 2) zielspr./gesamt
T1	3/3	1/2	0/1
T2	5/5	4/4	0/1

Legende: Für Details zu einzelnen Kindern siehe die Tabellen D36 und D37, Anhang D

In der Gruppe suk-AER setzte sich die Gesamtsumme der Instrumentalverwendungen aus einer nicht zielsprachlich markierten NP und einer zielsprachlich markierten PP zum T1 sowie aus vier zielsprachlich markierten PPn zum T2 zusammen. Bei einer der nicht zielsprachlich markierten NP aus dem T1 handelte es sich um die Substitution des Instrumentals durch den Dativ. Im T2 kamen keine instrumentalmarkierten NPn vor.

In der Gruppe suk-RSSES kamen lediglich zwei NPn – eine je Testzeitpunkt – vor. Beide waren nicht zielsprachlich markiert: Im T1 wurde der Instrumental durch den Akkusativ und im T2 durch den Dativ substituiert. Die instrumentalmarkierten PP-Verwendungen kamen weder im T1 noch im T2 vor.

Markierung des Präpositivs
Die Markierung des Präpositivs bereitete der Gruppe suk-AED im Vergleich zu den anderen beiden Gruppen anscheinend weniger Probleme. Von insgesamt acht präpositivischen PPn wurden sieben (im T1 N = 3 und im T2 N = 4) zielsprachlich markiert. Lediglich bei einer PP im T1 wurde der Präpositiv durch den Nominativ substituiert (siehe Tabelle 41).

Tab. 41: Zielsprachlichkeit der Präpositivmarkierungen bei den Kindern mit auffälliger Sprachentwicklung zum T1 und T2 (absolute Häufigkeiten, KT-RUS)

	suk-AED (N = 2) zielspr./gesamt	suk-AER (N = 3) zielspr./gesamt	suk-RSSES (N = 2) zielspr./gesamt
T1	3/4	2/2	0/0
T2	4/4	2/3	1/3

Legende: Für Details zu einzelnen Kindern siehe die Tabellen D36 und D37, Anhang D

In der Gruppe suk-AER wurden insgesamt fünf präpositivische PPn verwendet (siehe Tabelle 41), von denen vier PPn – zwei je Testzeitpunkt – zielsprachlich und eine PP aus dem T2 ambig markiert wurden.

In der Gruppe suk-RSSES kamen im T1 keine präpositivischen PPn vor (siehe Tabelle 41). Erst im T2 wurden drei PPn beobachtet, bei zwei davon wurde der Präpositiv einmal durch den Akkusativ und einmal durch eine ambige Kasusmarkierung substituiert. In einer PP wurde der Präpositiv zielsprachlich markiert.

Gegenüberstellung der Ergebnisse zur Verwendung der Kasusmarkierungen

Betrachtet man die durchschnittliche Anzahl für die kasusmarkierten NPn und PPn in Abbildung 78 (siehe Tabelle D36 und D37 in Anhang D), zeigt sich, dass zwischen den drei Gruppen sichtbare Unterschiede vorlagen. Während in der Gruppe suk-RSSES im Vergleich zu den beiden anderen mit durchschnittlich rund 32 Phrasenstrukturen (T1 und T2 gesamt) die niedrigste Anzahl der Beobachtungen ausgewertet wurde, lag bei der Gruppe suk-AED die durchschnittliche Anzahl mit 58 NP-/PP-Strukturen fast doppelt so hoch. Die Gruppe suk-AER stand mit durchschnittlich 43 NP-/PP-Strukturen zwischen den beiden anderen Gruppen.

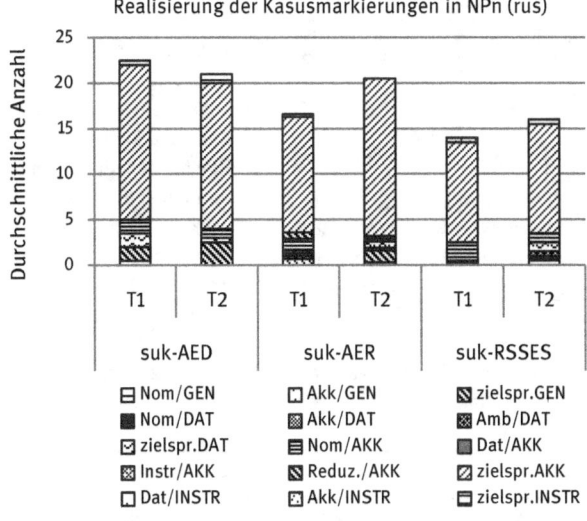

Abb. 78: Markierungsmuster für morphologische Realisierungen der Kasusmarkierungen in NPn bei den Kindern mit auffälliger Sprachentwicklung zum T1 und T2 (durchschnittliche Anzahl, KT-RUS)

Die morphologische Realisierung der Kasusmarkierungen ergab für die drei Gruppen ein aufwendiges Muster (vgl. Abbildung 78 und 79), das sichtbare Unterschiede sowohl in der Varianz (siehe Tabelle 42) als auch in ihrer Verteilung der morphologischen Realisierungen aufwies.

Die größte beobachtete Varianz zeigte sich in der Gruppe suk-AER. Hier wurden die Kasusmarkierungen in den NPn und PPn durch 17 verschiedene Strategien morphologisch realisiert, fünf davon gehörten zu den zielsprachlichen Markierungsstrategien. Die geringste Varianz der eingesetzten Markierungsstrategien wiesen die Kinder der Gruppe suk-AED auf. Hier wurden insgesamt zehn verschiedene morphologische Realisierungen der Kasusmarkierungen in NPn und PPn beobachtet, von denen fünf zielsprachlich waren. Die

Gruppe suk-RSSES setzte insgesamt zwölf Markierungsstrategien ein, von denen nur drei zur zielsprachlichen Verwendung gehörten. Die zielsprachliche Markierung des Instrumentals und des Genitivs kam in der Gruppe suk-RSSES nicht vor.

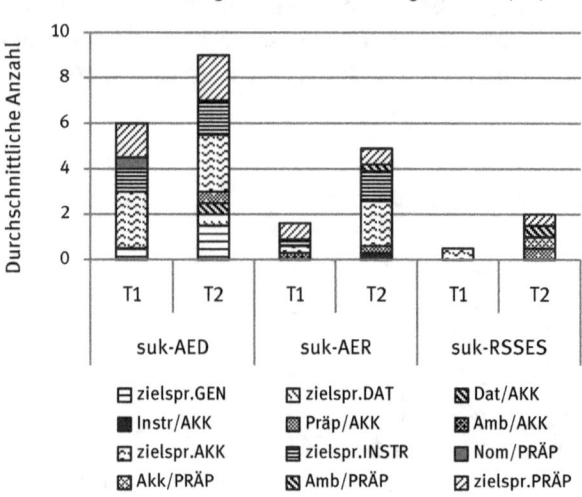

Abb. 79: Markierungsmuster für morphologische Realisierungen der Kasusmarkierungen in PPn bei den Kindern mit auffälliger Sprachentwicklung zum T1 und T2 (durchschnittliche Anzahl, KT-RUS)

Tab. 42: Beobachtete Markierungsstrategien bei der Realisierung der Kasusmarkierungen in den NPn und PPn bei den Kindern mit auffälliger Sprachentwicklung

suk-AED	suk-AER		suk-RSSES
(1) Dat/AKK	(1) Akk/DAT	(9) Nom/AKK	(1) Akk/INSTR
(2) Nom/AKK	(2) Akk/GEN	(10) Nom/GEN	(2) Akk/PRÄP
(3) Nom/GEN	(3) Amb/AKK	(11) Präp/AKK	(3) Amb/DAT
(4) Nom/PRÄP	(4) Amb/DAT	(12) Reduz./AKK	(4) Amb/PRÄP
(5) Präp/AKK	(5) Amb/PRÄP	(13) zielspr.AKK	(5) Dat/INSTR
(6) zielspr.AKK	(6) Dat/AKK	(14) zielspr.DAT	(6) Nom/AKK
(7) zielspr.DAT	(7) Dat/INSTR	(15) zielspr.GEN	(7) Nom/DAT
(8) zielspr.GEN	(8) Instr/AKK	(16) zielspr.INSTR	(8) Nom/GEN
(9) zielspr.INSTR		(17) zielspr.PRÄP	(9) Präp/AKK
(10) zielspr.PRÄP			(10) zielspr.AKK
			(11) zielspr.DAT
			(12) zielspr.PRÄP

Betrachtet man das Verhältnis der Anzahl der beobachteten morphologischen Realisierungen zu der Anzahl der beobachteten NP-/PP-Strukturen, zeigt sich, dass die Varianz in der Gruppe suk-RSSES im Vergleich zu den anderen beiden Gruppen vielfältiger war. Auf je fünf NP-/PP-Strukturen kam hier zumindest eine Markierungsstrategie. In der Gruppe suk-AED gab es lediglich eine Markierungsstrategie auf je sieben und in der suk-AED auf je elf NP-/PP-Strukturen.

Berechnet man die gesamtzielsprachliche Leistung im Hinblick auf ihre Verwendung in den NPn und PPn in allen fünf obliquen Kasus über die zwei Testzeitpunkte hinweg sowie insgesamt, zeigt sich, dass auch hier ein deutlicher Unterschied zwischen den Gruppen zu finden war (siehe Tabelle D38 in Anhang D). Im T1 erreichte die Gruppe suk-AED mit dem Durchschnittswert von 90,4 % (SD = 3) die höchste Zielsprachlichkeitsrate bei der Markierung der NP-/PP-Strukturen. Damit konnte die Kasusmarkierung nach dem 90 %-Kriterium als erworben angesehen werden. Mit dem Durchschnittswert von 80,5 % (SD = 10,8) in der Gruppe suk-AER und 74,7 % (SD = 20,8) in der Gruppe suk-RSSES lag die Zielsprachlichkeitsrate der beiden anderen Gruppen deutlich unter dem Erwerbskriterium von 90 %. Während bei der Gruppe suk-AED die Gesamtzielsprachlichkeit vom T1 zum T2 mit 90,9 % (SD = 12,9) fast unverändert blieb, stieg sie in der Gruppe suk-AER auf durchschnittlich 90,8 % (SD = 1,3) deutlich an. Somit glich sich die Zielsprachlichkeitsrate zwischen der suk-AED- und der suk-AER-Gruppe im T2 vollständig aus. Nur in der Gruppe suk-RSSES sank die Zielsprachlichkeitsrate zum T2 auf 73,7 % (SD = 6,4) geringfügig.

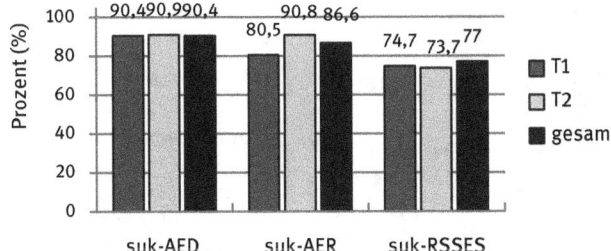

Abb. 80: Zielsprachlichkeit der Kasusmarkierungen (gesamt) bei den Kindern mit auffälliger Sprachentwicklung zum T1 und T2 (Mittelwerte, KT-RUS)

Anhand des Gesamtbildes für die NP-/PP-Strukturen aus den zwei Testzeitpunkten lässt sich zum einen feststellen, dass nur in der Gruppe suk-AED die Zielsprachlichkeitsrate über 90 % lag, in dieser konnte die Verwendung der Kasusmarkierungen als erworben gelten, aber nur unter der Bedingung, dass man die NPn und PPn mit einer intakt realisierten Phrasenstruktur betrachtet. Zum anderen lässt sich belegen, dass die größten Schwierigkeiten in diesem Bereich bei der Gruppe suk-RSSES zu beobachten waren. Mit dem Mittelwert von 77 % (SD = 6) über zwei Testzeitpunkte hinweg lag ihre Zielsprachlichkeit deutlich unter dem Durchschnittswert der anderen beiden Gruppen. Zwar konnte eine Verbesserung in der Verwendung der Kasusmarkierungen in der Gruppe suk-AER vom T1 zum T2 beobachtet werden, das Gesamtbild der Gruppe zeigte jedoch, dass ihr Leistungsniveau im Vergleich trotzdem niedriger blieb als in der Gruppe suk-AED.

8.3.2.2 Im Deutschen

Im Folgenden werden die Auswertungsergebnisse für das Deutsche je nach Phrasenstruktur und Kasus vorgestellt.

Akkusativ in NPn

Wie aus Abbildung 81 (siehe Details in Tabelle E30 in Anhang E) abgelesen werden kann, produzierte die Gruppe suk-AED im Vergleich zu den anderen zwei Gruppen die akkusativischen NPn insgesamt seltener. Im T1 waren es drei und im T2 sechs NPn, die mittels zweier Strategien markiert wurden: Sie wurden entweder nicht oder zielsprachlich markiert. Im T1 gab es nur eine zielsprachliche NP-Verwendung, im T2 zwei.

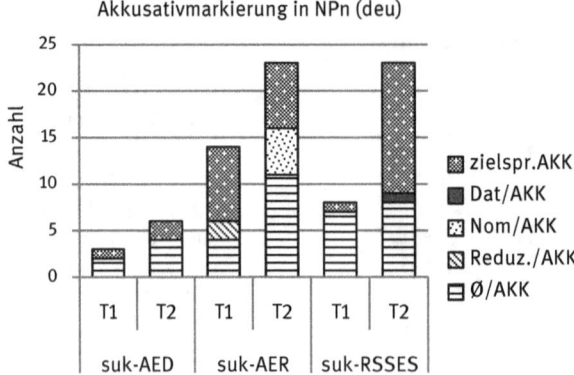

Abb. 81: Morphologische Realisierung der Akkusativmarkierungen in NPn bei den Kindern mit auffälliger Sprachentwicklung zum T1 und T2 (absolute Häufigkeiten, KT-DEU)

Die Gruppe suk-AER realisierte im T1 insgesamt 14 NPn bei der Elizitierung des Akkusativs. Hier griffen die Kinder auf drei Markierungsstrategien zurück: Viermal wurde der Akkusativ null, zweimal reduziert und achtmal zielsprachlich markiert. Die Anzahl der NPn im Akkusativ stieg zum T2 auf 23 NPn an.

Hierbei wurden sie siebenmal zielsprachlich und elfmal null markiert, fünfmal wurde der Akkusativ durch den Nominativ substituiert. Somit verschwand zum T2 die Reduktion des Artikels, stattdessen kam die Substitution des Kasus vor.

Die Gruppe suk-RSSES griff im T1 ähnlich wie die Gruppe suk-AED auf nur zwei Markierungsstrategien zurück: Sieben der acht NPn wurden null und eine NP zielsprachlich markiert. Im T2 stieg die Anzahl der verwendeten akkusativischen NPn auf 23 NPn auffällig an. Zusätzlich kam eine weitere Markierungsstrategie – Dat/AKK – hinzu. Die Summe der verwendeten NPn setzte sich aus acht NPn mit Nullmarkierungen, eine NP mit der Substitution des Akkusativs durch den Dativ und 14 NPn mit zielsprachlicher Akkusativmarkierung zusammen.

Akkusativ in PPn

Abbildung 82 visualisiert die Verwendung der PPn im Akkusativ für die drei Gruppen mit der auffälligen Sprachentwicklung. Die Absolut- und Mittelwerte zu Abbildung 82 werden in Tabelle E31, Anhang E angeführt. Insgesamt betrachtet zeigte sich im Untersuchungsdatensatz nur eine kleine Anzahl von PPn im Akkusativ.

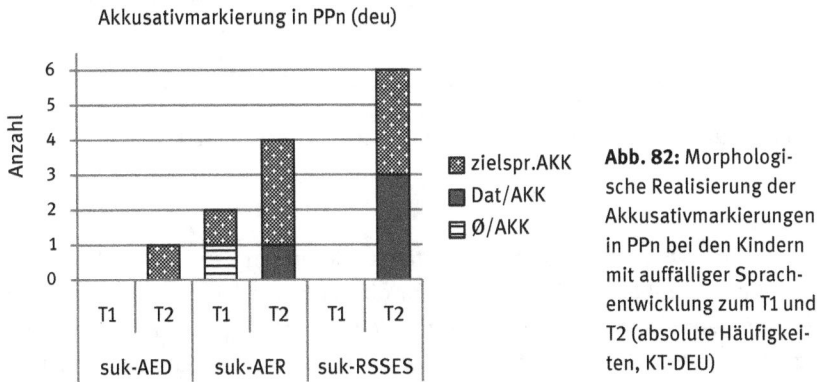

Abb. 82: Morphologische Realisierung der Akkusativmarkierungen in PPn bei den Kindern mit auffälliger Sprachentwicklung zum T1 und T2 (absolute Häufigkeiten, KT-DEU)

Sowohl bei der Gruppe suk-AED als auch bei der Gruppe suk-RSSES wurden im T1 solche PPn überhaupt nicht beobachtet. Die suk-AER realisierte lediglich zwei PPn im T1, davon wurde eine PP null und die zweite zielsprachlich markiert. Im T2 kamen akkusativische PPn zwar in jeder Gruppe vor, ihre Gesamtanzahl blieb jedoch im Vergleich zu den NPn im Akkusativ sehr niedrig: In suk-AED wurde nur eine zielsprachlich markierte PP verwendet. Die suk-AER-Kinder produzierten insgesamt vier PPn, von denen drei PPn zielsprachlich markiert wurden. In der vierten PP wurde der Akkusativ durch den Dativ substituiert. Zur suk-RSSES-Gruppe wurden insgesamt sechs PPn erfasst, bei denen die Akkusativmarkierung auf zwei Markierungsstrategien zu gleichen Anteilen verteilt wurde: Dreimal wurde der Akkusativ zielsprachlich markiert und dreimal wurde er durch den Dativ substituiert.

Akkusativ gesamt
Summiert man die absoluten Häufigkeiten der produzierten akkusativischen NPn und PPn, so zeigt sich zum einen, dass alle drei Gruppen im T2 im Vergleich zum T1 eine größere Anzahl der akkusativischen Elemente produzierten und zum anderen, dass die absolute Anzahl der zielsprachlich markierten Elemente vom T1 zum T2 anstieg. Die größte Änderung für die Zielsprachlichkeitsrate konnte hier von der Gruppe RSSES erzielt werden (siehe Tabelle 43).

Tab. 43: Zielsprachlichkeit der Akkusativmarkierungen (NPn und PPn) bei den Kindern mit auffälliger Sprachentwicklung zum T1 und T2 (absolute Häufigkeiten, KT-DEU)

	suk-AED (N = 2) zielspr./gesamt	suk-AER (N = 3) zielspr./gesamt	suk-RSSES (N = 2) zielspr./gesamt
T1	1/3	9/16	1/8
T2	3/7	10/27	17/29

Legende: Für Details zu einzelnen Kindern siehe die Tabellen E30 und E31, Anhang E

Dativ in NPn
Betrachtet man die Verwendung der Dativmarkierung in den NPn (siehe Abbildung 83 sowie Tabelle E30 in Anhang E) fällt auf, dass sie im Vergleich zum Akkusativ deutlich seltener gebraucht wurden. In der Gruppe suk-AED wurden lediglich zwei NPn im Dativ, jeweils eine zu jedem Testzeitpunkt beobachtet, die einmal null und einmal ambig markiert wurden. In der Gruppe suk-AER kam im T1 keine Verwendung der dativischen NPn vor. Im T2 ließen sich lediglich zwei dativische NPn finden, die nicht zielsprachlich verwendet wurden: Einmal blieb die NP null markiert und einmal wurde die Akkusativ- statt die Dativmarkierung verwendet. Die suk-RSSES-Gruppe substituierte im T1 einmal den Dativ durch den Nominativ. Im T2 hingegen wurde eine auffällig höhere Anzahl der dativischen NPn gefunden: Zwei der sieben NPn wurden null, eine NP ambig

und vier der sieben NPn zielsprachlich markiert. Diese Anzahlsteigerung war im Vergleich zu den anderen beiden Gruppen auffällig.

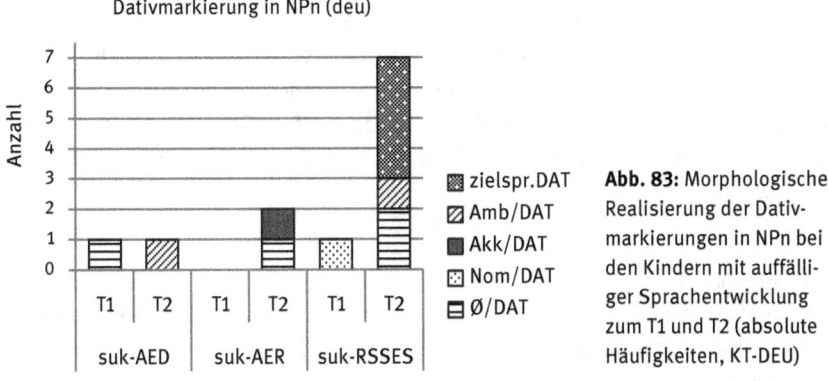

Abb. 83: Morphologische Realisierung der Dativmarkierungen in NPn bei den Kindern mit auffälliger Sprachentwicklung zum T1 und T2 (absolute Häufigkeiten, KT-DEU)

Dativ in PPn

In Abbildung 84 (siehe Details in Tabelle E31 in Anhang E) wird dargestellt, wie der Dativ in PPn in den Gruppen suk-AED, suk-AER und suk-RSSES in dem Untersuchungsdatensatz markiert wurde. Wie die Abbildung zeigt, wurde in der Gruppe suk-AED insgesamt nur eine dativische PP beobachtet, die im T1 ohne jegliche Markierung realisiert wurde.

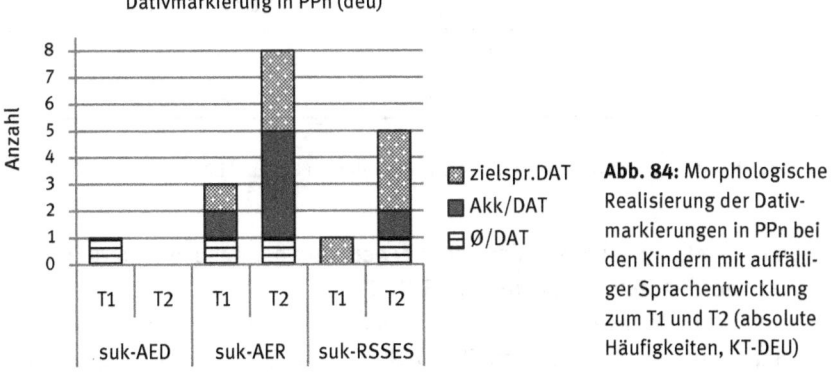

Abb. 84: Morphologische Realisierung der Dativmarkierungen in PPn bei den Kindern mit auffälliger Sprachentwicklung zum T1 und T2 (absolute Häufigkeiten, KT-DEU)

In der suk-AER-Gruppe waren insgesamt drei dativische PPn im T1 zu finden, die jeweils einmal nullmarkiert, einmal als Akkusativ statt Dativ und einmal zielsprachlich markiert wurden. Im T2 kam die Verwendung der gleichen Markierungsstrategien zum Einsatz, die Anzahl der produzierten PPn stieg jedoch auf acht. Dabei wiesen sie eine Nullmarkierung, vier Akkusativ- statt Dativmarkierungen und drei zielsprachlich verwendete Dativmarkierungen auf.

Ähnlich wie die Gruppe suk-AED verwendete die Gruppe suk-RSSES im T1 nur eine PP im Dativ, die jedoch zielsprachlich markiert wurde. Im T2 konnten für die Gruppe suk-RSSES insgesamt fünf PPn auf die Markierung des Dativs ausgewertet werden, bei deren Markierung die Kinder auf die gleichen Markierungsstrategien wie die suk-AER-Kinder zurückgriffen: Der Dativ in PPn wurde einmal null markiert, einmal durch den Akkusativ substituiert und dreimal zielsprachlich realisiert.

Dativ gesamt
Insgesamt ergibt sich, dass die Gruppe suk-AED kaum NPn/PPn im Dativ produzierte, keine von ihnen wurde jedoch zielsprachlich kasusmarkiert. Für die zwei anderen Gruppen konnte im T2 im Vergleich zum T1 eine deutlich größere Anzahl von dativischen Phrasenstrukturen beobachtet werden. Die absolute Häufigkeit der zielsprachlich dativmarkierten Elemente stieg zum T2 ebenfalls auffällig an, dabei war dieser Anstieg für die Gruppe RSSES deutlich größer.

Tab. 44: Zielsprachlichkeit der Dativmarkierungen (NPn und PPn) bei den Kindern mit auffälliger Sprachentwicklung zum T1 und T2 (absolute Häufigkeiten, KT-DEU)

	suk-AED (N = 2) zielspr./gesamt	suk-AER (N = 3) zielspr./gesamt	suk-RSSES (N = 2) zielspr./gesamt
T1	0/2	1/3	1/2
T2	0/1	3/10	7/12

Legende: Für Details zu einzelnen Kindern siehe die Tabellen E30 und E31, Anhang E

Gegenüberstellung der Ergebnisse zur Verwendung der Kasusmarkierungen zu der Gruppe suk-AED, suk-AER und suk-RSSES
Wie in den Abbildungen 81 und 84 zu sehen ist, konnte zur Verwendung der Kasusmarkierungen bei der auffälligen Sprachentwicklung nur eine geringe Datenmenge ausgewertet und miteinander verglichen werden. Daher ist bei der Interpretation der vorgestellten Ergebnisse Vorsicht geboten. Um die Vergleichbarkeit der Daten aus beiden Testzeitpunkten, zu beiden Kasus und zu allen drei Gruppen in einer Gegenüberstellung zu erhöhen, gibt Abbildung 85 (siehe

auch Tabelle E30 für die NPn und Tabelle E31 für die PPn in Anhang E) Auskunft über die erreichten Mittelwerte bezüglich der Verwendung der einzelnen Strategien zur Kasusmarkierung.

Anhand der Abbildung können an dieser Stelle folgende Beobachtungen festgehalten werden: Die erste Beobachtung betrifft die Anzahl der NP-/PP-Strukturen: Insgesamt ist der Mittelwert der PPn in allen drei Gruppen deutlich niedriger als der NPn. Betrachtet man die Mittelwerte der drei Gruppen im Vergleich miteinander, lassen sich deutliche quantitative Unterschiede feststellen: Während sich bei der Gruppe suk-AED sowohl im T1 als auch im T2 eine niedrige Durchschnittsanzahl der NP-/PP-Strukturen zeigte, stieg sie bei der Gruppe suk-AER und suk-RSSES vom T1 zum T2 auffällig an. Der Entwicklungsfortschritt in der Gruppe suk-RSSES war gegenüber den anderen beiden Gruppen deutlicher zu sehen.

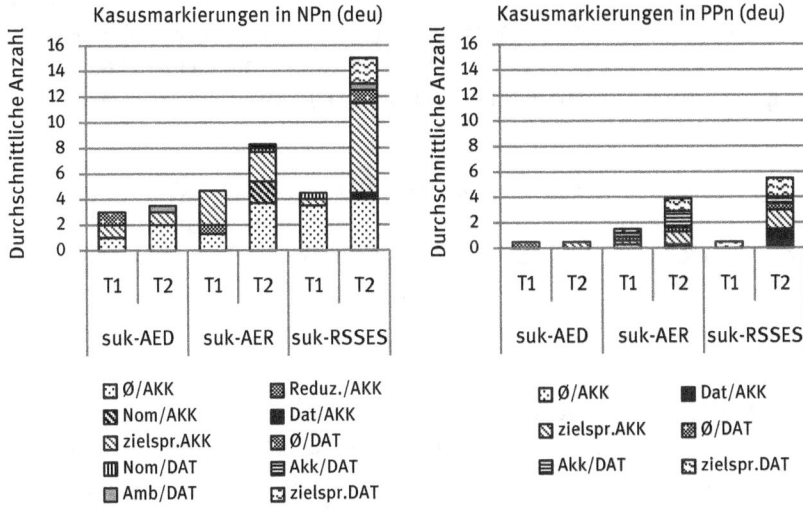

Abb. 85: Markierungsmuster für die morphologische Realisierung der Kasusmarkierungen in NPn und PPn bei den Kindern mit auffälliger Sprachentwicklung zum T1 und T2 (durchschnittliche Anzahl, DEU-RUS)

Die zweite Beobachtung betrifft das Muster der verwendeten Strategien zur Markierung der Kasus in den jeweiligen Gruppen: Zum einen ist an Abbildung 85 deutlich zu erkennen, dass alle drei Gruppen die NPn im Vergleich zu den PPn häufiger nicht markierten. Bei den PPn kamen die Substitutionen hingegen öfter vor. Zum anderen zeigt sich, dass das Muster, das sich aus der Zusammenstellung der verschiedenen Strategien zur Kasusmarkierung in NPn bei den Gruppen suk-AER und suk-RSSES herausbildete, mit der steigenden Anzahl der NPn eine höhere Vielfalt erhielt. Das Markierungsmuster der beiden Gruppen unterschied sich aber: Während in der Gruppe suk-AER die Substitutionen des Akkusativs durch den Nominativ und des Dativs durch den Akkusativ vorkamen, ließen sich in der suk-RSSES-Gruppe die Ersetzung des Akkusativs durch den Dativ sowie ambige und zielsprachliche Dativmarkierungen beobachten. In PPn blieb zwar das Markierungsmuster der Gruppe suk-AER vom T1 zum T2 ähnlich vielfältig, quantitativ wurden die einzelnen Markierungsstrategien aber durch eine größere Anzahl von Fällen belegt. Im T2 sah das Markierungsmuster der Gruppen suk-AER und suk-RSSES ähnlich aus. Der Unterschied bestand hier in der Anzahl der beobachteten Fälle. Auffällig war dabei, dass in der suk-AER-Gruppe durchschnittlich öfter die Substitution des Dativs durch den Akkusativ vorkam, die suk-RSSES-Gruppe hingegen öfter den Akkusativ durch den Dativ ersetzte. In der suk-AED-Gruppe änderte sich das Markierungsmuster vom T1 zum T2 wenig und blieb auf drei Markierungsstrategien reduziert. Zum Muster der Kasusmarkierungen in PPn der gleichen Gruppe konnte nicht viel ausgesagt werden, da zu beiden Testzeitpunkten jeweils eine PP verwendet wurde.

8.3.2.3 Zusammenfassung zur Teilanalyse 2 (Datenanalyse 2, *FF2*)

Zusammenfassend ergab die Untersuchung der Kasusmarkierung bei den sukzessiv bilingualen Kindern mit einer auffälligen Sprachentwicklung folgende Ergebnisse:

Im Russischen
1) Im Unterschied zum Deutschen zeigte die Gruppe suk-AED im Russischen die höchste Zielsprachlichkeitsrate und die höchste durchschnittliche Anzahl der analysierbaren NP-/PP-Strukturen.
2) In der Gruppe suk-AER war sowohl die durchschnittliche Anzahl als auch der durchschnittliche Anteil ihrer zielsprachlichen Verwendung niedriger als in der suk-AED. Die sprachliche Leistung zeigte jedoch vom T1 zum T2 eine Verbesserung. Infolgedessen war die Gruppe suk-AER bei der Markierung der NPn mit der Gruppe suk-AED zum T2 vergleichbar. Bei der Markierung von PPn konnte sie jedoch die suk-AED nicht einholen.
3) Die Gruppe suk-RSSES zeigte im Vergleich zu den beiden anderen Gruppen sowohl im T1 als auch im T2 eine deutlich schwächere Leistung sowohl bei der Kasusmarkierung als auch bei der durchschnittlichen Anzahl der beobachteten NP-/PP-Strukturen.

Im Deutschen
1) Im Vergleich zu den NPn kamen die analysierbaren PPn in den Daten selten vor.
2) Die Gruppe suk-AED – die Kinder mit auffälliger Sprachentwicklung im Deutschen – zeigte im Vergleich zu den anderen beiden Gruppen sowohl zum T1 als auch zum T2 die größten Schwierigkeiten bei der Verwendung der Kasusmarkierungen. Die zielsprachlichen dativmarkierten Phrasenstrukturen wurden in der Gruppe suk-AED weder im T1 noch im T2 beobachtet. Die Gruppen suk-AER – die Kinder mit auffälliger Sprachentwicklung im Russischen – und suk-RSSES – die Kinder mit auffälliger Sprachentwicklung in beiden Sprachen – waren im T1 nach der Anzahl der verwendeten NP-/PP-Struktur eher miteinander vergleichbar.
3) Der größte Fortschritt sowohl in Bezug auf die Anzahl der beobachteten Phrasenstrukturen als auch auf einen Anteil ihrer zielsprachlichen Markierung wurde in der Gruppe suk-RSSES festgestellt. Die sprachliche Leistung der Gruppe suk-AED blieb fast unverändert.
4) Bei den NPn war der häufigste Fehlertyp die Auslassung des Artikels und bei den PPn die Übergeneralisierung.

8.3.3 Teilanalyse 3: Markierung der Kasusobjekte

Die folgende Teilanalyse beschäftigt sich mit der *FF3* und setzt sich mit der Kasusmarkierung an den indirekten und direkten Objekten auseinander.

> Hat der Verbkontext (transitiv, intransitiv, ditransitiv) einer Äußerung einen Einfluss auf die Realisierung der Objekte und ihre Kasusmarkierung?

Der Auswertungsvorgang der Daten entspricht dem bei der Teilanalyse 1 der Datenanalyse 1 (vgl. 8.2.3).

8.3.3.1 Im Russischen

Im Russischen konnte bei den Kindern mit auffälliger Sprachentwicklung lediglich die Markierung der DOe im Kontext der transitiven Verben untersucht werden. Für die Auswertung der Kasusmarkierungen an DOe bei den ditransitiven Verben sowie an den IOen bei den intransitiven/ditransitiven Verben lagen nicht genug Beobachtungen vor (vgl. Tabelle D39 in Anhang D).

Wie in Abbildung 86 verdeutlicht, lag die zielsprachliche Markierung des DOs in der Gruppe suk-AED mit durchschnittlich 78,8 % am höchsten, gefolgt von der Gruppe suk-AER mit 78,1 %. Die Gruppe suk-RSSES wies mit 71,4 % die niedrigste Zielsprachlichkeitsrate auf.

Die Verwendung der ditransitiven Objekte kam in der Gruppe suk-AED fünfmal, in der Gruppe suk-AER viermal und in der Gruppe suk-RSSES ledeglich einmal vor, alle Beobachtungen wurden hierbei zielsprachlich markiert. Die IOe in den ditransitiven und intransitiven Verbkontexten kamen vereinzelt vor und nicht bei allen Kindern, daher können zu ihrer Markierung keine Aussagen gemacht werden.

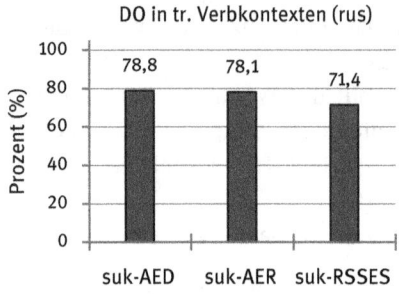

Abb. 86: Zielsprachlichkeit der Markierung des direkten Objekts in den transitiven Verbkontexten bei den Kindern mit auffälliger Sprachentwicklung (Mittelwerte, KT-RUS)

8.3.3.2 Im Deutschen

In diesem Abschnitt wird die Zielsprachlichkeit der Kasusmarkierungen bei der Realisierung verschiedener Kasusobjekte im Kontext der transitiven und ditransitiven Verben für das Deutsche beschrieben. Abbildung 87 stellt die Ergebnisse dieser Analyse dar. Sie enthält allerdings keine Werte zur Realisierung und Markierung von IOen in intransitiven Kontexten, da dies bei den untersuchten Gruppen nur einmal beobachtet wurde.

Die Gruppe suk-AED markierte die realisierten DOe in transitiven Kontexten im Schnitt zu 25 % zielsprachlich. Der Mittelwert der nicht zielsprachlich markierten DOe betrug 38,1 %. Der durchschnittliche Anteil der Auslassungen lag bei 36,9 %. In ditransitiven Kontexten wurde die DOe im Schnitt zu 20 % nicht zielsprachlich realisiert, zielsprachliche Verwendungen kamen nicht vor. Der Anteil der Auslassungen bzw. KA-Reaktionen war in der Gruppe suk-AED mit 80 % sehr hoch.

In der Gruppe suk-AER war der durchschnittliche Anteil der realisierten DOe in transitiven Kontexten relativ hoch: Hierbei wurden sie im Schnitt zu 25 % zielsprachlich und zu 53,9 % nicht zielsprachlich kasusmarkiert. Lediglich zu 21,1 % wurden sie trotz einer Elizitierung infolge einer Auslassung oder einer KA-Reaktion nicht versprachlicht. Die DOe in ditransitiven Kontexten wurden mit 55,6 % geringfügig häufiger nicht zielsprachlich realisiert und mit 44,4 % auffällig häufiger als die DOe bei den transitiven Kontexten nicht versprachlicht. Zielsprachlich kasusmarkierte DOe in ditransitiven Kontexten wurden in der Gruppe suk-AER nicht beobachtet.

Betrachtet man die Werte der Gruppe suk-RSSES, lässt sich festhalten, dass die DOe in den transitiven Kontexten im Schnitt zu 33,3 % zielsprachlich, zu 43,3 % nicht zielsprachlich kasusmarkiert sowie zu 23,3 % nicht versprachlicht wurden. In den ditransitiven Kontexten wurden die DOe zu 35,7 % zielsprachlich und zu 31 % nicht zielsprachlich verwendet und zu 33,3 % nicht versprachlicht. Somit waren die DOe in den transitiven Kontexten im Vergleich zu den ditransitiven Kontexten zwar nicht häufiger zielsprachlich verwendet, jedoch durchschnittlich häufiger als kasusmarkierte Elemente realisiert.

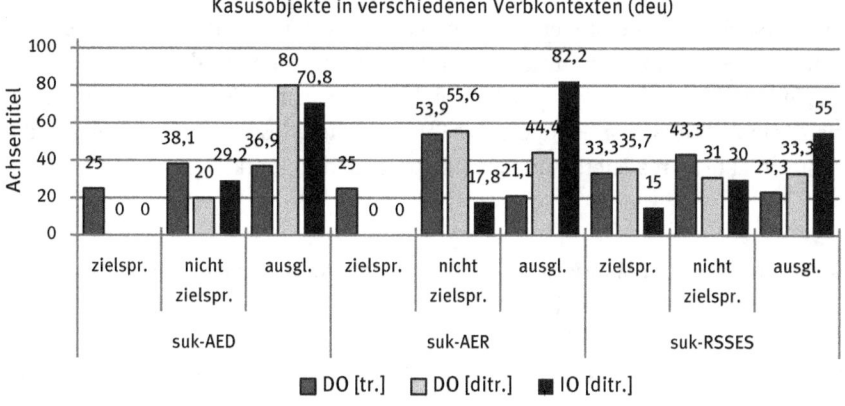

Abb. 87: Realisierung und Markierung der Objekte in den transitiven (tr.), intransitiven (intr.) und ditransitiven (ditr.) Verbkontexten bei den Kindern mit auffälliger Sprachentwicklung (Mittelwerte, KT-DEU)

Die zielsprachlich kasusmarkierten Verwendungen der IOe in ditransitiven Kontexten konnte nur in der Gruppe suk-RSSES (im Schnitt 15 %) beobachtet werden. Die nicht zielsprachliche Verwendung lag in der Gruppe suk-AED bei 29,2 %, in der Gruppe suk-AER bei 17,8 % und in der Gruppe suk-RSSES bei 30 %. Der Anteil der Auslassungen bzw. KA-Reaktionen lag bei den IOen in ditransitiven Kontexten in der Gruppe suk-AER mit 82,2 % am höchsten, gefolgt von der Gruppe suk-AED mit 70,8 % und der Gruppe suk-RSSES mit 55 %.

8.3.3.3 Zusammenfassung zur TEILANALYSE 3 (DATENANALYSE 2, *FF3*)

Im Russischen

Ähnlich wie bei der TEILANALYSE 2 zur Kasusmarkierung zeigte sich bei der Auswertung zur Markierung der DOe, dass die Gruppe suk-AED im Vergleich zu den zwei anderen Gruppen eine höhere Zielsprachlichkeitsrate erzielen konnte, gefolgt von der Gruppe suk-AER. Zu anderen Objekttypen ließen sich nicht genügend Beobachtungen machen, um eine Auswertung zu erstellen.

Im Deutschen

Betrachtet man die durchschnittliche Verteilung der relativen Häufigkeiten der beobachteten DOe in transitiven vs. ditransitiven Kontexten (für mehr Details, siehe Tabelle E33 in Anhang E), dann lässt sich feststellen, dass die DOe bei den transitiven Kontexten von allen drei Gruppen insgesamt häufiger als die DOe und IOe bei den ditransitiven Verbkontexten realisiert und seltener ausgelassen wurden. Die IOe bei den ditransitiven Verben hingegen wurden am häufigsten ausgelassen. Wurden sie realisiert, fiel die Kasusmarkierung häufiger nicht zielsprachlich aus. Die Gruppe suk-AED hatte die größten Schwierigkeiten, die Kasusobjekte zu realisieren und sie zielsprachlich zu markieren.

8.3.4 TEILANALYSE 4: Markierung der Kasus nach Präpositionen mit fester und doppelter Kasusrektion

Die folgende Teilanalyse bezieht sich auf die Klärung der *FF4* (vgl. Kapitel 6), die lautet:

> Hat der Präpositionstyp – Präpositionen mit fester Kasusrektion vs. Wechselpräpositionen – einen Einfluss auf die Realisierung und Zielsprachlichkeitsrate der Kasusmarkierungen in PPn?

Der Auswertungsvorgang entspricht dem der TEILANALYSE 4 der DATENANALYSE 1 (vgl. Abschnitt 8.2.4).

8.3.4.1 Im Russischen

Die Analyse in Bezug auf die Markierung der PPn mit fester vs. doppelter Kasusrektion konnte für die Gruppen der Kinder mit auffälliger Sprachentwicklung nicht durchgeführt werden, dafür war die Anzahl der beobachteten PPn mit den Präpositionen fester Reaktion zu gering (vgl. Tabelle D40 in Anhang D). Lediglich in der suk-AED-Gruppe kamen fünf der 30 PPn mit einer solchen Rektion vor, die auch zielsprachlich markiert wurden. In den anderen beiden Gruppen wurden sie nicht beobachtet. Der geringe Datensatz ist dadurch erklärbar, dass die PPn mit den Präpositionen der festen Kasusrektion im Vergleich zu den Präpositionen der doppelten Kasusrektion insgesamt nicht frequent sind und daher auch im KT-RUS seltener elizitiert wurden. Außerdem konnte zu den Kindern mit auffälliger Sprachentwicklung nur ein kleiner Anteil der realisierten PPn ausgewertet werden. Die übrigen PPn waren aufgrund der ausgelassenen, substituierten oder nicht zielsprachlich verwendeten Präpositionen auf Kasusmarkierungen nicht analysierbar (vgl. Tabelle 35). Weiterhin sei auf die TEILANALYSE 1 verwiesen, die zeigte, dass in der Gruppe suk-AED mehr als ein Drittel aller elizitierten PPn wegen der Verwendung der deiktischen Ausdrücke oder KA-Reaktionen nicht als PP-Strukturen realisiert wurden. In den Gruppen suk-AER und suk-RSSES waren diese Werte noch höher: Hier ergab sich ein Anteil der nicht realisierten PP-Strukturen von mehr als der Hälfte aller Elizitierungen.

8.3.4.2 Im Deutschen

In der vorliegenden Analyse wird die Realisierung der PPn den festen und doppelten Kasusrektionen der jeweiligen Gruppen gegenübergestellt. Wie in Abbildung 88 (siehe Details in Tabelle E34 in Anhang E) veranschaulicht, wurden in der Gruppe suk-AED die PPn mit den Präpositionen mit fester Kasusrektion im Schnitt zu 10 % nicht zielsprachlich realisiert und zu 90 % trotz der Elizitierung ausgelassen oder nicht versprachlicht. Im Vergleich dazu wurden die elizitierten PPn mit den Wechselpräpositionen zwar insgesamt seltener realisiert, hier konnten jedoch bei durchschnittlich 8,3 % aller Fälle zielsprachliche Kasusverwendungen beobachtet werden. Bei 37,5 % wurden statt der PPn die kasusneutralen deiktischen Ausdrücke verwendet. Mehr als die Hälfte (durchschnittlich 54,2 %) aller elizitierten PPn mit den Wechselpräpositionen wurden nicht versprachlicht.

In der Gruppe suk-AER umfasste die Summe der elizitierten PPn mit den Präpositionen mit fester Rektion den Mittelwert von 13,7 % der zielsprachlich und von 14,3 % der nicht zielsprachlich kasusmarkierten PP-Realisierungen. 72 % der PPn wurden nicht versprachlicht. Im Vergleich hierzu wurden die PPn mit den Wechselpräpositionen im Schnitt zu 9,1 % zielsprachlich und zu 9,1 % nicht zielsprachlich verwendet. Bei durchschnittlich 25,3 % traten Substitutionen der PPn mit den Wechselpräpositionen durch deiktische kasusneutrale Ausdrücke auf. Die – trotz einer Elizitierung – ausgelassenen PPn erwiesen sich mit einem Mittelwert von 56,5 % als der häufigste Ausweg, um die PP-Verwendung zu vermeiden.

In der Gruppe suk-RSSES setzte sich die Summe der realisierten PPn mit den Präpositionen mit der festen Kasusrektion durchschnittlich aus 30 % der zielsprachlichen und 10 % der nicht zielsprachlichen Verwendungen zusammen. Der durchschnittliche Anteil der Auslassungen betrug hier 60 %. Bei den PP-Elizitierungen mit den Wechselpräpositionen gab es 12,5 % zielsprachliche und 12,5 % nicht zielsprachliche PP-Verwendungen. Bei durchschnittlich 15,6 % wurden die Substitutionen der PPn durch deiktische Ausdrücke beobachtet und bei 59,4 % wurden die PP-Elizitierungen aufgrund von Auslassungen oder KA-Reaktionen nicht versprachlicht.

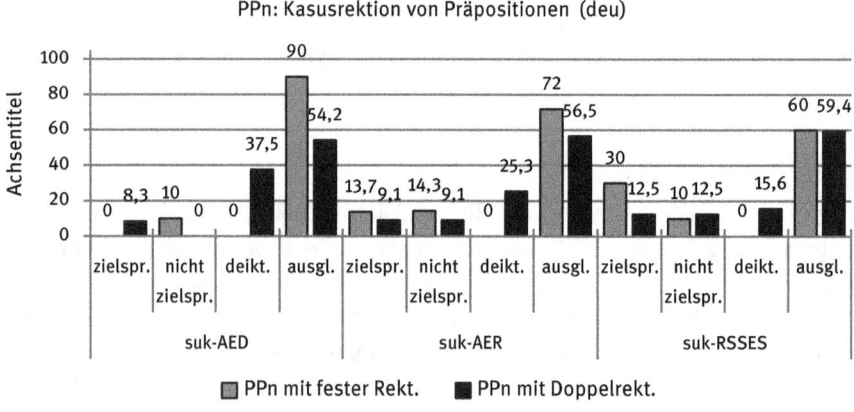

Abb. 88: Realisierung und Kasusmarkierung der elizitierten PPn mit Präpositionen verschiedener Rektionstypen bei Kindern mit auffälliger Sprachentwicklung (Mittelwerte, KT-DEU)

Zusammengefasst war der durchschnittliche Anteil der Auslassungen und KA-Reaktionen in allen drei Gruppen bei den PPn mit beiden Präpositionstypen sehr hoch. Im Hinblick auf die Verteilung der einzelnen relativen Häufigkeiten wiesen die Gruppen suk-AER und suk-RSSES mehr Ähnlichkeiten im Vergleich zu der Gruppe suk-AED auf, in der der Anteil der Auslassungen am höchsten und der Anteil der zielsprachlich realisierten PPn im Schnitt am niedrigsten war.

8.3.5 TEILANALYSE 5: Markierung der Kasus bei verschiedenen Elizitierungsmethoden

Die folgende Teilanalyse bezieht sich auf die Klärung der *FF5*:

> Übt die Wahl der Elizitierungsmethode einen Einfluss auf die Zielsprachlichkeitsrate der Kasusmarkierung aus?

Der Auswertungsvorgang der vorliegenden Teilanalyse entspricht dem der TEILANALYSE 5 der DATENANALYSE 1.

8.3.5.1 Im Russischen

Die Auswertung der russischen Daten ergab, dass die Kinder der Gruppe suk-AED die NP-/PP-Strukturen aus den Elizitierungen mittels der SEen durchschnittlich zu 86,9 %, mittels der WFn zu 87,2 % und mittels der OFn zu 100 % zielsprachlich realisierten. Die suk-AER-Kinder zeigten bei den SEen eine Zielsprachlichkeitsrate von durchschnittlich 86,2 %, bei den WFn von 82,7 % und bei den OFn von 85,1 %. Die Kinder der Gruppe suk-RSSES markierten die Kasus bei den SEen im Schnitt zu 77,6 %, bei den WFn zu 79,7 % und bei den OFn zu 69 % zielsprachlich (siehe Abbildung 89 sowie Tabelle D41 in Anhang D).

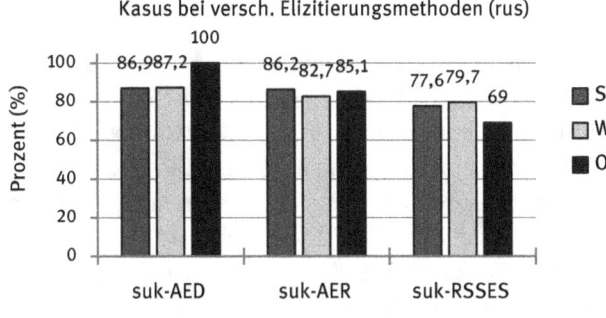

Abb. 89: Zielsprachlichkeit der Kasusmarkierungen bei verschiedenen Elizitierungsmethoden bei den Kindern mit auffälliger Sprachentwicklung (Mittelwert, KT-RUS)

Während den Gruppen suk-AED und suk-AER die Markierung der NP-/PP-Strukturen in den durch die OFn elizitierten Äußerungen keine großen Schwierigkeiten bereitete und sie sogar besser im Vergleich zu den Äußerungen auf die SEen und WFn ausfiel, zeigte sich in der Gruppe RSSES in Bezug hierauf ein eindeutiger Leistungsabfall. Die Kasusmarkierungen in NPn und PPn bei der Elizitierung mit den WFn bereiteten den suk-RSSES-Kindern deutlich weniger Schwierigkeiten, gefolgt von den SEen.

8.3.5.2 Im Deutschen

Bei der nächsten Analyse wird die Verteilung der zielsprachlich und nicht zielsprachlich kasusmarkierten NP-/PP-Realisierungen je nach Elizitierungstyp (SE, WF und OF) in den Gruppen mit der sprachauffälligen Sprachentwicklung vorgestellt. Tabelle E35 gibt einen Überblick über die absoluten und die relativen Häufigkeiten sowie die Mittelwerte für die jeweilige Gruppe. Zwar erweist sich die Berechnung der durchschnittlichen Prozentwerte anhand der geringeren Anzahl von Beobachtungen nicht unbedingt als sinnvoll, durch diese Vorgehensweise ist aber eine bessere Vergleichbarkeit zwischen den Gruppen zu gewährleisten. Die durchschnittlichen Prozentwerte für die jeweiligen Gruppen sind in Abbildung 90 visualisiert.

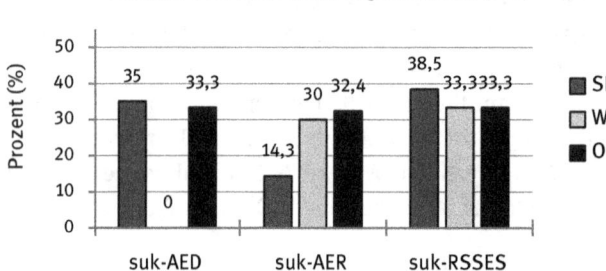

Abb. 90: Zielsprachlichkeit der Kasusmarkierungen bei verschiedenen Elizitierungsmethoden bei den Kindern mit auffälliger Sprachentwicklung (Mittelwerte, KT-DEU)

Für die Gruppen suk-AED und suk-RSSES konnte mit den SEen eine etwas höhere Zielsprachlichkeit von durchschnittlich 35 % und 38,5 % erreicht werden. Die Realisierung der NP-/PP-Strukturen mittels der SEen war in der Gruppe suk-AER mit durchschnittlich 14,3 % am häufigsten fehleranfällig. Die erreichte Zielsprachlichkeitsrate für die Kasusmarkierung in den NP-/PP-Strukturen aus den OFn lag mit einem durchschnittlichen Anteil von 32,4 % bis 33,3 % in allen drei Gruppen nahe beieinander. Die Zielsprachlichkeit für die Kasusmarkierung der NP-/PP-Strukturen bei den Elizitierungen mit den WFn lag in der Gruppe suk-AER im Schnitt bei 30 % und in der Gruppe suk-RSSES bei 33,3 %. Angesichts der geringeren Anzahl der NP-/PP-Strukturen aus den Elizitierungen mit WFn konnte hierfür in der Gruppe suk-AED keine Aussage getroffen werden.

8.3.5.3 Zusammenfassung zur TEILANALYSE 5 (DATENANALYSE 2, *FF5*)

Im Russischen
Im Russischen zeigte sich, dass sowohl bei der Gruppe suk-AED als auch bei der Gruppe suk-RSSES die Elizitierungsmethode einen Einfluss auf die Zielsprachlichkeitsrate hatte. Die beiden Gruppen unterschieden sich jedoch in der Art des Einflusses: Während die suk-AED-Kinder bei den OFn die höchste Zielsprachlichkeitsrate erzielten, war sie bei den Kindern der Gruppe suk-RSSES beim gleichen Elizitierungstyp am niedrigsten. Bei der Gruppe suk-AER schien die Elizitierungsmethode auf die Zielsprachlichkeitsrate nur einen sehr geringen Einfluss zu haben.

Im Deutschen
Auch im Deutschen zeigte sich bei den sukzessiv bilingualen Kindern mit einer auffälligen Sprachentwicklung der Einfluss der Elizitierungsmethoden in den drei Gruppen nicht gleich stark. Während in der Gruppe suk-AED die Elizitierungsmethode nur einen geringen Einfluss auf die Zielsprachlichkeit hatte, konnten die suk-AER-Kinder mit den OFn und WFn höhere Durchschnittswerte für die Zielsprachlichkeit erzielen. Die Verwendung der Kasusmarkierungen dagegen bereitete in den Äußerungen auf die Satzergänzungen große Schwierigkeiten. Demgegenüber stand die Gruppe suk-RSSES, die in den SEen die höchste Zielsprachlichkeitsrate erreichte.

8.3.6 Zusammenfassung zur DATENANALYSE 2

In der DATENANALYSE 2 wurde die Realisierung von NP-/PP-Strukturen und ihre Kasusmarkierung bei den sukzessiv bilingualen Kindern mit dem Russischen als Erstsprache und dem Deutschen als Zweitsprache untersucht. Alle Kinder wiesen nach den Ergebnissen der sprachspezifischen NWRTs entweder in einer oder in beiden Sprachen eine auffällige Sprachentwicklung auf. Je nachdem, in welcher(n) Sprache(n) sich Auffälligkeiten zeigten, wurden die Kinder einer dieser drei Gruppen zugeordnet:
- suk-AED (N = 2): auffällige Sprachentwicklung im Deutschen
- suk-AER (N = 3): auffällige Sprachentwicklung im Russischen
- suk-RSSES (N = 2): auffällige Sprachentwicklung in beiden Sprachen.

Äquivalent zu der DATENANALYSE 1 stützte sich die DATENANALYSE 2 auf die Daten der elizitierten Sprachproduktion im Russischen und im Deutschen, die bei zwei

Erhebungen innerhalb von zwölf Monaten mithilfe von Kasustests (KT-RUS und KT-DEU) gesammelt und anschließend in Bezug auf die Forschungsfragen (vgl. Kapitel 6) ausgewertet wurden.

1) Die Ergebnisse der ersten TEILANALYSE 1 zeigten, dass die sukzessiv bilingualen Kinder mit einer auffälligen Sprachentwicklung große Schwierigkeiten hatten, die PPn zu realisieren. Diese waren im Vergleich zu den NPn fehleranfälliger, wurden häufig durch kasusneutrale deiktische Ausdrücke substituiert oder nicht versprachlicht. Dieses Charakteristikum war im Deutschen insgesamt stärker als im Russischen ausgeprägt. Im Russischen zeigte die Gruppe suk-AED im Vergleich zu den anderen zwei Gruppen eine bessere sprachliche Leistung. Im Deutschen war diese in der Gruppe suk-RSSES am besten. Die Gruppe suk-AER nahm in beiden Sprachen eine mittlere Position ein und wies bei einigen Kategorien mehr Ähnlichkeiten mit einer der anderen Gruppen, jedoch bei anderen Kategorien mit den zwei anderen Gruppen auf.

Bei einer näheren Betrachtung der realisierten NPn und PPn zeigte sich, dass nur wenige PPn aus der TEILANALYSE 1 auf die Kasusmarkierung aufgrund der substituierten, reduzierten oder ausgelassenen Präpositionen untersucht werden konnten. Der größere Anteil realisierter PPn konnte auf Kasusmarkierungen nicht untersucht werden, da die Präpositionen in den PPn substituiert, reduziert oder ausgelassen wurden.

2) Die TEILANALYSE 2 zeigte, dass im Russischen die Zielsprachlichkeitsrate bei der Gruppe suk-AED am höchsten war und über zwei Testzeitpunkte stabil bei 90 % blieb. Im Vergleich dazu war die Zielsprachlichkeit bei der Gruppe suk-AER zum T1 mit 80,5 % deutlich niedriger, zum T2 holte sie mit 90,8 % die Gruppe suk-AED ein. Die Gruppe suk-RSSES zeigte sowohl zum T1 (74,4 %) als auch zum T2 (73,7 %) im Vergleich zu den anderen beiden Gruppen eine deutlich schwächere Leistung bei der Kasusmarkierung (vgl. Tabelle D38 in Anhang D).

Im Deutschen war die Zielsprachlichkeitsrate bei den Kindern mit auffälliger Sprachentwicklung sehr fehleranfällig: Die Zielsprachlichkeitsrate der obliquen Kasusmarkierungen bei den deutschen NP-/PP-Strukturen lag im T1 zwischen 14,3 % und 25 %. Dabei schnitt die Gruppe suk-AED im Durchschnitt am besten und die Gruppe suk-RSSES am schlechtesten ab. Zum T2 konnte eine Verbesserung der Zielsprachlichkeitsrate bei der Kasusmarkierung festgestellt werden, jedoch fiel in den Gruppen der Fortschritt unterschiedlich groß aus. Hierbei lag die Zielsprachlichkeitsrate zwischen 22,4 % und 40 % (vgl. Tabelle E32 in Anhang E). Die Gruppe suk-RSSES schnitt hier im Vergleich zu den anderen zwei Gruppen besser ab, gefolgt von der Gruppe suk-AED und suk-AER. In der Gruppe suk-AER zeigte sich zudem kaum eine Verbesserung im Untersuchungszeitraum.

3) Bei der Auswertung zur Markierung der Kasusobjekte in der TEILANALYSE 3 konnte im Russischen nur die Markierung der DOe im Kontext der transitiven Verben untersucht werden, dabei zeigte sich ähnlich wie bei den vorherigen Analysen, dass die Gruppe suk-AED die höhere Zielsprachlichkeitsrate gezeigt hatte, gefolgt von den Gruppen suk-AER und suk-RSSES.

Im Deutschen ließ sich beobachten, dass der Kontext des Verbs die Markierung des Kasus sowohl bei den DOen im Kontext der transitiven und ditransitiven Verben als auch bei den DOen und den IOen im Kontext der ditransitiven Verben beeinflussen kann. Für zwei Gruppen (suk-AED und suk-AER) zeigte sich, dass die DOe bei den transitiven Verben sowohl im Vergleich zu den DOen als auch zu den IOen im Kontext der ditransitiven Verben häufiger zielsprachlich realisiert und seltener ausgelassen wurden. In der Gruppe suk-RSSES waren die DOe in den transitiven und ditransitiven Verben vergleichbar häufig zielsprachlich realisiert. Dabei wurden die DOe in den ditransitiven Kontexten jedoch häufiger ausgelassen. Im Vergleich zu den IOen wurden die DOe beider Kontexttypen häufiger zielsprachlich realisiert und seltener ausgelassen. Die Verwendung der IOe bei den intransitiven Verben kam im Deutschen kaum vor und wurde daher nicht ausgewertet.

4) Die Kasusmarkierung in den PPn mit den Präpositionen fester und doppelter Kasusrektion konnte aufgrund der Datenlage nur im Deutschen untersucht werden: Für die zwei Gruppen suk-AER und suk-RSSES ergab sich, dass die PPn mit fester Kasusrektion in den Auswertungsdaten zwar häufiger auftreten, jedoch bleiben sie bei der Elizitierung häufiger nicht versprachlicht. Bei der Gruppe suk-AED wurden hingegen keine zielsprachlichen Realisierungen der PPn mit fester Kasusrektion beobachtet; die meisten von ihnen wurden gar nicht versprachlicht. Dagegen wurden die PP-Strukturen mit doppelter Kasusrektion zwar selten zielsprachlich verwendet, dafür wurden sie häufiger durch einfachere PP-Alternativen wie deiktische Ausdrücke realisiert und seltener ausgelassen.

5) Bei der TEILANALYSE 5 wurde die Zielsprachlichkeit der Kasusmarkierungen in den Äußerungen bei verschiedenen Elizitierungsmethoden untersucht. Insgesamt zeigte sie, dass die Elizitierungsmethode auf die Zielsprachlichkeitsrate anscheinend einen Einfluss ausübt, der jedoch je nach Gruppe und Sprache variiert. Im Russischen zeigte sich der größte Einfluss bei den Gruppen suk-AED und suk-RSSES und im Deutschen in der Gruppe suk-AER. Nach der erbrachten sprachlichen Leistung ähnelten sich im Russi-

schen die Gruppen suk-AED und suk-AER mehr, im Deutschen waren es die Gruppen suk-AED und suk-RSSES.

An dieser Stelle ist es wichtig zu beachten, dass die Ergebnisse der Untersuchung mit den sprachlich auffälligen Kindern nur mit äußerster Vorsicht zu bewerten sind, da sowohl die Anzahl der untersuchten Kinder als auch die Datenmenge nicht als repräsentativ eingestuft werden kann. Dennoch liefern die Erkenntnisse zu einzelnen Forschungsfragen wichtige Ansatzpunkte für weitere Forschungsarbeiten in diesem Feld, auf die im nächsten Abschnitt näher eingegangen wird.

Teil 3: Zusammenfassung und Diskussion der Ergebnisse

9 Diskussion und Ausblick

In diesem abschließenden Kapitel sollen die wichtigsten Befunde der DATENANALYSE 1 und 2 zusammengefasst und vor dem theoretischen Hintergrund der Forschungsfragen diskutiert werden. Auf eine detaillierte Darstellung von Ergebnissen wird hier verzichtet, da diese im Anschluss an jede Teilanalyse sowie im Anschluss an die zwei Studien bereits zusammengefasst dargelegt wurden.

9.1 Untersuchungsgruppen und durchgeführte Datenanalysen

In der vorliegenden Arbeit wurden die Kasusmarkierungen im Russischen und im Deutschen bei simultan und sukzessiv bilingualen Kindern untersucht. Dieser Forschungsbereich ist insbesondere deshalb interessant, weil die Verwendung der Kasusmarkierungen bei Vorschulkindern im Kontext der Mehrsprachigkeit bisher wenig erforscht wurde, insbesondere für die Sprachkombination Russisch-Deutsch bei den Erwerbstypen simultan und sukzessiv bilingual. Weil Abweichungen von der monolingualen Norm bei bilingualen Kindern trotz eines typischen Entwicklungsverlaufes nicht selten als pathologisch eingestuft werden, oder umgekehrt, dass eine Störung des Spracherwerbs als Variante des bilingualen Erwerbs gedeutet wird (vgl. Abschnitt 3.4), ist es besonders wichtig, die sprachlichen Fertigkeiten bilingualer Kinder in beiden Sprachen genau zu untersuchen, um beide Fälle voneinander besser unterscheiden zu können.

Im Rahmen von zwei Datenanalysen wurden 44 Kinder im Alter von 4;0 bis 4;5 Jahren zum Untersuchungsbeginn mit dem Russischen als Erstsprache und mit dem Deutschen als zweite Sprache untersucht. Ausgehend von der Annahme, dass die Leistung beim Nachsprechen von Nicht-Wörtern ein zuverlässiger Indikator für Sprachentwicklungsstörungen bei monolingualen und bilingualen Kindern relativ unabhängig von ihrem Sprachentwicklungsstand (vgl. Mathieu et al. 2016) ist, wurden die Kinder mit sprachspezifischen NWRTs in beiden Sprachen (Gagarina & Valentik-Klein 2013b; Wagner, Held, et al. 2013) getestet. Anhand des z-standardisierten Ergebnisses der Nachsprechleistungen sowie des Spracherwerbstyps wurden die Kinder in fünf Gruppen aufgeteilt:

sim-TE simultan bilinguale TE-Kinder (N = 20), die weder im Russischen noch im Deutschen eine auffällige Sprachentwicklung zeigten.

suk-TE sukzessiv bilinguale TE-Kinder (N = 17), die weder im Russischen noch im Deutschen eine auffällige Sprachentwicklung zeigten.

suk-AED sukzessiv bilinguale Kinder (N = 2), die eine auffällige Sprachentwicklung nur im Deutschen zeigten.

suk-AER sukzessiv bilinguale Kinder (N = 3), die eine auffällige Sprachentwicklung nur im Russischen zeigten.
suk-RSSES sukzessiv bilinguale Kinder (N = 2), die eine auffällige Sprachentwicklung sowohl im Russischen als auch im Deutschen zeigten.

In Bezug auf die Gruppenbildung ist es wichtig, noch einmal zu betonen, dass bei den sukzessiv bilingualen Kindern mit auffälliger Sprachentwicklung zur Zeit des Untersuchungsendes keine Diagnose über eine SSES vorlag. Sie zeigten jedoch im Alter von fünf Jahren (Erhebung von T2) im Vergleich zu den gleichaltrigen Kindern der Gesamtstichprobe eine auffällige Leistung in NWRTs (siehe Abschnitt 7.1).

Die Leistungen der simultan und sukzessiv bilingualen TE-Kinder wurden im Rahmen der DATENANALYSE 1 miteinander verglichen. Die DATENANALYSE 2 befasste sich mit den sukzessiv bilingualen Kindern, die in einer oder in beiden Sprachen auffällig waren. Die Datenauswertung erfolgte sowohl quantitativ als auch qualitativ im Rahmen von fünf ähnlich aufgebauten Teilanalysen, die vor dem Hintergrund der fünf definierten Forschungsfragen konzipiert wurden (vgl. Kapitel 6). Zentraler theoretischer Ausgangspunkt war die Annahme, dass sowohl die Realisierung der NP-/PP-Strukturen als auch ihre Kasusmarkierung von der Komplexität der sprachlichen Struktur selbst und/oder von der Komplexität des Kontexts, in dem sie vorkommen, abhängen. In der empirischen Untersuchung wurden elizitierte Daten aus zwei Erhebungen im Abstand von einem Jahr mit eigens entwickelten Kasustests quantitativ und qualitativ ausgewertet. Für die quantitative Auswertung wurden die zielsprachlichen Kasusmarkierungen in Bezug auf die Forschungsfragen für jedes Kind und anschließend für die Gruppen addiert und in Prozentwerte umgewandelt. Für die qualitative Auswertung wurden die Fehlertypen, die Substitutionen und Auslassungen prozentual erfasst.

Bei der folgenden Diskussion der Ergebnisse werden alle fünf Gruppen nebeneinandergestellt. Zu beachten ist, dass die Leistung der sukzessiv bilingualen Kinder mit auffälliger Sprachentwicklung nur im Vergleich zu den TE-Kindern des gleichen Erwerbstyps zu betrachten ist. Außerdem muss hervorgehoben werden, dass es sich bei der DATENANALYSE 2 mit drei Gruppen der sprachauffälligen Kinder um eine eingebettete Mehrfallstudie handelt. Daher können die Leistungen der Kinder aus der Datenauswertung nur bedingt mit denen der sukzessiv bilingualen TE-Kinder verglichen werden. Weiterhin ist zu beachten, dass bei allen untersuchten Gruppen, insbesondere bei den Kindern mit auffälliger Sprachentwicklung, eine hohe Streuung der Messergebnisse festzustellen war, die auf eine große Heterogenität der sprachlichen Leistungen hindeutet. Diese Heterogenität kann im Deutschen auf relativ hohe SD-Werte für den Beginn des Deutscherwerbs und für die Kontaktdauer zum Deutschen (vgl. Tabellen C1–C5 in Anhang C) zurückgeführt werden. Allerdings zeigte sich auch im Russischen, dass alle Kinder, die das Russische von Geburt an erlernten, eine hohe Streuung der sprachlichen Leistungen innerhalb der jeweiligen Gruppen aufwiesen. Es ist anzunehmen, dass trotz der Familiensprache Russisch die Qualität und Quantität des russischen Inputs bei den untersuchten Kindern der jeweiligen Gruppen unterschiedlich war oder auch die Förderung der Erstsprache zu Hause unterschiedlich verlief. Die Untersuchung von sozialen und familiären Einflussfaktoren auf die Verwendung der Kasusmarkierungen gehörte nicht zum Gegenstand der vorliegenden Arbeit und wurde daher weder im Russischen noch im Deutschen untersucht. Die Informationen darüber wurden jedoch im Rahmen des Forschungsprojekts *Verbale und nonverbale Indikatoren zur Identifizierung von umschriebenen Sprachentwicklungsstörungen bei sukzessiv bilingualen Kindergartenkindern* (vgl. Lindner et al. 2014) erhoben und sollen in zukünftigen Arbeiten untersucht werden.

9.2 Diskussion der Ergebnisse

9.2.1 Erkenntnisse zu *FF1* bezüglich der Realisierung der Phrasenstrukturen und ihrer Kasusmarkierungen

Die *FF1* dieser Arbeit lautete:

> Welche Strategien verfolgen bilinguale Kinder mit und ohne auffällige Sprachentwicklung bei der Realisierung der elizitierten NPn und PPn im jeweiligen Kasus? Und wie hoch ist die Zielsprachlichkeitsrate der realisierten NPn und PPn?

Bei der Teilanalyse zur *FF1* wurde der Einfluss der Komplexität der Phrasenstruktur auf ihre Realisierung und ihre Kasusmarkierung untersucht. Auf der Basis der Theorie zur begrenzten Informationsverarbeitungskapazität (vgl. Abschnitt 3.2.3.4) wurde angenommen, dass im Vergleich zu den PPn die einfachen (bzw. nicht erweiterten oder modifizierten) NPn strukturell weniger komplex sind, ihre Verarbeitung eine geringere Kapazität beansprucht und sie daher mit höherer Erfolgsrate sprachlich umgesetzt werden können. Bei den PPn hingegen müssen neben den NP-Strukturen die Informationsprozesse zur Verwendung der Präposition eventuell noch in Abhängigkeit von der Semantik des Verbs (im Fall der PPn mit den Wechselpräpositionen) mitverarbeitet werden. Sind die einzelnen Prozesse nicht automatisiert bzw. noch nicht ausreichend eingeübt, kann ihre Verarbeitung die zur Verfügung stehende Kapazitätsmenge überlasten. In diesem Fall kann der Verarbeitungsprozess einer Struktur gar nicht oder nur zum Teil ausgeführt werden. Ausgehend von dieser Annahme wäre zu erwarten, dass innerhalb einer sprachlichen Informationskette die Menge der zugewiesenen Kapazität für die Verarbeitung (Realisierung der Phrasenstruktur und Kodierung des Kasus) einer NP eher reichen würde als für eine PP. So würde man bei den PP-Strukturen häufiger Schwierigkeiten erwarten, die auf eine nicht zielsprachliche Verwendung der Kasusmarkierungen oder eine unvollständig konstruierte Phrasenstruktur zurückzuführen ist. Unter der Gegenannahme, dass die Realisierung und die Kasusmarkierung der Phrasenstrukturen nur von der Erwerbsreihenfolge des Kasus abhängen, könnte erwartet werden, dass sich der Effekt bei der Realisierung der NP-/PP-Strukturen innerhalb eines Kasus nicht zeigt. Im Russischen sollte er über die Kasus hinaus auch nicht vorkommen, denn im Untersuchungsalter der Kinder, auch unter Berücksichtigung der Verzögerung der bilingualen Sprachentwicklung, sollten die Kasus zum größten Teil erworben sein (vgl. Ergebnisse zur *FF2*).

Die Auswertung der Sprachdaten bestätigte die Annahme der *FF1*: Die NPn (für Kasus gesamt) wurden im Vergleich zu den PPn unabhängig von der Untersuchungsgruppe und der Sprache als Phrasenstrukturen häufiger realisiert und zielsprachlich kasusmarkiert. Dass im Russischen der Kasus in den intakten Phrasenstrukturen zumindest bei unauffälliger Sprachentwicklung weitgehend zielsprachlich verwendet wird, wurde in der Teilanalyse zur *FF2* festgestellt. Weiterhin ergab sich, dass bei den sukzessiv bilingualen Kindern – unabhängig von der Gruppe – der Unterschied zwischen zielsprachlicher Realisierung der elizitierten NP- und PP-Strukturen im Russischen stärker ausgeprägt war als im Deutschen. Anscheinend bereitete im Deutschen die zielsprachliche Realisierung der NPn bei den sukzessiv bilingualen Kindern im Untersuchungszeitraum immer noch große Schwierigkeiten, weshalb der Unterschied zwischen den beiden Phrasenstrukturen im Vergleich zum Russischen schwächer ausfiel. Bei der Gruppe sim-TE war der Unterschied zwischen den NPn und PPn sowohl im Russischen als auch im Deutschen weniger ausgeprägt als bei der Gruppe suk-TE. Diese Beobachtung wird im Abschnitt 9.2.3 besprochen.

In Bezug auf die Realisierung der Phrasenstrukturen bei einzelnen Kasus zeigte sich, dass nur im Russischen bei der Elizitierung der genitivischen Phrasenstrukturen die NPn auffällig seltener als die PPn zielsprachlich realisiert wurden. Diese Schwierigkeiten wurden bei den Kindern beider Erwerbstypen beobachtet. Dieser Befund stand sowohl im Kontrast zu anderen Kasus des Russischen als auch des Deutschen, in denen die NPn meistens deutlich häufiger zielsprachlich realisiert wurden oder der Unterschied zwischen den beiden

Strukturen geringfügig war. Die nähere Betrachtung der genitivischen Phrasenstrukturen ergab, dass die meisten Schwierigkeiten auf die Realisierung des partitiven Genitivattributs zurückzuführen sind. Hier kam es oft zu Verwechslungen und Umstellungen, z. B.:

(156) *Lisa nesët vody s vedrom.
Lis-a   nes-ët   vod-y   s   vedr-om.
Fuchs-F.SG.NOM hol-3P.SG.PRS Wasser-F.SG.GEN mit Eimer-N.SG.INSTR
statt: Lisa nesët vedro vody.
Lis-a   nes-ët   vedr-o   --   vod-y.
Fuchs-F.SG.NOM hol-3P.SG.PRS Eimer-N.SG.AKK   Wasser-F.SG.GEN
‚Der Fuchs holt einen Eimer Wasser.'

Wie im Beispiel (156) wurde der Teil der erweiterten Phrasenstruktur oft anstatt als Genitivattribut als DO im Akkusativ realisiert. Der Teil, der als DO realisiert werden sollte, wurde hingegen als Adverbialbestimmung im Instrumental realisiert. Betrachtet man die NPn getrennt voneinander, wurden sie zielsprachlich kasusmarkiert (Präposition s ‚mit' + Instrumental, transitives Verb + Akkusativ), jedoch nicht, wenn man ihre Realisierung im Elizitierungskontext auswertet. Es könnte jedoch sein, dass es sich bei Beispiel (156) um einen Transfer aus dem Deutschen handelt. Anscheinend wird hier die Präposition *mit* in Verbindung mit einer Instrumentalmarkierung in der Bedeutung eingesetzt, dass das Wasser unter Nutzung des Eimers befördert bzw. hergebracht wird. Nimmt man jedoch an, dass eine mit einem partitiven Attribut erweiterte NP-Struktur im Vergleich zu einer einfachen NP-Struktur komplexer und daher aufwendiger zu verarbeiten ist, so spricht die niedrige Zielsprachlichkeit bei der Realisierung der NPn mit partitivem Genitivattribut nicht gegen die Annahme der *FF1*, sondern sie wird dadurch eher bestätigt. Offensichtlich sind die mit einem partitiven Attribut erweiterten NP-Strukturen für die Kinder aufwendiger zu verarbeiten als zwei separate Phrasenstrukturen, die sequenziell verarbeitet werden können. Zwar kann der Gesamtaufwand von zwei separaten NPn gleich dem einer erweiterten NP sein, sie werden jedoch sequenziell verarbeitet. Für die Generierung jeder einzelnen NP steht daher die Gesamtkapazität zur Verfügung.

Eine weitere mögliche Erklärung für die Schwierigkeiten bei der Verwendung der partitiven Genitivattribute liefert die Auswertung des *Russian National*

Corpus (RNC)[70]: Unter den 645 substantivischen Phrasenstrukturen im Genitiv, die in dem Teilkorpus der gesprochenen Sprache gefunden wurden, fanden sich 35 substantivische NPn im partitiven Genitiv, von denen lediglich sieben als Attribute bei NPn mit partitivem Genitivattribut realisiert wurden (z. B. *kusok chleba*$_{GEN}$ ‚ein Stück Brot', *kusoček rybki*$_{GEN}$ ‚ein Stück Fisch'). Bei den übrigen NPn handelte es sich um einfache NPn im partitiven Genitiv in der Objektbedeutung (z. B. *kupit' smetany*$_{GEN}$ ‚Schmand kaufen', *položit' goroška*$_{GEN}$[71] ‚Erbsen geben'). Die übrigen 611 genitivischen Phrasenstrukturen des Teilkorpus wurden meistens als PPn (z. B. *u roditelej* ‚bei den Eltern'), possessive Attribute (z. B. *nazvanie knigi* ‚Titel des Buches') und in Verbindung mit Zahlwörtern[72] (z. B. *5 minut* ‚fünf Minuten') realisiert. Zwar stand bei dieser Korpusauswertung die statistische Repräsentativität nicht im Vordergrund, jedoch liefert sie einen eindeutigen Hinweis darauf, dass die Konstruktionen mit adnominalem Genitiv in partitiver Bedeutung relativ selten in der gesprochenen Sprache vorkommen. Dies könnte der Grund dafür sein, dass solche Konstruktionen von den Kindern noch nicht erworben sind bzw. ihre Verwendung nicht ausreichend eingeübt und dadurch nicht automatisiert ist, um sie zielsprachlich in einer Informationskette zu realisieren. Es wäre interessant zu untersuchen, ob die mit adnominalem Genitiv erweiterten NP-Strukturen bei Kindern zum erworbenen sprachlichen Inventar gehören oder ob ihr Nichtvorhandensein bzw. ihre fehlerhafte Verwendung als Kennzeichen des unvollständigen Erwerbs interpretiert werden kann.

Ein weiterer Unterschied zwischen NP- und PP-Strukturen ergab sich beim Umgang mit den Schwierigkeiten während der Realisierung der elizitierten Phrasenstrukturen: Wurden NP-Strukturen weder zielsprachlich noch nicht zielsprachlich realisiert, blieben sie schlichtweg nicht versprachlicht. Bei PPn hingegen wurde die Nicht-Realisierung durch die Verwendung der deiktischen Ausdrücke teilweise kompensiert. Daraus lässt sich Folgendes schließen: Prin-

---

70 Für die Analyse wurde ein Teilsprachkorpus der gesprochenen Sprache mit gelöster Homonymie genommen. Das Teilkorpus enthielt insgesamt 16.955 Wörter (URL: http://ruscorpora.ru, zuletzt abgerufen am 20.09.2019).
71 Hier handelt es sich um eine besondere Form des partitiven Genitivs, die durch das Flexiv -*u* kodiert wird (z. B. *čaju*$_{GEN}$ 'Tee', *soku*$_{GEN}$ 'Saft', *sacharu*$_{GEN}$ 'Zucker'). Eine partitive Genitivform kommt hauptsächlich bei maskulinen Stoffnamen der I. Deklination anstelle des regulären Genitivflexivs -*a* vor und ist mit dem Flexiv des Femininums im Akkusativ (II. Deklination) synkretisch. Daher könnte es sich beim Beispiel (156) um keine Kasus-, sondern auch um eine Deklinationssubstitution handeln.
72 Welche Funktion der Genitiv in Verbindung mit Zahlwörtern hat, ist umstritten (siehe Isačenko 1995: § 268).

zipiell haben die Kinder bei einer Sprachproduktion ein Bedürfnis, elizitierte Phrasenstrukturen zu versprachlichen. Erweist sich die Realisierung der Phrasenstruktur in der Informationskette als schwierig, greifen die Kinder auf alternative Mittel zurück, die eine ähnliche kommunikative bzw. semantische Funktion haben, jedoch einfacher zu realisieren sind. Die Verwendung der deiktischen Ausdrücke mit geringerem Verarbeitungskapazitätsbedarf bietet dafür eine gute Strategie, die kasusmarkierten PPn zu vermeiden und dadurch den Prozess der Informationsverarbeitung zu entlasten. Bei den NPn ist die Verwendung der deiktischen Ausdrücke (vgl. Abschnitt 8.2.1) nur begrenzt möglich und daher werden sie öfter nicht versprachlicht.

Der Unterschied zwischen den sukzessiv bilingualen Kindern mit und ohne auffällige Sprachentwicklung lag darin, dass die sprachauffälligen Kinder die Phrasenstrukturen im Russischen und im Deutschen seltener zielsprachlich realisierten. Vor allem im Deutschen verwendeten die Kinder mit auffälliger Sprachentwicklung im Vergleich zu den TE-Kindern die PPn deutlich seltener. Dadurch hatte die höhere Komplexität der Phrasenstruktur in Verbindung mit dem Spracherwerbstyp einen größeren Effekt auf die Realisierung der Phrasenstrukturen bei auffälliger als bei unauffälliger Sprachentwicklung.

In Bezug auf die Bildung von PP-Strukturen im Deutschen zeigte sich zudem, dass alle Kinder während des Untersuchungszeitraumes einen relativ hohen Anteil von PPn mit substituierten, reduzierten oder ausgelassenen Präpositionen hatten. Er variierte je nach Gruppe und Kasus. Dabei ließ sich folgendes Verwendungsmuster erkennen: Während bei den sim-TE-Kindern der Hauptfehler darin bestand, dass die Kasus in PPn nicht zielsprachlich markiert wurden, bereitete den suk-TE-Kindern die Verwendung der Präpositionen die größte Schwierigkeit. Die Präpositionen in den PPn wurden häufig substituiert. Die sukzessiv bilingualen Kinder mit auffälliger Sprachentwicklung hatten ebenfalls Probleme, die Präpositionen zu verwenden, im Gegensatz zu den suk-TE-Kindern bestand ihr Hauptfehler jedoch in der Auslassung oder Reduktion der Präposition in PPn.

Die Ergebnisse der Analyse zur *FF1* belegen eindeutig, dass die NP- und PP-Struktur auf ihre Realisierung und ihre Kasusmarkierung Einfluss hat. Dieser konnte sowohl im Russischen als auch im Deutschen bei allen Sprachentwicklungstypen für verschiedene Kasus gezeigt werden. Bei einigen Kasus ist der Einfluss jedoch stärker als bei anderen ausgeprägt (vgl. z. B. sim-TE: Akkusativ vs. Instrumental im Russischen). In zukünftigen Studien wäre es interessant, den Einfluss des Phrasenstrukturtyps auf die Kasusmarkierungen anhand einer größeren Anzahl von Beobachtungen in den jeweiligen Kasus danach zu untersuchen, ob sich ihr Einfluss über einen weiteren Zeitraum der Sprachentwicklung ändert.

9.2.2 Erkenntnisse zu *FF2* bezüglich der Verwendung der Kasusmarkierungen in den NPn und PPn

Die gestellte *FF2* mit drei Teilfragen lautete:

> Wie werden die Kasusmarkierungen von den Kindern realisiert?
> a. Welche Strategien nutzen die simultan und sukzessiv bilingualen Kinder mit und ohne auffällige Sprachentwicklung zur morphologischen Realisierung der Markierungen in den jeweiligen Kasus in den NPn und PPn?
> b. Gibt es Unterschiede in der Realisierung der Kasusmarkierung zwischen den NPn und den PPn?
> c. Verändert sich die Verteilung der beobachteten Markierungsstrategien über zwei Testzeitpunkte hinweg?

Die Auswertung in Bezug auf die *FF2* war die aufwendigste. Sie konzentrierte sich nicht nur darauf, den Anteil der zielsprachlichen Kasusverwendungen bei den Kindern zu erfassen, sondern auch alle beobachteten Strategien der morphologischen Realisierung der Kasusmarkierungen in beiden Phrasenstrukturen in den jeweiligen Kasus aufzudecken. Außerdem wurde der Frage nachgegangen, ob sich die Verteilung der beobachteten Strategien in den jeweiligen Gruppen über zwei Testzeitpunkte mit dem Abstand von zwölf Monaten änderte.

9.2.2.1 Zur Zielsprachlichkeit der realisierten Kasusmarkierungen
Abbildung 91 stellt die Zielsprachlichkeitsrate für alle Kasus in NPn und PPn für das Russische und das Deutsche zu beiden Erhebungen dar.

Russisch
Im Russischen zeigte die Gesamtkasusverwendung, dass die intakten Phrasenstrukturen weder den sim-TE- noch den suk-TE-Kindern Schwierigkeiten bereiteten. In beiden Gruppen war die Zielsprachlichkeitsrate vergleichbar hoch und änderte sich über die zwei Testzeitpunkte hinweg kaum. Dem gegenüber standen die sukzessiv bilingualen Kinder mit auffälliger Sprachentwicklung: Ihre sprachliche Leistung lag durchschnittlich niedriger als die der TE-Kinder mit dem gleichen Erwerbstyp. Außerdem zeigten sich bei den Kindern mit auffälliger Sprachentwicklung in Bezug auf ihre Gruppenzugehörigkeit deutliche Un-

terschiede sowohl in Bezug auf die erreichte Zielsprachlichkeitsrate als auch auf den Entwicklungsverlauf über zwei Testzeitpunkte: Die suk-RSSES-Kinder erreichten zu beiden Testzeitpunkten den niedrigsten Wert für die Zielsprachlichkeit der Kasusmarkierungen, während in der Gruppe der suk-AED-Kinder die Zielsprachlichkeitsrate sowohl im T1 als auch im T2 bei durchschnittlich 90 % stabil hoch lag. Diese Leistung näherte sich derjenigen der suk-TE-Kinder. Die Gruppe der suk-AER-Kinder zeichnete sich vor allem dadurch aus, dass sie über die beiden Testzeitpunkte hinweg eine auffällige Steigerung in der Verwendung der Kasusmarkierungen erreichte. Weiterhin macht Abbildung 91 deutlich, dass die Gruppenleistungen zwar nicht gleich groß waren, jedoch bei keiner der Gruppen über den Untersuchungszeitraum von einem Jahr eine auffällige Abnahme in der Zielsprachlichkeitsrate zu beobachten war. Daher kann hier kaum von einem Sprachabbau im Bereich der Kasusmarkierung gesprochen werden.

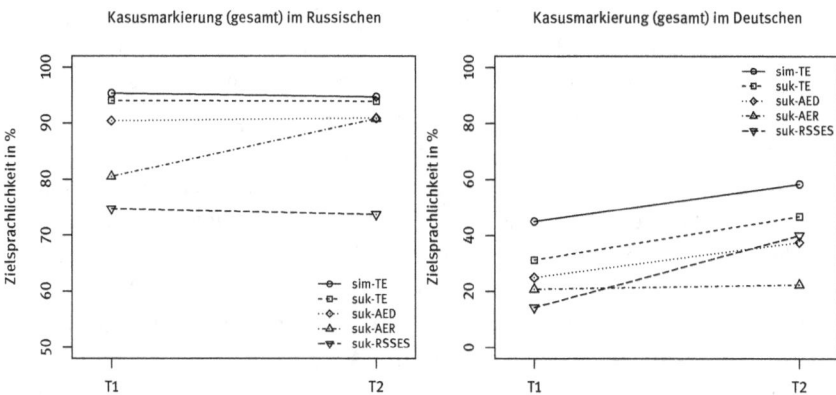

Abb. 91: Zielsprachlichkeit der Kasusmarkierungen im Russischen und Deutschen bei sim-TE, suk-TE, suk-AED, suk-AER, suk-SSES zum T1 und T2 (Mittelwerte, Kasus gesamt, NPn und PPn gesamt)

Stellt man die Ergebnisse dieser Untersuchung denen der Studie von Schwartz & Minkov (2014: 71 f. und Tabelle 12, S. 131) gegenüber, lässt sich an den beobachteten Zielsprachlichkeitsraten in den jeweiligen Kasus die gemeinsame Tendenz erkennen, dass die sprachliche Leistung der bilingualen Kinder beider Erwerbstypen je nach untersuchtem Kasus variierte. Beispielsweise fiel den Kindern die Markierung des Akkusativs leichter als die des Genitivs. Die größten Schwierigkeiten bereitete ihnen die Verwendung der Präpositivmarkierungen. Neben dieser gemeinsamen Tendenz gab es jedoch auch große Differenzen zwischen den beobachteten Werten für die Zielsprachlichkeitsrate in beiden

Untersuchungen: Sowohl die simultan als auch die sukzessiv bilingualen Kinder der vorliegenden Untersuchung erreichten eine deutlich höhere sprachliche Leistung bei der Verwendung der Kasusmarkierungen im Singular[73] als die Kinder mit gleichen Erwerbstypen bei Schwartz & Minkov (2014). Der Zusammenhang zwischen dem früheren Erwerbsbeginn und der hohen Fehlerrate, der sich bei Schwartz & Minkov zeigte, war im Rahmen der vorliegenden Untersuchung weder zum T1 noch zum T2 sichtbar. Zum einen können die bestehenden Unterschiede zwischen den Ergebnissen der beiden Untersuchungen auf das Alter der Probanden zurückgehen: Bei Schwartz & Minkov waren die Kinder beider Erwerbstypen durchschnittlich 3;6 Jahre alt. Die Kinder in der vorliegenden Untersuchung waren zum T1 durchschnittlich ein Jahr älter. Da der Kasuserwerb im bilingualen Erwerbskontext im Vergleich zum monolingualen verzögert abläuft, wäre anzunehmen, dass der Erwerbsprozess im Alter von drei Jahren noch voll im Gange war und zum Alter von etwa vier Jahren nur eine höhere Kompetenzstufe erreichte. Zum anderen könnte die breite Streuung der sprachlichen Leistung der einzelnen Kinder in Verbindung mit einer kleinen Probandenanzahl für die niedrigen Werte bei Schwartz & Minkov sorgen. Ähnlich wie bei Schwartz & Minkov wichen die Leistungen einiger Kinder in der vorliegenden Untersuchung stark vom Mittelwert der Gruppen ab; durch eine höhere Anzahl der Probanden fiel jedoch die durchschnittliche Leistung der Gruppe insgesamt ausgeglichener aus. Zudem kann nicht ausgeschlossen werden, dass das Hebräisch, das die bilingualen Kinder in der Studie von Schwartz & Minkov simultan bzw. sukzessiv bilingual erwarben, einen größeren Einfluss auf das Russische als auf das Deutsche ausübte, insbesondere im Bereich der Kasusmorphologie. Schließlich könnte auch die Auswahl der zu untersuchenden Daten in den beiden Studien (Spontansprach- und elizitierte Daten bei Schwartz & Minkov 2014 vs. elizitierte Daten) für die unterschiedlichen Ergebnisse sorgen.

Die Untersuchungsergebnisse der vorliegenden Arbeit stehen auch der Studie von Gagarina & Klassert (2018) gegenüber, in der die Autorinnen herausfanden, dass russisch-deutsche TE-Kinder den Akkusativ und den Dativ bei den Objekten im Alter von fünf Jahren nur zu 45,3 % zielsprachlich verwendeten. Die Studie von Gagarina & Klassert zeigte allerdings, dass das Alter, der Input der Erstsprache und der Erwerbsbeginn der zweiten Sprache auf die Kasusverwendung einen signifikanten Einfluss haben. Ferner konnte in der Studie von

---

[73] Da die Kasusmarkierungen im Plural bei den NPn/PPn nicht zum Gegenstand dieser Arbeit gehörten und im Datensatz selten vorkamen, wurden sie nicht separat von denen im Singular untersucht und hier deswegen außer Acht gelassen.

Meir (2018) bei russisch-hebräischsprachigen Kindern der Einfluss der Sprachdominanz auf die Verwendung des Akkusativs nachgewiesen werden. In diesem Zusammenhang wäre es interessant, anhand der Fragebögen und der Daten der Sprachstandstests die Qualität und Quantität des Inputs in der Erstsprache und die Sprachdominanz bei den untersuchten Kindern genauer zu erfassen und ihren Einfluss anschließend auf die Zielsprachlichkeitsrate hin zu überprüfen.

Abbildung 91 umfasst keine Werte zur Verwendung des Nominativs. Seine Untersuchung gehörte nur mittelbar zum Gegenstand des Untersuchungsdesigns dieser Arbeit (siehe Abschnitt 7.2). Der Vollständigkeit halber soll jedoch seine Verwendung kurz erläutert werden: Der Mittelwert der zielsprachlichen Nominativverwendung war bei allen untersuchten Gruppen mit und ohne auffällige Sprachentwicklung sowohl zum T1 als auch zum T2 sehr hoch und lag im Bereich zwischen 98,8 % und 100 % (siehe Details in Tabelle D42 für sim-TE, in Tabelle D43 für suk-TE und in Tabelle D44 für die Kinder mit auffälliger Sprachentwicklung, Anhang D). Zwar kamen einzelne Substitutionen in der Gruppe sim-TE und suk-TE vor, sie lagen aber jeweils unter einem Mittelwert von 1 %.

Deutsch
Die Auswertung zur *FF2* im Deutschen zeigte, dass die sim-TE-Kinder eine insgesamt deutlich höhere Zielsprachlichkeitsrate zu beiden Testzeitpunkten aufwiesen als die suk-TE-Kinder. Die suk-TE-Kinder erreichten ihrerseits – ebenfalls über zwei Erhebungen – eine deutlich höhere sprachliche Leistung als die Kinder mit auffälliger Sprachentwicklung des gleichen Erwerbstyps. Zwei der drei Gruppen der sprachauffälligen Kinder – suk-AED und suk-RSSES – konnten im Deutschen vom T1 zum T2 eine Verbesserung der Zielsprachlichkeitsrate erzielen. Im Unterschied zum Russischen, bei dem die Gruppe suk-RSSES die niedrigste sprachliche Leistung zu beiden Testzeitpunkten aufwies, konnte sie ihre Leistung im Deutschen zum T2 deutlich verbessern und war somit zum T2 mit der Gruppe suk-AED vergleichbar. Die Gruppe suk-AED zeigte zum T1 zwar eine bessere Leistung als die anderen beiden Gruppen der Kinder mit auffälliger Entwicklung, jedoch stieg ihre Zielsprachlichkeitsrate zum T2 nicht so steil an wie bei der Gruppe suk-RSSES. Nur die suk-AER-Kinder verbesserten sich zum T2 auffällig nicht im Deutschen, aber im Russischen. Wichtig ist hier die Feststellung, dass sich für alle drei Gruppen der Kinder mit auffälliger Sprachentwicklung vom T1 zum T2 (mit Abstand von einem Jahr) eine deutliche Verbesserung in ihren sprachlichen Fertigkeiten in mindestens einer der beiden Sprachen zeigte.

9.2.2.2 Zum Einfluss der strukturellen vs. lexikalischen Kasuszuweisung

Anhand der Ergebnisse der TEILANALYSE 2 konnte vor dem Hintergrund des generativen Ansatzes zum Kasuserwerb (vgl. Abschnitt 5.1) der Einfluss der Kasuszuweisung auf die Markierung der NPn und PPn näher betrachtet werden. Die theoretische Annahme, dass der Typ der Kasuszuweisung – lexikalisch oder strukturell – den Kasuserwerb beeinflusst, konnte im Russischen kaum überprüft werden. Alle Kinder befanden sich bereits in einem Alter, in dem der Erwerb der Kasusmarkierungen des Russischen weitgehend abgeschlossen war. In Bezug auf die Verwendung der lexikalischen Kasuszuweisung in PPn zeigte sich jedoch, dass die Zielsprachlichkeitsrate je nach Kasus variiert: z. B. bereitete die Markierung des Präpositivs allen Kindern mehr Schwierigkeiten als die des Akkusativs oder des Instrumentals. Die Markierung des adnominalen Genitivs mit partitiver Bedeutung stellte für die Kinder ebenfalls eine Schwierigkeit dar. Die Probleme mit diesen beiden Kasuskonstruktionen können sowohl auf den Synkretismus als auch auf ihre niedrige Vorkommenshäufigkeit zurückgeführt (vgl. Auswertung des RNC zum Genitiv S. 325 und für andere Kasus Kopotev 2008) und damit mit dem funktionalen Aspekt der kognitiv-funktional orientierten Ansätze in Verbindung gebracht werden. In Kombination mit der Annahme einer begrenzten Informationsverarbeitungskapazität ist diese Beobachtung so zu interpretieren, dass die meisten Kasusverwendungen anscheinend in beiden Phrasenstrukturen bei den bilingualen Kindern im Alter von vier bis fünf Jahren so weit erworben bzw. automatisiert sind, dass ihre Verwendung keine Schwierigkeiten bereitet. Kommen bestimmte Strukturen im Input nicht häufig vor, ist ihre Automatisierung zeitlich verzögert. So konnte z. B. der lexikalische Genitiv in den adverbialen PPn häufiger zielsprachlich markiert werden als der strukturelle Genitiv in der Attributfunktion.

Da der Kasuserwerb im Deutschen im Vergleich zum Russischen später einsetzt und insgesamt langsamer verläuft, war ein abgeschlossener Kasuserwerb im Deutschen im Untersuchungsalter der Kinder nicht zu erwarten (vgl. Abschnitt 5.4). Daher wäre der Einfluss des Kasuszuweisungstyps auf die Verwendung der Kasusmarkierung im Deutschen im Vergleich zum Russischen eher zu erkennen. Auf dieser Grundlage ist zu erwarten, dass die Kasusmarkierungen des gleichen Zuweisungstyps vergleichbar zielsprachlich verwendet werden, unabhängig davon, zu welchem Kasus sie gehören und ob sie in einer NP oder PP vorkommen. Betrachtet man die Akkusativzuweisung in NPn und PPn als strukturell, würde man keine Unterschiede bei der Kasusmarkierung der beiden Phrasenstrukturen erwarten (vgl. Eisenbeiss et al. 2006). Interpretiert man die Akkusativ- und Dativzuweisung in PPn als lexikalisch (vgl. Woolford 2006), wäre auch hier kein Unterschied zwischen beiden Kasus bei der PP-Markierung zu finden.⁷⁴ Anhand der Ergebnisse der TEILANALYSE 2 für die Gruppen sim-TE und suk-TE konnte allerdings keine der beiden Annahmen bestätigt werden. Die Kasusmarkierungen der jeweiligen Konstruktionen unterschieden sich sowohl quantitativ als auch qualitativ voneinander.

Unterschiede zwischen den NPn und PPn mit Akkusativ als struktureller Kasus zeigten sich:
1) bezüglich der erreichten Zielsprachlichkeit. Die Zielsprachlichkeitsrate des Akkusativs in NPn und PPn fiel weder beim simultan bilingualen noch beim sukzessiv bilingualen Erwerb ähnlich aus.
2) bezüglich der Steigerung der Zielsprachlichkeit vom T1 zum T2. Die Steigerung der Zielsprachlichkeitsrate war in den akkusativischen NPn höher als in PPn.
3) bezüglich der beobachteten Strategien für die morphologische Realisierung der Kasusmarkierungen. Während in den NPn neben den Artikelauslassungen lediglich ein geringer Anteil der Kasusmarkierungen durch Substitutionen realisiert wurde, war der Anteil der Substitutionen bei den akkusativischen PPn deutlich höher. Ein weiterer Unterschied bei der Markierung des Akkusativs in den NPn und PPn war, dass trotz eines kleinen Anteils die Varianz der Substitutionen in den NPn größer war als in den PPn.

Unterschiede zwischen den PPn mit Akkusativ und Dativ als lexikalische Kasus zeigten sich:
1) bezüglich der erreichten Zielsprachlichkeit. Während in der Gruppe sim-TE die Zielsprachlichkeit in den akkusativischen PPn zum T1 deutlich höher war als in dativischen PPn, war es bei der Gruppe suk-TE umgekehrt. Zudem war die Zielsprachlichkeitsrate der Dativmarkierungen in PPn zum T1 in der Gruppe suk-TE auffällig höher als zum T2. Betrachtet man allerdings die absolute Anzahl der beobachteten dativischen PP-Strukturen, lassen sich nur wenige finden. Zum T2 stieg die absolute Anzahl der verwendeten PPn im Dativ an. Mit steigender Produktivität sank jedoch ihre Zielsprachlichkeitsrate. Es ist durchaus möglich, dass im Deutschen zum T1 die dativischen PPn von den suk-TE-Kindern als *Chunks* verwendet wurden: Der Phase der hohen Zielsprachlichkeit durch die Verwendung von *Chunks*, folgte die Phase der produktiven, nicht zielsprachlichen Verwendungen (z. B. im T1: *Da, auf dem Tisch*; T2: **Hier ist der Hund, auf den Tisch!*).

---

74 Die Verwendung des Dativs bei den indirekten Objekten der intransitiven und ditransitiven Verben gehört zum Gegenstand der *FF3*.

Würde man noch eine weitere Erhebung mit einem Testzeitpunkt ein Jahr später machen, könnte man erwarten, dass durch die Entdeckung der Regelhaftigkeiten die Zielsprachlichkeitsrate der Markierungen wieder steigt. Dieser Erwerbsverlauf ist aus der Spracherwerbsforschung bekannt. Ergo ist ein korrekter Sprachgebrauch noch kein Beweis für die erworbene Regel oder Form. Nur wenn Form und Regel produktiv zielsprachlich verwendet werden, können sie als erworben gelten (vgl. Behrens 2004; Baten 2015).

2) bezüglich der Steigerung der Zielsprachlichkeit vom T1 zum T2. Während in der Gruppe der simultan bilingualen Kinder die Zielsprachlichkeitsrate beim Akkusativ in PPn vom T1 zum T2 sank, stieg sie beim Dativ in PPn. In der Gruppe der sukzessiv bilingualen Kinder wurde ein umgekehrtes Bild beobachtet: Beim Akkusativ in PPn stieg die Zielsprachlichkeitsrate vom T1 zum T2, im Dativ hingegen sank sie. Eine mögliche Erklärung könnte lauten, dass im T2 die sim-TE-Kinder den Dativ in PPn „entdeckt" haben und ihn übergeneralisieren (vgl. Abbildung 47 und 51), während die suk-TE-Kinder den Akkusativ in PPn „entdeckt" haben und ihn übergeneralisieren (vgl. Abbildung 55 und 59).

3) bezüglich der beobachteten Strategien für die morphologische Realisierung der Kasusmarkierungen. Der qualitative Unterschied zwischen den beiden Kasustypen in PPn betraf die morphologische Realisierung der Kasusmarkierungen. Während bei den akkusativischen PPn die Artikelauslassungen dominierten, waren es in den dativischen PPn die Kasussubstitutionen. Die Varianz der beobachteten Substitutionen war im Dativ ebenfalls höher als im Akkusativ.

Bei den Kindern mit auffälliger Sprachentwicklung konnten zur Kasusmarkierung in Bezug auf die jeweiligen Kasus und Strukturen keine klaren Aussagen getroffen werden, da die PP-Strukturen bei ihnen insgesamt seltener vorkamen.

Ein auffälliger Befund ergab sich bei dieser Teilanalyse in Bezug auf den Anteil der ausgelassenen Artikel in den NPn und PPn, der im Vergleich zu den Studien von Scherger (2015b) mit simultan bilingualen deutsch-italienischen TE-Kindern und zu der Studie von Lemmer (2018) mit sukzessiv bilingualen TE-Kindern[75] in vergleichbarem Alter hoch ausfiel. Beispielsweise ließen die sim-TE-Kinder mit fünf Jahren (T2) in der vorliegenden Untersuchung die Artikel häufiger aus, als die vierjährigen simultan bilingualen Kinder bei Scherger (2015b). Neben den methodischen Unterschieden zwischen den Studien kann

---

75 Die von Lemmer (2018) untersuchten Kinder hatten 15 verschiedene Erstsprachen wie Türkisch, Arabisch (Jordanien, Sudan und Marokko), Russisch und Urdu.

ein negativer Transfer des artikellosen Russischen auf das Deutsche als Grund für eine hohe Artikelauslassungsrate vermutet werden (vgl. Abschnitt 2.3.2). Durch den relativ hohen Anteil der Artikelauslassungen war die erreichte Zielsprachlichkeitsrate im Vergleich zu den Studien von Scherger (2015b) und Lemmer (2018) ebenfalls niedriger.

Für die Beantwortung der Frage, ob die Auslassung des Artikels nur die Phrasenstrukturen im Akkusativ und Dativ betreffen, wurde auch der Nominativ daraufhin untersucht. Insgesamt ließ sich feststellen, dass sich die Artikelauslassungen auch in den nominativischen NPn sowohl zum T1 als auch zum T2 häufig finden (vgl. Abbildung 92 und in Tabelle E36, E37 sowie E38, Anhang E).

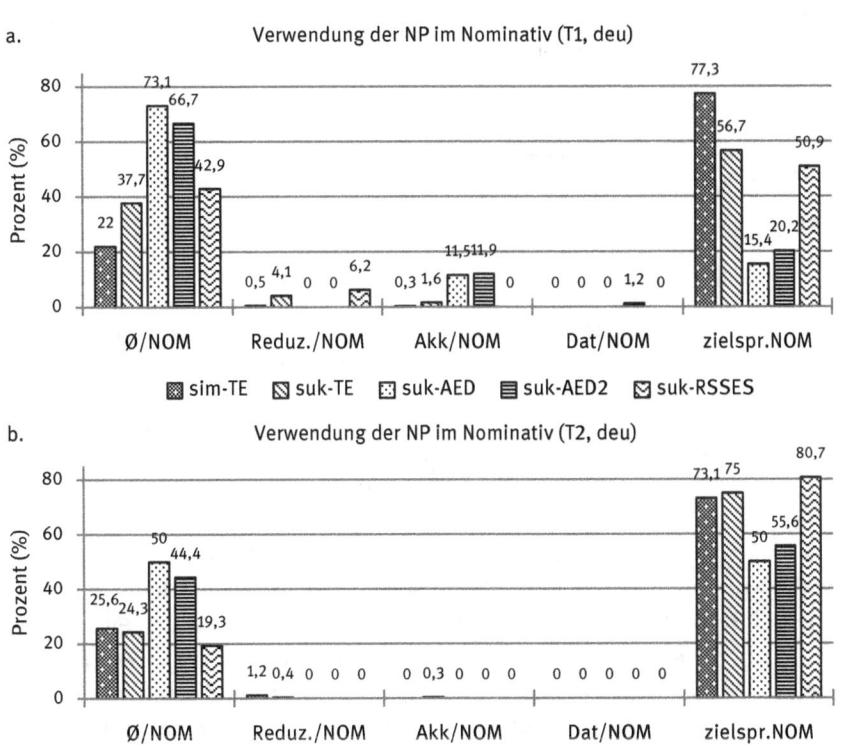

Abb. 92: Markierung des Nominativs bei sim-TE, suk-TE, suk-AED, suk-AER, suk-SSES zum T1 und T2 (Mittelwerte, KT-DEU)

Während im T1 bei der Verwendung des Nominativs neben den Artikelauslassungen (je nach Gruppe durchschnittlich zwischen 22 % und 73,1 %) die Substitutionen vor allem bei den Kindern mit auffälliger Sprachentwicklung beobachtet werden konnten, kamen die letzteren zum T2 selten vor. Der Anteil der Artikelauslassungen sank zwar zum T2 vor allem bei den Kindern mit auffälliger Sprachentwicklung deutlich, blieb jedoch je nach Gruppe mit einem Mittelwert zwischen 19,3 % und 50 % immer noch hoch.

Betrachtet man Abbildung 92 a. im Vergleich zu 92 b., sieht es zunächst so aus, als erzielte nur die Gruppe sim-TE keine Steigerung der Zielsprachlichkeitsrate über zwei Testzeitpunkte hinweg, vielmehr sank sie sogar geringfügig. Doch die Verteilung der zielsprachlichen Verwendungen des Nominativs für die Gruppen sim-TE und suk-TE (siehe Boxplots in Abbildung 93) verdeutlicht, dass eine positive Entwicklung stattfand: In beiden Gruppen verringerte sich die Streuung im Boxplot. Dies geschah vor allem dadurch, dass es weniger Kinder gab, die den Artikel in den nominativischen NPn ausließen.

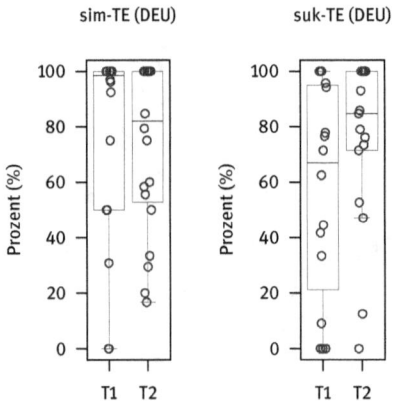

Abb. 93: Verteilung der zielsprachlichen Realisierung des Nominativs bei sim-TE und suk-TE zum T1 und T2 (Mittelwerte, KT-DEU)

Ein wichtiger Befund im Deutschen war, dass die Auslassung des Artikels kein zuverlässiger Indikator einer auffälligen Sprachentwicklung bei den bilingualen Kindern mit dem Russischen als Erstsprache ist. Ob Substitutionen eine auffällige Sprachentwicklung eher kennzeichnen können, und wenn ja, welche Substitutionen, soll jedoch zukünftig anhand von größeren und repräsentativeren Stichproben mit und ohne auffällige Sprachentwicklung genauer überprüft werden.

Vergleicht man im Deutschen die Werte zur Auslassung des Artikels im Nominativ und zum Akkusativ und Dativ, so zeigt sich, dass nicht nur der Kasus, sondern auch die Phrasenstruktur selbst einen größeren Einfluss darauf hat: Die Notwendigkeit des Artikelgebrauchs zur Markierung des Kasus wird in den PPn schneller entdeckt als in den NPn und in den dativischen PPn schneller als in den akkusativischen PPn. In diesem Fall kann der Typ der Kasuszuweisung oder die Komplexität der Phrasenstruktur die Verwendung der Kasusmarkierungen in den NPn und PPn bei den untersuchten bilingualen Kindern nicht allein erklären. Andernfalls wäre im Deutschen der lexikalische Dativ in den PPn nicht öfter zielsprachlich markiert als der strukturelle Akkusativ in NPn (vgl. die Ergebnisse des T1 für die Gruppe suk-TE im Abschnitt 8.2.2.2.2). Offensichtlich können weitere Faktoren (wie Transfer, Vorkommenshäufigkeit der Phrasenstrukturen, Verwendung von *Chunks*) die Verwendung der Kasusmarkierungen beeinflussen. Eine wichtige Frage, die im Rahmen der vorliegenden Arbeit nicht angegangen wurde, ist, ob der Abbau des Dativs, der in Dialekten beobachtet wird (vgl. Shrier 1965; Rowley 2004), in einem Zusammenhang mit dem Erwerb von Akkusativ und Dativ steht. Diese Frage sollte bei künftigen Studien aufgegriffen werden.

9.2.3 Erkenntnisse zu *FF3* bezüglich der Markierung der Kasus bei den direkten und indirekten Objekten

Die *FF3* wurde wie folgt formuliert:

> Hat der Verbkontext (transitiv, intransitiv, ditransitiv) einer Äußerung einen Einfluss auf die Realisierung der Objekte und ihre Kasusmarkierung?

Mit dieser Forschungsfrage sollten zwei Annahmen überprüft werden: Die erste Annahme basiert auf dem generativen Ansatz (siehe Abschnitt 5.1) und geht davon aus, dass die Verwendung der Kasusmarkierungen bei den Objekten vom Typ der Kasuszuweisung (strukturell bzw. lexikalisch) abhängt. In diesem Fall würde die Markierung des Akkusativs bei den DOen im Kontext zu den transitiven und ditransitiven Verben sowie des Dativs bei den IOen der ditransitiven Verben den Kindern, unabhängig vom Sprachentwicklungstyp, weniger Schwierigkeiten bereiten als die Markierung des Dativs bei den IOen im Kontext der intransitiven Verben, weil die Kasusobjekte im Kontext der transitiven und ditransitiven Verben strukturell und der Dativ im Kontext der intransitiven Verben lexikalisch zugewiesen werden. Diese Annahme geht auf die Studie von Eisenbeiss et al. (2006) zurück, die ergab, dass im Deutschen der strukturelle Akkusativ (zugewiesen von den transitiven Verben und Präpositionen) und der strukturelle Dativ (zugewiesen von den ditransitiven Verben) den monolingualen Kindern mit und ohne SSES weniger Schwierigkeiten bereitet als der lexikalische Dativ (zugewiesen von den intransitiven Verben und Präpositionen). Bei der Markierung der strukturellen Kasus unterscheiden sich die Kinder mit und ohne SSES nicht voneinander im Gegensatz zur Markierung der lexikalischen

Kasus. So ist auch hier anzunehmen, dass die TE-Kinder und die sprachauffälligen Kinder des gleichen Erwerbstyps keine Unterschiede bei der Markierung der strukturellen Kasus bei den Objekten aber beim lexikalischen Kasus zeigen. Es bleibt umstritten, ob der Dativ bei den IOen der ditransitiven Verben in der Tat ein struktureller Kasus ist (vgl. Abschnitt 5.1). Sowohl die Ergebnisse der Studie von Scherger (2015b) zur Untersuchung der deutschen Kasusmarkierungen bei den monolingualen und simultan bilingualen Kindern als auch von Lemmer (2018) bei den sukzessiv bilingualen Kindern lieferten Evidenz dafür, dass der Dativ bei den IOen der ditransitiven Verben den Kindern mehr Schwierigkeiten als der lexikalische Dativ bereitet. Im Unterschied zu den Studien von Scherger (2015b) und Lemmer (2018), die bei ihren Untersuchungen die Verwendung der Kasusmarkierung lediglich nach dem Typ der Kasuszuweisung unterschieden (d. h. die NP- und PP-Strukturen wurden je nach dem Zuweisungstyp zusammen betrachtet), wurden im Rahmen der *FF3* ausschließlich direkte und indirekte Objekte als NPn untersucht, um den Einfluss der PP-Struktur auf die Markierung des Kasus abzugrenzen.

Die zweite Annahme basiert auf der Theorie der begrenzten Informationsverarbeitungskapazität (siehe Abschnitt 3.2.3.4) und geht davon aus, dass die Verarbeitung einer Informationskette mit einer höheren Anzahl von Argumenten eine größere Menge an Verarbeitungskapazität benötigt und bei Überlastung fehleranfälliger ist. Kommen in einer Struktur zwei Argumente vor, wird vorrangig dasjenige Argument verarbeitet, das weniger Verarbeitungsaufwand verursacht. In einer Satzstruktur mit zwei Kasusobjekten wäre es das DO im Akkusativ: Aufgrund seines hohen Vorkommens im Input und seines frühen Erwerbs sind seine Verarbeitungsprozesse besser eingeübt bzw. automatisiert und können daher schnell verarbeitet werden. Die Ergebnisse von Scherger (2015b) und Lemmer (2018) in Bezug auf die Markierung des Dativs bei den IOen im Kontext der ditransitiven Verben stützen diese Annahme.

Die Ergebnisse der Datenauswertung im Russischen zeigten, dass sich die sim-TE- und suk-TE-Kinder bei der Markierung des Akkusativs bei den DOen weder bei den transitiven noch bei den ditransitiven Verbkontexten voneinander unterschieden. Die Kinder mit auffälliger Sprachentwicklung zeigten jedoch bei der Markierung der DOe im Kontext der transitiven Verben insgesamt eine niedrigere zielsprachliche Realisierungsrate als die suk-TE-Kinder. Die DOe bei den ditransitiven Verben wurden nicht bei allen Kindern mit auffälliger Sprachentwicklung beobachtet: Wenn sie jedoch auftraten, so wurden sie zielsprachlich kasusmarkiert. Daraus kann geschlossen werden, dass die sprachauffälligen Kinder die DOe bei den ditransitiven Verben ähnlich wie die suk-TE-Kinder ohne Schwierigkeiten markieren konnten. Dieses Ergebnis ist allerdings mit großer Vorsicht zu betrachten. Die Datengrundlagen der Gruppen der Kinder mit und ohne auffällige Sprachentwicklung wiesen große Unterschiede bezüglich der Anzahl der Beobachtungen und der Probanden auf. Anhand dieses Befunds konnte im Russischen die erste Annahme in Bezug auf die Markierung des Akkusativs bei den DOen nur zum Teil bestätigt werden. Die Kinder mit und ohne auffällige Sprachentwicklung waren nur bei der Markierung des Akkusativs bei den DOen im Kontext der ditransitiven Verben miteinander vergleichbar. Die zweite Annahme konnte hingegen widerlegt werden: Die Markierung des Akkusativs bei den DOen in den Satzstrukturen mit zwei Objekten bereitete den Kindern nicht mehr Schwierigkeiten als in denjenigen mit einem Objekt.

Im Deutschen unterschieden sich die Gruppen bei der Markierung der DOe deutlich voneinander: Die Gruppe sim-TE schnitt besser ab als die Gruppe suk-TE und die Gruppe suk-TE schnitt besser ab als die Gruppen mit sprachauffälliger Sprachentwicklung des gleichen Erwerbstyps. Diese Leistungsreihenfolge war sowohl bei den DOen der transitiven als auch der ditransitiven Verben festzustellen. Somit konnte die erste Annahme im Deutschen nicht bestätigt werden. Interessant war, dass im Deutschen die Kinder mit auffälliger Sprachentwicklung Unterschiede bei der Realisierung der DOe im Kontext der transitiven und ditransitiven Verben zeigten, die jedoch bei den TE-Kindern der beiden Erwerbstypen nicht beobachtet wurden: So ließen die sprachauffälligen Kinder die DOe bei den ditransitiven Verben öfter aus als die DOe im Kontext der transitiven Verben. Dieser Befund würde für die zweite Annahme sprechen, dass die Satzstrukturen mit zwei Objekten aufwendiger als mit einem zu verarbeiten sind.

Hinsichtlich der Markierung des Dativs bei den IOen ergab die Auswertung, dass sowohl im Russischen als auch im Deutschen die TE-Kinder der beiden Spracherwerbstypen die IOe in den intransitiven Kontexten im Vergleich zu den ditransitiven Kontexten öfter nicht versprachlichten. Wurden im Russischen die IOe in den intransitiven Kontexten durch NPn realisiert, so wurde der Dativ bei beiden Objekttypen vergleichbar häufig zielsprachlich markiert. Für das Deutsche zeigt sich hingegen, dass der Dativ bei den realisierten IOen im Kontext der intransitiven Verben häufiger zielsprachlich markiert wurde als im Kontext der ditransitiven Verben. Dieses Ergebnis würde erstmal die zweite Annahme und die Befunde von Scherger (2015b) und Lemmer (2018) stützen. Die Beobachtung, dass es im Russischen bei den TE-Kindern keine auffälligen Unterschiede für die Markierung des Kasus zwischen den Satzstrukturen mit einem oder zwei Objekten gibt, geht vermutlich darauf zurück, dass die beiden Strukturen zum Zeitpunkt der Untersuchung weitgehend erworben waren. Der hohe Anteil der nicht versprachlichten IOe bei den intransitiven Verben würde nicht gegen diese

Annahme sprechen: Die IOe bei den intransitiven Verben kamen im Datensatz fast ausschließlich im Kontext des Verbs *pomoč'* ‚helfen' bzw. *helfen* vor. Es könnte sein, dass das IO in diesem Fall von den Kindern als fakultativ empfunden wurde. Es lassen sich sowohl im Russischen als auch im Deutschen durchaus Lesarten finden, bei denen das Dativobjekt fakultativ verwendet werden kann, z. B.

(157) Russisch: *Možet, pomoč' nado?* ‚Vielleicht braucht man zu helfen?' (Beispiele aus RNC[76])
Da pomogu / konečno / kuda ž ja denus'. ‚Ja, selbstverständlich helfe ich, was sonst.' (Beispiele aus RNC[77])
Deutsch: Das hilft (mir) wenig!
(Beispiel aus: Schumacher et al. 2004: 459)

Die Auswertung der Daten in Bezug auf die Markierung der IOe zeigte bei den Kindern mit auffälliger Sprachentwicklung, dass sie damit, im Vergleich zu den TE-Kindern des gleichen Spracherwerbstyps, insgesamt große Schwierigkeiten sowohl im Russischen als auch im Deutschen hatten. Der überwiegende Anteil der elizitierten IOe wurde von den Kindern nicht zielsprachlich markiert oder gar nicht versprachlicht. Aufgrund der vorhandenen Datenlage konnten hierzu keine klaren Aussagen über Entwicklungstendenzen gemacht werden.

9.2.4 Erkenntnisse zu *FF4* bezüglich der Markierung des Kasus in den PPn mit Präpositionen fester und doppelter Kasusrektion

Die *FF4* lautete:

> Hat der Präpositionstyp – Präpositionen mit fester Kasusrektion vs. Wechselpräpositinen – einen Einfluss auf die Realisierung und Zielsprachlichkeitsrate der Kasusmarkierungen in PPn?

In Bezug auf die Markierung des Kasus in den PPn mit Präpositionen fester und doppelter Kasusrektion fand Meisel (1986) heraus, dass die Kasusmarkierung in den PPn mit Präpositionen fester Kasusrektion den simultan bilingualen

---

[76] Main Corpus, URL: http://ruscorpora.ru/new/en/search-main.html (zuletzt abgerufen am 20.09.2019)
[77] Spoken Corpus, URL: http://ruscorpora.ru/new/en/search-spoken.html (zuletzt abgerufen am 20.09.2019)

deutsch-französischen Kindern keine besonderen Schwierigkeiten bereitete. Im Gegensatz dazu zeigte die Studie von Schmitz (2006), dass die Kasusmarkierung in PPn mit Präpositionen fester Kasusrektion (am Beispiel der Präpositionen *mit* und *für*) den simultan bilingualen deutsch-französischen bzw. deutsch-italienischen Kindern schwerfiel. Turgay (2011a) postuliert in der Studie mit sukzessiv bilingualen Kindern, dass nicht die Rektionsart, sondern die Differenzierung des Kasus als strukturell und lexikalisch bei der Kasusmarkierung in PPn von Bedeutung ist. Ausgehend von den kontroversen Ergebnissen wurde im Rahmen der *FF4* die Kasusmarkierung in den PPn mit den Präpositionen fester und doppelter Kasusrektion untersucht. Dabei wurde ein besonderes Augenmerk nicht nur auf die Kasusmarkierung der realisierten PP-Struktur gelegt, sondern auch darauf, ob die Elizitierung eine PP-Struktur ergab.

Bei der *FF4* wurde angenommen, dass die kognitive Verarbeitung einer PP-Struktur mit einer Präposition mit doppelter Rektion aufwendiger ist als die mit fester Kasusrektion. Hinter dieser Annahme stand folgende Überlegung: Die Tatsache, dass bei den PPn mit doppelter Kasusrektion die Kasusmarkierung nicht nur von der Präposition selbst, sondern auch von der Semantik des Verbs abhängt, hat zur Folge, dass bei ihrer Versprachlichung mehr Informationen parallel verarbeitet werden müssen als bei den PPn mit fester Kasusrektion. Eine größere Anzahl der parallel laufenden Verarbeitungsprozesse führt zum größeren Verarbeitungskapazitätsverbrauch, der bei Überlastung leicht zur Beeinträchtigung der Verwendung der Kasusmarkierung führt.

Betrachtet man in den jeweiligen Gruppen die Realisierung der PPn für alle Kasus insgesamt, zeigt sich zum einen, dass die PPn mit fester Kasusrektion sowohl im Russischen als auch im Deutschen bei Kindern mit und ohne auffällige Sprachentwicklung häufiger zielsprachlich realisiert wurden als die PPn mit doppelter Kasusrektion. Dieses Ergebnis spricht für die aufgestellte Annahme der *FF4*, dass die kognitive Verarbeitung einer PP-Struktur mit fester Kasusrektion einfacher ist als einer PP mit der Wechselpräposition und stützt die Befunde von Meisel (1986). Zum anderen zeigte sich jedoch auch, dass im Deutschen die PPn mit fester Rektion im Vergleich zu den PPn mit doppelter Kasusrektion öfter ausgelassen und seltener durch deiktische Ausdrücke substituiert wurden. In diesem Zusammenhang sollte jedoch zukünftig überprüft werden, ob die Verwendung der deiktischen Ausdrücke anstelle der PPn bei den Orts- und Richtungsangaben lediglich durch die Testsituation begünstigt wurde.

Betrachtet man im Deutschen[78] die Ergebnisse zur Verwendung der PPn mit beiden Rektionstypen für den Akkusativ und den Dativ getrennt voneinander, so ergibt sich, dass die PPn mit fester Kasusrektion nur im Dativ öfter zielsprachlich realisiert wurden. Im Akkusativ waren dies hingegen die PPn mit Wechselpräpositionen. Dies könnte den Eindruck erwecken, dass die zielsprachliche Realisierung der Kasusmarkierung in den PPn nicht nur von der Rektionsart der Präposition, sondern auch vom Kasus abhängt (vgl. Turgay 2011a). Wenn man die Präpositionen mit verschiedenen Rektionsarten jedoch näher untersucht, so stellt sich heraus, dass die Häufigkeit der jeweiligen Präpositionen im sprachlichen Input dabei eine gewisse Rolle spielt: Fünf der zehn am häufigsten vorkommenden Präpositionen des Deutschen (*in*, *mit*, *von*, *an*, *auf*, *zu*, *bei*, *nach*, *um*, *für*, in: Nübling 1998: 280) haben eine feste Dativrektion. Lediglich zwei der zehn häufigsten Präpositionen haben eine feste Akkusativrektion. Hinzu kommt, dass diese zwei in der Häufigkeitsliste die zwei letzten Positionen belegen. Die häufigste Präposition des Deutschen ist *in*, die in Verbindung mit bestimmten Verben und je nach semantischem Gehalt den Akkusativ oder den Dativ zuweist. Vor diesem Hintergrund würde die niedrigere zielsprachliche Realisierungsrate der PPn mit fester Akkusativrektion im Vergleich zu den akkusativischen PPn mit den Wechselpräpositionen insgesamt nicht gegen die aufgestellte Annahme sprechen. Ihr niedriges Vorkommen kann womöglich für diese Differenzen verantwortlich sein. Die Verwendung von Präpositionen mit verschiedenen Rektionsarten ist bei den Kindern nicht gleich gut eingeübt.

Zudem können die Präposition-Artikel-Verschmelzungen, deren Vorkommenshäufigkeit im Deutschen zwischen den beiden Rektionsarten unterschiedlich verteilt ist, die Verwendung der Kasus in den PPn zusätzlich beeinflussen: Vier der acht häufigsten Verschmelzungsformen (*im*, *ins*, *am*, *ans*, *vom*, *zum*, *zur*, *beim*, in: Nübling 1998: 280 f.) kommen bei Präpositionen mit doppelter Kasusrektion vor, die übrigen sechs sind Präpositionen mit fester Dativrektion. Unter den acht häufigsten Verschmelzungsformen gibt es keine Verschmelzungen mit Präpositionen fester Akkusativrektion.

Vom deutschen monolingualen Kasuserwerb in den PPn ist bekannt, dass die Verschmelzungen eine besondere Schwierigkeit darstellen (vgl. Mills 1985: 146; Tracy 1986). Im Rahmen der Auswertung zur *FF4* wurde die Verwendung der Verschmelzungen nicht gesondert untersucht. Es kann dennoch berichtet werden, dass die Kinder sie insgesamt selten verwendeten. Nur die sim-TE-

---

[78] Für das Russische erlaubte die Datenlage nicht, die einzelnen Kasus in den PPn mit zwei Rektionstypen separat voneinander zu untersuchen.

Kinder setzen sie zum T2 produktiver ein: Bei der Gruppe sim-TE wurden im T1 vier PPn mit den Verschmelzungen von insgesamt 111 intakten PPn und im T2 22 PPn von 158 intakten PPn zielsprachlich verwendet. Bei den suk-TE-Kindern konnte kein erkennbarer Anstieg von zielsprachlich verwendbaren PPn mit Verschmelzungen vom T1 zum T2 beobachtet werden: Zum T1 gab es nur ein Vorkommen der PP mit der Verschmelzung von insgesamt 21 intakten PPn, zum T2 vier PPn mit Verschmelzungen bei insgesamt 67 intakten PP-Beobachtungen. In zukünftigen Studien wäre es interessant zusätzlich zu untersuchen, ob die Verschmelzungen bei der Übergeneralisierung der Präpositionen eine Rolle spielen.

9.2.5 Erkenntnisse zu *FF5* bezüglich der Markierung des Kasus bei verschiedenen Elizitierungsmethoden

Die letzte *FF5* der Untersuchung wurde wie folgt formuliert:

> Übt die Wahl der Elizitierungsmethode einen Einfluss auf die Zielsprachlichkeitsrate der Kasusmarkierung aus?

Im Mittelpunkt der fünften und letzten Teilanalyse stand die *FF5* mit dem Ziel zu beantworten, ob die eingesetzten Elizitierungsmethoden die Verwendung der kasusmarkierten Phrasenstrukturen beeinflussen. Bei der Elizitierung mit SEen wurden den Kindern die Satzstrukturen vorgegeben. Bei den OFn hatten die Kinder keine Vorgaben, sondern mussten in ihrer Antwort die Sätze selbst konstruieren. In diesem Fall wurde angenommen, dass die Kasusmarkierungen in den vorgegebenen Strukturen öfter als die in den selbst produzierten Antworten zielsprachlich verwendet werden können. Dahinter stand die Überlegung, dass bei vorgegebenen Satzstrukturen die Verarbeitungskapazität allein auf die Produktion der erforderlichen kasusmarkierten Phrasenstruktur konzentriert wird. Bei den nicht vorgegebenen Satzstrukturen muss die Verarbeitungskapazität hingegen zwischen mehreren parallel laufenden Prozessen verteilt werden, die sich mit syntaktischer, morphologischer Planung der Satzstruktur und ihrer phonologischen Realisierung beschäftigen. Je nach Komplexität der Satzstruktur und Grad der Automatisierung der einzelnen Prozesse kann die zur Verfügung stehende Gesamtkapazität unterschiedlich ausgelastet werden und bei Störungen des Ablaufs zu Fehlern in einzelnen Bereichen, unter anderem im Bereich der Kasusmarkierung, führen.

Die Auswertung der Daten zeigte, dass im Russischen die Elizitierungsmethode kaum einen Einfluss auf die Zielsprachlichkeit der Kasusmarkierungen hatte. Die sim-TE- und suk-TE-Kinder zeigten sowohl in den vorgegebenen als auch in den selbst erzeugten Satzstrukturen eine hohe sprachliche Leistung bei der Kasusmarkierung. Die sprachliche Leistung bezüglich der Kasusmarkierung bei den Kindern mit auffälliger Sprachentwicklung war bei allen drei Elizitierungsmethoden insgesamt niedriger, aber auch hier fielen keine großen Differenzen in Bezug auf die Verwendung der russischen Kasusmarkierungen bei verschiedenen Elizitierungsmethoden auf. Somit konnte die Annahme zur *FF5* in Bezug auf die Auswertung des Russischen nicht bestätigt werden.

Im Deutschen konnte die Annahme, dass die Vorgabe einer Satzstruktur die Verarbeitungsprozesse zur Kasusmarkierung der Phrasenstrukturen entlastet, bei den PPn für die sim-TE- und suk-TE-Kinder bestätigt werden: In den vorgegebenen Satzstrukturen wurden die PPn öfter zielsprachlich kasusmarkiert. Bei der Kasusmarkierung in den NPn konnte die Annahme hingegen widerlegt werden: Hier wurden die Kasusmarkierungen in den Äußerungen auf die OFn sogar öfter als in den vorgegebenen Satzstrukturen verwendet. Es könnte sein, dass die OFn den Kindern die Möglichkeit bot, nur diejenigen Strukturen zu verwenden, die sie gut beherrschten und daher ihre Zielsprachlichkeit höher ausfiel. Insgesamt kann der Befund zur *FF5* für das Deutsche wie folgt interpretiert werden: Ist die Kasus markierende Phrasenstruktur oder die Satzstruktur, in der sie vorkommt, weniger komplex, bereitet die Kasusmarkierung weniger Schwierigkeiten. Ist hingegen die Kasus markierende Phrasenstruktur und die Satzstruktur, in der sie vorkommt, komplex, kann die Leistung der Kasusmarkierung beeinträchtigt werden.

Bei den Kindern mit auffälliger Sprachentwicklung konnte die Annahme bei zwei der drei Gruppen (suk-AED und suk-RSSES) bestätigt werden, obwohl der Unterschied in der Kasusmarkierung zwischen den vorgegebenen und selbst erstellten Satzstrukturen geringfügig war. Im Gegensatz dazu zeigte die suk-AER-Gruppe bei den selbst zu erstellenden Satzstrukturen eine höhere Leistung bei der Markierung des Kasus. Allerdings muss hierzu kritisch angemerkt werden, dass die NPn und PPn zusammen ausgewertet wurden, da die Anzahl der beobachteten PP-Strukturen bei den Kindern mit auffälliger Sprachentwicklung zu gering war, um sie separat zu untersuchen. Daher konnte hier nicht überprüft werden, ob die Phrasenstrukturen dabei eine Rolle spielen könnten.

Die Kasusmarkierung in den Phrasenstrukturen, vor allem in den NPn, auf WFn bereitete allen Kindern im Vergleich zu anderen Elizitierungsmethoden große Schwierigkeiten, obwohl man hier erwarten würde, dass die W-Frage wie *wem* oder *wen* bereits einen Hinweis auf die zu erwartende Kasusmarkierung vorgibt und so den Kindern eine Hilfestellung bietet. Grundsätzlich entspricht dieser Befund den Ergebnissen von Schulz (2013) und Grimm & Schulz (2016), dass bei den simultan bilingualen und sukzessiv bilingualen Kindern das Verstehen von W-Fragen zu den spät zu erwerbenden Phänomenen gehört. Die Komplexität der WF besteht vor allem darin, dass die Kinder zum einen verstehen müssen, dass es sich um einen Satz handelt, in dem ein Satzglied fehlt und zum anderen, um welches Satzglied es sich dabei handelt (vgl. Schulz 2013). Zudem kann die phonologische Ähnlichkeit der Fragewörter *wem* und *wen* die Kinder zusätzlich verunsichern, während die Fragewörter *wo* und *wohin* in den PPn besser wahrnehmbar und differenzierbar sind. Für diese Überlegung spricht auch die Tatsache, dass die Zielsprachlichkeitsrate der Kasusmarkierung in den PPn auf die WFn höher war als in den NPn. Außerdem konnten häufiger Testsituationen beobachtet werden, in denen die Kinder Schwierigkeiten hatten, eine Äußerung nach der Elizitierung mittels einer SE oder OF zu produzieren. Um dem Kind die Antwort trotzdem zu entlocken, wurde die WF gestellt. Somit wurde auf eine WF häufig auch dann zurückgegriffen, wenn andere Elizitierungsmethoden nicht erfolgreich waren. In der Regel gelang es zwar, auf diese Weise eine Antwort zu erzielen, die Kinder produzierten jedoch häufig Fehler. Die Vermutung liegt nahe, dass die Kinder weniger Schwierigkeiten hatten, die erfragte Phrasenstruktur mit dem Kasus zu markieren, sondern eher damit, die W-Frage zu verstehen und das erfragte Satzteil zu benennen. Um das zu überprüfen, müssen weitere gezielte Untersuchungen mit verschiedenen W-Fragen durchgeführt werden. Da die Befunde aus der Teilanalyse die aufgestellte Annahme zur *FF5* nur zum Teil bestätigen konnten, sollte sie in weiteren Untersuchungen überprüft werden.

9.3 Ausblick auf weitere Forschungsthemen

Zwei Kategorien, die mit dem Kasus korrelieren, jedoch im Rahmen der aufgestellten Forschungsfragen nicht behandelt wurden, sind das Genus und die Belebtheitskategorie. Der Vollständigkeit halber erscheint es an dieser Stelle dennoch wichtig, auf die Verwendung der Kasusmarkierungen unter Berücksichtigung der beiden Kategorien summarisch einzugehen. Sowohl im Russischen als auch im Deutschen korreliert der Kasus mit dem Numerus, allerdings wurden mittels der Kasustests die Pluralformen nicht erfragt und deshalb können dazu keine Aussagen gemacht werden.

Im Unterschied zum Deutschen gibt es im Russischen einen Zusammenhang zwischen dem Genus und der Deklination: Die Substantive werden drei Genera – Maskulinum, Femininum und Neutrum – und dann Deklinationsmustern zugeordnet. Dies hat zur Folge, dass durch die Markierung des Substantivs in obliquer Kasusform eher die Deklinationsklasse als das Genus formal bestimmt werden kann. Um das Genus in diesem Fall zu ermitteln, sollten die Referenzen und die Genuskongruenz am Verb herangezogen werden. Da eine detaillierte Genusanalyse nicht zum Gegenstand dieser Arbeit gehörte, wurde eine solche Auswertung nicht durchgeführt und auf ihre Beschreibung hier verzichtet. Im Deutschen wurde die Genuszuweisung nur in denjenigen NPn und PPn untersucht, bei denen die Genus- und Kasusmarkierung eindeutig vorhanden war, d. h. hier wurden alle NPn und PPn ausgeschlossen, in denen die Artikel ausgelassen oder reduziert wurden. Ferner wurden alle PPn ausgeschlossen, bei denen die Präpositionen inkorrekt substituiert, ausgelassen oder reduziert wurden. Damit sollte gesichert werden, dass durch eine nicht zielsprachliche Präpositionsverwendung der Genusfehler fehlinterpretiert wird. Alle akkusativ- und dativfordernden NPn und PPn wurden unterteilt und dem Genus zielsprachlich (158) oder dem Genus nicht zielsprachlich (159) zugewiesen, z. B.:

(158) Hier gibt der Junge dem Hund einen Knochen.
(159) *Er gibt die Hund ein'n Knochen.

Bei den nicht zielsprachlichen Verwendungen wurde ferner bewertet, ob trotz eines Genusfehlers die Kasuswahl richtig war, z. B.:

(160) *Die klettert auf den Regal.

Anhand dieses Datensatzes konnte in Bezug auf die Realisierung in den akkusativischen und dativischen Phrasenstrukturen im Deutschen ganz allgemein festgestellt werden, dass der Anteil der zielsprachlichen Genuszuweisung bei den TE-Kindern der beiden Erwerbstypen hoch war (vgl. Tabelle 45). Basierend darauf kann angenommen werden, dass der Erwerb des Genus im Untersuchungsalter von vier und fünf Jahren bei den simultan und sukzessiv bilingualen TE-Kindern fortgeschrittener war, als der des Kasus (vgl. Wegener 1995a zur Erwerbsreihenfolge bei Kindern mit dem Deutschen als cL2: *Numerus < Kasus < Genus*). Im Gegensatz dazu bereitete die Genuszuweisung denjenigen Kindern mit auffälliger Sprachentwicklung eine größere Schwierigkeit. Vor allem wurde sie bei Kindern mit auffälliger Sprachentwicklung im Deutschen – Gruppe suk-AED – beobachtet. Allerdings muss hierzu angemerkt werden, dass zwischen den Kindern mit auffälliger Sprachentwicklung aus den beiden anderen Gruppen insgesamt große Leistungsunterschiede vorhanden waren.

Tab. 45: Markierung des Genus in NPn und PPn (KT-DEU)

Gruppe	zielspr. Genuszuweisung: absolute Anzahl (%)	nicht zielspr. Genuszuweisung: absolute Anzahl (davon mit zielspr. Kasuswahl)	gesamt: absolute Anzahl
sim-TE (N = 20)	744 (94,8 %)	41 (6)	785
suk-TE (N = 17)	378 (90,4 %)	40 (12)	418
suk-AED (N = 2)	5 (27,8 %)	13 (3)	18
suk-AER (N = 3)	35 (76,1 %)	11 (2)	46
suk-RSSES (N = 2)	33 (89,2 %)	4 (2)	37

Der Einfluss der Belebtheitskategorie auf die Verwendung des Kasus wurde nur im Russischen untersucht. In die Auswertung wurden nur Substantive mit Maskulinum oder Neutrum der I. Deklination im Genitiv und Akkusativ aufgenommen, bei denen aufgrund der Belebtheitskategorie der Akkusativ mit dem Nominativ oder mit dem Genitiv formal zusammenfällt (unbelebt: Nominativ = Akkusativ, belebt: Genitiv = Akkusativ, vgl. Abschnitt 4.3). Hier wurde ausgewertet, ob die belebten bzw. unbelebten substantivischen Phrasenstrukturen zielsprachlich kasusmarkiert wurden. Zusammenfassend lässt sich hierzu festhalten, dass vier der fünf Gruppen die unbelebten Substantive mit über 90 % zielsprachlich realisierten (siehe Details in Tabelle 46).

Tab. 46: Zielsprachlichkeit bei der Kasusmarkierung der belebten und unbelebten maskulinen und neutralen Substantive im Genitiv und Akkusativ, Singular, I. Deklination (Prozent, Anzahl korrekt und absolut, KT-RUS)

Gruppe	unbelebt (zielspr./absolut)			belebt (zielspr./absolut)		
	T1	T2	gesamt in %	T1	T2	gesamt in %
sim-TE (N = 20)	234/245	223/234	95,4 % (457/479)	34/35	24/27	95,2 % (59/62)
suk-TE (N = 17)	186/193	189/199	95,7 % (375/392)	24/28	21/24	86,5 % (45/52)
suk-AED (N = 2)	24/24	22/23	97,9 % (46/47)	1/4	2/3	42,9 % (3/7)
suk-AER (N = 3)	24/28	36/40	88,9 % (56/63)	2/5	5/5	55,6 % (5/9)
suk-RSSES (N = 2)	9/9	14/14	100 % (23/23)	3/0	2/4	75 % (3/4)

Lediglich die Kinder mit auffälliger Sprachentwicklung im Russischen – Gruppe suk-AER – lagen knapp unter diesem Wert. Die belebten Substantive kamen im

Datensatz insgesamt selten vor. Es ließ sich dennoch die Tendenz erkennen, dass die Belebtheitskategorie die Verwendung der Kasusmarkierungen beeinflusst und dass dieser Einfluss bei den sprachauffälligen Kindern anscheinend größer ist als bei den TE-Kindern des gleichen Spracherwerbstyps. Die Schwierigkeit bei der Kasusmarkierung der belebten Substantive im Plural wurde allerdings bereits von Gagarina (2013b) bei bilingualen russisch-deutschen Kindern unter dem Einfluss der Spracherosion der Erstsprache und bei monolingualen Kindern unter dem Einfluss eines SSES-Defizits beschrieben. Die beiden Sprachentwicklungstypen unterschieden sich jedoch durch ein Fehlermuster: Während die bilingualen Kinder die Markierungen unbelebter Substantive auf belebte Substantive übergeneralisierten, waren es bei den monolingualen Kindern mit einer SSES die belebten. Ob die Schwierigkeiten bei den auffälligen Kindern auf eine Spracherosion oder eine SSES-bedingte Sprachentwicklung zurückzuführen sind, könnte anhand des beschriebenen Fehlermusters überprüft werden. Die Auswertung sollte allerdings auf einer ausreichend großen Anzahl von Beobachtungen basieren.

Abschließend zur Diskussion ist noch eine Beobachtung zu erwähnen, die beispielsweise im Vergleich zur Studie Schwartz & Minkov (2014) überrascht: Im Verlauf der gesamten Auswertung zeigte sich, dass im Russischen die simultan bilingualen Kinder eine etwas bessere sprachliche Leistung als die sukzessiv bilingualen Kinder erbrachten. Besonders deutlich war dies bei der Realisierung der Phrasenstrukturen zu beobachten: Die simultan bilingualen Kinder ließen die elizitierten NPn und PPn seltener aus, substituierten sie seltener durch kasusneutrale deiktische Ausdrücke und konnten dadurch komplexere sprachliche Strukturen bilden. Und dies, obwohl man hier erwartet hätte, dass die sukzessiv bilingualen Kinder aufgrund ihres späteren Erwerbsbeginns des Deutschen einen längeren und intensiveren Kontakt zum Russischen hatten und daher eine höhere sprachliche Leistung im Russischen zeigen würden. Um diese Beobachtung zu verstehen, wurde die sprachliche Leistung der Kinder aus den Sprachstandtests im Russischen und im Deutschen näher betrachtet. Zur Bestimmung des Sprachstands der Kinder wurden die standardisierten z-Werte für sprachliche Fähigkeiten in Satzverständnis, Wortschatzproduktion und -verständnis (vgl. Tabelle 15) separat für beide Sprachen errechnet und anschließend wurde der Mittelwert der sprachlichen Leistung gebildet. Die Auswertung zeigte, dass der Sprachstand der simultan bilingualen Kinder in beiden Sprachen sowohl in einzelnen sprachlichen Fähigkeiten als auch insgesamt höher war als bei sukzessiv bilingualen Kindern (vgl. Tabelle C9). Dies entspricht im Grunde dem Befund, den Gagarina (2016) bei der Untersuchung der narrativen Fähigkeiten bei russisch-deutschen simultan und sukzessiv bilingualen Vorschul- und Schulkindern feststellte: Die simultan bilingualen Kinder zeigten in der Makrostruktur eine höhere Komplexität der Episodenteile als gleichaltrige sukzessiv bilinguale Kinder. Die Autorin nahm an, dass eine außerordentliche sprachliche und soziale Umstellung, die die sukzessiv bilingualen Kinder mit dem Beginn des Erwerbs der zweiten Sprache erleben, einen bedeutenden Effekt auf die Sprachentwicklung der Erstsprache haben kann. Gagarina (2016) nahm außerdem an, dass die kognitiven Vorteile, die Mehrsprachige aufweisen, bei simultan bilingualen Kindern stärker als bei sukzessiv bilingualen ausgeprägt sein könnten. Auf die sprachliche Leistung im Bereich der Kasusmarkierung könnte schließlich auch die Qualität und Quantität des elterlichen Sprachangebots einen Einfluss haben (vgl. Klassert & Gagarina 2010).

10 Schlussbetrachtung

Das Ziel der vorliegenden Arbeit war es, vor dem Hintergrund der generativ und kognitiv-funktional orientierten Erklärungsansätze aus dem Kasuserwerb und der Annahme einer insgesamt begrenzten Verarbeitungskapazität die Verwendung der Kasusmarkierungen im Russischen und im Deutschen bei simultan bilingualen und sukzessiv bilingualen Vorschulkindern mit und ohne auffällige Sprachentwicklung zu untersuchen. Die zugrunde liegende Annahme dieser Arbeit war, dass die Realisierung und Kasusmarkierung einer Phrasenstruktur von ihrer Komplexität und/oder ihrem Verwendungskontext sowie von der Menge der verfügbaren Verarbeitungskapazität abhängt, die ihrerseits in einer Wechselwirkung mit den sprachlichen Kompetenzen des Kindes steht. Sind die sprachlichen Strukturen vielfach eingeübt und dadurch automatisiert oder ist der Schwierigkeitsgrad der zu lösenden Aufgabe nicht zu hoch, reicht die zur Verfügung stehende Verarbeitungskapazität aus, die Phrasenstrukturen ohne Beeinträchtigung zu verarbeiten. In Fällen, in denen der Verarbeitungsaufwand zu hoch ist, kann lediglich eine beschränkte Menge von Informationen verarbeitet werden.

Um festzustellen, wie die Kinder mit verschiedenen Sprachentwicklungstypen auf die Änderung der Komplexität einer Aufgabe reagieren und welche Auswirkung dies auf die Realisierung und die Markierung des Kasus hat, wurden bei den Kindern in beiden Sprachen die Phrasenstrukturen hinsichtlich verschiedener Aspekte erfragt:

1. Verwendung der Kasusmarkierungen in den NP- und in den PP-Strukturen: Änderung der Komplexität auf der Phrasenebene (*FF1* und *FF2*)
2. Verwendung der Kasusmarkierungen in den PPn mit fester und doppelter Kasusrektion: Änderung der Komplexität auf der PP-Kontext-Ebene (*FF3*)
3. Verwendung der Kasusmarkierungen in Satzstrukturen mit einem und mit zwei Objekten: Änderung der Komplexität auf der Satzstrukturebene (*FF4*)
4. Verwendung der Kasusmarkierungen in vorgegebenen Satzstrukturen und selbst produzierten Satzstrukturen: Änderung der Komplexität auf der Aufgabentypebene (*FF5*).

Während der Untersuchung stand an erster Stelle nicht nur die Erfassung der Zielsprachlichkeitsrate der beobachteten Kasusmarkierungen in den Phrasenstrukturen hinsichtlich der erwähnten Aspekte, sondern auch die Erkundung derjenigen Strategien, welche die Kinder der verschiedenen Sprachentwicklungstypen im Russischen und im Deutschen bei der Realisierung der erfragten Strukturen einsetzten. Die in dieser Arbeit vorgestellten Ergebnisse müssen daher ausschließlich im Kontext der Forschungsfragen bei der Berücksichtigung der Auswahlkriterien für den Untersuchungsdatensatz interpretiert werden.

Im Rahmen der fünf Forschungsfragen konnte die Annahme über den Zusammenhang der Komplexität der zu verwendenden sprachlichen Struktur und ihr Einfluss auf die Markierung der Kasus in beiden Sprachen im Wesentlichen bestätigt werden. Zudem zeigte sich, dass nicht nur die Komplexität der erfragten Phrasenstruktur und ihr Verwendungskontext, sondern auch die Häufigkeit des Vorkommens des grammatischen Phänomens im sprachlichen Input, die sprachliche Kompetenz der Kinder sowie der sprachliche Transfer (von der Erstsprache auf die zweite Sprache und umgekehrt) miteinander interagieren. Die hier beobachteten Ergebnisse beruhen auf der deskriptiven Statistik. Für eine komplexere Untersuchung der Zusammenhänge (z. B. Regressionsanalyse) sind größere Stichproben erforderlich.

Ein allgemeiner Blick auf die Ergebnisse im Russischen zeigt, dass im Bereich der Kasusmarkierung die sprachliche Leistung der simultan bilingualen TE-Kinder der von gleichaltrigen sukzessiv bilingualen TE-Kindern vergleichbar ist. In beiden Gruppen fanden sich Bereiche (z. B. Markierung der genitivischen NPn, präpositivischen PPn oder der belebten Substantive), die den Kindern mehr Schwierigkeiten bereiteten als andere, dennoch fiel die Zielsprachlichkeitsrate insgesamt hoch aus und lag zu beiden Testzeitpunkten fast unverändert bei über 90 %. Im Unterschied zum Russischen zeigten sich im Deutschen zwischen den TE-Kindern der beiden Erwerbstypen größere Unterschiede, die sowohl in Bezug auf die Realisierung der Phrasenstrukturen als auch auf ihre zielsprachliche Kasusmarkierung zu beobachten waren. Hier schnitten die simultan bilingualen TE-Kinder über zwei Testzeitpunkte besser als die sukzessiv bilingualen ab. Sie konnten zum Untersuchungsende das Leistungsniveau der simultan bilingualen Kinder zu Untersuchungsbeginn einholen.

Die sprachauffälligen sukzessiv bilingualen Kinder, unabhängig davon, ob bei ihnen die Auffälligkeit in einer oder in beiden Sprachen auftrat, unterschieden sich von den gleichaltrigen TE-Kindern des gleichen Erwerbstyps zu beiden Testzeitpunkten und in beiden Sprachen. Zwar konnte jede der drei Gruppen einen Anstieg ihrer sprachlichen Leistung über zwei Testzeitpunkte mindestens in einer der Sprachen verzeichnen, dennoch erreichten sie das Leistungsniveau der sukzessiv bilingualen TE-Kinder in keiner der beiden Sprachen. Die Produktion der Kinder zeigte eine hohe Anzahl von Fehlern sowie Auslassungen und eine geringe Anzahl der beobachteten kasusmarkierten Phrasenstrukturen. Besonders schwer fiel es den Kindern, komplexe Strukturen zu verwenden, z. B. PPn oder Satzstrukturen mit zwei Objekten. Diese sprachlichen Charakteristika ähneln denen der auffälligen Sprachentwicklung bei einer SSES (vgl. hierzu Abschnitt 3.3, 3.4 sowie 5.4). Hier fanden die Kinder aber Wege, um Schwierigkeiten zu umgehen: Bestand die Möglichkeit, einen deiktischen kasusneutralen Ausdruck statt einer PP zu verwenden, griffen die Kinder darauf zurück, und das kommunikative Ziel wurde damit erreicht.

Abschließend lassen sich vier Haupterkenntnisse aus der Untersuchung ableiten: Erstens ist festzuhalten, dass die Verwendung der Kasusmarkierungen bei bilingualen Kindern von mehr als von den strukturellen Eigenschaften der Kasuszuweisung abhängt. Die Komplexität der zu markierenden Phrase, der Verwendungskontext, die Eingeübtheit bzw. Automatisierung der notwendigen Verarbeitungsprozesse sowie der Transfer aus einer anderen zu erwerbenden Sprache wirken bei der Verwendung der Kasusmarkierungen mit. Offensichtlich stehen sie alle in einem engen Zusammenhang und in Wechselwirkung zueinander. Somit ist es sehr schwierig, nur einen Schlüsselfaktor aufzudecken, der für alle Sprachentwicklungstypen gleich entscheidend ist.

Zweitens zeigte sich, dass vor allem die Kasusverwendung im Deutschen für russisch-deutsche Kinder mit vier und fünf Jahren eine Herausforderung ist: Hier konnte eine hohe Anzahl an Artikelauslassungen beobachtet werden, die nicht nur die Phrasenstrukturen in obliquen Kasusformen, sondern auch die im Nominativ betraf. Für eine endgültige Aussage, ob es sich hierbei tatsächlich um einen negativen Transfer handelt, der für russisch-deutsche bilinguale Kinder charakteristisch ist, sind weitere Studien erforderlich. Vor diesem Hintergrund wäre es bei der Einschätzung der deutschen Sprachkompetenzen der bilingualen Kinder mit der Sprachkombination Russisch-Deutsch wichtig, diesen Befund zu berücksichtigen, um den Einfluss des sprachlichen Transfers der Erstsprache im Deutschen nicht fälschlicherweise als Auffälligkeit der Sprachentwicklung zu interpretieren.

Drittens zeigte die Studie, dass bei einer unauffälligen Sprachentwicklung die simultan und sukzessiv bilingualen Kinder in der Entwicklung ihrer Erstsprache, hier Russisch, keine Unterschiede in der Verwendung der Kasusmarkierungen aufweisen. Somit konnte der Einfluss des Alters beim Erwerbsbeginn der zweiten Sprache auf die Entwicklung des Kasussystems im Russischen nicht bestätigt werden. Bei den Kindern konnte die Verwendung aller Kasusformen in unterschiedlichen Kontexten belegt werden. Deutliche Unterschiede konnten allerdings in der zweiten Sprache, im Deutschen, beobachtet werden: Wurde Deutsch sukzessiv bilingual erworben, ließen die Kinder häufiger Artikel aus und verwendeten öfter keine zielsprachlichen Markierungen. Es zeigte sich aber, dass die sukzessiv bilingualen Kinder mit einer unauffälligen Sprachentwicklung (AoO zwischen 2;0 und 3;11 Jahren) kein anderes Fehlermuster haben als die simultan bilingualen Kinder: Bei beiden Gruppen wurden die gleichen Markierungsstrategien beobachtet. Nur die Verteilung der Fehlermuster fiel quantitativ unterschiedlich aus; d. h. die simultan und sukzessiv bilingualen Kinder in der vorliegenden Arbeit differieren in ihrer zweiten Sprache – Deutsch – nicht in der Art der Fehler, sondern ausschließlich in deren Häufigkeit. Nach diesen Ergebnissen scheint die Unterscheidung in simultan und sukzessiv bilinguale Kinder nur eine Unterscheidung nach dem Sprachbeginn der Zweitsprache zu kennzeichnen.

Viertens dokumentiert die Untersuchung der sukzessiv bilingualen Kinder mit einer auffälligen Sprachentwicklung, dass unabhängig davon, ob die Auffälligkeiten nur in einer der erworbenen oder in beiden Sprachen beobachtet wurden, sie die Entwicklung der beiden zu erwerbenden Sprachen beeinflussen.

Literaturverzeichnis

Abrosova, Ekaterina (2004): *Stanovlenije semantičeskih funkcij padežnyh form suščestvitel'nogo v reči detej 4-6 let (v norme i pri patologii)*. Dissertation, St. Petersburg: Rossijskij gosudarstvennyj pedagogičeskij universitet im. A. I. Gercena.

Abrosova, Ekaterina (2008): Usvoenie prototipičeskich i neprototipičeskich padežnych značenij v ontogeneze. In *Materialy XXXVII meždunarodnoj filologičeskoj konferencii, 11–15 marta 2008, Sankt-Peterburg*, 4–8.

Acarlar, Funda & Judith R. Johnston (2011): Acquisition of Turkish grammatical morphology by children with developmental disorders. *International Journal of Language & Communication Disorders* 46 (6), 728–38.

AG-80 (1980): *Russkaja grammatika*. Natalia Švedova (Hrsg.). Moskva: Akademija Nauk.

Amorosa, Hedwig & Michele Noterdaeme (2003): *Rezeptive Sprachstörungen: Ein Therapiemanual*. Göttingen u.a.: Hogrefe.

Anstatt, Tanja (2006): Leksičeskie i grammatičeskie osobennosti v russkoj reči detej bilingvov v Germanii (Na primere rasskazov v kartinkahch). In Stella Cejtlin (Hrsg.), *Ontolingvistika. Nekotorye itogi i perspektivy. K pjatnadcatiletiju kafedry reči RGPU, 4-6 maja 2011, Sankt-Peterburg*, 19–25.

Anstatt, Tanja (2009): Der Erwerb der Familiensprache: Zur Entwicklung des Russischen bei bilingualen Kindern in Deutschland. In Ingrid Gogolin & Ursula Neumann (Hrsg.), *Streitfall Zweisprachigkeit. The Bilingualism Controversy*, 111–132. Wiesbaden: Verlag für Sozialwissenschaften.

Anstatt, Tanja (2011): Sprachattrition. Abbau der Erstsprache bei russisch-deutschen Jugendlichen. *Wiener Slawistischer Almanach* 67, 7–31.

Anstatt, Tanja & Elena Dieser (2007): Sprachmischung und Sprachtrennung bei zweisprachigen Kindern (am Beispiel des russisch-deutschen Spracherwerbs). In Tanja Anstatt (Hrsg.), *Mehrsprachigkeit bei Kindern und Erwachsenen: Erwerb, Formen, Förderung*, 139–161. Tübingen: Attempto.

Archibald, Lisa M. D. & Susan E. Gathercole (2006): Short-term and working memory in specific language impairment. *International Journal of Language & Communication Disorders* 41 (6), 675–693.

Archibald, Lisa M. D. & Susan E. Gathercole (2007): Nonword repetition in specific language impairment: More than a phonological short-term memory deficit. *Psychonomic Bulletin & Review* 14 (5), 919–924.

Archibald, Lisa M. D. & Marc F. Joanisse (2009): On the sensitivity and specificity of nonword repetition and sentence recall to language and memory impairments in children. *Journal of Speech, Language, and Hearing Research* 52 (4), 899–914.

Armon-Lotem, Sharon, Galit Adam, Anat Blass, Jonathan Fine, Efrat Harel, Elinor Saiegh-Haddad & Joel Walters (2012): Verb inflections as indicators of bilingual SLI: Qualitative vs. quantitative measurements. In Mark Leikin, Mila Schwartz & Yishai Tobin (Hrsg.), *Current Issues in Bilingualism, Literacy Studies*, 179–200. Dordrecht u.a.: Springer.

Armon-Lotem, Sharon & Jan de Jong (2015): Introduction. In Sharon Armon-Lotem, Jan de Jong & Natalia Meier (Hrsg.), *Assessing Multilingual Children Disentangling Bilingualism from Language Impairment*, 1–23. Bristol u.a.: Multilingual Matters.

Astachova, H. J. & O. V. Guseva (2011): Osobennosti ad"ektivnogo slovarja detej staršego doškol'nogo vozrasta s obščim nedorazvitiem reči i uslovija ego razvitija. In *Ontolingvisti-*

ka – nauka XXI veka: Materialy meždunarodnoj konferencii, posvjaščennoj 20-letiju kafedry detskoj reči RGPU im. A.I. Gercena, 450–454. St. Petersburg.

Atkinson, Richard C. & Richard M. Shiffrin (1968): Human memory: A proposed system and its control processes. In Kenneth W. Spence & Janet T. Spence (Hrsg.), *The psychology of learning and motivation*, Bd. 2, 89–195. New York [u.a.]: Academic Press.

Babur, Ezel, Monika Rothweiler & Solveig Kroffke (2007): Spezifische Sprachentwicklungsstörung in der Erstsprache Türkisch. *Linguistische Berichte* 212, 377–402.

Babyonyshev, Maria (1993): The acquisition of Russian case. In Colin Phillips (Hrsg.), *Papers on case and agreement II, MIT Working Papers in Linguistics 19*, 1–44. Cambridge: MIT Press.

Baddeley, Alan (1992): Working memory. *Science* 255 (5044), 556–559.

Baddeley, Alan (2000): The episodic buffer: A new component of working memory? *Trends in Cognitive Sciences* 4 (11), 417–423.

Baddeley, Alan (2003a): Working memory and language: An overview. *Journal of Communication Disorders* 36 (3), 189–208.

Baddeley, Alan (2003b): Working memory: Looking back and looking forward. *Nature Reviews Neuroscience* 4 (10), 829–839.

Baddeley, Alan (2007): *Working memory, thought, and action*. Oxford u.a.: Oxford University Press.

Baddeley, Alan (2010): Working memory. *Current Biology* 20 (4), R136–R140.

Baddeley, Alan (2012): Working memory: Theories, models, and controversies. *Annual Review of Psychology* 63 1–29.

Baddeley, Alan, Susan Gathercole & Costanza Papagno (1998): The phonological loop as a language learning device. *Psychological Review* 105 (1), 158–173.

Baddeley, Alan & Graham Hitch (1974): Working memory. *Psychology of Learning and Motivation* 8, 47–89.

Baddeley, Alan & Robert Logie (1999): Working memory: The multiple component model. In Akira Miyake & Priti Shah (Hrsg.), *Models of working memory. Mechanisms of active maintenance and executive control*, 28–61. Cambridge: Cambridge University Press.

Baerman, Matthew (2008): Case syncretism. In Andrej L. Malchukov & Andrew Spencer (Hrsg.), *The Oxford handbook of case*, 219–230. Oxford: Oxford University Press.

Bartlett, Christopher W., Judy F. Flax, Mark W. Logue, Veronica J. Vieland, Anne S. Bassett, Paula Tallal & Linda M. Brzustowicz (2002): A major susceptibility locus for specific language impairment is located on 13q21. *American Journal of Human Genetics* 71 (1), 45–55.

Bast, Cornelia (2003): *Der Altersfaktor im Zweitspracherwerb – die Entwicklung der grammatischen Kategorien Numerus, Genus und Kasus in der Nominalphrase im ungesteuerten Zweitspracherwerb des Deutschen bei russischen Lernerinnen*. Disseration, Köln: Universität zu Köln.

Baten, Kristof (2015): Methodologische Herausforderungen der empirischen Fremdsprachenerwerbsforschung am Beispiel des Kasuserwerbs: Die „Elicited Imitation Task". *Zeitschrift für Fremdsprachenforschung* 26 (2), 161–181.

Bates, Elizabeth, Philip S. Dale & Donna Thal (1995): Individual differences and their implications for theories of language development. In Paul Fletcher & Brian MacWhinney (Hrsg.), *Handbook of child language*, 96–151. Oxford: Basil Blackwell.

Baumgartner, Bogumiła (2010): *Gelebte Zweisprachigkeit: Wie erziehe ich mein Kind zweisprachig?* Berlin: RabenStück.

Bedore, Lisa M. & Laurence B. Leonard (2001): Grammatical morphology deficits in Spanish-speaking children with specific language impairment. *Journal of Speech, Language, and Hearing Research* 44 (4), 905–24.
Behrens, Heike (2004): Früher Grammatikerwerb. *Sprache – Stimme – Gehör* 28 (1), 15–19.
Bendixen, Bernd, Kersten Krüger & Horst Rothe (2006): *Ein Hand- und Übungsbuch zur russischen Phonetik: kontrastiv zum Deutschen*. Wiesbaden: Harrassowitz.
Berk, Laura E. (2011): *Entwicklungspsychologie*. 5. aktual. Aufl. München: Pearson Studium.
Bernardini, Petra & Suzanne Schlyter (2004): Growing syntactic structure and code-mixing in the weaker language: The Ivy-Hypothesis. *Bilingualism: Language and Cognition* 7 (1), 49–69.
Berthele, Raphael (2004): Vor lauter Linguisten die Sprache nicht mehr sehen – Diglossie und Ideologie in der deutschsprachigen Schweiz. In Helen Christen (Hrsg.), *Dialekt, Regiolekt und Standardsprache im sozialen und zeitlichen Raum*, 111–136. Wien: Edition Praesens.
Bialystok, Ellen (2011): Coordination of executive functions in monolingual and bilingual children. *Journal of Experimental Child Psychology* 110 (3), 461–468.
Bialystok, Ellen & Raluca Barac (2012): Emerging bilingualism: Dissociating advantages for metalinguistic awareness and executive control. *Cognition* 122 (1), 67–73.
Bialystok, Ellen, Fergus I. M. Craik, David W. Green & Tamar H. Gollan (2009): Bilingual minds. *Psychological Science in the Public Interest* 10 (3), 89–129.
Bildungsbericht (2014): *Bildung in Deutschland 2014. Ein indikatorengestützter Bericht mit einer Analyse zur Bildung von Menschen mit Behinderungen*. Autorengruppe Bildungsberichterstattung (Hrsg.). Bielefeld: Bertelsmann.
Birdsong, David (2005): Why not fossilization. In ZhaoHong Han & Terence Odlin (Hrsg.), *Studies of fossilization in second language acquisition*, 173–188. Clevedon u.a.: Multilingual Matters.
Bishop, Dorothy V. M. (1997): *Uncommon understanding: Development and disorders of language comprehension in children*. Hove: Psychology Press.
Bishop, Dorothy V. M. (2006): What causes specific language impairment in children? *Current Directions in Psychological Science* 15 (5), 217–221.
Bishop, Dorothy V. M., Robert P. Carlyon, John M. Deeks & Sonia J. Bishop (1999): Auditory temporal processing impairment: Neither necessary nor sufficient for causing language impairment in children. *Journal of Speech, Language, and Hearing Research* 42 (6), 1295–1310.
Bishop, Dorothy V. M., Georgina Holt, Elizabeth Line, David McDonald, Sarah McDonald & Helen Watt (2012): Parental phonological memory contributes to prediction of outcome of late talkers from 20 months to 4 years: A longitudinal study of precursors of specific language impairment. *Journal of Neurodevelopmental Disorders* 4 (1), 3.
Bishop, Dorothy V. M., Glynis Laws, Caroline Adams & Courtenay F. Norbury (2006): High heritability of speech and language impairments in 6-year-old twins demonstrated using parent and teacher report. *Behavior Genetics* 36 (2), 173–184.
Bishop, Dorothy V. M., Trista E. North & Chris Donlan (1995): Genetic basis of specific language impairment: Evidence from a twin study. *Developmental Medicine and Child Neurology* 37 (1), 56–71.
Bjorklund, David F., Jacqueline E. Muir-Broaddus & Wolfgang Schneider (1990): The role of knowledge in the development of strategies. In David F. Bjorklund (Hrsg.), *Children's strategies: Contemporary views of cognitive development*. Hillsdale: Erlbaum.
Blake, Barry J. (1994): *Case*. Cambridge: Cambridge University Press.

Blom, Elma, Aylin C. Küntay, Marielle Messer, Josje Verhagen & Paul Leseman (2014): The benefits of being bilingual: Working memory in bilingual Turkish-Dutch children. *Journal of Experimental Child Psychology* 128, 105–119.

Bloomfield, Leonard (2001): *Die Sprache*. Deutsche Erstausgabe. Übersetzt, kommentiert und herausgegeben von Peter Ernst und Hans Christian Luschützky unter Mitwirkung von Thomas Herok. Wien: Edition Praesens.

Boikanyego, Sebina (2014): First language attrition in the native environment. *Language Studies Working Papers* 6, 53–60.

Bot, Kees de & Bert Weltens (1991a): L1 loss in an L2 environment: Dutch immigrants in France. In Herbert W. Seliger & Robert M. Vago (Hrsg.), *First language attrition*, 87–98. Cambridge: Cambridge University Press.

Bot, Kees de & Bert Weltens (1991b): Recapitulation, regression, and language loss. In Herbert W. Seliger & Robert M. Vago (Hrsg.), *First language attrition*, 31–51. Cambridge: Cambridge University Press.

Bowerman, Melissa (1989): Learning a semantic system: What role do cognitive predispositions play? In Mabel L. Rice & Richard L. Schiefelbusch (Hrsg.), *The teachability of language*, 133–169. Baltimore: Brookes Publishing.

Briscoe, Josie, Dorothy V.M. Bishop & Courtenay F. Norbury (2001): Phonological processing, language, and literacy: A comparison of children with mild-to-moderate sensorineural hearing loss and those with specific language impairment. *Journal of Child Psychology and Psychiatry* 42 (3), 329.

Brown, Roger (1973): *A first language: The early stages*. London: George Allen & Unwin Ltd.

Bybee, Joan (2008): Usage-based grammar and second language acquisition. In Peter Robinson & Nick C. Ellis (Hrsg.), *Handbook of cognitive linguistics and second language acquisition*, 216–236. New York: Routledge.

Bychenko, Olha (2015): *Vergleich bestimmter Aspekte der sich entwickelnden Sprachfähigkeit im Deutschen von bilingual und monolingual in Deutschland aufwachsenden Kindern im Alter von 4 bis 6 Jahren*. Dissertation, Julius-Maximilians-Universität Würzburg.

Case, Robbie (1998): The development of conceptual structures. In Deanna Kuhn & Robert S. Siegler (Hrsg.), *Cognition, perception, and language*, Bd. 2, 745–764. New York: Wiley-Blackwell.

Case, Robbie (1999): *Die geistige Entwicklung des Menschen: von der Geburt bis zum Erwachsenenalter*. Heidelberg: Universitätsverlag Winter.

Cejtlin, Stella (2000): *Jazyk i rebenok. Lingvistika detskoj reči*. Moskva: Wlados.

Cejtlin, Stella (2009): *Očerki po slovoobrazovaniju i formoobrazovaniju v detskoj reči*. Moskva: Znak.

Chaimay, Bhunyabhadh, Bandit Thinkhamrop & Jadsada Thinkhamrop (2006): Risk factors associated with language development problems in childhood – A literature review. *Journal of the Medical Association of Thailand* 89 (7), 1080–1086.

Charest, Monique & Judith R. Johnston (2011): Processing load in children's language production: A clinically oriented review of research. *Canadian Journal of Speech-Language Pathology and Audiology* 35 (1), 18–31.

Chiat, Shula (2015): Nonword repetition. In Sharon Armon-Lotem, Jan de Jong & Natalia Meier (Hrsg.), *Assessing multilingual children: Disentangling bilingualism from language impairment*, 125–150. Bristol u.a.: Multilingual Matters.

Chilla, Solveig (2008a): *Erstsprache, Zweitsprache, Spezifische Sprachentwicklungsstörung? Eine Untersuchung des Erwerbs der deutschen Hauptsatzstruktur durch sukzessiv-bilinguale Kinder mit türkischer Erstsprache.* Hamburg: Dr. Kovač.

Chilla, Solveig (2008b): Störungen im Erwerb des Deutschen als Zweitsprache im Kindesalter - Eine Herausforderung an die sprachpädagogische Diagnostik. *Diskurs Kindheits- und Jugendforschung* 3 (3), 277–290.

Chilla, Solveig (2011): Bilingualer Spracherwerb. In Julia Siegmüller & Henrik Bartels (Hrsg.), *Leitfaden Sprache, Sprechen, Stimme, Schlucken*, 46–51. München: Elsevier, Urban & Fischer.

Chilla, Solveig & Ezel Babur (2010): Specific language impairment in Turkish-German successive bilingual children. Aspects of assessment and outcome. In Seyhun Topbas & Mehmet Yavas (Hrsg.), *Communication disorders in Turkish in monolingual and multilingual settings*, 352–368. Bristol u.a.: Multilingual Matters.

Chilla, Solveig, Monika Rothweiler & Ezel Babur (2010): *Kindliche Mehrsprachigkeit: Grundlagen – Störungen – Diagnostik.* München: Reinhardt.

Chomsky, Noam (1993): *Lectures on government and binding: The Pisa lectures.* Berlin, New York: De Gruyter.

Chomsky, Noam (2006): *Language and mind.* Cambridge u.a.: Cambridge University Press.

Chomsky, Noam A. (1973): *Aspekte der Syntax-Theorie.* 1. Aufl. (Original: Aspects of a theory of syntax. Cambridge, MASS: M.I.T. Press 1965). Frankfurt a. M.: Suhrkamp.

Clahsen, Harald (1984): Der Erwerb von Kasusmarkierungen in der deutschen Kindersprache. *Linguistische Berichte* 89, 1–31.

Clahsen, Harald (1988): *Normale und gestörte Kindersprache: linguistische Untersuchungen zum Erwerb von Syntax und Morphologie.* Amsterdam u.a.: Benjamins.

Clahsen, Harald (1989): The grammatical characterization of developmental dysphasia. *Linguistics* 27 (5), 897–920.

Clahsen, Harald (1991): *Child language and developmental dysphasia: Linguistic studies of the acquisition of German.* Amsterdam: Benjamins.

Clahsen, Harald (1999): Linguistic perspectives on specific language impairment. In William C. Ritchie (Hrsg.), *Handbook of child language acquisition*, 675–699. San Diego u.a.: Academic Press.

Clahsen, Harald, Susanne Bartke & Sandra Göllner (1997): Formal features in impaired grammars: A comparison of English and German SLI children. *Journal of Neurolinguistics* 10 (2–3), 151–171.

Clahsen, Harald & Jenny Dalalakis (1999): *Tense and agreement in Greek SLI: A case study.* Working Paper. Essex Research Reports in Linguistics. University of Essex, Colchester, UK.

Clahsen, Harald & Martina Penke (1992): The acquisition of agreement morphology and its syntactic consequences: New evidence on German child language from the Simone-corpus. In Jürgen M. Meisel (Hrsg.), *The acquisition of verb placement, Studies in Theoretical Psycholinguistics*, 181–223. Dordrecht: Springer.

Clahsen, Harald, Monika Rothweiler, Franziska Sterner & Solveig Chilla (2014): Linguistic markers of specific language impairment in bilingual children: The case of verb morphology. *Clinical Linguistics & Phonetics* 28 (9), 709–721.

Clahsen, Harald, Monika Rothweiler & Andreas Woest (1990): Lexikalische Ebenen und morphologische Entwicklung: Eine Untersuchung zum Erwerb des deutschen Pluralsystems im Rahmen der Lexikalischen Morphologie Monika Rothweiler (Hrsg.). *Linguistische Berichte* Sonderheft 3, 105–126.

Clahsen, Harald, Monika Rothweiler, Andreas Woest & Gary F. Marcus (1992): Regular and irregular inflection in the acquisition of German noun plurals. *Cognition* 45 (3), 225–255.
Clahsen, Harald, Anne Vainikka & Sonja Eisenbeiss (1994): The seeds of structure. A syntactic analysis of the acquisition of case marking. In Teun Hoekstra & Bonnie D. Schwartz (Hrsg.), *Language acquisition studies in generative grammar*, 85–118. Amsterdam u.a.: Benjamins.
Coady, Jeffry A. & Julia L. Evans (2008): Uses and interpretations of non-word repetition tasks in children with and without specific language impairments (SLI). *International Journal of Language & Communication Disorders / Royal College of Speech & Language Therapists* 43 (1), 1–40.
Colozzo, Paola, Ronald B. Gillam, Megan Wood, Rebecca D. Schnell & Judith R. Johnston (2011): Content and form in the narratives of children with specific language impairment. *Journal of Speech, Language, and Hearing Research* 54 (6), 1609–1627.
Conti-Ramsden, Gina, Nicola Botting & Brian Faragher (2001): Psycholinguistic markers for specific language impairment (SLI). *Journal of Child Psychology and Psychiatry* 42 (6), 741–748.
Costa, Albert & Mikel Santesteban (2004): Lexical access in bilingual speech production: Evidence from language switching in highly proficient bilinguals and L2 learners. *Journal of Memory and Language* 50 (4), 491–511.
Cowan, Nelson (1999): An embedded-process model of working memory. In Akira Miyake & Priti Shah (Hrsg.), *Models of working memory: Mechanisms of active maintenance and executive control*, 62–101. Cambridge: Cambridge University Press.
Crago, Martha B. & Shanley E. M. Allen (1996): Building the case for impairment in linguistic representation. In Mabel L. Rice (Hrsg.), *Toward a genetics of language*, 261–289. Mahwah, NJ: Erlbaum.
Crago, Martha B. & Shanley E. M. Allen (2001): Early finiteness in inuktitut: The role of language structure and input. *Language Acquisition* 9 (1), 59–111.
Crago, Martha & Johanne Paradis (2003): Two of a kind? The importance of communalities and variation across languages and learners. In Yonata Levy & Jeannette Schaffer (Hrsg.), *Language Competence Across Populations Toward a Definition of Specific Language Impairment*, 97–110. Mahwah, London: Erlbaum.
Čueva, Tatjana (2012): *Formirovanie navyka upotreblenija padežnych form suščestvitel'nych u detej staršego doškol'nogo vozrasta s obščim nedorazvitiem reči posredstvom ispol'zovanija didaktičeskich igr*. Manuskript (URL: mkunmic.beluo.ru/doc/Chyeva.doc, zuletzt abgerufen am 20.09.2019).
Dannenbauer, Friedrich Michael (2002): Spezifische Sprachentwicklungsstörung im Jugendalter. *Die Sprachheilarbeit* 47 (1), 10–17.
Dannenbauer, Friedrich Michael (2003): Spezifische Sprachentwicklungsstörungen. In Manfred Grohnfeldt (Hrsg.), *Lehrbuch der Sprachheilpädagogik und Logopädie*, Bd. 2, 48–74. Stuttgart: Kohlhammer.
Dannenbauer, Friedrich Michael (2007): Spezifische Sprachentwicklungsstörungen. In Manfred Grohnfeldt (Hrsg.), *Lexikon der Sprachtherapie*, 292–295. Stuttgart: Kohlhammer.
Dannenbauer, Friedrich Michael & Anni Kotten-Sederqvist (1986): Beziehungen zwischen phonologischen und syntaktischen Defiziten bei sprachentwicklungsgestörten Kindern: Empirische Befunde, Erklärungsansätze und sprachtherapeutische Interventionen. *Der Sprachheilpädagoge* 18 43–61.

Delgado, Christine E. F., Sara J. Vagi & Keith G. Scott (2005): Early risk factors for speech and language impairments. *Exceptionality* 13 (3), 173–191.
Demirkaya, Sevilen, Nazan Gültekin-Karakoç & Claudia Riemer (2010): *MiKi. Wissenschaftliche Begleitforschung der vorschulischen Sprachförderung für Kinder mit Migrationshintergrund in Bielefeld*. Bielefeld: Universität Bielefeld, Fakultät für Linguistik und Literaturwissenschaft.
Dieser, Elena (2008): „Lexical Bootstrapping" Hypothese und bilingualer Erstspracherwerb (Am Beispiel einer Longitudinalstudie eines russisch-deutschsprachigen Kindes). *Zeitschrift für Slawistik* 53 (2), 178–186.
Dieser, Elena (2009): *Genuserwerb im Russischen und Deutschen: Korpusgestützte Studie zu ein- und zweisprachigen Kindern und Erwachsenen*. München: Sagner.
Dimroth, Christine (2007): Zweitspracherwerb bei Kindern und Jugendlichen: Gemeinsamkeiten und Unterschiede. In Tanja Anstatt (Hrsg.), *Mehrsprachigkeit bei Kindern und Erwachsenen*, 115–138. Tübingen: Attempto.
Dittmann, Jürgen (2002): *Der Spracherwerb des Kindes. Verlauf und Störungen*. München: Beck.
Duden-Grammatik (2016): *Die Grammatik: Unentbehrlich für richtiges Deutsch*. Herausgegeben von Angelika Wöllstein und der Dudenredaktion. 9. vollst. überarb. und aktual. Aufl. Berlin: Dudenverlag.
Duncan, Tamara S. & Johanne Paradis (2016): English language learners' nonword repetition performance: The influence of age, L2 vocabulary size, length of L2 exposure, and L1 phonology. *Journal of Speech, Language, and Hearing Research* 59 (1), 39–48.
Dürscheid, Christa (1999): *Die verbalen Kasus des Deutschen: Untersuchungen zur Syntax, Semantik und Perspektive*. Berlin u.a.: De Gruyter.
Dürscheid, Christa (2010): *Syntax: Grundlagen und Theorien*. Göttingen: Vandenhoeck & Ruprecht.
Dux, Winfried & Susanne Sievert (2015): *Sprachentwicklung und Sprachförderung bei Kindern*. Hessen: Hessisches Ministerium für Soziales und Integration und Deutsche Gesellschaft für Sprachheilpädagogik Landesgruppe Hessen e.V. (URL: https://soziales.hessen.de/sites/default/files/media/hsm/hmsi_sprachentwicklung_2015_lr_0.pdf, zuletzt abgerufen am 20.09.2019).
Ebert, Kerry D., Kathryn Kohnert, Giang Pham, Jill R. Disher & Bita Payesteh (2014): Three treatments for bilingual children with primary language impairment: Examining cross-linguistic and cross-domain effects. *Journal of Speech, Language, and Hearing Research* 57 (1), 172–186.
Eichinger, Ludwig M. (2013): Die Entwicklung der Flexion: Gebrauchsverschiebungen, systematischer Wandel und die Stabilität der Grammatik. In Deutsche Akademie für Sprache und Dichtung, Union der Deutschen Akademien der Wissenschaften (Hrsg.), *Reichtum und Armut der deutschen Sprache. Erster Bericht zur Lage der deutschen Sprache*, 121–170. Berlin u.a.: De Gruyter.
Eisenbeiß, Sonja (1994): Kasus und Wortstellungsvariation im deutschen Mittelfeld. Theoretische Überlegungen und Untersuchungen zum Erstspracherwerb. In Brigitta Haftka (Hrsg.), *Was determiniert Wortstellungsvariation? Studien zu einem Interaktionsfeld von Grammatik, Pragmatik und Sprachtypologie*, 277–298. Opladen: Westdeutscher.
Eisenbeiss, Sonja (2003): *Merkmalsgesteuerter Grammatikerwerb. Eine Untersuchung zum Erwerb der Struktur und Flexion von Nominalphrasen*. Disseration, Heinrich-Heine-Universität Düsseldorf.

Eisenbeiss, Sonja, Susanne Bartke & Harald Clahsen (2006): Structural and lexical case in child German: Evidence from language-impaired and typically developing children. *Language Acquisition* 13 (1), 3–32.
Eisenbeiss, Sonja, Bhuvana Narasimhan & Maria D. Voeikova (2008): The acquisition of case. In Andrej Malchukov & Andrew Spencer (Hrsg.), *The Oxford handbook of case*, 369–383. Oxford: Oxford University Press.
Êl'konin, Daniil B. (1958): *Razvitie reči v doškol'nom vozraste*. Moskva: Akademija Pedagogičeskich Nauk.
Ellis Weismer, Susan (2007): Typical talkers, late talkers, and children with specific language impairment: A language endowment spectrum? In Rhea Paul (Hrsg.), *Language disorders from a developmental perspective: Essays in honor of Robin S. Chapman*, 83–102. Mahwah, NJ: Erlbaum.
Emsel, Martina (2004): Semantische Kasusrelation als sprachübergreifende Kategorie mit sprachspezifischer Ausprägung? In Rolf Kailuweit & Martin Hummel (Hrsg.), *Semantische Rollen, TBL 472*, 118–139. Tübingen: Gunter Narr.
Evans, Julia L. & Holly K. Craig (1992): Language sample collection and analysis: Interview compared to freeplay assessment contexts. *Journal of Speech, Language, and Hearing Research* 35 (2), 343–353.
Eyer, Julia A. & Laurence B. Leonard (1995): Functional categories and specific language impairment: A case study. *Language Acquisition* 4 (3), 177–203.
Falcaro, Milena, Andrew Pickles, Dianne F. Newbury, Laura Addis, Emma Banfield, Simon E. Fisher, Anthony P. Monaco, Zoe Simkin, Gina Conti-Ramsden & the SLI Consortium (2008): Genetic and phenotypic effects of phonological short-term memory and grammatical morphology in specific language impairment. *Genes brain and behavior* 7 (4), 393–402.
Fanselow, Gisbert & Sascha W. Felix (1987): *Sprachtheorie. Eine Einführung in die generative Grammatik*. Tübingen: Francke.
Felsenfeld, Susan & Robert Plomin (1997): Epidemiological and offspring analyses of developmental speech disorders using data from the Colorado Adoption Project. *Journal of Speech, Language, and Hearing Research* 40 (4), 778–791.
Fenson, Larry, Virginia A. Marchman, Donna J. Thal, Philip S. Dale, J. Steven Reznick & Elizabeth Bates (2007): *MacArthur-Bates Communicative Development Inventories (CDI) Words and Gestures, NCS Scannable, English*. 2nd ed. Baltimore, MD: Brookes Publishing.
Fil̆ičeva, Tatjana B. (1999): *Osobennosti formirovanija reči u detej doškol'nogo vozrasta*. Moskva: RIC Al'fa MGOPU im. M.A.Sholohova.
Fil̆ičeva, Tatjana B. (2004): Osobennosti rečevogo razvitija doshkol'nikov. *Deti s problemami v razvitii* 1, 15–28.
Fil̆ičeva, Tatjana B., Nina A. Čeveleva & Galina V. Čirkina (1993): *Narušenija reči u detej: Posobie dlja vospitatelej doškol'nyh učreždenij*. Moskva: Professional'noe obrazovanie.
Fil̆ičeva, Tatjana B., Galina V. Čirkina & Nina A. Čeveleva (1989): *Osnovy logopedii*. Moskva: Prosveščenie.
Fillmore, Charles J. (1971): Some problems for case grammar. In Richard O'Brien (Hrsg.), *22nd Annual Round Table Linguistics: Developments of the Sixties – Viewpoints for the Seventies*, Bd. 24, *Monograph Series on Language and Linguistics*, 35–56. Washington, DC: Georgetown University Press.

Fisher, Jennifer, Elena Plante, Rebecca Vance, LouAnn Gerken & Theodore J. Glattke (2007): Do children and adults with language impairment recognize prosodic cues? *Journal of Speech, Language, and Hearing Research* 50 (3), 746–758.
Fitousi, Daniel & Michael J. Wenger (2011): Processing capacity under perceptual and cognitive load: A closer look at load theory. *Journal of Experimental Psychology: Human Perception and Performance* 37 (3), 781–798.
Flämig, Walter (1991): *Grammatik des Deutschen: Einführung in Struktur-und Wirkungszusammenhänge.* Berlin: Akademie.
Fletcher, Paul, Laurence B. Leonard, Stephanie F. Stokes & Anita M.-Y. Wong (2005): The expression of aspect in Cantonese-speaking children with specific language impairment. *Journal of Speech, Language, and Hearing Research* 48 (3), 621–634.
Fox, Annette V. (Hrsg.) (2011): *TROG-D: Test zur Überprüfung des Grammatikverständnisses.* 5. Auflg. Idstein: Schulz-Kirchner.
Fox, Annette V., Barbara Dodd & David Howard (2002): Risk factors for speech disorders in children. *International Journal of Language & Communication Disorders / Royal College of Speech & Language Therapists* 37 (2), 117–131.
Frigerio Sayilir, Cornelia (2007): *Zweisprachig aufwachsen – zweisprachig sein: Der Erwerb zweier Erstsprachen aus der handlungstheoretischen Sicht der Kooperativen Pädagogik.* 1. Aufl. Münster u.a.: Waxmann.
Gabka, Kurt (Hrsg.) (1988): *Die russische Sprache der Gegenwart: Morphologie.* Leipzig: Verl. Enzyklopädie.
Gabriel, Christoph & Natascha Müller (2013): *Grundlagen der generativen Syntax: Französisch, Italienisch, Spanisch.* Berlin: De Gruyter.
Gagarina, Natalia (2011): Acquisition and loss of L1 in a Russian-German bilingual child: A case study. In Stella Cejtlin (Hrsg.), *Monolingual and bilingual path to language*, 137–163. Moskau: Jazyki slavjanskoj kul'tury.
Gagarina, Natalia (2013a): Reimergänzung mit nonwords für russisch-deutsche bilinguale Kinder. Ein Test für Vorschulkinder. Unveröffentlichtes Manuskript aus dem Forschungsprojekt Sedrik (LMU München) & DRUSLI (ZAS Berlin). Basierend auf Theodoros Marinis & Sharon Armon-Lotem (2015). Sentence Repetition. In Sharon Armon-Lotem, Jan de Jong, & Natalia Meir (Hrsg.), Assessing multilingual children: Disentangling bilingualism from language impairment, 95–124. Bristol [u.a.]: Multilingual Matters.
Gagarina, Natalia (2013b): Sprachdiagnostik in der Erstsprache mehrsprachiger Kinder (am Beispiel des Russischen). *Sprache – Stimme – Gehör* 37 (4), 196–200.
Gagarina, Natalia (2014a): Diagnostik von Erstsprachkompetenzen im Migrationskontext. In Solveig Chilla & Stefanie Haberzettl (Hrsg.), *Mehrsprachigkeit. Reihe Handbuch Sprachentwicklung und Sprachentwicklungsstörungen*, Bd. 4, 19–37. München: Elsevier, Urban & Fischer.
Gagarina, Natalia (2014b): Die Erstsprache bei Mehrsprachigen im Migrationskontext. In Solveig Chilla & Stefanie Haberzettl (Hrsg.), *Mehrsprachigkeit. Reihe Handbuch Sprachentwicklung und Sprachentwicklungsstörungen*, Bd. 4, 19–37. München: Elsevier, Urban & Fischer.
Gagarina, Natalia (2016): Narratives of Russian-German preschool and primary school bilinguals: Rasskaz and Erzaehlung. *Applied Psycholinguistics* 37 (1), 91–122.
Gagarina, Natalia (2017): Monolingualer und bilingualer Erstspracherwerb des Russischen: Ein Überblick. In Kai Witzlack-Makarevich & Nadja Wulff (Hrsg.), *Handbuch des Russischen in*

Deutschland: Migration – Mehrsprachigkeit – Spracherwerb, 393–410. Berlin: Frank & Timme.

Gagarina, Natalia, Sharon Armon-Lotem, Christopher Altman, Zhanna Burstein-Feldman, Annegret Klassert, Nathalie Topaj, Felix Golcher & Joel Walters (2014): Age, input quantity and their effect on linguistic performance in the home and societal language among Russian-German and Russian-Hebrew preschool children. In Rainer K. Silbereisen, Peter Titzmann & Yossi Shavit (Hrsg.), *The Challenges of Diaspora Migration: Interdisciplinary Perspectives on Israel and Germany*, 63–82. Farnham: Ashgate Publishing.

Gagarina, Natalia & Annegret Klassert (2018): Input Dominance and Development of Home Language in Russian-German Bilinguals. *Frontiers in Communication* 3, Article 40.

Gagarina, Natalia, Annegret Klassert & Nathalie Topaj (2010): *Sprachstandstest Russisch für mehrsprachige Kinder / Russian language proficiency test for multilingual children*. Berlin: ZAS.

Gagarina, Natalia, Daleen Klop, Sari Kunnari, Koula Tantele, Taina Välimaa, Ingrida Balčiūnienė, Ute Bohnacker & Joel Walters (Hrsg.) (2012): *MAIN: Multilingual Assessment Instrument for Narratives*. Berlin: ZAS.

Gagarina, Natalia & Julia Lomako (2013): *Der russische Lautbefund*. Unveröffentlichtes Manuskript aus dem Forschungsprojekt Sedrik (LMU München) & DRUSLI (ZAS Berlin), Zentrum für Allgemeine Sprachwissenschaft (ZAS). Zentrum für Allgemeine Sprachwissenschaft.

Gagarina, Natalia & Elena Valentik-Klein (2013a): *Nachsprechaufgaben mit Nichtwörtern im Russischen. Ein Test für Vorschulkinder*. Unveröffentlichtes Manuskript aus dem Forschungsprojekt Sedrik (LMU München) & DRUSLI (ZAS Berlin). Zentrum für Allgemeine Sprachwissenschaft.

Gagarina, Natalia & Elena Valentik-Klein (2013b): *Reimergänzung mit nonwords für russisch-deutsch bilinguale Kinder. Ein Test für Vorschulkinder*. Unveröffentlichtes Manuskript aus dem Forschungsprojekt Sedrik (LMU München) & DRUSLI (ZAS Berlin). Zentrum für Allgemeine Sprachwissenschaft.

Gagarina, Natalia & Maria D. Voeikova (2002): MLU, first lexicon, and the early stages in the acquisition of case forms by two Russian children. In Maria D. Voeikova & Wolfgang U. Dressler (Hrsg.), *Pre- and Protomorphology. Early phases of morphological development in nouns and verbs*, 115–131. München: Lincom.

Gagarina, Natalia & Maria D. Voeikova (2009): The acquisition of case and number in Russian. In Ursula Stephany & Maria D. Voeikova (Hrsg.), *Cross-linguistic approaches to the acquisition of case and number*, 179–215. Berlin, New York: De Gruyter.

Gagarina, Natalia, Maria D. Voeikova & Sergej Gruzincev (2002): New version of morphological coding for the speech production of Russian children (in the framework of CHILDES). In Peter Kosta, Joanna Baszczak, Jens Frasek & Marzena Zygis (Hrsg.), *Investigations into formal Slavic linguistics. Contributions of the fourth european conference on formal description of Slavic languages*, 243–258. Frankfurt a.M.: Lang.

Ganzeboom, Harry B.G. & Donald T. Treiman (1996): Internationally comparable measures of occupational status for the 1988 international standard classification of occupations. *Social Science Research* 25 (3), 201–239.

Gathercole, Susan E. & Alan D. Baddeley (1990): Phonological memory deficits in language disordered children: Is there a causal connection? *Journal of Memory and Language* 29 (3), 336–360.

Gathercole, Susan E. & Susan J. Pickering (2000): Working memory deficits in children with low achievements in the national curriculum at 7 years of age. *British Journal of Educational Psychology* 70 177–194.

Gathercole, Susan E., Cath Willis, Hazel Emslie & Alan D. Baddeley (1991): The influences of number of syllables and wordlikeness on children's repetition of nonwords. *Applied Psycholinguistics* 12 (3), 349–367.

Gathercole, Virginia C. Mueller, Enlli M. Thomas, Ivan Kennedy, Cynog Prys, Nia Young, Nestor Viñas Guasch, Emily J. Roberts, Emma K. Hughes & Leah Jones (2014): Does language dominance affect cognitive performance in bilinguals? Lifespan evidence from preschoolers through older adults on card sorting, Simon, and metalinguistic tasks. *Frontiers in Psychology* 5, Article 11.

Gawlitzek-Maiwald, Ira & Rosemarie Tracy (1996): Bilingual bootstrapping. *Linguistics* 34 (5), 901–926.

Geisler, Astrid & Karsten Polke-Majewski (2016): Kindergärten: Was macht ihr mit mir? DIE ZEIT, Nr. 28/2016, Hamburg (Zeitung vom 4.07.2016, URL: http://www.zeit.de/2016/28/kindergaerten-kinder-umfrage-kita-erzieher-kinderbetreuung-gewalt-misshandlung, zuletzt abgerufen am 20.09.2019).

Genesee, Fred (1989): Early bilingual development: One language or two? *Journal of Child Language* 16 (1), 161–179.

Girbau, Dolors & Richard G. Schwartz (2008): Phonological working memory in Spanish-English bilingual children with and without specific language impairment. *Journal of Communication Disorders* 41 (2), 124–145.

Goffman, Lisa & Jeanette Leonard (2000): Growth of language skills in preschool children with specific language impairment. *American Journal of Speech-Language Pathology* 9 (2), 151–161.

Golberg, Heather, Johanne Paradis & Martha Crago (2008): Lexical acquisition over time in minority first language children learning English as a second language. *Applied Psycholinguistics* 29 (1), 41–65.

Gopnik, Myrna (1994): Impairments of tense in a familial language disorder. *Journal of Neurolinguistics* 8 (2), 109–133.

Graf Estes, Katharine, Julia L. Evans & Nicole M. Else-Quest (2007): Differences in the nonword repetition performance of children with and without specific language impairment: A meta-analysis. *Journal of Speech, Language, and Hearing Research* 50 (1), 177–195.

Green, David W. (1998): Mental control of the bilingual lexico-semantic system. *Bilingualism: Language and Cognition* 1 (2), 67–81.

Grimm, Angela & Petra Schulz (2014): Specific language impairment and early second language acquisition: The risk of over- and underdiagnosis. *Child Indicators Research* 7 (4), 821–841.

Grimm, Angela & Petra Schulz (2016): Warum man bei mehrsprachigen Kindern dreimal nach dem Alter fragen sollte: Sprachfähigkeiten simultan-bilingualer Lerner im Vergleich mit monolingualen und frühen Zweitsprachlernern. *Diskurs Kindheits- und Jugendforschung* 11 (1), 27–42.

Grimm, Hannelore (2000): Entwicklungsdysphasie: Kinder mit spezifischer Sprachstörung. In *Enzyklopädie der Psychologie. Themenbereich C: Theorie und Forschung. Serie III: Sprache*, Bd. 3: Sprachentwicklung, 603–640. Göttingen: Hogrefe.

Grimm, Hannelore (2003): *Störungen der Sprachentwicklung: Grundlagen – Ursachen – Diagnose – Intervention – Prävention*. Göttingen u.a.: Hogrefe.

Grimm, Hannelore & Erika Kaltenbacher (1982): Die Dysphasie als noch wenig verstandene Entwicklungsstörung: Sprach- und kognitionspsychologische Überlegungen und erste empirische Ergebnisse. *Frühförderung interdisziplinär* 1 (3), 97–112.

Grinstead, John, Alisa Baron, Mariana Vega-Mendoza, Juliana De la Mora, Myriam Cantú-Sánchez & Blanca Flores (2013): Tense marking and spontaneous speech measures in Spanish specific language impairment: A discriminant function analysis. *Journal of Speech, Language, and Hearing Research* 56 (1), 352–363.

Groome, David (2013): *An introduction to cognitive psychology: Processes and disorders.* London u.a.: Psychology Press.

Grosjean, François (1982): *Life with two languages: An introduction to bilingualism.* Cambridge u.a.: Harvard University Press.

Grosjean, François (1989): Neurolinguists, beware! The bilingual is not two monolinguals in one person. *Brain and language* 36 (1), 3–15.

Grosjean, François (1996): Bilingualismus und Bikulturalismus: Versuch einer Definition. In Hansjakob Schneider & Judith Hollenweger (Hrsg.), *Mehrsprachigkeit und Fremdsprachigkeit: Arbeit für die Sonderpädagogik?*, 61–184. Luzern: Edition SZH/CSPS.

Grosjean, François (2001): The bilingual's language modes. In Janet Nicol (Hrsg.), *One mind, two languages: Bilingual language processing.* Malden, Mass. u.a.: John Wiley & Sons.

Grosjean, François (2008): *Studying bilinguals.* Oxford: Oxford University Press.

Grosjean, François (2010): *Bilingual: Life and Reality.* Cambridge: Harvard University Press.

Grüter, Theres (2005): Comprehension and production of French object clitics by child second language learners and children with specific language impairment. *Applied Psycholinguistics* 26 (3), 363–391.

Guasti, Maria T. (2002): *Language acquisition: The growth of grammar.* Cambridge: MIT Press.

Gunkel, Lutz, Adriano Murelli, Susan Schlotthauer, Bernd Wiese, Gisela Zifonun, Christine Günther & Ursula Hoberg (2017): *Grammatik des Deutschen im europäischen Vergleich: Das Nominal.* Berlin, Boston: De Gruyter.

Gutiérrez-Clellen, Vera F., Gabriela Simon-Cereijido & Christine Wagner (2008): Bilingual children with language impairment: A comparison with monolinguals and second language learners. *Applied psycholinguistics* 29 (1), 3–19.

Gvozdev, Aleksandr N. (1961): *Voprosy izučenija detskoj reči.* Moskva: APN RSFSR.

Gwet, Kilem L. (2010): *Handbook of inter-rater reliability.* 2 Aufl. Gaithersburg: Advanced Analytics Press.

Haberzettl, Stefanie (2007): Zweitspracherwerb. In Hermann Schöler (Hrsg.), *Sonderpädagogik der Sprache, Handbuch Sonderpädagogik.* Göttingen u.a.: Hogrefe.

Häcki Buhofer, Annelies & Harald Burger (1998): *Wie deutschschweizer Kinder Hochdeutsch lernen: der ungesteuerte Erwerb des gesprochenen Hochdeutschen durch deutschschweizer Kinder zwischen sechs und acht Jahren.* Stuttgart: Steiner.

Haider, Hubert (1985): The case of German. In Jindřich Toman (Hrsg.), *Studies in German grammar*, 65–101. Dordrecht: Foris Publ.

Haider, Hubert (1993): *Deutsche syntax, generativ: Vorstudien zur Theorie einer projektiven Grammatik.* Tübingen: Gunter Narr.

Håkansson, Gisela (2001): Tense morphology and verb-second in Swedish L1 children, L2 children and children with SLI. *Bilingualism: Language and Cognition* 4 (1), 85–99.

Håkansson, Gisela & Ulrika Nettelbladt (1993): Developmental sequences in L1 (normal and impaired) and L2 acquisition of Swedish syntax. *International Journal of Applied Linguistics* 3 (2), 3–29.

Håkansson, Gisela & Ulrika Nettelbladt (1996): Similarities between SLI and L2 children: Evidence from the acquisition of Swedish word order. In Carolyn Johnson & John Gilbert (Hrsg.), *Children's Language 9*, 135–151. Mahwah, NJ: Erlbaum.

Håkansson, Gisela, Eva-Kristina Salameh & Ulrika Nettelbladt (2003): Measuring language development in bilingual children: Swedish-Arabic children with and without language impairment. *Linguistics* 41 (2), 255–288.

Hamann, Cornelia, Marina Arabatzi, Lara Baranzini, Stéphany Cronel-Ohayon, Laurence Chillier, Sébastien Dubé, Julie Franck, Ulrich Frauenfelder, Luigi Rizzi, Michal Starke & Pascal Zesiger (2001): On the dissociation of the nominal and the verbal functional domains in French language impairment. In *Proceedings of the 26th Boston University Conference on Language Development*, 267–277. Sommerville: Cascadilla Press.

Hamann, Cornelia & Adriana Belletti (2006): Developmental patterns in the acquisition of the complement clitic pronouns. *Rivista di Grammatica Generativa* 31, 39–78.

Hamann, Cornelia, Stéphanie Ohayon, Sébastien Dubé, Ulrich H. Frauenfelder, Luigi Rizzi, Michal Starke & Pascal Zesiger (2003): Aspects of grammatical development in young French children with SLI. *Developmental Science* 6 (2), 151–158.

Hamann, Cornelia, Zvi Penner & Katrin Lindner (1998): German impaired grammar: The clause structure revisited. *Language Acquisition* 7 (2–4), 193–245.

Hansen, Detlef (1996): *Spracherwerb und Dysgrammatismus: Grundlagen, Diagnostik und Therapie*. München, Basel: Reinhardt.

Hasselhorn, Marcus, Ulrich Seidler-Brandler & Katja Körner (2000): Ist das „Nachsprechen von Kunstwörtern" für die Entwicklungsdiagnostik des phonologischen Arbeitsgedächtnisses geeignet? In Marcus Hasselhorn, Wolfgang Schneider & Harald Marx (Hrsg.), *Diagnostik von Lese-Rechtschreibschwierigkeiten. Tests und Trends*, Bd. 1, *Jahrbuch der pädagogisch-psychologischen Diagnostik*, 119–133. Göttingen u.a.: Hogrefe.

Hasselhorn, Marcus & Ines Werner (2000): Zur Bedeutung des phonologischen Arbeitsgedächtnisses für die Sprachentwicklung. In Hannelore Grimm (Hrsg.), *Enzyklopädie der Psychologie. Themenbereich C: Theorie und Forschung. Serie III: Sprache*, Bd. 3: Sprachentwicklung, 363–78. Göttingen: Hogrefe.

Held, Julia, Katrin Lindner & Natalia Gagarina (2013a): *Musikalitätstest. Eine Adaptation von Sallats Musikalitätstest von 2008. Eine Projektentwicklung*. Unveröffentlichtes Manuskript aus dem Forschungsprojekt Sedrik (LMU München) & DRUSLI (ZAS Berlin). Ludwig-Maximilians-Universität München.

Held, Julia, Katrin Lindner & Natalia Gagarina (2013b): *N-Back-Aufgaben mit Geräuschen. Ein Test für Vorschulkinder*. Unveröffentlichtes Manuskript aus dem Forschungsprojekt Sedrik (LMU München) & DRUSLI (ZAS Berlin). Ludwig-Maximilians-Universität München.

Held, Julia, Katrin Lindner & Natalia Gagarina (2013c): *Reimergänzung mit nonwords für russisch-deutsche bilinguale Kinder. Ein Test für Vorschulkinder*. Unveröffentlichtes Manuskript aus dem Forschungsprojekt Sedrik (LMU München) & DRUSLI (ZAS Berlin). Ludwig-Maximilians-Universität München.

Hentschel, Gerd (1999): Die grammatischen Kategorien des Substantivs unter funktionalem Aspekt. In Helmut Jachnow (Hrsg.), *Handbuch der sprachwissenschaftlichen Russistik und ihrer Grenzdisziplinen*, 243–272. Wiesbaden: Harrassowitz.

Hentschel, Gerd (2003): Zur Klassifikation von Präpositionen im Vergleich zur Klassifikation von Kasus. In Gerd Hentschel & Thomas Menzel (Hrsg.), *Präpositionen im Polnischen. Beiträge zu einer gleichnamigen Tagung, Oldenburg, 8.-11. Februar 2000*, 161–191. Oldenburg.

Hessisches Sozialministerium (2012): *Staatssekretärin Petra Müller-Klepper „Defizite frühzeitig erkennen und durch Sprachförderung beheben". Pressemitteilung vom 03.04.2012*. Wiesbaden: Hessisches Ministerium für Soziales und Integration (URL: https://m.firmenpresse.de/pdf-pressinfo610065.pdf, zuletzt abgerufen am 20.09.2019).

Hoff, Erika, Cynthia Core, Silvia Place, Rosario Rumiche, Melissa Señor & Marisol Parra (2012): Dual language exposure and early bilingual development. *Journal of Child Language* 39 (1), 1–27.

Hoffman, LaVae M. & Ronald B. Gillam (2004): Verbal and spatial information processing constraints in children with specific language impairment. *Journal of Speech, Language, and Hearing Research* 47 (1), 114–125.

Holler-Zittlau, Inge, Winfried Dux & Roswitha Berger (2004): *Evaluation der Sprachentwicklung 4- bis 4,5-jähriger Kinder in Hessen*. Wiesbaden: Hessisches Sozialministerium.

Houwer, Annick de (1996): Bilingual language acquisition. In Paul Fletcher & Brian MacWhinney (Hrsg.), *Handbook of child language*, 219–250. Oxford: Wiley-Blackwell.

Houwer, Annick de (2009): *Bilingual first language acquisition*. Bristol u.a.: Multilingual Matters.

Huang, Hsiang-Ju & Vicki S. Mercer (2001): Dual-task methodology: Applications in studies of cognitive and motor performance in adults and children. *Pediatric Physical Therapy* 13 (3), 133–140.

Hussy, Walter (1993): *Denken und Problemlösen*. Stuttgart: Kohlhammer.

Hutz, Matthias (2004): First language attrition: The next phase. In Monika S. Schmid, Barbara Köpke, Merel Keijzer & Lina Weilemar (Hrsg.), *Is there a natural process of decay? A longitudinal study of languageattrition*, 189–206. Amsterdam: Benjamins.

ICD-10-GM (2016): *Internationale statistische Klassifikation der Krankheiten und verwandter Gesundheitsprobleme, 10. Revision, German Modification; Mit Aktualisierung vom 21.12.2015*.

Ionin, Tania, Heejeong Ko & Kenneth Wexler (2004): Article semantics in L2 acquisition: The role of specificity. *Language Acquisition* 12 (1), 3–69.

Ionova, Natalia V. (2007): *Semanticheskie funkcii padežnyh form i predložno-padežnyh konstrukcij imeni suščhestvitel'nogo v reči detej doškol'nogo vozrasta*. Disseration, Čerepovec: Čerepoveckij gosudarstvennyj universitet.

Isačenko, Alexander V. (1995): *Die russische Sprache der Gegenwart*. 4. Aufl. München: Hueber.

Jakobson, Roman (1969): *Kindersprache, Aphasie und allgemeine Lautgesetze*. Frankfurt a.M.: Suhrkamp.

Janczyk, Markus, Hermann Schöler & Joachim Grabowski (2004): Arbeitsgedächtnis und Aufmerksamkeit bei Vorschulkindern mit gestörter und unauffälliger Sprachentwicklung. *Zeitschrift für Entwicklungspsychologie und Pädagogische Psychologie* 36 (4), 200–206.

Janssen, Bibi, Natalia Meir, Anne Baker & Sharon Armon-Lotem (2014): On-line comprehension of Russian case cues in monolingual Russian and bilingual Russian-Dutch and Russian-Hebrew children. In Elizabeth Grillo & Kyle Jepson (Hrsg.), *BUCLD 39: Proceedings of the 39th annual Boston University Conference on Language Development*, Bd. 2, 266–278. Boston.

Janssen, Bibi & Alla Peeters-Podgaevskaja (2012): A case against case: Acquisition of Russian case in monolingual and bilingual children. In René Genis, Eric de Haard, Janneke Kalsbeek, Evelien Keizer & Jenny Stelleman (Hrsg.), *Between West and east: Festschrift for Wim*

Honselaar on the occasion of his 65th birthday, *Pegasus Oost-Europese Studies* 20, 317–339. Amsterdam: Pegasus.

Jeuk, Stefan (2015): *Deutsch als Zweitsprache in der Schule: Grundlagen - Diagnose - Förderung*. 3. überarbeitete und erweiterte Aufl. Stuttgart: Kohlhammer.

Johnston, Judith R. (1994): Cognitive abilities of children with language impairment. In *Specific language impairments in children*, 107–121. Baltimore: Brookes Publishing.

Johnston, Judith R. (2010): Factors that influence language development. In Susan Rvachew (Hrsg.), *Language development and literacy*, 11–16. Encyclopedia on Early Childhood Development (URL: http://www.child-encyclopedia.com/sites/default/files/dossiers-complets/en/language-development-and-literacy.pdf, zuletzt abgerufen am: 20.09.2019).

Jong, Jan de (1999): *Specific language impairment in Dutch: Inflectional morphology and argument structure*. Enxchede: Print Partners Ipskamp.

Jong, Jan de (2010): Notes on the nature of bilingual specific language impairment. *Applied Psycholinguistics* 31 (2), 273–277.

Jong, Jan de, Nazife Çavuş & Anne Baker (2010): Language impairment in Turkish-Dutch bilingual children. In Seyhun Topbaş & Mehmet Yavaş (Hrsg.), *Communication disorders in Turkish, Communication Disorders Across Languages*, 288–300. Bristol u.a.: Multilingual Matters.

Kahneman, Daniel (1973): *Attention and effort*. Englewood Cliffs: Prentice-Hall.

Kail, Robert (1994): A method for studying the generalized slowing hypothesis in children with specific language impairment. *Journal of Speech, Language, and Hearing Research* 37 (2), 418–421.

Kail, Robert (2000): Speed of information processing: Developmental change and links to intelligence. *Journal of School Psychology* 38 (1), 51–61.

Kail, Robert & Timothy A. Salthouse (1994): Processing speed as a mental capacity. *Acta Psychologica* 86 (2–3), 199–225.

Kaltenbacher, Erika & Hana Klages (2006): Sprachprofil und Sprachförderung bei Vorschulkindern mit Migrationshintergrund. In Bernt Ahrenholz (Hrsg.), *Kinder mit Migrationshintergrund. Spracherwerb und Fördermöglichkeiten*, 80–97. Freiburg: Fillibach.

Kaltenbacher, Erika & Hana Klages (2009): *Sprachdiagnostik und ergänzende Materialien für Vorschüler und Schulanfänger*. Universität Heidelberg: Seminar für Deutsch als Fremdsprachenphilologie.

Kauschke, Christina (2012): *Kindlicher Spracherwerb im Deutschen: Verläufe, Forschungsmethoden, Erklärungsansätze*. Berlin: De Gruyter.

Kauschke, Christina, Anna Kurth & Ulrike Domahs (2011): Acquisition of German noun plurals in typically developing children and children with specific language impairment. *Child Development Research* 2011, Article ID 718925.

Kauschke, Christina & Julia Siegmüller (2000): *Spezifische Sprachentwicklungsstörungen aus patholinguistischer Sicht: Materialien zur Diagnostik*. Potsdam: Univ.-Bibliothek, Publ.-Stelle.

Kauschke, Christina & Julia Siegmüller (2010): *Patholinguistische Diagnostik bei Sprachentwicklungsstörungen (PDSS)*. 2. Aufl. München: Elsevier, Urban & Fischer.

Keijzer, Merel (2010): The regression hypothesis as a framework for first language attrition. *Bilingualism: Language and Cognition* 13 (1), 9–18.

Kemper, Susan, Ruth E. Herman & Cindy H. T. Lian (2003): The costs of doing two things at once for young and older adults: Talking while walking, finger tapping, and ignoring speech or noise. *Psychology and Aging* 18 (2), 181–192.

Kemper, Susan, Ruth E. Herman & Jennifer Nartowicz (2005): Different effects of dual task demands on the speech of young and older adults. *Neuropsychology, Development, and Cognition. Section B, Aging, Neuropsychology and Cognition* 12 (4), 340–358.

Kemper, Susan, Joan McDowd, Patricia Pohl, Ruth Herman & Susan Jackson (2006): Revealing language deficits following stroke: The cost of doing two things at once. *Aging, Neuropsychology, and Cognition* 13 (1), 115–139.

Kemper, Susan, RaLynn Schmalzried, Ruth Herman & Deepthi Mohankumar (2011): The effects of varying task priorities on language production by young and older adults. *Experimental aging research* 37 (2), 198–219.

Kielhöfer, Bernd & Sylvie Jonekeit (1984): *Zweisprachige Kindererziehung.* 2. Aufl. Tübingen: Stauffenberg.

Kiese-Himmel, Christiane (2008): Entwicklung sprach- und kommunikationsgestörter Kinder, am Beispiel von „Late Talkers" sowie Kindern mit spezifischen Sprachentwicklungsstörungen. In Marcus Hasselhorn & Rainer K. Silbereisen (Hrsg.), *Enzyklopädie der Psychologie. Serie V: Entwicklungspsychologie*, Bd. 4: Entwicklungspsychologie des Säuglings- und Kindesalters, 693–730. Göttingen, Bern: Hogrefe.

Kiziak, Tanja, Vera Kreuter & Reiner Klingholz (2012): *Dem Nachwuchs eine Sprache geben: Was frühkindliche Sprachförderung leisten kann.* Berlin: Berlin-Institut für Bevölkerung und Entwicklung.

Klassert, Annegret & Natalia Gagarina (2009): Sprachstandstest bei bilingualen Kindern: Sprachstand Russisch. *Patholink* 14 (8), 7–9.

Klassert, Annegret & Natalia Gagarina (2010): Der Einfluss des elterlichen Inputs auf die Sprachentwicklung bilingualer Kinder: Evidenz aus russischsprachigen Migrantenfamilien in Berlin. *Diskurs Kindheits- und Jugendforschung* 5 (4), 413–425.

Klatte, Maria (2007): Gehirnentwicklung und frühkindliches Lernen. In Christiane Brokmann-Nooren, Iris Gereke, Hanna Kiper & Wilm Rennberg (Hrsg.), *Bildung und Lernen der Drei- bis Achtjährigen*, 117–139. Bad Heilbrunn: Klinkhardt.

Klein, Wolfgang (1992): *Zweitspracherwerb.* Frankfurt: Hain.

Klein, Wolfgang (2000): Prozesse des Zweitspracherwerbs. In Hannelore Grimm (Hrsg.), *Enzyklopädie der Psychologie. Themenbereich C: Theorie und Forschung. Serie III: Sprache*, Bd. 3: Sprachentwicklung, 537–570. Göttingen: Hogrefe.

Klein, Wolfgang (2007): Mechanismen des Erst- und Zweitspracherwerbs. *Sprache – Stimme – Gehör* 31 (4), 138–143.

Klein, Wolfgang & Christine Dimroth (2003): Der ungesteuerte Zweitspracherwerb Erwachsener: Ein Überblick über den Forschungsstand. In Utz Maas & Ulrich Mehlem (Hrsg.), *Qualitätsanforderungen für die Sprachförderung im Rahmen der Integration von Zuwanderern*, *IMIS 21*, 127–161. Osnabrück: IMIS.

Klem, Marianne, Monica Melby-Lervåg, Bente Hagtvet, Solveig-Alma Halaas Lyster, Jan-Eric Gustafsson & Charles Hulme (2015): Sentence repetition is a measure of children's language skills rather than working memory limitations. *Developmental Science* 18 (1), 146–154.

Kohnert, Kathryn (2010): Bilingual children with primary language impairment: Issues, evidence and implications for clinical actions. *Journal of Communication Disorders* 43 (6), 456–473.

Koletzko, Berthold (Hrsg.) (2007): *Kinder- und Jugendmedizin.* 13. vollständig aktualisierte Aufl. Heidelberg: Springer.

Köpke, Barbara (2004): Attrition is not a unitary phenomenon: On different possible outcomes of language contact situations. In Anxo M Lorenzo Suárez, Fernando Ramallo & Xoán Paulo Rodríguez-Yáñez (Hrsg.), *Bilingual socialization and bilingual language acquisition: Proceedings from the second international symposium on bilingualism*, 1331–1347. Vigo: Servizo de Publicacions da Universitdade de Vigo.

Köpke, Barbara (2007): *Language attrition: Theoretical perspectives*. Amsterdam: Benjamins.

Köpke, Barbara & Monika S. Schmid (2004): First language attrition: The next phase. In Monika S. Schmid, Barbara Köpke, Merel Keijzer & Lena Weilemar (Hrsg.), *First language attrition: Interdisciplinary perspectives on methodological issues*, 1–43. Amsterdam: Benjamins.

Köpke, Barbara, Monika S. Schmid, Merel Keijzer & Susan Dostert (2007): *Language attrition: Theoretical perspectives*. Amsterdam: Benjamins.

Kopotev, Mikhail (2008): K postroeniju chastotnoj grammatiki russkogo jazyka: Padezhnaja sistema po korpusnym dannym. In Arto Mustajoki, Mikhail Kopotev, Leonid Birjulin & Ekaterina Protasova (Hrsg.), *Instrumentarij rusistiki: korpusnye podkhody (Slavica Helsingiensia 34)*, 136–151. Helsinki: Department of Modern Languages.

Kornev, Aleksandr N. (2006): *Osnovy logopatologii detskogo vozrasta (Kliničeskie i psihologičeskie aspekty nedorazvitija reči u detej)*. St. Petersburg: Reč'.

Kornilov, Sergey A., Natalia V. Rakhlin & Elena L. Grigorenko (2012): Morphology and developmental language disorders: New tools for Russian. *Psychology in Russia: State of Art* 5 (1), 371–387.

Kovšikov, Valeriy A. (2006): *Metodika diagnostiki i korrekcii narušenij upotreblenija padežnych okončanij suščestvitel'nych Skačat' besplatno*. St. Petersburg: Karo.

Kracht, Annette (2000): *Migration und kindliche Zweisprachigkeit: Interdisziplinarität und Professionalität sprachpädagogischer und sprachbehindertenpädagogische Praxis*. Münster: Waxmann.

Krempatič, Ekaterina (2013): Osvoenie vyraženiâ morfologičeskih značenij glagola mladšimi škol'nikami s normal'nym rečevym razvitiem i s rečevoj patologiej. In *Sbornik statej k jubileju doktora filologičeskich nauk, professora Stelly Naumovny Cejtlin*, 263–268. St. Petersburg: Zlatoust.

Kroffke, Solveig (2007): Mehrsprachige Kinder mit Spezifischer Sprachentwicklungsstörung Implikationen für die Diagnostik. *L.O.G.O.S. Interdisziplinär* 15 (4), 253–262.

Kroll, Judith F. & Ellen Bialystok (2013): Understanding the consequences of bilingualism for language processing and cognition. *Journal of Cognitive Psychology* 25 (5), 497–514.

Krotkova, A.V. & E.N. Drozdova (2004): Osobennosti formirovanija leksiko-grammatičeskogo stroja reči u doškol'nikov s obščim nedorazvitiem reči III urovnja. *Logoped* 1, 26–34.

Lai, Cecilia S. L., Simon E. Fisher, Jane A. Hurst, Faraneh Vargha-Khadem & Anthony P. Monaco (2001): A forkhead-domain gene is mutated in a severe speech and language disorder. *Nature* 413 (6855), 519–523.

Lalaeva, Raisa I. & Narinė V. Serebrjakova (1999): *Korrekcija obwego nedorazvitija rechi u doshkol'nikov: formirovanie leksiki i grammaticheskogo stroja*. St. Petersburg: Sojuz.

Lalaeva, Raisa I. & Narinė V. Serebrjakova (2004): *Formirovanie pravil'noj razgovornoj reči u doškol'nikov*. St. Petersburg: Sojuz.

Lalajan, Natalja S. & Oksana V. Podvoiska (2013): *Vergleichende Grammatik der deutschen und der ukrainischen Sprache*. Winnyzja: Nowa Knyha.

Landmann, Angelika (2012): *Kasachisch: Kurzgrammatik*. Wiesbaden: Harrassowitz.

Lemmer, Rabea (2018): *Sprachentwicklungsstörungen bei frühen Zweitsprachlernern - Der Erwerb von Kasus, Finitheit und Verbstellung*. Dissertation, Frankfurt am Main: Johann Wolfgang Goethe-Universität.

Lenneberg, Eric H. (1967): *Biological foundations of language*. New York: John Wiley & Sons.

Leonard, Laurence B. (1989): Language learnability and specific language impairment in children. *Applied Psycholinguistics* 10 (2), 179–202.

Leonard, Laurence B. (1994): Some problems facing accounts of morphological deficits in children with specific language impairments. In *Specific language impairments in children, Communication and language intervention series*, 91–105. Baltimore: Brooks Publishing.

Leonard, Laurence B. (1995): Functional categories in the grammars of children with specific language impairment. *Journal of Speech, Language, and Hearing Research* 38 (6), 1270–1283.

Leonard, Laurence B. (1998): *Children with specific language impairment*. Cambridge: MIT Press.

Leonard, Laurence B. (1999): The study of language acquisition across languages. In Orlando L. Taylor & Laurence B. Leonard (Hrsg.), *Language acquisition in North America: Crosscultural and crosslinguistics perspectives*, 3–18. San Diego: Singular Publishing.

Leonard, Laurence B. (2000): Specific language impairment across languages. In Dorothy V.M. Bishop & Lawrence B. Leonard (Hrsg.), *Speech and language impairments in children: Causes, characteristics, intervention and outcome*, 115–129. New York: Psychology Press.

Leonard, Laurence B. (2009): Is expressive language disorder an accurate diagnostic category? *American Journal of Speech-Language Pathology* 18 (2), 115–123.

Leonard, Laurence B. (2014): Specific language impairment across languages. *Child Development Perspectives* 8 (1), 1–5.

Leonard, Laurence B., M. Cristina Caselli & Antonella Devescovi (2002): Italian children's use of verb and noun morphology during the preschool years*. *First Language* 22 (3), 287–304.

Leonard, Laurence B., Patricia Deevy, Carol A. Miller, Leila Rauf, Monique Charest & Robert Kurtz (2003): Surface forms and grammatical functions: Past tense and passive participle use by children with specific language impairment. *Journal of Speech, Language, and Hearing Research* 46 (1), 43.

Leonard, Laurence B., Susan Ellis Weismer, Carol A. Miller, David J. Francis, J. Bruce Tomblin & Robert V. Kail (2007): Speed of processing, working memory, and language impairment in children. *Journal of Speech, Language, and Hearing Research* 50 (2), 408–428.

Leonard, Laurence B., Julia A. Eyer, Lisa M. Bedore & Bernard G. Grela (1997): Three accounts of the grammatical morpheme difficulties of English-speaking children with specific language impairment. *Journal of Speech, Language, and Hearing Research* 40 (4), 741–53.

Leonard, Laurence B., Sari Kunnari, Tuula Savinainen-Makkonen, Anna-Kaisa Tolonen, Leena Mäkinen, Mirja Luotonen & Eeva Leinonen (2014): Noun case suffix use by children with specific language impairment: An examination of Finnish. *Applied Psycholinguistics* 35 (4), 833–854.

Leonard, Laurence B., Karla K. McGregor & George D. Allen (1992): Grammatical morphology and speech perception in children with specific language impairment. *Journal of Speech, Language, and Hearing Research* 35 (5), 1076–1085.

Leonard, Laurence B., Carol A. Miller, Patricia Deevy, Leila Rauf, Erika Gerber & Monique Charest (2002): Production operations and the use of nonfinite verbs by children with specific language impairment. *Journal of Speech, Language, and Hearing Research* 45 (4), 744–758.

Leonard, Laurence B., Carol A. Miller, Bernard Grela, Audrey L. Holland, Erika Gerber & Marcia Petucci (2000): Production operations contribute to the grammatical morpheme limitations of children with specific language impairment. *Journal of Memory and Language* 43 (2), 362–378.

Leonard, Laurence B., Richard G. Schwartz, George D. Allen, Lori A. Swanson & Diane F. Loeb (1989): Unusual phonological behavior and the avoidance of homonymy in children. *Journal of Speech, Language, and Hearing Research* 32 (3), 583–900.

Levina, Roza E. (Hrsg.) (1967): *Osnovy teorii i praktiki logopedii*. Moskva: Prosveščenie.

Lewis, Barbara A. & Lee A. Thompson (1992): A study of developmental speech and language disorders in twins. *Journal of Speech, Language, and Hearing Research* 35 (5), 1086–1094.

Lieven, Elena & Michael Tomasello (2008): Children's first language acquisition from a usage-based perspective. In Peter Robinson & Nick C. Ellis (Hrsg.), *Handbook of cognitive linguistics and second language acquisition*, 168–196. New York: Routledge.

Lindemann, Ute (Hrsg.) (2014): *Migration und Integration: Abschlussbericht der Enquetekommission des Hessischen Landtags*. Berlin: BWV.

Lindner, Katrin (1995): Acquisition and use of morphological markers: What is the matter with SLI children? In Melita Kovačević (Hrsg.), *Language and language communication barriers. Research and theoretical perspectives in three European languages*, 71–95. Zagreb: Croatian University Press.

Lindner, Katrin (2002): Finiteness and children with specific language impairment: An exploratory study. *Linguistics* 40 (4), 797–847.

Lindner, Katrin (2003): The development of sentence-interpretation strategies in monolingual German-learning children with and without specific language impairment. *Linguistics* 41 (2), 213–254.

Lindner, Katrin (2011): Kongruenz und Kasus in Produktionsdaten von deutschen typisch entwickelten Kindern und Kindern mit einer spezifischen Sprachentwicklungsstörung. In *Vortrag gehalten auf der Tagung „Studium näher an die Forschung!" Psycholinguistik am Institut für Deutsch als Fremdsprachenphilologi, Universität Heidelberg*.

Lindner, Katrin, Julia Held, Julia Lomako & Natalia Gagarina (2014): Verbale und nonverbale Indikatoren zur Identifizierung von umschriebenen Sprachentwicklungsstörungen bei sukzessiv bilingualen Kindergartenkindern. *Forschung Sprache* 2 (2), 58–68.

Lindner, Katrin & Judith R. Johnston (1992): Grammatical morphology in language-impaired children acquiring English or German as their first language: A functional perspective. *Applied Psycholinguistics* 13 (2), 115–29.

Lindner, Katrin, Daniella Schmitt & Lena Kühfuss (2013): *Satzwiederholung im Deutschen. Ein Test für Vorschulkinder*. Unveröffentlichtes Manuskript aus dem Forschungsprojekt Sedrik (LMU München) & DRUSLI (ZAS Berlin). Ludwig-Maximilians-Universität München.

Long, Michael H. (2003): Stabilization and fossilization in interlanguage development. In Catherine J. Doughty & Michael H. Long (Hrsg.), *The handbook of second language acquisition*, 487–535. Wiley-Blackwell.

Lukács, Ágnes, Bence Kas & Laurence B. Leonard (2013): Case marking in Hungarian children with specific language impairment. *First Language* 33 (4), 331–353.

Lüttenberg, Dina (2010): Mehrsprachigkeit, Familiensprache, Herkunftssprache. Begriffsvielfalt und Perspektiven für die Sprachdidaktik. *Wirkendes Wort: Deutsche Sprache und Literatur in Forschung und Lehre* 60 (2), 299–315.

Macnamara, John T. (1969): How can one measure the extent of a person's bilingual proficiency? In Louis G. Kelly (Hrsg.), *Description and measurement of bilingualism: An international seminar, University of Moncton, June 6-14, 1967*, 79–120. Toronto: University of Toronto Press.

MacWhinney, Brian (2019): *The CHILDES Project Tools for Analyzing Talk – Electronic Edition. Part 1: The CHAT Transcription Format.* (URL: https://talkbank.org/manuals/CHAT.pdf, zuletzt abgerufen am: 20.09.2019).

Mangold, Roland (2015): *Informationspsychologie: Wahrnehmen und Gestalten in der Medienwelt.* 2. Aufl. 2015. Berlin, Heidelberg: Springer.

Marian, Viorica & Anthony Shook (2012): The cognitive benefits of being bilingual. *Cerebrum: The Dana Forum on Brain Science* 2012, 13.

Marinis, Theodoros & Sharon Armon-Lotem (2015): Sentence Repetition. In Sharon Armon-Lotem, Jan de Jong & Natalia Meir (Hrsg.), *Assessing multilingual children: Disentangling bilingualism from language impairment*, 95–124. Bristol u.a.: Multilingual Matters.

Mathieu, Jennipher, Katrin Lindner, Julia Lomako & Natalia Gagarina (2016): „Wo bist du, kleiner Monster?" Sprachspezifische nonword repetition Tests zur Differenzierung von bilingualen typisch entwickelten Kindern und entsprechenden Risikokindern für USES. *Forschung Sprache* 4 (1), 5–24.

Mayer, Mercer & Marianna Mayer (1978): *A Boy, a Dog, a Frog, and a Friend*. New York: Puffin Books.

Meir, Natalia (2018): Morpho-syntactic abilities of unbalanced bilingual children: A closer look at the weaker language. *Frontiers in Psychology* 9, Article 1318.

Meir, Natalia & Sharon Armon-Lotem (2015): Disentangling bilingualism from SLI in Heritage Russian: The impact of L2 properties and length of exposure to the L2. In Cornelia Hamann & Esther Ruigendijk (Hrsg.), *Language Acquisition and Development: Proceedings of GALA 2013*, 299–314. Newcastle upon Tyne, UK: Cambridge Scholars Publishing.

Meir, Natalia & Maria Polinsky (2019): Restructuring in Heritage Russian grammar: Adjective-noun and numeral-noun expressions in Israeli Russian. *Linguistic Approaches to Bilingualism* 9 (1), [https://doi.org/10.1075/lab.18069.mei].

Meir, Natalia, Joel Walters & Sharon Armon-Lotem (2016): Disentangling SLI and bilingualism using sentence repetition tasks: The impact of L1 and L2 properties. *International Journal of Bilingualism* 20 (4), 421–452.

Meisel, Jürgen M. (1986): Word order and case marking in early child language. Evidence from simultaneous acquisition of two first languages: French and German. *Linguistics* 24 (1), 123–183.

Meisel, Jürgen M. (2001): The simultaneous acquisition of two first languages: Early differentiation and subsequent development of grammars. In Jasone Cenoz & Fred Genesee (Hrsg.), *Trends in bilingual acquisition*, 11–41. Amsterdam: Benjamins.

Meisel, Jürgen M. (2007): Mehrsprachigkeit in der früheren Kindheit: Zur Rolle des Alters bei Erwerbsbeginn. In Tanja Anstatt (Hrsg.), *Mehrsprachigkeit bei Kindern und Erwachsenen. Erwerb, Formen, Förderung*, 93–113. Tübingen: Attempto.

Meisel, Jürgen M. (2008): Child second language acquisition or successive first language acquisition? In Belma Haznedar & Elena Gavruseva (Hrsg.), *Current trends in child second language acquisition: A generative perspective*, 55–80. Amsterdam: Benjamins.

Meisel, Jürgen M. (2009): Second language acquisition in early childhood. *Zeitschrift für Sprachwissenschaft* 28 (1), 5–34.

Meisel, Jürgen M. (2013): Sensitive phases in successive language acquisition: The critical period hypothesis revisited. In Cedric Boeckx & Kleanthes K. Grohmann (Hrsg.), *Cambridge handbooks in language and linguistics*, 69–85. Cambridge: Cambridge University Press.

Mierau, Susanne, Hee-Jeong Lee & Wolfgang Tietze (2008): *Zum Zusammenhang von pädagogischer Qualität in Kindertageseinrichtungen und Familien und dem Sprachstand von Kindern*. Berlin: Pädagogische Qualitäts-Informations-Systeme gGmbH.

Miller, Carol A., Robert Kail, Laurence B. Leonard & J. Bruce Tomblin (2001): Speed of processing in children with specific language impairment. *Journal of Speech, Language, and Hearing Research* 44 (2), 416–429.

Miller, Carol A., Laurence B. Leonard, Robert V. Kail, Xuyang Zhang, J. Bruce Tomblin & David J. Francis (2006): Response time in 14-year-olds with language impairment. *Journal of Speech, Language, and Hearing Research* 49 (4), 712–728.

Mills, Anne E. (1985): The acquisition of German. In Dan I. Slobin (Hrsg.), *The crosslinguistic study of language acquisition*, Bd. 1, 141–254. Hillsdale, NJ: Erlbaum.

Mills, Anne E. (1986): *The acquisition of gender: A study of English and German*. Berlin u.a.: Springer.

Montgomery, James W. (2003): Working memory and comprehension in children with specific language impairment: What we know so far. *Journal of Communication Disorders* 36 (3), 221–231.

Montgomery, James W. (2006): Real-time language processing in school-age children with specific language impairment. *International Journal of Language & Communication Disorders* 41 (3), 275–291.

Montgomery, James W., Beula M. Magimairaj & Mianisha C. Finney (2010): Working memory and specific language impairment: An update on the relation and perspectives on assessment and treatment. *American Journal of Speech-Language Pathology* 19 (1), 78–94.

Montrul, Silvina A. (2008): *Incomplete acquisition in bilingualism: Re-examining the age factor*. Amsterdam: Benjamins.

Motsch, Hans-Joachim (2013a): Diagnostik und Therapie mehrsprachiger Kinder mit Spezifischer Sprachentwicklungsstörung. *Logos* 21 (4), 255–263.

Motsch, Hans-Joachim (2013b): Grammatische Störungen – Basisartikel. *Sprachförderung und Sprachtherapie* 1/2013, 2–8.

Muchina, Valerija S. (1985): *Detskaja psichologija*. Ripol Klassik.

Mulisch, Herbert (1965): *Einführung in die Morphologie der russischen Gegenwartssprache*. München: Max Hueber.

Müller, Natascha & Tanja Kupisch (2003): Zum simultanen Erwerb des Deutschen und des Französischen bei (un)ausgeglichen bilingualen Kindern. *Vox Romanica* 62 (1), 145–169.

Müller, Natascha, Tanja Kupisch, Katrin Schmitz & Katja Cantone (2011): *Einführung in die Mehrsprachigkeitsforschung*. 3. überarbeitete Aufl. Tübingen: Gunter Narr.

Müller, Stefan (2007): *Head-Driven Phrase Structure Grammar: Eine Einführung*. Tübingen: Stauffenburg.

Navon, David & Daniel Gopher (1979): On the economy of the human-processing system. *Psychological Review* 86 (3), 214–255.

Newbury, Dianne F. & Anthony P. Monaco (2010): Genetic advances in the study of speech and language disorders. *Neuron* 68 (2), 309–320.

Nübling, Damaris (1998): Wann werden die deutschen Präpositionen flektieren? Grammatisierungswege zur Flexion. In Ray Fabri, Albert Ortmann & Teresa Parodi (Hrsg.), *Models of inflection*, 266–289. Tübingen: Niemeyer.
Nußbeck, Susanne (2007): *Sprache – Entwicklung, Störungen und Intervention*. Stuttgart: Kohlhammer.
Oláh, Annegret E. (1998): *Neurolinguistische Aspekte der dysgrammatischen Sprachstörung bei Kindern*. Tübingen: Gunter Narr.
Orgassa, Antje (2009): *Specific language impairment in a bilingual context: The acquisition of Dutch inflection by Turkish–Dutch learners*. Dissertation, Amsterdam: Universiteit van Amsterdam.
Orgassa, Antje & Fred Weerman (2008): Dutch gender in specific language impairment and second language acquisition. *Second Language Research* 24 (3), 333–364.
Pallier, Christophe (2007): Critical periods in language acquisition and language attrition. In Barbara Köpke, Monika S. Schmid, Merel C.J. Keijzer & Susan Dostert (Hrsg.), *Language Attrition: Theoretical perspectives*, 155–168. Amsterdam: Benjamins.
Panagos, John M. & Patricia A. Prelock (1982): Phonological constraints on the sentence productions of language-disordered children. *Journal of Speech, Language, and Hearing Research* 25 (2), 171–177.
Paradis, Johanne (2005): Grammatical morphology in children learning English as a second language: Implications of similarities with specific language impairment. *Language, Speech, and Hearing Services in Schools* 36 (3), 172–187.
Paradis, Johanne (2008): Tense as a clinical marker in English L2 acquisition with language delay/impairment. In Belma Haznedar & Elena Gavruseva (Hrsg.), *Current trends in child second language acquisition: A generative perspective*, 337–356. Amsterdam: Benjamins.
Paradis, Johanne (2010a): Response to Commentaries on the interface between bilingual development and specific language impairment. *Applied Psycholinguistics* 31 (2), 345–362.
Paradis, Johanne (2010b): The interface between bilingual development and specific language impairment. *Applied Psycholinguistics* 31 (2), 227–252.
Paradis, Johanne & Martha Crago (2000): Tense and temporality: Similarities and differences between language-impaired and second-language children. *Journal of Speech, Language, and Hearing Research* 43 (4), 834–848.
Paradis, Johanne & Martha Crago (2003): What can SLI tell us about transfer in SLA? In Juana M. Liceras, Helmut Zobl & Helen Goodluck (Hrsg.), *Proceedings of the 6th Generative Approaches to Second Language Acquisition Conference, April 26-28, 2002*, 219–226. Somerville, MA: Cascadilla Proceedings Project.
Paradis, Johanne, Martha Crago & Fred Genesee (2006): Domain-general versus domain-specific accounts of specific language impairment: Evidence from bilingual children's acquisition of object pronouns. *Language Acquisition* 13 (1), 33–62.
Paradis, Johanne, Martha Crago, Fred Genesee & Mabel Rice (2003): French-English bilingual children with SLI: How do they compare with their monolingual peers? *Journal of Speech, Language, and Hearing Research* 46 (1), 113–127.
Paradis, Johanne & Fred Genesee (1996): Syntactic acquisition in bilingual children: Autonomous or interdependent? *Studies in Second Language Acquisition* 18 (1), 1–25.
Paradis, Johanne, Mabel L. Rice, Martha Crago & Janet Marquis (2008): The acquisition of tense in English: Distinguishing child second language from first language and specific language impairment. *Applied Psycholinguistics* 29 (4), 689–722.
Paradis, Michel (2004): *A neurolinguistic theory of bilingualism*. Amsterdam u.a.: Benjamins.

Park, Jungjun, Michaela Ritter, Linda Lombardino, Wiseheart Rebecca & Susan Sherman (2014): Phonological awareness intervention for verbal working memory skills in school-age children with specific language impairment and concomitant word reading difficulties. *International Journal of Research Studies in Language Learning* 3 (4), 3–22.

Patterson, Janet L. (2002): Relationships of expressive vocabulary to frequency of reading and television experience among bilingual toddlers. *Applied Psycholinguistics* 23 (4), 493–508.

Pavlenko, A. (2004): L2 influence and L1 attrition in adult bilingualism. In Monika S. Schmid, Barbara Köpke, Merel Keijzer & Lina Weilemar (Hrsg.), *First language attrition. Interdisciplinary perspectives on methodological issues*, 47–59. Amsterdam, Philadelphia: Benjamins.

Pearson, Barbara Z. (2009): Children with two languages. In Edith L. Bavin (Hrsg.), *The cambridge handbook of child language*, 379–398. Cambridge: Cambridge University Press.

Peeters-Podgaevskaja, Alla (2008): Problemy osvoenija russkogo jazyka kak vtorogo rodnogo det'mi 5-7 let i sozdanie adekvatnogo uchebnogo posobija. In Eric de Haard, Win Honselaar & Jenny Stelleman (Hrsg.), *Literature and Beyond. Festschrift for Willem G. Weststeijn*, Bd. Pegasus Oost-Europese Studies 11/2, 609–627. Amsterdam: Pegasus.

Peters, Ann M. (1997): Language typology, prosody and the acquisition of grammatical morphemes. In Dan I. Slobin (Hrsg.), *The crosslinguistic study of language acquisition: Expanding the contexts*, 136–197. Hillsdale: Erlbaum.

Petruccelli, Nadia, Edith L. Bavin, Lesley Bretherton, Janna Oetting & Marc Joanisse (2012): Children with specific language impairment and resolved late talkers: Working memory profiles at 5 years. *Journal of Speech, Language, and Hearing Research* 55 (6), 1690–1703.

Pfeffer, Kathrin (2015): *Selektieren, verknüpfen, sprachlich umsetzen: Zu viel für Kinder mit einer Sprachentwicklungsstörung? Narrative Fähigkeiten bei Kindern mit und ohne Sprachentwicklungsstörung im Grundschulalter*. Idstein: Schulz-Kirchner.

Philippi, Jule (2008): *Einführung in die generative Grammatik*. Göttingen: Vandenhoeck & Ruprecht.

Pittner, Karin & Judith Berman (2007): *Deutsche Syntax: Ein Arbeitsbuch*. 2. Aufl. Tübingen: Gunter Narr.

Platzer, Cornelia & Dagmar Bittner (2011): FOXP2 und seine Rolle bei der Entstehung von Sprache. *Sprache – Stimme – Gehör* 35 (2), 78–83.

Polinsky, Maria (1997): American Russian: Language loss meets language acquisition. In Wayles Browne, Ewa Dornisch, Natasha Kondrashowa & Draga Zec (Hrsg.), *Proceedings of the Annual Workshop on Formal Approaches to Slavic Linguistics: The Cornell Meeting 1995*, 370–406. Ann Arbor: Michigan Slavic Linguistics.

Polinsky, Maria (2000): A composite linguistic profile of a speaker of Russian in the U.S. In Olga Kagan & Benjamin Rifkin (Hrsg.), *The learning and teaching of Slavic languages and cultures*, 437–465. Bloomington: Slavica.

Polinsky, Maria (2005): Word class distinctions in an incomplete grammar. In Dorit D. Ravid & Hava B-Z. Shyldkrot (Hrsg.), *Perspectives on language and language development*, 419–436. Dordrecht: Kluwer.

Polinsky, Maria (2006a): Acquisition of Russian: Uninterrupted and incomplete scenarios. In Steven Franks, Edna Andrew, Ron Feldstein & George Fowler (Hrsg.), *The Slavic and East European Languages Rsearch Center, Glossos 8*. Duke University.

Polinsky, Maria (2006b): Incomplete acquisition American Russian*. *Journal of Slavic Linguistics* 14 (2), 191–262.

Polinsky, Maria (2008a): Gender under incomplete acquisition: Heritage speakers. *Heritage Language Journal* 6 (1), 40–71.
Polinsky, Maria (2008b): Heritage language narratives. In Donna M. Brinton, Olga Kagan & Susan Bauckus (Hrsg.), *Heritage language education: A new field emerging*, 149–164. Hillsdale, NJ: Erlbaum.
Popp, Christian H. (2013): Visuelles Arbeitsgedächtnis. *Der Radiologe* 53 (7), 607–612.
Poulin-Dubois, Diane, Agnes Blaye, Julie Coutya & Ellen Bialystok (2011): The effects of bilingualism on toddlers' executive functioning. *Journal of Experimental Child Psychology* 108 (3), 567–579.
Prathanee, Benjamas, Bandit Thinkhamrop & Sumalee Dechongkit (2007): Factors associated with specific language impairment and later language development during early life: A literature review. *Clinical Pediatrics* 46 (1), 22–29.
Prigent, Gaïd, Christophe Parisse, Anne-Lise Leclercq & Christelle Maillart (2015): Complexity markers in morphosyntactic productions in French-speaking children with specific language impairment (SLI). *Clinical Linguistics & Phonetics* 29 (8–10), 701–718.
Protasova, Ekaterina (2007): Sprachkorrosion: Veränderungen des Russischen bei russischsprachigen Erwachsenen und Kindern in Deutschland. In Katharina Meng & Jochen Rehbein (Hrsg.), *Kindliche Kommunikation (Mehrsprachigkeit)*, 299–333. Münster u.a.: Waxmann.
Redmond, Sean M., Heather L. Thompson & Sam Goldstein (2011): Psycholinguistic profiling differentiates specific language impairment from typical development and from attention-deficit/hyperactivity disorder. *Journal of Speech, Language, and Hearing Research* 54 (1), 99–117.
Reis, Marga (2003): A unified model of specific and general language delay: Grammatical tense as a clinical marker of unexpected variation. In Yonata Levy & Jeannette C. Schaeffer (Hrsg.), *Language competence across populations: Toward a definition of specific language impairment*, 63–95. Mahwah, NJ: Erlbaum.
Ribes, Yolanda & Àngels Llanes (2015): First language attrition: The effects of acculturation to the host culture. *Procedia – Social and Behavioral Sciences* 173, 181–185.
Rice, Mabel L. (1993): „Don't talk to him: He's weird" A social consequences account of language and social interactions. In Ann P. Kaiser & David B. Gray (Hrsg.), *Enhancing children's communication: Research foundations for intervention*, 139–158. Baltimore: Brooks Publishing.
Rice, Mabel L., Karen R. Noll & Hannelore Grimm (1997): An extended optional infinitive stage in German-speaking children with specific language impairment. *Language Acquisition* 6 (4), 255–295.
Rice, Mabel L. & Kenneth Wexler (1996): Toward tense as a clinical marker of specific language impairment in English-speaking children. *Journal of Speech, Language, and Hearing Research* 39 (6), 1239–1257.
Rice, Mabel L., Kenneth Wexler & Patricia L. Cleave (1995): Specific language impairment as a period of extended optional infinitive. *Journal of Speech, Language, and Hearing Research* 38 (4), 850–863.
Rice, Mabel L., Kenneth Wexler & Scott Hershberger (1998): Tense over time: The longitudinal course of tense acquisition in children with specific language impairment. *Journal of Speech, Language, and Hearing Research* 41 (6), 1412–1431.

Riches, Nick G. (2012): Sentence repetition in children with specific language impairment: An investigation of underlying mechanisms. *International Journal of Language & Communication Disorders* 47 (5), 499–510.

Riehl, Claudia M. (2014): *Mehrsprachigkeit: Eine Einführung*. Darmstadt: WBG.

Roelcke, Thorsten (2011): *Typologische Variation im Deutschen: Grundlagen – Modelle – Tendenzen*. Berlin: Erich Schmidt.

Roid, Gale H., Lucy J. Miller, Mark Pomplun & Chris Koch (2013): *Leiter international performance scale – Third edition (Leiter-3)*. Wood Dale: Stoelting Co.

Rosenfeld, Rosenfeld & Denise Horn (2011): Genetische Faktoren bei spezifischer Sprachentwicklungsstörung. *Sprache – Stimme – Gehör* 35 (2), e44–e51.

Rothweiler, Monika (2006a): Spezifische Sprachentwicklungsstörung und kindlicher Zweitspracherwerb. In Reiner Bahr & Claudia Iven (Hrsg.), *Sprache, Emotion, Bewusstheit. Beiträge zur Sprachtherapie in Schule, Praxis, Klinik*, 154–162. Idstein: Schulz-Kirchner.

Rothweiler, Monika (2006b): The acquisition of V2 an subordinate clauses in early successive acquisition of German. In Conxita Lleó (Hrsg.), *Interfaces in multilingualism. Acquisition and representation*, 91–113. Amsterdam: Benjamins.

Rothweiler, Monika (2007a): Bilingualer Spracherwerb und Zweitspracherwerb. In Markus Steinbach, Ruth Albert, Heiko Girnth, Annette Hohenberger, Bettina Kümmerling-Meibauer, Jörg Meibauer, Monika Rothweiler & Monika Schwarz-Friesel (Hrsg.), *Schnittstellen der germanistischen Linguistik*, 103–135. Stuttgart: Metzler.

Rothweiler, Monika (2007b): „Mistaken identity" – Zum Problem der Unterscheidung typischer grammatischer Strukturen bei SSES und bei Mehrsprachigkeit. In Ulrike de Langen-Müller & Volker Maihack (Hrsg.), *Früh genug – aber wie? Sprachförderung per Erlass oder Sprachtherapie auf Rezept? Tagungsbericht vom 8. wissenschaftlichen Symposium des Deutschen Bundesverbandes der akademischen Sprachtherapeuten*, 110–128. Köln: ProLog.

Rothweiler, Monika (2007c): Spezifische Sprachentwicklungsstörung und Mehrsprachigkeit. In Hermann Schöler & Alfons Welling (Hrsg.), *Sonderpädagogik der Sprache*, Bd. 1, *Handbuch Sonderpädagogik*, 254–258. Göttingen u.a.: Hogrefe.

Rothweiler, Monika (2013): Spezifische Sprachentwicklungsstörungen bei mehrsprachigen Kindern. *Sprache – Stimme – Gehör* 37 (4), 186–190.

Rothweiler, Monika, Solveig Chilla & Ezel Babur (2010): Specific language impairment in Turkish: Evidence fromcase morphology in Turkish – German successive bilinguals. *Clinical Linguistics and Phonetics* 24 (7), 540–555.

Rothweiler, Monika, Solveig Chilla & Harald Clahsen (2012): Subject-verb agreement in specific language impairment: A study of monolingual and bilingual German-speaking children. *Bilingualism: Language and Cognition* 15 (Special Issue 01), 39–57.

Rothweiler, Monika & Solveig Kroffke (2006): Bilingualer Spracherwerb. In Julia Siegmüller & Hendrik Bartels (Hrsg.), *Leitfaden Sprache, Sprechen, Stimme, Schlucken*, 44–49. München: Elsevier, Urban & Fischer.

Rothweiler, Monika & Tobias Ruberg (2011): *Der Erwerb des Deutschen bei Kindern mit nichtdeutscher Erstsprache: Sprachliche und außersprachliche Einflussfaktoren*. München: Weiterbildungsinitiative Frühpädagogische Fachkräfte.

Rowley, Anthony (2004): Das Leben ohne Genitiv und Präteritum. In Elvira Glaser, Peter Ott & Rudolf Schwarzenbach (Hrsg.), *Alemannisch im Sprachvergleich: Beiträge zur 14. Arbeitstagung für Alemannische Dialektologie in Männedorf (Zürich) vom 16.-18.9.2002*, 344–362. München: Franz Steiner.

Rozental', Ditmar E., Irina B. Golub & Margarita A. Telenkova (2006): *Sovremennyj russkij jazyk*. Moskva: Ayris Press.
Ruberg, Tobias (2013a): *Der Genuserwerb ein- und mehrsprachiger Kinder*. Hamburg: Dr. Kovač.
Ruberg, Tobias (2013b): Problembereiche im kindlichen Zweitspracherwerb. *Sprache – Stimme – Gehör* 37 (4), 181–185.
Rudakova, Natalia P. (2004): Osobennosti usvoenija predložno-padežnych konstrukcij det'mi staršego doškol'nogo vozrasta s obščim nedorazvitiem reči. *Logoped* 3, 47–55.
Rudakova, Natalia P. (2005): *Formirovanie predložno-padežnych konstrukcij v sisteme korrekcionno-logopedičeskoj raboty s det'mi staršego doškol'nogo vozrasta s obščim nedorazvitiem reči*. Disseration, Moskva: Moskovskij pedagogičeskij gosudarstvennyj universitet.
Ruigendijk, Esther (2012): *Case task: German version*. Unpublished Manuscript. Cost Action IS0804.
Ruigendijk, Esther (2015): Contrastive elicitation task for testing case marking. In Sharon Armon-Lotem, Jan de Jong & Natalia Meier (Hrsg.), *Assessing multilingual children disentangling bilingualism from language impairment*, 38–54. Bristol, Tonawanda, Ontario: Multilingual Matters.
Ruigendijk, Esther & Bibi Janssen (2013): *Case task: Russian version*. Unpublished Manuscript. Cost Action IS0804.
Sachse, Steffi (2007): *Neuropsychologische und neurophysiologische Untersuchungen bei Late Talkers im Quer- und Längsschnitt*. Disseration, Ludwig-Maximilians-Universität München.
Sachse, Steffi & Waldemar von Suchodoletz (2009): Prognose und Möglichkeiten der Vorhersage der Sprachentwicklung bei Late Talkers. *Kinderärztliche Praxis* 80 (5), 318–328.
Sanders, Andries F. (1997): A summary of resource theories from a behavioral perspective. *Biological Psychology* 45 (1–3), 5–18.
Šanskij, Nikolaj M. & Aleksandr N. Tihonov (1987): *Sovremennyj russkij jazyk: Slovoobrazovanie i morfologija*. Moskva: Prosveščenie.
Šaškina, Gul'nara R., Larisa P. Zernova & Irina A. Zimina (2003): *Logopedičeskaja rabota s doškol'nikami*. Moskva: Akademija.
Scharff Rethfeldt, Wiebke (2013): *Kindliche Mehrsprachigkeit: Grundlagen und Praxis der sprachtherapeutischen Intervention*. Norina Lauer & Dietlinde Schrey-Dern (Hrsg.). Stuttgart, New York: Thieme.
Scherger, Anna-Lena (2015a): Kasus als klinischer Marker im Deutschen. *L.O.G.O.S. Interdisziplinär* 23 (3), 164–175.
Scherger, Anna-Lena (2015b): *Schnittstelle zwischen Mehrsprachigkeit und Sprachentwicklungsstörung: Kasuserwerb deutsch-italienischer Kinder mit spezifischer Sprachentwicklungsstörung*. Hamburg: Dr. Kovač.
Schmid, Monika S. (2002): *First language attrition, use and maintenance: The case of German jews in anglophone countries*. Amsterdam: Benjamins.
Schmid, Monika S. (2008): Defining language attrition. *Babylonia: Zeitschrift für Sprachunterricht und Sprachenlernen* 2 (8), 9–12.
Schmid, Monika S. (2011): *Language attrition*. Cambridge u.a.: Cambridge University Press.
Schmid, Monika S. (2013): First language attrition. *Linguistic Approaches to Bilingualism* 3 (1), 96–117.

Schmitz, Katrin (2006): Indirect objects and dative case in monolingual German and bilingual German/Romance language acquisition. In Daniel Hole, André Meinunger & Werner Abraham (Hrsg.), *Datives and other cases: Between argument structure and event structure*, 239–268. Amsterdam: Benjamins.

Schneider, Wolfgang & Elsbeth Stern (2007): Informationsverarbeitungsansätze der Entwicklungspsychologie. In Marcus Hasselhorn & Wolfgang Schneider (Hrsg.), *Handbuch der Entwicklungspsychologie*, 26–37. Göttingen u.a.: Hogrefe.

Schöler, Hermann (2013): Umschriebene/Spezifische Sprachentwicklungsstörungen – Definition, Prävalenz und Verlaufsmerkmale. In Theodor Hellbrügge & Burkhard Schneeweiß (Hrsg.), *Sprache, Kommunikation und soziale Entwicklung – Frühe Diagnostik und Therapie*, 83–99. Stuttgart: Klett-Cotta.

Schöler, Hermann, Waldemar Fromm & Werner Kany (1998): *Spezifische Sprachentwicklungsstörung und Sprachenlernen: Erscheinungsformen, Verlauf, Folgerungen für Diagnostik und Therapie*. Heidelberg: Universitätsverlag Winter.

Schöler, Hermann & Katrin Lindner (1990): Zum Lernen morphologischer Strukturen Gerhard Augst (Hrsg.). *Der Deutschunterricht* 42 (5), 60–78.

Schönenberger, Manuela, Monika Rothweiler & Franziska Sterner (2012): Case marking in child L1 and early child L2 German. In Kurt Braunmüller & Christoph Gabriel (Hrsg.), *Multilingual individuals and multilingual societies, Hamburg Series on Multilingualism 13*, 3–21. Amsterdam: Benjamins.

Schönenberger, Manuela, Franziska Sterner & Monika Rothweiler (2013): The acquisition of case in child L1 and child L2 German. In Stavroula Stavrakaki, Marina Lalioti & Polyxeni Konstantinopoulou (Hrsg.), *Advances in language acquisition*, 191–199. Cambridge: Cambridge Schoolar Publishing.

Schrey-Dern, Dietlinde (2006): *Sprachentwicklungsstörungen: logopädische Diagnostik und Therapieplanung*. Stuttgart u.a.: Thieme.

Schulz, Petra (2013): Wer versteht wann was? Sprachverstehen im frühen Zweitspracherwerb des Deutschen am Beispiel der w-Fragen. In Arnulf Deppermann (Hrsg.), *Das Deutsch der Migranten. Jahrbuch 2012 des Instituts für deutsche Sprache Mannheim*, 313–337. Mannheim: De Gruyter.

Schulz, Petra, Angela Grimm, Rabea Schwarze & Magdalena Wojtecka (2017): Spracherwerb bei Kindern mit Deutsch als Zweitsprache: Chancen und Herausforderungen. In Ulrike Hartmann, Marcus Hasselhorn & Andreas Gold (Hrsg.), *Entwicklungsverläufe verstehen – Individuelle Förderung wirksam gestalten*, 190–206. Stuttgart: Kohlhammer.

Schulz, Petra & Rosemarie Tracy (2011): *Linguistische Sprachstandserhebung – Deutsch als Zweitsprache (LiSe-DaZ)*. Göttingen u.a.: Hogrefe.

Schumacher, Helmut, Jacqueline Kubczak, Renate Schmidt & Vera de Ruiter (2004): *VALBU – Valenzwörterbuch deutscher Verben*. Studien zur Deutschen Sprache 31. Tübingen: Gunter Narr.

Schumann, John H. (1986): Research on the acculturation model for second language acquisition. *Journal of Multilingual and Multicultural Development* 7 (5), 379–392.

Schwartz, Mila & Miriam Minkov (2014): Russian case system acquisition among Russian-Hebrew speaking children. *Journal of Slavic Linguistics* 22 (1), 51–92.

Scontras, Gregory, Zuzanna Fuchs & Maria Polinsky (2015): Heritage language and linguistic theory. *Frontiers in Psychology* 6, Article 1545.

Seliger, Herbert W. & Robert M. Vago (Hrsg.) (1991): *First language attrition*. Cambridge u.a.: Cambridge University Press.

Sharwood Smith, Michael & Paul Van Buren (1991): First language attrition and the parameter setting model. In Herbert W. Seliger & Robert M. Vago (Hrsg.), *First language attrition*. Cambridge: Cambridge University Press.

Shrier, Martha (1965): Case systems in German dialects. *Linguistic Society of America* 41 (3), 420–438.

Siemund, Peter (2004): Analytische und synthetische Tendenzen in der Entwicklung des Englischen. In Uwe Hinrichs (Hrsg.), *Die europäischen Sprachen auf dem Wege zum analytischen Sprachtyp*, 169–195. Wiesbaden: Harassowitz.

Slavkov, Nikolay (2015): Language attrition and reactivation in the context of bilingual first language acquisition. *International Journal of Bilingual Education and Bilingualism* 18 (6), 715–734.

SLI Consortium (2002): A genomewide scan identifies two novel loci involved in specific language impairment. *American Journal of Human Genetics* 70 (2), 384–398.

Slobin, Dan I. (1973): Cognitive prerequisites for the development of grammar. In Charles A. Ferguson & Dan I. Slobin (Hrsg.), *Studies of child language development*, 175–208. New York: Holt, Rinehart and Winston.

Slobin, Dan I. (1982): Universal and particular in the acquisition of language. In Eric Wanner & Lila R. Gleitman (Hrsg.), *Language acquisition: The state of the art*. Cambridge: Universrty Press.

Slobin, Dan I. (1985): Cross-linguistic evidence for the language making capacity. In Dan I. Slobin (Hrsg.), *The cross-linguistic study of language acquisition*, Bd. 2: Theoretical Issues, 1159–1249. Hillsdale, NJ u.a.: Erlbaum.

Slobin, Dan I. (1997): The universal, the typological, and the particular in acquisition. In Dan I. Slobin (Hrsg.), *The crosslinguistic study of language acquisition: Expanding the contexts*, Bd. 5: Expanding the contexts, 1–39. Mahwah, NJ: Erlbaum.

Smolík, Filip & Petra Vávrů (2014): Sentence imitation as a marker of SLI in Czech: Disproportionate impairment of verbs and clitics. *Journal of Speech, Language, and Hearing Research* 57 (3), 837–849.

Snyder, Lynn E., Catherine Dabasinskas & Elizabeth O'Connor (2002): An information processing perspective on language impairment in children: Looking at both sides of the coin. *Topics in Language Disorders* 22 (3), 1–14.

Sodian, Beate & Ute Ziegenhain (2012): Die normale psychische Entwicklung und ihre Varianten. In Jörg M. Fegert, Christian Eggers & Franz Resch (Hrsg.), *Psychiatrie und Psychotherapie des Kindes- und Jugendalters*, 35–59. Berlin u.a.: Springer.

Sopata, Aldona (2009): *Erwerbstheoretische und glottodidaktische Aspekte des frühen Zweitspracherwerbs. Sprachentwicklung der Kinder im natürlichen und schulischen Kontext*. Poznań: Wydawnictwo Naukowe UAM.

Spiewak, Martin (2012): Sprachförderung: Sprich mit ihm. DIE ZEIT, Nr. 36/2012, Hamburg (Zeitung vom 30.08.2012, URL: http://www.zeit.de/2012/36/Migranten-Kinder-Sprachfoerderung, zuletzt abgerufen am 20.09.2019).

Stanton-Chapman, Tina L., Derek A. Chapman, Nicolette L. Bainbridge & Keith G. Scott (2002): Identification of early risk factors for language impairment. *Research in Developmental Disabilities* 23 (6), 390–405.

Statistische Ämter des Bundes und der Länder (Hrsg.) (2013): *Bevölkerung nach Migrationsstatus regional – Ergebnisse des Mikrozensus 2011*. Wiesbaden: Hessisches Statistisches Landesamt.

Statisches Bundesamt (2019): *Bevölkerung und Erwerbstätigkeit. Bevölkerung mit Migrationshintergrund: Ergebnisse des Mikrozensus 2018.*

Steenge, Judit (2006): *Bilingual children with specific language impairment: Additionally disadvantaged?* Disseration, Nijmegen: Radboud University Nijmegen.

Stolberg, Doris & Rosemarie Tracy (2008): Mehrsprachigkeit im Spannungsfeld von Verlust und Mehrwert. *Babylonia: Zeitschrift für Sprachunterricht und Sprachenlernen* 2/08, 19–25.

Studer, Thérèse (2000): „… aber den Deutsch steht katastroffisch" – Der Erwerb der Kasus in Nominalphrasen. In Erika Diehl, Helen Christen & Sandra Leuenberger (Hrsg.), *Grammatikunterricht: Alles für der Katz?*, 221–264. Tübingen: Niemeyer.

Suchodoletz, Waldemar von (2004): Zur Prognose von Kindern mit umschriebenen Sprachentwicklungsstörungen. In Waldemar von Suchodoletz (Hrsg.), *Welche Chancen haben Kinder mit Entwicklungsstörungen?*, 155–199. Göttingen u.a.: Hogrefe.

Suchodoletz, Waldemar von (2007): Prävention umschriebener Sprachentwicklungsstörungen. In Waldemar von Suchodoletz (Hrsg.), *Prävention von Entwicklungsstörungen*, 45–79. Göttingen u.a.: Hogrefe.

Suchodoletz, Waldemar von (2013): *Sprech- und Sprachstörungen.* Göttingen u.a.: Hogrefe.

Suchodoletz, Waldemar von, Annette Alberti & Dagmar Berwanger (2004): Sind umschriebene Sprachentwicklungsstörungen Folge von Defiziten in der auditiven Wahrnehmung? *Klinische Pädiatrie* 216, 49–56.

Szagun, Gisela (2004a): Learning by ear: On the acquisition of case and gender marking by German-speaking children with normal hearing and with cochlear implants. *Journal of Child Language* 31 (1), 1–30.

Szagun, Gisela (2004b): Neurobiologische und entwicklungsmäßige Grundlagen des Spracherwerbs. *Sprache – Stimme – Gehör* 28 (1), 8–14.

Szagun, Gisela (2007): *Das Wunder des Spracherwerbs: So lernt Ihr Kind sprechen.* Weinheim, Basel: Beltz.

Szagun, Gisela (2013): *Sprachentwicklung beim Kind: Ein Lehrbuch.* Weinheim, Basel: Beltz.

Szagun, Gisela, Barbara Stumper & Satyam A. Schramm (2009): *Fragebogen zur frühkindlichen Sprachentwicklung (FRAKIS) und FRAKIS-K (Kurzform).* Frankfurt: Pearson.

Tallal, Paula (1985): Neuropsychological research approaches to the study of central auditory processing. *Human Communication Canada* 9 (4), 17–22.

Tallal, Paula, Linda S. Hirsch, Teresa Realpe-Bonilla, Steve Miller, Linda M. Brzustowicz, Christopher Bartlett & Judy F. Flax (2001): Familial aggregation in specific language impairment. *Journal of Speech, Language, and Hearing Research* 44 (5), 1172–1182.

Tallal, Paula, Steve Miller & Roslyn H. Fitch (1993): Neurobiological basis of speech: A case for the preeminence of temporal processing. *Annals of the New York Academy of Sciences* 682 (1), 27–47.

Tallal, Paula & Malcolm Piercy (1973a): Defect of non-verbal auditory perception in children with developmental dysphasia. *Nature* 241 (5390), 468–469.

Tallal, Paula & Malcolm Piercy (1973b): Developmental aphasia: Impaired rate of non-verbal processing as a function of sensory modality. *Neuropsychologia* 11 (4), 389–398.

Tallal, Paula & Malcolm Piercy (1974): Developmental aphasia. Rate of auditory processing and selective impairment of consonant perception. *Neuropsychologia* 12 (1), 83–93.

Tallal, Paula & Malcolm Piercy (1975): Developmental aphasia: The perception of brief vowels and extended stop consonants. *Neuropsychologia* 13 (1), 69–74.

Tauscher, Elisabeth & Ernst-Georg Kirschbaum (1987): *Grammatik der russischen Sprache*. 17. unveraend. Aufl. Duesseldorf: Bruecken-Verl.

Tenkacheva, Tatjana R. (2014): Osobennosti grammaticheskogo stroja rechi u razlichnyh kategorij detej starshego doshkol'nogo vozrasta. *Spezial'noe obrazovanie* 1, 68–78.

Textor, Martin R. (2011): *Bildung im Kindergarten: Zur Förderung kognitiver Kompetenzen*. Norderstedt: Books on Demand.

Thal, Donna J., Elizabeth Bates, Judith Goodman & Jennifer Jahn-Samilo (1997): Continuity of language abilities: An exploratory study of late- and earlytalking toddlers. *Developmental Neuropsychology* 13 (3), 239–273.

Thoma, Dieter & Rosemarie Tracy (2007): Deutsch als frühe Zweitsprache: Zweite Erstsprache? In Bernt Ahrenholz (Hrsg.), *Kinder mit Migrationshintergrund: Spracherwerb und Fördermöglichkeiten*, 58–79. Freiburg im Breisgau: Fillibach.

Thompson, Ross A. & Charles A. Nelson (2001): Developmental science and the media: Early brain development. *American Psychologist* 56 (1), 5–15.

Thordardottir, Elin (2015): Proposed diagnostic procedures for use in bilingual and cross-linguistic contexts. In Sharon Armon-Lotem, Theodoros Marinis & Natalia Meier (Hrsg.), *Assessing Multilingual Children Disentangling Bilingualism from Language Impairment*, 331–358. Bristol: Multilingual Matters.

Thordardottir, Elin & Myrto Brandeker (2013): The effect of bilingual exposure versus language impairment on nonword repetition and sentence imitation scores. *Journal of Communication Disorders* 46 (1), 1–16.

Tietze, Wolfgang, Fabienne Becker-Stoll, Joachim Bensel, Andrea G. Eckhardt, Gabriele Haug-Schnabel, Bernhard Kalicki, Heidi Keller & Birgit Leyendecker (Hrsg.) (2012): *NUBBEK: Nationale Untersuchung zur Bildung, Betreuung und Erziehung in der frühen Kindheit. Fragestellungen und Ergebnisse im Überblick (Forschungsbericht)*. Weimar, Berlin: Verlag das Netz.

Tomblin, J. Bruce (1989): Familial concentration of developmental language impairment. *The Journal of Speech and Hearing Disorders* 54 (2), 287–295.

Tomblin, J. Bruce & Paula R. Buckwalter (1998): Heritability of poor language achievement among twins. *Journal of Speech, Language, and Hearing Research* 41 (1), 188–199.

Tomblin, J. Bruce, Paula R. Freese & Nancy L. Records (1992): Diagnosing specific language impairment in adults for the purpose of pedigree analysis. *Journal of Speech, Language, and Hearing Research* 35 (4), 832–843.

Tomblin, J. Bruce, Nancy L. Records & Xuyang Zhang (1996): A system for the diagnosis of specific language impairment in kindergarten children. *Journal of Speech, Language, and Hearing Research* 39 (6), 1284–1294.

Tomblin, J. Bruce, Elaine Smith & Xuyang Zhang (1997): Epidemiology of specific language impairment: Prenatal and perinatal risk factors. *Journal of Communication Disorders* 30 (4), 325–342.

Tracy, Rosemarie (1984): Fallstudien: Überlegungen zum Erwerb von Kasuskategorie und Kasusmarkierung. In Hartmut Czepluch (Hrsg.), *Syntaktische Struktur und Kasusrelation*, 271–313. Tübingen: Gunter Narr.

Tracy, Rosemarie (1986): The acquisition of case morphology in German. *Linguistics* 24 (1), 47–78.

Tracy, Rosemarie (2002): *Deutsch als Erstsprache: Was wissen wir über die wichtigsten Meilensteine des Erwerbs?* Informationsbroschüre 1/2002 der Forschungs- und Kontaktstelle Mehrsprachigkeit. Universität Mannheim.

Tracy, Rosemarie (2007): Wieviele Sprachen passen in einen Kopf? Mehrsprachigkeit als Herausforderung für Gesellschaft und Forschung. In Tanja Anstatt (Hrsg.), *Mehrsprachigkeit bei Kindern und Erwachsenen: Erwerb, Formen, Förderung*, 69–92. Tübingen: Attempto.
Tracy, Rosemarie (2008): *Wie Kinder Sprachen lernen und wie wir sie dabei unterstützen können*. 2. Aufl. Tübingen: Sonderpädagogik der Sprache.
Tracy, Rosemarie (2014): Mehrsprachigkeit: Vom Störfall zum Glücksfall. In Manfred Krifka, Joanna Błaszczak, Annette Leßmöllmann, Meinunger André, Stiebels Barbara, Tracy Rosemarie & Hubert Truckenbrodt (Hrsg.), *Das mehrsprachige Klassenzimmer*, 13–33. Berlin u.a.: Springer.
Tracy, Rosemarie & Ira Gawlitzek-Maiwald (2000): Bilingualismus in der frühen Kindheit. In Hannelore Grimm (Hrsg.), *Enzyklopädie der Psychologie. Themenbereich C: Theorie und Forschung. Serie III: Sprache*, Bd. 3: Sprachentwicklung, 495–535. Göttingen: Hogrefe.
Tribushinina, Elena & Elena Dubinkina (2012): Adjective production by Russian-speaking children with specific language impairment. *Clinical Linguistics and Phonetics* 26 (6), 554–571.
Tsimpli, Ianthi M. (2007): First language attrition from a minimalist perspective: Interface vulnerability and processing effects. In Barbara Köpke, Monika S. Schmid, Merel Keijzer & Susan Dostert (Hrsg.), *Language attrition: Theoretical perspectives*, 83–98. Amsterdam: Benjamins.
Tuller, Laurice (2015): Clinical use of parental questionnaires in multilingual contexts. In Sharon Armon-Lotem, Jan de Jong & Natalia Meir (Hrsg.), *Assessing Multilingual Children: Disentangling Bilingualism from Language Impairment*, 301–330. Bristol, Buffalo, Toronto: Multilingual Matters.
Turgay, Katharina (2010): Unterspezifikation von Präpositionen – Eine Studie zum Erwerb von PPs mit Wechselpräpositionen. In Patricia Pohl (Hrsg.), *Semantische Unbestimmtheit im Lexikon*, 223–243. Frankfurt am Main: Lang.
Turgay, Katharina (2011a): Der Zweitspracherwerb des deutschen Kasus in der Präpositionalphrase. *Zeitschrift für Germanistische Linguistik* 39 (1), 24–54.
Turgay, Katharina (2011b): Einige Aspekte zum Erwerb des Genus durch Kinder mit türkischer und italienischer Erstsprache. *Zeitschrift für Angewandte Linguistik* 2010 (53), 1–29.
Ulrich, Tanja, Martina Penke, Margit Berg, Ulrike M. Lüdtke & Hans-Joachim Motsch (2016): Der Dativerwerb – Forschungsergebnisse und ihre therapeutischen Konsequenzen. *L.O.G.O.S. Interdisziplinär* 24 (3), 178–190.
Voeikova, Maria D. (2002): The acquisition of case in typologically different languages. In Wolfgang U. Dressler & Maria D. Voeikova (Hrsg.), *Pre- and protomorphology: Early phases of morphological development in nouns and verbs pre- and protomorphology*, 25–45. München: Lincom.
Voeikova, Maria D. (2005): Vspomogatel'nye mechanizmy v usvoenii russkojimennoj sistemy malen'kimi det'mi (do 3-ch let). In *Proceedings of the VIII-th International Conference Cognitive Modeling in Linguistics (Vol. 2), September 4-11, 2005, Moscow*, 224–233.
Voeikova, Maria D. & Ineta Savickienė (2001): The acquisition of the first case oppositions by a Lithuanian and a Russian child. *Wiener Linguistische Gazette* 67/68, 165–188.
Vugs, Brigitte, Marc Hendriks, Juliane Cuperus & Ludo Verhoeven (2014): Working memory performance and executive function behaviors in young children with SLI. *Research in Developmental Disabilities* 35 (1), 62–74.
Wagner, Jennipher, Julia Held & Katrin Lindner (2013): *Nachsprechaufgaben mit Nichtwörtern im Deutschen. Ein Test für Vorschulkinder*. Unveröffentlichtes Manuskript aus dem For-

schungsprojekt Sedrik (LMU München) & DRUSLI (ZAS Berlin). Ludwig-Maximilians-Universität München.

Wagner, Jennipher & Katrin Lindner (2013): *Lautbefund Deutsch. Projektentwicklung.* Unveröffentlichtes Manuskript aus dem Forschungsprojekt Sedrik (LMU München) & DRUSLI (ZAS Berlin). Ludwig-Maximilians-Universität München.

Wegener, Heide (1990): Komplemente in der Dependenzgrammatik und in der Rektions- und Bindungstheorie. Die Verwendung des Kasus im Deutschen. *Zeitschrift für Germanistische Linguistik* 18 (2), 150–184.

Wegener, Heide (1991): Der Dativ – ein struktureller Kasus? In Gisbert Fanselow & Sascha W. Felix (Hrsg.), *Strukturen und Merkmale syntaktischer Kategorien*, 70–103. Tübingen: Gunter Narr.

Wegener, Heide (1995a): Das Genus im DaZ-Erwerb. Beobachtungen an Kindern aus Polen, Russland und der Türkei. In Brigitte Handwerker (Hrsg.), *Fremde Sprache Deutsch: Grammatische Beschreibung, Erwerbsverläufe, Lehrmethodik*, 1–24. Tübingen: Gunter Narr.

Wegener, Heide (1995b): *Die Nominalflexion des Deutschen – verstanden als Lerngegenstand.* Tübingen: Niemeyer.

Wegener, Heide (1995c): Kasus und Valenz im natürlichen DaZ-Erwerb. In Ludwig M. Eichinger & Hans-Werner Eroms (Hrsg.), *Dependenz und Valenz, Beiträge zur germanistischen Sprachwissenschaft*, 337–356. Hamburg: Buske.

Wegener, Heide (2007): Entwicklungen im heutigen Deutsch – Wird Deutsch einfacher? *Deutsche Sprache – Zeitschrift für Theorie, Praxis, Dokumentation* 1/07, 35–62.

Weinert, Sabine (1991): *Spracherwerb und implizites Lernen: Studien zum Erwerb sprachanaloger Regeln bei Erwachsenen, sprachunauffälligen und dysphasisch-sprachgestörten Kindern.* 1. Aufl. Bern u.a.: Huber.

Weinert, Sabine (1992): Deficits in acquiring language structure: The Importance of using prosodic cues. *Applied Cognitive Psychology* 6 (6), 545–571.

Weinert, Sabine (2000): Sprach- und Gedächtnisprobleme dysphasisch-sprachgestörter Kinder: Sind rhythmisch-prosodische Defizite eine Ursache? In Katharina Müller & Gisa Aschersleben (Hrsg.), *Rhythmus: Ein interdisziplinäres Handbuch*, 255–283. Bern: Huber.

Weinert, Sabine, Hildegard Doil & Sabine Frevert (2008): Kompetenzmessungen im Vorschulalter: eine Analyse vorliegender Verfahren. In Hans-Günther Roßbach & Sabine Weinert (Hrsg.), *Bildungsforschung Band 24. Kindliche Kompetenzen im Elementarbereich: Förderbarkeit, Bedeutung und Messung*, 89–209. Berlin: BMBF.

Wessells, Michael G. (1990): *Kognitive Psychologie.* 2. Aufl. unveränd. Nachdr. d. 1. Aufl. 1984. München: E. Reinhardt.

Wettstein, Peter (1983): *Logopädischer Sprachverständnistest.* Zürich: Heilpädagogisches Seminar.

Wexler, Kenneth (1994): Optional infinitives, head movement and the economy of derivations. In David Lightfoot & Norbert Hornstein (Hrsg.), *Verb Movement*, 305–350. Cambridge: Cambridge University Press.

Wickens, Christopher D. (1993): *Engineering psychology and human performance.* 2. Aufl., 4. [pr.]. New York: Harper-Collins Publ.

Wickens, Christopher D. (2002): Multiple resources and performance prediction. *Ergonomics Science* 3 (2), 159–177.

Wickens, Christopher D. & Melody C. Carswell (2006): Information Processing. In Gavriel Salvendy (Hrsg.), *Handbook of Human Factors and Ergonomics*, 111–149. Hoboken: John Wiley & Sons.

Wickens, Christopher D. & Arthur F. Kramer (1985): Engineering psychology. *Annual Review of Psychology* 36 (1), 307-348.
Windsor, Jennifer, Rochelle L. Milbrath, Edward J. Carney & Susan E. Rakowski (2001): General slowing in language impairment: Methodological considerations in testing the hypothesis. *Journal of Speech, Language, and Hearing Research* 44 (2), 446-461.
Woolford, Ellen (2006): Lexical case, inherent case, and argument structure. *Linguistic Inquiry* 37 (1), 111-130.
Xanthos, Aris, Sabine Laaha, Steven Gillis, Ursula Stephany, Ayhan Aksu-Koç, Anastasia Christofidou, Natalia Gagarina, Gordana Hrzica, F. Nihan Ketrez, Marianne Kilani-Schoch, Katharina Korecky-Kröll, Melita Kovačevic´, Klaus Laalo, Marijan Palmovic´, Barbara Pfeiler, Maria D. Voeikova & Wolfgang U. Dressler (2011): On the role of morphological richness in the early development of noun and verb inflection. *First Language* 31 (4), 461-479.
Yastrebova, Maria (2013): Die Veränderungen der Grammatik des Russischen im Bereich des Nomens unter dem Einfluss des Englischen bzw. Deutschen. In Juliane Besters-Dilger & Uliana Schöller (Hrsg.), *Slavischer Sprachkontakt Beiträge zum gleichnamigen Workshop für Studierende und Promovierende, Freiburg, 19.-20. April 2013*, 47-58. Freiburg im Breisgau.
Zaliznjak, Andrej A. (2002): *„Russkoe imennoe slovoizmenenie" s prilozheniem izbrannyh rabot po sovremennomu russkomu jazyku i obshhemu jazykoznaniju*. Moskva: Jazyki slavjanskoj kul'tury.
Zemskij, Andrej M. (1963): *Russkij jazyk: Učebnik dlja pedagogičeskich učilišč*. 6. überarb. Aufl. Moskva: Prosveščenie.
Zifonun, Gisela, Ludger Hoffmann & Bruno Strecker (1997): *Grammatik der deutschen Sprache*. Berlin: De Gruyter.
Žukova, Nadežda S. (1994): *Preodolenie nedorazvitija reči u detej*. Moskva: Soc.-polit, žurn.

Anhang

Anhang A: Sprachentwicklungstest zum Kasus bei den bilingualen Vorschulkindern: Sprachstand Russisch (KT-RUS) —— 391

Anhang B: Sprachentwicklungstest zum Kasus bei den bilingualen Vorschulkindern: Sprachstand Deutsch (KT-DEU) —— 403

Die beiden Sprachentwicklungstests sind auf der Website des Verlags zugänglich: https://www.degruyter.com/view/product/543073.

Antonina Werthmann, Natalia Gagarina, Katrin Lindner
Sprachentwicklungstest zum Kasus bei den bilingualen Vorschulkindern: Sprachstand Russisch (KT-RUS)

Deutsches Testmanual[*]

Testart: Sprachproduktion

Testmethode: Elizitierung

Ziel des Tests: Erfassung des sprachlichen Entwicklungsstandes bilingualer Vorschulkinder bei der Verwendung der Kasusmarkierungen (Genitiv, Dativ, Akkusativ, Instrumental und Präpositiv) in NPn und PPn im Russischen.

Testmaterialien:
– das Testmanual
– 18 ungebundene Bildkarten[*] zur Bildergeschichte *История о лисе, которая хотела поиграть с зайцем* ‚Geschichte vom Fuchs, der mit dem Hasen spielen wollte' (Alle Bilder wurden von Jennipher Mathieu gemalt.)
– ein Bewertungsbogen[*]
– ein Eingangsblatt[*] zur Überprüfung des aktiven Wortschatzes für die Items: *цветок* ‚Blume', *ведро воды* ‚Eimer Wasser', *картина* ‚Bild', *кастрюля* ‚Topf', *тарелка супа* ‚Teller mit Suppe', *ложка* ‚Löffel', *бутылка* ‚Flasche', *нора* ‚Loch', *одеяло* ‚Decke'
– Plüschbär *Mischka* (oder ein beliebiges Plüschtier)
– Aufnahmegerät

Antonina Werthmann, Leibniz-Institut für Deutsche Sprache Mannheim, Ludwig-Maximilians-Universität München
Natalia Gagarina, Leibniz-Zentrum Allgemeine Sprachwissenschaft Berlin
Katrin Lindner, Ludwig-Maximilians-Universität München

[*] Das Testmanual in russischer Sprache, Bildkarten, der Bewertungsbogen (auf Russisch und Deutsch) sowie das Eingangsblatt sind auf der Website des Verlags zugänglich: https://www.degruyter.com/view/product/543073.

∂ Open Access. © 2020 Antonina Werthmann, Natalia Gagarina, Katrin Lindner, publiziert von De Gruyter.
(cc) BY-NC-SA Dieses Werk ist lizenziert unter der Creative Commons Attribution-NonCommercial-ShareAlike 4.0 Lizenz.
https://doi.org/10.1515/9783110645743-012

1 Allgemeine Hinweise zum Test

1. Vor der Elizitierung der Bildergeschichte wird anhand eines Eingangsblattes der relevante Wortschatz überprüft.
2. Zur Motivierung des Kindes wird der Plüschbär Mischka eingeführt, der dem Kind vor der Durchführung des Tests vorgestellt wird (siehe Abschnitt 2.2). Er mag sehr gerne Geschichten hören. Er sitzt dem Kind gegenüber, so dass er die Bilder nicht sehen kann, und stellt gelegentlich Fragen.
3. Im Kasustest werden die gewünschten Items und Strukturen durch drei verschiedene Fragetypen elizitiert:
   a) durch **Satzergänzungen** (SE), z. B. *Лиса поливает ...* (z. B. *цветок*) ‚Der Fuchs gießt ... (z. B. eine Blume)' (siehe Bild 1–6). Die Satzergänzung wird bei den ersten sechs Bildern angewendet, um die Aufmerksamkeit des Kindes (K) auf das kasusmarkierte Item zu richten. Damit das Kind bemerkt, dass es den Satz vervollständigen soll, muss der Versuchsleiter (VL) das letzte Wort seines Satzes mit steigender Intonation sprechen.
   b) durch **offene Fragen** (OF), z. B. *Что здесь происходит?/Что происходит дальше?* ‚Was passiert denn hier?/Was passiert weiter?' (Bild 7–18), die eine ausführliche Antwort erwarten lassen. Wenn das Kind z. B. nur zeigt, wohin sich der Fuchs oder der Hase versteckt, wo er ist, oder nur deiktisch kasusneutrale Wörter (wie *там* ‚dort', *туда* ‚dahin') verwendet und den Ort nicht benennt, dann macht der Versuchsleiter das Kind darauf aufmerksam, dass der Plüschbär Mischka, dem die Geschichte erzählt wird, nicht sieht, was auf dem Bild passiert, oder dass er *dort/dahin* nicht versteht; z. B. „*А Мишка не видит, что здесь на картинке, скажи ему еще раз, что здесь происходит?*" ‚Aber der Mischka sieht nicht, was auf dem Bild los ist. Sag ihm noch mal, was hier passiert?"
   c) durch **W-Fragen** (WF), die gelegentlich von Mischka (M) gestellt werden, um die Möglichkeiten für eine Antwort einzuschränken und die gewünschte Struktur zu elizitieren. Drei W-Fragen, die mit der Abkürzung **NF** markiert sind, werden **nur dann** gestellt, wenn das Kind bei der offenen Frage die gewünschte Struktur **nicht benannt** hat. W-Fragen werden, wenn sie unbeantwortet bleiben, nicht wiederholt.

Die folgende Tabelle gibt einen Überblick über kasusmarkierte Phrasenstrukturen, die im Test elizitiert werden und die Fragentypen, die dafür eingesetzt werden.

Fragetyp	zu elizitierende Strukturen	Elizitierungen gesamt
12 SE	8 NP$_{AKK}$, 2 NP$_{GEN}$, 1 PP$_{AKK}$, 1 NP$_{DAT}$, 1 PP$_{INSTR}$	13 Phrasenstrukturen
14 OF	8 NP$_{AKK}$, 4 PP$_{AKK}$, 3 PP$_{PRÄP}$, 1 PP$_{DAT}$, 1 PP$_{INSTR}$	17 Phrasenstrukturen
6 WF	2 NP$_{GEN}$, 1 PP$_{GEN}$, 1 NP$_{INSTR}$, 1 PP$_{INSTR}$, 1 PP$_{PRÄP}$	6 Phrasenstrukturen

4. Abbruchkriterium: Wenn das Kind **bei Bild 9** auf **zwei aufeinander folgende Äußerungen** des Versuchsleiters nicht antwortet oder so undeutlich spricht, dass es unmöglich ist, es zu verstehen, wird die Testung abgebrochen. Dann stellt z. B. auch bei Bild 9 Mischka nicht mehr seine Wo-Frage. Danach sollte das letzte Bild vor das Kind gelegt und das glückliche Ende der Geschichte kommentiert werden.
5. Ab Bild 7 kann das Subjekt in kindlichen Äußerungen ausgelassen werden, wenn es aus dem Kontext rekonstruiert werden kann (vgl. Ružpčka 1986[†]). Solche Auslassungen werden durch eckige Klammern angezeigt, z. B. *[Она/Лиса] бежит в нору* ‚[Er/Der Fuchs] läuft ins Loch' (z. B. siehe Bild 16). Vor allem bei Antworten auf offene Fragen erleichtert das dem Kind, die Äußerungen zu formulieren.

2 Testdurchführung

2.1 Aufwärmphase

Die Aufwärmphase dient dazu, mit dem Kind ins Gespräch zu kommen, es gegebenenfalls aufzumuntern und für die Aufgabe zu motivieren. Mögliche Aussagen und Fragen wären: Aussagen über das Kind, etwa ein Kommentar über besonderes Kleidungsstück, oder die Frage, was es denn schon alles im Kindergarten an dem Morgen gemacht hat, ferner Fragen wie „*Ты любишь слушать/рассказывать истории?*" ‚Magst du Geschichten hören/erzählen?' oder „*Какие истории ты любишь больше всего?*" ‚Welche Geschichten magst du am meisten?'

[†] Ružička, Rudolf (1986): Funkcionirovanie i klassifikacija pustych kategorij v russkom literaturnom jazyke. *Zeitschrift für Slawistik* 31 (3), 388–392.

2.2 Hinführung

Der Versuchsleiter beginnt: *„Давай мы с тобой вместе просмотрим историю в картинках. Это история о том, как лиса хотела поиграть с зайцем. Они будут не только играть, но и делать другие важные дела. Посмотри сюда, знаешь ли ты все предметы на этой картинке?"* ‚Lass uns zusammen eine Bildergeschichte anschauen! Es ist eine Geschichte von einem Fuchs, der mit dem Hasen spielen wollte. Aber sie werden nicht nur spielen, sondern auch andere wichtige Sachen machen. Schau mal hier, kennst du alle Objekte auf diesem Bild?' Der Versuchsleiter zeigt das Eingangsblatt mit den abgebildeten Items und sagt: *„Ты наверняка их знаешь. Кто/Что это?"* , Die kennst du bestimmt. Wer/Was ist das?' Wenn das Kind das Item nicht benennen kann oder nicht das gewünschte Wort verwendet, dann benennt der Versuchsleiter es selbst und bittet das Kind, das Item nachzusprechen.

Nachdem alle Items benannt worden sind, sagt der Versuchsleiter zum Kind: *„А теперь, (Имя ребенка), смотри, я тебе покажу Мишку. Он очень любит слушать истории, поэтому давай расскажем ему одну. Расскажи историю громко и четко, так, чтобы Мишка мог понять, что в ней происходит. А ты, Мишка (обращается к игрушке), сиди здесь и слушай!"* ‚Jetzt möchte ich dir, (Name des Kindes), Mischka vorstellen. Er hört sehr gerne Geschichten und daher wollen wir ihm diese erzählen. Erzähl die Geschichte laut und deutlich, sodass der Mischka alles gut versteht, was in der Geschichte passiert. Und du Mischka (spricht zu Mischka), setz dich her und hör gut zu!'

Danach wird der Stapel mit 18 Bildern vor das Kind gelegt. Sobald das Kind die Geschichte zum ersten Bild erzählt hat, wird dieses Bild neben das zweite Bild gelegt, sodass das Kind beide Bilder zum gleichen Zeitpunkt sehen kann. Sobald das Kind mit dem zweiten Bild fertig ist, wird dieses auf das erste Bild gelegt und das Kind kann nun Bild 2 und 3 anschauen usw.

2.3 Erzählen der Bildergeschichte

KT-RUS: Teil 1

Vom 1. bis einschl. dem 18. Bild werden bei den kindlichen Äußerungen die erwartete Struktur und die Beispielantworten zwischen runden Klammern „( )" aufgeführt.

Vom 1. bis zum 6. Bild werden Satzergänzungen gefordert, um festzustellen, ob das Kind die relevanten Strukturen kennt.

Der Versuchsleiter beginnt mit der Bildergeschichte:

VL: *Что здесь происходит? (короткая пауза) Это лиса, она видит ...* ‚Was passiert hier? (kurze Pause) Das ist ein Fuchs. Er sieht ...'
(Der Versuchsleiter zeigt auf den Hasen.)

K: ... NP$_{AKK}$ (z. B. *зайца/зайчика* ‚einen Hasen/ein Häschen').

Bild 1

VL: *Заяц боится лисы. Он убегает. Лиса кричит ему: „Куда ты убегаешь?" – Как ты думаешь, что хочет лиса от зайца? Она хочет поиграть ...* ‚Der Hase hat Angst vor dem Fuchs. Der läuft weg. Der Fuchs ruft ihm nach: „Wo läufst du hin?" – Was meinst du, was will der Fuchs vom Hasen? Er will ... spielen.'
(Dabei zeigt der Versuchsleiter auf den Hasen.)

Bild 2

K: ... PP$_{INSTR}$ (z. B. *с зайцем/с ним* ‚mit dem Hasen/ihm').

VL: *Заяц говорит: „У меня нет времени, очень много дел. Мне надо принести ..."* ‚Der Hase sagt: „Ich habe keine Zeit. Ich habe viel zu tun: Ich muss ... holen"' (Dabei zeigt der Versuchsleiter auf die Bilder in der Sprechblase.)

K: ... NP_GEN/NP_AKK (z. B. *воды/воду/ведро воды* ‚einen Wasser_GEN/Wasser_AKK /Eimer Wasser').

Bild 3

VL: *„Мне надо полить ..."* ‚Ich muss ... gießen'

K: ... NP_AKK (z. B. *цветок* ‚die Blume').

VL: *„Мне надо повесить ..."* ‚Ich muss ... hängen'

K: ... NP_AKK (z. B. *картину* ‚das Bild').

VL: *„Потом мне надо сварить ..."* ‚Dann muss ich ... kochen'

K: ... NP_AKK (z. B. *суп* ‚die Suppe').

VL: *„и навестить ..."* ‚und ... besuchen'

K: ... NP_AKK (z. B. *бабушку* ‚die Oma').

VL: *Заяц говорит лисе: „Если ты мне поможешь, то потом мы вместе поиграем в прятки". Лиса отвечает: „Я помогу ..."* ‚Der Hase sagt dem Fuchs: „Wenn du mir hilfst, dann können wir später zusammen Verstecken spielen." Der Fuchs sagt: „Ich helfe ..."'

K: ... NP_DAT (z. B. *тебе/зайцу* ‚dir/dem Hasen').

VL: *Что происходит здесь? Лиса несёт ...* ‚Was passiert hier? Der Fuchs holt ...'

K: ... NP_AKK (+ NP_GEN) (z. B. *ведро воды/воду в ведре* ‚einen Eimer Wasser').

Bild 4

! Wenn das Kind bei Bild 4 nur das Item *ведро* ‚Eimer' oder *воду* ‚Wasser' benennt, dann:

VL: *(Лиса только ведро несёт?) Лиса несёт ведро ...* ‚(Holt der Fuchs nur einen Eimer?) Der Fuchs holt einen Eimer ...'

K: ... NP_GEN (z. B. *воды* ‚Wasser').

VL: *Давай посмотрим, что же дальше происходит: Лиса поливает ...* ‚Dann schauen wir mal, was weiter passiert: Der Fuchs gießt ...'

K: ... NP_AKK (z. B. *цветок/дерево/цветок и дерево* ‚die Blume/den Baum/die Blume und den Baum').

M: *А где растёт цветок?* ‚Wo wächst die Blume?'

K: PP_INSTR/PRÄP (z. B. *под/рядом с деревом/на земле* ‚unter/neben dem Baum/auf der Erde').

Bild 5

VL: *А здесь? Заяц вешает ...* ‚Und hier? Der Hase hängt ...'

K: ... NP_AKK (z. B. *картину* ‚das Bild') PP_AKK (z. B. *на стену* ‚an die Wand').

Bild 6

Wenn das Kind bei Bild 6 nur das Item *картину* „das Bild" benennt, dann:
M: *А куда он вешает картину?* ‚Wohin hängt er das Bild?'
K: PP_AKK (z. B. *на стену* ‚an die Wand').

KT-RUS: Teil 2

> Ab Bild 7 werden keine Satzergänzungen gefordert! Wenn das Kind auf eine offene Frage nicht reagiert oder „*Не знаю …* ", ‚Ich weiß nicht …' sagt, benennt der Versuchsleiter den Sachverhalt selbst.

Wenn ab Bild 9 das Kind auf zwei aufeinanderfolgende Äußerungen des Versuchsleiters nicht antwortet, wird der Test abgebrochen (zu Details siehe Abschnitt *Abbruchkriterium* in Kapitel 1).

VL: *Что здесь происходит?* ‚Was passiert hier?'
K: *[Заяц] варит NP$_{AKK}$* (z. B. *суп/кашу*) ‚[Der Hase] kocht NP$_{AKK}$ (z. B. die Suppe/den Brei)'.
VL: *Тем временем лиса проголодалась. Что происходит дальше?* ‚Inzwischen hat der Fuchs Hunger bekommen. Was ist hier los?'

Bild 7

(Der Versuchsleiter zeigt auf den Teller.)
K: *Лиса несет NP$_{AKK}$* (z. B. *тарелку/идет с тарелкой*) ‚Der Fuchs holt NP$_{AKK}$ (z. B. einen Teller/kommt mit einem Teller)'.
VL: *Как ты думаешь, что она просит у зайца поесть?* ‚Was meinst Du, worum bittet er den Hasen zum Essen?'
K: *[Она] просит NP$_{GEN}$/NP$_{AKK}$* (z. B. *супа/суп/каши/кашу*) ‚[Der Fuchs] bittet ihn um NP$_{GEN}$/NP$_{AKK}$ (z. B. die Suppe/den Brei)'.

VL: *А здесь?* ‚Und hier?'
K: *[Лиса] ест NP$_{AKK}$* (z. B. *суп/кашу*) ‚[Der Fuchs] isst NP$_{AKK}$ (z. B. ,die Suppe/den Brei)'.

Bild 8

VL: *Что здесь происходит?* ‚Was passiert hier?'

K: *Они/заяц и лиса идут PP*_{DAT} (z. B. *к бабушке*) ‚Sie/Der Hase und der Fuchs gehen PP_{DAT} (z. B. zur Oma)'.

VL: *Но они не просто так идут, несут они подарки?* ‚Aber sie kommen nicht einfach so: Bringen sie Geschenke mit?'

Bild 9

K: *Да, заяц несет NP*_{AKK} (z. B. *кастрюлю/суп/кастрюлю с супом*), *а лиса несет NP*_{AKK} (z. B. *цветок*) ‚Ja, der Hase bringt NP_{AKK} (z. B. einen Topf/die Suppe/einen Topf mit Suppe) und der Fuchs bringt NP_{AKK} (z. B. die Blume)'.

M: *А для кого цветок?* ‚Für wen ist die Blume?'

K: PP_{GEN} (z. B. *для бабушки* ‚für die Oma').

VL: *Что здесь происходит?* ‚Was passiert hier?'

K: *[Бабушка] ставит NP*_{AKK} (z. B. *цветок*) *PP*_{AKK} (z. B. *в бутылку/в вазу*) ‚[Die Oma] stellt NP_{AKK} (z. B. die Blume) PP_{AKK} (z. B. in die Flasche/Vase)'.

Bild 10

VL: *Бабушка проголодалась и хочет есть. Что здесь происходит?* ‚Die Oma hat Hunger und will essen. Was ist hier los?'

K: *Она ест NP*_{AKK} (z. B. *суп*) ‚Sie isst NP_{AKK} (z. B. die Suppe)'.

M: *А чем ест бабушка суп?* ‚Womit isst die Oma denn die Suppe?'

K: NP_{INSTR} (z. B. *ложкой* ‚mit einem Löffel').

Bild 11

VL: *Потом заяц говорит лисе: „Ты мне очень хорошо помогла. Теперь мы можем поиграть в прятки! Ты прячешься первой!" Что происходит дальше?* ‚Dann sagt der Hase zum Fuchs „Du hast mir sehr geholfen! Jetzt können wir zusammen spielen. Du versteckst dich zuerst." Was passiert weiter?'

K: *[Лиса] бежит PP$_{AKK}$ (z. B. под стол)* ‚[Der Fuchs] läuft PP$_{AKK}$ (z. B. unter den Tisch)'.

Bild 12

VL: *Что происходит здесь?* ‚Was passiert hier?'

K: *Лиса прячется PP$_{INSTR}$/PP$_{AKK}$ (z. B. под столом/под стол)* ‚Der Fuchs versteckt sich PP$_{INSTR}$/PP$_{AKK}$ (z. B. unter dem Tisch/unter den Tisch)'.

NF: *Где заяц находит лису?/А где лиса?* ‚Wo findet der Hase den Fuchs?/Wo ist der Fuchs?'

K: PP$_{INSTR}$ (z. B. *под столом* ‚unter dem Tisch').

Bild 13

VL: *Теперь прячется заяц. Что происходит дальше?* ‚Jetzt versteckt sich der Hase. Was passiert weiter?'

K: *Заяц запрыгивает PP$_{AKK}$ (z. B. на дерево)* ‚Er springt PP$_{AKK}$ (z. B. auf den Baum)'.

Bild 14

VL: *А здесь?* ‚Und hier?'
K: *Лиса находит* NP_AKK (z. B. *зайца*) PP_PRÄP (z. B. *на дереве*) ‚Der Fuchs findet NP_AKK (z. B. den Hasen) PP_PRÄP (z. B. auf dem Baum)'.
NF: *Где лиса находит зайца?* ‚Wo findet der Fuchs den Hasen?'
K: PP_PRÄP (z. B. *на дереве* ‚auf dem Baum').

Bild 15

VL: *Теперь очередь лисы прятаться. Что происходит дальше?* ‚Jetzt kann sich der Fuchs wieder verstecken. Was passiert weiter?'
K: *[Она/Лиса] бежит* PP_AKK (z. B. *в нору*) ‚[Er/Der Fuchs] läuft PP_AKK (z. B. ins Loch)'.
NF: *Куда бежит лиса?* ‚Wohin läuft der Fuchs?'
K: PP_AKK (z. B. *в нору* ‚ins Loch').

Bild 16

VL: *А здесь?* ‚Und hier?'
K: *Лиса прячется* PP_PRÄP/*Заяц находит лису* PP_PRÄP (z. B. *в норе*) ‚Der Fuchs versteckt sich PP_PRÄP/Der Hase findet den Fuchs PP_PRÄP (z. B. im Loch)'.
M: *Где она теперь?* ‚Wo ist er jetzt?'
K: PP_PRÄP (z. B. *в норе* ‚im Loch').

Bild 17

VL: *Они долго играли и оба очень устали. И теперь они хотят спать. Что происходит здесь?* ‚Sie haben lange gespielt und jetzt sind beide müde. Sie wollen schlafen. Was ist hier los?'

K: *Они спят PP*$_{PRÄP}$ (z. B. *на одеяле*) ‚Sie schlafen PP$_{PRÄP}$ (z. B. auf der Decke)'.

M: *А чьё это одеяло?* ‚Aber wem gehört denn die Decke?'

K: *Это одеяло NP*$_{GEN}$ (z. B. *бабушки*) ‚Diese Decke gehört NP$_{GEN}$' (z. B. der Oma).

Bild 18

3 Nach dem Test

Der Versuchsleiter dankt dem Kind für die interessante Geschichte und beendet den Test.

Danksagung: Der Test wurde im Rahmen des DFG-Projektes „Verbale und nonverbale Indikatoren zur Identifizierung von umschriebenen Sprachentwicklungsstörungen bei sukzessiv bilingualen Kindergartenkindern" (Leitung: PD Dr. Natalia Gagarina – Az. GA 1424/2-1 – und PD Dr. Katrin Lindner – Az. LI 410/5-1) entwickelt und in einer Langzeitstudie mit 86 Probanden an drei Messzeitpunkten durchgeführt. Die Autorinnen danken den Projektmitarbeiterinnen für ihre Unterstützung.

Jennipher Mathieu, Antonina Werthmann, Katrin Lindner
Sprachentwicklungstest zum Kasus bei bilingualen Vorschulkindern: Sprachstand Deutsch (KT-DEU)

Testmanual

Testart: Sprachproduktion

Testmethode: Elizitierung

Ziel des Tests: Erfassung des sprachlichen Entwicklungsstandes bilingualer Vorschulkinder bei der Verwendung der Kasusmarkierungen (Akkusativ und Dativ) in NPn und PPn im Deutschen.

Testmaterialien:
- das Testmanual
- 19 ungebundene Bildkarten[*] zur Bildergeschichte „Geschichte von einem Hund und einer Katze" (Alle Bilder wurden von Jennipher Mathieu gemalt.)
- der Bewertungsbogen[*]
- das Eingangsblatt[*] zur Überprüfung des Wortschatzes für die Items: *Mutter, Junge, Kuchen, Tisch, Stuhl, Teppich, Sofa, Schrank, Fenster, Buch, Blumentopf, Schal, Knochen*
- Plüschbär *Paul* (oder ein beliebiges Plüschtier)
- ein Aufnahmegerät

Jennipher Mathieu, Ludwig-Maximilians-Universität München
Antonina Werthmann, Leibniz-Institut für Deutsche Sprache Mannheim, Ludwig-Maximilians-Universität München
Katrin Lindner, Ludwig-Maximilians-Universität München

---

[*] Die Bildkarten, der Bewertungsbogen und das Eingangsblatt sind auf der Website des Verlags zugänglich: https://www.degruyter.com/view/product/543073.

Open Access. © 2020 Jennipher Mathieu, Antonina Werthmann, Katrin Lindner, publiziert von De Gruyter. Dieses Werk ist lizenziert unter der Creative Commons Attribution-NonCommercial-ShareAlike 4.0 Lizenz.
https://doi.org/10.1515/9783110645743-013

1 Allgemeine Hinweise zum Test

1. Vor der Elizitierung der Bildergeschichte wird anhand eines Eingangsblattes der relevante Wortschatz überprüft.
2. Zur Motivierung des Kindes wird der Plüschbär Paul eingeführt, der dem Kind vor der Durchführung des Tests vorgestellt wird (siehe Abschnitt 2.2). Er mag sehr gerne Geschichten hören. Er sitzt dem Kind gegenüber, so dass er die Bilder nicht sehen kann, und stellt gelegentlich Fragen.
3. Im Kasustest werden die gewünschten Items und Strukturen durch drei verschiedene Fragetypen elizitiert:
    a) durch **Satzergänzungen** (SE), z. B. *Und dann sagt der Hund: spiel mit ...* (*mir*) (siehe Bild 1–6).
    Die Satzergänzung wird bei den ersten sechs Bildern angewendet, um die Aufmerksamkeit des Kindes (K) auf das kasusmarkierte Item zu richten. Damit das Kind bemerkt, dass es den Satz vervollständigen soll, muss der Versuchsleiter (VL) das letzte Wort seines Satzes mit steigender Intonation sprechen.
    b) durch **offene Fragen** (OF), z. B. *Was ist denn hier los?/Was ist denn hier/jetzt passiert?* (Bild 7–18), die eine ausführliche Antwort erwarten lassen. Wenn das Kind z. B. nur zeigt, wohin der Hund oder die Katze springt, wo er/sie ist, oder nur deiktisch kasusneutrale Wörter (wie *dort*, *dahin*) verwendet und den Ort nicht benennt, dann macht der Versuchsleiter das Kind darauf aufmerksam, dass der Plüschbär Paul, dem die Geschichte erzählt wird, nicht sieht, was auf dem Bild passiert, oder dass er *dort/dahin* nicht versteht; z. B. „Aber der Paul sieht nicht, was auf dem Bild los ist. Sag ihm noch mal, was hier passiert."
    c) durch **W-Fragen** (WF), die gelegentlich von Paul (P) gestellt werden, um die Möglichkeiten für eine Antwort einzuschränken und die gewünschte Struktur zu elizitieren. Drei W-Fragen, die mit der Abkürzung **NF** markiert sind, werden **nur dann** gestellt, wenn das Kind bei der offenen Frage die gewünschte Struktur **nicht benannt** hat. W-Fragen werden, wenn sie unbeantwortet bleiben, nicht wiederholt.

Die folgende Tabelle gibt einen Überblick über kasusmarkierte Phrasenstrukturen, die im Test elizitiert werden und die Fragetypen, die dafür eingesetzt werden.

Fragetyp	Zu elizitierende Struktur	Gesamt
SE	5 NP$_{AKK}$, 1 NP$_{DAT}$, 1 PP$_{AKK}$, 3 PP$_{DAT}$	10 Phrasenstrukturen
OF	13 PP$_{DAT}$, 7 NP$_{AKK}$, 5 NP$_{DAT}$, 2 PP$_{AKK}$	27 Phrasenstrukturen
WF	2 PP$_{AKK}$, 2 PP$_{DAT}$, 1 NP$_{DAT}$	5 Phrasenstrukturen

4. Abbruchkriterium: Wenn das Kind **bei Bild 8** auf **zwei aufeinander folgende Äußerungen** des Versuchsleiters nicht antwortet oder so undeutlich spricht, dass es unmöglich ist, es zu verstehen, wird die Testung abgebrochen. Dann stellt z. B. auch bei Bild 8 Paul nicht mehr seine *Wo*-Frage. Danach sollte das letzte Bild vor das Kind gelegt und das glückliche Ende der Geschichte kommentiert werden.
5. Ab Bild 8 kann das Subjekt in kindlichen Äußerungen ausgelassen werden, wenn es aus dem Kontext rekonstruiert werden kann (vgl. Duden-Grammatik 2016, Randnummern 1378 und 2026[†]). Solche Auslassungen werden durch eckige Klammern angezeigt, z. B. *[Der Hund/Der] ist auf dem Stuhl* (vgl. Bild 8). Vor allem bei Antworten auf offene Fragen erleichtert das dem Kind, die Äußerungen zu formulieren.

2 Testdurchführung

2.1 Aufwärmphase

Die Aufwärmphase dient dazu, mit dem Kind ins Gespräch zu kommen, es gegebenenfalls aufzumuntern und für die Aufgabe zu motivieren. Mögliche Aussagen und Fragen wären: Aussagen über das Kind, etwa ein Kommentar über besonderes Kleidungsstück, oder die Frage, was es denn schon alles im Kindergarten an dem Morgen gemacht hat, ferner Fragen wie „Magst du Geschichten?", „Welche Geschichten magst du am liebsten?", „Magst du Bildergeschichten anschauen?"

[†] Duden-Grammatik (2016): *Die Grammatik: Unentbehrlich für richtiges Deutsch*. Herausgegeben von Angelika Wöllstein und der Dudenredaktion. 9. vollst. überarb. und aktual. Aufl. Berlin: Dudenverlag.

2.2 Hinführung

Der Versuchsleiter (VL) beginnt: „Jetzt wollen wir eine Geschichte anschauen. Die kennst Du sicher noch nicht. Es ist eine Geschichte von einem Hund und einer Katze. Aber da kommen noch ein Junge, seine Mama und viele andere Dinge vor." Der Versuchsleiter zeigt das Eingangsblatt mit den abgebildeten Items und sagt: „Die kennst du bestimmt. Wer/Was ist denn das?" Wenn das Kind (K) das Item nicht benennen kann oder nicht das gewünschte Wort verwendet, dann benennt der Versuchsleiter es selbst und bittet das Kind, das Item nachzusprechen.

Nachdem alle Items benannt worden sind, sagt der Versuchsleiter zum Kind: „(Name des Kindes), jetzt möchte ich dir Paul vorstellen. Das ist Paul. Paul hört sehr gerne Geschichten und daher wollen wir ihm diese erzählen. Du musst laut und deutlich reden, damit Paul dich gut verstehen kann." (Zu Paul) „Paul, setz dich her und hör gut zu!"

Danach wird der Stapel mit 19 Bildern vor das Kind gelegt. Sobald das Kind die Geschichte zum ersten Bild erzählt hat, wird dieses Bild neben das zweite Bild gelegt, sodass das Kind beide Bilder zum gleichen Zeitpunkt sehen kann. Sobald das Kind mit dem zweiten Bild fertig ist, wird dieses auf das erste Bild gelegt und das Kind kann nun Bild 2 und 3 anschauen usw. Der Versuchsleiter stellt Fragen zu Bild 1 bis Bild 18; das letzte Bild kommentiert er alleine.

2.3 Erzählen der Bildergeschichte

KT-DEU: Teil 1

> ❗ Vom 1. bis einschl. dem 18. Bild werden bei den kindlichen Äußerungen die erwartete Struktur und die Beispielantworten zwischen runden Klammern „( )" aufgeführt.
>
> Vom 1. bis zum 6. Bild werden Satzergänzungen gefordert, um festzustellen, ob das Kind die relevanten Strukturen kennt.

Der Versuchsleiter beginnt mit der Bildergeschichte:

VL: Was ist denn hier los? (kurze Pause) Da ist ein Junge. Der steht in der Küche. Und hier ist ein Hund. Und dieser Hund, der spielt soooo gerne. Der sagt zu dem Jungen: Spiel …
K: … PP$_{DAT}$ (z. B. mit mir).

Bild 1

Wenn das Kind nicht reagiert, ergänzt der Versuchsleiter selbst:
VL: Ich denke, der sagt: Spiel mit mir!

VL: Und was sagt jetzt der Junge? Der sagt: „Nein, ich hab keine Zeit. Ich kann jetzt nicht. Meine Mama hat heute Geburtstag. Ich backe …"
K: … NP$_{AKK}$ (z. B. einen Kuchen).
P: Für wen ist der Kuchen?
K: PP$_{AKK}$ (z. B. für die Mama).

Bild 2

VL: Was passiert jetzt? Der Junge gibt …
K: … NP$_{DAT}$ + NP$_{AKK}$ (z. B. dem Hund einen Knochen).

Bild 3

VL: Und jetzt frisst der Hund ...
K: ... NP_AKK (z. B. den Knochen).
VL: Und der Junge rührt ...
K: ... NP_AKK (z. B. den (Kuchen-)Teig/Kuchen).

Bild 4

VL: Na, dann schauen wir mal, was der Hund jetzt macht. Der Hund geht traurig ins Wohnzimmer, weil der Junge nicht mit ihm spielt. Da sieht er ...
K: ... NP_AKK (z. B. eine Katze) PP_DAT (z. B. auf dem Tisch).

Bild 5

Sagt das Kind nur „eine Katze", dann:
P: Wo ist die Katze?
K: (Die Katze ist) PP_DAT (z. B. auf dem Tisch/neben der Blume).

VL: Jetzt wacht die Katze auf. Und der Hund springt ...
K: ... PP_AKK (z. B. auf den Tisch).
VL: Er fragt die Katze: Spielst du ...?
K: ... PP_DAT (z. B. mit mir)?

Bild 6

Sprachentwicklungstest zum Kasus: Sprachstand Deutsch — 409

KT-DEU: Teil 2

Ab Bild 7 werden keine Satzergänzungen gefordert! Wenn das Kind auf eine offene Frage nicht reagiert oder „*Ich weiß nicht...*" sagt, benennt der Versuchsleiter den Sachverhalt selbst.

Wenn ab Bild 8 das Kind auf zwei aufeinanderfolgende Äußerungen des Versuchsleiters nicht antwortet, wird der Test abgebrochen (zu Details siehe Abschnitt *Abbruchkriterium* in Kapitel 1).

VL: Jetzt spielen sie fangen. Was ist hier los?
K: [Der Hund/Der] steht PP$_{DAT}$ (z. B. auf dem Tisch).
VL: Was ist mit der Katze?
K: [Die Katze/Die] springt PP$_{AKK}$ (z. B. auf den Stuhl).
P: Wohin springt die?
K: PP$_{AKK}$ (z. B. auf den Stuhl).
VL: Oh, was ist denn mit dem Blumentopf?
K: [Der Blumentopf/Der] ist PP$_{DAT}$ (z. B. unter dem Tisch/auf dem Boden).

Bild 7

VL: Und was ist hier los? Was ist mit dem Hund?
K: [Der Hund/Der] ist PP$_{DAT}$ (z. B. auf dem Stuhl).
VL: Und was ist mit der Katze? Such sie mal ...
K: [Die Katze/Die] ist/versteckt sich PP$_{DAT}$ (z. B. hinter dem Sofa).
P: Wo ist die Katze?
K: PP$_{DAT}$ (z. B. hinter dem Sofa).

Bild 8

VL: Und hier? Was ist hier mit der Katze?
K: [Die Katze/Die] klettert NP$_{AKK}$ + ADV (z. B. den Schrank hoch)/PP$_{DAT}$ (z. B. im Schrank).
VL: Oh je und was ist mit den Büchern?
K: [Die sind] PP$_{DAT}$ (z. B. auf dem Sofa, hinter dem Stuhl, im Schrank).
VL: Und was ist mit dem Ball?
K: [Der Ball/Der] ist PP$_{DAT}$ (z. B. auf dem Teppich).
VL: Und was ist mit dem Hund?
K: [Der Hund/Der] ist PP$_{DAT}$ (z. B. unter dem Tisch).

Bild 9

VL: Und was ist hier mit der Katze?
K: [Die Katze/Die] ist/liegt PP$_{DAT}$ (z. B. oben auf dem Schrank).
P: Wo liegt die Katze?
K: PP$_{DAT}$ (z. B. auf dem Schrank).

Bild 10

VL: Und was passiert hier?
K: Die Katze/Die kommt/klettert wieder ADV/Partikelverb (z. B. runter).

Bild 11

VL: Und jetzt?
K: Die Katze springt PP_DAT (z. B. aus dem Fenster).
VL: Und der Hund?
K: [Der Hund/Der] steht PP_DAT (z. B. am Fenster) und bellt.
NF: Wo ist der Hund?
K: PP_DAT (z. B. am Fenster)
VL: Und der Hund bellt so laut, dass der Junge ins Wohnzimmer kommt.

Bild 12

VL: Und was passiert jetzt?
K: [Der Junge]/Der] schimpft PP_DAT (z. B. mit dem Hund) *oder* [Der Junge]/Der] schimpft NP_AKK (z. B. den Hund).
VL: Jetzt muss der Junge schnell aufräumen. Bald kommt die Mama nach Hause. Ich glaube, der schafft das nicht alleine. Was kann man denn da tun?
K: Der Hund kann NP_DAT helfen (z. B. dem Jungen/ihm).

Bild 13

VL: Oh je, schau, was jetzt passiert.
K: Der Hund gibt/bringt NP_DAT (z. B. dem Jungen) NP_AKK (z. B. ein Buch).
NF: Wem bringt der Hund ein Buch?
K: NP_DAT (z. B. dem Jungen/ihm).

Bild 14

VL: Und was ist hier?
K: Der Junge tut/steckt NP_AKK (z. B. die Blumen) PP_AKK (z. B. in den Topf).
NF: Wohin steckt der Junge die Blumen?
K: PP_AKK (z. B. in den Topf).
VL: Was ist mit dem Hund los?
K: Der [Hund] bringt NP_AKK (z. B. den Ball).

Bild 15

VL: Jetzt ist die Mama wieder zu Hause und es gibt Geschenke! Was passiert hier?
K: Der Junge gibt/schenkt NP_DAT (z. B. der Mama) NP_AKK (z. B. den Schal).
P: Wem gibt er den Schal?
K: NP_DAT (z. B. der Mama).

Bild 16

VL: Und hier?
K: Der Junge gibt NP_DAT (z. B. der Mama) NP_AKK (z. B. ein Stück Kuchen).

Bild 17

VL: Was ist hier los?
K: Der Junge gibt NP_DAT (z. B. dem Hund) NP_AKK (z. B. einen Knochen).

Bild 18

Ab hier keine Fragen mehr! Bild 19 ist das abschließende Bild: Der Versuchsleiter benennt den Sachverhalt selbst.

VL: Jetzt sind alle glücklich und zufrieden. Der Junge und seine Mama essen den leckeren Geburtstagskuchen und der Hund knabbert an seinem Knochen.

Bild 19

3 Nach dem Test

Der Versuchsleiter dankt dem Kind für die interessante Geschichte und beendet den Test.

Danksagung: Der Test wurde im Rahmen des DFG-Projektes „Verbale und nonverbale Indikatoren zur Identifizierung von umschriebenen Sprachentwicklungsstörungen bei sukzessiv bilingualen Kindergartenkindern" (Leitung: PD Dr. Natalia Gagarina – Az. GA 1424/2-1 – und PD Dr. Katrin Lindner – Az. LI 410/5-1) entwickelt und in einer Langzeitstudie mit 86 Probanden an drei Messzeitpunkten durchgeführt. Die Autorinnen danken den Projektmitarbeiterinnen für ihre Unterstützung.

Register

Alter zum Erwerbsbeginn 11, 15, 17f., 21, 31, 37
Ansatz
– generativ orientierter 110, 113, 155
– kognitiv-funktional orientierter 113
– semantischer 114
Arbeitsgedächtnismodell nach Baddeley 57
ausbalanciert 24, 29

Belebtheitskategorie 104, 345, 347f.
bilingual 9, *siehe auch* mehrsprachig
bilingualer Vorteil 62
Bilingualismus 9–11, 14f., 23f., 28, *siehe auch* Mehrsprachigkeit
Bootstrapping 15

Chunk 60, 128f.
code-mixing *siehe* Sprachmischung
code-switching *siehe* Sprachwechsel

Dialekt 10, 32, 96, 137
Dominanz 17, 28, *siehe auch* Sprachdominanz
doppelter Erstspracherwerb 11, 13f., *siehe auch* simultan bilingualer Spracherwerb
Dual Task 62, 65

episodischer Puffer 60
Erstsprache 11f., 14, 20ff., 24, 26, 29, 32f., 35, 37

Familiensprache 12, 29, 90, 133, 323
Fremdsprache 32
Fremdspracherwerb 12

Genusmarkierung 83, 147
Genuszuweisung 346f.

Heritage Speaker 33, 128
Hypothese
– Agreement Deficit Hypothesis 48
– Aktivierungsschwellenhypothese 35
– Extended Optional Infinitive Hypothesis 47
– Functional Category Deficit Hypothesis 50
– Generalized Slowing Hypothesis 63
– Minimal Default Grammar Hypothesis 49
– Missing Rule Hypothesis 50
– Regressionshypothese 35
– Surface Hypothesis 52, 54f.

Informationsverarbeitung 1, 64
Informationsverarbeitungsaufwand 64, 66
Informationsverarbeitungskapazität 64f., 67f., 155, 323, 332, 338
Input 23ff., 28f., 32, 39, *siehe auch* Sprachinput
Intelligenzquotient 40f.

Kasus 93–96
– als grammatische Kategorie 93
– als Kasusform 94
– als Kasusträger 95
– inhärenter 111ff., 147
– lexikalischer 111ff., 141, 147, 149f., 153
– semantische Funktion 98ff.
– struktureller 111f., 140f., 147, 149, 153
– syntaktische Funktion 96f.
Kasusfeld 114
Kasusmarkierung 94, 96, 102ff., 118, 120, 123, 125, 127f., 131, 135, 137f., 144f., 147, 150
Kasussystem
– deutsches 106
– russisches 100
Komplexität 44, 58, 63, 65f., 68, 70, 92, 155ff., 159, 322f., 327, 337, 343, 345, 349
Kontaktdauer zur Zweitsprache 17, 19
kritische Periode 18f.
kumulativer Effekt 82, 84
Kunstwörter 58

language attrition *siehe* Spracherosion
Late Bloomer 42
Late Talker 42

mehrsprachig 11, 79, 84
Mehrsprachigkeit 10f., 22, 32, 79f., 82ff.
MLU 30, 88, 110f.
Motivation 26

nicht ausbalanciert 24
Nicht-Wörter 58f., 164ff.
NWRT 166ff., 176

offene Frage 180, 279–283, 313f., 343, 345

phonologische Schleife 57f.
Präposition mit doppelter Kasusrektion *siehe auch* Wechselpräposition
Präposition mit fester Kasusrektion 106, 112, 144f., 150, 158, 271–278, 310ff., 340, 342
Pseudowörter 58

rhythmisch-prosodische Verarbeitung 52
Risiko für eine SSES 167

Satzergänzung 180, 184, 187, 279–283, 313f., 343, 345
sensible Phase 18
serial monolingualism 26
Single Task 66
sozioökonomischer Status 27, 171f.
spezifische Sprachentwicklungsstörung 2, 40–42
sprachauffällig 1, 40, 167
Sprachauffälligkeit 1f.
Sprachdominanz 28–31, 29, 31
Sprache
- dominante 29
- schwache 24, 39
- starke 29
Sprachentwicklungstest zum Kasus bei bilingualen Vorschulkindern
- Sprachstand Deutsch 164, 186–189
- Sprachstand Russisch 164, 183–186
Spracherosion 31–34, 33, 35ff.

Spracherwerb 11
- gesteuerter 12
- nicht typisch entwickelter 40
- simultan bilingualer 11ff., 16, 24, 38
- simultaner 11
- sprachauffälliger 40
- sprachunauffälliger 40
- sukzessiv bilingualer 12ff., 22, 39
- sukzessiver 11
- typisch entwickelter 40
- ungesteuerter 12
Sprachinput 23
Sprachmischung 22f.
Sprachprestige 26
Sprachtod 34
sprachunauffällig 40, 167
Sprachverlust 32, 35f.
Sprachwechsel 22f.
Synkretismus 94, 116f., 130

Transfer 16f., 21f., 130
- negativer 21
- positiver 21

Universalgrammatik 47, 110, 134

Verarbeitungsaufwand 156, 338
Verarbeitungskapazität 67, 69f., 92, 156f., 159
Verarbeitungskapazität *siehe auch* Informationsverarbeitungskapazität
Verschmelzung 138, 140, 342f.
visuell-räumlicher Notizblock 59

Wechselpräposition 106, 113, 144, 150, 158, 271–278, 310ff., 341f.
W-Frage 181, 279–283, 313f., 343, 345

zentrale Exekutive 61
Zweitspracherwerb 12
- erwachsener 12, 16
- kindlicher 12, 16

www.ingramcontent.com/pod-product-compliance
Lightning Source LLC
Chambersburg PA
CBHW051553230426
43668CB00013B/1839